城市研究系列

Urban Studies

城市研究系列

主　　编　周　宪　［加］罗伯·希尔兹

项目总监　王瑞书

项目执行　任　晖

SPLINTERING URBANISM

支离的城市主义

网络化基础设施、技术变迁与城市状况

NETWORKED INFRASTRUCTURES, TECHNOLOGICAL MOBILITIES AND THE URBAN CONDITION

[英]斯蒂芬•格雷厄姆（Stephen Graham） 西蒙•马文（Simon Marvin） 著
陆萍 胡跃明 译

江苏凤凰教育出版社
Phoenix Education Publishing, Ltd
ROUTLEDGE

图书在版编目(CIP)数据

支离的城市主义：网络化基础设施、技术变迁与城市状况 / (英) 斯蒂芬·格雷厄姆，(英) 西蒙·马文著；陆萍，胡跃明译. —南京：江苏凤凰教育出版社，2021.3

ISBN 978-7-5499-9045-0

Ⅰ. ①支… Ⅱ. ①斯… ②西… ③陆… ④胡… Ⅲ. ①城市网络—研究 Ⅳ. ①F291.1

中国版本图书馆 CIP 数据核字(2020)第 236490 号

Splintering Urbanism: Networked Infrastructures, Technological Mobilities and the Urban Condition, 1st Edition
by Steve Graham, Simon Marvin
ISBN: 9780415189651

江苏省版权局著作权合同登记　图字 10-2018-454 号

书　　名　支离的城市主义：网络化基础设施、技术变迁与城市状况
著　　者　[英] 斯蒂芬·格雷厄姆(Stephen Graham)
　　　　　　西蒙·马文(Simon Marvin)
译　　者　陆　萍　胡跃明
责任编辑　张　杰
监　　制　杨赤民
出版发行　凤凰出版传媒股份有限公司
　　　　　　江苏凤凰教育出版社(南京市湖南路 1 号 A 楼　邮编 210009)
苏教网址　http://www.1088.com.cn
照　　排　南京紫藤制版印务中心
印　　刷　江苏凤凰通达印刷有限公司(电话 025-57572508)
厂　　址　南京市六合区冶山镇(邮编 211523)
开　　本　787 毫米×1092 毫米　1/16
印　　张　39.25
版　　次　2021 年 3 月第 1 版
　　　　　　2021 年 3 月第 1 次印刷
书　　号　ISBN 978-7-5499-9045-0
定　　价　70.00 元
网店地址　http://jsfhjycbs.tmall.com
公 众 号　苏教服务(微信号：jsfhjyfw)
邮购电话　025-85406265，025-85400774，短信 02585420909
盗版举报　025-83658579

苏教版图书若有印装错误可向承印厂调换
提供盗版线索者给予重奖

出版说明

城市研究领域很深广，涉及多学科内容。经济、政治、文化、环境、资源、规划、可持续发展等主题，都与城市有关。这些主题大致涵盖了实体的物质空间和抽象的文化空间，也许在一定程度上与当代生活有关的问题大多是城市问题。

“城市研究系列”即是对中国城市化进程中可能遭遇的各种问题在理论上的一种回应。“系列”以经典性与前沿性为导向，理论研究与实证研究并重。在内容方面重点关注与城市主题有关的经典性著作、各学术流派的代表作、当代前沿问题研究、城市研究新理论、城市文化现象与发展方向的探讨等。这些内容不仅追溯了城市发展的历史进程中诸多富有影响力的节点，也契合了当前社会的热点和趋势。

“城市研究系列”既重视国外先进的城市研究著作的引入，也重视国内城市研究领域中优秀的原创著作的出版。我国的城市研究起步较晚，引入国外先进的学术理论，其目的是丰富我们认识城市的路径，建立更加科学的观照体系，从而形成并完善我们本土的城市理论系统建构。

作为中国城市化进程的目击者、参与者、解释者、引领者，我们有责任告诉世界这个历史悠久的农业大国在这一巨大的城市化转型中所发生的一切。而城市本身所具有的多样性与复杂性，也值得我们去探究，去呈现，去引领。

我们期待“城市研究系列”这一高水准的中外城市理论研究出版平台所带来的新角度和新方法，所开启的新视野，所探讨的新问题，能为我国新型的城市化进程提供充分的学术支持。

江苏凤凰教育出版社

献给安妮特和妮可

纪念理查德·威廉斯(1945—2001)

目 录

第一部分　理解支离的城市主义

第二部分　探索支离的大都市

插图目录

图目录

表目录

专栏目录

致　谢

近30年来，我们一直痴迷于城市和网络技术间错综复杂的关系，本书就是这种痴迷的结晶。10年来，《支离的城市主义》一书经历了漫长的、曲折的，有时甚至是极其痛苦的阵痛。没有广泛的人员和机构给予我们的支持和善意，这本书是不可能完成的。

首先，最重要的是，我们必须对安妮特·科尔尼和尼古拉·特纳表示感谢，感谢他们在本书成稿前的漫长（往往也是不胜其烦的）过程中给予的大力鼓励和帮助。没有他们，我们连一页都无法完成。

其次，在过去的十几年里，在许多朋友和同事一贯的支持和鼓励下，我们在城市、技术和基础设施网络方面的思考得以拓展，并日臻完善。感谢所有启发、帮助并为我们提供想法和支持的人们。

我们特别感谢纽卡斯尔大学的西蒙·盖伊。他在本书第二章撰写的早期阶段提供了关键性思路，并为本书提供了更广泛的知识。我们俩还要特别感谢詹姆斯·康福德、艾伦·吉拉德、安迪·吉莱斯皮、约翰·戈达德、帕特西·希利、拉纳德·理查森、马克·赫普沃思、伊丽莎白·斯托里和约翰·威尔茨希以及我们所有的同事，感谢他们在过去的10年里给予我们的支持与鼓励。

如果没有曼纽尔·卡斯特尔、奥利维尔·库塔德、肯杜·卡特、彼得·霍尔、理查德·汉利、帕特里克·勒·加勒斯、多琳·马西、马吉特·梅耶、让·马克·奥夫纳、简·萨默顿和埃里克·斯温格杜从一开始就给予我们的鼓励,我们不可能开始这个项目。这本书也从青山由纪子、阿什·阿明、尼尔·博任纳、曼纽尔·卡斯特尔、埃伦·邓纳姆·琼斯、珍妮·莱特、比尔·米切尔、史蒂夫·平奇、萨斯基娅·萨森、巴尼·沃夫和詹姆斯·惠勒的反馈、思想和支持中受益匪浅。感谢大家的批评和建议,以及对我们的认可和热情!

在个人层面上,斯蒂芬·格雷厄姆希望对麻省理工学院建筑与规划学院的以下成员表示感谢,感谢他们在1999—2000年斯蒂芬访问该校期间给予的支持和善意,他们是苏·德拉尼、乔·费雷拉、伯尼·弗里登、邓肯·金凯德、玛洛·赫特森、塞萨尔·麦克道尔、图里·麦金莱、比尔·米切尔、比什·桑亚尔、沈青、迈克·谢弗和安东尼·汤森。学院的支持,特别是城市研究与规划系(DUSP)的支持,为《支离的城市主义》一书的撰写和最终完稿做出了很大贡献。感谢纽卡斯尔和克拉克大学、伦敦国王学院、赫尔大学、利兹大都会大学、纽约大学、纽约科学院、布鲁克林技术学院和加州大学伯克利分校的同事们提供的帮助,并为本书各部分内容提出建设性的批评。

西蒙·马文要感谢他在纽卡斯尔大学建筑、规划与景观学院城市技术中心,以及其他部门和研究中心的所有前同事,感谢他们在城市和技术领域开展的10多年中愉快而激动人心的合作。同时也非常感谢彼得·布兰登、伊恩·库珀、迈克尔·戈德史密斯、艾伦·哈丁、迈克尔·哈洛和蒂姆·梅为索尔福德大学可持续城市和区域未来研究中心(SURF)在城市和技术方面的跨学科工作创造了一个令人兴奋的新环境。西蒙还要感谢史蒂夫·康纳、沃尔特·孟席斯、乔·拉维兹和西蒙·沙克利就环境、城市和区域进行了许多有趣的讨论。最后，他对联合公用事业集团，特别是前研发总监罗杰·福特的支持表示感谢，正是他的慷慨捐赠使得西蒙能够把时间用在思考城市和技术上。

只有集众多学者之成果，此书才成为可能。我们在这里要感谢的人，无法全部列出。但我们还是希望特别感谢以下人员，他们花费了宝贵的时间为本书的写作与朋友进行交流和启发性的讨论，或写下高质量的文章，这些文章对本书各个部分的写作都提供了极大帮助：阿苏·阿克苏伊和凯文·罗宾斯关于伊斯坦布尔重建的论述；阿什·阿明关于民主化的论述；亚历山德罗·奥里吉关于信息技术和公共空间的论述；凯伦·贝克关于供水网络的论述；休斯·巴顿关于环境街区的论述；伊兰·本·约瑟夫关于现代理想模式的论述；尼尔·博任纳关于尺度和国家理论的论述；斯坦·布鲁恩关于防御性景观的论述；布内尔对多媒体超级走廊的关注；曼纽尔·卡斯特尔对网络社会各个方面的关注；肯·科里对新加坡信息技术的论述；奥利维尔·库塔德对网络监管和机场连接的论述；迈克·克莱恩在城市网络空间方面的论述；苏珊·德鲁克关于通信和公共领域方面的论述；加里·甘珀特对传播和公共空间的研究；保罗·德瑞对网络和规划的论述；埃伦·邓纳姆·琼斯对后工业景观的论述；加布里埃尔·杜普伊对网络城市化的研究；罗伯特·埃文斯关于知识社会学的观点；乔·费雷拉关于互联网歧视的论述；史蒂夫·弗卢斯蒂关于后现代城市理论的观点；马修·甘迪关于网络化大都市历史的论述；安迪·吉莱斯皮关于地理和网络问题的论述；芭芭拉·格雷厄姆和大卫·霍姆斯关于墨尔本城市连接线的论述；西蒙·盖伊关于城市环境社会学的论述；帕蒂·海利关于规划电力和多元化城市的论述；格雷厄姆·霍顿对城市环境问题的讨论；托马斯·休斯对城市社会技术变革方面的讨论；玛洛·赫特森对劳动力市场排斥和信息技术方面的探讨；玛丽亚·凯卡对供水和城市历史的论述；约翰·兰代尔对电信科技和全球化的讨论；肯特·拉尔森对智能家庭的探究；珍妮·莱特对居家防护的历史论述；克里斯汀·利特对"连线西班牙语居民聚居区"的陈述；参加巴黎城市规划与公共政策研究所（LATTS）法国国家科学研究中心研究小组的每个人都做出了贡献。以下作者的论述也给了我们极大的启发：大卫·里昂关于城市监控；凯撒·麦克道威尔关于IT和文化政治；尼尔·马歇尔关于城市和电信服务；安迪·梅里菲尔德关于公共空间和抵抗；比尔·米切尔关于基础设施、碎片化和重新捆绑；帕特·莫赫塔里安关于电信和交通；米歇尔·莫斯关于互联网与城市；蒂姆·莫斯、莫滕·埃勒和苏珊娜·巴斯夫关于基础设施重组；克莱夫·诺里斯关于城市和闭路电视监控系统；让·马克·奥夫纳关于网络和属地性；苏珊·欧文斯关于能源和城市；乔尔格·奥特罗·派洛斯关于建筑"庞大性"；乔·佩恩特关于城市民主化；马库斯·帕瓦关于伦敦金融城；乔·拉维兹关于可持续发展城市；拉纳德·理查森关于后台办公室；彼得·里默关于太平洋地区的交通和电信流以及雅加达的重组；乔恩·卢瑟福关于规划和电信科技；萨斯基娅·萨森关于全球城市和全球城市网络；苏利·拉莫斯·施瓦特和里卡多·托莱多·席尔瓦关于巴西的公用事业重组；安德烈·罗德里格斯关于巴西的外来投资；苏珊娜·斯佩尔关于边缘化街区；简·萨默顿关于技术社会学；格里·萨斯曼关于全球信息劳工；埃里克·斯温格杜关于赛博格式城市的空间性、水资源和社会权力；乔尔·塔尔关于城市历史；安东尼·汤森关于城市与IT及宝贵的电信城市邮件列表服务；埃米·曾关于带宽和互联网路由；乔·托斯关于IT与社区；马克·威尔逊关于全球后台办公室；马特·祖克关于城市互联网地理环境。当然，如果本书出现了什么错误，责任都在我们！

第三，我们感谢在本书的制作方面提供帮助的每一个人。我们要特别感谢索尔福德大学复印处的图形设计师格温妮丝，她出色地完成了工作，将往往破碎、损坏和模糊的插图、表格和数字变成了本书中展示的精美插图。我们还要感谢该处的帕姆·艾伦在跟踪大量插图权限方面提供的帮助。劳特里奇出版社的特里斯坦·帕尔默在早期阶段提供了极大的支持。莎拉·劳埃德和莎拉·卡蒂在该项目初始阶段给予了极大的帮助。在复杂的创作过程中，安德鲁·摩尔和安·迈克尔提供了有力的支持。

第四，以下是本书各章中的一些段落，它们出现在已发表的期刊文章中，略有修改。第一章：S.格雷厄姆(2000)，“简介：城市与基础设施网络”(《国际城市与区域研究杂志》24[1]：114—120)；S.马文，S.格雷厄姆和S.盖伊(1999)，“英国的私有网络，城市和区域”(《规划进展》，51：91—165)。第三章：S.马文和N.劳瑞(1999)，“玻利维亚科恰班巴省新兴的水资源管理逻辑”，(《城市研究》36[2]：341—357)。第四章：S.盖伊，S.格雷厄姆和S.马文(1997)，“支离的网络：20世纪90年代英国的城市和技术网络”(《城市研究》，34[2]：191—216)；第五章：S.格雷厄姆(1998)，“地理的终结还是地方的爆炸？将空间，时间和信息技术概念化”(《人类地理学进展》，22[2]：165—185)。第六章：S.格雷厄姆(2000)，“构建优质的网络空间：对基础设施网络和当代城市发展的思考”(《国际城市与区域研究杂志》，24[1]：183—200)；S.马文和S.盖伊(1997)，“智能电表和私有化公用事业”(《地方经济》，12[2]：119—132)；S.格雷厄姆和S.斯比克(2000)，“服务不包括在内：边缘化的社区、对私人服务业投资的减少以及多种社会排斥”(《环境与规划》A，1985—2001)。第七章：S.格雷厄姆(1999)，“全球光纤网格：在全球城市、电信和星球城市网络之上”(《城市研究》，36[5—6]：929—949)；第八章：S.马文和S.盖伊(1997)，“基础设施的提供，发展过程和环境价值的共同产生”(《城市研究》，34[12]：2023—2036)；S.马文、H.查佩尔和S.盖伊(1999)，“智能电表的发展途径：塑造环境创新”(《计算机，环境与城市系统》，23：

109—126)。第九章、第十章：S.格雷厄姆(2000)，“构建优质网络空间：对基础设施网络和当代城市发展的思考”(《国际城市与区域研究杂志》,24[1]:183—200)；S.格雷厄姆和P.希利(1999)，“空间与地方的关系概念：规划理论和实践的问题”(《欧洲规划研究》,7[5]:623—646)。

最后，我们要感谢以下人员，允许我们使用插图、图及表格。加利福尼亚州西南部纳欣诺市的 Maptech 软件公司 www.maptech.com 提供了封面图片；插图 2 由位于加利福尼亚威尼斯市的捷得国际建筑师事务所提供；插图 5 由马里兰州约翰·霍普金斯大学出版社提供；插图 3 由世界教会理事会《照片世界》提供；插图 6 由 P.安德鲁和麻省理工学院出版社提供；插图 7 由伦敦 IPC 媒体出版社《妇女杂志》提供；插图 13 由韦德尔·蒂埃里和巴黎法国科学研究中心(CEVIPOF)提供；插图 18 来自鹿特丹荷兰建筑协会出版社出版的《空白：建筑以及后种族隔离时代》一书，编辑为希尔顿·朱丹和伊凡·弗拉迪斯拉夫；插图 20 由布莱克威尔出版社提供。图 1.1 由伦敦国际海事卫星组织提供；图 1.2 和图 8.1 由《波士顿环球报》提供；图 1.3 由堪萨斯城的斯普林特公司提供；图 1.4 由加利福尼亚圣莫尼卡的 X-drive 公司提供；图 2.1 由约翰·霍普金斯大学出版社提供；图 2.2 和 2.4 由麻省理工学院出版社提供；图 2.3 由华盛顿特区史密森尼学会提供；图 2.5、6.17 和7.9由哈洛朗文集团提供；图 2.6 由纽约乔治·巴西勒公司提供；图 2.7 由加利福尼亚大学出版社提供；图 2.8 和 3.2 由巴黎市中央四区法国国家科研中心(CNRS)的期刊网站新闻推送提供；图 2.9 由纽约皇后区艺术博物馆提供；图2.10、6.2 和 6.10、6.11 由莱斯大学建筑学院提供；图 2.11 由芝加哥艺术学院提供；图 2.12 由纽约珀修斯图书集团提供；图 2.13 由巴黎阿尔芒·科兰出版社提供版本；图 2.14 由 AT & T 档案馆和加利福尼亚大学出版社提供；图2.15 由加拿大贝尔电话公司和加利福尼亚大学出版社提供；图 2.16 由泰恩河畔纽卡斯尔北部电力与天然气公司提供；图 2.17 由伦敦 E. F. & N. Spon 出版社提供；图 2.18 由伦敦塞奇出版社提供；图 2.19 由纽约美国地理学会《地理评论》提供；图 3.1 由伦敦国际传播学会出版的《国际传媒》提供；图 4.1、4.3、6.1 和 6.13 由阿法登卡法克斯出版公司的《城市研究》提供；图 4.2 和 6.7 由马里兰州弗雷德里克市的《收费公路通讯》提供；图 4.4—4.5 由华盛顿特区国际复兴开发银行提供；图 5.1 和 7.10 由泰勒-弗朗西斯出版集团伦敦劳特里奇出版社提供；图6.3由密西西比州迪尔伯恩市的伟世通汽车系统和《纽约时报》提供；图 6.4 由东格林斯特德里德信息服务公司的《公用事业周刊》提供；图 6.5 由普伦蒂斯霍尔国际公司的赫默尔·亨普斯特德提供；图 6.8 来自加拿大"下一个城市"机构网站《城市》一图；图 6.9 来自加利福尼亚州橙县的 91 号快速车道；图 6.12 来自英格兰巴金爱思唯尔科学出版社出版的《景观和城市规划》；图 6.14 来自伦敦 Pion 出版公司出版的《环境与城市规划 A》；图 6.15 来自牛津佩加蒙出版社出版的《电信政策》；图 6.16 来自北卡罗来纳州莫里斯维尔的 IBM 智能家居系统；图 7.1 来自伦敦哈珀·柯林斯出版商；图 7.2 来自阿姆斯特丹国际媒体合作伙伴；图 7.3 来自伦敦 COLT 电信集团；图 7.4 来自牛津佩加蒙出版社；图 7.5 来自伦敦建筑出版社的《建筑物》；图 7.6 来自泰国曼谷乌蒂斯·凯西恩博士和泰国国家经济和社会发展委员会；图 7.7 来自旧金山《旧金山海湾卫报》；图 7.8 来自纽约市经济发展公司和纽约电信交换中心；图 7.11 来自总部位于吉隆坡的马来西亚报纸《星报》；图 7.12 和 7.16 来自牛津布莱克威尔出版社；图 7.13 来自香港中文大学出版社；图 7.14 来自牛津亚历山大出版社出版的《建成环境》；图 7.15 来自纽约约翰·威利父子公司出版的《国家生产力评论》；图 7.17 来自美国移民归化局；图 7.18 来自伦敦希思罗特快列车；图7.19来自德州伊尔温县 GTE Interworking 公司；图 7.20 由加州大学伯克利分校的马修·祖克提供。表2.1来自伦敦贝尔黑文出版社；表3.1来自纽约约翰·威利父子公司；表3.2来自阿法登卡法克斯出版公司的《城市研究》；表4.1—4.7来自华盛顿特区的国际复兴开发银行；表6.1来自伦敦Pion出版公司出版的《环境与城市规划A》；表6.2来自位于英国东格林斯特德议会选区的里德信息服务公司的《公用事业周刊》；表7.1来自彼得伯勒EMAP传媒出版的《国际通讯周刊》。

我们已尽一切努力联系并得到了版权所有者的同意，得以转载本书中的材料。出版商将很高兴收到任何未在此处得到说明的版权持有者的来信，并承诺纠正本书未来版本中出现的任何错误或遗漏。

斯蒂芬·格雷厄姆(s.d.n.graham@ncl.ac.uk)
西蒙·马文(s.marvin@salford.ac.uk)
泰恩河畔纽卡斯尔，2000年9月

插图 1　中国上海市中心的新公路系统。摄影：斯蒂芬·格雷厄姆

我们该如何构想城市的组织和公共基础设施的建设？

(Michel Foucault，1984：239)

城镇与道路相互依存。城镇仅仅因作为整个环路上的一个功能点而得以存在。城镇即是环路的产物，也成就了环路。进出城镇的东西决定了城镇的性质：总有东西需要进出其中。

(Deleuze and Guattari，1997：186)

我应该告诉你关于隐匿在贝伦尼斯镜头下的城市(正义之城)……那里密布着电线、管道、滑轮、活塞和平衡锤，如攀爬植物般四处渗透。①

(Italo Calvino，1974：148)

城市就像电力变压器：它们加剧了紧张局势，加速了交流，并无休止地搅乱着人们的生活。

(Fernand Braudel，1967；引自 Paquout，2000：8)

① 贝伦尼斯·阿博特(Berenice Abbott，1898—1991)，美国摄影师，20 世纪 30 年代用黑白摄影表现纽约街头和建筑物而为人所知。1929 年，她开始以胶片纪录纽约市并于 1939 年出版了《改变纽约》(*Changing New York*)，她的照片记录了曼哈顿被摧毁的建筑物和社区。——译者注

城市拥有最齐全、最密集的基础设施，或更准确地说是一整套基础设施，为我们提供住所、联系、能源、水以及其他满足人类需求的工具。它们时而运作和谐有效，时而失效，令人沮丧。基础设施反映了我们的社会和历史发展。它是我们集体的象征，它的形式和功能加深了我们对地区、群体和文化之间异同的理解。物理基础设施包括各种结构、建筑物、管道、道路、铁路、桥梁、隧道和电线。同样重要且易于更改的是物理基础设施的“软件”，即系统运行的所有正式和非正式规则。

(Herman and Ausubel，1988：1)

城市要生存，取决于过程。城市的真相最终就在过程中。

(Spiro Kostof，1992：305)

序

网络化大都市的传奇

插图 2　位于洛杉矶的时尚岛购物中心，由捷得国际建筑师事务所设计开发。图片来源：捷得国际建筑师事务所(1999:82)

全球玻璃光纤网上的市中心核心区

美国一家电信公司 MCI 公司[①]建造了一片仅覆盖伦敦金融城中心核心区域的光纤网络。这根长度仅为 125 千米的光纤网络，承载着整整 20%的英国国际电信总量，而这只是在全球各地迅速涌现的城市光纤岛中的一个。类似的光纤岛集中在亚洲、欧洲、南/北美洲的 50 个金融大都市的核心区。这些高容量的网络连接着越洋的洲际光纤网络，但并不为其他地方提供服务。它们经过精心选址，目的是服务于那些通信最为密集的跨国公司。但是，当世界金融中心核心区的空间以前所未有的势力延伸至全球时，人们开始耗费越来越多的精力来“过滤”这些核心区与所在城市之间的关系。例如，在伦敦，号称“钢圈”(ring of steel)的系统支撑着设置在金融街区每一个入口的电子监视及武装防护系统。该系统能自动读取进入车辆车牌号，三秒内即可识别出被偷车辆。如果自动连上全国驾照记录档案上的数字化照片，该系统还能对驾驶人进行人脸识别，这一功能早已得到了测试。

关于水

许多发展中城市早已摈弃了向大众提供饮用水及污水处理服务的想法，取而代之的往往是极具双重性的体系。例如，印度超级大城市孟买的水管将饮用水引入安装有门禁和栅栏的富裕公寓建筑群，而对棚户区居民而言，这些水管则成了地下快捷通道，尽管不乏危险。这些棚户区居民是无论如何都得不到水管里的供水服务的。不仅如此，他们还往往不得不以极高的价钱购买运水车运来的瓶装水。这些运水车由私人企业运作，利润空间极大。

---

① 2003 年之前又称 MCI WorldCom。——译者注

为投资飞地定制基础设施

印度尼西亚民丹岛上新建的旅游及制造业飞地距新加坡南部几英里。从那里打电话或数据通信联系到新加坡要越过国界线，但如今已被视为“本地”通信，而穿过飞地高墙到周边的印度尼西亚国内地区反倒以国际通信标准收费。巴西南部的南里奥格兰德州州政府答应新建一个港口、一条连接到运河的专用线路和配套设施，以及铁路、公路连接线，以此来吸引美国通用公司在当地设立投资额为6亿美元的汽车生产线项目。所有这些昂贵崭新的基础设施将免费专门提供给这家公司。由于州政府在这场“投标战”中下的血本，提供给州内贫困人群的基本饮水、能源、道路基础设施会逐渐减少，甚至被收回。

崩溃的技术系统

总体来说，“千年虫”对基础设施和技术系统的实际损害并没有预想的那样惨重。然而，20世纪90年代，苏联曾真实地发生过电力能源和通信系统的大面积瘫痪事件。苏联为支撑其工业化进程，在城镇大规模发展电力、电话、供水供暖系统，这也是其现代化发展的核心工程。但自苏联解体后，这些系统中的大多数开始衰败并分崩离析，好多时候仅仅是因为疏于管理，缺乏资源、配件和有经验的技术人员。比如苏联一些北部城市，曾使人们在当地极端气候条件下生存下来的免费市政供暖系统有时会停止运行，这极大地加快了人口外迁。但更让人担心的是，大规模的基础设施网络，尤其是主干电力系统和通信网络化基础设施遭到盗窃。近几年来，已有超过15 000千米的电力主干电缆被犯罪团伙及赤贫家庭盗窃，拆解成金属后卖到黑市出口。在如此触目惊心的去现代化过程中，那些将俄罗斯人与现代生活联系起来的系统，事实上都因有些人为赚点“快钱”而被拆走、变卖。大部分俄罗斯人现在面临着长期电力供应中断问题。这给人们的生活质量、经济发展及必要的公共服务带来了毁灭性的后果。而所发生的一切,也迫使有钱有势的人在他们所生活的区域内自行建设专属的、能提供不间断电力与通信设施。但是居住在这些区域之外的人们就没那么幸运了。

绕开机场拥挤的人群

新技术的广泛采用,让那些更受欢迎的富有而出行频繁的旅行者享受无缝对接,快速通过港口、机场及铁路枢纽的便利,而其他乘客则面临着传统的,很多情况下更为严格的安全审查。比如,借助美国移民入籍处的旅客过境通行服务系统(INSPASS),美国、加拿大、德国、荷兰及其他发达工业国家频繁出差的商务旅客及外交官现在可以获得一张智能卡,里面设定了基于独一无二的手部个人生物特征信息。只要在移民处刷下卡,将手放到扫描机上,他们就可以使用快速通道通关。超过 7 万人加入了该系统的试用,移民归化局致力于将该系统在全球推广。“不久前,只有那些处于高度监视下的战略要地,如军事情报机构,才会安装这种装置。”(Mattelart,1996:305)1999 年有 5 万多人使用这种系统。

我的数据包比你的更有价值

随着大量投资进入新兴的互联网光纤管道,潜在的需求量增长逐渐填满各个新的空间,造成网络堵塞。为此,像美国思科——制造用以组织安排互联网信息流动的智能路由器和交换器的公司——开始想办法将最有价值、最重要的信息包筛选出来。这些公司的想法是,发生网络堵塞时,来自优质客户的最有价值的信息被优先放行,可以畅通无阻,而其他的则被阻断传送。因此,尽管通常互联网被吹嘘为平等而民主的空间,事实上大量的不平等正以微妙而不易被人察觉的方式融入使互联网正常运作的通信协议中。

从开放的网络到封闭的城市街道

北美、亚洲、非洲和拉美的许多城市街道如今已不再是开放互通的，而是完全独立，并为私人所有。这些街道是进入门禁式或整体规划小区的入口点。它们通过围墙、大门、高科技监控系统与城市其他部分精心区隔，自成堡垒；同时又通过有专门门卫看守的高速公路收费站式的闸门、定制的供水能源管道、通信网络，有选择地将它们接入更为广大的大都市带及外部世界。这些空间的私人管理者积极探索小区自己的供水、交通、能源供应服务方式，与小区的通信网络匹配，进一步将这些小区从更大的城市结构中脱离出来，从而成为类似中世纪的城邦一样的存在。亚利桑那州凤凰城中一个门禁小区甚至开始运行自己的电动车队。当然这些车队不能在小区之外的公路上使用(Kirby，1998)。

人行天桥城与国际城堡

同时，在休斯敦、多伦多和明尼阿波利斯这些北美城市的市中心核心区，人行天桥超越了传统逻辑，其延展体系正在绕过传统的街道系统，自成蹊径。人行天桥连接着由办公楼及市中心复合式购物中心构成的延展之网。这就是博迪(Boddy，1992)所定义的“类城市”(analogous city)，即监视严密、配备空调、完全封闭的步行系统。

同样，机场、货运区、零售购物中心、运动场馆、大学、科研机构、医院、媒体和技术园区正成为区域、国际间交流日益频繁的场所，但同时围墙、各种防护、闭路电视系统活跃地过滤着它们与当地城市结构之间的关系。大卫·哈维(David Harvey)注意到一些自相矛盾的现象，比如在巴尔的摩，一些非洲裔美国妇女每天都穿过这些边界去打扫世界上最著名的一些医院(如约翰·霍普金斯医院)，但她们生病时却因没有医疗保险而无法得到公共医疗卫生服务。同时，这些世界知名医院周边地区的人口寿命在全国是最低的，与世界上众多的较为贫穷国家的水平相差无几（2000：136）。卡洛·埃泽基利（Carlo Ezechieli，1998）把这些地方称为“国际城堡”。随着这些趋势的深入发展，全世界许多城市的实体结构正日益碎片化，成为各种巨大的“蜂窝”集群——由按需定制、受到严密保护的企业、消费、研究、交通、交流、家庭及医疗服务空间组成的各种组合功能区。每一个功能区都以建设高速公路网、全球电信连接、优质的能源与供水服务连接为重点。而由闭路电视系统和保安护卫着的“公共私人空间”，成为它们与周边紧邻区域之间的调度者。这些组合功能区常常摈弃传统的街面以及更广泛的城市结构，仔细过滤那些没有被获准进入本区域工作、游玩、休闲、居住及旅游的“不受欢迎”的使用者。例如，马萨诸塞州福克斯波罗市一个新的美式足球场馆建有一条通道，仅供场馆拥有人及团体席位使用者使用，所有其他粉丝则必须使用旧的公共通道。

这种周密细致的隔离式设计酿就了一个悲剧性事件，也就是1995年12月14日发生在纽约州布法罗市边缘的巨型购物中心瓦尔登街廊的惨剧。购物中心一位叫辛西娅·威金斯的员工从城市公共汽车站横穿一条七车道的高速路时被一辆10吨重的大卡车撞倒身亡。城市公交一律不准进入购物中心，购物中心的每一项设计都是为了吸引那些大把花钱的中高收入消费者，而这些人往往会开车来购物（Gottdeiner，1997：132）。

私有化的智能化高速通道

在一些市区，城市道路也日益私有化，以盈利为目的，并根据一些富有的、经常往返于某些城市通道上的人士的需求进行定制。在多伦多、圣地亚哥、墨尔本、洛杉矶等城市，个人出资新建的道路使用全自动电子收费技术，叠加在旧的公共道路网上，创建出全新的交通与开发通道。高速公路集团公司抛售出地块，在通道沿线建设为经常开车的富裕人群设计的配套设施。一些电子化高速公路可以根据交通状况实时更改收费标准，以确保道路畅通。这也会把那些在拥堵的公共路网上沮丧爬行的上班族们吸引过来。这些高速公路让那些付费的人以“虫洞”模式穿过北美最拥堵的公共快速路。开车人银行账户里的钱会根据行驶的时间和路程被精确扣取。在洛杉矶，与那些在公共高速公路上行驶的人相比，同样是 10 英里路程，电子化高速公路上的开车人可以节省 40 分钟时间。

终极通勤之路

巴西大都市圣保罗每年发生约 8 500 起谋杀案，是纽约的 10 倍。由于害怕被劫车，同时要避开日复一日拥堵不堪的街道，该城市最富有的市民们找到了一个终极办法——私人通勤直升机。这样一来就免去了他们在市内通行时受到公路、街道、甚至地形的约束。《纽约时报》报道，圣保罗私人直升机数量增长速度全世界最快，现已超过 400 架，并且正以更快的速度增长。这也强烈标志着该市贫富差距几乎达到离奇的地步(15 February 2000:1)。“既然你买得起一架直升机，又何必勉强自己接受装甲宝马呢?”当地一名直升机经销商埃里克·瓦森如此说。要知道，该市总共 10 400 辆公交车，每天要接待 370 万乘客。由于公交系统处于混乱、濒临瘫痪状态，加之不断升高的暴力风险，乘客们面临日益严重的班次延误与污染等危险。

多样化的水电煤公用事业网格

随着英国水电煤等服务私有化，人们可以选择不同的天然气、电力、电信供应商，有时甚至还能选择不同的水务公司。这些公司的总部分布在世界发达国家和地区，比如新加坡的电缆、荷兰的电信、美国的能源、法国的水务。一些城市还出现了办理供应能源、水、电信等公共服务的一站式商店。市民要获得对生态环境无害的食物、绿色出行及节能建筑，只需购买由专门的可再生能源公司发电、并网的绿色电力。租房户同样可以获得由那些具有社会责任意识的企业所生产的平价电力。对经济条件较好的消费者来说，新的信息技术开拓出一个拥有不同的服务提供者及各种增值服务的虚拟市场。但对低收入使用者来说，同样的技术往往有不同的服务配置。充值智能卡和预充值卡的使用拉开了供应商与低收入人群间的差距，因为这些方法使供应商与消费者不发生直接联系。它们要求使用者——往往是社会中出行最少的人群——走出家门去充值，把他们锁定在更高的资费套餐中，享受不到市场竞争带来的好处。

第一章　前言

网络化基础设施、技术变迁与城市状况

插图 3　南非德班附近的电力线穿过乌姆拉锡镇(20 世纪 50 年代在南非各大城市市郊逐渐形成的一个黑人住宅区),并未给当地居民提供电力服务。图片来源:世界教会理事会《照片世界》

以批判的视角去关注交通、电信、能源、供水、道路等网络化基础设施，会让我们以一种强有力的动态方式来看待当代城市及城市区域(参见Dupuy,1991)。当我们把分析重点放在如何构建和使用那些相互交织着注入城市每个空间的电线、管道、隧道、线管、街道、公路和技术网络时，现代城市主义就呈现为异常复杂且动态的社会技术过程。当代城市生活被揭示为从个体到全球不同尺度间的不断互动。电信、交通、能源和水网络支撑下的这种跨距离、不同尺度间的移动交互，推动着人们对全球化过程展开广泛的讨论。

从这种视角看，基础设施促成了城市生活的流动、进步和更替，而城市与城市区域在某种程度上则成为这种不断变迁路上的转运站。它们以过程的形式出现，出现在远程水资源储备、流动和处置以及污水和废水的倾倒这些过程中。它们是电力和能源在全球性流动过程中产生需求，并进行交换的温床。在电子信号与数字符号兴起的世界，它们是全球流通与生产的主要场所。它们依然是产品与商品进行跨国交换与分配的主要中心。它们的极端重要性还体现在人员(工人、移民、难民、游客)的流动正是通过复杂而多样的运输系统得以实现的。

这种城市进程的不断变化是由基础设施“景观”构成的。这些景观重重叠加，彼此较量，相互连接，成为连接自然、文化与城市生产之间的中介，于是就有了与能源和电力相关的电力城，与饮用水和废水相关的水力城，与电子通信相关的信息或网络之城，以及与机械化道路景观或其他技术相关的汽车之城等。但重要的是，这些基础设施景观并非独立存在；它们相互依存，与城市开发和城市空间密切联系，共同发展。

如此庞大的技术体系与城市、城市生活交织、融合在一起，并支撑起城市与城市生活，那么，我们该如何看待它？二战后建立的强大意识形态主导了我们考虑这类城市基础设施网络的方式。这种意识形态通常认为街道、电力、水、排污或通信网络能够以几乎相同的成本向城市和区域的每个人(几乎)提供大致类似的基本服务,而且通常以垄断为基础。因此,从根本上说,人们认为,基础设施网络把城市、区域和国家连接成了一个有序运转的地理与政治意义上的完整体。传统上,它们被认为是需要公共监管的系统,因此它们通常以某种“公共利益”的名义在某种程度上为某块领域增加凝聚力。

这种意识形态假定基础设施运营商就如拼图里众多的拼块,连绵地覆盖着城市、区域和国家领域,并在此过程中促进了它们所在城市、区域或国家的身份的形成和发展。正如史蒂夫·平奇(Steven Pinch)在他的经典著作《城市与服务》(*Cities and Services*)中所论证的,公用事业设施(有时也包括公共交通和电信网络)是地方公共物品。一般而言,在某一地方政府或行政管理范围内,所有个人都可以以同等成本获得(1985:10)。这意味着与商店、银行、教育和住房等其他“特定点”的城市服务相比,这些公用事业设施对城市研究人员的吸引力相对较小,因为从所有动机和目的来看,它们实际上都不具有传统意义上的城市地理特征。

那么,我们在前言部分举的这一大堆例子又有什么用呢?何况这些例子看起来和上述的假设是背道而驰的。之前这个沉闷的并认为一切理所当然的城市基础设施网络化世界中正在发生什么?在上面的示例中,我们该如何解释无数私人专门定制化的网络及空间的出现?它们不仅出现在上述例子中,还出现在那些新近把集成、单一的基础设施——如街道、交通网络、水电网、电话基础设施——当成政策思想及意识形态核心的国家中。在这个城市化的星球上,这些基础设施的新发展对整个城市化星球的城市和城市生活意味着什么?

对我们来说,本书中的这些故事以及其他关于网络化基础设施的传奇提出了一系列重要的问题。在如此广泛的案例中,是否存在着共同线索？纵横于各地的多种基础设施网络中是否酝酿着大体相同的变革过程？我们如何才能理解新兴的基础设施网络和国际化资本主义的城市景观，尤其是在当前城市基础研究遭到忽视、技术论占主导地位的情况下？交通、电信、能源和水等领域（如上所述）的私有化、定制化基础设施网络的出现如何与城市和城市区域不断变化的物质、社会经济和生态发展交织在一起？最后，这些趋势对城市政策、治理和规划以及关于真正民主的城市实际上可能意味着什么？

本书的其余部分对基础设施网络、它们所支持的技术变迁以及城市与城市社会间不断变动的关系进行了跨国界、跨学科的分析，以此来解决上述问题。在第一章中，我们为讨论奠定了基础。这一章分为六个部分，第一部分介绍了城市社会与基础设施网络之间复杂的相互依存关系。第二部分探索了当代城市变化似乎与全球连接的不平衡以及明显增强的地方边界之间自相矛盾的趋势相关。在第三和第四部分中，我们继续分析为什么城市研究和相关学科在很大程度上未能做到将基础设施网络视为系统性的研究领域。人们反而普遍认为，技术和基础设施可以简单而确定无疑地塑造城市的形态和世界以及更广泛的社会和历史结构。第五部分探索了某些时点和阶段。这一部分向我们揭示：当代城市生活方式在本质上是由网络的这些或崩溃、或失效的时点和阶段支持的。最后，为完成本书其余的任务，我们在第六部分拟定了一些考虑问题的出发点，并以此结束本章，即想象一下我们所说的对当代网络大都市进行的一种批判性城市主义。

交通、通信、能源及供水：现代城市的网络支撑

本书的出发点：基础设施网络是现代城市的主要实体和技术财产。交通、街道、通信、能源及供水系统这“一大捆”在物质上相连、支

撑着现代城市的基础网络设施，依然是人类迄今为止发明创造出来的最庞大、最睿智的技术产品。实际上，正如加布里埃尔·杜普伊(Gabriel Dupuy，1991)提醒我们的那样，现代城市网络化这一本质特征或许就是其唯一的主导特征。现代城市的大部分历史可以至少部分地理解为在城市和大都市区域内部及之间“推出”扩展和增加公路、铁路、航空、水、能源和电信网络等一系列尝试。这些巨大的技术和物质连接是维持当代社会不断增长的远距离交换、移动和交易水平的需求所必需的。在这种观点下，我们着重强调基础设施网络与现代城市主义之间的四个关键联系，它们共同构成了本书的起点。

城市展现了一种社会技术进步的过程

首先，城市经济、社会、地理、环境和文化变革与不断变化的通过构建和使用网络化基础设施进行远距离调节交流的实践和潜力紧密相关。“技术网络(水、天然气、电力、信息等)是城市的组成部分。它们是自然界不断转化为城市的中介。”(Kaika and Swyngedouw，2000：1)正如霍尔和普雷斯顿(Hall and Preston)所说，在现代社会，“事实证明，许多创新都依赖于基础设施网络(铁路、电报电话、电网、高速公路、机场和空中交通管制、电信系统)的建立”(1988：273)。

从某种意义上说，城市的生命力和变化以及城市生活可以看成是一系列密切相关的社会技术过程。这就是现代性的本质：人和机构采用极其复杂的技术系统(通常是人们很少了解的)在时间和空间上不均衡地扩展其行为(Giddens，1990)。通过这些复杂的系统，水和能源从遥远的源头得以汲取；废水得以处理，并且被无形地转移至其他地方；传媒被纳入意义的生产和各种电子符号四处呈现的世界。人们穿行于城市的物理和社会世界以及支撑城市的各类系统，或是出于自愿，或是为了寻求快乐，同时我们也别忘了，这也或许是因战争、饥荒、灾难或镇压而造成的创伤和流离失所。

某个人的基础设施是另一个人的难题：城市基础设施网络成为固化的社会利益

其次，紧随其后的是，具有复杂网络架构的基础设施网络致力于将不同的地点、人、建筑物和城市元素带入动态的关系和交流中。没有了基础设施网络，这一切都不可能发生。基础设施网络提供了分配网格和拓扑连接，将生产系统和实践及消费系统与实践连接在一起。它们跨越城市、区域、国家和国际边界连接在一起，尽管有各种不均衡，但有助于界定城市空间内部及彼此之间的物质要素与社会要素。基础设施网络将全球各个时区的城市（部分）连接，并协调当代城市内部和之间的多重连接和脱节（Amin and Graham，1998b）。它们以戏剧性的但又高度不平衡的方式，“扭曲”并重塑了社会、经济、文化、物质、生态等所有方面的时空互动。

因此，基础设施网络以一种非常真实，但又通常非常复杂的方式参与并维持着我们所谓的“社会技术的权力几何学结构”[①]（参见Massey，1993）。基础设施往往体现了“固化的社会利益”（Bijker，1993）。通过它们，人、组织机构、公司才能跨越“此时”和“此地”，扩大各自的影响力；事实上这种影响力的扩大“在许多地方都可以做到”（Curry，1998：103），无论是在“访问”全球的网页，打电话给千里之外的朋友或呼叫中心，使用远距离运输而来的能源或水资源，通过管道将废弃物转移到远方，还是亲自穿越高速公路、街道或其他交通系统。

但是，人们在建设基础设施及出行空间的同时，也始终是在对他

---

① “权力几何学”这一概念由马西提出。在马西看来，不同的个人和社会群体，在社会空间中以不同的姿态参与了地方的流动、生成和联系，同时根据身份的不同对地方的运作机制做出不同的反应。与此同时，在不同的个人和社会群体之间也会存在相互倾轧和约束的现象，由此，地方的各种社会关系实际上是一个个具有主导或次生内部结构的微观权力机制，渗透在社会生活的方方面面。——译者注

人造成妨碍。因此，基础设施建设的经验非常重要。“对于坐在轮椅上的人来说，建筑物前面的楼梯和门框不是可以无缝对接使用的对象，而是障碍。某个人的基础设施是另一个人的难题。”（Star，1999：380）人们总是有意或无意地将社会偏见纳入城市基础设施系统。如在古罗马，在水流量不足的情况下，先进的供水网络会首先选择将水输送到公共喷泉，其次是公共浴池，最后才输送到私人住宅（Offner，1999：219）。

因此，我们必须认识到，基础设施网络的配置不可避免地充满了具有偏见的社会、经济、生态和政治权力的斗争，以便从与（或多或少）遥远的时空连接中受益。但同时，我们也要极其警惕随意将某种普通或具有决定性作用的权力分配给技术或是基础设施网络本身会带来的危险（Woolgar，1991）。基础设施和科技在孤立情况下不会简单地具有决定性的和普遍的城市“冲击力”。相反，如此庞大的技术体系（Summerton，1994a）或者说技术网络（Offner，1993）被紧紧地束缚于一个更大的社会技术、政治、文化所构成的复合体中。在不同的时空，该复合体随情况不同而具有不同的影响力（参见 Tarr and Dupuy，1988；Joerges，1999a）。

基础设施网络是嵌入式地缘政治学

第三，基础设施网络构成了当代城市和城市体系的物质、经济和地缘政治结构中相当大的一部分。它们被植入城市结构内部和城市之间，是真正意义上的“沉没”资本，代表着金融、技术、专门知识以及组织和地缘政治力量的长期积累。新的基础设施网络“必须被固定在空间，以便在空间的其余部分展开更多的活动”（Harvey，1985：149）。这意味着，它们“只有通过生成新的领域配置，通过在由地方和连接性流动所构成的新的地理中利用社会进程，才能将活动从其嵌入空间中解放出来”（Swyngedouw，1993：306）。

由此，在城市结构下方、中间和上方嵌入、建设并维护基础设施网络的“混乱”做法，也注入了大都市区的政治之中。它们要求对市场——不论是国家还是政府层面，包括越来越多的跨国机构——进行复杂的监管。虽然在城市基础设施网络化发展中出现了各种类型的私有化和自由化的全球趋势，但在每个城市、区域或国家，网络化发展的政策是有争议的，与各自更广泛的治理方式、国家建设和市场结构密切相关(Lorrain and Stoker，1997)。

基础设施网络及城市现代性和出行文化

最后，基础设施网络以及围绕基础设施网络所进行的社会技术过程，在构建和描述城市文化体验以及雷蒙德·威廉斯(Raymond Williams，1973)所说的现代都市生活的“情感结构”中都扮演了重要角色。因此，热、电、水、光、速度和通信的网络技术已成为所有城市现代性和出行文化的内在技术(Thrift，1995)。各种行动者，如开发商、规划师、政府官员、政客、监管者、运营商、工程师、房地产开发商和家电制造商、艺术家、新闻工作者、社会科学家、未来主义者和哲学家们，总会在表示城市“进步”的形象和思想时援引这些技术(参见 Kaika and Swyngedouw，2000)。

传统上，基础设施网络还往往是设计者、改革家、现代主义者和社会活动家们普遍愿望的核心，用以捍卫他们对理想城市秩序，即美好城市的理念(参见 Friedmann ，2000)。比如说勒· 柯布西耶和弗兰克·劳埃德·赖特描绘的乌托邦建立在高速公路基础之上；20 世纪 20 年代未来主义者们对飞机、火车、游轮、摩托车旅行的痴迷；埃比尼泽·霍华德对城市铁路连接的关注；或者是豪斯曼笔下林荫大道与下水道在 19 世纪巴黎“现代化”中的核心地位(参见 Dupuy，1991：105)。同样，也请考虑一下，美好城市该如何最终成为一座“网络之城”“比特之城”或者“伊托邦”，并与最新的数字媒体技术及网络紧密结合起来

(Mitchell,1995;1999;参见 Wheeler *et al.*,2000)。

网络化的悖论:全球连接和地方断连

毋庸置疑,在过去 7000 年的城市历史中,城市及城市生活与其他地方或近或远的基础设施连接密不可分(Soja,2000)。但在过去的一个世纪,基础设施发生了如下变化:

- 上述连接的强度、力度、速度及广度;
- 人们普遍依赖以物质、技术网络及其支持的移动性为基础的城市生活;
- 技术支撑下的城市生活规模;
- 网络化基础设施的类型和密度的复制与延伸;
- 更为强大、先进的基础设施的成熟速度(参见 Urry,2000b)。

今天,西方世界的大部分人口,以及发展中国家、新兴工业化进程中的国家越来越多的人口生活在城市,而城市是对水、能源、交通和通信服务最大和最集中的需求来源。因此,城市的大部分物质和技术结构都是网络化的基础设施。同时,大多数基础设施又是各种类型的城市"景观"。基础设施功能的每一个方面、新网络的改造和旧网络的更新,都专注于为不断扩大的城市区域提供服务,并在城市内部及城市之间进行人、物、原材料、服务、信息、能源和废弃物的流通和交换。

庞大的网络几乎将每座建筑物中的用户与或多或少距离较远的电站、污水处理厂、水库、气田、交通网和全球通信系统连接起来。人们建立了巨大的区域、国家和国际性网络以及强大的机构,将资源吸纳至城市并将废弃物排除城市,而且还在全球主要城市中心之间交换通信。简而言之,网络化基础设施提供了技术连接,使现代城市这一概念成为可能(Tarr and Dupuy,1988)。

当代基础设施的变迁:全球化及自由化

但是,城市基础设施领域内正发生着相当深刻的变革。在国际上,所有主要的城市基础设施网络——水和废水、能源、电信及许多交通基础设施——都逐渐向私营部门"开放",让私营部门参与管理,提供服务。在许多情况下,国有及私营垄断被竞争激烈并以利润为导向的市场所取代。

其结果是,随着国际基础设施公司出击世界市场,四处寻求能带来良好利润及高回报的细分市场或特许经营项目,基础设施产业现已成为国际金融、资本、技术和专业技能流动的主要方向。在全球范围内,世界贸易组织、八国集团及区域性经济集团(如欧盟、北美自由贸易区、东盟、南方共同市场)尽管开展工作的步调不一致,面临的情况各异,但都支持国家和地方基础设施由垄断转向自由化(McGowan,1999),由此动摇了以垄断方式供应标准化服务的时代。

这些过程的结果是,公用事业和基础设施公司之间的收购、合并和战略合作不断在国际金融市场上呈现"你方唱罢我登场"的场景,它们几乎可以在一夜之间极大地改变城市和区域的基础设施"逻辑"(Curwen,1999;McGowan,1999)。新的竞争性市场由此创建,以高度分散和差异化的方式提供服务(其几何形状高度复杂,地理位置通常是隐藏的),以此对可预测和大一统的垄断性服务方式进行补充甚至替代。

城市碎片化及重组:信息技术是核心技术

信息技术显然是作为一种关键的信息基础设施而发展起来的,它是我们信息日益密集的城市经济、社会和文化的支撑(Castells,1996;1998)。但是,作为当代经济、技术和文化变革的"核心"技术,它们也被用于帮助重新构造更多的"传统"交通、能源和水网络。例如,我们可以看看智能高速公路、虚拟能源市场、交通管制街道、闭路电视监控下的市中心人行天桥，以及个性化多媒体和通信服务的增长（参见 Freeman，1990）。

新的信息技术力量支持着城市形态、生活方式和景观的复杂重组。这种重组是建立在城市和城市系统内部和之间、城市用途和功能的碎片化及重组这两个平行过程基础之上的（Mitchell，1999）。尽管有些活动分散于地理空间，要通过电子方式进行整合，如自动柜员机、后台办公室、电子商务供应商、企业网站，信息技术也会对工作、家庭和社区服务进行重新组合，为某些人和某些场合提供服务。这些活动在强调其功能的工业化城市中往往发生在专属区域（同上）。

网络社会中的范式挑战

最重要的是，当代城市具有日益“混杂”的本质，与其他地方强大的数字连接体现在城市生活的方方面面。这就要求我们不断重新思考我们在分析城市时所使用的范式。这样的思考“会对笛卡尔几何、地图以及矩阵或网格长期占据的特权地位提出挑战。基础设施的连接和连接手段，以及信息的交流和门槛，已成主要隐喻，用于检验该区域城市无限扩展的能力”（Boyer，2000：75）。

正如曼纽尔·卡斯特尔（Manuel Castells，1996；1997a；1998）所说，这些过程日益直接支持了一个横跨全球的网络社会的出现。这个网络社会融入全球，日益城市化但高度碎片化。高度极化的城市新景观正在涌现：优质基础设施网络——高速电信、智能高速公路和全球航空公司网络——有选择地将城市内部和城市之间最受欢迎的用户及地方连接在一起。因此，对全球城市[①]主要部分之间日益紧

---

① 又称世界级城市，指在社会、经济、文化或政治层面直接影响全球事务的城市。该词由萨斯基娅·萨森于 1991 年提出，与巨型城市（megacity，又称超级城市）相对。在西方人眼里，伦敦、纽约、巴黎和东京传统上被认为是四大世界级城市。2019 年 11 月 12 日，中国社会科学院财经战略研究院与联合国人居署合作的报告《全球城市竞争力报告 2019—2020：跨入城市的世界 300 年变局》中五座全球城市依次为纽约、伦敦、东京、北京、巴黎。——译者注

密的交通、电信和能源联系的任何考察都表明，空间是否有价值越来越取决于能否与外界快速连接。但是，与此同时，优质和强大的网络化基础设施通常会有效地绕过那些不太受青睐和支持的地方——卡斯特尔称之为“冗余”用户。通常，这种绕行和断开被直接嵌入到网络的设计中，其依据不仅包括连接点，也包括对谁或什么可以在网络上流动进行控制。卡斯特尔预测：

> 借助通信与信息处理的强大力量，全球经济将在 21 世纪扩张。它将遍及所有的国家、地区，不同文化、所有的通信流以及所有的金融网络，不懈地探索这个星球，寻找新的获利机会。但它会有所选择，连接有价值的部分，丢弃业已消耗殆尽的或者不相关的地方和人员。生产地域上的不平衡将导致国家、地区和城市区域间对比鲜明的差异化价值创造，形成独特的地理现象。即使在撒哈拉以南的非洲地区，也可以找到有价值的地方和人员。但是，被关闭的地区和封锁的人口也四处可见，尽管比例不同。在由不同的时间体系进行明确规定的基础上，这个星球正被分割成泾渭分明的空间。
>
> （1997b：21）

超越以土地连续性为基础的城市模式：空间相邻≠有意义的关系！

全世界几乎所有城市都开始显示出这样一些空间和区域，它们与整个城市、国家、国际甚至全球的“有价值”空间紧密相连。但与此同时，在这些地方，人们与物理上接近，但在社会和经济上相距甚远的地方和人之间的局部失连感也越来越明显。一些人甚至将这种广泛的发展模式理解为发达城市、新兴工业化城市和发展中城市之间某种形式上的融合（Cohen，1996）。

因为这些变化，以及日益加剧的基础设施发展的不均衡，在空间上紧密相连的地方之间的关系事实上会遭到阻断（Graham and Healey，1999），同时，全球相距甚远的地方可以非常紧密地联系起来，这就破坏了基础设施网络将具有地域凝聚力的城市空间捆绑、连接起来这一理念。它削弱了城市、区域和国家必须具有某种程度的内部一致性这一观念。它还迫使我们去思考如何以新的方式重新改造空间和尺度，以切实具体地看到基础设施网络配置的变化以及所有围绕在我们周边的城市空间景观。

简而言之，新兴的城市景观和基础设施网络与城市空间之间的关系，似乎强有力地体现了全球政治经济和社会的动态变化。如卡洛·埃泽基利所说，从美国城市的角度来看：

> 尽管市场正在建立行星般相互依存的体系，大都市区与全球范围的联系越来越紧密，但似乎存在一种矛盾的趋势，即地方边界得以加强。在犯罪猖獗的美国社区中，建筑物往往像军事基地一样加强防御。在门禁社区中，通过建立物理边界来保护特权圈子被视为一种有吸引力的便利设施。大型医院、大学和购物中心等主要城市设施在物理受限和访问受控的环境中建起了模拟的“公共”场所。
>
> （1998：4）

城市建设过程中对网络化城市基础设施和科技变迁的忽视

> 研究一个城市而忽略其下水道和电力供应（许多人就是这么做的），你就错过了分配正义和规划权等这些城市研究的核心问题。
>
> （Star，1999：379）

遗憾的是我们以前的文献未能对基础设施、技术和当代城市之间的复杂关系进行充分的研究。除了少数关于城市交通（参见 Hanson，1993）、城市历史（参见 Tarr and Dupuy，1988）和新兴信息技术（参见 Castells，1989；Graham and Marvin，1996）的专门辩论，城市基础设施网络及其保障的流动性在传统上几乎没有被认为是城市研究和政策制定中最令人兴奋的辩论焦点。“由于这些系统包含复杂的技术工件，因此通常被视为工程师的东西，不值得社会科学的关注。”（Coutard，1999：1）

为什么会这样呢？为什么那些声称了解现代大都市本质的学科系统地忽略了对定义现代大都市性质、形式和过程至关重要的网络化基础设施和技术活动？这里可以确定的有以下五个原因。

平行学科视角的不足

首先，学科的因循守旧及其与子学科之间的藩篱，严重阻碍了原本就需要从跨学科或多学科视角出发的对主题的理解。当有关网络化城市基础设施的文献出现在规划、地理、城市研究、工程学、社会学和建筑学领域时，它们通常是关注自身的“内向型”的、技术性的以及过度专业化的。现实中我们可以找到实际例子证明，当我们需要为作为一个整体的城市基础设施和技术网络提供批判性和跨领域的解决问题的视角时，不论是地理学、社会学还是建筑学，都出现了这样或那样的失误。

地理学：技术中立性的假设

先说说地理学。迈克尔·库里（Michael Curry，1998：2）提出，除了少数几个显著例外，地理学家们（尤其是说英语的地理学家）并没有接受他称之为“地理技术”的研究，如公用事业和 IT 系统。原因很简单，他们普遍认为“所有的技术都是自然而中立的”（同上）。而且大多数现代公用事业和通信系统显而易见的隐蔽性都不符合地理学重视土地利用和城市生活可视化的传统。库里还认为，在内心深处，“许多地理学家可能并不担心某些批评家最终是对的，也不害怕这些新技术是否会导致空间和地方的消亡，进而导致他们自己学科的消亡”（同上）。

地理学中的一个专门研究交通的子学科终于出现了，但它仍然是一个相当封闭的子学科。交通地理学与当代城市地理学之间的联系非常有限。汉密尔顿和霍伊尔（Hamilton and Hoyle）感叹，关于城市方面的广泛辩论“很少覆盖到交通这一理应覆盖到的领域”（1999：1）。

社会学：经典规划的局限性

在社会学中，早期学者刘易斯·芒福德（Lewis Mumford，1934）力图确立一个统摄性框架并研究城市、交通和技术之间的历史发展过程。然而，这样的努力并未持续。阿尔芒·马特拉（Armand Mattelart）认为，通信社会学在某项必要的任务中尤其失败，这就是“消除不同学科间的分裂，具有跨学科视角，这样才能获取多层次逻辑。正是凭借着这种多层次逻辑，不同形式的技术才得以塑造人类历史、人类心智及人类文明，反之亦然”（1996：ix）。但最近对“大型技术系统”的分析倒是有了一些进展（参见 Mayntz and Hughes，1988；LaPorte，1991；Summerton，1994a；Goutard，1999）。

和地理学一样，在社会学中，反复无常的思潮也不断将网络化基础设施以及它们所支持的技术变迁阐释为过时的东西。比如说，尽管过去 30 年左右的时间里城市机动车化程度很高，但约翰·厄里（John Urry）最近提出：“社会学很少注意到……机动车的使用，甚至对很普及的小汽车也几无关注，因为它过于关注都市里的步行者。”对其他网络化基础设施，社会学更是不闻不问（1995：5）。

厄里在回应这一问题时，敦促社会学家们要超越那些 20 世纪的构想。这些构想很经典，但停滞不前，只专注于阶级、性别、种族及阶层流动如何在一个以民族国家为界组成的个体“社会”中被构建。他认为有必要对该学科进行修订，改成“流动社会学”(2000b)。这门新学科将主要探讨当今世界的“后社会本质”，研究其人员、物品、形象、信息及废弃物的各种流动，以及这些不同流动之间复杂的相互依存关系和造成的社会后果(2000a：185)。厄里的建议如一声清澈的号角，本书正是对他这一建议的回应。

建筑与城市化：建筑不再是隔离的世界

在过去 30 年左右的时间里，城市主义者和建筑师也往往忽略了网络化基础设施及其所支持的流动和交通。他们倾向于将精力放在建筑围护结构中的设计空间上，而不是那些将建筑物编织为一体、将大都市生活空间捆绑并配置的网络化基础设施。

正如著名主题公园和娱乐场所建筑师乔恩·捷得(Jon Jerde)所言：“建筑师很少专注于他们正在设计或重建的对象，或者他们的创造过程及周边的情况。”(Jerde Partnership，1999：203)因为建筑师们“很少从多个角度去定义场所”，他们往往不会以“对建筑的组织或网络结构进行探索的方式”来看待这些与不同空间的基础设施或组织网络紧密结合的建筑物(Easterling，1999a：2)。尤其在 20 世纪 70 年代，许多建筑师基本上对大都市的问题置之不理(Wall，1996：158)。

被遗忘、隐蔽和冻结的地方：基础设施网络成为城市研究中的“灰姑娘”

第二，我们都明白，城市基础设施网络以及它们所支撑的流动性已沦落为当代城市研究及城市化中的“灰姑娘”。大部分关于城市的社会分析仍在讨论城市社会学问题、经济发展、治理与政策、城市文化与身份、城市生态及环境问题，并没有认真探索网络化基础设施对这一切所起的支持作用。正如苏珊·斯塔(Susan Star)所提出的，这些网络往往是“被遗忘、隐蔽和冻结的地方”(1999:379)。

即使是文化研究、社会学和地理学关于城市现代性的讨论，也常常未能肯定各种网络化基础设施对现代城市主义的过程和实践做出的重要贡献(参见 Savage and Warde，1993)。另外，城市研究往往对城市社会和城市生活的本质进行静态表述，很少有“将城市描述为流动的过程”的论述——这种论述方法倾向于强调大规模的技术网络和基础设施在城市生活中所起的中介作用(Kaika and Swyngedouw，2000:2)。

例如，我们不妨设想一下城市与区域研究开始花大力气解决消费问题时的情形。围绕着公共服务结构调整(Pinch，1989;1997)、私人消费和公共消费与生活质量之间的联系(Rogerson *et al*.，1996;Miller，1995)，许多后工业化城市空间向娱乐、休闲和消费区转变等问题，人们展开了辩论(参见 Hannigan，1998a)。但是，基础设施网络在此类辩论中仍然在很大程度上被忽略，被封闭在其内向性和技术性的子学科中。城市研究很少涉及我们所说的“分配式网络服务”(指利用科技网络将水电、通信、交通服务在不同时空进行分配)在消费和开发方面的重大变化。

建筑的隐蔽性与“显性主义”的对立

第三，在很多城市，当代基础设施大部分物理结构的隐蔽性也导致了它们自身的“灰姑娘”困境(参见 Latour and Hermand，1998)。当代城市中有许多城市网络依旧“基本上不透明，不可见，消失于地下，受困于各种油气管道、电缆、水管、地下通道及电子波中”(Kaika and Swyngedouw，2000:2)。它们似乎“从定义上来说是不可见的，是其他种类建筑的一部分背景”(Star，1999:380)。

这种隐蔽性使地下指南成为城市指南和摄影书籍的一个子流派，帮助那些想要跳出城市神话和传说的人们去探索城市地下深处的“根部系统”，探究其复杂性及背后的历史（参见 Granick，1947；Trench and Hillman，1984；Greenberg，1998）。这些书籍有助于我们将城市网络化基础设施隐藏的背景具象化。参考罗伯特·沙利文（Robert Sullivan）对哈里·格兰尼克（Harry Granick）的经典著作《纽约城下》（*Underneath New York*，1947）的介绍：

> 想象一下，曼哈顿被帝国大厦一把抓住，连根拔起，然后一通左摇右晃。想象一下，成千上万的电线、电缆从大块岩石及成千上万吨的霉菌、受污染的泥土中倾泻而下。再想象一下，长度是哈德逊河 3 倍之长的污水管道系统和输水管线。脑补一下下面的画面——人行道下的神秘小穹顶、103 英里长的蒸汽管网、富兰特街地底下 18 世纪初的商船局、锈迹斑斑的旧煤气管，可以绕曼哈顿 23 圈，以及巨大的防弹混凝土管道，直入地下近 80 层楼深处。
>
> （iv）

在高度技术化和技术官僚的机构中，在工程文化理当去政治化和工具化这一观念驱动下，基础设施的管理和开发往往受到掩盖，这进一步置网络化城市基础设施世界于黑暗之中。比如交通基础设施“通常由这一领域的专家来确定建在什么地方及该具备怎样的功能，由此它们往往也是一种相对独立的存在”（Solà-Morales，1996：14）。通常，基础设施网络在政治上被牢牢地束缚在一种广义的假设之中，即国家或私人垄断企业会在需要的时间和地点提供简单的公共或准公共服务，以维持城市生活。这种束缚的一种表现就是整个基础设施有时被包含在“公共工程”这类笼统的术语中。

但要注意，与基础设施的隐蔽性和政治上的模糊性相反的趋势确实会定期出现。注意到这点很重要。此时基础设施网络不再遮遮掩掩，而是作为形象的城市地标，作为某一城市时代变迁、沧海桑田的具象而得以展示、宣告和建造(Kaika and Swyngedouw，2000)。这样的例子有：现代卫星地面站(里约、科隆、东京、伦敦码头区、法国城市鲁贝、印度中南部城市班加罗尔)；国际机场(香港、大阪、丹佛及其他城市)；高科技桥梁(纽卡斯尔、伊斯坦布尔)；充满"公共艺术"装饰的私有高速公路(墨尔本)；快速列车网及车站(巴黎至里昂的法国高铁)；通信大楼(巴塞罗那)。这就是卡斯特尔所说的"新显性主义"的部分内容。随着都市以前所未有的速度流动并无序扩张，以及相对类似又不易察觉的"通用"城市景观不断扩展，"新显性主义""能为空间形式提供象征意义"(1999c)。许多这样的工程继续体现着国家和地方"现代性象征的到来"(Vale，1999：391)。

在过去的两个世纪中，基础设施作为象征性标志进行建设，体现在二战后的现代高速公路网络以及 19 世纪西欧城市的水塔、水坝、电站、水库和水处理站(参见 Trench and Hillman，1984)。通过一个奇怪的再循环过程，上述西欧城市的许多水塔、水坝、电站、水库和水处理站，现在被重建为艺术馆和休闲中心，在庆祝后现代城市消费的同时，又不经意地表现了城市景象之下网络化城市大部分工业和生产结构在喻意上及实际发生的改变(参见 Kaika and Swyngedouw，2000)。一个典型的例子是伦敦的泰特现代美术馆，它之前是一座古老的发电站。

技术发展的普及：城市基础设施网络黑箱子化趋势

第四，由于基础设施网络普遍被忽视，所以它们常常被视为理所当然。用社会技术研究的话来说，它们是被"黑箱子化"(black-boxed)了。当然，对于许多西方城市居民来说，使用电话、驾车、乘飞机或铁路旅行、转动水龙头、马桶冲水或将插头插进插座等，都已经融入了日常生活。这种正常化和平常化（尽管它们充分发挥了作用）让它们变得似乎并不重要。

基础设施服务以及支撑这些服务的庞大技术网络似乎是内在的、普遍的、没有任何问题的，甚至是显而易见的。人们往往不用担心供给的电来自何方，转动汽车钥匙点火时会发生什么，他们的电话交谈、传真和互联网消息如何飞跃整个地球，他们在冲厕所时那些排泄物又去往何方，或者是他们在家用的气和水取自何处。

技术决定论以及处理基础设施历史问题的进化论主导方式

最后一个问题是，除了一群一肚子复杂概念的法国研究者（参见例如 Dupuy，1991；Offner，1993；2000；Flux，1991—1999）的部分作品外，有着盎格鲁传统的美国期刊《城市工程杂志》（*Journal of Urban Technology*），它的作者越来越多地把对城市基础设施的批判性研究转向了历史背景，而非现代背景（参见 Ghant and Goodman，1998；Goodman and Ghant，1999；Roberts and Steadman，1999）。

和技术方面的主流社会学研究一样，这些历史性分析往往采纳了技术决定论的狭义定义。在狭义定义中，新的基础设施和技术创新被视为对城市和都市生活产生了线性“冲击”（参见 Garrison，1990）。“基础设施技术往往被看成是基本没问题的，甚至自主塑造了城市地区的生活和形态。”（Aibar and Bijker，1997）这反映了对交通、通信等网络作用传统的决定论式的看法，即认为“基础设施技术的变化不可避免地导致了城市形态的变化”（Hodge，1990：87）。照这种看法，互联网这些新的网络化基础设施不过是“新城市几何体的先驱”（同上：87）。这就形成了一个简单的因果关系。在这个关系中，技术本身被看成是引起城市变化的直接本源力量。

在探索城市与城市基础设施网络和技术之间的关系方面，城市历史这一子学科付出了更多的努力(参见 Johnson McGrath,1997)。但即使在这一领域,康维茨(Konvitz)等也认为:

> 历史学家断言,他们所在学科领域的专业技术(在技术和基础设施方面)的重要性常常未能获得同行认可,正如城市历史学家通常只关注一个城市,城市技术历史学家通常也只关注一种技术。在这种思想框架下,越来越多的著作对有轨电车系统、铁路网络和汽车分别进行了详细完整的描述,同时部分呈现了它们各自与城市变化之间的关系。
>
> (1990:288)

这种主张与技术决定论的主导地位有关,尤其是在西方文化语境中。即使在某些场合人们的注意力会偶尔超越对单一网络的关注,但还是摆脱不了对"简单、合理而又鲜明"的技术决定论论调的依赖(Smith and Marx,1995)。这种看法还往往与单一视角结合在一起。在这种视角下,人们的注意力只集中在一个城市,或者一系列从一个城市推及所有其他城市的同质技术"冲击"。

这种思考方式很快被广泛用于描述历史上各个时代城市的科技与基础设施,从最早出现于美索不达米亚城市中心的液压设施(Soja,2000:51)到过去 300 年间城市依次经历的蒸汽、电、汽车、核能及信息化时代(参见 Garrison,1990)。这种方法的问题在于,它往往将技术归纳为具有压倒性的力量,带动着简单而分散的社会转变,而这些转变似乎构成了某种自然的城市演化过程。不同历史时期之间的相似之处往往被低估。新网络通常与早期的网络结合在一起,而不是完全取代早期的网络,这一点往往被忘记;而且,城市生活的形式和过程往往被简单地解读为由新一代技术内在本质所决定的结果。正如马特拉所论:

历史进化论概念将历史切割为连续的密不透风的阶段。只有这种概念才可能欺骗我们，使我们相信几个世纪的记忆不会继续影响当代的交流方式。19 世纪关于蒸汽和电力网络的媒介性论述与 20 世纪通过信息和高科技实现经济和社会复苏的政策之间的关系，就足以为此提供论据。

(1996:xvi；参见 Marvin，1988；Offner，2000)

网络脆弱性一瞥：基础设施崩溃的经历与担忧

正常运转中的基础设施，其质量一般不可见，而一旦发生故障，其质量问题就显现出来：服务器关闭，网桥被冲断，电源中断。

(Star，1999:382)

所以很明显，基础设施网络"运行良好时，被认为是最不重要的"(Perry，1995:2)。同时，灾难性的失败案例则让我们看到了当代城市生活对网络化基础设施的彻底依赖。当整个经济体系围绕着高度脆弱的计算机和信息技术设备网络进行重建时，情况尤为如此(参见 Rochlin，1997)。

如今，正常运转的基础设施网络一旦崩溃，往往比以往任何时候都更容易引起人们的恐慌，包括对正常运转的城市社会秩序崩溃的担忧。马丁·帕利(Martin Pawley)认为，"对城市服务大规模混乱的恐惧，现在在所有大城市居民中都很普遍了"，因为当代城市生活完全依赖于大量计算机化基础设施网络，而这些网络又相互依赖，关系微妙，并且极其脆弱(1997:162)。

事实上，随着以基础设施为中介的远程连接越来越成为当代城市生活的内在因素，世界各地基础架构网络的脆弱性变得越来越明显(参见 Suarez-Villa and Walrod，1999；Barakat，1998；Rochlin，1997)。自然灾害和饥荒，特别是在发展中国家，常常凸显这些地方的基础设施连接特别脆弱(参见图 1.1)。但在发达国家,“日本神户或洛杉矶的地震也提醒我们,进步的思想观念是多么不堪一击”(Allen,1994b:13)。

图 1.1　卫星通信是发展中国家的救星:海事卫星组织的广告。资料来源:海事卫星组织

一些围绕当代基础设施崩溃引发恐惧和失败的例子是值得探讨的。

对基础设施崩溃和“千年虫”现象的恐惧

新千禧年年初，关于“千年虫”计算机漏洞产生的可怕影响引发了全球辩论。这是一个特别有说服力的例子，表明了人们对技术变迁和演进的全面崩溃忧心忡忡（参见图 1.2）。国际数据公司的约翰·甘茨认为，在整个“世界末日产业”的那些自私自利的 IT 顾问们的煽动下，有超过 700 亿美元的公共和私人资金实际上被浪费掉了（主要是在发达国家），用来更改本来根本不会崩溃的系统。在某些人看来，这不过是一个复杂而巨大的骗局，利用了我们在以基础设施为介导的文明下，对技术崩溃和社会恐慌深深的文化恐惧（James，2000）。

图 1.2　我们对网络基础设施的崩溃怀有深深的文化恐惧：“千年虫”现象及事件之后（什么也没有发生，根本就是无事件）。资料来源：《波士顿环球报》（6 January 2000：A13）

技术崩溃的复杂现实

但是,基础设施崩溃的影响一旦发生,就是非常真实的。它们往往是灾难性的。在过去 30 年中,这种影响非常明显。人们最熟悉的是战争(萨拉热窝 1984 年;贝鲁特 1978 年;贝尔格莱德 1999 年)、地震(洛杉矶 1996 年;神户 1995 年;土耳其和中国台湾 1999 年)、冰暴(蒙特利尔 1997—1998 年)、洪水(1998 年中美洲)、供应危机(1973 年西方城市出现的石油供应危机)或社会革命(始于 1989 年的东欧)引发的技术崩溃。

还需要考虑技术故障的情况。在新兴城市中,这些情况通常也是常见的和周期性的,即使拥有了全新的高科技基础设施网络也是如此。如 2000 年 6 月,据报道,印度主要高科技城市内部和之间的国家光纤网线常常因为一个意想不到的"罪魁祸首"而倒塌。生活在网络管道内的老鼠对光纤的 PVC 外壳很有胃口。它们甚至吃了信息时代的象征——玻璃光纤,而且在吃的过程中经常破坏网络。

技术故障在发达城市也时有发生,但频率较低,关注度较高。如 2000 年 4 月 5 日,由于软件故障,整个伦敦证券交易所被迫停止运行 8 小时,严重损害其声誉。1998 年初,新西兰奥克兰市的电力供应因其电力市场新近开放,后备电源不足,造成近一个月的电力供应瘫痪,带来了毁灭性的后果。而在 1975 年 2 月,一场大火让曼哈顿下东城的 300 个街区的电话系统瘫痪了 23 天。这场崩溃导致的后果从大规模的经济破坏,一直波及到隔离、疏远和心理压力增加(Wurtzel and Turner,1977)。

社会革命和基础设施的崩溃:俄罗斯等国家的去现代化

在俄罗斯等国家的城市中,最近的大规模社会变革表明,以前被认为是免费的基础设施系统是如何迅速衰败或者被永久取消的。如在俄罗斯的西伯利亚及其他一些遥远的北方地区城市里,许多受市政府大力补贴的供暖系统崩溃，再加上大范围经济、社会现状恶化，这些都足以让那些有能力的人纷纷离开。自 1989 年以来，仅摩尔曼斯克一地就有 10 万多人离开。

除此之外，俄罗斯电力传输和电信系统的主要元件遭到犯罪团伙盗窃并直接被熔成金属块后卖到海外黑市。仅1998—2000 年间，就有超过 15 000 英里长的电缆被拆毁，制成 2 000 吨优质铝，在国际黑市上价值超过 4 000 万美元。俄罗斯基础设施系统发生大范围崩溃也就不足为奇了。这次崩溃让俄罗斯大部分地区陷入电力中断故障，长达数周甚至数月。而且用基谢列夫斯克市市长的话来说，这次故障恰逢“整个技术体系的崩溃”（引自 Tyler，2000：A10）。在这种情况下，新兴资本家和犯罪集团骨干分子所在的社会、经济飞地自然就开始采取策略，确保他们自己拥有可靠的专属基础设施服务。

关闭网络相当于自杀：永远在线的数字经济网络崩溃

在西方和发达国家，以及快速信息化的发展中国家，24 小时供电的电脑网络系统支撑着其他基础设施，其重要性无处不在。这使得断电的情况特别令人担忧。电子商业、消费、配送和生产系统这些基础设施在各个层面上都是由电子计算机和电信推动的。它们的急速增长意味着如今我们在某种意义上都“受到了电力的绑架”（Leslie，1999：175）。

随着社会电子化程度的不断提高，经济、文化、信息和通信系统以及支持其运行的各个方面的电力系统都需要一天 24 小时尽可能保持安全可靠。崩溃和停电的代价可能是极其昂贵的，在经济上也是灾难性的。“永远在线的经济，顾名思义，就是要依赖持续的能源。对于一个大型的在线企业来说，电力中断的成本可能超过 100 万美元/分钟。”（Platt，2000：116—128）对于股票市场和电子金融服务公司来说，成本可能要高得多。

基础设施公司本身的广告宣传中没有忘记这一点，也没有忘记在保护在线服务提供商、互联网主干线、有线电视和电话公司的备份和后备电源系统方面增加投资(见图 1.3)。领先的 IT 和软件企业家们也没有错过。作为一名软件工程师,太阳微系统公司[①]的联合创始人比尔·乔伊以一种异乎寻常的反思和批判的姿态引发了一场大讨论,在高科技精英的重要读物《连线》(*Wired*)的读者中引起了骚动。他认为,复杂得令人吃惊的计算机化基础设施系统对人类社会的支撑“很快就会达到人们将无法直接将其关闭的阶段,因为人类会过于依赖它们,关闭它们就等于自杀”(2000:239)。

图 1.3 斯普林特电信公司的广告,强调其网络作为电子商务基础的可靠性。资料来源:斯普林特电信公司

① SUN Microsystems,美国一家 IT 及互联网技术服务公司(已被甲骨文收购),创建于 1982 年。主要产品是工作站及服务器。——译者注

网络崩溃的爆发:基础设施战

军事战略家也没有忽视电子化和电气化经济的脆弱性。在过去1万年的城市历史中,他们一直在推动基础设施和技术创新的发展前沿。在关于网络战或信息战的争论中,人们强调,对敌人的社会基础设施网络进行有计划、有步骤的破坏可能是对有形武器的有益补充,甚至可以替代有形武器(参见 Robins and Webster,1999:第七章)。

当然,科索沃战争中的实际情况是把人炸成碎片。但美国还是部署了一种新型炸弹,该炸弹可以落下雨点般的石墨晶体,使供电、配电站全面瘫痪。美国军方辩解说这是制服敌人的新方法,又不会在地毯式轰炸和使用所谓的精准制导弹药(这种弹药击中目标后仍会伤害到平民百姓)后出现因附带损害而处于公关方面的困境。在把中世纪的攻城战术改编为网络化大都市的攻城战术中,将老人禁锢在家中、破坏重要的医疗系统以及损毁自来水设施,都是媒体驱动下网络战的新武器(Ignatieff,2000)。

抓住"爱虫"病毒:蓄意破坏、系统入侵及电脑病毒

> 人们认为新型计算机化经济的优势之一是它减少了资本主义易受恐怖主义和盗窃影响的弱点。但电脑病毒的使用消除了这种假象。
>
> (Lawson,2000:11)

最能体现我们的技术网络文明脆弱性的文化形象也许来自黑客、计算机病毒和蓄意破坏等现象。在这里,只需在数千英里外按下一个"确定键",就可以在互联网上发起一个能自我复制的病毒,使国际技术经济的大部分地区陷入停滞并付出昂贵代价,而这一切仅在数小时内发生。

一个典型的例子是2000年5月3日由菲律宾的一名大学生发起的“我爱你”(或“爱虫”)病毒。该病毒在3天内感染了全世界至少20个国家的4 500万台计算机,随之而来的是堵塞和破坏公司电子邮件系统。总体损失估计超过10亿美元,许多世界500强公司受到严重影响(见图1.4)。该病毒还暴露了一些由企业信息技术引发的国际关系的紧张和不平等现象。例如,菲律宾的一些报社表达了民族自豪感,因为该国能孕育出一个黑客,还竟然搞垮了北方国家公司那脆弱的计算机通信系统(尽管是暂时的)。

最近还出现了许多其他病毒示例。2000年初,电脑黑客对主要商业互联网站发起联合攻击,造成许多网站崩溃,损失惨重。另一起案件中,一个来自蒙特利尔郊区的15岁男孩在1999年年末几乎将雅虎和微软的邮件、网络系统摧毁,于2000年4月被捕。对这一特殊案例的回应表明,只要公司通信和电子商务系统存在着这种明显的脆弱性,对个人的惩罚也不太可能降低这类事件发生的可能性。威尔森(Wilson)认为:“把整个商界带进一个如此不稳定、易受攻击的系统里,连一个孩子都能让强大的商业企业陷入混乱,社会还相信监禁那孩子就能解决问题。这也太荒谬了!”(2000:15)

前进之路:走向批判性网络化城市主义

总的来说,网络化基础设施在学科上的不成功及遭受的忽视,其隐蔽且被视为理所当然的内在性质,技术决定论的采纳以及网络崩溃带来的恐慌,所有这些要素都意味着对基础设施网络化的关注只是对网络危机或网络崩溃的回应,而非可持续、系统性的关注(Perry,1995:2)。在这种情况下,无法系统地分析当代城市生活与整个网络化基础设施之间的复杂联系是可以理解的。

2000年5月4日，一种病毒席卷
全世界，聪明地把自己化身为一封情书。

仅仅几个小时，它开始干掉各地电子邮件服务器上
所有附件、文本和文件档案。

它摧毁了重要的信息。

它让跨国公司倒闭。
它毁掉了未来。或许还有事业。

在这一片毁灭中，有相当数量的人们发现他们的
文档安然无恙。

他们的公司与生活完好无损。

从现在起保护好你的文档。
网络文档获取、存储及备份。
联系X-drive，网址：www.Xenterprise.com，
邮件地址：esolutions@Xdrive.com，
电话：310-586-6848

Xdrive
ENTERPRISE
THE POWER OF X
Zero casualties.

图 1.4　利用“爱虫”病毒的毁灭性威力：X-drive 公司宣传其网络存储及备份服务的广告。资料来源：《纽约时报》(8 May 2000：YN2)

本书旨在展示一些微妙而强大的方法。利用这些方法,网络化基础设施可促进对城市,乃至文明的本质进行定义、塑造和架构。首先,我们要为构建当代网络社会的批判性城市主义这一任务指出四个关键起点。

解决网络化基础设施之间复杂的相互依存关系

除了杜普伊(1991)、塔和杜普伊(1988)以及法国刊物 *Flux* 这几个显著的例外,人们往往忽视这一核心问题,即相互连接的基础设施复合体是如何参与城市空间及城市生活体验的社会性生产与重构的。但正如斯里夫特(Thrift,1990)所言,交通、通信及其他网络系统不能轻易分开。作为“社会技术混合体”,它们彼此依赖,与城市发展、城市生活、城市空间相互联系,共同演进(Urry,1999)。一系列相关的创新将基础设施网络与更广泛的技术系统紧密结合;反过来,这些技术系统又无缝交织于社会、经济、文化生活等城市结构之中。

只有在极少数情况下,单一基础设施网络的发展是与其他基础设施的变化分离的。而到目前为止最常见的情况是,在与各种叠加的交通、通信、能源和水基础设施复杂连接的基础上,城市景观重塑,城市进程重组(Gökalp,1992)。正如伊斯特林(Easterling)所说:“许多最有趣的创新和设计发明都是在从一个网络到另一个网络的变化过程中出现的,这时一个系统被另一个被认为更适合的系统所取代。”(1999b:114)今天对计算机通信系统的大规模投资就是如此,其特点是“在异构件和活动的不同尺度之间灵活的、智能化切换模式”(同上)。这些系统叠加在旧的机电交通、街道、能源、通信和水网之上。

基础设施网络是社会技术集合体或机械综合体

其次,技术和基础设施网络因此必须被视为社会技术“集合体”

或机械综合体，而不是孤立地对城市和城市生活具有可识别“影响”的实体(Thrift,1995)。例如，网络化的个人电脑如果没有调制解调器、服务器、正常运行的软件、电话和有线网络，或无线电话和互联网渠道，那么网络化的个人电脑就毫无用处。正如我们刚才看到的，所有这些都依赖于广泛、可靠的电力基础设施，它们为日益增长的电子互动和交易系统提供了必要的支持。在美国，1999 年，互联网消耗的电力占总电力的 8%；据估计，到 2020 年，这一比例将上升到惊人的 30%！

反过来，电子生成系统和通信系统又与人员、货物和原材料在公路、铁路、航空网络以及水和下水道系统上的实际流动密切相关。同样，汽车和道路现在也与移动电话的使用，以及为管理、调节和控制公路使用或提高驾驶员的安全、社会权利或娱乐而开发的电子和数字基础设施的不断增加密切相关(Urry,1999)。水、能源和通信网络在支持家庭和工业生活方面也密切相关。此外，这些基础设施之间的相互关系是多维和双向的。因此，在取得分析性进展之前，必须采取开放的、跨学科的立场。

基础设施系统之间的物理协同作用

第三，城市内和城市之间的光缆承载了大部分飞速增长的电子通信。它们得依据路权和管道铺设，而这些路权和管道往往与实际铺设的基础设施系统并行(Graham and Marvin,1994)。如果考虑到电信业务的启动成本通常有 80%要花在传统杂乱的电缆铺设过程中来把分散的客户连接起来，那么这种做法没什么好奇怪的。

在伦敦金融城中心，和其他所谓的全球城市一样，密集的光纤网穿过工业时代的运河河床和早已废弃的水力发电系统，包括地下地铁系统、水和能源管道。在纽约，爱迪生联合电气公司通过其电力管道直接将光纤连接到曼哈顿的 2 000 座建筑物。全世界的高速公路、电力、水务和铁路公司都向电信公司提供管道和路权，并在自由化时期开始自己提供电信服务。佛罗里达州一家公司的董事长说："伟大的铁路特许经营权就是伟大的电信特许经营权。"（引自 Tanner，2000：B3）

基础设施 = 景观 = 建筑！
走向网络化城市的建筑与城市化

> 建筑被无情地吸纳至大都市中……大都市替代了城市。其结果是作为静态的企业结构而存在的建筑，已被代之为软件形式的建筑。
>
> （Lerup，2000：22—23）

在这最后一个出发点上，我们可以借鉴一些建筑师和城市学家对城市网络化基础设施有了进一步认识之后取得的成果。正如世界上最有影响力的建筑评论家之一雷姆·库哈斯（Rem Koolhaas）所说，对于建筑师而言，基础设施是"一个相对较新的主题……它降低了建筑在自身领域中被隔离的程度，并且找到了与人口统计学这类既危险又迷人的学科之间的联系"（1998a：94）。

因此，当代建筑和城市主义理论与实践越来越强调交通出行、基础设施网络及其布局。特别是随着信息技术的广泛应用，汽车的普及，还有通过特许经营、规模化生产技术、现代物流系统、企业网络等手段克服距离限制、实现各"要素"紧密协调的同步生产与组织能力，都让此类理论与实践大受鼓舞，其核心是建筑对时间与空间的形塑。由此，"装配式办公室、机场、高速公路及其他各种不同类型的特许经营商业物业都确立了明确的通用规范。这些规范以通过基础设施网络实现它们的无缝对接为基准，并遵循时序衔接与内在互动关系的原则"（Easterling，1999a：3）。

著名的城市学家如库哈斯(1998a;b)、伊斯特林(1999a;b)和马丁·帕利(1997)坚持认为,在当代城市中,“基础设施比以往任何时候都更加与建筑和景观融合在一起,成为一个综合体”(Angélil and Klingmann,1999:18—20)。城市现在必须被理解为是一个“按拓扑组合关系形成的连续性场地结构”,其表层经过调整,覆盖了广大的城市区域(同上)。尽管其固有的不连续性、断裂性及失序,当代城市仍然被认为是一种特殊的凝聚力形式,城市景观被认为是一个“有关联的组织”(同上)。

这种观点的言外之意是,如果我们要理解一个“建筑被宣布为景观、基础设施被宣布为建筑、景观被宣布为基础设施的城市世界”(同上:20),就必须克服对当代城市专业进行的传统划分。因此,建筑学和城市主义现在普遍承认,甚至宣告这样一个事实:

> 城市体验越来越多地受制于越来越多的人、车、信息所产生的流动和交汇。人口流动、车流量、信息流,这些流动的节奏,会随时间的推移而改变空间的特征和功能。对城市体验来说,其意义已经不亚于建筑的高度、街道的宽度和地标性建筑物的配置。人、机动车、信息流通也是一个城市的环境和物质内容。
>
> (Wall,1996:159)

本书目的:为城市和基础设施变化构建既平行又交叉的视野

因此,在本书中,我们试图对我们的迫切需要做出回答:制定一种更强有力的、跨领域、国际化、批判性的、动态的和跨学科的方法来理解当代城市、基础设施网络和技术变迁之间不断变化的关系。本书为探索当代城市、新技术和网络化基础设施之间的关系构建了一个广泛的新框架。本书认为,一系列并行(类似)的过程正在发生。

在这些过程中,基础设施网络被松绑,以维持城市的社会和物质结构的碎片化。这种转变,我们将其称为“支离的城市主义”。它要求我们对基础设施服务与现代城市发展之间的关系重新概念化。本书所做的正是尝试重建这种概念。

我们的观点非常广义、极其国际化并具有高度的跨学科性。这是我们刻意为之的。只有通过这样一种观点,才能对基础设施的支离和城市变化的类似过程有所了解。我们构建了这种观点,帮助人们破除以下三类障碍。我们认为,在过去 30 年左右的时间里,这些障碍强烈阻碍了我们对城市、技术和基础设施进行精密分析。

打破跨学科障碍

首先,我们要打破关于城市、技术和基础设施网络等一系列大范围辩论之间的障碍。我们认为,这种学科壁垒长期以来阻碍了对城市与基础设施网络的社会技术结构及其所支撑的各种变迁之间的相互作用进行完善处理。因此,在本书中,我们尝试将有关城市研究、地理、规划、社会学、建筑、城市主义、城市历史、科学、技术和社会(STS)、工程、社会理论和传播研究的相关讨论与辩论汇集为一体,融会贯通地进行阐述。

这种研究方法的灵感来自法国传播理论先驱阿尔芒·马特拉。他对空间、技术、基础设施网络和社会力量的综合分析同样借鉴了许多学科。他在自己的著作《传播的发明》(*The Invention of Communication*)一书的前言中说道:

> 就像 20 世纪 30 年代,刘易斯·芒福德几乎不可能在他的著作《技术与文明》(*Technics and Civilization*)中将加农炮作为一种征服空间的工具与电报联系起来一样,今天要将一种跨学科研究方法合法化也是相当困难的。比如,我们要对 17 世纪和

18世纪地理学家们为控制领域而初次尝试绘制的几幅水路图、19世纪“道德统计”的先驱们根据社会病态指数对个人和地区进行的规范化和分类、20世纪现代营销对“消费群体”的定位追根溯源，发现它们之间的密切关系。

(1996：ix-x)

将网络化基础设施作为一个整体进行研究

第二，我们试图通过这种跨学科的视角，将网络化城市基础设施的研究作为一个整体，转移到当代关于城市和城市生活的辩论和分析这一中心。我们希望这有助于将网络化的城市世界从技术机构干巴巴的、技术官僚化的、封闭的专业话语中剥离出来，因为运行和管理这些网络化城市的正是这些机构。我们希望助力于打开城市网络化技术的世界，将它置于批判性城市研究的视野之中。我们想说的是，分析社会、经济、文化或环境权力如何通过基础设施网络的建设和使用进而延伸至城市生活的时间和空间，这样做远非枯燥、乏味或无意义的，而是为我们提供了一个机会，让我们对当代城市发展的本质进行动态、完善的综合评价。

事实上，我们认为这种观点是我们迫切需要的。因为当代城市生活的许多内容正是关于通过加强网络化基础设施来扩大社会权力，因此，对这种网络的配置、管理和使用的研究必须成为我们对城市理论和分析的中心，而不是边缘。

我们在书中力求避免偏向某一网络领域，尽管这种偏向几乎在所有关于城市基础设施的写作中都会出现。我们尽可能遵循杜普伊(1991)、霍尔和普雷斯顿(1988)、斯里夫特(1996a)、马特拉(1996)、奥夫纳(Offner，1996；1999)以及塔和杜普伊(1988)等作者的做法，将电信、交通、街道、能源和水网并置处理。

这并不是说所有这些网络在任何方面都是相同的。相反，通过这种做法，是要强调我们可以在每一种网络中发现大致相似的趋势，并主张通过共同探讨现代城市基础设施的捆绑现象，才能更好地了解当代城市和基础设施网络是如何交织在一起的。

超越对城市进行简单的“发达”与“发展中”或“地方”与“全球”的两分法

最后，我们希望能帮助超越所谓的“发达”城市和“发展中”城市研究之间依然存在的鸿沟。我们认为，继科恩(Cohen，1996)、罗宾逊(Robinson，1999)、金(King，1996)等人之后，将西方和发达城市与世界其他地区的城市分开研究是站不住脚的(如果曾经有过的话)。正如殖民城市时期，我们这个星球迅速城市化，当时的权力和劳动力的地理分工将城市和城市部分地区包裹成了一个紧密相连但又极不平衡的体系。这都需要我们有一个全球化、多尺度的视角。

正如迈克尔·彼得·史密斯(Michael Peter Smith)所论证的，从某种意义上说，现在所有的城市地区都有跨地域性，与其他地方具有多层面、多尺度的联系和连接。这意味着，“有必要扩大对跨国城市化的研究，使城市化涵盖跨国这一尺度的过程，并将未来的城市研究重点放在各种跨国社会空间的实践和跨地域性上”(1999：133)。对他来说，“未来的城市研究应把大部分注意力放在比较分析**跨国网络形成及跨地域性构建**方面的不同案例上”(同上：134 原文强调)。

同样，奥利维尔·库塔德(Olivier Coutard)从基础设施的角度出发，认为“超国家[基础设施系统](如电信、能源或航空交通系统)和城市技术网络(如供水和排污系统)的研究必须彼此关联，即便仅仅是因为这些产业中的管理改革使它们走向统一”(1999：13)。

本书的最终目标是要满足这两大要求。我们通过以下论证来实现这一目标，即随着当地历史、文化和现代性以各种方式融入国际化的资本主义政治经济中，无论是在发达、发展中还是新兴工业化世界，几乎所有城市都开始出现支离城市主义的做法。而且，这种做法与城市之间基础设施网络的发展和重新配置密切相关。

当然，这并不是说城市和基础设施网络没有保留强大的差异和特色。事实远非如此。但是我们可以断言，对基础设施、技术和城市发展的变化进行跨领域的分析会让我们获益匪浅。正如迈克尔·奥格伯恩(Michael Ogborn)所指出的，理解当代和历史城市的现代性空间，就是“穿越整体性和差异性之间的界线”(1999:238)。我们在全书中不断讨论的正是这条线。

本书结构

接下来，我们将讨论分为三个部分。第一部分用四个章节从历史、实践和理论角度来理解支离的城市主义进程。第二章我们探索了先前的基础设施发展主导范式的构建，我们称之为现代基础设施理想模式。第三章探讨了全面解构这一模式的一系列力量。在第四章中，我们更详细地探讨了可以通过哪些实践来解构基础设施网络，同时让城市景观碎片化。第五章是第一部分的结尾。在这一章中，我们提出了一个理论视角，用于解释城市相互连接的分裂及基础设施的支离。

第二部分包括两个主题性章节，在相当详细的实证研究中，继续探讨世界支离的城市主义过程。第六章讨论了城市的社会景观；第七章探讨了城市经济与全球地方化基础设施之间的关系。

第三部分包括最后一章和后记，对前面的讨论进行了总结。我们探讨了当代城市复杂的政治和空间性是如何不可避免地限制了城市网络空间相互之间完全隔离的程度；分析了支离的城市主义实践活动所面临的限制和阻力；最后，我们引出了本书对城市研究和实践的影响。

第一部分　理解支离的城市主义

插图 4　马萨诸塞州波士顿市中心的人行天桥连接着保德信大厦和科普利广场这些“捆绑式城市”综合体的组成部分，形成了一个绕过传统街道系统的私人优质步行系统。　摄影：斯蒂芬・格雷厄姆

如果将城市看成一个巨大的物体，那么其街道的大小、分布、人行道、建筑物、下水管等都可以被理解为社会技术世界中卓越的实体记录者，城市则在其中被构思着，发展着。

(Aibar and Bijker，1997：23)

20世纪的城市化过程是一个不断与大量的机械关系协调让步的错综复杂的故事，这些机械关系中占主导地位的是对土地和基础设施的投资。这是一个对受惠于政府补贴资助、广布的高速公路、下水管及供水系统进行周边地区开发的故事。随之而来的地理环境变成了一个单一用途的飞地，制度化规划在其中取得控制权，将生活方式、生产活动、建筑切分为不同的隔离区。

(Waterhouse，1993：300)

实证主义不偏不倚、不迂回曲折，并毫不退却地进行"必要而持续的进步"。千年之末，我们见证了这一理念的危机到达顶点。

(Mattelart，1996：303)

城市是全速运转着的变速箱。

(Wark，1998：3)

第二章　打造现代网络化城市，1850—1960 年

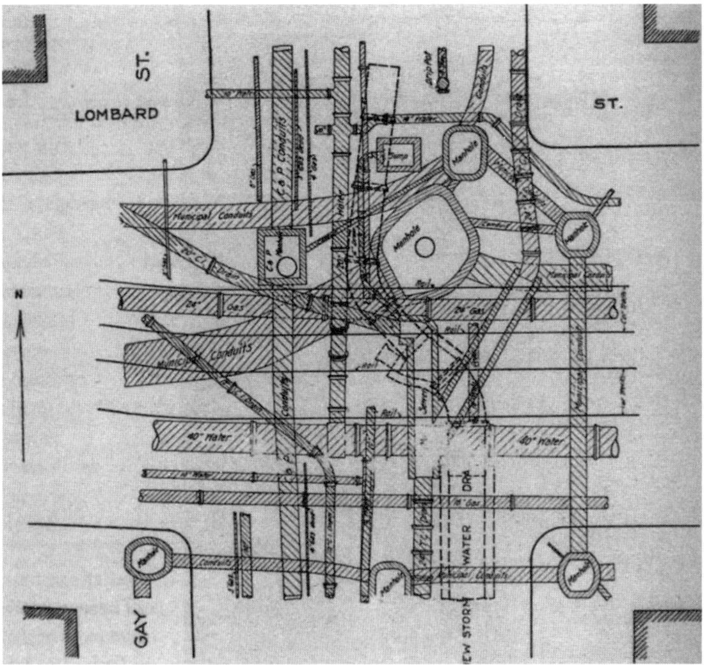

插图 5　刘易斯·芒福德称之为“看不见的城市”—— 1908 年位于马里兰州巴尔的摩市盖伊街与伦巴底街交界处的地下管道。图片来源：梅洛西(2000：134)

整个空间历史亟待书写。空间历史同时又是一部权力史——从地缘政治的伟大战略，到栖息地的小小战术……从教室到医院的设计，权力通过经济、政治设施而传递着。

(Foucault，1980：149；引自 Joerges，1999b：283)

通往(尝试性地)标准化的漫长道路

大约 1850—1960 年间，特别是在西方城市，普遍出现了一种从零碎、分散地提供网络化基础设施转向强调集中化和标准化系统的运动。这种变化是通过公共和私营部门大幅扩大对基础设施网络的投资而产生的(Mattelart，1996；Hughes，1983)。规范性网络的垄断发展，支持了供水和污水处理系统在整个城市和城市系统中的迅速普及，也支持了交通网络的完善，改善了流通。最初，私营部门的成就集中在电报网的扩张，早期煤气分配系统的发展(从 19 世纪 20 年代初开始)，电话和电力网的迅速扩张(从 19 世纪 80 年代开始)，以及电动街车(电车)、地铁和高架线的部署。同时，西方列强将经过调整的标准化基础设施网络的理想模式版本强行加在非洲、拉丁美洲、亚洲和澳大拉西亚地区①，当然仅用于殖民者及其相关社会经济精英的城市空间(我们将在本章最后一部分再谈这个故事)。

在 1850—1960 年间，城市政治的大部分内容是基础设施和技术投资问题。尤其是西方城市，正处于从老式的紧凑型商业城市向拥有强大核心区及环状住宅型郊区的新型工业大都市过渡的过程中。在城市世界中，细小零碎的基础设施汇合、协调、整合，逐渐成为标准化、受监管的网络，为大都市(并逐渐为大都市之外的地区)提供可预测的、可靠的服务(Tarr and Dupuy，1998；美国的例子请参见 Cox

① 澳大拉西亚，地区名。西方国家在公元 16—17 世纪向西南太平洋航海探险时期开始使用的地理区域名称。原指亚洲以南可能存在的全部陆地，其后专指澳大利亚大陆、新西兰、巴布亚新几内亚及邻近岛屿。——译者注

and Jonas,1993)。

与此同时,因为新的速度、光、动力和通信概念的建立,现代大都市成为创新的温床,成为社会、文化和经济变革的漩涡(Thrift,1996a)。从某种意义上说,标准化的、分门别类的空间和时间概念是通过在越来越广泛的空间(首先是城市,然后是城市系统和国际领域)上铺开网络而构建的。许多评论家认为,区域性和全国性铁路和电报网络的发展,似乎特别需要单一的系统来管理时间和空间。法国评论家奥德贝尔(Audibert)在 19 世纪 50 年代说过:"如果我们所有人都能在整个网络中做到严守时刻,精准至秒,我们将赋予人类建设新世界最有效的工具。"(引自 Gökalp,1992;也请参见 Kern,1986)

生产、分配和消费由此在网络化交换的基础上,通过管道、轨道、道路、电线导管的不断扩大,层层叠加,并互联成网,逐渐开始进行工业级大规模重建。正如帕斯卡·普雷斯顿(Pascal Preston)针对英国的情况所指出的:

> 到了 19 世纪末,18 世纪的物质成就所确保的"系统构建者们"的梦想和幻想已经远远超出了之前的设想,当然这是和一个世纪前英国的系统比较而言;随着垄断、批量生产和现代化的来临,它们又转向了更大规模的运作。
>
> (1990:3—4)

因此,对标准化网络化基础设施的阐述,使工业城市生活的各个方面都得到了延伸和强化。第一次世界大战后,福特主义的科学管理、合理组织和标准化商品的大规模生产等概念的广泛应用,实质上也是一种基于充分利用新的网络化基础设施的潜力来支持以大规模生产、分配和消费为基础的工业社会的范式。"新的时代正在阐述一种新的组织哲学,颂扬规模经济在降低单位成本和促进大众消费激增方面的优点(特别是在德国和美国)。这些原则意味着吞吐量、集中控制、协调和多样化。"(Preston,1990:4)这反过来又要求建设全国性的公路、铁路、通信和能源基础设施互联系统,将城市基础设施这些"岛屿"带入一个规范的互联和延伸的全新时代。

这种转变也与文化和哲学的变化有着内在的联系。空间与时间、速度与文化、主体与客体、技术与社会等概念逐渐被重新组合。城市景观被改造并加以现代化。斯里夫特(1996a:268)认为:"如今我们视为平常的灯光景观,其不断扩张的历史不容忽视。"19 世纪末,灯光广场作为现代城市的"梦幻空间"出现了。这些梦幻的空间让瓦尔特·本雅明(Walter Benjamin,1969;1979;1999)等文化理论家们着了迷。

一开始的画面总体是这样的:网络混杂,局部不完整,基础设施自成孤岛,互联性糟糕,不同城市空间基础设施功能发展极度不平衡。1850—1960 年间出现了覆盖县、市、区甚至全国的单一综合性标准化道路、用水、废水、能源及通信网络。这些都是在国家权力不断扩大的背景下,通过无处不在的交通、现代化和社会进步等概念得以合法化。到 20 世纪 40 年代,几乎在所有的西方城市:

> 19 世纪改革家们许诺的技术网络终于实现了——排污管、用水系统、轨道、电线、电话线纵横交错地穿过城市。它们提供的服务在 19 世纪 90 年代是不可想象的。
>
> (Perry,1995:6)

最后,这些思想也被紧密地融入了这一时期新兴的城市规划运动更广泛的理念中,其基础是在理性、综合规划的基础上,推动城市进步,走向统一、协调和解放(Fischler,1998)。事实上,这两个领域——基础设施发展和城市规划——都是作为更广泛的现代性方案[①]的关键要素来构建的，因为启蒙运动的普遍理性、进步、正义、解放和合理的观点适用于社会生活的各个领域（参见 Heynen，1999）。正如南·埃林（Nan Ellin）指出的，这种模式：

> 试图通过科学方法和人类的创造力来发现普遍的、永恒的东西，以主宰自然力量，从而把人类从宗教、迷信和我们自身的人性中解放出来。正是通过理性的启蒙运动，对无限可能性的设想，人类才得以从无知、贫穷、不安全和暴力中解放出来。
>
> （1996：6）

因此，网络化城市基础设施的新技术被认为是通过煽动社会进步的浪潮来控制时间的一种机制。围绕这种观点，以有形城市形态出现的空间被视为一种可以被合理操纵的对象。首先，这将通过现代城市规划的话语来实现。其次，穿越时空的下水道、煤气、水、公路、铁路、电报和电话网络的湮灭效应会让“空间的暴政”得以推翻。因此，以网络为基础的现代性承诺了向科学合理和技术密集的城市主义永久转型带来的乐趣。马歇尔·伯曼（Marshall Berman）的描述很能说明问题，他认为成为现代人就是“发现自己身处一个承诺力量、快乐、成长，改变自己和世界的环境中——与此同时，这个环境也威胁着要毁掉我们所拥有的一切，所知道的一切，以及我们自身”（1983：89）。

当然，这一广大时期内城市基础设施发展的实际经历与这一泛泛描绘所提示的大相径庭。综合、凝聚这些现代理想模式的思想在象征意义上的重要性也与实际效果截然不同。在这种笼统的措辞之

① 现代性方案（project of modernity），也译为“现代性计划”或“现代性工程”。该词来源于哈贝马斯。他把 18 世纪启蒙思想家对现代性的系统阐述定义为一个“方案”，并认为这是一个未完成的方案。——译者注

下，现代化城市总是与进程中的破裂、矛盾和不平等有关。将地铁、下水道、水、公路、能源和通信网络延伸至城市空间结构的过程中，总是充满了社会和政治偏见、高度不平衡的权力斗争以及文化和历史的特殊性。

然而，现代网络化的城市，以秩序、一致性和合理性这些概念为主导，通过网络化的连接和城市空间的和谐规划，成为大部分城市世界中现代性方案的体现(Ellin，1996；Gold，1997)。正如雷蒙德·威廉斯(1973)和奈杰尔·斯里夫特(1996a)所指出的，以新的水、电、气、垃圾、地铁、街车、电报和电话网络为媒介的速度、光和动力等流动形象，对巩固围绕着现代城市生活所产生的不断变化的“情感结构”至关重要。

本章目的

“进步”模式在一开始是如何通过规划、公共管制或垄断性的交通、电信、能源和水网络产生的？这些概念又是如何与城市规划的现代理性、现代国家的发展、现代城市消费的实践和理论紧密联系在一起的？本章探讨了这两个问题。这对本书的目的来说至关重要，因为这两个问题为支离的基础设施网络和城市碎片化这两个并行过程的出现提供了背景。

在这一章中，我们将构建综合性网络化城市的现代理想模式拼凑起来。毫不奇怪，这是一个宏大而复杂的故事，因为我们要在各种不同的背景下处理所有的网络化基础设施。尽管在本章中，我们只能对其表面进行简单的了解，但我们需要把许多学科、子学科和子课题包括进来。

为了更好地把握现代基础设施理念的构建，我们将对整个构架的四个基本支柱进行探讨。首先，我们将重点探讨科学、技术和城市的意识形态。这些意识形态支撑了“进步”和现代化必须通过标准化基础设施垄断来实现这样一种信念。第二,我们将探讨现代城市规划这一新兴学科是如何发展成为以现代基础设施理想模式为核心原则的。第三,我们要看在能源、水、交通和通信网络的推动下,现代理想模式是如何被卷入更广泛的家庭消费实践中的。最后,我们简要探讨了现代市政和民族国家是如何建立在各自领域内公共基础设施垄断性供给这一理念上的。最后,我们思考了现代理想模式的四大支柱是如何在发展中世界的城市背景下输出的。

现代性的信仰:城市改革与技术升华

> 良好的道路与运河将缩短路程,促进商务及个人往来,并通过更为密切的利益共同体连接起美国最偏远的地区。除此之外,没有其他任何一种操作可以借助政府的力量,更有效地加强和维持这一联盟,确保对外保持独立,对内保持和平、自由。
>
> (Albert Gallatin,美国财政部部长,1808;引自 Perry,1995:1)

支撑现代基础设施理想模式建设的第一个支柱是一整套强大的意识形态信念,主张现代科学和网络化技术的正面变革力量(Mattelart,1994)。1994 年,纽约市的一位重要政府官员赫伯特·慕尚完美地阐释了城市基础设施中的现代意识形态。他认为,基础设施网络正如"一种缔结组织,将人、地方、社会机构和自然环境连接成协调一致的城市关系"。换句话说,它们不啻"公共领域的结构性基础"(引自 Perry,1995:1)。

我们要探讨的是,这种网络化基础设施的意识形态是如何被视为规划、政策、发展和管理的基础的。换句话说,能源、水、交通、街道和通信网络是如何与现代意识形态紧密联系在一起的?如何赋予它们表面上的权力来约束和连接城市,并在此过程中改变城市?在此,我们将只强调这一广泛进程中最重要的两个要素。

19 世纪的城市是一个经过设计的体系

首先，在 1850—1920 年间，把城市看作一个单一的客观实体这一理念成为工程、规划和城市改革辩论的主要基础。不仅如此，日益壮大的城市工程师队伍还试图将不断发展的工业城市理解为一个系统化的机器，需要利用最新的科学和技术实践将其作为一个统一的“东西”合理地组织起来。越来越多的人认为，大都市是“一个被打造出来的非有机环境，是数学的产物，工程师的发明”(Boyer，1994：116)。

通过这个过程，城市“工程师成为公共工程改革文化的典范——体现了所有的高效和技术的优越，并且没有政治腐败”(Perry，1995：9)。如在 19 世纪巴黎这个标志性的现代城市，“工程师的理念开始在城市的拱廊、建筑和街道上体现出来。事实上，通过新的空间科学和技术实践，工程地理学在当时得到了更广泛的应用”(Kirsch，1995：549；参见 Prendgast，1992)。

一开始，由于城市资产阶级中出现了对工人阶层中疾病、死亡率、健康问题及潜在动荡等问题的担心，改革者及城市工程师们赋予网络化技术、科学实践以道德力量，为混乱无序的工业化大都市带来了卫生、清洁、理性和秩序(Boyer，1987；Chatzis，1999)。基础设施网络，特别是供水和下水道，很快就与能够净化城市空间的治愈性力量联系在一起，从而将善良的工人阶级从不道德的风险中解救出来(Felbinger，1996：11)。

因此，分配进入这些网络的机会，不仅成为“更美好的”城市，而且也成为现代城市文明本身的主题。安东尼 · 维德勒(Anthony Vidler)所说的大都市的“技术意识形态”得以发展和盛行(引自 Gandy，1998：4)。18 世纪的城市改革运动“在环卫工人、工程师、城市规划师和不断壮大的城市中产阶级的领导下，将基础设施系统的效率与整体文明素质等同起来”(Felbinger，1996：11)。城市工程本来以理性和价值中立为导向，但科学和统计技术在这些工程系统的设计及日常操作中的应用反而增加了它的神秘感（Chatzis，1999）。而城市中导管、电缆、大坝、水处理工厂、发电站、煤气设备、铁路、地铁、下水道的延伸和推进，也成为现代化的重要标记。这些建筑成为标志性建筑，是媒体和旅游行业高度关注的焦点——也是一份视觉效果显著、颇具存在感的“城市嫁妆”（Kaika and Swyngedouw，2000）。

然而，与此同时，这些地标性建筑越来越多地打乱了许多城市景观，并使之四分五裂，因为现代城市身份的建立开始围绕着全方位的机械和机电基础设施网络展开。天然气和电灯的普及同时也带来了“一个可以称之为城市可见性的伟大时期”，即“现代大都市越来越多地被切割开来，裸露出来，并被照亮”（Whiteman，1990：26）。从柏林的角度看，诺伊梅尔（Neumeyer，1999：17）回忆道：

> 工程师们的钢铁结构建筑如同刀锋般砍断了城市的身躯，切碎了城市的机体组织……桥梁、高架铁路结构、煤气表和其他形状怪异的现代物体，成为传统城市景观中的重要新元素，具有令人不安的力量和威慑性……整个城市形象在层叠交错、无处不在的城市桥梁中暴露无遗，这也是对遭受解剖的城市中孤立的物体之间连接需求的回应。

1880—1940 年间的电气化与城市的技术升华

网络化基础设施不仅是关于城市改革和体现城市现代性的标志性建筑这些道德辩论的核心焦点；它们也是将系统化工程技术更广泛地应用于大都市生活这一整体性现代化的重要支撑。正如罗斯（Rose）所说，从美国的角度来看，“大约从 1880 年开始，几乎每个城市都出现了声势浩大的技术创新和系统建设思想，气、电、光和热仅占了其中很小一部分”(1995:190—191)。

与此同时，与大名鼎鼎的亨利·福特相关的工业工厂系统开始取代小作坊。有轨电车和有轨铁路取代了马车交通，工业城市在人口和物质规模上迅速膨胀，达到了前所未有的规模。在这种狂热的增长中，“政治家、企业高管、金融、工程和管理专家们相互竞争，争夺塑造城市景观和管理这些技术系统和大都市的机会”(Rose，1995:190—191)。

日益广泛、庞大的基础设施网络由此象征着现代工业城市新兴技术的升华，特别是在美国这个最具活力的工业国度中(Nye，1994)。随着许多小型的私人和市政网络的增长、扩散并相互连接成标准化的城市和区域性系统，“这些网络成为一种新的话语基础，这种话语颂扬了现代城市电气化、电力通信、用水及交通系统所带来的惊喜”(参见 Marvin，1988)。“到了 19 世纪中叶，机械系统已经成为一些叙事的中心主题，也成为许多其他叙事的意识形态基础的一部分。”(Nye，1997:181)

桥梁、电网、电线杆、地铁和港口建设由此充满了技术升华的文化——这是社会技术进步在城市生活中胜利的见证(Nye，1994)。一个洋溢着技术乐观主义的时代，通过统一的基础设施和城市规划，在城市宏伟的技术愿景中得到了具体体现。

电力的多种用途，“似乎特别确保了文明的辉煌未来”(Nye，1994:66)。在一些大型工业城市，电力生产和消费集中。这些城市被广泛地称为“电力城市”(Thrift，1996a:275)。城市间竞争激烈，谁都想拥有最大、最强、最广的电力基础设施，以及最明亮的夜间城市景观和街道。

雄心勃勃的市政当局希望他们的城市拥有灿烂的光芒，从周围非电气化地区的黑暗中走出来。“电灯的出现……成为精英阶层新的地位象征……闪闪发光的城市灯光强化了美国城市中心磁铁般的

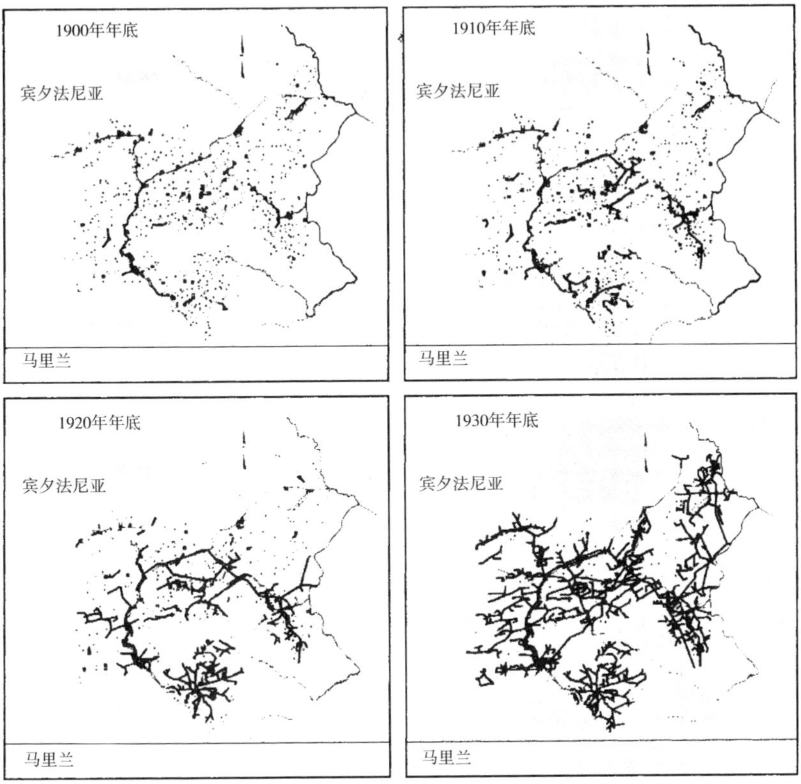

图 2.1　1900—1930 年间宾夕法尼亚州城市化进程中输电系统的增长和整合。资料来源：休斯(1983：10—13)

吸引力。"(Platt，1988：251)从最初的创业过程中遗留下来的杂乱和拼凑感，到标准化、扩展，并最后推出单一的综合电网，这已成为现代性、刺激性和变革性等所有一切的隐喻(Platt，1988；Hall，1998：382)。

主要的工业城市主导了电气创新、技术和基础设施建设的所有方面(Hughes，1983)。柏林也许是最著名的"电力城市"，在 1895—1925 年间，柏林的电气就业人数占德国全部电气就业人数的一半以上(Hall，1998：382)。电气化造就了令人眼花缭乱的城市消费景观、富裕(以及越来越多的不太富裕的)消费者的网络化家庭，以及电气化城市经济的出现(Rose，1988)。

市政府竞相开发最优质的基础设施网络。示范项目和项目的“系统构建师”(他们几乎都是男性)在技术必胜论的叙事中受到追捧(Hughes,1983)。系统,以及建造这些系统的人,成为自然发展论的先驱。这种观点以技术决定论就基础设施与城市如何关联的问题提出的重要论点为基础。高速路、电话及现代用水系统也常常被誉为是为所有人送来福利的救星,它承诺一个绝对的、线性发展的解放性未来(见图 2.2)。此外,现代电器和通过这些新网络使用的车辆也充满了现代性的光鲜许诺,越来越多的广告商将其描绘为未来的财富和流动性的预兆(见图 2.3)。

基于各方视角给出的支持性想法,以及宏大的技术策略,由此形成的话语将技术描绘成自然的、不可避免的和自主的。反过来,城市景观也越来越多地被描绘成“空的”笛卡尔空间——当系统打通整个城市时,它们成为新的技术升华再加工的原材料(Nye,1997:181)。

这一时期的核心是,城市作为一个抽象的、需要管理和控制的对象这一概念正在形成主导地位。新兴的航拍视角以及从高层建筑越来越容易获得的城市俯视图,反过来进一步加强了这样一种观点,即不断扩大的工业化城市区域是一个可识别的实体,需要作为一个统一的整体来进行管理。大卫·奈(David Nye)认为:“在美国,从摩天大楼上看到的全景式电灯照明的景观,把城市缩小成一个图案。”因此,“从摩天大楼的顶部看去,所看到的广阔区域似乎是可以理解的。它就像一个巨大的象形文字,呈现在人们眼前,等待解读”(1994:105)。在他看来,“把人的注意力从人自身以及生活中的琐事中转移开来。把人类这个访客抬高到天空,他就可以把城市看成一张巨大的地图,并在自我和这一具体的抽象概念之间建立起一种新的关系”。

图 2.2　通过更为精细和得力的科学、技术和基础设施系统，实现技术的线性进步这一现代理念。资料来源：史密斯(1995)；引自康普顿(1952)

图 2.3　电气和汽车轮胎预示着充满活力的令人兴奋的城市未来：通用电气冰箱(1931)及优耐陆轮胎(1931)的广告。资料来源：科恩和霍里根(1984：42)

正如专栏 2.1 所表明的，在 19 世纪和 20 世纪初的城市中，伴随着技术推广和标准化的普及，出现了另一个类似的代表现代性和进步的伟大先驱：电话。在这一时期，电话从社会精英阶层的专利，变成了大都市的人际交流媒介，并作为一个标准化的垄断和综合网络，在大都市内的社会和空间中普遍使用。

城市规划与发展：综合性城市理想模式的出现

现代城市，犹如现代国家，被想象成一个理应统一、连贯而且有序的空间。

(Asu Aksoy and Kevin Robins，1997：26)

支持现代基础设施理想模式的第二个关键支柱是更宏大的现代性方案的另一个重要组成部分：现代城市规划的理论和实践。正如恩德利金(Entrikin)所指出的，从 19 世纪中叶至 20 世纪中叶，在大多数西方国家，国家支持的城市规划对于保持“现代性方案的完整性”(1989:34)至关重要。它的实践和相关的建筑理论支持了整个城市景观的理性化，其背后是理性、科学、技术、对机器的颂扬和现代美学的理念(参见 Banham，1980；McCarter，1987)。城市规划试图通过将“抽象空间”系统地强加于工业化大都市复杂的社会和生活空间，来解释“现代性的进步力量这一观点”(Entrikin，1989:34)。它试图将亨利·列斐伏尔所说的“简单、规范和有条不紊的连贯稳定原则”应用于庞杂的大都市空间形式和时间节奏(Lefebvre，1984:238)。

专栏 2.1　1880—1940 年间的电话与大都市

必须强调电话在现代大都市发展中的重要性，这一点往往被忽视(Fischer，1992)。出现于 19 世纪的小型局域电话系统经过苦心经营，发展为标准化电话网，为 19 世纪后期和 20 世纪早期工业化大都市的兴旺繁荣提供了重要的基础设施支持(Abler，1977；Gottman，1977)。

与电力、水和天然气网络一样，从 19 世纪 80 年代末到 20 世纪中叶，电话的发展历程也是一个小型网络相互连接，从而普遍覆盖大都市和城市系统空间的故事。莫耶(Moyer，1977)详细描述了马萨诸塞州的波士顿，即最早发明电话的城市，如何从 1900 年左右有 174 种不同的电话费率，到后来由贝尔公司统一经营标准电话网，并在 1930 年前与全国、全球电话网络紧密连接。

作为统一电话网络的自然垄断者，运营商成为工业巨头，在国家及城市层面受到严密监管，以确保电话费率和准入在空间和社会上的平等。此外，将城市周边地区定义为“本地通话区”对于强调城市是一个组合而成的地域这一观念至关重要。在这个组合而成的地域内，交流和沟通将得到最大限度的发展——反之，较高的电话资费则会抑制与远方空间，尤其是其他国家内的空间的互动。

电话与螺旋式上升的信息量

在商业核心区和社会经济精英阶层之外，电话的使用范围不断扩大，成为支撑起大城市生活各个方面理所当然的工具（见图2.4）。让·戈德曼将其称为现代大都市特有的“螺旋式上升的信息量”。以垄断方式组织起来的标准化电话网络通过综合性规划覆盖一个城市、区域或国家，成为现代网络化基础设施理想模式的重要组成部分（Mattelart，1994）。正如让·戈德曼所说，在1977年，“电话让城市变得更好、更大、更有效、更激动人心，在需要时，以最低成本在不断扩大的大都市各个元素之间提供‘准即时的口头沟通’”（1977：312）。

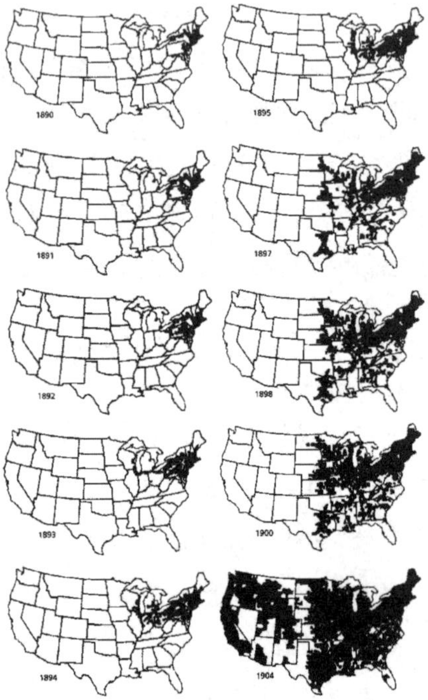

图 2.4　来自美国电话电报公司的电话系统在美国推广，实现了普遍的标准化接入。资料来源：阿伯勒（1997：333）

电话与城市的改变

电话在城市生活中所起的作用越来越大，促使城市形态发生了复杂的结构性变化，提高了主要商务中心的核心地位（它现在可以在远处更有力地直接采取行动），同时还支撑了城市的去中心化，将城市延伸到近郊和远郊。罗恩·阿布勒(Ron Abler)从美国角度出发，认为“本国的电话服务伴随着这个国家的大都市区的发展而发展，它们之间的关系极其复杂，因果关系中已经分不清谁是因、谁是果了”(1977：339)。

和其他现代城市基础设施一起，城市电话网络被设计成一个单一、连贯的整体，向所有空间和用户提供电话接入(通常根据具体的监管义务)。干线和富裕用户的利润被用来交叉补贴较贫困地区和农村地区的亏损网络。这些原则有效地推动了20世纪二三十年代至70年代末大多数西方国家城市电话网的发展。正如墨尔本的例子(图2.5)所表明的，在最近的全球自由化浪潮中，在那些迟迟未能开放的地区，连贯的、有计划的、单一网络的理想模式有时仍然推动着最先进的光纤基础设施的发展。

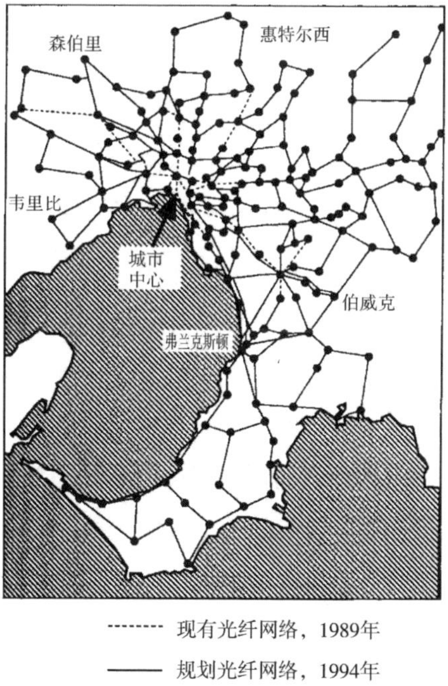

图2.5　现代基础设施理想模式对当代城市通信的持续影响：墨尔本光纤网络按规划发展。资料来源：牛顿(1991)

一种后启蒙运动视角将城市看作“有界线、被绘制、被占据并被利用的地域和受到管理并得以完善的人口区域”(Donald，1997：182)。在其推动下，19世纪晚期、20世纪早期所有西方国家都经历了各种各样的规划运动。这场运动的理由是要“设计并去除复杂的社会世界的不透明、困惑、垃圾和杂物”(Robins,1999:46)。城市规划师(往往是男性)对此有不同视角及跨学科的看法。出于对他们看法的信赖,当时的现代城市规划,以及后来的现代主义城市规划[①],寻求“透明的典范,其中城市的每一个功能性部分都应公开接受检查,它们的结构本身也应可以展示,能让那些好奇的眼睛看到”(Wigley,1996:138;参见 Jay,1988)。在许多情况下,主要建筑师和规划师对继承下来的城市景观不屑一顾,尤其是在现代主义时期,甚至认为“白板一块”是“奔向现代主义城市的出发点”——这种规划旨在完全抹杀前现代城市景观(Grandelsonas,1999:27)。

如何构建统一城市这一现代规划理想模式,以及在实践中如何着眼于现代基础设施理念,人们做法各异。我们只能在此重点介绍五个例子。

1880—1940 年间现代城市凝聚力理想模式的出现

首先,我们要强调城市凝聚力这一理想模式的出现。面对 19 世纪工业城市混乱不堪的城市化,以及工人阶级面临的苦难、卫生危机和基础设施不协调等问题,城市规划在这一时期普遍被看成是实现技术进步的手段。特别是社会精英们,他们越来越将现代城市规划视为一种机制,能将理性的、由经验驱动的实践引入大都市生活的全面重塑之中。规划将为城市带来一个全新的社会技术环境,把城市塑造成某种新型、有效的工业机器(Rabinow,1994:407)。

推动凝聚力的一个重要方面是将必要的地下公用设施以及地面街道网络、交通和通信网络连接起来建设地下城市(Mumford,1961:478)。为配合更广泛的科学和技术意识形态,城市规划理论逐渐建

① “现代主义城市规划”,又称“功能主义城市规划”“功能理性主义城市规划”,是在现代建筑运动推动下,运用理性主义思想方法、功能分区手段对城市功能和空间进行相应分解,并通过交通系统进行组织联系的一种规划模式。——译者注

立起普及天然气、电力、水、交通和通信等方面的规范。这些都成为城市新愿景的内在要求，包括街道的布置和管理的标准化（Celik *et al.*，1994）。

因此，现代城市的所有空间都将由无处不在的、以民主方式使用的以及同质化的基础设施网络来整合，通常由国家拥有或控制（Chaoy，1969）。人们普遍认为，这种干预措施反过来将有助于通过新的基础设施网络对大规模生产、分配和消费进行整合，从而获得社会、经济和环境效益（Fillion，1996）。最重要的，规划被认为是支持“内聚力感”的必要条件（同上：1939）；它为工业化大都市的支离破碎带来秩序（Beauregard，1989：382）。

街道与下水道：1853—1870 年间巴黎豪斯曼的规范化改建计划

> 笔直、宽阔的街道，顺畅的交通，似乎缩短了距离，之前仿佛相距甚远的两个点之间也有了联系。
>
> （*Paris-Guide*，1867；引自 Offner，1999：224）

其次，我们需要探索豪斯曼的巴黎，这样才能理解对综合统一的街道和下水道系统这些现代概念进行的溯源研究。塞利克（Celik）等人认为：“街道一直是城市存在的首要因素。它们提供了一种框架，在此基础上编织出建筑结构和人类组织的复杂互动关系。”（1994：1）所有曾经存在的城市里，某些街道被规划和布置成仪式场所、帝国的象征，作为交换、商业和交流的通道，以及一些特权市民的会面空间（Kostof，1992）。但在美索不达米亚、古埃及和罗马帝国时代，以及 19 世纪中叶大都市工业化之前，水渠、下水道和街道的铺设往往只覆盖了部分城市（通常是为富人或富裕地区提供的）（参见 Hall，1998：第 22 章；Soja，2000）。

从 19 世纪开始，现代城市规划学说增加了这样一种理念，即通过技术官僚化办法，可以在整个城市区域内铺设综合统一的街道网络，将大都市捆绑成一个正常运转的机器或有机体。在这一过程中，街道的概念也发生了变化。到19世纪末，街道的概念开始与日益增长的机动车化和不断扩大的对流动性和流通性的需求紧密结合。正如南·埃林所说："街道曾经是用来步行上班、购物或社交的。现在，它们主要用来通行。"(1997:13)即便在20世纪五六十年代，一些城市通过外科手术般"破膛开肚的"改造项目增建了市内高速路网，但此前通常由政府主管部门主持、全面而统一地规划城市道路系统的模式仍然占据城市规划的主导地位。

豪斯曼在1853—1870年间提出的巴黎规范化改建计划，是最早也是最著名的通过综合的街道系统来"捆绑"城市的整体概念之一。正是豪斯曼在巴黎建设大规模的城市道路体系和下水道网络的计划，才使其成为现代城市基础设施理想模式的典范(见图2.6和2.7)。豪斯曼的巴黎是工业城市"规范化"这一概念的先驱。他通过综合性的土地利用规划和基础设施网络建设，明确规定要促进城市内部和城市之间的自由流通(Offner,1999)。对斯皮罗·科斯托夫(Spiro Kostof)来说，

> 豪斯曼对巴黎的处理实际上对我们所理解的"现代"城市首次进行了完整的界定。它预示着一种技术民主化和全面的城市规划方式。在这种方式中，一个合理的循环网络将一劳永逸地扫除[被规划者视为]在城市的杂乱生活中日积月累下来的垃圾。
>
> (1994a:11)

豪斯曼明确指出，他的目标是"使无序的城市规范化，通过一种完全图式化的布局来展示它的新秩序，[将]它从陈年污垢中解脱出

图 2.6　从豪斯曼为巴黎制定的规范化改建计划(1853—1870)中可以看到林荫大道系统贯穿城市。这对现代基础设施理想模式具有重要影响。资料来源:乔伊(1969:50)

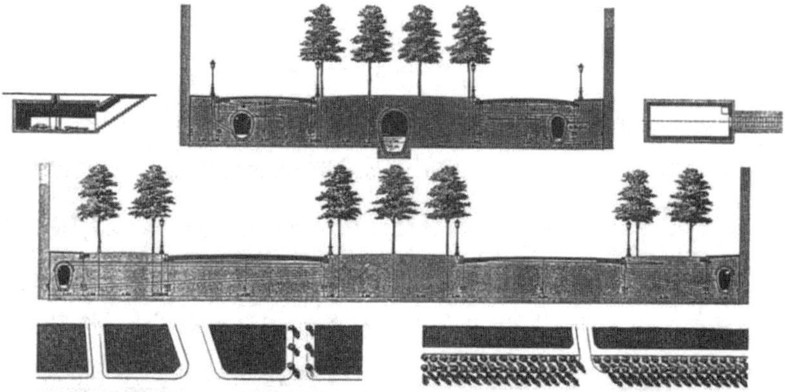

图 2.7　在巴黎规范化改建计划中,以林荫大道为组织框架,铺设煤气灯、供水管、排水管和排污管。资料来源:科斯托夫(1994b:14)

来”(Haussmann;引自 Chaoy,1969:16)。这个著名而全新的网络，以其极佳的精准性，毫不留情地穿过这个城市的社会及物理结构，其目的是“统一并改善巴黎的整体运行”(Haussmann;引自 Chaoy,1969:16)。

那么，在这里，我们就有了这样一种社会建构的理念，即协调的基础设施网络和城市规划可以将现代工业城市的分散部分有意义地连接成一个有机整体，从而支持其作为国家和国际大都市的主导作用(见图 2.6)。在豪斯曼看来，道路网络是城市的循环系统；合理设计的下水道和公墓系统是大都市的垃圾处理器官；绿地是城市的呼吸系统。事实上，街道系统是将地埋式水网、照明、排水和下水道捆绑在一起的物理框架——这种情况在今天看来是我们非常熟悉的，甚至是理所当然的(图 2.7；参见 Moss,2000)。无论从哪个意义上说，这些网络都被视为起到了促进协调的作用，使城市空间整体合理化、系统化，并具有可控性。

豪斯曼梦想“巴黎作为一个整体[城市]，有朝一日可以成为一个具有独特生命力的单一有机体”(Chaoy,1969:16)。他的目标是“从北到南，从东到西，在巴黎的中心划出一个十字，将城市的各个要点直接连通”(同上:26)。道路和下水道网络被规划成一个总循环系统，分层次的支流将新的广场节点连接起来(同上:16)。这两组渠道都作为进步的象征而受到赞誉。他留给后代的是“历史上第一次将整个城市……向所有居民开放”，让他们可以体验作为“一个统一的物理和人文空间”的巴黎(Berman,1983:153；参见 Picon and Robert,1999)。

1880—1940 年间下水道、供水及对城市身体的驯化

> 注意卫生是现代性方案的最高行为。
>
> (Lahiji and Friedman ,1997:7)

> 当然，国家就是下水道。不仅因为它急迫地制定了神圣的法律，还因为它作为卫生法则的执行者，统治并支配着下水道。
>
> （Laporte，2000：57）
>
> 过去街上污水四溢。然后工程师们把它们带到了地下。
>
> （Dieter Jacobi；引自 Moss，2000：63）

这就把我们引向了第三个小故事：19 世纪的改革者和社会精英们构建了这样一个概念，即城市地下水和废水处理系统是为了“驯化”和净化现代城市毫无章法的机体服务的（Kaika and Swyngedouw，2000；Laporte，2000）。

埃里克・斯温格杜认为：“一座城市如果不获取、不改造，也不运输自然界的水，城市就无法生存。城市的新陈代谢取决于水在城市血管中的不断流动。”（1995b：390）然而，建设这样的供水系统却困难重重，因为城市供水系统要求必须有某种形式的人员配备，能做到长期中央控制、协调合作、详细分工（Swyngedouw，1995b：390）。

同样，豪斯曼的规范化改建计划也延伸到了水和下水道，为现代基础设施理想模式中处理现代大都市日益增长的用水需求奠定了基础。正如马修・甘迪（Matthew Gandy）所言，有了豪斯曼的新巴黎下水道系统，城市“新的林荫大道和购物广场现在在城市的街道下有了对应的地下设施。巴黎的改头换面使城市空间被公众看到并理解，从而消除了前现代城市的不透明性和异质性”（1998：8）。为了除去 19 世纪巴黎特有的恶臭，豪斯曼和其他改革者实施了许多卫生改革，其主要目标是城市环境的“全面除臭……除臭剂将用于公共和私人空间的所有区域……于是出现了无异味城市的幻想，理想中的无异味城市被净化到零嗅觉干扰的程度”（Prendergast，1992：79）。从巴黎和其他许多现代化城市的经验来看，“现代城市主义的教训是显而易见的。供水和排水系统是城市的生命线。因此，它们太重要了，不能只靠私人企业的善意或由它们随心所欲”(Schultz and McShane，1973：395)。

我们也可以把豪斯曼的计划看作是更广泛的项目的开始，即把水作为净化城市循环系统的“净化”剂(Swyngedouw，1995b)。对大面积的下水道和供水系统的苦心经营，以及科学上细菌的发现，为用水量的急剧增加铺平了道路，这反过来又支持了对城市“身体”进行经常性清洗，以及个人卫生清洁工作的私密化(参见 Melosi，2000；Lupton and Miller，1992)。20 世纪前夕，维也纳建筑师阿道夫·洛斯(Adolf Loos)曾提出一个著名的想法，认为“增加用水量，这是我们文化中最紧迫的任务之一”(引自 Lahiji and Friedman，1997：7)。

因此，通过标准化的基础设施服务，水被城市化和商品化，成为基础设施捆绑城市中的另一个组成部分，并只能通过单一的基础设施服务系统获得，最初只限城市资产阶级才能进入网络(Melosi，2000)。标准化的供水服务使城市内出现了一个卫生、无异味的公共领域。

吉列尔姆(Guillerme)讲述了 19 世纪末法国私营供水公司和市政当局如何努力寻找资金和技术开发高质量的新供水系统，以满足社会需求(1988)。虽然这种网络仍然充满了社会不平等和偏见，但随着战争期间以标准水价获得高质量的水和废水处理网络成为现代化社会世界的一部分，这种网络最终扩展到了整个城市区域。

与其他城市基础设施网络一样，现代城市工程的理念规定，水网需要合理规划，在城市结构中系统铺设，连贯整合成一个综合的、相对标准化的运作整体。在欧洲，这种过渡比美国更顺利，因为在美国，尽管许多人努力建立系统的、公共的、现代化的供水和废水处理系统，但 19 世纪 70 年代之前，私有化的单个水井和污水池一直是其主导模式(Ogle，1999；Melosi，2000)。加维拉(Gavira，1995)在讨论马德里单一垄断网络的建设过程时，强调了开发和绘制系统化的供水和废水管网这一想法的影响力，并强调了最大限度的“同质性和无向性”（见图 2.8）。

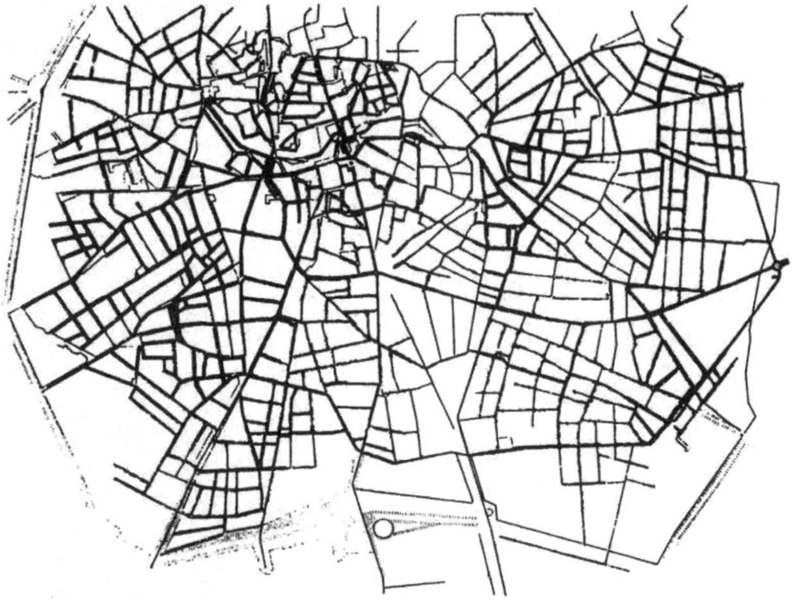

图 2.8　1948 年马德里的供水管网：根据现代基础设施理想模式的要求，建立了一个完全一体化且分布广泛的供水系统。资料来源：加维拉(1995：13)

城市供水系统迷雾重重的地理结构

通过这些过程，“对自然界水的掌握和工程化[成为]城市化过程本身的前提”（Swyngedouw，1995b：21）。但是，大都市生活所依赖的水库、水渠、水室和水井等巨大的系统，在城市中一直以一种奇特而不可见的方式存在，就像被深埋在地下的通道、基坑和涵洞一样。它们的世界有着“迷雾重重的地理结构”；“很难了解这些（几乎）看不见的系统的深度和广度，它延伸到越来越深广的领域，获取越来越稀缺的淡水。”（Reiser *et al*.，1996；见图 2.9）水与日益增长的城市工业之间的这种联系仍然很复杂，也很有争议。现代城市依靠的是：

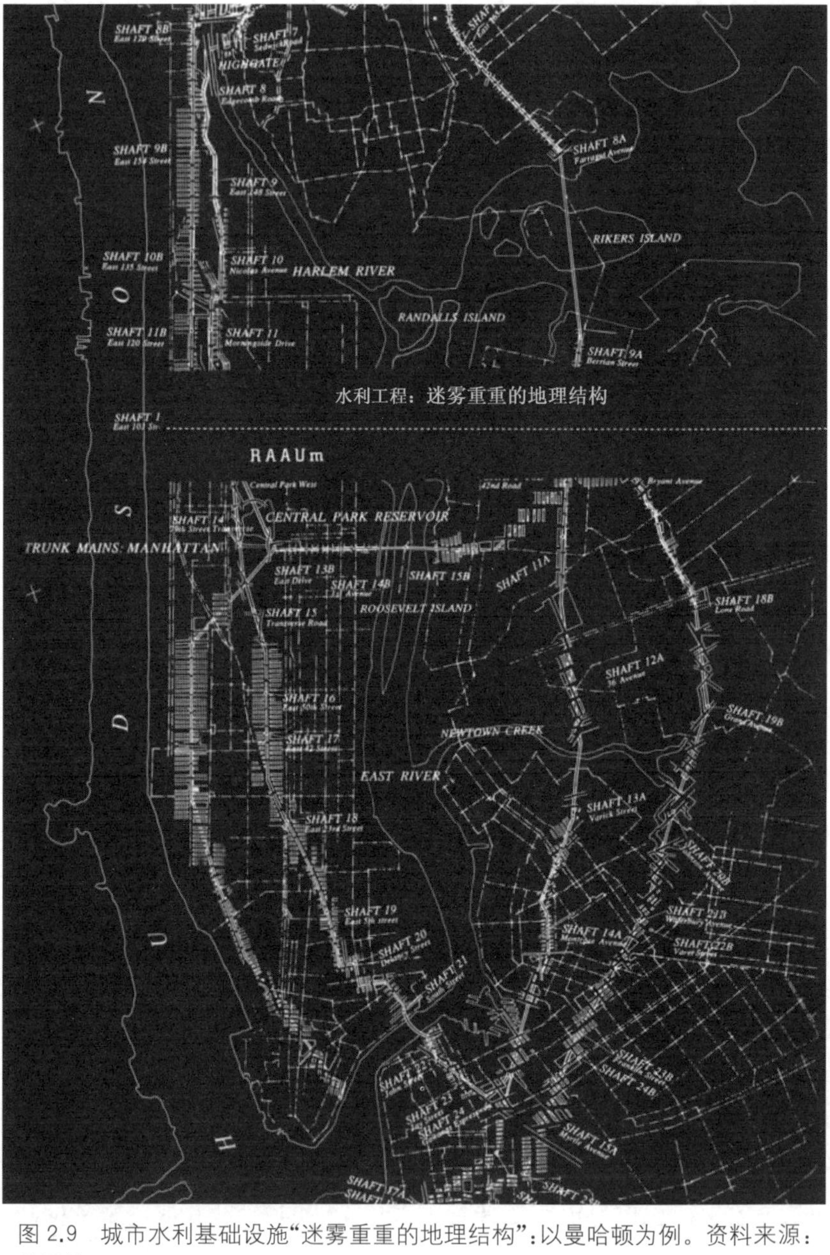

图 2.9　城市水利基础设施“迷雾重重的地理结构”：以曼哈顿为例。资料来源：莱泽等(1996：73)

> 把握和控制越来越大的流域、水流，以及不断变化的——但在获得权力/排除权力方面又极具争议和社会意义——国家相关法律法规和工程项目的规划。地方、区域和国家的社会自然条件与工程设想、投机活动、全球水系和资金流紧密相关。
>
> (Swyngedouw，1995b：22)

城市扩展中的基础设施危机：城市网格、功能分区和城市基础设施

我们的第四个小插曲是关于豪斯曼的城市规范化理念如何通过标准的一体化网络基础设施，与当时快速发展的城市规划运动中更广泛的理想模式无缝地联系在一起。豪斯曼的思想为更广泛的统一城市规划和城市美化的框架奠定了重要的基础。它们很快被应用到其他地方，从柏林、科隆、德累斯顿到巴塞罗那、伦敦和芝加哥。因此，借鉴豪斯曼的现代城市概念，我们可以知道，基础设施规划在现代城市规划项目的发展中，其重要性超出了一般人所意识到的(Fischler，1992：98)。"规划师们很早就意识到，不同的资本家在以互不协调的方式追求不同的空间投资策略——包括基础设施网络修补工程中的竞争。"(Beauregard，1989：382)

然而，技术标准化和监管方面的努力并不是新的尝试。早在1761年，像伦敦这样的城市就已经开始尝试将街道空间的设计和铺设规范化，并将街道照明和街道命名系统化(Ogborn，1999；Kostof，1994a：262)。经过铺设、集中管理和统一的标准化街道系统逐渐成为现代公共城市的重要综合网络(Southworth and Ben-Joseph，1997)。如斯德哥尔摩市政府完全改变和重组了街道名称，"以实现城市名义化并控制城市"(Whiteman，1990：28)。一个世纪后，维多利亚时代的伦敦，广泛的私人封闭式街道因其象征精英主义的权力，遭到了公众的攻击。密集的游说最终导致这些街道被纳入统一的公共街道系统(Atkins，1993)。

但是，即使到了20世纪初，要发展普遍的、标准化的街道和基础设施网络，还有很多工作要做。通常情况下，外围地区无法使用新技术服务，如下水道、饮用水、电话、煤气和电力网络等，因为私人和市政基础设施供应商的目标是中心地区利润较高的空间。克里斯蒂娜·博耶(Christine Boyer)指出，世纪之交，急剧的城市化意味着“美国老旧的较大城市最大的需求是延伸天然气、电力、水和下水道线路；建立廉价而高效的电车系统、地铁、桥梁和隧道；建设公共建筑和私人住宅”(1994:7)。当然，铺设综合和开放的街道系统为其他服务的扩展提供了物理框架，也为城市进一步的发展设定了法律和地域界线，而这些往往建立在投机的基础上。

在北美洲的大部分地区，整齐划一的网格成为组织城市扩张的标准。1811年，市政府专员在纽约使用的地图为扩展城市奠定了框架。这很好地说明了人们在使用可扩展的网格模式，以系统、统一的方式界定城市发展方面的努力。该计划为城市面积增加5倍奠定了基础，将11 000英亩的土地变成了2 000个街区模式，它们至今仍然是曼哈顿的一个特色(图2.10；参见Pope，1996)。

尽管有重复性和可预测性的缺点，但是这种网格却迫使城市形态具有开放性，从而克服了前现代城市的封闭性。阿尔伯特·波普(Albert Pope)认为，“19世纪的网格城市[北美的]可以被定义为具有内在开放性的城市”，因为这种开放的网格“穿透并连接大小规模的建筑，将离散的城市建筑与无限的空间连接起来”(1996:17)。网格化的规划影响着北美的开发、伦敦的横街①及塞达②的巴塞罗

① bye-law streets，即从主要干道分岔出来的街道。——译者注

② 1859年，加泰罗尼亚建筑师塞达(Cerda)提出了他的巴塞罗那扩张规划(Plan Cerda)。塞达的规划思想是避开老城，另建新区，以棋盘式的路网构建城市的新骨架，以对角线布置的大街将新区与老城区以及临近的小城镇连接成为一个新型的工商业城市。——译者注

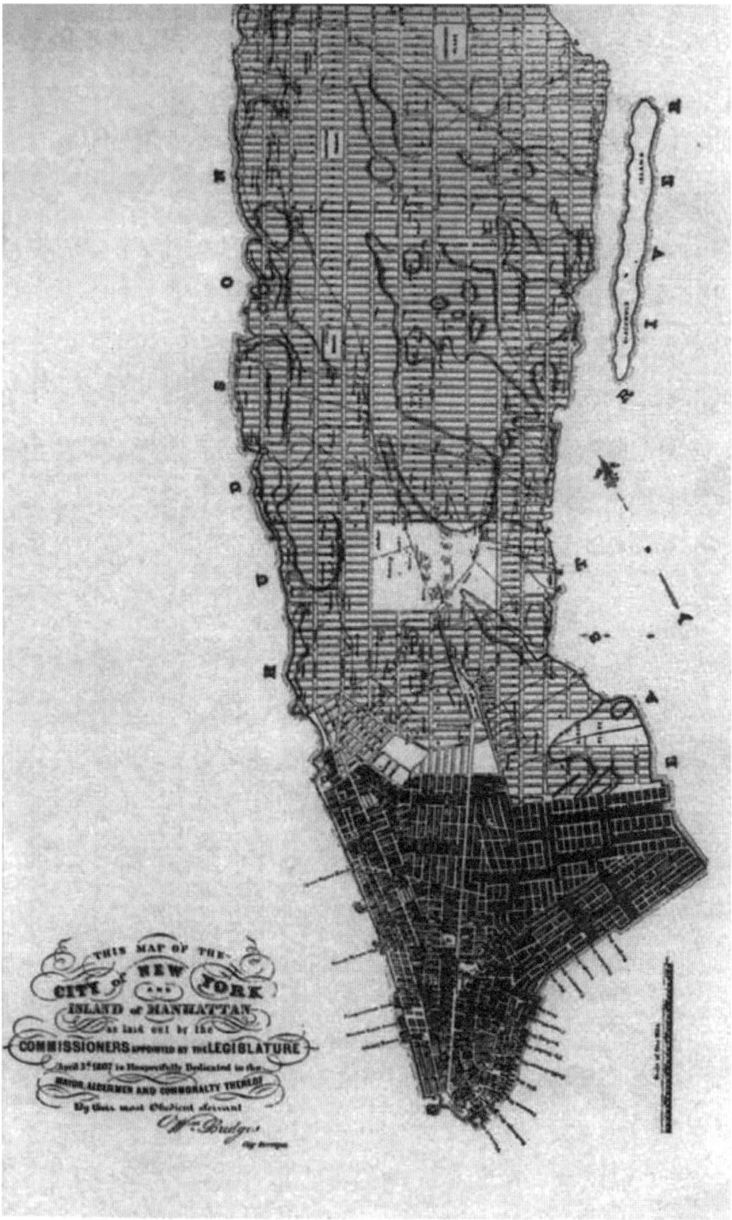

图 2.10　1811 年的曼哈顿专门计划建立了统一的、可无限延伸的直线路网。资料来源：波普（1996：34）

那城市扩张项目的进展。波普认为："每一种物理封闭的装置——封闭的城市系统本身的理念——都被城市网格微妙而激进的转变所取代。"(Pope，1996：32；参见 Dupuy，1991：93)许多城市由此变得更加开放，不受限制。它们的综合街道系统支持着资本主义城市工业发展所带来的对交换、生产和分配的爆炸性增长需求。

功能分区和公共发展及基础设施网络的规划往往围绕着城市网格或街道格局的框架共同发展。因此，整洁、维护良好的街道和正常运行的电力、燃气、供水和下水道系统，是早期城市规划中追求合理、有序和规范的大都市的基本要素。例如："在北美……改良者们在创造美国城市的纪律秩序和礼仪和谐的同时，也注意到了基础设施框架和规范的土地秩序的建立。"(Boyer，1994：7)

在 20 世纪初的现代规划中，工作、住房、休闲、交通和行政朝着功能分离方向发展，而功能分离是所有现代城市规划的内在要素。实际上，如果不考虑连接规划中城市空间的基础设施网络，这种趋势将无法持久(Rabinow，1994)。因此，从 20 世纪早期到六七十年代，现代城市规划的理想模式是将交通、能源、水和通信网络与实体城市的功能性规划公共空间、工业区域或明或暗地结合在一起(参见 Lefebvre，1984)。这在 20 世纪二三十年代国际现代建筑协会(CIAM)小组制定的现代功能城市规划原则中得到了体现。这样一来，工业资本主义的新兴政治经济学将在有计划的建成环境中体现出来(Beauregard，1989：382)。正如马修·甘迪提出的，从美国城市规划的角度来看：

> 20 世纪初，美国现代主义与新出现的城市规划概念密切相关。在这种概念中，空间的合理化程度将逐步提高，以适应新的城市技术并满足不断变化的社会文化诉求。
>
> (1998：2)

多线融合：1880—1960 年间的现代综合城市理想模式

最后，我们需要探讨这四个方面是如何在普遍存在的标准化基础设施网络的调节下，共同支持有序的综合性城市这一更广泛的概念的。在 19 世纪 60 年代中期，西方国家存在着一种现代规划的主导性说辞。这套说辞将有序的综合性城市概念理想化，并通过有形或无形的标准化基础设施网络将它们捆绑在一起。现代城市规划通过理性和民主政治，声称要“开发一种围绕共同目标组织起来的协调而实用的城市形式”(Entrikin，1989：381)。

这种对统一和协调的强调，导致了对城市综合规划和标准化街道标准的强调，并通过日益强大的交通工程的力量来执行(Southworth and Ben Joseph，1997)。这些是现代性方案的高潮，它们将城市视为一个人造的综合体。人们相信，从今以后，资本主义城市发展中的所有矛盾倾向都可以通过强调秩序和一致性的统一理念得到解决(Goodchild，1990：128)。

继豪斯曼之后，人们通常将城市比喻为“机器”或“有机体”，其功能或新陈代谢取决于适当的连接系统。理性的规划“把城市像机器一样对待，就像工程师规划工业过程一样，将城市分解成各项基本功能(住房、工作、娱乐和交通)，并将其作为一个整体(在总体规划中)以泰勒制方式进行管理和标准化”(King，1998：23)。城市空间被认为“具有无限可塑性，容易被那些试图重塑它的人所左右”(Olalquiaga，1994：48)。

当然，在这一过程中，关于适当使用城市空间方面的规范性观念也体现在网络和空间中：(男性)流通、工作和生产的公共空间在功能上与(女性)家庭和郊区的社会再生产及家庭养育空间分开(Sandercock，1998a)。精心设计的能源、水、交通、街道、公路和通信网络则成为这种几何图形设想的缔结组织。

正如梅尔·韦伯(Mel Webber)所论:“在城市科学和城市规划中,大都市区域这一主导概念将每个城市都看作是一个统一的地方。”(1964:81)他将其定义为:

> 有形的城市化土地。在这片土地上,建筑物和其他有形设备密集分布,人们在这些土地上进行的活动通常比在其他聚居区有更加密切的相互联系和依赖性。
>
> (同上)

基础设施的创新有助于将“人造城市”(即长期保持单一形态的城市)联系在一起(Beauregard,1989:385)。

要把统一的网络化城市概念带进现代城市规划实践的核心,使其具有不可动摇、不言而喻的地位,还有两个方面的进一步发展至关重要。首先是统一的网络化基础设施与城市综合性发展规划的理念紧密联系在一起(见专栏 2.2)。其次是现代基础设施理想模式与 20 世纪上半叶出现的一系列具有影响力的乌托邦式城市规划之间的密切联系(见专栏 2.3)。

专栏 2.2　发展规划和综合性基础设施

实现综合性城市理想模式,关键之一是城市发展规划的概念。当有足够的政治和经济力量支持时,城市发展规划的概念被当作指导地块和基础设施网络发展的手段。这样,整个城市就可以成为一个统一的现代大都市。“一个世纪以来,具体计划是现代城市规划的核心内容。”(Neuman,1998:208)功能分区,再加上具体计划的采用,被视为一种能够让基础设施以合理、系统的方式与城市相连的手段。

例如，北美最早的综合规划之一，1916 年的《纽约法令》，是“一项通过对城市的港口、码头、街道、铁路和突袭转运设施进行大规模协调性的公共改善计划，以促进大都市区有计划、可控制、有秩序、可持续发展的愿景”(Hammack，1982：188；引自 Fischler，1998：179)。北美其他的总体规划，特别是“美丽城市运动”的总体规划，体现了对规律性几何秩序的追求，将标准化、统一的街道、供水、下水管道、电话和能源网络作为一个整体性捆绑的网络，对不断发展的大都市进行规划并规范化(见图 2.11)。

图 2.11　1909 年芝加哥规划：一个将公民秩序强加于不断扩张的大都市之上的总体规划。资料来源：霍尔(1988：177)

刘易斯·芒福德希望将这种规划扩展到区域规模，利用新的基础设施来支持广泛的机械化、电气化和人口尺度的分散。同时，他试图通过连贯的区域规划，发展一个更加平衡的城市系统，使城市生活的“大型技术”更具人性化(Mumford，1934：1961；Corn and Horrigan，1984)。他的远见有助于激发战后将现代基础设施理想模式扩展到区域规模所做的努力，特别是帕特里克·阿伯克隆比(Patrick Abercrombie)著名的“大伦敦战略”①。

随着市场日益走向全国化和国际化，企业也在为电话、电力和水利基础设施的区域一体化进行游说。正如克里斯蒂娜·博耶所

① 阿伯克隆比的“大伦敦战略”(1944)，既考虑到了城市建成区本身的延续性和进行全面改造的困难，同时也兼顾了城市向外扩散的需要，采用了降低建成区的人口密度，以在城市建成区外有计划地建设新城的方式来整合整个区域，使城市及其周边均纳入有序的发展之中。——译者注

说，问题出现了："这些公司是否要与每一个政府单位讨价还价来获取足够的公路系统和充分的土地、水和电支持，以满足相应的生产需求呢？"(1994:182)

专栏 2.3　综合性基础设施和现代城市乌托邦

城市规划强调统一的基础设施，其根源来自众多颇有影响力的现代城市乌托邦主义者，从埃比尼泽·霍华德到勒·柯布西耶和弗兰克·劳埃德·赖特等。这些颇有远见卓识的人们都着迷于新的网络技术不断引发社会秩序发生根本性转变的潜力，这种潜力体现在他们偏爱的城市乌托邦物理景观的转变中。他们认为，"现代技术已经超越了过时的社会秩序，其结果是混乱和冲突。然而，在他们的理想城市中，技术将发挥其应有的作用"，即把规划中的大都市整合成一个按照他们个人蓝图设计的运行正常、高效、和谐的现代城市(Fishman，1982:13)。

因此，尽管几乎所有的乌托邦城市主义者都建议对工业大都市进行彻底的去中心化，但这只会是一种有计划、有秩序的分散，利用统一的基础设施网络新的调节能力来保持新延伸城市的一致性。20 世纪上半叶，乌托邦式城市理想主义者结合科学、技术和城市的主流意识形态，描绘了一幅城市远景图。他们所有的愿景都告诉人们，通过将最新的能源、水、交通和通信系统等城市生活的支持性力量，与规划整合后的现代城市景观相结合，就可以实现所有人的解放性进步。所有这些人都把他们的想法"建立在那些激发了他们那一时代的技术革新上，比如说特快列车、汽车、电话和收音机"(Fishman，1992:13)。

网络化技术与城市乌托邦：
埃比尼泽·霍华德、弗兰克·劳埃德·赖特和勒·柯布西耶

三位最著名的城市空想家是埃比尼泽·霍华德(构想的花园城市)、弗兰克·劳埃德·赖特(构想的分散式广亩城)和勒·柯布西耶(构想的当代城市)。他们都认为，新的网络化基础设施可以布置出一个内在和谐的城市和社会秩序(Fishman,1992:13)。时间和空间一旦被这些新的网络所掌握，完美有序和连贯的城市景观就可以被设计出来。

19世纪末，霍华德希望建立城郊铁路综合系统，以维持旧城有计划的分散和花园城市的发展。20世纪20年代，赖特认为私人汽车保有量的增加和不断扩大的公共高速公路网可以支持人们的生活方式向去中心化、自给自足转变，并逐步抛弃“过时的”大都市。在勒·柯布西耶的“当代城市”模式中，昔日混乱无序的城市将被整洁、现代、相互连接的城市景观席卷。这是一座拥有300万人口的乌托邦城市，其灵感源自飞机和邮轮的简洁现代感。这证明了他所说的新兴的“机器社会”，本质上是一个“庞大而有序的机制”(Corn and Horrigan,1984:38)。勒·柯布西耶要求城市的综合性网络结构必须通过新的直线系统来运作。他认为：“现代城市不可避免地以直线为生；建筑、下水道和隧道、公路、人行道的建设、交通的流动都需要直线。”(1929:10)

当代城市及其他类似的“新城市”计划，都以无缝、快速和未来主义的基础设施网络为前提——基于大规模集成高速公路、火车站上方的机场、飞艇机库、无处不在(尽管无形)的能源、通信和供水等“多级循环”系统——为交流和整合提供无限的机会(King,1996:49)。在几何布局的大型摩天大楼内，中央商务区集中了“超越时空的电话、电缆及无线设备”(Le Corbusier；引自King,1996:51)。

几乎在所有现代性方案中，行人都必须在自己的人行道系统中，与交通完全分开。

线性城市乌托邦

然而，关于新的网络化基础设施的整合能力，最极端概念来自线性城市思想理论家。他们的理想化城市概念涉及由住房和设施组成的线性走廊，这些走廊由完整的基础设施网络紧密地联系在一起。埃德加·钱伯斯(Edgar Chambers,1910)的“路镇”就是一个例子。这是由三层地下有轨电车和屋顶道路组成的房屋长廊(Hayden,1981:246)。

另一个例子是西班牙共和党人阿图罗·索里亚·马塔(1844—1920)提出的“线性城市”。作为通信理论家，索里亚·马塔的理想城市是早期使用高质量综合性网络化基础设施来重新构建现代城市整体概念的最佳例子之一(见图2.12)。他认为：“城市的形态源于，或必定源于人员出行或货物运输的需求。”(引自Choay,1969:100)当一条500米宽的条形地带就能容纳进各种类型的综合基础设施时，索里亚·马塔得出结论，认为当务之急是：

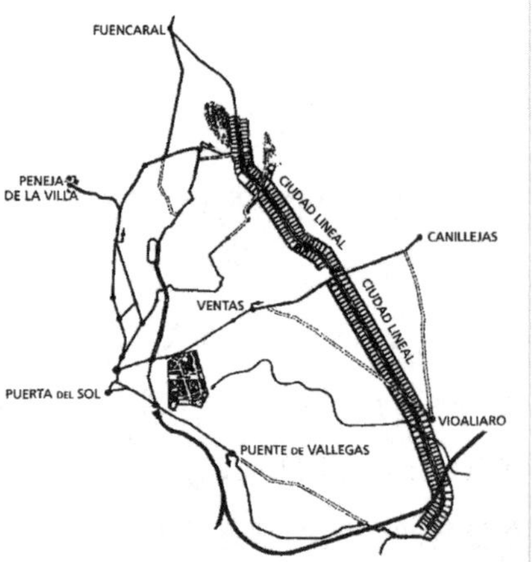

图2.12　1882年索里亚·马塔提出的线性城市战略：一种以综合性基础设施网络构建城市发展的极端形式。资料来源：巴内特(1986)

在这个巨型地带的中心要有火车、电车、水/气/电管道、水库、花园，而且每隔一段距离要有提供不同城市服务的建筑大楼。这样一来，我们的城市生活中由大量人口所产生的复杂问题几乎都会马上得到解决。

(引自 Chaoy，1969：100)

1920—1960 年间网络化城市消费的建构

关于支持着现代网络化理想模式建设的第三个支柱，我们需要研究一下，看看上述技术和规划实践的意识形态是如何在 1920—1960 年间，在城市标准化基础设施网络的协调下，广泛结合，共同支持了新型大规模生产和消费。

虽然以基础设施网络为中介的现代家庭消费形式的出现可以追溯到 19 世纪，但直到 20 世纪上半叶，才发展到最大程度。因为 20 世纪初至第二次世界大战期间，大多数西方国家建立了福特主义的大规模生产、分配和消费体系。在强调自动化、标准化、规模经济和技术分工的同时，福特主义还把其“心脏地带”落在主要的大都市区(Giannopoulos and Gillespie，1993)。从我们的角度来看，最重要的是，福特主义社会经济生活的所有方面都以获得现代统一的能源、交通、水和通信网络为前提，这对当时的现代规划理想模式来说是非常重要的。

1920—1960 年间网络化基础设施、福特主义生产与城市

[在福特主义模式下]要确保将批量生产和大众消费、工作和娱乐联结在一起，就必须靠通信来保证。

(Mattelart，1986：xiv)

福特主义模式下复杂且地域分散的生产体系对城市基础设施系统提出了相当高的要求(参见表 2.1)。由于其高度的地域隔离和分

散生产，如果没有通信、交通和能源网络方面的重大创新对它们进行跨空间的标准化组织，就不可能开发出各种福特制生产方式（Warf，1995）。就现有基础设施和技术标准方面来说，要消除其空间差异，需要标准化的基础设施网络，以配合更广泛的生产、消费标准化，以及后来在城市和国家体系内进行的大规模公共住房的标准化实践（关于法国的情况，参见 Lucan，1992）。国家和地方政府需要确保提供现代化的综合基础设施网络，以支持福特主义模式下生产和消费的良性循环。

表 2.1　福特主义空间组织、交通和通信

产业组织	空间组织	交通和通信方式	基础设施要求
· 规模经济 · 垂直整合 · 分层控制 · 批量生产 · 大公司主导 · 大量消费标准化商品	· 劳动力空间分工 · 公司控制与城市等级体系相关 · 大都市劳动力市场 · 国家和国际生产体系 · 保持远距离联系	· 通过长途运输，将产品转移到装配线和市场 · 通过人员外派（长途）保持公司控制 · 纵向信息流 · 通向大型城市和郊区的生产基地	· 可靠的长途货物运输 · 可靠的航空和铁路旅行，以维持公司在国内的控制 · 可靠的国内、国际电话和电传 · 城市和郊区运送劳动力的公共交通状况 · 货物和信息网络主要通过国家和国际网络将核心与外围区域连接起来 · 很少需要本地通信网络

资料来源：卡佩罗和吉莱斯皮（Capello and Gillespie，1993：37）

因此，福特主义的发展是建立在一系列技术基础上的。这些技术使"工业区位和生产管理本身在很大程度上不受地理距离的影响"（Frobel *et al.*，1980：36）。他们的要求通过国家和地方政府对可靠的标准化基础设施服务的大规模投资得以满足。集装箱化和长途公路网为货运提供了便利。

可靠的语音通信使人们能够对空间上分散的生产进行远距离控制。交通、电信和电力网络的推广意味着外围地区和城市的地点变得经济可行（Gillespie and Giannopoulos，1993）。

城市之间日益增加的国际连接有助于融合日益国际化的城市体系，进一步为不断发展的国际公司提供区位上的选择。在战后重建期间，美国福特主义在两次世界大战之间的实践扩散到欧洲，随之而来的是福特主义25年的兴盛。这是以大规模生产技术、大规模消费和大众广告宣传之间的良性联动为基础；而这一切又都是以核心家庭、泰勒制工作组织方式①、集体工资谈判、大公司的垄断、凯恩斯主义的需求管理、福利国家及标准化住房大规模生产为基础(Giannopoulos and Gillespie，1993：36)。当然，所有这一切都基于制定了往往被认为是合理的并日益标准化的基础设施网络。正是这些网络将福特主义的空间经济以及组成这些空间经济的城市区域捆绑成一个个正常运作的实体。

随着城市更紧密地融入国家城市体系，规划理论反过来也促进了大众消费和生产的良性循环。正如菲利安(Fillion)所说："新的基础设施，有利于低密度开发的城市分区规定，而且对单户住宅的财政支持改变了时空关系，特别有利于耐用品的大规模消费。"(1996；1939)

国内消费与现代网络化城市主义

在20世纪20年代至60年代的大多数西方城市中，上述关于技术进步的意识形态，以及对明亮的、现代化的、技术先进的城市的需求，与城市合理化规划方面的辩论有力地交织在一起。其结果是，在电力、燃气、电话、广播和交通网络日益普及的情况下，国内大众消费显著增长。现代城市不断变化的城市景观以及快速发展的高速公路、电话、电视、能源和水网络，都为新的国内大众消费文化提供了支

① 泰勒认为科学管理的根本目的是谋求最高劳动生产率，最高的工作效率是雇主和雇员达到共同富裕的基础，要达到最高的工作效率的重要手段是用科学化的、标准化的管理方法代替经验管理。——译者注

持，也就是说在前所未有的距离内提供了大量商品和服务。

随着城市融入互联的城市系统中，距离越来越不会成为互动、流动和交流的障碍。消费者与发电站之间的距离可能会越来越远，但高速公路、水网、电话网络、电视和无线电广播网络仍会给人以邻近感。就像现在，电力通过高压电缆穿过区域、国家和城市，进入网络化家庭，给人一种“无源之水，似有似无的印象”（Thrift，1996a：271）。

这种调节、分散式的消费反过来又刺激了需求，使福特主义的大规模生产领域持续扩大。如图 2.13 所示，事实上，我们可以将这段时间解释为家庭与现代基础设施网络的捆绑时期。在这一时期，家庭对现代基础设施网络的使用已近乎普及——这是这一时期经济、社会和文化生活各个方面的重要基础（见图 2.13）。

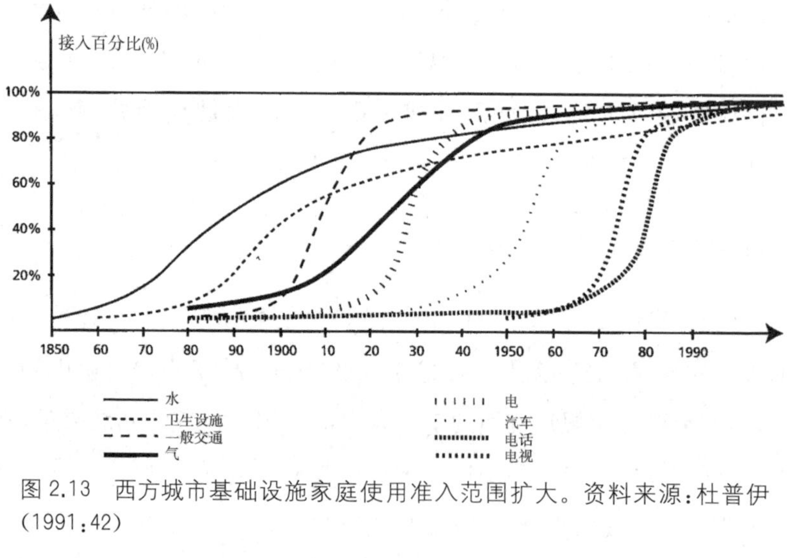

图 2.13　西方城市基础设施家庭使用准入范围扩大。资料来源：杜普伊（1991：42）

因此，作为我们现代基础设施理想模式的第三个支柱，重点是要探讨这种综合网络化基础设施的捆绑为什么既能支撑起现代城市的大众消费，又能维持社会和文化行为的规范性概念。我们尤其需要了解现代网络化消费的构建是如何支撑城市工作和空间明显的性别划分的。这种转变有三个具体的方面值得仔细研究。

大众网络化消费的性别构建

> 我们已经知道,打破生活水平低下这一恶性僵局的方法是自由消费和创造性浪费。
>
> ——(Christine Frederick,1929;引自 Lupton and Miller,1992:7)

首先是(深刻性别化的)大众家庭消费的构建。在美国和其他地方,这是作为“清洁、舒适、方便和省力”的现代城市理想模式而构建的,并与基础设施运营商为创造国内需求而做出的努力密切相关(Rose,1995:200)。这些努力反过来又与国家和联邦政府更广泛的战略联系在一起,以最大限度地扩大基础设施网络对大规模工业生产和大众消费的影响。例如,在美国堪萨斯等城市地区,公用事业公司与消费电器制造商密切合作,直接以家庭主妇为目标推销各种电器。他们“在销售电熨斗或燃气热水器方面最有成效,尤其是针对女性的推销。公共政策鼓励[堪萨斯州的公用事业主管们]启动一项大规模生产和消费光热的计划,将性别因素作为促销的重点”(Rose,1995)。

在本案例及其他许多案例中,面对人们纠结于“一方面对舒适和便利的普遍渴望,一方面是复杂而知之甚少的基础设施系统”,众多的广告商和倡导者们努力推动着消费者对新出现的综合性城市基础设施的需求(同上:200)。

这时出现了一系列相应的实践,包括广告、市场研究和消费者工程学,目的是构建、监督和刺激网络化家庭消费和家务料理(Lupton and Miller,1992;Hayden,1981)。如图 2.14 所示,这是美国电话电

图 2.14　电话中明显的性别构建：1910 年美国电话电报公司广告。资料来源：美国电话电报公司档案；费希尔(1992：158)

报公司 1910 年的一则广告，其明显的性别化表述引起了人们的强烈共鸣。(女性)家庭私人空间和(男性)公共空间之间的二元对立深深地嵌入了现代规划学说中关于城市街道和景观的概念中(Weisman，1994)。因此，父权主义和父权主义的形象经常被使用，将"家庭主妇"构建为对新的网络和设备感激涕零的接受者，有助于她们承担起维护舒适的现代化家庭住宅的责任。同时，"男人的义务"则被认为是"保护妇女免受工业化城市的危害"(Rose，1995：200)。

这也适用于使用电话、电视、汽车、水、身体卫生以及与煤气和电力相关的各种电器等方面的性别概念。在每种情况下，这些系统都是庞大的，不断延伸的，且经过精心设计，其社会和文化含义都以深刻的性别差异方式在无数的家庭空间中被构建出来。但是，住户不仅仅是更广泛的社会规范的受害者：他们还以某种方式积极地占有和使用家用电器。这种方式表明了“在特定的时间段内，特定的机器对购买者的性别、收入、生活习惯、流行观念和当代意识形态的意义”(Rose，1995：196)。美国郊区家庭的构建尤为如此，因为他们的家庭是密集消费的场所，个人卫生及厨房卫生工作受到严格约束，并对垃圾进行大量系统化处置(参见 Lupton and Miller，1992)。

去中心化、郊区化和大都市形态

其次，城市的实体形式和景观发生了巨大的变化。随着美国的郊区理想模式逐渐成为大众消费的代表，欧美城市本身也在进行实体的去中心化。这种去中心化基本上是以现代基础设施理想模式的成就为基础：整个大都市区有可靠的电力、电信、道路和公路连接，以及水和废水处理网络，使社会、经济和文化进入更广大的地理区域(Fishman，1990)。

捆绑式网络化基础设施支持了整个城市景观的发展，特别是在北美，整个城市景观是由购物中心、办公室、汽车和家庭等既被控制又相互联系的环境网络组成的。正如我们将在本书的其余部分看到的，这种去中心化的城市形态反过来又提供了完美的景观，维持了之后的基础设施分离和城市支离这一平行过程。

在支持去中心化的过程中，意识形态、规划实践和国家政策与不断变化的消费者行为交织在一起，形成了巨大的都市景观。正如罗斯所说，从美国的角度看：

> 联邦和州政府建立的高速公路网，让美国人生活在远离市中心的地方。政府还资助建造了延伸到远郊的供水和排污系

统,同时也保证了居民的按揭。与此同时,电价和天然气价格也在下降。工程师们建造了更大、更高效的工厂;监管者将能源价格保持在低位,特别是天然气的价格;长长的管道和电力枢纽将这些能源输送到整个大陆。

(1995:201)

现代网络家庭的出现

最后,现代城市网络化家庭的概念当然很快就会被重构,以支持由综合基础设施捆绑式网络所调节的更广泛的大众消费变化(Lucan,1992)。正如刘易斯·芒福德所描述的,新的网络化家庭意味着"整个房间的成本被湮没在街道上,湮没在房子运行所需的各种机械设施中"(1961:48)。莱布辛斯基(Rybczynski)进一步指出:

> 比如说,一百年前的房子和今天的房子,主要的区别在于后者引入了大量的机器。现代的房子,正如法国建筑师勒·柯布西耶所描述的,已经成了"生活的机器",也就是说成了一个由技术决定的有条件要求的环境。电、动力泵、电机、炉子、空调、烤面包机和吹风机。有提供热水和冷水的技术,也有不提供热水和冷水的技术。有电话系统和有线电视系统。家里还有很多自动化设备——继电器和恒温器,这些设备可以开启和关闭这些机器,调节冷暖,或者简单地打开车库门。将这些技术从现代家庭中移除,大多数人会认为它不适合居住。为机器提供燃料的电源断供一段时间后,就必须从住宅撤离。
>
> (1983:22—23)

这种趋势得到了现代预言家们的支持。他们对技术先进的住宅有着理想化想象。例如,勒·柯布西耶的"生活的机器"——他对现代城市乌托邦愿景的基本要素——就是一个“机器消除了繁重工作”的空间(Corn and Horrigan, 1984: 69)。巴克明斯特·富勒(Buckminster Fuller),另一位建筑乌托邦主义者,把住宅说成是一个模块化单元。但福特主义工厂的流水线技术在私人和公共部门住房建设中的应用,使住宅作为“充满了耐用消费品的多重网络空间”这一概念得到了最快的传播(Corn and Horrigan, 1984: 79)。

多重网络化住宅通过西方城市的扩张而大规模扩散。同时建筑业和消费品行业的附带产品,也起到了一种“超级倍增效应”。它在很大程度上维持了20世纪50年代至60年代末福特-凯恩斯主义经济增长的长期整体繁荣。格尔舒尼(Gershuny)认为,二战后英国国家电网的扩大,为消费的各个方面提供了这样一种超级倍增效应,特别是在非常短的时间内刺激了大量“家用创新电器专用新产品”的消费(1983: 196)。因此,耐用消费品与网络化的基础设施联系在一起,实际上成了“正常”家庭生活的重要支撑,支撑着一个不断延伸的“商品未来主义”网络(Corn and Horrigan, 1984),它往往以美国郊区的理想化生活方式为基础(Corn and Horrigan, 1984)。

在这一过程中,强调私有化、封闭性和自给自足的城市文化在全世界许多城市中占据了主导地位(Kostof, 1994a)。正如南·埃林所说:“20世纪上半叶私人交通(汽车)加速了私有化,而通信技术——特别是电视、录像机、移动电话、互联网和个人电脑——的广泛使用则给私有化带来了新的选择。”(1996: 108)消费主义退到个体家庭网络空间,由此成为现代城市基础设施发展的总趋势。

1900—1960年间基础设施治理的综合性理想模式:城市、基础设施和民族国家

18世纪以来,每一次关于政治作为人类治理艺术的讨论

> [原文如此]必然有一章或一系列章节涉及城市主义、集体设施、卫生和私人建筑。
>
> (Foucault,1984:240)

支持建设和经营现代城市基础设施理想模式的最后一个支柱,是各政府和国家努力支持城市、区域和国家之间基础设施网络的使用朝规范化、基本普及化的方向转变。

回顾基础设施网络的发展,很明显,从 19 世纪末到 20 世纪 60 年代末,特别是在整个西方世界,人们达成了广泛的共识,认为有必要迅速向城市和更广泛的城市化过程中的国家推广一套相对标准化的技术。普遍的看法是,基础设施网络需要由基于私人或公共垄断控制的社会机构提供(McGowan,1999)。人们普遍认为,道路、公用事业、供水系统和电话可以连接和调节现代生产、分配和消费的各个方面。如果没有对这些电网进行公共控制,地方运营商将如美国公用事业全国公民联合会在 1907 年所主张的那样,"只能由他们随心所欲"(Simon,1993:35)。事实上,从 18 世纪末最初的私人和公共地方公用事业开始,美国的市政当局和州政府就已经做出了许多努力,与私人资本的既得利益做斗争,为城市开发统一的综合性公共供水、下水道以及后来的能源系统,以适应当时巨大的城市化步伐(Tarr,1984)。

在法国,政府部门最终开始以城市的模型来认知领域,把领域看成一个在土地和基础设施网络之间的互动关系方面有组织、有管理,并精心布局的一个空间(Foucault,1984:241)。其基本思想是:"当一个像城市那样严密而有效的治安系统延伸到整个领域时,国家就会有良好的组织性……当时找到的是社会这一理念。"(同上:241—242,原文强调)

通往普遍性的量子级飞跃：基础设施网络和现代民族国家作为领域“容器”的建设

重要的是，必须将这一时期的基础设施网络转向由国家监管，而且往往由国家拥有。在1880—1950年间，现代民族国家作为巨大的领域“容器”出现，在许多领域上的权力越来越大。它们“首先是政治，然后是经济，接着是文化认同，最后是社会理念本身”（Taylor，1994：157）。

民族国家的出现是为了将“一国之民视为一个社会，一个有凝聚力的社会群体，他们构成了一个道德和实践的社会系统”（Taylor，1994：156；参见Urry，2000b）。基础设施网络现在通过有机隐喻，被广泛视为国家的缔结组织、神经系统或循环系统，成为现代民族国家权力、合法性和领域定义的焦点。毗连而具有垄断性的基础设施网络的铺设，事实上自20世纪30年代之前的地方化和国际化网络的遗留问题开始，就不仅与现代国家观密切相关，而且与更深层次的领域尺度和空间观密切相关（Jessop，2000）。正如尼尔·博任纳（Neil Brenner）所指出的，在这一时期，“领域尺度被视为相对稳定的、嵌套的地理空间，空间的生产即在其中进行”（1998c：460）。

然而，更重要的是，此阶段以国家（宏观）政策和需求管理为核心的凯恩斯模式的发展以及在更广泛领域里的应用，形成了对抗福特式生产与消费实践的“平衡”（与补充），这看起来预示着由政府统一监管并控制的基础设施网络时代的迅速到来（Sawnhey，1992：539）。在整个西方世界，大家普遍担忧城市内部和城市之间那些不均衡、不兼容的“孤岛”式碎片化的基础设施（带来的问题）。

美国“新政”倡议等战略，为支持全国电话、电力和公路电网的延伸做了大量工作，试图利用综合性市政工程方案将城市、区域和国家捆绑起来，同时带来社会和谐，并利用新技术创造急需的就业机会

(Gandy,1998;Easterling,1999a)。图 2.15 展示了 1915 年美国电话电报公司的一则广告。这则广告完美地阐述了普遍扩展基础设施网络以“团结”美国的精神。同样,英国政府主导的区域发展计划也与公用事业部门密切合作,保证基础设施容量满足需求,以确保“国家繁荣”(见图 2.16)。

电话将整个国家团结在一起

此时此刻,我们的国家矗立于世,它是人们普遍信仰共和政体基本原则的成功例子。

我们真正成为一个民族,这也正是我们祖先在其最为意气风发的时代对共和政体基本原则的阐释。

铁路、电报和电话是促使我们成为一个民族的重要因素。它们促进了沟通和互访,拉近了我们之间的距离,使我们之间有了更多的了解,促进了更亲密的关系。

电话根据情况的需要发挥了它的作用。该好好计划一下,利用它眼下能发挥的作用了。这是多么美好的一件事,正如我们的祖先对我们今天这样一个国家的美好憧憬。

起初,电话是社区的代言人。随着人口的增加和利益团体的多样化,电话的更大任务是将社区联系起来,让所有人都能保持联系,不受当地条件和距离的限制。

服务应该具有普遍性。这种需求之巨大,正如我们对共同语言的需求。满足这一需求是贝尔系统的职责。

在这一需求的激励下,并在新的发明和变革的助力下,贝尔系统已成为国家的焊工,它使这片大陆成为一个共同体。

美国电话电报公司及相关公司

一种政策　　一个系统　　普遍服务

图 2.15　电话将整个国家团结在一起:美国电话电报公司的全国性电话系统为建设一个强大、统一的国家提供了支持。资料来源:加拿大贝尔电话公司;费希尔(1992:163)

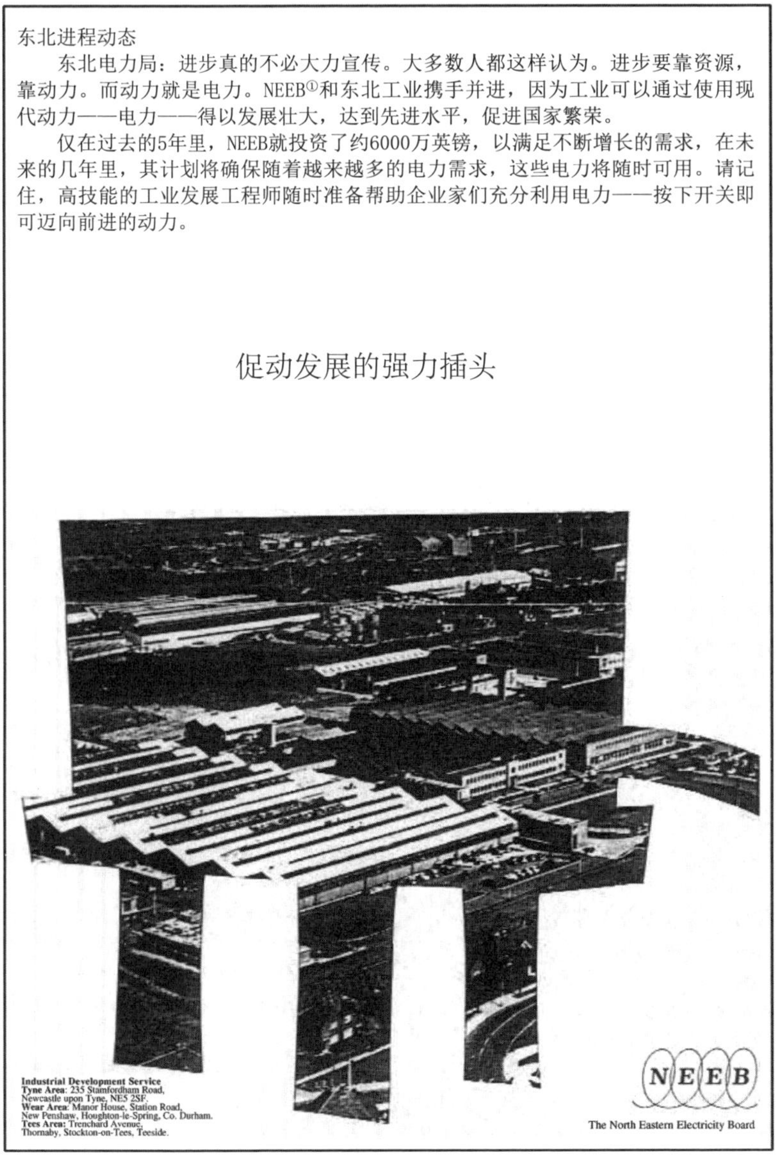

图 2.16　凯恩斯地区基础设施规划：NEEB 1967 年的广告。资料来源：NEEB

① 东北电力局(North Eastern Electricity Board)。

控制生产中网络化基础设施的供应、网络在领域空间的推广，以及将新服务应用于现代消费，成为现代民族国家自身发展的重要组成部分。实际上，正如斯里夫特(1990)通过对1730年至1914年间英国的交通和通信研究所发现的，全国范围内基础设施的准入使用基本普及，这一转变与“当时英国在经济、社会和文化上逐渐融合”相关。

因此，基础设施的民主化和普及对于民族凝聚力的形成至关重要。正如尼尔·博任纳所指出的，基础设施政策是民族国家参与塑造资本主义领域组织的核心方式，尤其是在1890年至20世纪30年代(1998c:469)。后来，在20世纪50年代至70年代，基础设施战略帮助巩固了最适合福特主义产业政策的国家规模生产方式。事实上，正如博任纳所说：“在整个20世纪，国家将资本按领域进行运作。首先是通过规划、生产和调控大规模的基础设施配置，将它们作为‘生产的一般条件’在不同的地理尺度上进行配置，以此实现资本的领域化。”(同上)

这种由国家组织，对资本主义领域组织的生产基础进行的投资涉及：

> 建设交通系统，如公路、运河、港口、隧道、桥梁、铁路、机场和公共交通系统；管理公用事业和能源资源，如汽油、电力和核电，以及水、污水和废水处理系统；维护通信网络，如邮政、电话和电信系统；规划和建设“大型配套”及其他城市-区域规模的基础设施配置，以协调劳动力和资本的再生产。
>
> (同上)

因此，确保全国一体化的基础设施能够使国家将其自身的合理性强加于领域尺度和社会进程。大规模的凯恩斯主义基础设施项目，尤其让民族国家在“促进和传播技术变革”方面发挥出前所未有的作用（Waites *et al.*，1989：27）。如美国这个民族国家“修建了公路，扩建了铁路，组织了电网，建立了市政污水处理系统”（同上）。它还支持了贝尔电话公司/美国电话电报公司在全国的大规模垄断。

因此，基础设施网络的铺设有助于以非常直接的方式确定民族国家的现代性和意识形态。可以思考一下纳粹的高速公路网络、乌克兰和俄罗斯的电气化（图 2.17）、田纳西河谷的“新政”地区项目①以及美国的国家公路计划。“新政”旨在直接帮助美国摆脱 20 世纪二三十年代的大萧条，允许联邦政府建设“一系列庞大的项目，包括道路、下水道、水厂、水库、多用途水坝、桥梁、公园、码头、机场、医院和其他公共建筑”（Tarr，1984）。

后来，在大萧条和第二次世界大战之后，福特主义/凯恩斯主义民族国家的大规模基础设施项目进一步巩固了它们作为地理容器的作用，支持城市发展和规划与国家经济补贴、赠款、贷款和公共所有权制度之间的紧密配合。此时，区域和地方的基础设施政策往往只是国家政策的传输带（Brenner，1998c：475）。

将基础设施合法化是标准化垄断

当然，在基础设施供应商的具体技术和社会组织方面，国家和地方的差异很大。但是，这些工作都是在一个普遍而有力的共识下进行的，即网络化基础设施有三个特点，需要公众高度参与网络的推广。

首先，人们普遍认为，通过“自然垄断”来管理分布服务的网络是

---

① 该项目指 1933 年 5 月大萧条时代，罗斯福总统规划成立专责解决田纳西河谷一切问题的机构“田纳西河流域管理局”，位于美国田纳西州诺克斯维尔，整体规划水土保持、粮食生产、水库、发电、交通等，创新为“地理导向”的一个整体解决方案机构，获得很大的成功，经营至今。它是一种地区性综合治理和全面发展规划，是美国历史上第一次巧妙地安排一整个流域及其居民命运的有组织尝试。——译者注

最有效的。人们发现基础设施网络——特别是在发展的早期阶段——需要大量的资本支出，并在很长一段时间后才能收回。网络是一种“嵌入式”或“沉没”资本，实际上是无法拆除或移动的。投资往往非常不稳定，因为必须大量增加新的产能。由于建立一个有竞争力的网络所涉及的沉没成本很高，基础设施几乎不可能成为一种可竞争的活动。

图 2.17 电力塔是战后乌克兰（当时是苏联的一部分）现代化和集体化的标志。资料来源：戈尔德（1997：101）

在战后早期英国国家公用事业政策专门评论家斯利曼看来，公用事业由此不可能是在市场上购买和交易的正常商品，它们现在被认为是“文明生活的必需品”(1953：3)。服务的提供非同寻常，因为“可靠性和稳定性至关重要”(同上)。而且，尽管一些企业家努力在一些地方发展竞争性网络，但基础设施网络巨大的物理成本意味着，如果用户不搬到一个新的地方，服务一般是没有竞争力的，或者说“从用户的角度来看是可以转移的”。因此，公用事业、公路和铁路服务(以及邮政等重要的通信服务)“与国家有着特殊的关系，需要受到公共监管，以确保合理的收费和适当的服务”(同上)。

总之，这些特点通常意味着网络被视为自然垄断，因为基础设施是一个活动领域，在这个领域中，几个供应商的效率低于单个供应商。对斯利曼和其他许多人来说，基础设施网络的自然垄断地位“通常是有效运作的一个基本条件，即一个企业应垄断任何特定领域的服务供应”(1953：13)。一个受公共管制的垄断企业能够通过发展一个网络而从规模经济中获益，而分散的产业则可能导致成本的重复。

合理化，再加上由地方网络互连而成的全国性“网格”，就可以使所有基础设施领域的规模经济得以实现。以电力为例，“互联网络的多种需求可以为总功率一定的设备节省大量的发电量”(Byatt，1979：96)。事实上，20世纪20年代英国在整合众多电力供应商中取得的经济效益方面进展缓慢，表明英国仍然受到地方电力供应商不兼容的困扰。正如拜特(Byatt)所指出的，其结果是，英国被认为遭受了电力落后之苦；“电力作为进步和现代性的象征，已经非常成熟，所以将英国的工业未来与电力等同起来令人信服”(1979：93)。托马斯·休斯(Thomas Hughes，1983)指出，伦敦与其主要竞争对手柏林和纽约等“电力化”城市相比，在这一时期“是一个落后的大都市”。伦敦有65家电力公司、49个系统、32种不同的电压和70种不同的价格体系，所有这些都导致了低消费、创新和可靠性水平低下、规模经济和范围经济效益不高。因此，在20世纪30年代，将这些系统和其他许多地方系统理顺后并入国家电网，“既降低了电价，又极大地推动了英国工业的发展”(Thrift，1996a：276)(见图2.18)。

图2.18　现代基础设施理想模式在全国的扩展：1994年英格兰和威尔士的国家电网。资料来源：斯里夫特(1996a：307)

因此，在所有的网络中，民族国家都面临着技术、经济和地域上必须满足的条件，即从它们所继承的无数网络碎片中整合出标准化的、高效的国家或亚国家网络。正如霍尔和普雷斯顿所言：

> 显然，这需要在较短的时间内全面实现；它需要大规模的组织和大规模的资本化；它还需要技术上的标准化(铁路轨距、标准时间、电压、通信协议、道路规则、速度限制、驾驶测试、汽车保险、国际空中交通管制、计算机预订系统)。因此，我们总能发

> 现，重大创新对基础设施的影响涉及创建非常大型的、纵向一体化的企业，这些企业往往是迄今为止规模最大的企业……需要由国家提供，或至少拥有国家的重大特许权。
>
> (1988:273)

第二，基础设施网络大多被认为是公共物品。根据定义，公共消费品具有难以在私人市场中被分配的特征。三个基本标准可以确定什么是“纯粹的”公共物品（参见 Pinch，1985）。首先是“联合供应”（或非竞争性）的概念。这意味着，如果向一个人提供一种服务，如国防或法律制度等，也可以向所有其他人免费提供。

第二个概念，即“非排他性”，意味着一旦建立了供应，就不能阻止用户使用服务，包括农村道路等基础设施。第三，是“不可拒绝”的概念。这意味着，一旦提供了一项服务，就必须让所有人都能平等地使用，即使是那些不愿意使用这项服务的人也是如此。交通管制系统就是一个例子。

最后，基础设施服务被认为会产生“外溢效应”或“外部性”效应，可能对环境或特定社会群体产生负面影响。这些通常是无价效应——例如化石燃料排放产生的副产品会导致全球变暖，或者由于无法获得清洁水供应而对城市其他地区人们的健康造成影响。因此，人们认为，需要通过国家管制来管理与基础设施相关的负面外部性，确保实现更广泛的经济、社会和环境目标。

由于这一时期基础设施的发展是由试图在社会和空间上将国家捆绑在一起的概念所驱动的，因此人们制定了一套做法来确保以相同的价格在整个国家经济空间内迅速推出标准化基础设施。负责提供基础设施的机构，无论是公有的还是私有的，都被赋予了相当大的自主权，以确保通过网络——特别是向国内和农村地区——迅速推广和整合国家空间经济。制定的从大用户到小用户的交叉补贴，以确保最低连接成本的普遍服务义务，还要确保网络的快速推广、标准化和平等化。

随着民族国家推动网络化基础设施的整合，出现了极其强大的以供应为导向的网络发展逻辑。公用事业和基础设施网络的扩展与改善国家经济实绩和生活质量的驱动力密切相关。能源消费水平、与供水和废水网络的连接以及电话拥有量成为衡量国家经济水平的代用指标。为了寻求更大的规模经济，电力行业建造了更大的发电站，并升级了国家输电网络。二战后的20年间，英国发电量增长了17倍(Reid and Allen，1970：9)。在经济增长会产生对公用事业和基础设施服务的新需求这一基本假设的驱动下，网络供应商陷入了以网络化服务供应为重点的网络管理逻辑。在此期间，为开发标准化网络供应系统，国家交通、能源和电信服务都得到了重大投资。

输出现代理想模式：1850—1960年间发展中城市的经验

现代基础设施理想模式在西方先进经济体城市中显而易见。这一模式对发展中国家和殖民地城市所采用的基础设施提供方式产生了重大影响。了解现代综合理想模式是如何适应了北方国家的城市，并输出到非洲、南美和亚洲的殖民城市的，这一点非常重要(King，1990)。这里出现了几个关键问题：现代理想模式如何在截然不同的社会、经济和文化环境中成功转型？殖民国家与殖民城市边缘地区之间不平等的权力关系如何塑造了城市基础设施的提供方式？基础设施如何与发展中国家的殖民地和后殖民地的发展议程联系起来？

综合基础设施理想模式的四个主要支柱与塑造发展中城市基础设施网络的殖民主义政策之间产生了强烈的共鸣。为了探讨这些问题，我们根据为发展中城市提供基础设施的方式，确定发展的两大主要阶段：正式殖民主义(19世纪20年代—20世纪30年代)和新殖民主义(20世纪40年代—20世纪80年代)。每个时期都有足够的相似之处，这样我们就能对发展中城市基础设施提供“方式”的出现进行有意义的探讨。

出口定制化基础设施：19 世纪 20 年代—20 世纪 30 年代正式殖民主义时期

首先，在核心国家[①]对其附属殖民地进行正式直接控制期间，基础设施的发展是沿着高度选择性轨道进行的(参见 Yohh，1996)。对基础设施的投资是为了实现两大目标。第一个目标是“理顺”殖民地经济，建立一个严重依赖向大都市核心国家出口初级产品的开放结构。殖民地经济作为核心经济体的消费品市场，以及后来的生产者市场，也变得越来越重要。第二个目标是为殖民地和地方精英建立服务完善的城市核心区，以组织生产、实施政治和行政控制，并调节与全球北方大都市核心区的关系。在这一时期，基础设施投资明显是为了满足殖民地利益的需要。基础设施网络的设计是为了尽量减少核心国家大都市的风险和义务，有两种形式的基础设施发展与这两大目标有关。

大都市基础设施、空间种族隔离和道德优势的主张

第一个重点是为殖民地的大都市提供网络化的基础设施。在这里，城市基础设施系统是在本地创建综合性城市理想模式变体的关键部分。然而，在殖民城市中，网络和计划主要关注大都市和地方精英的需求(网络延伸到大多数人的承诺往往没有实现)。西方的城市理想模式，即统一、有序、由网络化的基础设施连接起来的城市，被成功改造为空间种族隔离制度(Balbo，1993)。现代网络是为居民铺设

---

① 任何国家的发展，都取决于它在世界体系中的角色，而依据国际分工的结果，产生核心国家(core country)、半边陲国家(或半边缘国家)(semi-periphery country)和边陲国家(或边缘国家)(periphery country) 三种不同影响力的国家类型。——译者注

的，而本地人却囿于隔离墙和主要林荫大道警戒线以外的那些前现代、非联网的非正式聚居区内。

例如，在北非菲斯和阿尔及尔等法国殖民城市，花园郊区是按最优方法布置的，但只为欧洲人提供。当地的城镇大多保持原样，对当地卫生条件和服务的改善通常被忽视（Robinson，1999：161）。正如巴尔博（Balbo）所言，这部分现代基础设施的完成是一种非常刻意的尝试，象征着殖民统治者对被殖民文明的优越性。他认为，欧洲城市的宽阔大道"以其现代的服务和基础设施，非常清楚地表明了进步、财富和权力站在哪一边"（1993：25）。因此，西方的基础设施和学科的概念与实践被调整后强加应用，以"使非西方社会变得可辨认、有序和可控"（Crang and Thrift，2000：10）。

为支持殖民者的网络化基础设施，"殖民医学"和"卫生科学"随之得以建立。土著居民原有的基础设施往往被诋毁为落后、让人疾病缠身并且毒物四伏（Yeoh，1996：第三章）。例如，新加坡殖民时期的医疗和卫生运动，首先是为城市的殖民地核心区建造西式的供水和下水道系统，"不仅使帝国统治合法化，给它披上了富丽堂皇的外衣，给人一种永久的假象，而且本身就是一种惩戒权的行使，渗透到日常生活的细微之处"（Yeoh，1996：28；关于南非类似做法的讨论，参见 Minkley，n.d.）。

因此，在传统的非正式聚居区中，那些有限的现代基础设施网络之外的多数人口，在城市规划、现代化和殖民主义的论述中很少被承认为城市公民。这些人口被忽视已算是万幸了；最糟糕的是，他们还被贴上非法的标签。他们的聚居区以现代化的名义被拆掉（这种做法至今依然常见）（Bhabha，1994）。所以，巴尔博认为：

> 网络城市是城市总体规划方法的具体化。那些没有能力拥有自己的水箱或水龙头而采取其他解决方案（如油灯、路边水

贩、步行、坑式厕所)来满足自身需求的人,即使他们占人口的大多数,也不被承认是网络城市的市民。

(1993:29)

殖民地的主要连接点:基础设施网络和经济开发

第二种发展形式的特点是出现了带有基础设施服务的经济飞地。殖民国家提供基础设施网络,特别是铁路和海港等通信系统,以及国际和区域电报与电话线,将其属地的某些地区纳入世界市场,但条件非常不平等。通常情况下,这样做是为了支持矿产、矿山和种植园开发。基础设施的设计往往是为了支持从生产性飞地开采资源,同时为城市中组织生产和维持政治统治的大都市精英提供服务。在技术上,地方城市基础设施往往遵循与殖民大国相同的设计和规格,如电压、压力、仪表等,将周边地区锁定在特定的发展轨迹中,并依赖大都市权力机构提供备件、维修和主要网络延伸的资本设备。

飞地的建立通过直接的外部控制,或者通过与当地精英的互动来实现(Cardosa and Faletto,1979:60)。其目的是将当地的生产过程、资源和劳动力纳入一个受外部影响较大的经济体系中。这种发展形式的主要经济功能是开发一个节点——港口或城市——作为当地资源与国际原材料和制成品流动之间的基础设施连接点。大都市和殖民地的货物可以通过这个节点流动。殖民地城市因此被作为“连接点而建立起来,旨在促进欧洲资本主义的渗透”(Yeoh,1996:18)。高度专业化的基础设施被开发出来,其强大的外部导向是向北方大都市核心地区输出资源。

以英国在非洲的铁路建设为例。在这种情况下,首要的理由是把重点放在可以利用的东西上。结果是这个系统强化了一种树枝状的交流模式。“交通设施的设计主要是为了疏散出口。很少有横向或殖民地间的联系,也很少试图利用铁路和公路来刺激内部交流。”

(Hopkins,1973:198)外界强加的基础设施系统的路线选择似乎完全是武断的,因为这些连接点往往绕过了重要的本土城市和贸易中心。

20 世纪 40 年代—60 年代的现代化和基础设施:新殖民主义时期

二战后,越来越多的殖民地脱离了北方国家正式获得独立。然而,这并不意味着基础设施的提供方式发生了巨大变化。以前的殖民地常常通过所采用的技术和强大的社会、政治上的联系,被锁定在特定的发展道路上,从而保持了基础设施发展的高度连续性。

现代化和基础设施涓滴效应的出现

然而,基础设施在城市和国家发展中的作用确实发生了巨大变化。现代化理论成为主导的发展范式。这对基础设施政策产生了重要影响。在承认网络发展已经高度不平衡的情况下,政策的目标变成了加快沿着西方道路发展城市基础设施。现代化理论提出了一种基础设施发展的模式,最初是以主要城市和用户为中心。其假设是,利益将通过城市的等级制度"涓滴"到农村地区,而更多的边缘用户最终将被连接到网络中。基础设施网络的扩展开始被视为现代化的物质表征,并以机场、四车道高速公路和发电站的形式来主张一种新兴的民族身份。这将扫除殖民主义和传统主义造成的分裂和障碍(Bhabha,1994)。

回顾现代化理论范式中所隐含的城市与基础设施之间的关系很有趣。瓦尔特·罗斯托(Walt Rostow,1960)推广了著名的现代化理论。他提出了一种经济发展模式,其中包括发展中国家应该经历的从前工业化到后工业化的四个连续阶段。罗斯托提出"实现自我维持式增长"的单一线性路径这一有局限性的概念。这个想法是普遍的,在技术上具有历史意义,尽管过于简单化,但它成为强有力的话语工具,并被转化为城市和区域发展的空间模型。例如,约翰·弗里德曼(John Friedmann,1966)建立了一个四阶段的模型,在这个模型中,一个单一的充满活力的现代化城市核心,通过城市层次结构和农村周边地区扩大到整个农村,从而缩小了城乡差距,并实现了均质、一体化和现代化的发展空间。许多社会科学家和政策制定者认为,欠发达国家的城市化进程将经历一个类似于西方城市历史中的城市发展阶段这样一个时期。这种方法强调了发展中国家的城市发展与西方先进经济体的城市化之间的相似性,这意味着城市化与经济增长和工业化息息相关。

根据现代化理论,政策的主要目标是通过一种紧密遵循西方发展模式的工业化形式来实现地区经济的现代化。前新殖民主义国家"试图建立一些新兴独立国家可能需要的、但在殖民统治期间被忽视的必要基础设施"(Simon,1996:36)。其目的是通过产业的快速现代化转型来促进新近独立的发展中世界的发展,这种产业的转型会明显改善人们的生活条件和生活水平。显然,水和能源基础设施以及可靠的交通在确保能源、货物和人员流动方面的作用是这种发展模式的核心。如"在发展主义统治时期,巴西的基础设施和公用事业是在庞大的网络模型的基础上发展起来的,其领域范围和功能的复杂性不断提高"(Schiffer,1997)。

尽管最初由于经济效率,这些投资集中在一个或两个城市中心,但人们普遍希望这些投资能够渗漏进发展中国家的城市等级体系和农村地区,取代传统的生活方式、生产方式,并消除贫困。在早期阶段,对城市核心地区(通常是首都)的基础设施进行大规模投资实际上往往会耗尽周边地区的资源,因为资源和技能都集中到了城市。但有人认为,一旦城市发展的不经济性超过了集聚带来的好处,平衡就会转向利用涓滴和现代性在所有基础设施和文化形式上的传播。这些过程被认为是积极的,有益的,而空间、经济和社会的不平等被视为在发展过程中必须付出的代价。无论如何,不平等被认为是有一定期限的，因为工业化发展一旦完成，将具有高度的空间同质性，从而消除周边地区的贫困（见专栏 2.4）。人们认为，西方的基础设施供应模式可以毫无问题地转化为发展中的环境。

进口替代工业化

基础设施发展的第二种方法——进口替代工业化——与现代化理论密切相关。许多发展中国家发展进口替代工业化，其目的是减少对外国进口的依赖，帮助改善国际收支平衡。但是，这需要有一支规模小、训练有素、纪律严明的劳动力队伍和高度集中的消费市场。在这种情况下，城市被视为发展的催化剂，"城市是现代化和活力的中心，因为它们是发展中社会的信息通道，也是创新、机会和政治变革的中心"（Smith，1996：5）。向资本密集型出口替代的转变对城市化和基础设施发展具有重要影响。正如罗伯斯（Robbers）所说：

> 中高收入人口集中在少数几个城市，这对资本密集型消费品的投资具有吸引力。这些产业位于或靠近人口中心，有助于大城市吸引农村流动人口。道路、照明、卫生和住房等城市基础设施的改善是这种工业化进程的一部分。
>
> （1978：81）

专栏 2.4　发展中国家发展交通网络的现代化路径

塔夫（Taffe）等人在 1963 年发布的模型，为发展中世界交通网的现代化发展提供了一个很好的例子（见图 2.19）。该模型以西非的历史研究为基础，建立了一个六阶段的交通网络发展方法。虽然这与罗斯托的增长阶段相呼应，但塔夫等人（1963）认为并不是所有国家都会按顺序经历所有阶段。

在该模式的第一阶段，沿海岸线分别建立一系列贸易站和港口，作为进出口交换点。在第二阶段，贸易路线从沿海地区延伸到内陆地区，方便与新的人员和资源接触。第三阶段的特点是，通过干支线的横向支线建设，向腹地延伸发展，但每个港口都有自己独特的网络和区域体系。在第四阶段，这些地方和区域系统相互连接。

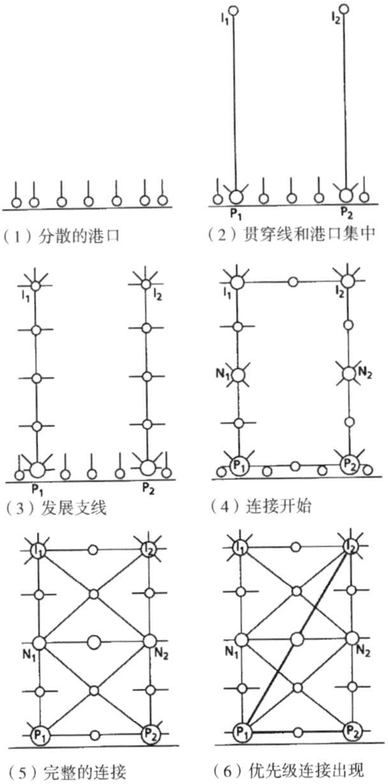

图 2.19　发展中国家发展交通网络的现代化路径：塔夫等人的模型（the model of Taffe *et al*.,1963）

随着新的经济资源（矿产和种植园）的开发，新的行政和交通交汇处逐渐发展成为城市中心。然而，在第五阶段，随着网络日益一体化，减少了对这么多港口的需求。因此，贸易越来越多地集中在一两个大型港口。这些港口或与最大的城市相连，或与最有利的地点和设施相连。大多数小型本地港口逐渐减少，与其他港口的连接水平迅速提高。最后的第六阶段与北方铁路网络的最新发展相呼应，关闭了支线和低运量线路，转而加强主要中心之间数量有限的大运量和优先连接。

然而，现代化的方法是以一种没有问题的、中立的方式来介绍网络的发展，并认为这种发展方式对东道国有积极作用。这种想法没有考虑到殖民者与被殖民者之间根本上不平等的权力关系。殖民基础设施仅优先考虑大都市权势阶层，而不是土著居民。传统的交通方式往往被新的铁路和公路网所破坏，使许多重要的土著城镇在经济和行政上被绕过，大大地损害了它们的利益。

进口替代工业化需要一个由聚集在城市地区的消费者组成的内部消费者市场，这些消费者有足够的钱购买终端产品。在这种情况下，城市基础设施政策反映了"促进和补贴政府精英及其合作伙伴，特别是跨国企业获利活动的战略"(Smith，1996：5)。由此，各民族国家制定了包括城市化和基础设施发展模式在内的政策。这些政策通过将基础设施集中在首都城市或港口，满足当地精英的物质需求，同时还补贴跨国公司员工的生活，从而促进了人们对这个联盟的关注。与现代化理论一样，进口替代工业化策略倾向于淡化贫困和失业问题，认为它们在很大程度上是过渡性的。诸如大规模的农村人口向城市迁移等问题主要是从人口学的角度来看待的，认为这些问题可以通过旨在重新平衡系统的规划来加以控制。然而，管理和规划城市的机构能力不足，质量低下，甚至没有接入基础设施服务网络，这个问题对贫穷和边缘用户来说日益严重。

结论：融合多种现代性

从以上论述的广泛性（也是必要性）以及它的四大支柱所涵盖内容的复杂性，我们可以看出，现代城市基础设施理想模式是一个复杂的多方面建构。更确切地说，它是一套复杂的、多方面的，但又多样化的建构。这一模式涵盖了意识形态、技术、地理和文化之间的许多交汇处，也涵盖了政治、历史、哲学和社会之间的联系。

上面的讨论中仅以几个例子说明了不同的地方是如何以不同的

方式发展现代基础建设理想模式的。然而，我们发现，现代基础设施理想模式的变化是现代民族国家和城市规划运动的重要组成部分。它们对于构建现代时空概念以及城市的性别化和种族化结构至关重要。它们被广泛应用于现代消费和空间经济的发展。它们在象征意义及实质上，都有助于民族身份、福利国家、技术官僚化城市和基础设施行业的建设。它们适应了发展中城市的不同环境，在这些城市中，基础设施配置是构建被殖民者与殖民者之间权力关系的中心。

因此，对考古学和现代城市基础设施理想模式起源的探索不可避免地迫使我们异常活跃地运用跨学科的方法。我们不得不召集许多往往分开进行的辩论：地理、规划、建筑、城市研究和文化理论、科学技术研究以及有关消费、文化、治理和国家方面的辩论。我们还不得不借鉴各种发达的和发展中的、殖民的和后殖民的城市故事。

基础设施和城市性与现代性的内在联系让这样的故事不可避免地成为现代社会自身故事中很大的一部分。事实上，现代综合基础设施理想模式的信条和公理（极其含而不露）是如此妥帖地融入了现代文明的结构中，以至于许多学科的评论家都极不愿意承认它们目前正在消亡。正如凯卡（Kaika）和斯温格杜（2000）所论证的，一旦现代基础设施理想模式框架完成，“这些网络将被埋在地下，不见天日，被平凡化，并贬低为边缘化的地下城市世界”。直到现在，基础设施网络才通过支离的城市主义这一过程获得人们的重新审视，并（不均衡地）作为当代城市内部辩论、重新谈判和重建的焦点，重新进入人们的视野。

但是，这并不意味着现代基础设施理想模式曾经被完美地实现过，或者说它过去是一种普遍而统一的事物。构建无处不在、规范化和标准化的基础设施网络，不论是实际的构建还是话语上的构建，其方法各异，充满创新，并以各种不同的方式出现在不同的网络、空间、城市和时间中。因此，我们在这里讨论的不是一个囊括一切的故事，而是多重现代性的出现及其内部之间复杂的相互作用(Eisenstadt,2000)。尽管这些领域中的故事和经验范围广泛,但从本章中我们可以看到,对现代理想模式的各种反响和这一模式的组成力量之间存在着的显著契合,给我们留有余地,让我们用自己的方式来讲述。

在对现代基础设施理想模式的来历进行梳理之后,我们现在可以开始理解当代这种模式向全面和普遍的解构进行转变的意义。本书的其余部分将详细探讨基础设施的支离和城市碎片化两者间类似而又各自独立的态势,是如何在全球范围内不同情况下彰显出来的。然而,正是在这一点上,出现了一个直接的挑战。我们需要确切地理解,为什么现代综合性理想模式正在崩溃。这个问题我们将在下一章进行讨论。

第三章　综合性理想模式的崩溃

危机中的现代网络化城市

插图 6　连接喜来登酒店和巴黎戴高乐机场的专用高速公路和中转路线。摄影：安德鲁(1997)

破坏现代基础设施理想模式的过程

> 我们对巨大的多重性一无所知——无论是建筑师、规划师还是其他任何人,都无法掌握它。
>
> (Aldo van Eyck;引自 Holston,1998:27)

从 20 世纪 60 年代后期开始,出现了一系列对现代城市基础设施理想模式的基本假设及其实践结果的有力批判。该模式的大多数核心原则——公共或私人基础设施垄断的必要性、单一标准化的技术网络、将城市捆绑成所谓的连贯一致的实体——都问题严重,难以捍卫。20 年后的今天,随着私有化、自由化、全球化和新技术的应用在全球范围内交织,越来越少的城市、区域和国家会对网络批评置之不理,而不管不顾地继续沿着现代综合性理想模式这条单一路线发展。

一系列更为广泛的社会和技术变革为城市基础设施逻辑的快速转变创造了背景。20 世纪 50 年代至 70 年代这段漫长的资本主义繁荣时期,是现代基础设施理想模式在多数西方城市几乎达到霸权地位的时期。也正是在这一时期,这种模式在复杂的经济和技术重组过程中崩溃。深刻的经济、政治和文化变革围绕着关系紧密但发展不均衡的全球资本主义经济、社会和文化的出现而出现,用后福特主义、后现代主义,或新的康德拉季耶夫经济发展的长波等词来描述这种趋势都可以(参见 Amin,1994;Leonard,1997)。

凯恩斯主义福利国家是西方国家后期应用现代理想模式的核心国,但各地都经历了深刻的财政危机和合法性危机。与此同时,在发展中世界,以国家建设现代基础设施来刺激经济现代化的理念也遭受了严重的压力。许多国家和城市将其基础设施资产出售给私人跨国公司。此外,苏联和东欧等国已经发生剧变,开放了各个领域,包括标准化、集中化且往往过时了的基础设施网络,并被不均衡地纳入全球资本主义的劳动力分工和资本、信息与技术的流动中。在大多数情况下，政治上的新自由主义对中央集权和所有权公共控制“效率低下”的批评，似乎助长了广泛的基础设施自由化和私有化浪潮。这一浪潮如今仍在加速。

最重要的是，我们看到“与集体决策的行为相比，个人选择的道德优越性戏剧性地在全球都得到了肯定”(Leonard，1997：4)。在基础设施领域的竞争方面，市场力量与自由主义的模式已经取得了广泛的绝对主导的地位，即使在那些曾一度被定性为具有公共属性的产品与服务领域，也成为了主要的分配模式。这在很大程度上是由私营跨国公司极具影响力的游说所推动的。一方面，这些公司热衷于将公共物品(再)商品化，以获取利润。另一方面，这些公司热衷于从有着高质量基础设施投资的全球群岛中获益，而这些投资是维持其自身劳动力、生产和消费的国际化分工所必需的。

但是，背离现代基础设施理想模式的这一变化远非仅仅发生在地缘政治和经济方面。强大的社会和文化批评也暴露了其不足。女权主义、反种族主义、后殖民主义和环境保护主义的批评尤其显著地暴露出这种模式的各种阐述中固有的社会、性别和环境方面的偏见。最后，人们之前认为，将“秩序”和“理性”全面、严格地规划到城市的形式、结构和生活之中是有可能的，或者是合乎需要的。但随着这种观点的消亡，城市规划和城市的概念也经历了彻底的转变。

而这些变化又发生在过渡时期这一更大的历史背景下。当时经济动荡，环境风险跨越国界、文化和种族迁移，资本主义或集体主义国家可能导致社会变革这一观念衰落。在这种背景下，“可控性、确定性或安全的观念本身就会崩溃”(Beck，1999：2)。

要详细讨论这些复杂而多样的转变，需要整个图书馆而不是一个相对简短的章节。此外，试图在整个城市基础设施的各个领域，以及在整个地球范围内探讨现代理想模式的背离这一转变，显然是一项不可能完成的任务。本章中，我们寻求，而不是给出，一个全面而又有选择性的观点。为了做到这一点，我们探讨了环环相扣的批评和挑战。我们认为，这些批评和挑战拆除了现代基础设施理想模式的四个基础性支柱，也就随之有效地破坏了这一理想模式。

我们特别指出了五个相互关联的转变。正是这些转变一起导致了现代基础设施理念出现了严重问题。我们将其归纳为：城市基础设施的危机；城市基础设施发展中政治经济学上的变化；现代城市综合性规划观念的崩溃；大都市区的实际增长和扩展；以及社会运动和批评带来的挑战。

城市基础设施的危机

破坏现代基础设施理念的第一股广泛力量明显来自发达、发展中世界城市生活基础设施的危机，特别是自 20 世纪 60 年代末以来发生的危机。

自 20 世纪 60 年代末以来，社会上展开了关于基础设施服务恶化及其对城市经济和环境发展影响方面的辩论。这种辩论时不时地将网络化的基础设施从技术工程师的领域中解放出来，尤其是在 20 世纪 70 年代末。考虑到当时城市基础设施网络普遍崩溃的情况，现代基础设施理念保证城市现代性必将带来喜悦这一承诺开始显得颇具讽刺意味。

尤其在北方国家的老工业城市，城市居民更加"注意到了明显的腐朽迹象，特别是水管的坑洼不平、断裂以及桥梁关闭等现象。媒体也注意到了这些明显的迹象，并在文章和新闻报道中对最糟糕的情况进行了渲染"(Petersen，1984：180)。这些争论的核心是人们担心基础设施的实际恶化，缺乏对新设施的投入，以及积压的大量维护和修复工作，实际上造成了城市经济增长的放缓甚至逆转。正如我们在专栏 3.1 中看到的，美国城市的基础设施危机尤其体现了这种更广泛的恶化情况。

同时，在发展中国家，辩论的重点是，广大的城市缺乏任何网络化的基础设施，而供应商甚至无法跟上人口的快速增长和城市化步伐，这就造成了对服务的巨大需求得不到满足（Potter and Lloyd-Evans，1998）。

专栏 3.1　城市基础设施的过时与破败：以美国为例

最具代表性和广为人知的城市基建危机发生在 20 世纪 70 年代末和 80 年代初的美国城市。虽然这一经历是特定的，但它大致反映了西方先进经济体中围绕着基础设施资产不断下降的城市展开的话语。因此，更详细地探讨一下 1965 年至 20 世纪 80 年代初的美国基础设施危机是有益的。

在这场危机辩论中，关键要素是城市基础设施正在迅速恶化，并变得陈旧。广为人知的例子有桥梁坍塌、道路破旧、污水处理质量差、水不干净、能源和电信基础设施不足等，所有这些都成为城市基础设施危机感不断扩大的突出表现。例如，1995 年，佩里（Perry）发现，在全国 60 万座桥梁中，有 40％的桥梁可以被归类为不达标，全国 2/3 的水处理设施不达标（1995：3）。稍早一些时候，1982 年美国国家城市政策报告曾对“城市空间厂房的条件和性能受到侵蚀的迹象，特别是在最古老的城市地区的侵蚀迹象，表示担忧”（US Congress，1984：11）。

因此，几乎就在现代城市基础设施理念在美国城市基础设施政策制定过程中成为主导的时候，在这一模式下发展起来的城市基础设施网络似乎已经陷入了危机。越来越多的证据表明，旧城市的许多基础设施已经达到或超过了设计寿命。主要问题是维护或修复不足，这是因为通过现代理想模式建立起来的基础设施网络大规模扩展，以及地方、联邦和国家各级对这些基础设施网络的财政支付能力下滑。城市内部和城市之间的交叉补贴崩溃的结果是，城市中较富裕和较贫穷的部分在资助维修和建设新基础设施项目方面的不平等日益加剧。

1989年，美国交通部估计，修复全国24万座桥梁需要500亿美元，修复公路需要3 150亿美元，国家在新基础设施上的开支从1963年占国民生产总值的2.3%下降到1989年的1%(Reich, 1992:254)。水和卫生设施方面的危机同样严重。

纽约的基础设施危机

举例来说，纽约市拥有美国最古老和最广泛的供水系统之一。《20世纪80年代的重建：纽约市未来十年的资本需求》(*Rebuilding During the 1980s: New York City's Capital Requirements for the Next Decade*)对配水系统的更换需求进行了评估。该评估报告的结论是："在未来10年内，将花费约124.5亿美元来更换该城市39%的水管(2404英里)和8%至少已使用60年且已超过其设计寿命的阀门。"这样的计划本来会对交通造成极大的破坏，甚至还不清楚这种昂贵的计划是否能够解决该市的长期供水问题。纽约州本与纽约市有合作关系，这时反而要求陆军工程兵团调查纽约市更换水管的需求。

美国基础设施危机的原因

在单一层面上，基础设施危机的原因显然很简单：由于美国各州各级普遍存在财政危机，各州和地方的基础设施支出很不稳定，正在走下坡路。支出已接近无法维持基础设施净资产投资的地步。事实上，由于州际公路的建成所带来的额外需求，出现了净投资的流失(Petersen, 1984:111)。虽然在1960—1984年间，基础设施的总公共开支增加了4倍，达到400亿美元(1984年价格)，但如果按国民生产总值比来衡量，实际上是下降了。基本建设支出从1960年占国民生产总值的2.3%下降到1984年的1.15%。如果考虑到基础设施的维修和运营支出，情况就大不相同了，从1960年的8亿美元增加到1984年的500亿美元(1984年价格)，超过了1977年之后的资本支出。在此期间，业务支出相当稳定地保持在国民生产总值的1.4%。虽然总支出有所增加，但支出的构成却发生了巨大变化：

> 在20世纪60年代，公路支出占主导地位，占总支出的60%。20世纪70年代，公路支出开始下降，废水处理和供水项目开始增加。到1980年，州际公路系统已完成97%，公路支出下降到所有支出的45%；废水处理和供水方面的支出持续增长，公共交通项目翻了一番。这3个方案占政府所有基础设施支出的41%。
>
> (US Congress, 1984:47)

变化中的城市基础设施建设与治理的政治经济学

动摇了现代基础设施理想模式的第二组力量是自20世纪70年代初以来，城市和基础设施建设进程中发生的政治经济学方面的全面变化。以民族国家与统一国内市场为基础的传统“主权容器”(国家)联结在一起，组成区域(国家)集团，支持投资、资本与科技的整合。此外，财政危机迫使几乎所有类型的民族国家——先进工业化、新兴工业化和发展中国家——摸索着将部分或全部基础设施业务转移给私人经营者，以寻求私有化带来的一次性战利品(Martin, 1999)。

基础设施的私有化在英、美、俄罗斯等国和发展中国家最为普遍(Offner, 2000)。也许最著名、最极端的例子是英国自1984年以来实施的大规模基础设施私有化方案(见表3.1)。

表 3.1　1984—1991 年间英国的基建批发私有化项目

私有化	股份总数	公共分配的份额（%）	机构配置的份额（%）
英国电信(1984)	3 012 000 000	38.5	61.5
英国电信(1991)	1 597 500 000	65.7	34.3
英国电信(1993)	1 311 500 000	55.8	44.2
英国天然气公司(1986)	4 025 500 000	62.0	38.0
英国机场管理局(1987)	500 000 000	46.0	54.0
区域自来水公司(1989)	2 185 000 000	44.0	56.0
区域电力公司(1990)	2 311 614 000	50.6	49.4
北爱尔兰电力(1991)	164 600 000	67.0	33.0
苏格兰电力(1991)	1 198 259 000	58.0	42.0
英国铁路公司(1995—1997)	500 000 000	42.0	58.0
GENCO 发电(1991)	1 253 565 706	49.4	51.6
GENCO 发电(1995)	759 691 098	51.3	48.7
英国能源(1991)	700 000 000	42.6	57.4

资料来源：马丁(Martin，1999：271)

但是，基础设施私有化是所有类型民族国家中日益增长的趋势，因为来自国际货币基金组织、世界银行、世贸组织和区域性贸易集团的压力迫使全球金融资本对公共基础设施进行殖民，并迫使人们普遍放弃集体化、统一化和捆绑式的城市基础设施管理方式(Schiller，1999a；Clark，1999)。

在新兴的国际化资本主义政治经济体中，跨国公司(20 世纪 90 年代初期有 37000 多家)主导着贸易、投资模式、技术创新，并为基础设施网络提供系统改造。国家基础设施垄断企业的经营者在国家和区域范围内协调一致地部署网络，致力于将最“适合跨国公司、利润丰厚的消费者和大型机构投资战略的全球-地方交通、通信与能源网络组合在一起”(Offner，2000)。

在这种大规模、复杂和多样化的转变中，我们在此只想强调三个方面：在国家主导下，集体提供城市基础设施这一供应方法的撤退；城市基础设施通过特殊配置，在当地进行“竞争”的必要性不断上升；以及认为网络化服务是公共服务，应以标准收费向所有人提供这种观念的普遍淡化。

新自由主义与国家的撤退：从市政工程垄断到国际基础设施资本

首先，在世界各地多种经济和城市环境中，超国家、国家和地方政府正在放宽限制，允许私人进入以前垄断的基础设施市场。这使得许多新定制的基础设施网络在垄断性现代基础设施规划和开发的旧有基础上，从上到下、从外到内地进行叠加。

鼓励自由化竞争再次成为国家基础设施监管的一个日益重要的方针。在供给方面，强大的跨国联盟以及电信、能源、水和交通网络运营商之间的合并正在迅速增长，因为新的私营或企业化的基础设施公司试图在主导市场和新兴市场中占据有利地位（参见 Summerton，1999；Curwen，1999）。尽管这种国际化并非新事物——在以国家基础设施为“盟主”的时代之前，能源和电信业就存在着高度的跨国所有权模式——但现在，这种国际化程度的加剧前所未有（McGowan，1999）。1998 年，仅在电力部门，为创建更大的公用事业电力公司而进行的合并交易就达 500 亿美元（Rider，1999）。电信和水务部的这一数字还要高得多。

基础设施发展和金融市场

证券市场的炒作和全球化金融市场的投机效应，助长了今天全球基础设施资本国际化的狂热进程（Hirsch，2000）。在越来越多的情况下，“在城市基础设施和城市开发中，国家转移了它的责任……国家已经将其融资和准备金的责任转移给了金融部门”（Clark，

1999:242)。私人基础设施公司需要吸引养老基金、机构投资者和私人股东的投资，他们有非常多的投资选择(股票、房地产、证券等)。但是，正如普尔(Poole)所说："世界金融市场上充斥着大量的私人资本，它们在寻找经济上合理的基础设施项目进行投资。一些数十亿美元的基础设施基金已经聚集起来了。"(1998:7)特别值得注意的是私营电信、媒体、娱乐和互联网公司的联盟对国际和国家电信网络的显著投资，因为这使得民族国家很难在这一关键领域对基础设施的发展进行指导(Everard,2000;Sassen,1999)。

从大规模综合投资到项目逐项风险评估

鉴于基础设施投资的长期性和风险性，来自金融市场的投资者可能不愿意投资于大规模、统一化和捆绑式的网络，除非有办法保证一定的回报率(Clark,1999)。通常情况下，这些投资者往往会要求对项目逐个进行风险评估，按严格的会计准则，为特定的基础设施发展确定单独的收入和利润流，尽量减少社会或地域交叉补贴(Schiller,1999a)。因此，我们可以说，用需要吸引国际金融资本的私有化制度来补充支持现代理想模式下以国家形式集体发展基础设施，似乎很有可能将统一和捆绑的网络分裂成无数个单独融资和管理的基础设施项目。正如戈登·克拉克(Gordon Clarke)所说："审查的一个结果是，从长期投资关系转向了由合同法规定的逐个项目评估。"(1999:257)

因此，私人融资资本与基础设施发展之间不断增长的转型，越来越将现代基础设施理想模式中遗留下来的或多或少连贯和一体化的基础设施网络进行松绑。这种松绑可以在组织、社会技术和地理层面发生。如从巴西的基础设施私有化的角度来看，苏埃里·拉莫斯·西弗(Sueeli Ramos Schiffer)认为，私人资本往往只被基础设施网络中的低风险要素所吸引，这些要素可以从整体上细分出来进行直接管理，并为私人牟利：

> 基础设施网络在功能和地域上松绑，是使公用事业的私人经营具有可行性的必要条件。除了吸引竞争这种令人向往的说法之外，给复杂统一的网络松绑是以严格按照每个项目的风险来制订项目融资计划为前提的。
>
> (1997:19)

这种转变很可能会加剧城市基础设施的不平衡发展。投资可能会集中在低风险、利润丰厚、短期内有明显盈利能力的项目上。支持城市中社会和经济边缘化程度较高地区的网络可能会出现投资不足、被忽视和边缘化的情况。如果这种逻辑能够长期作用于基础设施的投资和撤资，那么实体联系就会越来越少，无助于整合城市多样化的社会和经济流通。当养老基金系统性地接管了融资职能时，像在英美国家的某些地区一样，城市内部这种不平衡现象尤其可能明显增加。“随着养老金资本的到来”，戈登·克拉克建议：

> 就养老基金及其受益人的利益而言，城市结构将越来越成为一种管理良好的投资产品……英美社会的城市结构很可能会在未来几代人中因投资不足而被系统性打折，选择性私人投资将取代国家的综合投资。基金投资策略的目标与城市社会的经济和社会凝聚力之间没有联系。
>
> (1999:258)

但是，要理解这一转变所引发的更广泛的意义，我们需要超越城市这一尺度，将目光投向基础设施资本在整个国际金融体系不断发展的政治经济体中所发挥的更广泛的作用。在这里，可以清楚地看到，全球金融资本越来越多地进入基础设施，在全球范围内掀起了一个疯狂的结盟、兼并和收购的过程。为了盈利和投机性增长，新近私有化的国家和区域性垄断企业正在向新的领域和部门多样化发展。外国基础设施公司正在收购对方国家的网络。新进入者正在收购现有的公司。基础设施资本正在向其他行业（零售、金融服务、家庭娱乐、媒体、保险等）多元化发展，并与之结盟。全球电信业是全球范围内合理化速度最快的行业，其联盟“地图”特别复杂，变化也特别快（参见图 3.1；Curwen，1999）。

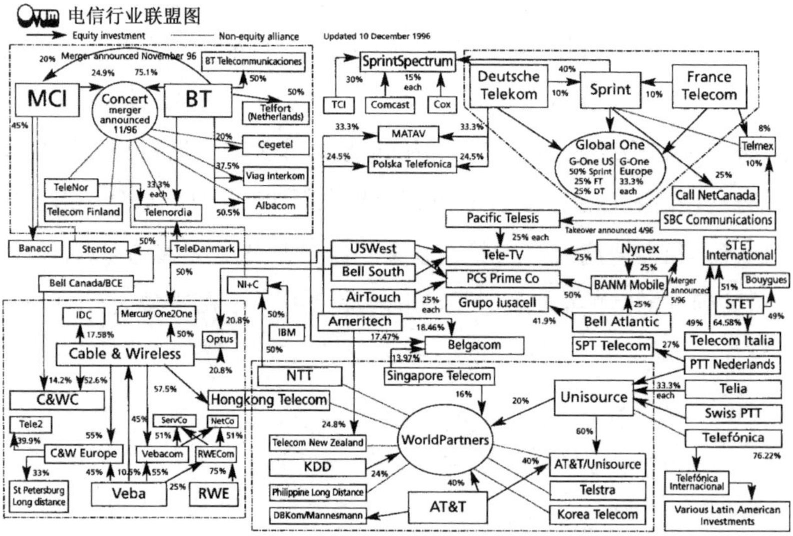

图 3.1　1997 年电信行业联盟图。该图已过时，如 MCI 公司在 1998 年被 WorldCom 收购后，即与英国电信断绝关系。资料来源：温斯伯里（1997：29）

国家与跨国界的重新监管

但民族国家并不倾向于简单地将基础设施交给私人资本；它们必须找到新的监管方式。许多管理机构本身越来越具有跨国性，反过来，许多管理机构也开始制订任务规定，支持基础设施网络在国内和国与国之间的支离。在国际货币基金组织、世界银行、世界贸易组织、八国集团和一些区域贸易集团等全球经济机构的支持下，新自由主义的正统思想正在寻求构建新的基础设施网络，以支持跨国公司的自由贸易和外国直接投资的全球体系。

在发展中世界，结构调整计划与各国为获得全球金融信誉而做出的努力相结合，以促进国家基础设施抛售(Harris and Fabricius, 1996)。政府面临财政限制、人口迅速增长、外国投资者和精英居民对基础设施的质量高要求、国有企业的低效率以及对中央集权的基础设施规划的不灵活普遍不满，这些都推动了基础设施市场私有化和自由化政策的发展。

但是，发展型国家的危机在很大程度上也是由于国债偿还以及国际货币基金组织将意识形态驱动的新自由主义结构调整一揽子计划强加给民族国家。这种一揽子计划往往没有任何选择，只能将公共部门作为一个整体进行私有化、自由化，有时甚至是解体(Hoogvelt, 1997: 169；原文强调)。这意味着，“任何关于国家经济管理的凯恩斯主义概念方面的暗示[都将被扫入]历史的垃圾箱”(同上)。随着西方基础设施公司试图收购私有化的基础设施网络，资本、技术、基础设施专家和信息的全球-地方联系与流动进一步加强。

最后，在俄罗斯等国家中，按照它们的现代基础设施理想模式推出的庞大而高度标准化，但通常质量较差的基础设施网络经常被剥夺了资本，并迅速衰败。为应对这种现象，国有基础设施垄断被广泛私有化，跨国基础设施公司也被邀请建立新的网络，但这些网络往往会“绕过”遗留下来的技术上已经过时的旧系统(Enyedi, 1996; Berlage, 1997; Marcuse, 1996)。在许多情况下，新的功能相对完善的电信、水、电和道路基础设施网络小“岛”拼接在一起，为防御性飞地或大规模新开发的住宅小区和消费区服务。它们崛起于衰败的、全面规划的网络中，而这些网络是当初在以中央集权方式进行计划经济、城市规划的年代被坚定地推出的(参见 Castells, 1998;

Herrschel,1998)。

经济一体化、城市竞争以及全球-地方连接的必要性

我们的第二点直接源于第一点。几乎所有情况下,代表城市和区域的发展机构现在似乎都在挣扎着"以企业化方式发展网络化基础设施,他们认为这些基础设施会吸引外国和旅游相关的投资,这样一来,在当前以前所未有的精确方式进行跨国分工的过程中,他们的城市就会处于有利位置"(Hall and Hubbard,1998;Knight andGappert,1989)。因此,单一的、垄断性的基础设施网络开始让位于多个独立的基础设施线路,这些线路是根据不同(通常是强大的)用户和空间的需求而定制的。保罗·特雷诺(Paul Trenor)认为,"如果说有一个技术趋势,那就是分化:独立的基础设施变得更加可行"(1997)。

优质基础设施网络和跨国连接

正如我们将在本书的其余部分中看到的,这种基础设施越来越多地跨过城市、城市间和国际尺度相互连接,与全球-地方流动的主要载体相连接,而不是追随现代理想模式,与城市内部相连接。空间的经济发展"在国际化的资本主义体系中出现了一场去领域化、再领域化的权力战争"(Thrift,1996a:285)。

其结果是,基础设施的发展越来越以无缝连接的高价值本地空间和全球网络为中心,以支持高价值空间和被锁定在高度复杂的国际分工中的用户之间新的流动和互动(Peck,1996)。对枢纽机场、物流区、全球电信网和国际能源连接的任何审查都会表明,基础设施网络的全球-地方技术和组织的无缝连接现在是核心重点,用以满足外国直接投资者、旅游空间或社会经济富裕群体的后勤和交流需求(Schiller,1999a;Castells,1996)。

由于这些过程,城市和空间的全球-地方连接越来越受到全球性

资本的代理人和其他四处寻找机会的投资人的关注，因为他们寻求将资本落户在基础设施能力最强、成本最低、政策灵活性和未来交通发展潜力最大的地区。例如，在快速发展的电信和数字媒体领域，联盟、收购和合资企业的热潮正在兴起（McGowan，1999）。这些企业承诺在全球范围内为高价值空间的企业客户提供一站式服务和不受距离限制的资费，但有效地绕过了利润较低或边缘化的空间和用户（Schiller，1999a；Noam and Wolfson，1997；Mosco，1999b）。

吉安诺普洛斯（Giannopoulos）和吉莱斯皮（1993：51）认为："这种新的工业和空间设想不仅建立在长距离的、可靠的交通和通信网络的假设上，而且它的基础是，无论地理上还是技术上，这些网络都必须是'整体性'的网络。"因此，基础设施网络可以在当地被松绑的同时，又在国际上被整合。这从根本上挑战了这样一个现代观点，即"城市"或"国家"本身就必然具有地域一致性，作为经济活动的空间容器，在某种程度上"自然地"独立于周围的空间（Virilio，1991）。

国民经济和城市经济之间的联系日益紧密，并且人们对凯恩斯主义基础设施发展方式普遍存在信任危机。因此，基础设施网络应作为单一的垄断企业进行公共规划和布局，以加强城市和国家领域的"一致性"，现在这一观念受到了极大的破坏。

在空间上：

> 囿于国家[或城市]范围内的网络，无论是物资或人员的流动，其作用都是有限的。分割式市场需要灵活性和反应能力。新的市场和竞争战略需要一个高度灵活的交通系统，能够应对小批量的频繁流动，而不是具有福特主义特色的可预测、不那么频繁、数量较大的货物运输。
>
> （Giannopoulos and Gillespie，1993，46—51）

发达国家、发展中国家和城市的发展进程开始强调在城市和区域内提供定制化、网络化的空间。弗兰克·佩克(Frank Peck,1996)表明,参与外国直接投资决策的跨国公司,现在鼓励公共和私人基础设施开发商和城市机构,发展专门针对其需求的公路、港口、物流中心以及电信、能源和供水服务。现在有一种普遍的趋势是"为私人公司的利益对公共基础设施进行定制"(Peck,1996:36)。与此相关的是,对冗余空间进行广泛的基础设施再建设,其形式有贸易区、企业区、出口加工区、电传空间、物流平台、世界贸易中心、媒体区、旅游飞地等。

在佩克看来,贪图利润的私人基础设施公司与创业型城市当局的结合提供了一种不可抗拒的支持,将投资集中在最能满足全球跨国资本需求的少数空间和网络上(参见 Jessop,1998)。他认为:"遵循非常精确的[基础设施]要求,这种压力意味着创造定制化空间可以成为吸引新的外来投资的重要因素。"(Peck,1996:329)

在这种不断变化的情况下,占主导地位的经济参与者的战略重点现在强调灵活性、反应能力、技术专业化,最重要的是,强调精确控制和监测跨空间与跨时间的物流过程的能力(Hepworth and Ducatel,1992)。在一个日益自由化的全球基础设施服务市场中,基础设施服务的提供者必须重新考虑其规划和管理方式,以配合其最有利可图的公司客户的需求(对一站式公司电信服务、透明的后勤管理、具有成本效益和不间断的能源和供水服务以及高质量的后备和增值服务的支持)(Schiller,1999a)。在这一过程中,基础设施服务已不仅仅是在空间内部和空间之间铺设硬件;现在的增值服务的核心是在无缝、多地点的基础上根据公司的需要定制服务。在这种不断变化的竞争条件下,基础设施供应商必须制定战略来确定和扩大市场,否则就会被淘汰、被绕过或被接管。

从福利国家中移除网络：基础设施消费主义的发展

最后，城市和基础设施的政治经济学变化往往意味着能源、水、废水、交通和电信服务的非集体化，并将其地位降为准公共物品，以类似的普惠价格供所有人进行消费。基础设施服务接受改造和重新调整，在自由化、相互竞争的供应商之间或多少受管制的市场中得以分配。“在整个西方国家，现在看来不言而喻的是，国家作为广泛的公共服务提供者，它的这一职能源于其极大地改善个人和群体生活机会的许诺，现在这种职能即将终结。”(Leonard，1997：1)

桑德斯(Saunders)认为，从目前的立场来看，似乎有可能“证明，集体消费不是发达资本主义的永久特征，而是历史上的一种特殊现象”，是新旧市场供给之间的“抱团取暖”(Saunders and Harris，1994：211)。这支持了基础设施产品和服务生产的去中心化，因为公司努力利用市场研究和广告工具以及信息技术的个性化能力，在不稳定的环境中为自己开辟有利可图的利基(Clarke and Bradford，1998：874)。

连接的社会景观：新的极端不平等现象

因此，基础设施网络不能再被视为即时的、普遍的和同质的网络，不能再被视为地方性的公共物品，而只能是土木工程师的技术专利。基于市场和消费主义的逻辑正越来越多地在这种网络上留下印记。国家垄断性地提供基础设施服务所依据的假设正日益受到挑战。在整个发达的工业化世界，公用事业基础设施现在是彻底重新管制的重点。国家垄断性的监管和所有权模式正受到私有化和自由化浪潮的挑战。一般来说，这“意味着国有垄断模式所隐含的再分配社会作用的丧失”(Little，1995：9)。

这种转变“强化了一种个人选择的风气，掩盖了消费在资本主义系统性再生产中的作用”(Clarke and Bradford,1998:874)。然而,这种对基础设施的选择往往只限于城市中的某些社会和空间群体。能否获得竞争供应商的服务,通常高度依赖于财富、区位、技能和服务利润的高低。

在城市的某些地区——那些过去支付高于成本的服务费,以便交叉补贴为较贫困地区提供网络支持的地区——将消费者选择的逻辑强加于以前的公共基础设施,网络的支离可能会带来极大的服务多样性、更多的选择和质量的改善。这些群体将被积极地吸引到功能强大的道路、能源、电信和水网的优质市场。

然而,在城市较贫穷的地区,大部分人口似乎被迫留在现有的垄断企业中,因为这些垄断企业的利润不足以吸引竞争,对希望规避风险的市场新进入者来说也没有足够的诱惑力。在国家致力于将基础设施从大规模的集体性组织转变为规模越来越小的安全网,仅满足最需要燃料、通信和水的人的需求时,这类群体和地区很可能仍然极易受到影响。

当然,危险在于,对基础设施的社会准入问题进行的新辩论中出现的消费主义和个人主义将危及穷人的地位,因为他们往往从现代基础设施理想模式固有的普遍服务义务和交叉补贴中受益最大。先进的基础设施服务市场可能会使这些人破产,甚至可能使他们无法在此过程中使用非常基本的、必不可少的基础设施。索菲·博迪-根德罗(Sophie Body-Gendrot)想知道,即使在公共服务原则和福利国家制度得以全面发展的西欧,福利国家的结构调整是否也意味着:

> 我们现在看到国家提供的免于困难的保护模式已经用尽……国家社会似乎在一场奇怪的去现代化运动中解体……在一个全球化的时代,解体、被剥夺权力、社会无效化、边缘化的过

程——无论人们想用什么词来形容——都使后工业化城市……分裂成了无数的碎片。

(2000:xx)

城市规划中综合性理想模式的崩溃

概念城市正在衰落。

(De Certeau,1984:95)

这句话恰到好处地将我们带进第三种破坏现代基础设施理想模式的力量:豪斯曼在一个多世纪前首次建立的"理性的"综合城市规划概念的崩溃。资本、技术和信息的自由流动驱动着政治、经济日益全球化,但城市规划中的技术官僚化及综合性规划方式难以在这种环境中生存,而它们又与理想模式的推出有着最为密切的联系。而且,由于受到强大的后现代社会和文化批评的破坏,理想模式在西方国家也失去了大部分合法性。

因此,现在的城市规划往往集中在项目上,而不是全面的战略计划上;集中在让其他机构提供所需的城市服务或基础设施上;集中在努力务实地解决所认识到的局部问题上,而不是按照理想化蓝图或城市形态重新设计大都市区域的乌托邦式或远景式框架。这方面的转变,再加上连许多外围公共设施项目的规划工作也已退出,交由私人公司负责或自由化了,这是导致基础设施发展走向治理模式的重要成因。总的来说,正如大卫·哈维所说:"已经出现了与在大都市范围内进行的技术上合理有效的城市大规模规划的决定性分裂。"(1989:66;原文强调)

对城市与基础设施综合性规划的批判

在城市基础设施经历危机,以及为实施现代基础设施理想模式而建立的公共机构迅速改组期间,一系列有力的批判有效地摧毁了综合性城市规划的理念。越来越多的经济部门和公司认为，这种规划缺乏灵活性，庞大臃肿，无法提供能够满足在区位和技术方面需求日益复杂的基础设施网络（Fillion，1996）。

而许多规划者本身也对大型基础设施项目和城市“更新”计划产生了“越来越多的怀疑”。尤其是在西方国家（Fillion，1996：1640），社会对大型公路、港口、铁路、机场和建设项目的抵触情绪日益高涨。在现代民族国家，基础设施是其溃败的一个缩影；城市规划者及地方工作人员发现他们根本没有办法有意义地控制或协调其辖区内的基础设施建设。利奥妮·桑德科克认为：“在控制由谁在其辖区的发展中进行投资，以及进行什么样的投资这两个方面，现在地方政府已力不从心了。”（1998a：28）

现代规划范式僵化的危机

环境和社会运动对现代城市规划基本假设的抨击，让人们对其进步、技术合理性和人人受益等核心概念失去信心。作为现代城市理想模式的根基，静态的、有序的城市模式已无法应对 20 世纪 60 年代至 80 年代期间社会、经济和文化的动荡。正如波洛（Polo）所说：

> 在发达资本主义的城市结构中，流动、变形、维度和动态异质性占主导地位，使人们对之前认为的城市结构和规划方法具有的静态空间性、同质性和城市形态在时间上的不变性提出了疑问。
>
> （1994：29）

桑德科克指出：“在过去 20 年里，社会文化的变化过程正在以芝加哥这种理性、有序、同质化的城市模式无法想象的方式重塑城市和区域。”（1998a：27）现代主义规划者们梦想中的城市形态因其傲慢而不自知的偏见和无情的同质性，尤其受到了广大社会运动的抨击。

因此，菲利安认为，“后现代价值观的碎片化和利益集团的激增”往往“破坏了开展大规模规划项目所需的政治共识”(1996:1640)。

城市规划已经失去了公共利益的理念，也就无法以此为依据解释通过现代基础设施和城市规划不断重组并理顺城市空间的合理性(Gandy,1998)。如保罗·诺克斯(Paul Knox)所言，在许多情况下，城市规划趋向于：

> 分散开来，务实地适应经济和政治上的制约因素，以稳定为导向，而不是致力于通过全面计划进行变革……它越来越符合生产者的需要和消费者的需求，而不太关注理性的总体概念或公共利益的标准。其结果是形成了一种将高度差异化的空间和环境无序地拼凑在一起的规划方式。
>
> (1993b:12)

因此，在许多情况下，现代城市规划的传统工具——开发计划和分区划定——也就变得越来越不可信。现代规划的分析技术——重力模型、回归分析、聚类分析、成本效益分析——受到广泛批评，因为它们提供的术语令人费解，而且使得政治性的决策莫名地变成某种毫无价值的技术性决策(见专栏 3.2)。

专栏 3.2　挑战基础设施规划的范式：以城市交通为例

由于城市规划及其社会环境发生了更广泛的变化，到 20 世纪 70 年代后期，之前人们坚信基础设施网络不过是一项技术工程系统，与社会分离，且以某种方式影响社会，现在这种看法已越来越站不住脚。城市基础设施规划的方法和分析工具也受到了类似的质疑。尤其是认为土木工程师可以理性地推出统一的基础设施来满足人们的需求，同时脱离城市的社会和政治世界，这种观念的瓦解特别明显。但是，正如夏齐斯(Chatzis)所指出的，这种过程对以理性原则为基础的职业文化具有深刻的破坏性。他认为:“技术人员一旦丧失了标准化公式的客观性,在评价和证明自己行为的合理性方面就会陷入困境。”(1992:12)

虽然公用事业和电信运营商不得不探索新的基础设施发展和投资规划方式,但在交通方面的危机最为明显。例如,自20世纪五六十年代建立起来的整个区域交通模型和区域科学领域都受到了严厉的批评,这些领域应用定量方法来理解城市内部和城市之间空间的相互作用。对巴尼·沃夫(Barney Warf)而言,长期用于支持交通规划的空间分析模型是一种“无深刻历史视角的”方法,它运用“静态分析的方式来重新定义时间”(1995:187)。

现代交通规划中的问题

在努力探索总体交通行为的先验规律时,一些技术官僚主义和本质主义模型趋向于将整个人类生活挤压进粗略、定量、确定而又机械的公式中,而这些公式又是基于这样一种认知,即认为人类社会世界是机械的,类似于“牛顿摆球”世界。紧跟其后出现的是重力模型(战后无数交通和基础设施计划的基础)。它追随牛顿,把空间和时间当作绝对的、本质的事物来对待,将复杂的社会世界还原为支配一切的几何形态法则,并且依靠最简单的本质主义技术决定论来推断和预测未来。实际上,“历史变成不过是一个静态的、对象化的数据源,所有在历史中行进的都是被清除了社会意义的抽象空间过程”(Duncan,1979:1)。问题的根源在于错误的假设,即认为用机械的因果模型解释社会行为是可能的(而物理学实际上在40年前就已经抛弃了亚原子粒子的行为模式,转而采用概率论、不确定论和相对论的思维方式)。

在沃夫看来,虽然这些方法中出现了重要转向,转向了复杂化理论和概率模型，但"区域学"[1]，以及以此为基础的计量经济学基础结构模型的整个体系，"依然痴迷于孤立的、非社会化的、以自我为中心的理性经济人的假设。连行为研究法都已基本上用随机和概率方法取代了定性方法"(Warf,1995:190)。

交通规划领域是一个特别有说服力的例子，证明了基础设施只是一个技术性工程系统这一概念的崩溃。它特别清楚地表明，在技术理性遭受危机、机械主义思维遭到破坏、过去令人极其尴尬的建模失败，以及上文讨论的社会技术和政治经济变革的大背景下，这种观念是如何有效地瓦解的。蒂姆·马歇尔(Tim Marshall,1997)指出，交通规划者实际上已经放弃了对未来的预测，这不仅是因为过去的努力结果相当不准确，令人尴尬，还因为交通"规划者迷失在混乱和不可控的变化中"(1997:31)。英国最近就交通技术转向进行了预见(而不是预测)。他以此为例，指出："技术预测在某种意义上是矛盾的，因为交通部门的未来发展既取决于经济、社会、政治和环境因素，也取决于技术的可得性。"(Technology Foresight Panel on Transport,1995:59;引自 Marshall)

范式转变的征兆

盖伊和马文(1999)指出，这种范式的转变包括从单纯地增加道路空间到提供私人和公共交通解决方案以及土地用途变更等综合方案的转变；从使用如重力模型等实证主义分析模型，到更多具有实际社会可及性的社会概念；并致力于与用户(不同的社会群体)进行管理互动，而不是将他们当作同质的、孤立的、按照数学公式行动的经济人。

---

① "区域学"是社会科学的一个领域，涉及对城市、农村或区域性问题的分析方法。其主题包括但不限于区位理论或空间经济学、区位建模、运输、移徙分析、土地利用和城市发展、产业间分析、环境和生态分析、资源管理、城市和区域政策分析、地理信息系统和空间数据分析。——译者注

规划中二元对立的局限性

此外，现代城市规划试图在城市结构中建立秩序的做法，被认为是在二元区分的基础上强加了静态的几何图形——中心与外围、核心与边缘、内部与外部——这些类别“已不足以描述今天的城市综合体”，其复杂性和动态性已不复存在(Sandercock，1998b)。事实上，“在新城市中，形式上的构成原则已经失去了目标。相反，它的形态学是从不同的、间或相互矛盾的力量之间的关系中系统发展出来的，它不再是绝对的，而是与其他结构形成参照”(Angélil and Klingmann，1999:24)。

现代城市以工程为主导的风气，也特别难以适应公共政治和社会的挑战，难以以更民主的方式组织城市基础设施的发展。正如马修·甘迪所指出的，出现了：

> 基础设施建设背后中央集权化、以工程为主导的精神与日益增长的要求公众参与城市决策的需求之间的冲突。城市规划面临着所谓的“公共利益”的瓦解，而这种“公共利益”通过大规模的基础设施投资来维持城市更新。规划者本身越来越认识到“总体规划的理想模式”是虚幻的，并开始探索通过更广泛的公众咨询来加强合法性的方法。
>
> (1998:13)

审视城市基础设施综合性规划的成果

> 重要的是不要忽视[现代规划的]乌托邦式的理想，但……这些理想是通过不那么民主的手段实现的……实际上……孤立地看，它往往被证明是精英主义的和异化的。
>
> (Ley and Mills，1993:265—266)

不仅现代主义规划的原则被系统地拆解，其成就也受到越来越严格的审查。在金看来，这种对现代基础设施理想模式以及范围更大的现代城市规划效果的审视，揭示了现代城市规划无异于“一种最高级别的妄想”(1996:1)。越来越明显的是，现代城市规划的做法不是如它所宣称的那样，通过向所有人分配利益来统一和约束城市，而是在实践中越来越明显地倾向于通过官僚主义维持空间的不平等。此外，这些做法往往对妇女和所有被贴上“他者”标签的人——少数民族、残疾人、不聪明的人——不利(King,1996:3)。

自豪斯曼时代以来，人们逐渐意识到这种规划并没有像许多现代基础设施规划中所论证的那样，支持城市的连贯性、秩序性和凝聚力，而是不断分化和重组城市空间，尤其是弱者或边缘人的空间，增加了社会的动荡(见专栏 3.3)。从 20 世纪 60 年代开始，《美国大城市的死与生》(*The Death and Life of Great American Cities*, Jacobs,1961)和《福音派官僚》(*The Evangelistic Bureaucrat*, Davis, 1972)等书籍激发了民众对现代主义规划和建筑整个结构的巨大不满。

专栏 3.3　综合性城市公路方案的内在矛盾：城市的连贯性与城市的碎片化

城市公路是 20 世纪 20 年代至 60 年代期间几乎所有现代城市规划中的主题，与其承诺的城市凝聚力特别相关，但同时也带来了分化和分裂(Dear,1999:110)。多车道的高速公路，通过隧道、从山中开出的狭窄通道和高架路段，穿越城市结构，将城市区域整合在一起，被视为现代大都市的奇迹(Gandy,1998:1)。主要的高速公路被设计成能将有限的入口顺利地整合在一起的综合系统。体现现代主义规划和交通工程的核心是标准化、集中式的隔离交通系统设计。就像战后大规模生产的住房一样，“越是中立、统一和可量化的，就越是可信赖”(Easterling，1999a：3)。

“你得用斧头开辟前进的道路”：以纽约的罗伯特·摩西为例

马歇尔·伯曼(1983)讨论过一个著名的例子：罗伯特·摩西(Robert Moses)在纽约的计划。例子中摩西利用高速公路网络，通过高速公路建设迫使工业化大都市进入某种形式的“现代”一体化。在大约30年的时间里，摩西利用发行债券的方式，为纽约各地不断扩大的公共道路和工程项目提供资金，这个计划与联邦新政和公路计划相关(参见 McShane，1988)。为了最大限度地利用区域市场、生产力和流通便利性，摩西希望高速公路能将城市统一起来，创造一个“以汽车为导向的综合城市形态”(Gandy，1998：6)。由此造成高速公路穿过了布鲁克林等弱势社区。但是，摩西对现代化的热情并未动摇。他为自己的辩护宣称：“在一个过度建造的大都市中工作时，你得用斧头开辟前进的道路。”(Robert Moses；引自 Berman，1983：307)

与豪斯曼一样，摩西希望“创造一个处于永动状态的系统”(同上：306)。他想象了一个“乌托邦式的统一流动的新城市，其命脉是汽车”。因此，城市空间“主要被视为是交通流的障碍物”(Berman，1982：307)。伯曼记得在那个时期，“反对摩西的桥梁、隧道、高速公路、住房发展、大坝、体育场、文化中心，就是——或者似乎就是——反对现代性本身”(Berman，1982：293)。

高速公路设计中的社会偏见

但是，根据兰登·温纳(Langdon Winner，1980)的说法，这些林荫道经过精心配置，是为了满足日益富裕的郊区通勤者的需求，但不包括城市里的穷人和黑人居民(参见 Bayor,1988)。在一个臭名昭著的例子中,温纳称,长岛州公园委员会的工程师在设计长岛的林荫道和公路桥时,离路缘处仅 9 英尺——公路桥比公共汽车高度低 2 英尺——从而确保道路将永远只供汽车使用(McShane,1988: 81;参见 Joerges,1999a 对这一相对简单解释的反驳)。

在美国,建立协调的全国性城市公路系统的目的之一是将城市和城市系统捆绑成现代连贯统一的整体。这种战略的灵感来自 19 世纪巴黎豪斯曼的规范化改建计划。但实际上,它们不仅促成了 20 世纪八九十年代巨大的城市扩张,也造成了在开放、互连的城市这一概念面前的退缩(Pope,1996),因为它们使北美基于城市网格的传统城市景观支离破碎,最后形成一系列封闭的、一级级梯子状的城市公路,而非开放的城市街道系统。

高速公路成为网格化空间的反转空间

"随着高速公路的引入",亚历山大·波普说:"网格化空间的连续性发生了奇妙的逆转。[它]通过沿主要交通路线实施严格的等级化运动消除了选择,[从而]使城市结构变得更加粗糙。"(1996:109)波普认为这种"梯子"支持了排外飞地更广泛的发展趋势。通过这样的过程,"历史上开放的城市中心退化成了旅游景点。主街变成了节日集市,校园变成了主题公园,传统的郊区变成了仇外的飞地,而人们(仍然)不知道这一切是怎么发生的"(同上:96)。在波普看来,新的梯子状的城市景观严重限制了偶然的连接和关系,而这恰好就是城市的本质。网格的侵蚀也支持了城市向心力转移到更广大的区域性地区,在这些地区,封闭的地方越来越多地通过有限通行的高速公路快速连接到其他地方。

规划危机与综合性城市理想模式的撤退

越来越多的人认为，现代综合性城市规划理想模式要求“个人完全服从于集体工业机器”(Ravetz，1980：345)。对城市空间进行综合性、理想化的表达时，现代城市规划在对身份和需求这些概念不加以理解和区分的基础上，挥舞着粗暴的社会权力。而在后现代城市碎片化的身份政治背景下，这种粗暴的社会权力是可笑的。

简而言之，城市规划正面临着一场“范式危机”，因为其传统的基础暴露出这种城市规划是不合时宜的，危险的，并在学理上是似是而非的(Sandercock，1998a；b)。埃兹基加(Ezquiga)指出：“规划危机的本质是双重的——作为一门学科，其认识论基础的破坏，同时也是一种将城市规划视为公共利益唯一全面的表达方式的文化危机。”(1998：7)

综合性城市规划的理念，本该通过布置城市活动及其具有连通性的基础设施来保证某种综合、有序的进步，造福于所有人，但在这里它成为一个重大灾难。传统城市规划将秩序等同于平衡，将无序等同于不平衡，这种方法在后现代大都市动荡而复杂的动态中可能没有什么地位。它已经被证明是还原主义和天真的功能主义；它们通过控制“城市形态和建筑类型来无休止地寻求完美的平衡，这时时间是静止的”(Solà-Morales，1998)。迈尔斯(Miles)认为：

> 城市规划是对空间的表征，它使城市的理想化概念得以实现，从中衍生出了规划和设计的方法论，这些方法论依赖于将现实还原为几何图形。而且，通过城市规划中的空间表征，使用者成为一个无差别的公众，被赋予了与古雅典城的妇女、奴隶和陌生人一样的无权角色。
>
> (1997：131)

接受城市是“飞地群岛”

具有最大讽刺意味的是，城市规划面临着这样一种现实，它往往对它所向往和觊觎的人产生了相反的效果（至少在修辞上可以这么说）。正如阿克索伊（Aksoy）和罗宾斯（Robins，1997：26）所指出的，就伊斯坦布尔而言，在假定有序的规划可以使城市变得有秩序的情况下，在想象城市空间能够真正成为统一和连贯的城市空间时，城市规划往往直接支持了飞地的发展和城市空间的社会分裂。

现代主义规划工具和城市防御工事的转向

在实践中，现代主义规划的工具表面上是为了支持一致性和城市平等主义而制定的，但实际上往往被用来支持分裂和社会排斥。尤其是随着经济变化、收入水平的两极分化、富裕阶层的机动车化、公共服务的私有化、犯罪率的上升以及企业和消费者大型项目的增长，这些都重塑了大都市生活的结构（参见 Olds，1995）。正如特雷莎·卡尔迪拉（Teresa Caldeira）所指出的，从巴西的角度来看：

> 具有讽刺意味的是，现代主义规划工具，只要稍加调整，就会成为制造不平等的完美工具……只供车辆通行的街道，没有人行道，商业区的封闭和向内部发展，以及将大型雕塑般的建筑、富裕住宅区隔离出来的空间空隙，都是产生和维持社会分化的重要工具……当代戒备森严的飞地基本上都使用了现代主义的规划工具，并做了一些显著的调整。
>
> （1996：317）

接受规划中的“他者”

人们越来越意识到，现代城市规划在其“主流”的描述中，将现代主义规划师描绘成一个无所不知的仁慈(必然是男性)"英雄",他驯服大都市无序、疯狂的混乱,却忽视了许多声音。妇女、少数族裔群体、土著人、残疾人、男女同性恋者、老年人和儿童的意见在很大程度上被忽视了(Sandercock,1998b)。因此,现代城市规划往往忽视了其总体规划和乌托邦愿景中所包含的本质上是父权主义、种族主义、残疾、社会分裂和殖民主义的假设。而当这些假设在城市和城市生活中留下烙印时,就更不为人在意了(Sandercock,1998b;Weisman,1994)。例如,城市公路网声称要为城市提供"人人享有的交通便利"并增加城市的"连贯性",但往往破坏了社区,破坏了地方之间的互动,加剧了社会和性别的不平等(参见专栏 3.3)。

社会批评和令人不安的自我觉醒汇聚在一起的结果是,人们日益意识到城市综合性现代规划以及网络化城市基础设施的失败。这反过来又导致了城市空间日益政治化,这也是对现代主义愿景提出挑战的结果(Aksoy and Robins,1997:33)。正如金所指出的,随着20 世纪的发展,"现代性[日益]呈现为碎片化本身,而 19 世纪则是它的对立面,即启蒙运动的统一梦想最终瓦解的时代"(1996:44)。

很快,大型基础设施项目与城市的进步和改善之间的联系被另外一种表述所替代。在这种表述中,基础设施网络(尤其是高速公路网络)被描绘为破坏了宝贵的社会和城市环境。甘迪指出:"以前被认为是城市振兴不可或缺的基础设施投资的各个方面,现在却直接牵扯到战后城市的衰落和城市生活的破坏。"(1998:13)

所有这些现实交织在一起,迫使城市规划不得不系统地从城市和基础设施综合规划的概念中撤退,实际上是放弃了城市的发展可以作为一个整体来安排和塑造的想法。今天,几乎所有的规划概念都同意,至少是含蓄地同意:"首要的问题不再是需要一个整体性的解决方案,而是愉快地接受区域作为一个飞地群岛而存在。"(Bosma and Hellinga,1998:16)

因此，规划者越来越多地被迫接受他们的城市是由多重身份、愿望、生活世界、社会经济和时空回路所定义的“碎片化空间的拼贴”(Fillion，1996：1640)。将某种简单化的秩序或表征概念强加于这些地方，不仅是一种强权行为，而且是一种傲慢行为，它将“专家”的“技术性”知识凌驾于所有其他形式的知识、经验和意见之上(Healey，1997)。而且，大卫·哈维指出：“由于除了那些点点滴滴的事，大都市是不可控制的，所以城市设计(注意，后现代主义者是设计而非规划)的目的只是为了对乡土传统，地方历史，特殊的愿望、需求和幻想保持敏感。”(1989：66；原文强调)

城市规划、飞地构想与全球经济一体化

奥斯卡·纽曼(Oscar Newman)的《可防御空间》(*Defensible Space*，1972)等重要著作进一步鼓励规划者拒绝大规模的综合现代主义城市方案，转而选择规模较小的内向发展型项目，以满足人们对封闭的个人空间的“需求”。捍卫我们自己的地盘“越来越受到某些规划理论的认可”(Luymes，1997：201)。沃特豪斯(Waterhouse)批评了“新一代的规划者先是在扩展，然后在分割城市领域方面所扮演的角色”(1996：311)。但更有积极意义的是，许多规划机构不再坚持现代理想模式中对街道布局严格执行技术官僚标准，而是允许在基层引入一系列共享街道和交通缓解措施(Southworth and Ben-Joseph，1997)。

然而，作为更广泛的专业范式危机的一部分，人们担心的是，正式规划流程虽然并未完全边缘化，但似乎越来越受到企业家需求的推动。这些企业家需求使大都市内的特定空间“具有竞争力”，这一特定空间内的“竞争性”需要被视为“一个在本质上具有内在联系和政治争议的概念”(Jessop，1998：81)。鲍勃·博尔赫德(Bob Beauregard)认为这样的结果，至少在美国，“目前按规划建设而成的

实体城市事实上都是由一系列互不关联的碎片组成，而非与规划理论相结合的实践行动”(1989:382)。利奥妮·桑德科克甚至担心，“除了促进全球经济一体化的作用外，规划专业正变得越来越不重要”(1998a:2)。

当然，随着新自由主义议程在越来越多的城市中推动了城市治理和政策的变化，构成许多城市“零散空间的拼凑体”反过来又成为城市治理机构、经济和企业发展特区、“伙伴关系”组织和单一目的经济发展机构的目标(参见 Foster，1996；Nunn and Schoedel，1997)。许多西方城市现在呈现出无数小型特殊用途区，从文化、遗产或休闲和体育区到特殊政策商业区、企业区、购物中心、金融区、文化区、富人区等。这些空间越来越倾向于由房地产开发机构、城市营销组织和专门基础设施开发商来开发、组织和管理(Boyer，1996)。

因此，支持建设新的城市建筑的公共和私营部门规划者提出了与那些希望利用现代规划为整个城市空间带来秩序和一致性的规划者截然不同的战略和理想。现在的逻辑是，规划者要与(通常是私有化和国际化的)网络运营商合作，为他们的特殊地区争取最好的网络化基础设施，而不是努力协调整个城市的网络建设(Nunn and Schoedel，1997)。正如桑德科克所说：“为了加快这些超大型项目的进度，政府绕过了既定的规划程序将这些开发项目排除在公众的监督和民主政治之外，设立了特别豁免之类的实体。”(1998a:28)其结果是：

> 参与了这一轮资本积累中常见的各种大型开发项目(伦敦船坞区、悉尼达令港、墨尔本的赌场和滨海港区项目，纽约的世界贸易中心，巴黎密特朗“大计划”)的国家规划人员……很难让别人相信他们的“临界距离”或客观性。
>
> (同上)

因此，在许多城市地区，不仅城市基础设施的物理结构和技术结构正在分裂；城市治理和规划的结构也在分裂（Fillion，1996：1640）。随着特殊目的治理机构试图积极参与定制网络化基础设施的工作——公路、电信、能源、水和废水等——以满足其负责开发的城市空间目标用户的准确需求，城市治理的分散与基础设施网络的支离之间的联系日益加强。

在用户密集、具有国际性甚至是全球性的高价值空间内——全球金融研发集群、机场周围的物流中心、先进的港口区、全球媒体空间——现在的注意力集中在为城市地区提供最佳的基础设施，通过与其他地方的强大联系，将当地的人员流动与全球的人员流动矩阵联系起来（Castells，1996）。重点发展先进的新型基础设施——远程机场、智能港口、全球机场枢纽、与市中心核心区的特殊铁路连接、与越洋光纤网络的直接连接——有效地绕过了现代基础设施理想模式中遗留下来的相对单一的街道、能源、交通和通信网络。

不可避免的是，随着对全球-地方而非城市内部联系的日益强调，城市本身这一级别是管理和连接基础设施的最适当规模这一观念得以超越。当代规划实践进一步支持建筑物和区域作为全球连接网络终端，即国际网络枢纽的概念，通过它们之间的时空隧道效应将辐条有效地辐射到其他空间（Graham and Marvin，1996：58—59）。关于城市必然要将其所容之物包围起来，并在此过程中提供统一的基础设施，这种想法被进一步破坏了（Virilio，1991）。

城市作为政治舞台具有的应变能力

然而，以统一的城市为一个政治管辖区这一理念往往能够在城市政治中保持着强大的话语权（参见 Bagnasco and Le Galès，2000）。尽管全球-地方交流背后的逻辑是支离性的，但在某些情况下，城市仍然是强大的，也许是越来越强大的政治行为体，城市政治行动努力解决城市在当代社会变革中的矛盾角色(Body Gendrot,2000)。复杂的政治联盟和制度阐明了国家和国际政治进程与个别城市的特定发展之间的关系(参见 Jonas and Wilson,1999;Hall and Hubbard,1998)。即使在自由化和私有化的情况下,复杂的政府间关系、深入的制度历史和多样化的监管方式也决定了网络化基础设施的监管和发展在当地构建的方式(Lorrain,2000;Lorrain and Stoker,1997)。这确保了有各种不同的方式使城市机构和政治行动与民族国家和国际治理机构的政治行动相互交织,从而影响了基础设施网络的重新配置。

因此,城市仍然是需要重大力量来规划和行动的地方,以解决地方在全球化流动过程中作为载体这一复杂而矛盾的地位(Amin and Graham,1998a;Healey,1997;Bagnasco and Le Galès,2000)。然而,正如我们在本书后面所说,我们需要的是对网络化城市基础设施的新思维方式,以及对网络化城市主义领域政治的新想象方式,才能最好地应对当代的挑战。

新城市景观:实体去中心化、机动车化和多核化的城市

> 城市对我们的感官、我们的情绪、我们的存在方式的支配已经过时了。郊区的大都市已经取代了城市……城市长长的影子在郊区大都市斑驳的光影中消逝。
>
> (Lerup,2000:85)

城市规划者和城市学家对城市景观与发展过程不断变化的性质进行了讨论,让我们看到了破坏现代基础设施理想模式的第四个过程:城市的实际扩张,以及从传统的核心城市向多中心城市扩展区域的广泛转移。这是因为全球城市分散化的趋势和城市边缘地带的扩展似乎进一步破坏了利用综合性基础设施网络将城市捆绑成一个整

体的工程(Woodroffe *et al.*,1994;Keil,1994)。

城市基础设施与城市边缘地区的崛起

> 未来在城市周边地区。我们必须停止将这些外围地区视为一个无以名状的恐怖之地,禁止将其视为城市的非法和残余部分。
>
> (Guido Martinotti,1997;引自 Foot,2000:7)

毋庸置疑,基于强大的基础设施网络对城市生活的介导作用日益增强,当前的城市发展趋势是,"促使单一中心的城市被侵蚀,被支离,并蜕变为多中心的大都市"(Woodroffe *et al.*,1994:6)。这样的转变暴露出了奇怪的城市景观:在这里,边缘可以成为中心,中心可以在城市边缘,而城市则扩展到以前被认为是乡村的空间。

城市边缘与城市结构的液态化

现在,许多城市显示出德扬·苏迪奇(Deyan Sudjic)所说的"一锅汤"的景观(1995:30)。在这些城市中,增长与衰落、集中与分散、贫困与极度富裕等复杂现象并存。虽然市中心可能会保持一些高级服务功能的主导地位,但后台办公、企业广场、研发和大学校园、购物中心、机场和物流区以及零售、休闲和住宅空间的分布离大都市核心区越来越远。在许多城市中,由国际移民带来的复杂的社会和文化"地盘"进一步增加了城市的复杂性和多核化程度。"当代城市处于晚期资本主义生产的不稳定状态,无法让有机结构维持一定的硬度,进而在全球结构中连接城市事件。"(Polo,1994)

与现代城市有序、分层和连贯的结构(总是过于简单化)相反,我们越来越多地遇到了波洛所说的城市结构的"液态化"(liquefaction)现象(1994:26)。这就引发了"一种不一致、不明确、非连续性的城市发展”，即多中心的、密集的（但高度不均匀的）、网络化城市区域（同上）。在发达国家和发展中国家许多蔓延的大都市中，伯纳德·楚米（Bernard Tschumi）观察到了一种明显的“高速公路、购物中心、高楼大厦和小房子等混乱并置”现象（1996：41）。在不断扩张的城市外围的“一般”景观中，以汽车为导向的建筑不再由墙体系统界定，而越来越成为“孤单的物体”“空间和物质、空隙和实体有节奏的延续中的一个元素”（Neumeyer，1990：19）。在外围化过程中，伍德鲁夫（Woodroffe）等人认为，现代的“二元结构[核心与外围]大都市经过爆炸式发展，如地毯般铺开，成为一个区域”，其社区支离，功能分离，空间破碎。每一部分都是拥有自己的边界和边缘条件的飞地（1994：8）。

挑战城市地理学和城市学中的传统城市概念

简而言之，古典城市主义和城市地理学的理想化结构——总是过分简化——与大多数当代城市的形式和景观越来越不协调。“在城市的景观、社会经济和竞租模式中，教科书上的各部门和特殊区域的几何形状已经越来越难以辨别。”（Knox，1993b：1）在理查德·斯基茨（Richard Skeates）看来，超大城市和跨国城市走廊的发展意味着一个被称为“城市”的地方其独特性现在受到了威胁。他认为：

> 我们不能再像过去那样使用市（city）这个词来描述一个实体，无论它有多大，多臃肿，但仍然可以认为它是一个局部的、有边界的、占据特定空间的结构。取而代之的是城（urban），它既不是传统意义上的城市，也不是乡村，而是一个包罗万象的怪物，它正在吞噬着城市和乡村，从而有效地瓦解了既有的差别。
>
> （1997：6；参见 Castells，1999c）

因此，总体而言，周边地区的扩张似乎越来越推动了许多大都市区域的发展。在美国，在20世纪的最后30年里，郊区占到了新建筑、新投资和新就业的60%—85%。在20世纪80年代，郊区的写字楼存量增长了300%，在亚特兰大、达拉斯和底特律等城市，郊区的商业办公空间占到了70%以上(Dunham-Jones，1999：3)。罗杰·凯尔(Roger Keil)问道："我们是否已经到了外围城市时代？真正的城市化时代是否真的发生在边缘地带？"(1994：131)

城市规划对整个区域性延伸和多中心大都市发展的协调或控制能力很差。建筑师库哈斯(Koolhaas)和毛乌(Mau，1994)有个著名的观点，他们认为规划师和城市学家对传统城市的整齐和秩序的执着，实际上是在"制造沙堡"。但是，随着传统城市被多中心的城市区域所淹没，城市学家和规划师们现在已无能为力，只能"随波逐流"。

城市核心区黯然失色：超越现代理想模式限制的增长

城市外围地区的惊人增长在地理上往往超越了那些现代城市基础设施理想模式遗留下来的网络化城市核心区，甚至要将它们剔除(Jackson，1985)。这些遗产虽然在地理上通常远离城市周边地区新的经济和人口增长中心，但无论如何在物理、技术上都过时了，需要进行耗费巨资的改造。对于旧城区中心的市政辖区而言，要确保更新基础设施所需的财务和技术专长，同时又要面临着围绕去工业化和社会极化所造成的财政和社会危机，这些都构成了巨大的挑战。

以美国为例。美国城市的实际扩张和经济结构调整意味着，美国城市的大部分基础设施遗产在技术上已经过时，在物理性能上已经衰败，这是上文讨论的更广泛的城市基础设施危机的一个关键因素(Lewis，1997)。简单地说，现代基础设施规划的遗产未能支持国家城市地理和经济的变化。纽约和新泽西州港务局在1979年的一项调查中指出：

美国较大城市的大部分基础设施是在19世纪和20世纪初建设的。这些系统的平均预期寿命被认为是在50—75年间。它们的升级和现代化也许应该在20世纪30年代就开始，但当时国家正处于大萧条时期。

（引自Perry，1995：18）

地域适配器和道路场所：机动车的普及和汽车文化造成的城市效应

交通运行是针对普遍隔离的组织活动。

（Kotamyi and Vaneigem，1961：17）

这是一个非常现代的想法：我们可以毫不费力地进入涌流中，被它裹挟着走上一阵，然后不费吹灰之力地再次退出。

（Mau，1999：204）

当然，城市周边地区的延伸和发展也与汽车的大规模普及和汽车文化在当代城市环境中的主导地位日益提升密切相关。这个过程本身就涉及整个配套基础设施系统的建设，从高速公路到服务站，再到免下车快餐中心和城外购物中心，以及出入口自动管理的休闲和零售综合体（Lewis，1997；Dupuy，1995）。

在专业的交通工程师队伍的强力监督下，当代许多城市的景观都是由汽车的流通和储存系统的标准化布局塑造而成。例如，在美国，大多数城市现在都将一半以上的土地面积用于汽车；在洛杉矶这样极端依赖汽车的城市，这一比例几乎达到了2/3（Southworth and Ben-Joseph，1997：5）。“无序扩张之下，停车场所需的平方英尺数通常会与建筑所需的平方英尺数相当，甚至超过了建筑物所需的平方英尺数……员工的办公室隔间比他们的车位还要小……”（Dunham-Jones，1999：6）

在许多城市中，几乎所有的市政建设都是围绕用于支持汽车使用的集约化核心科技系统来建设的。从某种意义上说，汽车以及支持汽车的极其复杂的社会技术“混合型”基础设施，是分散的、多核化大都市的“地域适配器”（Dupuy，1995；参见 Urry，1999）。汽车与插头插座、移动电话、互联网终端和电视传输一起，努力使“旅行者”适应不断扩大的全球性城市世界中不断增加的多尺度地域和空间。它们通过不断拓宽并相互连接的各种大小道路来实现这一目标，而这些道路往往是按照严格的交通工程公式和协议铺设的（参见 Easterling，1999a；Southworth and Ben-Joseph，1997；Urry，1999）。

汽车文化具有强制的灵活性

> 每天在休斯敦的高速公路上通勤的时间为 34 个人年[①]。然而，这种旅程可以治愈并缓解家庭与工作之间、自然与文化之间、小路与高速公路之间以及他与她之间的“跳切”。
>
> （SicLerup，2000：19）

一方面，正如约翰·厄里所说：“汽车是自由的源泉，道路的自由。它的灵活性使汽车驾驶者能够在任何时间、任何方向、任何地点，以任何速度沿着西方社会复杂的道路系统行驶。这些道路系统将大多数住宅、工作场所和休闲场所连接在一起。”（1999：12）因此，汽车及其相关的道路和服务站、通信和信息服务等支持性基础设施已成为一个完全一体化和扩展的系统（Dupuy，1995：4）。这使得时空运动具有灵活性，而传统的单一中心城市的公共交通系统根本无法与之比拟。

然而，实际上，汽车的灵活性是一种“强制的灵活性”，因为汽车

① 人年即一人一年的工作总量。——译者注

所支持的多中心扩展城市需要不断强化空间上的用途分离(Urry,1999:13—14)。这反过来又要求人们越来越多地使用汽车,将大都市中分散的、零碎的时空捆绑在一起,使之成为某种可管理的连接。因此,尽管在广告和媒体中,汽车被广泛地描述为必将到来的解放的先兆,但“非常重要的是,大众出行并不能带来大众可达性”(同上)。

城市支离过程的一个核心悖论是,标准化的高速公路和道路在大都市区域内外延伸,表面上看是为了支持大都市一体化,实际上却往往支持了城市空间的分裂。围绕着大都市生活的机动车化,可以确定三个相互关联的过程,这些过程直接支持了支离的城市主义进程。

道路和道路场所

首先,机动车化支持了街道的使用从多用途的相遇和过境空间转变为单一用途的空间,仅用于引导车流,容纳和停放或固定或堵塞的车辆(Southworth and Ben-Joseph,1997)。这种作用不容小觑,在大多数城市,以汽车为主导的出行方式使得以汽车为主导的道路和高速公路不仅是交通的一部分,它们本身也成了复杂的社会空间。“今天,道路已经超越了它作为连接器的功能,成为一个门槛和场所”,亚历克斯·沃尔(Alex Wall)认为,“如果说汽车空间有时是办公室、家、求爱的地方,那么道路景观就成了我们生活的地方”(1994:10)。

由此可见,“道路场所,与其说是一个残存的或遗留的地方,不如说是一个毗连区,是高速公路、干线公路或城市街道与相邻土地之间顺滑流畅的交汇点”(Wall,1996: 161)。但是,道路场所也是一个高度私人化的如蚕茧般封闭的空间,充斥着个人领地冲突、对入侵的恐惧,真实的犯罪和冲突,以及想象中的这类危险。因为汽车有力地支持了这样一种观念，即私人的封闭性等同于个人自由：

> 汽车代表着自由，因为它是私密的——一个可独处的地方，一个可移动的公寓，一个可以让你的孩子在公共场合调皮捣蛋而不至让你自己难堪的地方，一个性活动场所；你可以对同行者挑挑拣拣；汽车会等你；在公共汽车站等车远不如坐在被堵在路上的车子里舒服。
>
> (Hamilton and Hoyle，1999：29)

现代主义者热衷于消灭传统的街道模式，往往也破坏了与这些传统城市形态相关的社会生活模式。社会生活往往是内化的，并鼓励社会关系逐渐私有化（Holston，1998：45）。这种私有化反过来又往往允许“对空间的使用有更大的控制权，而这种控制权几乎无一例外地对使用空间的公众起到了分层作用。空旷的无人之地和由此产生的私有化内部空间，往往与现代主义所宣称的振兴城市公共领域使其更加平等的意图背道而驰”（同上）。

机动车化和城市碎片化

其次，多核城市普遍转向以高速公路和汽车为主导的交通体系，有力地支持了城市在实体上及社会上碎片化、分离化的大方向。高速公路和机动车化导致了城市结构变粗、拓宽和延伸。在豪格（Haug）看来：“私家车和公共交通工具的运行，使城市的割裂不亚于遭受到了饱和轰炸，形成了没有汽车就无法跨越的距离。”（1986：54；引自 Clarke and Bradford，1998：874）在伍德鲁夫等人看来：“在从主要街道向高速公路文化转型的过程中，北美城市最明显地表现出了碎片化的范式特质。”（1994：7）

由于入口点有限，加上分级严格的公路系统叠加在更精细的街道结构上，交互可能性已经发生了根本性的改变。随着汽车和公路-高速公路系统在许多城市中日益成为个人交通的主要方式，城市空间的位置越来越由其与区域、国家或国际城市领域内的高速公路出入口的拓扑关系（或关系的缺失）来确定（见图 3.2）。

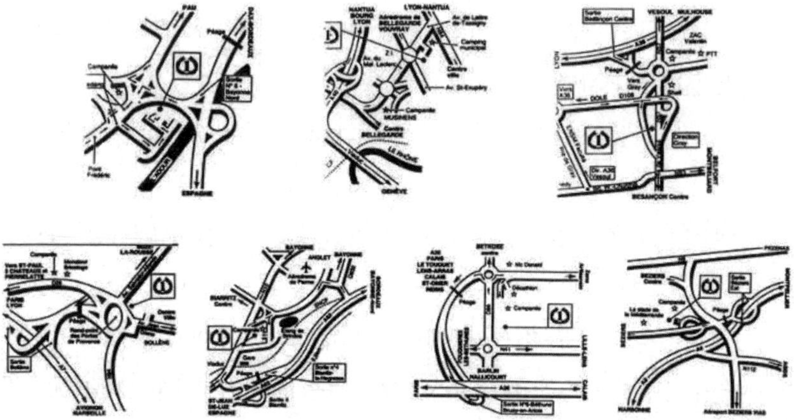

图 3.2　通过拓扑连接确定城市位置：法国高速公路网络上的“精品”酒店。资料来源：杜普伊(1995:27)

因此，汽车和高速公路往往支持了大都市区域的横向隔离。正如卡尔索普(Calthorpe)所说：“汽车现在是我们建成环境的决定性技术，更重要的是，它使我们的文化被最终隔离，土地的使用将老年人与年轻人、家庭与工作、富人与穷人、房主与房客分开了。”(1993:21)在许多国家，公路建设也倾向支持和巩固种族隔离的模式（参见Bayor，1988）。

这些新的横向隔离，反映了多核城市主义的混沌性质，任何传统城市与基础设施规划和分析的简单区分与类别都无法对它们做出解释。在这种新的环境中，社会空间可能不那么明显，也不一定被理解。此外，它们可能不再是静态的，也不再以任何简单或可理解的方式嵌入城市的实体结构中(Wall，1994:10)。

街道成为残余空间：汽车文化与城市设计的内向型转向

最后，越来越多的城市空间被重新配置，以迎合汽车使用者的主导地位，成为更关注自身发展的内向型“岛屿”或“飞地”，周围是实体公路、道路接口和服务区，以支持机动车出入、停车和使用(见专栏 3.3)。传统街道在现代基础设施理想模式及更早期的影响下铺设而成，但在越来越多的城市中，这些街道往往被高速公路的发展边缘化，成为危险、恐惧和不受信任的地方。

复杂的因果循环显然在这里起作用。这些因果循环不容易分析，应该让我们对简单的技术决定论保持警惕。但可以确定的是，机动车化(以及相关的个人化和城市内部行动的非集体化)，向私人化、内向型城市发展的转向，许多街道“公共”性质的消失以及随之而来的犯罪恐惧感上升之间存在着联系。例如，凯里·汉密尔顿(Kerry Hamilton)和苏珊·霍伊尔(Susan Hoyle)认为：

> 汽车文化已彻底改变了社会对街道用途的观念。汽车接管城市街道的第一个影响就是剥离了街道上的行人。这在街道上创造了一个物理空间和概念空间，这个空间被犯罪、精神错乱和其他社会偏见所填满(或是即将被填满)——还有更多的汽车。因此，人们对上街(除了汽车之外)的经验和期望就会螺旋式下降。人们抗拒进入公共空间——他们在门上寻找门闩和门禁对讲电话，在房子周围寻找护城河，在街上寻找大门……我们在这里并不是要提出一个简单的因果模型……但是，我们想强调的是，这之间是有联系的。
>
> (1999:35)

因此，城市公路方案虽然常常以城市凝聚力的话语来解释，让人联想到现代基础设施的理想模式，但实际上却往往支持了城市结构的支离和分化。纽约的情况就很典型(见专栏 3.3)。

网络化基础设施和“无限城市”

现在,城市发展进程的核心是将基础设施网络灵活捆绑,以满足扩展的城市区域(可能与“城市”的现代概念相似,也可能不相似)内组织、建筑物和集群的各种需求。纵观世界各地,受制于现代基础设施理想模式的传统城市核心区已经被不断扩展的多核城市区域所湮没。

随着不断扩大的城市成为经济、社会、种族和文化飞地的群岛,利用网络把城市与支持密集流动、交流和出行的国际基础设施联系起来,并进行空前精密的物流管理,变得至关重要。目前,[城市]格局是以生产和分配的重大重组为特征,主要与物流过程的变化(如“及时生产”①)有关(Storper and Walker,1989:205)。

正如理查德·斯基茨所说的,我们的世界是一个爆炸性的超大城市,是城市区域的扩展,是城市走廊的扩大,是跨国的网络城市,他由此提出了“无限城市”(infinite city)这一前景(1997:6)。在他看来,我们正从现代世界离散的城市走向“无孔不入、无时不在的城市化……城市正在成为绝大多数人体验世界的主要方式,无论他们是否生活在城市,都是如此”。

在这种蔓延的和超现代的城市景观中,网络基础设施配置的“中心”和“外围”概念,变得不那么清晰了。城市的“非同质性”(同上)出现在圣保罗或珠江三角洲这些快速发展的大都市中。这种同质性似乎完全取代了任何传统的、现代的“城市性”概念(Castells,1996)。

像深圳这样的新经济特区,是由庞大的新基础设施网络松散地

---

① Just-In-Time,简称 JIT,是 1953 年日本丰田公司的副总裁大野耐一综合了单件生产和批量生产的特点和优点,创造了一种在多品种小批量混合生产条件下高质量、低消耗的生产方式。——译者注

连接在一起的巨大群岛——私人收费高速公路、机场、光纤网络、新的水和能源网络、港口和物流中心。在这些地方,区位和中心地位的配置与其说是由"市中心"的地理位置决定的,不如说是由建筑物和地方的条件决定的,比如国际机场、高速铁路和港口码头、环球光纤连接、宽带互联网管道和卫星终端,以及越来越多的与远方的水和能源储备的连接。

超现代性的物流运转中心

城市场所成为国际上有组织的货物、人员、标志、形象、图像、商品和信息流动的中转站——所有这些都是由实体的城市基础设施推动的(Lash and Urry,1994)。管理交通、运输、电信和媒体、能源和水急剧上升的流量已成为基础设施发展的重点,需要新的大型基础设施,如高铁网络、全球机场枢纽、环球光纤网格以及国际化的水和能源网络。全球房地产资本越来越集中在建造这种能实现流动和流通的大厦;全球基础设施资本越来越集中在通过复杂的基础设施网络将这些大厦连接成(高度不平衡的)国际交换网络。分离不再是关于距离的函数,而是时间的函数,即通过基础设施与遥远的地方交流和联系所需的时间(Woodroffe *et al.*,1994;Urry,1999)。

马克·奥杰(Mark Augé,1995)将这类场所称为"非场所"①——完全是为支持全球商品、信号和跨国旅行者的流动而建造并进行控制的场所。在这些泛化城市中,网络化基础设施被密集地铺设,构建

① non-places,该名词由马克·奥杰在《非场所:超现代人类学入门》(*Non-places: Introduction to an Anthropology of Supermodernity*)一书中提出。"非场所"从传统的空间概念"场所"(place)发展而来。在马克·奥杰看来,"非场所"是"场所"的对立面。如果说"场所"包括三个特征:具有认同感、能产生人与人的关系和历史性,那么对"非场所"来说,需要满足相反的三个方面:人对空间缺乏认同感、人在空间里无法产生关系以及空间不具有历史性。满足这三个条件的空间便可称为"非场所"。——译者注

了超现代的流动空间，可以说是20世纪末的主要城市景观（Koolhaas and Mau，1994；参见Augé，1995）。虽然网络化程度越来越高的技术中心、研发园区、边缘城市、周边购物中心、机场城市、休闲综合体和郊区住宅区的建设造成了斯基茨所说的“冗余空间”，但这些新的网络化空间的不连贯性和工具性意味着，在不断膨胀的城市边缘，“同时也缺乏空间”（1997：9）。

新的“情感结构”：社会和文化变革以及社会运动的挑战

针对现代基础设施理想模式的第五个也是最后一个挑战，是由社会变革的进程以及一系列相互关联的社会和政治运动造成的。社会理论家们将这些相互关联的社会和文化转变纳入城市（理论）概念，由现代走向后现代的变迁中（Harvey，1989；Ellin，1996；Dear，1999）。这种转变是复杂而多样的，对其解释也有激烈的争议。然而，重点是，各种新的社会运动以何种方式对抗了那些支持现代基础设施理想模式的建立和宣传的技术与意识形态假设。

结合上文所述的政治经济、规划和城市变化，各种各样的社会和文化运动都在质疑这样一个观念，即任何单一、连贯的网络化城市概念，以及单一的公共领域，都是不可能或不可取的。不可能有全人类共有的、普遍的基本主题。任何解放斗争，无论是基于进步还是基于新的基础设施技术，都不可能实现。任何真正的发展进程，其出发点都必须是承认文化政治的差异性，而这正是当代城市社会世界多样性和复杂性的基础（Fincher and Jacobs，1998）。

在这种批评中出现的战后西方国家社会民主福利主义共识，根本就不是一种“共识”。相反，在许多情况下，它被认为是一种父权主义、种族主义的建构，其基础是将官僚主义、男性化和技术理性置于所有其他形式的社会存在之上。在科学和技术实践的合法化下，这种由国家支持的官僚主义建构无情地将其秩序观强加于城市和社会之上。在资本主义和社会主义世界中，人被视为客体。在此背景下，正如奈杰尔·斯里夫特所说："从对性别、性和种族等问题的处理方式可以看出新生代和新的社会群体的重要性，并导致人们更加关注边界、侵犯、第三种文化[①]和其他新的情感结构主题。"(1996a:260)

为摆脱现代基础设施理想模式统摄一切和简单化规则而进行的文化、社会和政治斗争是广泛而多样的。它触及了整个当代文化和环境政治与理论：追求环境可持续的社会运动，主张妇女、同性恋者、残疾人、少数族裔、土著居民、宗教信仰者、年轻人、年老者权利的文化运动(参见 Sandercock，1998b)。这种斗争以不同的方式席卷了西方、后殖民时期和发展中的城市。在这里，我们只能在简短的篇幅内强调有助于摧毁现代基础设施理想模式的社会运动：女权主义运动、对发展中城市现代基础设施理想模式的后殖民主义批判以及环境和适宜技术运动。在此基础上，我们还将对文化政治的分裂如何破坏了现代理想模式进行简洁而广泛的讨论。

现代基础设施理想模式的女权主义批判

> 女权主义者尤其能够证明在社会公平和解放等言论的表象之下，往往潜伏着根深蒂固的支配和性别不平等的压力。
>
> (Leonard，1997：xi)

首先，现代基础设施项目所面临的最有力的社会挑战之一来自女权运动。越来越明显的是，在现代城市规划和设计的框架下发展起来的城市基础设施提供了有形的服务，但这些服务是以非常特殊并有偏见的方式在构建男女之间的社会关系中起着核心作用(参见

① 第三种文化，简单说就是人文、科学之外的另一种文化，第三种文化是打破纯粹人文和科学分野的文化，是用新的方式沟通两种文化的努力。——译者注

Kirkup and Smith，1992；Weisman，1994）。正如利奥妮·桑德科克（1998a：52）所说："现代工业城市的空间秩序被视为一种深刻的父权制空间秩序；也就是说，在这种空间安排中，男性对女性的统治被写进了城市建筑、城市设计和城市形态中。"

现代理想模式是一首"表现男性欲望的诗歌"

在20世纪60年代末的第一次女权主义批评热潮之后，人们很快就发现，现代城市规划和基础设施战略的核心诉求——一致性和秩序——被强加于他们身上（参见 Hayden，1981）。在很大程度上，现代城市规划的实践和意识形态正如芭芭拉·霍珀（Barbara Hooper）所说，是一首"表现男性欲望的诗歌"（1998：227）。它们绝对优先地以男性化、技术官僚化和透视的方式来看待"城市"及其居住者。它们赋予"理性"的规划师和工程师那类男性目光以包罗万象、无所不能的力量，让他们根据工具理性的观念来构建城市空间。这种观念在城市生活的形式和过程中系统地将妇女作为"他者"边缘化了。而且它们还在一个更大的有序分离系统中起作用。在这个系统中，城市的结构和功能是由二元化的简单遏制系统驱动的：

> 公共空间与私人空间分开，行驶的车辆与行人分开，娱乐和住房与工作分开，地上与地下分开，穷人与富人分开，受人尊敬的人与危险分子分开，健康的人与病人分开，生者与死者分开，男人与女人分开。
>
> （Hooper，1998：239）

霍珀认为，女性身体尤其容易被视为对这种男性化社会和城市秩序概念的威胁（同上）。从某种意义上说，在豪斯曼和柯布西耶的城市与城市基础设施改造战略中，对直线的幻想在某种意义上是针对身体的“失调”，尤其是针对(被视为)“过多的女性身体以及她们身体的危险曲线”(Hooper，1998：230)。通过这种做法，妇女被设定为被驯化的“家庭照料者”或“家庭主妇”，她们的“自然”领域是郊区私人的新网络化家庭空间(Weisman，1994：72)。留在街头的妇女——如无家可归的妇女或妓女——往往会被隐身，或者被认为是不受控制的、病态的、危险的或有性威胁的。那么，在某种意义上，用福柯的话说，医生和规划者都是“空间的专家”—— 一个是身体方面的专家，一个是城市方面的专家(1977：150)。两者都是“理性之人，他们的医学和医疗化的视角关注将重建边界的功能和系统逻辑，亦即秩序和健康”(Hooper，1998：236)。

基础设施网络的性别化

为越来越多的多核城市中的新网络化家庭提供服务的网络——电力、煤气、街道、水和电话——也是以性别化的方式构建的，并在城市空间的分割中，强化了这种父权制的陈旧观念。其他网络——特别是汽车和高速公路系统——往往被构建为男性系统，主要是为男性养家糊口者上下班通勤而构建的。所有其他身份都难以摆脱基于简单化、二元划分的父权制社会、空间和技术形式的无情构建。

女权主义运动与黑人、女同性恋和残疾人团体的批评密切相关，迅速展示出现代城市和基础设施规划中固有的偏见和规训目标。尤其是“公共”和“私有”领域的二元分离，分别由配置不同的网络基础架构支持，这一点受到了广泛的批评。同样受到批评的是规划者和基础设施公司努力维护由此产生的城市空间，如家、郊区、街道和城市的性别化观念。

正如专栏3.4所显示的，郊区的网络化家庭尤其被女权主义者视为“主要的禁锢之地，在安静、谨慎、令人敬畏的监视系统中，它的街道和它的邻里成为新的全景。妇女成为自己的看守者，新的资产阶级郊区产生并繁殖了自我监视的意识形态”(King，1996：39)。同样，如专栏3.5所示，现代基础设施理想模式的应用深深地嵌入了城市内部的运作和出行这些具有性别差异的景观之中。

专栏3.4　女权主义对现代网络家庭的批判

女权主义对现代基础设施理想模式的批判，其最早的成就之一是揭露了城市基础设施网络的性别化建设……尤其是电力。这里最核心的是质疑了电气化已取代家务劳动的观念。尽管人们普遍认为电气化的“省力装备”使家庭主妇进入了休闲时代，但对1920—1960年间女性时间预算的研究表明，她们花在做家务上的时间几乎没有变化。例如：

> 尽管家庭发生了巨大的技术变化，如自来水、燃气和电炉、集中供热、洗衣机、冰箱……但研究表明，工业化国家的家务劳动仍约占总工作时间的一半。
>
> (Wajcman，1991：238)

家庭机械化的性别维度

其他四个家庭基础设施系统(水、气、交通和电话)的发展也同样利弊参半。尽管它们可以用来改变家务劳动方式，并极大提高了家庭主妇的生产力，但它们并没有减少对耗时劳动的需求。因此，城市基础设施未能减轻或消除家务劳动(R.Cowan，1997)。这是因为机械化：

- 带来一系列新任务。这些新任务与被替换掉的任务一样耗时，尽管对体力要求没那么高。而且人们期望是中产阶级家庭主妇而不是仆人来完成所有家务劳动。

- 伴随着对家庭主妇这一角色日益增长的期望——能做更多的工作。疾病的细菌理论和家庭科学运动带来了严格的家务劳动新标准(Lupton and Miller,1992)。

- 效果有限，因为它发生在私有的独户住房中。这种背景强化了性别分工，阻碍了工作的再分配。每天晚上，数以百万计的美国妇女在数百万个家庭中的数百万个炉子上做晚饭。性别关系的强化还体现在将妇女视为新技术的使用者，而男子则被认为是这种技术的“设计者”。

郊区网络化家庭的个体化逻辑意味着，家庭基础设施使用的主要特点是将精力和专业知识用于个人家庭的家务机械化，而不是通过集体化或社会化的努力。在20世纪初，出现了一些替代性的做法，包括商业服务、另类社区的建立、合作社和不同类型的机械发明(Hayden,1981)。

解释个体化家庭的成功

然而，个体化的家庭却取得了胜利，造成这种情况的原因很多：

- 妇女之所以采纳新技术，是因为她们可以在家务时间不增加的情况下提高生活水平。

- 一个更有力的因素可能是在决定有限的资金支出时，家庭的“隐私”和“自主权”被赋予的价值高于技术效率和社会利益。

·家庭生活的合理化和机械化是主要矛盾。个体的力量受到强大的结构性力量的制约。例如,20世纪30年代提供的市政洗衣间、洗衣房和公共区域并不总被认为是进步的。相反,它们与环境卫生质量差、没有独立的供水设施和住房肮脏挂上了钩。在任何情况下,独门独户房屋的替代方案都极为有限。"国家在住房和城市规划领域的政策在促进私有化方面发挥了关键作用。"(Wajcman,1991:249)同时,家电生产企业和供电网对民用技术的形成和推广起到了核心作用,从而为网络带来更多用户,为制造商创造了利润。

因此,国内基础设施的重要性:

在于它位于公共世界和私人世界的交汇处。在工业、发明和商业等公共领域,男子设计和生产技术,供私人家庭领域的妇女使用。这一事实反映和体现了父权制和资本主义关系交织而成的复杂网络……拒绝将技术视为理所当然,我们就能帮助人们认识到引起这些问题的结构性不平等关系。

(Wajcman,1991:254)

专栏3.5　交通与现代城市的性别化

女权主义的批判还将更广泛的建成环境作为一种有偏见的技术结构来审视。其观点是,现代城市的结构和形式有助于加强劳动的性别分工,因为建筑和城市规划将男和女、私人和公共部门、家庭和有偿就业、消费和生产、郊区和城市做了区分(Weisman,1994)。尽管人们显然没有按照这些简单的二分法生活,但对这些二分法的普遍信仰深刻地影响了妇女的生活。现代网络化城市的设计带有更广泛的社会和经济关系的规范性假设。

因此，出现了对交通规划和政策的女权主义批判，认为通信系统和汽车实际上限制了妇女的行动能力，使她们更局限于家庭和邻近地区。瓦伊克曼(Wajcman)认为：

> 女性和男性的日常生活在时间、空间和运动上有着截然不同的模式，现代城市的前提是一种反映并围绕男性的利益、活动和欲望而组织的交通方式，这对女性来说是不利的。
>
> (Wajcman，1981：126)

在现代城市的发展过程中，人们普遍预期汽车会成为城市交通的未来。20世纪五六十年代的许多土地和交通规划集中在道路和精心设计的高速公路、各种机动车辆的交通干线的规划上(见专栏3.3)。然而，新的道路建设带来了更多的交通流量，这反过来又导致了人们去修建更多的道路来消除拥堵。这样就引发了一种恶性循环，而这种恶性循环最近才受到质疑。来自汽车制造商、道路建设公司、石油公司和房地产开发商的经济利益，以及主体是男性的既得利益者，都参与了加速机动车化城市的发展。但是，这些发展对不同的社会群体，特别是对妇女产生了不同的影响。

> 拥有汽车这一假设一般来说是对穷人和工人阶级的歧视。年长的妇女和单身母亲是社会上最贫穷的群体之一，实际上被困在围绕汽车设计的城市内外。虽然汽车没有创造出郊区，但它无疑扩大和加速了这一进程。推广大规模拥有机动车的做法往往会加剧住宅区的分散，而且通常没有任何其他交通方式为这些地区服务。
>
> (Wajcman，1981：129)

尽管妇女的流动性相对较低，但随着越来越多的妇女进入有偿工作岗位，以及保健、购物和教育服务地点更加分散，她们的出行需求也在扩大。妇女更加依赖非高峰期和不可靠的公共交通工具。由于妇女身兼母亲、家庭佣工、社会代理人和受薪员工等多重角色，她们的出行更加复杂，出行目的更加多样化。这意味着她们的出行时间较短，需要花费更多的时间和费用。由于现代基础设施规划中的大部分公共交通都是围绕着全职工人（主要是男性）通勤到城市中心的需求而设计的，因此，服务很少能满足妇女的需求，导致她们在空间上受到更多的限制。

对现代理念在发展中城市的运用进行后殖民批判

其次，从20世纪70年代初开始，发展中城市的后殖民主义批判开始质疑现代化和进口替代理论作为发展中城市基础设施政策的基础是否有用（参见 Balbo，1993）。

基础设施涓滴效应的失败

经验证据并不支持这样的理论，即针对地方和国际精英需求的城市核心区基础设施投资，通过发展中城市快速增长的空间自上而下地涓滴传递。相反，人们越来越认识到，发展中城市的发展过程存在着根本性的差异，特别是城乡财富水平的巨大差异。有限的资源集中在首都和首位城市，人口主体与主导城市内的小众政治和文化精英之间的经济差距非常大（Balbo，1993）。人们日益认识到，殖民主义基础设施政策和更广泛的现代主义城市规划意识形态，支持了发展中城市在网络完善的飞地中的少数精英与受到较差服务的多数人之间的强大分化。非正规经济、快速增长的棚户区——在许多情况下占城市人口的大多数——被发展中国家现代基础设施理想模式的修改版直接忽视了。

现代化理论的偏见

这些特点在现代化理论下发展起来的基础设施网络中得到了显著的反映,并得到了加强。这种网络往往高度集中在城市地区,在质量和覆盖面方面最发达的是首位城市,而且在城市内部,这种网络主要向富裕的精英阶层提供正规的基础设施服务,而将穷人排除在外。越来越明显的是,发展中城市的基础设施网络"不是创新和推广的平稳自然过程的结果,而是政治和经济斗争的结果。在大多数情况下,这些斗争[是]相当片面的,由此产生的交通和通信系统更有可能为富人的利益和需要提供便利"(D. Smith,1996:147;参见专栏 3.6)。通过将稀缺的资源输送到高度不均衡的网络化联系中,就会发现:

> 提供特定类型的基础设施(在什么地方、什么时候修建高速公路、港口、快速交通、智能建筑等)已经成为隐性的城市政策。修建或有选择地更新特定的公路、铁路和港口,以适应特定出口产品的疏散,以及将稀缺的国家资源过度用于首都城市的电信和公路网,必然会使城市发展和定居模式发生变化……这些通常是反映统治阶级利益的决策结果。
>
> (同上:147)

专栏 3.6　发展中国家的交通网络政治经济学

政治经济学的观点认为,发展中国家与富裕的北方国家大都市核心区处于不平等的剥削与被剥削关系中。殖民地边缘地区的资本主义发展是一种扭曲的或从属的发展形式,缺乏自主发展的潜力或活力。周边地区的经济发展是为了支持北方国家的积累。

因此，南方国家的任何工业化都往往是飞地型的，在城市中心以外的发展没有什么潜力。交通技术构成了核心与边缘地区之间的关键桥梁。虽然这些技术本身可能是中立的，但它们是在北方国家特定的社会条件下发展起来的，并为北方国家的利益服务。

在运输方面，斯莱特(Slater，1975)认为，殖民时期的交通网络反映了殖民者对殖民地在战略重要性和经济价值方面的看法。交通网络提供了物质基础，决定了不同地区融入全球经济的程度。如在坦桑尼亚，到20世纪30年代，领域性空间经济被划分为三个区域。首先，由主要城镇和经济作物产区组成的沿海地区与交通网络最直接地联系在一起。它的周围是第二个提供食物和服务的区域，而第三个，也是最外围的区域，则成为流动劳动力的来源地，这些流动劳动力因自给自足经济的衰退而外出打工。此过程跨越了先前存在的生产和交通路线模式。斯莱特说这是一个内部解体和外部重新融合同时进行的过程。

在独立时期，殖民地国家面临着巨大的问题，因为它们继承了旨在满足大都市而非地方需求的基础设施网络。许多新独立的国家在议程上提出要满足当地需求和更公平的分配发展，凭借这一项就赢得了权力。在坦桑尼亚，交通基础设施是新发展道路上的主要障碍。不能简单地通过改道来连接被绕过的地区，而是要改变实际的网络。虽然外国援助支持了一些地区的干线和二级公路的建设，但沿袭下来的铁路系统，即三条毫无连接、自东向西延伸到主要港口的平行线，几乎没有发生什么变化。非洲独立以来修建的铁路，几乎都仿照殖民时期的模式，将飞地与最近的港口连接起来。

如专栏3.7所示，在水基础设施方面，发展中城市的权贵们往往利用现代化理论来策划、制定反映其自身狭隘利益的城市政策。在殖民统治下获得的盈余往往以税收和贸易税的形式直接归属于国家资本。盈余的很大一部分通常用于市政工程，使国家资本过度受益。这些市政工程往往是一些夺人眼球的基建，旨在创造并能代表首都的“现代”气息，如机场、高速公路和摩天大楼。这种政策加剧了人们在获得基础设施方面的不平等。许多城市居民，特别是随着非正式聚居区的爆炸性增长，安置农村流动人口的非正式聚居区的出现，许多城市居民甚至无法获得最基本的服务。从 20 世纪 70 年代后期开始，人们越来越认识到，现代化理论实际上无法向快速发展的城市新用户提供负担得起并且可靠的基础设施服务。

专栏 3.7　发展中城市基础设施的社会和地理双轨制：以水为例

水务的例子表明，在发展中城市，数以亿计的用户是如何被排除在现代基础设施网络之外的，尽管这种网络的发展往往因现代基础设施理想模式中普遍存在和普遍推广的概念而被认为是合法的。因此，这种现代逻辑受到了发展机构、环境组织、国际援助机构、非政府组织和地方社会运动越来越多的批评。

全球用水和卫生危机

最初，水网的发展一般是随着城市化进程的加快而发展的（参见 Goubert，1989）。但各民族国家发现，要跟上城市对水的需求不断增长的步伐是非常困难的（参见 Gilbert，1992；Serageldin，1994）。联合国人居署方案估计，到 2000 年，将有 4.5 亿城市人口被剥夺城市供水服务，另有 7.2 亿人缺乏城市卫生设施。国内投资不足和长期依赖外部资本，导致新的城市贫民被系统地排除在简单获取廉价的饮用水之外（参见 Banes *et al.*，1996；Bhatia and Falkenmark，1993；Black，1995；Gilbert，1994；Swyngedouw，1995a）。

尽管发展中国家和城市之间在提供服务的质量上有很大的差异，但同一城市不同地区之间的差异通常更为明显（见表 3.2）。在供水方面出现了一个共同的模式（参见 Banes*et al*.，1996；Black，1996；World Bank，1994）。中高收入群体通常得到了很好的服务，而城市中较不富裕地区的供水情况往往很差。在利马，高收入的占前 10%的群体中，90%以上的人都有直接的供水和下水道。相比之下，收入最低的那 10%的群体其连接率约为 60%（Glewwe and Hall，1992：30）。连接的程度还与居住地的年龄有关，生活在老城区的穷人往往能够获得大多数服务，而生活在新城区的穷人往往得不到较好的服务。

无供水服务的低收入空间的选择

无法进入正规供水网络的社区更有可能从私人小贩那里买水，而且容易发生更多的供水中断问题，水污染更严重且没有与卫生服务系统的连接。边缘社区的居民通常将其收入的 10%至 40%用于买水（参见 Black，1996：6）。矛盾的是，这些用户支付的水价也要高得多，其水费比使用公用事业服务的家庭用户高 10 倍、20 倍甚至 400 倍（参见 Black，1996；Petrei，1989；Swyngedouw，1995a）。在许多城市中，由于公共系统无法全面提供服务，没有入网的穷人只能向私人水商高价买水，在许多城市出现了一种消极的再分配形式。

表 3.2　供水双轨制

正式	特征	非正式
公共垄断	提供者	私人水商
已接入的高等社会经济群体	网络	未接入的边缘社会经济群体
补贴价格	成本	昂贵

续 表

正式	特征	非正式
质量和可靠性较高	质量	质量更低,并有中断
慢慢招募新用户	新用户	大量新用户
用户成本低,但供水商的回报低	后果	用户的健康、环保、社会和经济成本高

资料来源:马文和劳瑞(Marvin and Laurie,1999:343)

缺水和水的定价过低导致收入从边缘用户向中上层消费者和工商业大量转移。通过对拉丁美洲五个国家的研究发现,富裕用户总是从水和卫生服务补贴中获得不成比例的收益(Petrei,1989)。公用事业公司在扩大网络方面面临着越来越大的困难:新的供水成本往往是现有供水成本的两三倍(World Bank,1993:37)。据估计,在2000—2010年这10年中,完全覆盖供水网络需要50亿美元的投资,污水处理需要70亿美元(Idelovitch and Ringskog,1995:V)。

从发展中城市水资源管理研究中得到的越来越多的证据表明,目前供水逻辑中的许多要素都是基于双轨制供水(参见Montgomery,1988)。每种情况的后果都是众所周知的,也是有记录的(参见Black,1996;Banes *et al.*,1996;World Bank,1994)。在正规部门,用户受益于低廉的价格,而且收费也很宽松。在供水方无法收回成本的情况下,几乎没有限制消费的动力,而且没有足够的资金将供水网扩展到新用户。在非正规部门,用户因供水不稳定、水质低劣和价格昂贵而承受着严重的经济、健康、社会和环境成本,而这些用户支付的总费用往往高于正规供水商的收入。在城市供水问题上产生的许多社会、经济、健康、社会公平和政治冲突,都可以追溯到这种对城市水资源差异化利用的双轨制。

环境、能源和中间技术运动

第三场有力地破坏了现代基础设施理想模式的社会运动，即环境运动，自 20 世纪 70 年代开始在塑造基础设施发展方面发挥了重要作用。1973 年的能源危机使人们更加清楚地认识到能源供应、基础设施网络和依赖外部能源的社会脆弱性之间的联系。这迅速扩大了能源供应多样化方面的研究和发展。

彰显人类的选择权：从“硬”到“软”的能源路径

这一论题的核心是，能源的未来不是由技术决定的，而是由人类选择获得的。阿莫里·洛文斯(Amory Lovins，1977)的开创性著作系统地阐述了这样一种观点，即城市工业社会需要从占主导地位的“硬”性能源战略向替代性的“软”性能源战略过渡。市场的扭曲，如政府的大规模补贴，以及缺乏对替代能源的认识，阻碍了一种更加软性的路径的出现(“能源路径”不仅指能源使用的方向，还指构成一个社会中能源系统的制度、社会、经济、文化等因素)。洛文斯认为，不同的路径会产生不同的社会影响，硬路径会产生破坏性影响，而软路径则相对良性。在洛文斯的描述中，占主导地位的硬性能源路径与资本密集型系统密切相关，复杂的大规模、集中式且资源消耗型技术异化了人类，造成了不平等，破坏了环境。

还有许多其他原因让人们对以现代理想模式为中心的传统城市基础设施建设方法提出了环境批判。对能源部门大幅提高电价以支持对大型核电站和燃煤电站进行以供应为导向的投资，环保人士和纳税人越来越持批判态度。在压力下，国家监管机构迫使电力公司平等考虑以供应和需求为导向的措施的价值，满足能源需求。作为回应，电力公司推迟甚至取消了新电站的建设，转而投资于提高能效和节约能源的措施，以拉低电力需求的峰值。破坏性极强的城市公路项目受到的阻力越来越大，最终也迫使政府机构不得不考虑其他选择，重布高速公路，增加对公共交通的投资。

美国的情况说明了这种环境批判引发的重大政策转向。在1973—1977年间，联邦对大众交通的资金提供增长了4倍，达到13亿美元，对服务的公共补贴水平大幅增加。在废水和供水部门，环境压力导致美国政府提高网络的环境绩效。在1967—1977年间，联邦在污水处理方面的开支增长了4倍。废水处理系统的费用从1.5亿美元增加到41亿美元。到1977年，联邦对城市的援助中有30%以上是用于下水道系统的开支。因此，新的环境问题对城市基础设施的类型产生了相当大的影响。一向忽视环境问题，或仅按最低标准运作的供应逻辑受到了巨大挑战。基础设施供应商必须考虑在交通和能源部门采用传统的以供应为导向这一方法之外的其他办法，而且需要对污水处理和废水处理系统进行大量投资，以使系统达到新的环境标准。

对“重大”技术的批评

对环境和能源方面的批判也得到了更广泛的支持。在“适宜技术”或“中间技术”[①]运动的主导下，现代基础设施理想模式的大规模集中化技术受到了更广泛的攻击（Willoughby，1990）。这场运动发展的动力来自对现代技术社会整体发展的回应（Nelkins，1979；Yearly，1992）。尤其是一股反对浪潮开始挑战主流观念，即认为技术本身就是进步。对技术的反应和看法变得越来越有争议，也愈发激烈。

这些批判表现在很多方面。核武器和能源等“重大”技术科学导致许多人质疑技术的中立性和所谓的善意。环保主义的迅速发展与

① intermediate technology，指因成本低廉、简便以及可使用当地原料而适用于发展中国家的技术。——译者注

人们认识到技术对健康和环境有潜移默化的影响有关。技术不可预见的副作用可能会产生有害的影响,这一点越来越明显。越来越多的研究者认为,资本主义和国家技术发展的动力和必要性不是个人和社会所能控制的(Willoughby,1990)。

中间技术最初是作为对发展中世界城市现代综合基础设施理想模式问题的回应而提出的。后来,这一概念在北方发达经济体中得到了发展,因为新的能源技术和节能措施与就业和合作企业的发展有关。具体而言,批判的重点是技术依赖、技术转让和技术不发达等问题。主要问题是,把在西方城市中发展起来的基础设施模式应用于发展中城市这类截然不同的社会经济和文化环境中是不恰当的。根据舒马赫(Schumacher,1973)的"小即美"(Small is beautiful)这一著名格言,人们制定了新的基础设施发展方法,其基础是基层技术的概念,尽量减少资本成本和技术复杂性,并最大限度地提高社区基础设施需求自给自足的程度。

技术迷信和象征性文化政治的崛起

最后,重要的是要把这种广泛的社会运动和对现代基础设施理想模式的社会批判置于更广泛的社会和文化变革过程中,这也是使现代基础设施项目越来越成问题的社会和文化变革过程。

当前,社会理论和社会文化变迁中的后现代转向,越来越强调文化生产的美学作为文化认同的决定性因素(Dear,1999;Soja,2000)。无论是城市的生产和消费,还是基础设施产品和服务的生产与消费,都越来越被商品美学和符号学的语言所支配(Knox,1993b:16)。福特制生产、分配和消费造就的相对标准化的大众社会已经分裂为实践、享受、品位和需求上大规模多元化的社会。

生活方式差异化是由专门的城市街区和空间以及定制化的基础设施网络的组合来支持的。由此产生的城市文化政治,越来越被场所、商品和服务作为定义社会身份的标志所驱动。福特主义时期的"消费是社会整合的一种手段",已经转向了一个"消费越来越被视为大众社会中彰显个性的一种手段"的世界(Knox,1993b:20)。随着城市日益分化,流动性加强,社会及文化呈多元化发展,这种消费现在与社会经济地位、民族和种族、生活方式和兴趣及职业挂钩,成为构建和区分身份的手段。

基础设施网络和生活方式差异化

在许多情况下,黑箱子化的标准化基础设施服务——如经典的黑电木电话、无处不在的公共电力供应商、大众广播电视信号、公共水务垄断、公共街道或道路上的标准化福特牌机动车——已经难以维持。高科技基础设施和设备,尤其是笔记本电脑、个人数字助理,以及计算机化的汽车、电话、电视机、房屋和家用电器的外形美感已深深地物化为权力、地位、流动性和价值的象征。技术的拜物教,即对其表面吸引力的赞美,忽视或掩盖了产生和围绕它的更广泛的社会关系——"这似乎是高科技概念本身所固有的"(Rutsky,1999:129)。正如南·埃林(1996:12)所说:

> 在资本主义晚期这一新时期,文化生产具有前所未有的中心地位和意义。形象、外观和表面效果主宰了文化生产的形式,在这种情况下,原创与模仿的区别被消解,怀旧和俗套取代了艺术中的现实主义和自然主义,文化美学主宰了日常生活。
>
> (Ellin,1996:12)

结论

在这一章中,我们探讨并揭示了现代城市基础设施理想模式崩溃背后的一系列复杂的压力。这种探索必然是多方面的,也是多样化的；这种压力远非单一的或直接的。人们发现，现代理想模式的崩溃与资本主义城市化的政治经济学上的变化、文化政治的转型、城市规划的实践和理想模式的变化、各种类型的民族国家的彻底重组、城市形态和结构的转型以及技术的政治和社会学的转型密不可分。

看来，剩下的是这样一种逻辑：通过城市内部和城市之间的定制网络和专门空间的交织，来支持交流和互动的分离性轨道。积极鼓励不同社会、政治和文化群体混合在一起的公共空间和领域的概念越来越成问题。关于城市和城市基础设施网络的单一性或整体性的观念正在逐渐消失。由地域驱动的政策和政治，试图利用网络化基础设施重新分配大都市的线路和空间，这种政策和政治开始与正在进行的更广泛的变革相悖。在新自由主义政策的支持下，基础设施的个人主义有可能出现，它带有公共和福利服务广泛转型的所有分裂和极化的特征。正如伦纳德（Leonard）所论：

> 后现代批评家认为，在资本主义体制下，福利作为国家的一种职能，体现了支配与解放之间的矛盾，而这种矛盾在历史上一直是现代性不变的特征之一。随着右派的政治议程主导了关于福利问题的讨论，其赋权和关爱的一面失去了地位，变成了野蛮的个人主义，意在使穷人进一步堕落。
>
> （1997：xii）

然而，和贯穿于城市和技术变革的后现代批判中更广泛的矛盾心理一样，我们很难对现代理想模式崩溃的积极方面做出批判。比如，我们是否有可能反对这样的想法，即空间和网络应该从现代主义城市和基础设施规划的同质化、僵化、性别化和支配性的逻辑中分裂出来？我们是否为无所不能的全能计划"专家"的力量减弱而感到遗憾，因为他们无视所有其他形式的知识和经验，系统地向城市结构和基础设施网络注入了男性化的部分意识形态？我们是否可以严重质疑这样一种观念，即至少在某些情况下，网络市场无法提供比同类公共垄断更为多样化和灵活的服务？我们是否会反对被现代规划边缘化最严重的群体——残疾人、少数族裔、妇女——获得在市场内谈判能源、交通和通信服务的权利？而这些服务可能是专门为这些人的需要而设计的。

显然，围绕着现代理想模式崩溃的过程是完全矛盾的。需要权衡城市分化的风险，还有大城市将其多样化的社会经济回路汇集在一起以及将其相互联系的程度降低带来的风险，同时也需要权衡承认和解决城市多样性需求所带来的好处。考虑到这种矛盾的情况，我们现在应该更详细地研究一下基础设施网络可能分裂和支离城市的确切机制和过程。我们将在下一章讨论这些机制。

第四章　支离的城市主义的实践

插图7　“通电了！您已经准备好用电大赛了吗?”《妇女杂志》的一则广告(1998:89)

基础设施松绑与城市布局再调整

在上一章中，我们探讨了导致垄断性、标准化和综合性网络化基础设施现代理想模式崩溃的众多因素。我们对现代基础设施理想模式遭受破坏的过程进行了广泛的分析，提出了一系列问题。综合基础设施网络在实践中是如何重组的？这些转变对发达、发展中和新兴工业化城市的变化有什么影响？是否有可能对支离的城市主义的各种做法形成一个可以适用于所有网络化基础设施和所有类型城市的广泛视角，而不至于陷入过度简单化、技术决定论或民族中心主义的陷阱？

本章探讨了城市支离的过程是如何在实践中运作的。本章分为两个部分。第一部分，我们详细分析了基础设施的松绑过程在实践中是如何运作的。我们仔细研究了私有化、自由化和新技术的应用对综合性城市基础设施的影响。这些转变是多样而复杂的；我们说明了网络化基础设施的松绑实际上包含了各种转变。但我们认为，目前的网络松绑在相当程度上是一个总体性、普遍性的过程，同时又是多样化和多方面的。因此，基础设施网络的松绑不能简单地一概而论。它在不同的政治、经济领域和社会背景下有很大的差异，而且它与世界各地复杂的城市变化过程紧密相连。

第二部分构建了一个探索性类型学，说明松绑的网络是如何同时参与重塑城市的社会和空间关系的。通过这一探索，我们明白了现实中的城市是如何在基础设施松绑过程中被碎片化的，其中的核心是理解松绑后的基础设施网络如何更密集、更积极地连接有价值的地方，同时又逐步退出和脱离价值较低的地方。我们的类型学试图研究这种转变是如何在全球不同背景下的不同城市中发挥作用的。

基础设施松绑的实践

在过去 20 年里，所有网络化的基础设施部门都发生了一个范式转变，其基础是从一体化的城市网络向非捆绑的城市网络转变。正如库里安(Curien)所论：

> 现在相当清楚的是，统一垄断经营基础设施和提供全部服务的时代已经结束。未来网络的产业结构是一个复杂的结构，在这个结构中，一个占主导地位的公司，即原来的垄断者，在某些细分市场上保持垄断地位，在另一些细分市场上开放竞争，而在有其他提供者的细分市场上则完全不干预。
>
> (1997:51)

基础设施的经济自由化和新技术的发展，共同创造了一个全新的基础设施格局，从根本上挑战了支撑综合网络和城市间关系的既定假设。在这一节中，我们将为不同网络之间和特定国家背景下的基础设施复杂的松绑过程提供指导，重点是综合基础设施网络被细分的过程(参见 Guy *et al.*，1997)。我们还回顾了非捆绑网络不同细分部分的市场化程度。最后，我们绘制了通往非捆绑基础设施的多种路径图。

新技术和被分割的基础设施

首先，我们需要了解技术创新是如何支持网络松绑的。因为很明显，在围绕基础设施自由化进行更广泛的体制转变的同时，还出现了一系列技术创新。这些创新给人们带来了挑战传统技术假设的能力，即认为基础设施必须由公共垄断企业提供。虽然其中一些创新已经存在了一段时间，但直到20世纪90年代这些创新才得以利用，为有效松绑综合基础设施的措施提供支持。

必须强调的是，自由化与新技术相结合，在松绑方式上创造了巨大的灵活性，可以适用于现代理想模式基础上创造的综合性现代基础设施。我们认为，新技术尤其

· 有助于降低基础设施供给中的自然垄断条件。在电信部门，电缆、无线电、微波和卫星等新技术降低了提供长途和本地电信网络的成本，有效地破坏了规模经济和新进入者的成本障碍。在创新的同时，电力和供水部门的分散式技术也在发展，包括燃气轮机、可再生能源系统以及较小规模的水处理和废水处理技术。新的分散式技术的低成本、高效率和灵活性为新的竞争者进入竞争日益激烈的基础设施市场提供了便利。

· 实现了综合网络和运营的细分。这些技术有助于将综合电网分为垄断性和非垄断性两部分，供新进入者竞争。复杂的控制、监测和数据管理系统要处理电力部门的发电、输电网络和地方配电系统中涉及的所有数以百万计的交易。信息和通信技术使新进入者能够参与非捆绑网络中可竞争的部分——发电和向用户供电，同时提供进入网络中仍具有垄断地位的部分——输电和地方配电网。这些技术还促进了天然气、水、交通和电信网络的分割，同时有效地保持了综合性网络的外观。这些网络被有效地分成了垄断性和竞争性部分，信息和通信技术可以无缝地管理数百万用户和可竞争市场中的多个供应商之间的交易。

· 扩大了基础设施服务的范围，并提高了质量。电信部门的增值服务，如高速数据传输和移动通信等增值服务，是最有活力的需求来源，其基础是新的数字传输和处理技术。货运的集装箱化，加上复

杂的物流系统，使货物在多种交通方式中实现了低成本、高速度、高质量的运输。电力公司利用特别定制的配电网络和备用系统，为工业和商业用户提供极其可靠和高质量的能源供应。在家庭领域，超级用户越来越多地获得了增强型和高质量的公用事业一揽子差别化服务——包括绿色电力、特殊维护和安全服务，以及针对其具体需求（如游泳池或温室供暖）的服务。因此，信息和通信技术挑战了基础设施服务是标准化和同质化产品这一传统观念。相反基础设施服务变得越来越复杂化和差异化，提供给更加分散的用户市场（Graham，1997）。

· *扩大了对基础设施服务需求管理的选择*。在交通部门，新的电子道路定价技术允许采用不同的用户收费方式，以反映车辆负荷的影响和拥堵程度，从而将污染的社会成本内部化。在水电部门，小规模的需求管理技术可以提高在经济、环境上有限制的网络的效率，并促进节能节水。

因此，这些技术对用户和提供者之间的关系是标准化和同质化的假设提出质疑。而且，这两者间的关系变得更复杂了：用户可能会被生产者注册，以改变需求的时间和水平；新的定价技术可以发出实时经济信号，以改变消费模式；新的中介机构，如物流专家、能源和水资源保护机构以及房地产开发商，越来越多地管理用户和网络供应商之间的关系。

· *支持开发适宜技术，以促进低成本的基础设施供应选择*。水和废水处理方面，中间技术比传统的经过大量工程设计的供应方案成本更低，因此低收入社区，特别是发展中国家的低收入社区可能更负担得起。较小规模的灌溉、能源生产、水和废水处理技术可以提供成本较低的替代方案，并促进社区参与基础设施网络的规划、安装、维护和管理。这些用户传统上依赖非正规的基础设施供应系统——

私营水贩、木炭商和私人交通。但是，在技术和机构支持下，此类用户可以加入社区基础设施网络，这也挑战了传统的假设，即认为新用户必须连接到正式的公共或私有基础设施网络。

网络细分和松绑的方式

新的技术功能可以积极促进基础设施网络的松绑。网络松绑的核心概念是指将集成基础设施“细分”到不同的网络元素和一揽子服务中。细分涉及将以前垄断企业内部的部分活动和功能分离出来，并将其开放给不同形式的竞争。细分挑战了一种假设，即认为一个基础设施垄断者可以比两个或更多的竞争性供应商提供成本更低的服务。经济自由化也对以下观点提出了挑战：基础设施网络应该由公共部门在垄断的基础上提供，这在技术和体制上是有充分理由的。许多基础设施供应商通常提供一系列服务，只有其中的一部分可以真正被界定为“自然垄断”。因此，松绑的过程试图将网络的自然垄断细分部分分离，然后促进新的进入者进入潜在竞争环节。

网络松绑可以有三种不同的形式：纵向细分、横向细分和虚拟细分。然而，这三种形式并不相互排斥，它们可以在一个松绑基础设施网络内共存。

纵向细分

这涉及纵向一体化基础设施网络的划分。在电力部门，它通常包括将发电、输电和配电分离成若干不同的部分，供竞争者通过竞争进入，而有些部分则保留其自然垄断地位。

如图 4.1 所示，在松绑的电力部门，发电通常向独立的发电商开放，使用一系列新的小型可再生能源和传统的发电技术进入市场，与现有的发电商竞争。为了促进电力分配方面的竞争，电网的输电和配电部分往往也是分开的。输电网络往往仍由公营部门或私营部门自然垄断。在国家或区域性的监管框架内，输电网络的结构允许新的发电机和能源供应商合理接入和连接。地方配电网也可能仍然是一种垄断，而虚拟网络的松绑则允许新的供应商在统一配电网上竞争用户的供应权。如果将一个以上的配电网络延伸到客户场所，则不经济。

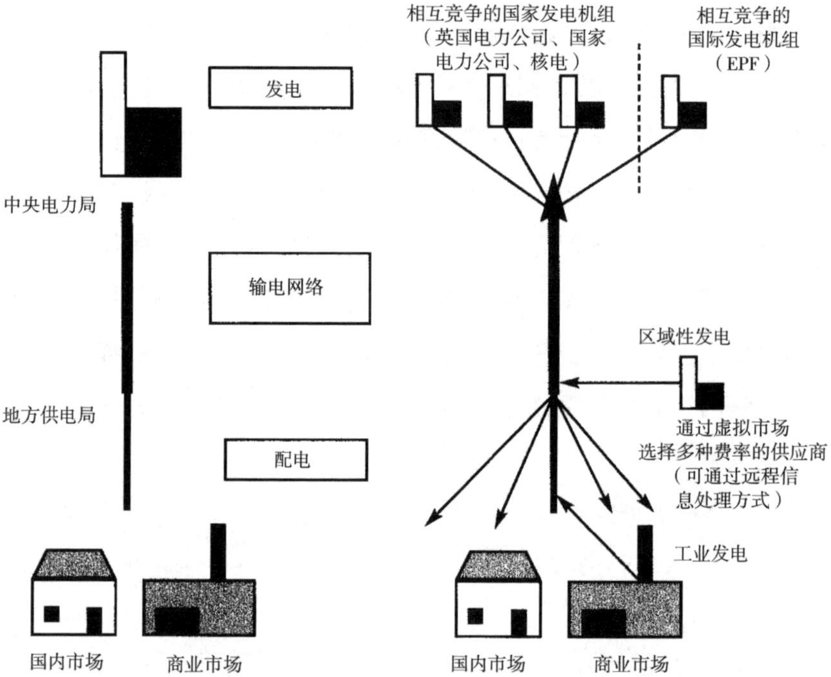

图 4.1　英国电力基础设施的纵向细分。资料来源：盖伊等(1997:200)

在天然气部门，资源、处理、输送管道和地方配气网络也可以由不同的实体拥有和经营。以前被认为是一体化的网络可以被有效地松绑为不同的组成部分，以刺激新的进入者参与网络非垄断部分的竞争。

横向细分

在这里，活动是按市场、地域或服务类别划分的。按地域划分为若干个生产者，可以在一个区域内进行直接竞争。另外，建立区域性垄断企业，可以促进不同供应商之间的业绩比较和更有效的监管。例如，在私有化后，英国的水务部门被划分为多个区域性垄断企业，监管机构利用一系列的比较器[①]来监督行业的效率。通常当移动电话和卫星服务的运营与传统的座机服务的提供分开时，电信部门就会进行横向的松绑。

虚拟细分

虚拟细分与纵向或横向式松绑总是不太好分辨。虚拟松绑是指发展新的竞争性服务，可以有效地叠加在松绑基础设施网络的垄断性要素上。尽管本地的燃气、电力和电信配电网实际上是一种自然垄断，但由于新的信息基础设施能够处理用户与多个供应商之间的所有数百万次交易，新的进入者通过这些网络即获得了个人用户的使用权。

在交通部门，虚拟网络松绑允许新进入者提供一系列额外的服务，例如交通信息和路线引导系统，这些服务可以在现有的垄断性公路网络之上分层提供。这就形成了一套增强型优质服务方案。在美国国内，传统的高速公路现在可以有效地分割成不同的车道，提供一系列的机动性服务：私人出资和收费的快速车道、高载客量车辆车道、商业卡车专用车道，这些车道都可以与传统的公共高速公路共存（参见图 4.2）。新的信息和监控技术可以控制这些差异化车道的通行和治安。因此，虚拟网络松绑提供了技术能力，可以有效地细分和分离已建立的综合基础设施网络。

---

① 对两个或多个数据项进行比较，以确定它们是否相等，或确定它们之间的大小关系及排列顺序。能够实现这种比较功能的电路或装置称为比较器。——译者注

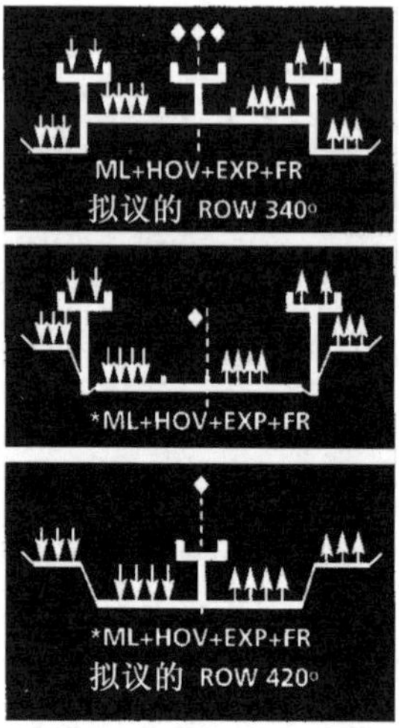

在对达拉斯西侧的 1－35E/Loop12 的研究中，其中一部分任务是要考虑道路配置。ML 为混合车道，FR 为前路，EXP 为快速路，HOV 为高乘员车辆。菱形符号代表可逆行的特殊车道。目前还不清楚该项目涉及多少费用。

图 4.2　美国高速公路基础设施的虚拟细分。资料来源：《收费公路通讯》(1999：8;14)

小结：新技术与基础设施松绑

新技术挑战了许多传统的假设，即基础设施网络需要由公共或私人垄断企业提供。利用一些不同的细分方式来松绑综合性网络有巨大的新潜力。然而，这三种形式的细分不太容易区分。在一个特定的基础设施部门内，各种形式的网络松绑可能并存。例如，在英国的电信行业，新进入者可以在自己的平行网络上提供增值服务，或使用现有运营商拥有的本地分销网络(见图 4.3)。在这种情况下，需要在分销网络管理和服务供应之间进行纵向松绑，这样，横向分离的服务供应商之间就能够进行竞争。虚拟网络松绑允许这些新进入者使用现有的分销网络，因为电信系统可以管理用户和多个供应商之间的信息和交易流。面对如此广泛的选择,政策制定者如何确定网络中哪些要素可以垄断性提供?哪些是可以竞争的?

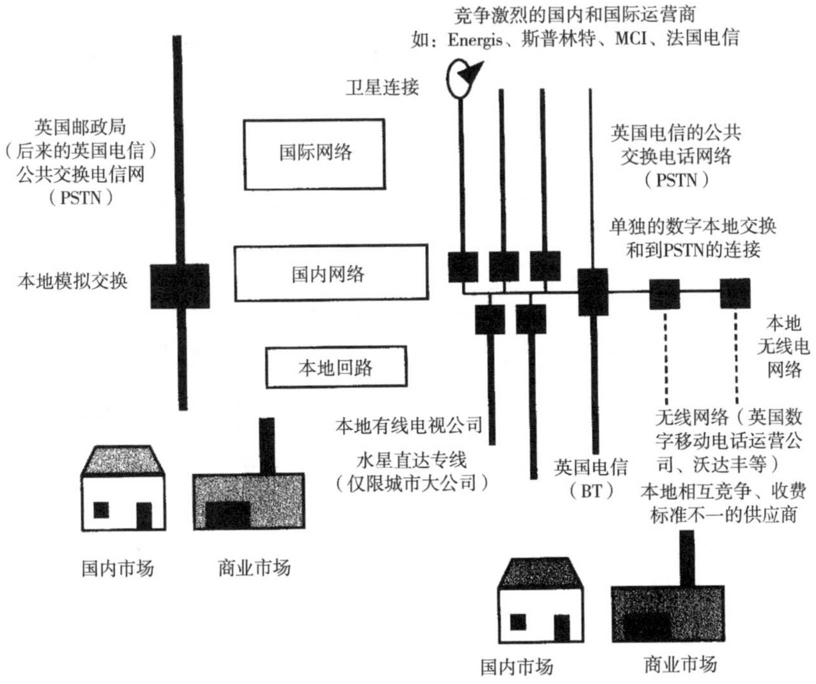

图 4.3 英国电信基础设施的细分。资料来源:盖伊等(1997:201)

松绑基础设施的市场化

我们需要处理的第二个关键领域是网络细分在经济、技术、社会和政治上的制约因素如何限制了现代理想模式一体化基础设施网络在基础设施市场内完全细分的程度。各国的国情和基础设施部门存在很大差异,不同的细分网络选择的潜力和接受程度也千差万别。

要理解综合基础设施的松绑,关键在于探讨网络中各细分要素的市场化程度是如何被争夺和界定的。在接下来的工作中,我们将制订一个概念框架，建立起对基础设施网络不同部分市场化程度的理解。这个框架解释了基础设施松绑的过程，并为不同部门的基础设施松绑过程提供了指南，确定了竞争条件可以适用以及不适用的情况。该框架建立在对影响基础设施市场化程度四个特征的理解基础上：

- 服务的特点。基础设施服务在何种程度上属于共同消费的公共物品，或在何种程度上属于个人消费的私人物品。
- 基础设施服务的生产条件。基础设施服务在多大程度上是可竞争的，并向新进入者开放，与现有基础设施服务提供商竞争。
- 服务提供的环境外部性和社会目标。基础设施的成本和效益在多大程度上影响了那些没有直接参与消费服务的人。
- 用户对基础设施服务需求的特征。消费者在何种程度上能获取关于其他供应商方面的信息，以及是否存在特定种类服务的替换品。

下面我们将逐一讨论这些服务。

竞争和排他性：基础设施服务的特征

首先来看基础设施服务的特征。图 4.4 列出了一个矩阵图，该矩阵试图评估各类基础设施中引入竞争的可能性。每一个基础设施部门都包含着可以松绑或细分的活动，每一种活动都是由两个关键概念形成的：竞争性和排他性。纯私人物品通常是由一个人一次消费，这些商品，如食品和耐用消费品等，在消费上具有很强的竞争性。

另一头，则是纯公共物品，这些商品的竞争性很低，因为一个人的消费并不会减少对其他人的供应。这种商品被认为是共同消费的。例如，一辆车使用高速公路通常不会影响其他车辆的使用。但是，在某些情况下，由于更多的使用者会给现有的使用者增加额外成本，高速公路就会开始变得拥挤。

	排他性	
竞争性	低	高
低	**公共物品** · 空中交通管制 · 高速公路信号和交通控制 · 主干道 · 农村公路 · 固体废水处理	**付费物品** · 收费公路 · 基本电信网络（本地和长期） · 港口和水路 · 电力传输
高	**共同资源物品** · 三级城市道路 · 农村供水系统 · 暴雨排水 · 废水管网和处理	**私人物品** · 机场服务 · 发电和配电 · 增值电信服务 · 城市交通——公共汽车、出租车、中转 · 管道和非管道供水 · 低成本废水管理

注：竞争是指其他用户的消费对所有用户消费机会的影响。当一个用户的消费不会降低其他用户的可用性时，就会出现低竞争（非竞争）的情况——这种商品是共同消费的。高竞争是指因为一个用户的消费给其他用户带来无法确定的成本——这些商品是私人消费的。排他性是指控制获得商品的可行性——高排他性意味着可以轻松、无成本地阻止用户消费。

图 4.4　基础设施的竞争潜力。资料来源：伊斯雷尔（1992：52）

第二个标准是排他性概念，可以定义为控制基础设施准入的可行性。通常情况下，个人消费者可以被排除在涉及纯私人物品的交易之外。对于公共物品而言，这种排除通常是不可行的，或者说成本非常高。

在纯粹的私人物品和公共物品的两个极端之间，是付费物品和共同资源物品。付费物品的特点是排他性高，竞争性低。例如，可以控制管道污水系统的使用权，但一个用户的消费通常不会减少其他用户的使用权。共同资源物品在消费上具有竞争性，但排除个别用户的可行性较低，如农村小路和雨污分流系统的接入等。过去被视为纯公共物品的基础设施，如城市道路，现在越来越倾向于被视为私人或付费的基础设施，因为现在已经有了通过道路定价限制使用的技术。这些情况下的具体判断，是由关于技术类型和排除费用方面的假设所决定的。

基础设施服务的生产条件

私人市场的效率取决于有效竞争的存在。但是，这也确实排除了自然垄断所提供的服务——传输网络、本地分销网络和乡村道路。

自然垄断出现在规模经济高的地方，这意味着当市场由一个而不是多个供应商提供服务时，提供服务的单位成本将最小化。自然垄断具有高度的市场力量，它可以通过提高超过边际成本的价格来利用这种力量。缺乏竞争可能会削弱提高效率的积极性，而高水平的市场力量是新进入者的障碍。新技术可能会降低规模经济，减少进入市场所需的资本投资。

然而，在提供基础设施方面，竞争的主要障碍是退出市场时的沉没成本。成本沉没到一定程度，就无法将其收回以作他用——专用设备和固定装置（如道路和下水道）通常就是这种情况。当一项服务的生产不需要沉没成本时，被称为“可竞争性”服务，对进入市场造成的威胁通常被认为是提供了类似于现有垄断企业的市场约束。但是，仍然存在其他因政策或资金短缺造成进入市场的实际障碍。

一个与自然垄断相关、但又有别于自然垄断的概念是基础设施网络有效运作所需的协调程度。由于基础结构系统所涉及的连锁网络以及沿网络流动的资源的复杂性，其管理必须遵循一些最低限度的规则和条款。因此，规章制度需要确保在投资规划、技术操作和制订网络间连接的最低标准方面有一定程度的正式协调。

外部性和社会目标

当生产或消费商品的利益和成本影响到交易以外的人时，就产生了外部性。在基础设施部门，负面的外部性包括机动车和电力生产造成的空气、噪音、水和土地污染。正面的外部性包括获得水和卫生设施的公共卫生效益。许多基础设施活动也会产生网络外部性，当一个新用户加入网络时，所有用户都会受益，因为能够与更多的人交流。同样，更广泛的社会和政治目标也会产生更广泛的社会效益，例如，无论在什么地方都能获得最低水平的服务，这些目标受到更广泛的社会群体的重视。监管需要确保对外部因素和社会义务进行管理，以实现更广泛的社会目标。

需求和服务使用的特征

最后，基础设施需求的五个特征表明，要让消费者对基础设施供应感到满意，就得满足他们更多的要求。这些特征会对监管政策和私有化形式产生重要影响。

· 存在基础设施的替代品。在某些情况下，可接受和负担得起的替代品可以替代现有供应商提供的服务，从而削弱其市场力量。例如，由于公共电力来源不可靠，消费者可能会转向选择私人发电，即使成本较高。当公共供水系统在质量和/或可靠性上无法提供充分的服务时，住户可求助于私营水供应商。针对大流量商业用户的专门通信网络可以绕过拥挤的公共电话网络。然而，许多消费者，特别是低收入用户，在使用替代产品时受到经济或物质上的限制。监管可能需要确保来自替代品的竞争能够约束现有垄断供应商。

· 基础设施服务的价格有弹性。对于某些最低数量的基础设施服务——如水和能源——的需求几乎是没有弹性的，因为无论什么价格，这种服务几乎都是必须消费的。水是一种不可替代的基本服务，要维持生活就必须要消费有最低质量保证的水。除了这种特殊情况外，基础设施的价格弹性在不同的用户群体中也不尽相同。人们认识到，随着发展水平的提高，最低限度的公共交通、电力和基本电话的需求量会呈现出非弹性趋势。因为这些是人们获得工作、医疗保健等的必要条件。如果服务有需求，但其价格没有弹性，特别是对低收入群体而言，则必须以福利为由对供应商进行管制。

·消费者获得基础设施服务相关的信息。基础设施服务按市场需求提供，这就假设了消费者可以获得服务成本和质量的相关信息。但是，在一些部门，服务的质量和成本很难评估，例如水或能源的质量、不同城市交通方式的安全性和某一特定时间点的服务供应情况。所有这些因素都意味着消费者很难对他们希望使用的服务做出明智的选择。监管机构可能需要制定服务质量指标，使服务更加透明，以提高竞争性服务的市场化程度。

·对基础设施的需求模式。对许多基础设施服务的需求，特别是电力、语音电信、供水和城市交通等基础设施服务的需求在时间上并非是均匀分布的，而是呈现出明显的高峰期和非高峰期。这种服务不能简单地储存，因此系统的容量必须设计成实时满足高峰期而不是平均需求。供应商必须承担在空闲期间提供过剩容量的高成本，以满足高峰期的更高需求。基础设施网络的配置通常是为了满足一年中不同时间段每天只出现一到两次的高峰需求。通过定价机制将消费从高峰期转移到非高峰期，可以推迟或延期建设额外的容量来满足高峰期的需求。监管可能需要确保提供足够的容量来满足高峰期的需求，或者提供奖励措施来加快需求管理活动的发展。

·用户对基础设施需求的多样性。基础设施是由标准化生产过程通过垄断性供应商提供的同质产品这一现代概念已经不再适用了。由于生产工艺和用户生活方式的迅速变化，水、电、交通和电信部门的用户需求正在变得更加多样化。工业企业使用敏感的和以电子为媒介的生产过程，越来越依赖极其可靠和高质量的电力来源，这些电力来源能最大限度地减少电压高峰和低谷，避免对敏感设备的干扰。金融服务部门依赖于极其可靠的电信网络，其备用系统的设计是为了在主网络中断时能够无缝运行。国内用户现在对增值公用事业服务感兴趣，如可再生能源生产的绿色电力等。监管可能需要确保供应结构必须变得更加多样化，以反映不同用户的不同基础设施需求。

小结：松绑基础设施的市场化程度

表4.1总结了对基础设施市场化程度的评估。这里有三个关键结论。首先，网络化基础设施中所提供的网络，尤其是网络的主要或主干元素（天然气、电力、水、污水和高速公路的传输）往往表现出公共物品的特征。也就是说，它们具有较高的沉没成本，并且由自然垄断进行最有效地提供。其次，网络的运行现在通常不需要承担沉重的设备成本，并且通常是可竞争的。最后，基础设施部门无论在部门内部还是部门之间，在分配给具体活动和网络各细分部分的市场化程度上，都存在着很大差异。

实现基础设施松绑的体制性途径

上述框架表明，在公共和私营部门之间重新分配基础设施活动的经济和技术潜力很大。然而，它也表明有必要进行第三个领域的讨论，探讨通往非捆绑式基础设施网络的不同途径，以及这些途径如何反映出在截然不同的国家和政治背景下，在更广泛的社会、政治和经济层面上划分网络的可行性。

从综合性网络向非捆绑式网络的转变往往被归纳为一个单一的概念——私有化或放松管制，但这一过程实际上要复杂得多，也混乱得多。一体化基础设施的转变可以遵循一系列路径，其特点是基础设

表 4.1　基础设施市场化程度

	服务特点		生产			外部性及社会目标		总结
	竞争性	排他性	规模经济	成本沉没程度	合作要求	外部性	社会目标	竞争潜力
电信						网络影响	最终社会目标、国家一体化	
本地网络	私人	高	低	低	高			中
远距离增值	私人	高	低	低	高			高
能源						污染	最终社会目标	
生产	私人	高	中	中	高			低
交通	私人	高	高	中	高			中
分销	私人	高	中	中	高			高
水						配置与公共健康	最终社会目标	
城市管道	私人	高	高	高	高			中
无管道	私人	高	低	低	低			高
卫生						污染与健康	最终社会目标	

续 表

	服务特点		生产			外部性及社会目标		总结 竞争潜力
	竞争性	排他性	规模经济	成本沉没程度	合作要求	外部性	社会目标	
城市管道污水及处理	收费	中	中	高	高			高
堆放现场	高	私人	低	低/中	低			高
交通								
城市巴士和出租车	私人	高	低	低	低	污染	负担能力	高
城市交通	私人	高	中	高	高	土地使用	负担能力	中
城市道路	公共/私人	低 / 高	低	高	高	土地使用,环境	一体化	中
港口及机场设施	收费	高	中	高	高	噪声安全	一体化	低
港口及机场服务	私人	高	低	低	高	噪声安全	一体化	高
铁路网和车站	收费	高	中	高	高	网络影响	远程访问	中
铁路服务	私人	高	低	低	高			中

资料来源:伊斯雷尔(1992:115)

施部门和国家之间的差异很大。在特定情况下对不同基础设施活动的市场化程度进行评估后，不同服务和部门责任可能在公营和私营部门之间重新分配。

如表 4.2 所示，备选方案的范围非常广泛，在完全由公营部门和完全由私营部门参与之间选择。选择的范围并不是从政府垄断到不受约束的市场。相反，它涉及一系列更广泛的不同选择。然而，虽然这种类型学提供了私营部门参与提供基础设施的一系列选择，但它并没有对网络细分的重要性进行评估。因此，我们需要摆脱只注重私营部门参与提供网络的程度这种过于简单化的类型学。一个更实用的概念将能够让我们认识到围绕网络松绑的体制形式的多样性。我们在下面的讨论中，主要关注的不是私有化本身。相反，我们关注的是，在城市环境中，基础设施网络的分级带来的新的并行的可竞争网络，与现有网络共存。

表 4.2　基础设施：公共/私人责任等级

市场激励作用	责任范围	机构选择	描述
低	公共部门 ·········	政府部门	公务员提供的服务和政府预算中的账目
	········	国有机构	国家所有和控制的组织
	·······	服务合同	将服务外包给固定期限和费用的私营部门
	······	管理合同	私营部门以收费或绩效相关费用管理公有基础设施
	·····	出租	私营部门在一定时期内经营公共设施，但不提供固定资产
	···	优惠(BOT)	私营部门长时间租赁资产——投资恢复为公共部门
	··	公共安排	用户合作计划、构建、维护和管理基础架构

续 表

市场激励作用	责任范围	机构选择	描述
高	·	私人企业	私营部门通过从公共部门转移资产或新进入的方式拥有所有权
	公共部门		

资料来源:凯西迪斯(Kessides,1983a:18)

图 4.5 对提供基础设施的体制备选方案进行了更详细的概念化解释。这超越了以公共和私营部门参与程度为基础这一简单比较框架的局限性。这一模式有三个主要特点:

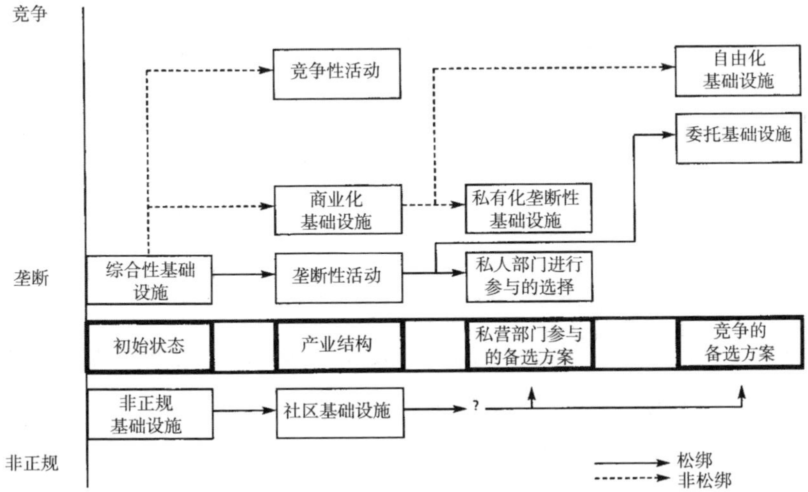

图 4.5　通往网络松绑的途径。资料来源:基于世界银行的数据(1994:56)

首先,与通常非“私人”提供即“公共”提供这两种截然相反的途径相比,新的模式能够描绘出一套更为复杂的通往非捆绑式基础设施的途径。在许多情况下,脱离综合性网络是一个复杂的、争论激烈的过程,至少在早期阶段,这个过程不是向竞争性市场发展的。实际上可能会有一些中间阶段。

第二,该模式说明,基础设施服务的社会组织可以发生转变,纳入更多的私营部门参与,而不需要网络的松绑。私营部门的参与不能简单地等同于松绑和竞争性地提供基础设施。但私有化也许能够通过预算的约束和政府监管发出的信号来加强问责制。

最后,其中两个选项确实为竞争条件创造了背景。

· 委托基础设施。政府为企业创造条件,使企业通过租约或特许权争夺整个用户市场的供应权。

· 自由化基础设施。多个供应商在监管框架内直接竞争,各自提供服务。

这六种不同路径的主要特点值得简要研究。这是我们接下来要做的,同时我们将选择不同的基础设施和国家背景的例子来说明所涉及的转变。

0 综合基础设施:政府部门

备选方案 0 是维持现状,综合基础设施仍由政府部门或公用事业单位提供。随着国际管理机构对发展中国家改革公共基础设施施加越来越大的压力,以及区域贸易协定迫使发达经济体的政府引入私营部门的参与并放开综合基础设施网络,这种选择方案越来越站不住脚。基础设施供应的结构调整有一系列不同的选择方案,而选择的方式则取决于特定的社会经济和体制背景。在这些背景下,开始摆脱综合性网络。

1 商用基础设施:公共制和运营

方案 1 不需要对网络进行松绑或细分。相反,由政府部门或公用事业部门提供的综合基础设施转变为一个独立但公有的半国营组织,按商业路线运作。网络仍然属于国家所有,政府的有限补贴可以为资本支出提供资金，但目标是成本由收入来支付。在许多国家和部门，公共部门将继续承担提供基础设施网络的主要责任。

在低收入国家，管理能力薄弱的私营部门只会缓慢改善。即使有一个有活力的私营部门，道路和主要的市政工程也可能仍然属于公共领域。国家政府也可能出于战略、监管和政治原因，决定保留公共部门在基础设施建设方面的责任。然而，在许多情况下，特别是低收入国家的政府，受到国际援助机构和世界银行的压力，要改善公有基础设施组织的运作，因为公共部门更有效的运作将积极促进私营部门今后的参与。

2　独立的基础设施：公共所有权和私人经营

在备选方案2中，综合网络可以保持捆绑，也可以细分为可竞争性和垄断性要素。委托的基础设施涉及供应商竞争市场供应权。政府通过为综合网络或垄断网络的组成部分提供租赁或特许权来创造市场条件。这些特许权可以是具体合同，也可以是需要运营、维护和设施扩建的长期特许权。竞争发生在合同签订之前和合同期满并到期续约时。因此，政府通过租约或特许权创造了竞争条件，而企业则争夺整个市场的供应权(见专栏4.1)。

专栏4.1　委托基础设施示例

法国水务部

在法国，基础设施资产的所有权仍然属于市政当局，市政当局根据管理合同、租赁合同或特许权将运营和维护外包给私营公司。根据租赁合同和特许权，费用通过谈判或竞标确定，并根据商定的公式对通货膨胀进行调整。费率水平由经济和财政部与环境标准部监督，并在政府的省一级执行。市场竞争是提高效率的关键。每个城市的供水市场都是有竞争性的，而里昂水务公司和通用水务公司这两家大公司的存在，也允许使用基准指标。

然而，所有权和经营权分离可能会扭曲投资动机。一个有利的机制是按水价收回全部成本：由于业主和经营者都从同一来源收回成本，他们有动力合作，做出合理的投资决定。特许经营权的期限可能导致更好的资产管理，但也降低了竞争的可能性。

法国的制度已经成为一些发展中国家的模式。这种方法可以适应各种情况。如果设计得当，例如将补偿与用户的供水量挂钩，这种安排就可以将运营和维护的所有商业风险转移到私营部门。资产的实际所有权可能并不重要，因为公用事业公司拥有收入流的权利。

几内亚的供水

1989 年以前，几内亚是西非供水部门最不发达的国家之一。后来，该部门进行了改组，城市供水基础设施的所有权以及部门规划和投资的责任被移交给一个新的自治水务局，即几内亚国家水务局(SONEG)，并成立了一个新的公司，即几内亚水务运营公司(SEEG)，负责运营和维护这些设施。这是一个合资企业，49%由政府拥有，51%由一个外国私人财团拥有。

根据与 SONEG 公司签订的 10 年期租约，SEEG 公司自行承担运营和维护该系统的风险，其报酬根据实际收取的用户费用和新的水网接入量计算。SEEG 公司受益于水费到付率的提高以及运营成本的降低和不收费用水量的减少。该公司有动力寻求适当的水价，并根据现实的需求预测进行谨慎投资，因为它有责任进行资本融资。水价从 1989 年的每立方米 0.12 美元上涨到 1995 年的约 0.90 美元。尽管水费提高了，但私人用户的收费率却从 20%急剧增加到 1995 年的 85%左右。网络的最高技术效率和服务覆盖率也有所提高。

合同中的承诺可以为独立监管提供一种替代性的监管方式。租赁和特许权的使用在发达国家和低收入国家的基础设施部门越来越普遍。在港口和收费公路等大型固定设施的交通部门特别常见，在水务部门也很常见。如表 4.3 所示，合同有多种可能的安排。

表 4.3　供水合同安排

合同	申请	激励措施	示例
服务	抄表、计费和收集，以及专用连接的维护	允许多个供应商之间的竞争，每个供应商都签订短期和特定合同	智利圣地亚哥的一家公共供水公司 EMOS 鼓励员工于 1977 年离开公司，并为以前在内部执行的任务竞争服务合同，从而大大提高了生产力
管理	供水系统或主要子系统的运行和维护	每 1—3 年更新一次合同，并根据实际参数(例如产生的水量和水费到付率的提高)获得报酬	几内亚比绍水电公司(EAGB)将合同授予法国电力公司，约有 75%的报酬，并可能根据业绩另收取 25%的报酬
租赁	延长经营合同	合同招标，合同期限约 10 年；提供者承担操作风险	几内亚国家水务局拥有的几内亚供水系统，从 1989 年起租给其水务运营公司 SEEG，为期 10 年；水费收缴量大幅增加
让步	租赁合同的所有功能，以及一些固定资产的融资	合同招标，合同期限不超过 30 年；供应商承担运营和投资风险	科特迪瓦的城市供水特许权交给了由科特迪瓦和法国公司组成的财团科特迪瓦供水公司(SODECI)；科特迪瓦供水公司不拿运营补贴，所有投资均为自筹资金

资料来源：特里谢(Triche，1990)

3　私有化基础设施：私人所有权和运营

方案 3 同时适用于网络中的综合性和非捆绑元素。在这两种情况下，垄断仍然存在。在这种转变中不涉及竞争因素，但假定从公有制向私有制的转移将产生效率收益。这种选择涉及基础设施的私人拥有和运营,通常是在商业和政治风险较低,而且从用户收费中获得收入的可能性很大的情况下进行的。要确保私人垄断企业不利用市场力量,确保供应商寻求提高效率,需要建立一种监管制度。

虽然私有化由来已久,但在基础设施部门相对来说还是比较新的。私有化后的公用事业公司通常要进行重大的公司改组。私有化的好处并不明确。许多研究表明,私有化对生产者、消费者和雇员有短期的好处,但长期的影响还没有得到证明。基础设施私有化往往要求公司承担某些最低限度的投资,施加给公司的服务条件中有推广义务。政府通过管理机制将垄断企业转为私人所有,以奖励业绩和效率的提高。这可能导致经济效率的提高,但并不是改善经济效益的充分条件,因为私有化只是将资产从公共部门转移了出去。

私有化在发达国家和发展中城市迅速蔓延。在西方世界,英国在基础设施私有化规模中居领先地位,而许多发达国家和中等收入国家则将电信、电力以及越来越多的水务部门私有化。在这些进程中,公共基础设施都进行了重大的公司重组。但是,在要求承担最低投资水平、推广义务和普遍服务方面,往往存在相当大的争议。

表 4.4 显示,1988—1993 年间,全球基础设施私有化的价值超过 300 亿美元,电信和电力是最有活力的部门。按价值计算,拉丁美洲的基础设施私有化占所有基础设施私有化的 60%以上。在发达经济体中,基础设施私有化的价值可能达到数千亿美元。然而,在所有这些情况下,私有化并不一定会创造出可竞争的基础设施市场。如果不进行松绑,一体化的基础设施网络可以作为一体化的私有化垄断企业进行私有化。如果将网络松绑,主干网的垄断成分也可以私有化。但在这两种情况下,私有化并不必然导致网络化服务的竞争。

表 4.4a　1988—1993 年间发展中国家基础设施私有化的价值(按部门分列)(10 亿美元)

分部门	1988 年	1989 年	1990 年	1991 年	1992 年	1988—1992 年总量	国家数量
电信	325	212	4 036	5 743	1 504	11 821	14
发电	106	2 100	20	248	1 689	4 164	9
输电	0	0	0	98	1 037	1 135	2
输气	0	0	0	0	1 906	1 906	2
铁路	0	0	0	110	217	327	1
道路基础设施	0	0	250	0	0	250	1
码头	0	0	0	0	7	7	2
供水	0	0	0	0	175	175	2
总量	431	2 312	4 307	6 200	6 535	19 785	15
密切相关的私有化							
航空	367	42	775	168	1 461	2 813	14
船运	0	0	0	135	1	136	2
道路交通	0	0	0	1	12	13	3
发展中国家私有化总量	2 587	5 188	8 618	22 049	23 187	61 629	25

注:进行基础设施私有化的国家。

1988 年电力:墨西哥;电信:伯利兹、智利、牙买加、土耳其;航空公司:阿根廷、墨西哥。

1989 年电力:朝鲜;电信:智力、牙买加;航空公司:智利。

1990 年电力:马来西亚、土耳其;电信:阿根廷、伯利兹、智利、牙买加、马来西亚、墨西哥、波兰;道路:阿根廷;航空公司:阿根廷、巴西、墨西哥、巴基斯坦。

1991 年发电:智利、匈牙利;配电:菲律宾;道路:阿根廷;电信:阿根廷、巴巴多斯、伯利兹、匈牙利、牙买加、墨西哥、秘鲁、菲律宾、委内瑞拉;航空公司:洪都拉斯、匈牙利、巴拿马、土耳其、委内瑞拉;航运:马来西亚;公路交通:多哥。

1992 年发电:阿根廷、伯利兹、马来西亚、波兰;配电:阿根廷、菲律宾;天然气分配:阿根廷、土耳其;电信:阿根廷、爱沙尼亚、马来西亚、土耳其;铁路:阿根廷;港口:哥伦比亚、巴基斯坦;供水:阿根廷、马来西亚;航空公司:捷克斯洛伐克、匈牙利、马来西亚、墨西哥、巴拿马、菲律宾、泰国;交通:斯里兰卡;公路交通:中国、秘鲁。

表 4.4b　1988—1993 年间发展中国家基础设施私有化的价值(按区域划分)(10 亿美元)

地区	价值
非洲	0.1
亚洲	7.4
拉丁美洲	22.5
东欧和中亚	2.0
总计	32.0

注:资产剥离数量 267。

4　自由化的基础设施:私人竞争者

自由化的基础设施要求对网络中可竞争的部分进行松绑和细分,使多个供应商能够在管理框架内直接争夺用户。基础设施自由化的转变,既改变了行业的规模,也改变了行业的结构。这是基础设施行业中最引人注目的转变,技术和监管的变化使竞争成为可能。这一进程的核心是,通过将以前由垄断企业开展的活动剥离出来,使之向各种形式的竞争开放,从而实现网络松绑。伴随着政府隔离网络中的自然垄断因素,鼓励新的竞争者进入有竞争性的领域,基础设施的松绑工作正在快速推进。在能源领域,能源供应、发电、输电和配电现在可以由不同的公司拥有和经营。虽然实体配电网将保留自然垄断特征,但替代供应商可以在平等的基础上获得进入网络的机会。专栏 4.2 说明了美国对自由化基础设施政策的主张,专栏 4.3 则提供了一个发展中国家电信部门自由化的例子。

5　社区基础设施:在政策支持下提供给用户

在以市场为基础的基础设施提供方案中存在着上述备选方案无法解决的一些问题。例如,在许多发展中城市,没有正式的基础设施，也没有什么激励措施来提供服务，特别是向低收入用户提供服务。在这种情况下，基础设施部门之间的协调可能不会得到足够的重视。在没有基础设施的城市区域，必须对基础设施的数量和类型进行规划、投资，并提供和维护基础设施。私营实体不可能对道路和供水进行投资，因为向用户收取完全覆盖成本的费用并不总是可行的。因此，私营部门参与提供基础设施不可能成为政府的一个选择。

另一种办法是将基础设施的规划和管理权下放，让用户和社区更多地参与其中。如专栏 4.4 所示，其目的是利用适当的技术、地方组织和安装以及较低的技术标准，在那些被正规网络抛弃、对私营部门的参与没有吸引力的城市中自建基础设施。要发展这些自下而上的基础设施提供模式，需要高度的支持，通常是通过发展组织提供的支持。一旦网络建成并运营，有了重要的消费者基础，这种非正式网络就有可能被纳入正式的基础设施提供系统。到了那一阶段，私营部门就有可能参与网络的提供、管理或获得所有权。

专栏 4.2　美国的自由化基础设施

美国在提供私人基础设施方面有着悠久的历史，在监管目标的变化和随后的监管政策的执行周期中，美国是一个典范。在 19 世纪末至 20 世纪初期，竞争十分激烈，尤其是在电力和电信领域。

1887 年的《州际商业法》是经济监管的一个早期实例，它涉及铁路运营中的垄断权力。经济监管的界限逐渐扩大，特别是在大萧条时期和 20 世纪 30 年代，经济监管的范围几乎扩展到了所有基础设施部门和其他涉及公共利益的领域（如确立服务义务和信息披露要求）。

因此，基础设施的提供是以特定的社会契约为基础的。服务提供者通常被授予特定市场的专属权利，而政府则承担起确保以合理和公正的价格履行服务义务的公共责任。20 世纪 70 年代初的通货膨胀压力使监管机构对服务提供者的经营进行了更多的干预。健康、安全和环境监管也在这一时期得到了发展。

公众对监管结果的不满，导致 20 世纪 70 年代末和 80 年代许多部门减少了经济监管。根据一项估计，1977 年美国国民生产总值的 17%是由完全受管制的行业生产的。到 1988 年，这一比例已下降到 6.6%，因为交通、通信、能源和金融部门的大部分行业已摆脱了经济管制。更大的业务自由度和竞争威胁，刺激了服务提供者采取新的营销、技术和组织做法。美国的证据表明，放松管制会带来巨大的经济收益。

专栏 4.3　加纳蜂窝电话市场的自由化

加纳的电信部门发展严重不足。在 20 世纪 80 年代，平均每 1 000人有 23 部电话，而连接水平实际上正在下降。全国一半以上的地区完全没有电话服务，实际上与首都阿克拉隔绝。1994 年，30%的本地电话无法接通，国际电话的接通率只有 15%，据估计，全国每条线路每年至少有一个以上的故障。

应对这些问题的措施是鼓励私营部门参与，并在移动电话方面创造一个竞争性市场。1990 年，6 家私营公司获得了经营移动电话服务的许可证，市场向想要进入的其他运营商开放。蜂窝电话公司之间竞争提供本地电话服务，起到了扩大网络和降低移动电话价格的效果。增加移动电话用户的成本较低，每个用户约为 1 000美元，而加纳电信公司经营的硬线服务则为每个用户 3 600 美元。因此，今后几年内，服务范围可能会扩大到至少包含全国一半人口的地理区域和区域首府。

专栏 4.4　社区基础设施：供水

世界银行在巴西资助的一个项目是一个有用的例子，说明以需求为导向的低成本水和环境卫生规划需要对政府、工程和外部捐助方等正式机构进行大量调整。在巴西，针对城市低收入人口的水和环境卫生方案投资了 1 亿美元，为 11 个城市低收入地区约 80 万人提供水和环境卫生基础设施。

必须根据人口的具体情况进行参与。自 1997 年以来，该方案采取了各种方法让受益人参与和设计项目。其中一种方法是，就一些基本选项征求社区组织领导人的意见，并与实际受益人一起制订细节。在另一种模式中，设计工程师和受益人直接与社区领袖和组织协商，达成协议。在这两种模式中，自来水公司和社区组织之间的利益冲突都是通过协商解决的，项目设计顾问作为调节人。这些方法大大降低了投资成本，增强了社区的项目主人翁意识。这一过程直接影响了所采用的工程计划的种类。

6　非正规基础设施：自助式私人提供

最后一种选择是继续允许开发非正规基础设施服务的途径。基本上，那些无力使用正规系统的用户被迫寻找非正规的、通常不受管制的替代方案。这些非正规的选择对低收入家庭来说成本很高，特别是在水务部门，有大量证据表明，家庭支付给私营供水商的水费要比正常的公共水费高出 20% 甚至 2 000%。在这种情况下，如果不对国有基础设施网络进行改革，就会给家庭和企业带来巨大的花费，故在持续进行体制改革以吸引私营部门的兴趣和维持更广泛的社会公平目标方面存在着重大困难。如果没有大量的外部资金支持，改革的选择可能会受到限制。

向非捆绑式基础设施转变

基础设施部门所走的道路也是由特定的转型期国家环境和基础设施网络的具体特点决定的。这些特点包括：现有基础设施的覆盖面、有效性和需求；发展商业性和竞争性基础设施的体制能力；管理和技术能力；发展有利于私人活动的管理环境；以及私营部门的利益和能力。表 4.5 比较了 5 种国民经济中基础设施的覆盖范围和质量，在这里我们回顾了从综合基础设施到非捆绑式基础设施的转变，以及不同途径在每一种类型的国民经济中的相对重要性：

• 低收入发展中国家。在低收入国家，基础设施的特点是覆盖率低、性能差，而人口的高速增长意味着对新服务的需求迅速增长。面临的挑战是改善现有网络的性能，扩大网络，以满足不断增长的需求。在这些国家中，技术能力、有利的环境和私营部门对非捆绑式基础设施的兴趣往往很低。表 4.6 表明，非洲摆脱一体化基础设施的主要途径几乎完全集中在基础设施网络的商业化和权力下放方面，很少有私有化或自由化的例子。

• 俄罗斯以及东欧等国家。尽管这些国家现在情况迅速恶化，但在转型期前，其经济特点通常是基础设施覆盖率高，技术性能相当不错。它们面临的主要挑战是如何调整基础设施供应的方向，以满足经济结构调整带来的需求变化。虽然技术能力可能很高，但促进私人活动的有利环境仍在发展之中。中等收入改革型经济体的基础设施覆盖面合理，但性能较弱，尤其是在维护方面。关键的挑战是如何提高效率以支持更高的经济增长。虽然私有化基础设施的能力已经建立起来，但经济增长率低，限制了私营部门的参与。

表 4.5　国家基础设施:覆盖范围和业绩

指标	低收入经济体	转型经济体	中等收入改革经济体	高增长经济体	经合组织
基础设施覆盖					
每千人主线	3	95	73	122	475
可以使用安全水的家庭(%)	47	95	76	86	99
有电家庭(%)	21	85	62	61	98
基础设施的性能					
不可用柴油机车(%)	55	27	36	26	16
未占用水(%)	35	28	37	39	13
状况不佳的铺成道路(%)	59	50	63	46	15
电力系统损耗(%)	22	14	17	13	7
基本指标					
1991 年人均国民生产总值(美元)	293	2 042	1 941	3 145	20 535
1980—1991 年人均国民生产总值年平均增长率(%)	−0.2	1	−0.6	5	2
1980—1991 年人口年平均增长率(%)					
城市	6	1	3	4	1
总量	3	0.3	2	2	0.5

资料来源:世界银行(1994:12)

表 4.6　非洲的基础设施转型

管理合同	租赁	优惠/BOOT 模式(建设—拥有—运营—转让)	去垄断/BOO 模式(建设—拥有—运营)	剥离
水				
加蓬 冈比亚 马里	**汽车** 科特迪瓦 几内亚 南非			

续　表

管理合同	租赁	优惠/BOOT 模式（建设—拥有—运营—转让）	去垄断/BOO 模式（建设—拥有—运营）	剥离
电力				
加蓬 冈比亚 几内亚 加纳 几内亚比绍 马里 卢旺达 塞拉利昂	科特迪瓦 几内亚		科特迪瓦 莫桑比克	
电信				
贝宁 博茨瓦纳 几内亚 马达加斯加		几内亚比绍	布隆迪 加纳 几内亚 马达加斯加 毛里求斯 纳米比亚 尼日利亚 南非 坦桑尼亚 乌干达 扎伊尔	苏丹
铁路				
喀麦隆 坦桑尼亚 多哥	布基纳法索 科特迪瓦 加蓬 扎伊尔			
机场				
多哥	贝宁 加蓬 几内亚 马达加斯加 毛里塔尼亚	喀麦隆 马里		
港口				
塞拉利昂	喀麦隆 莫桑比克	马里 莫桑比克	南非	

资料来源：科富和史密斯(Kerf and Smith, 1996：19)

· 高收入发达经济体基础设施的覆盖面和性能相对较好。关键的挑战是如何满足经济增长和城市人口增长的需求。经合组织国家的基础设施覆盖率最高，其性能也是最好的。由于人口增长率较低，因此主要要求是调整基础设施的供给方，以满足经济和技术变革带来的新需求，特别是电信领域的需求。在这种情况下，私营部门通常有很强的技术能力、有利的监管环境，以及强烈的兴趣；所有的体制途径都是开放的，但重点是发展私人和自由化的选择。我们在专栏4.2 中看到，美国几乎所有主要的基础设施部门都已实现了自由化，电力部门目前正处于快速松绑阶段。

松绑方案中的部门差异

最后，制度路径不是简单地由一个民族国家的特定技术、经济、体制和社会特征决定的。我们已经看到，不同的基础设施网络的市场化程度存在着重要的差异，因此，体制选择也可能因基础设施而异。表 4.7 列出了不同类型的基础设施网络的可选择途径。

电信

非捆绑式电信服务的市场化程度很高，特别是在提供长途和增值服务方面。对电信服务需求的增长，加上无线和移动等技术创新，降低了网络建设成本，提高了电信行业通过竞争进入市场的潜力，即便在地方这一级市场也具有竞争力。该行业最常见的特点是提供自由化的服务，公共和私营服务提供商混合在一起，使用一系列电信技术提供不同的服务，以满足不同的用户需求。

电力和天然气

在电力部门，发电和配电可以与输电分开，并以特许权或私有化和自由化的方式经营。国家输电系统往往保留了自然垄断的成分，只要网络的接入受到管制，就可以由公共或私人经营。在许多国家，天然气也可以通过竞争供应。通常在公有制下，天然气生产是纵向一体化的，往往是与石油生产相结合。转变一体化供应需要进行网络细分，允许实现竞争性生产——通过授权委托或私有制。主要的监管问题是确保生产者有竞争地进入输配电网络。英国天然气行业也将竞争引入了本地分销。

表 4.7　适用于基础设施网络的路径

<table>
<tr><td rowspan="2">部门</td><td rowspan="2">政府部门（国家或地区以下）</td><td>国营/公共事务</td><td>服务合同</td><td>管理合同</td><td>租赁</td><td>BOT 特许经营协议</td><td>规范的企业家合作社</td><td colspan="2">不受管制
企业家　　合作社</td></tr>
<tr><td>投资加运行与维修</td><td colspan="3">仅运行与维修</td><td colspan="4">投资加运行与维修</td></tr>
<tr><td rowspan="3">电力</td><td rowspan="14">总体部门规划和政策制定</td><td colspan="6">生产</td><td rowspan="3">小型飞地</td><td rowspan="3">公用系统</td></tr>
<tr><td colspan="6">输送系统</td></tr>
<tr><td colspan="6">分配系统</td></tr>
<tr><td rowspan="2">电信</td><td colspan="6" rowspan="2">本地传输、交换系统/长距离传输</td><td>终端设备</td><td rowspan="2">公用系统</td></tr>
<tr><td>服务扩展</td></tr>
<tr><td>交通铁道</td><td colspan="6">客货运铁路</td><td colspan="2">飞地</td></tr>
<tr><td>城市交通</td><td colspan="5">通勤快速交通</td><td>城市巴士</td><td colspan="2">出租车、厢型车、城市间公交车</td></tr>
<tr><td>公路货运</td><td colspan="6"></td><td colspan="2"></td></tr>
<tr><td>道路</td><td colspan="4">主要、次要城市道路</td><td colspan="2">收费公路</td><td>飞地</td><td>农村和地方道路</td></tr>
<tr><td>机场/航空公司</td><td colspan="6">通用机场</td><td colspan="2">飞地及航线</td></tr>
<tr><td>港口和水路</td><td colspan="6">通用港口</td><td colspan="2">飞地及船运</td></tr>
<tr><td rowspan="2">水与卫生水源</td><td colspan="6" rowspan="2">管道水箱及配置</td><td>飞地</td><td rowspan="2">公用系统</td></tr>
<tr><td>浅井；卖主</td></tr>
<tr><td>下水道</td><td colspan="5">常规污水处理</td><td colspan="3">中级污水处理</td></tr>
</table>

资料来源：凯西迪斯（1993a：20）

水、废水和污水处理

涉及水和废水的活动都与环境有很大的联系，这使其市场化程度不如电信和电力。但是，目前正在制订富有想象力的方法，以促进网络中不同要素的竞争或市场供应权的争夺。主要压力是城市自来水管网和污水管网由市政或公共企业按商业化原则提供。政府面临的压力是将公共管网的某些方面商业化，以提高管理和效率，通过委托经营或私有化的方式确保商业化运作。为了确保低收入用户的使用权，以及保护健康和水的质量，必须进行公共监管。

污水处理服务也可采用类似的方式。低收入国家还必须考虑为未接入正规网络的用户提供另一种选择。这包括发展以社区为基础的服务方式，由用户出资、建造和管理，提供最低限度的服务。最后，交通部门有可能形成一个复杂的选择方案组合，涉及不同形式的公共和私人服务提供。

小结：通过体制性路径实现非捆绑式基础设施

在本节中，我们概述了从综合性网络到非捆绑网络的六大路径。这使我们得出了两个关键的结论。第一，只有数量有限的几种方案需要对基础设施进行松绑，并且只有两种方案会产生竞争。委托网络刺激了市场竞争，而基础设施松绑则刺激了基础设施市场的竞争。第二，在特定的国家背景下以及特定的基础设施网络中，可遵循的脱离综合性网络的途径有巨大的多样性。

基础设施松绑和城市转型

我们现在已经完成了对基础设施松绑实践进行的详细分析。要结束本章关于支离的城市主义实践的讨论，我们现在需要回到本书的核心问题：网络化基础设施由综合性转向非捆绑式，它是如何参与城市内部和城市之间社会和空间关系的重新配置的。

在本节中，我们制订了一个广泛的概念性框架，可以帮助我们在本书的其余部分解决这个问题。我们将继续研究发达国家和发展中国家的水、能源和通信网络，特别是在网络松绑的情况下，重点关注城市问题。我们主要关注那些将网络细分为垄断性和竞争性要素的方案。上述综合理想模式的所有转型都将涉及对城市的社会技术关系和地理景观的平行重塑。然而，在接下来的讨论中，我们将重点讨论这些转型中最先进也最引人注目的部分：建立平行或替代网络，在城市中建立多种基础设施。我们认为，要理解松绑和城市结构调整之间的复杂联系，关键在于探索我们所说的“基础设施绕行”的三种形式（参见图 4.6）的不均衡性。我们将这三种形式定义为：

· *地方旁路*。建设有形基础设施网络，有效地连接有价值的用户和场所，同时绕过城市内无价值用户和场所。

· *全球地方化旁路*。发展网络配置，支持本地有价值用户和空间之间的互动，以及基础设施交流的全球回路。

· *虚拟网络旁路*。利用新的信息和通信技术，支持和促进有竞争力的基础设施服务在单一物理集成网络（承袭现代理想模式）上的分布。

我们需要认识到，这些类别并非相互排斥。不同类型的旁路通常在同一网络和城市内共存。例如，地方旁路通常依靠虚拟网络旁路来确定网络中的要素、用户和城市中应该被新的基础设施网络所针对或忽略的地方，同时促进了不同网络中的垄断要素和竞争要素之间的联系。因此，我们的类型学应该被认为是一种理想模式的类型，通过它我们可以了解非捆绑式基础设施是如何在重新配置（即重新捆绑）用户和当代城市内部和城市之间的位置中发挥核心作用的。我们将在下面更详细地研究与非捆绑式基础设施相关的三种不同形式的城市重组。

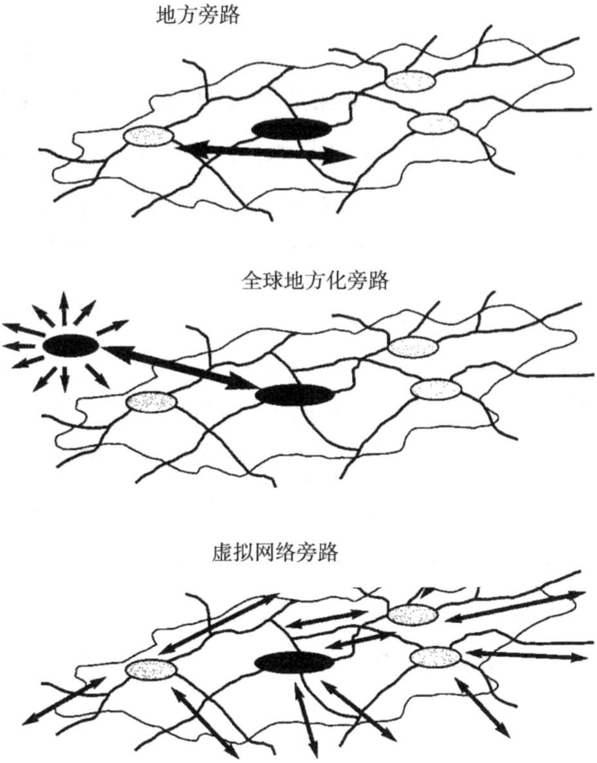

图 4.6　三种类型的基础设施旁路示意图

地方旁路

我们所说的第一类基础设施绕行，即我们所说的“地方旁路”，指的是发展新的平行或替代基础设施网络，以促进城市内基础设施服务可竞争市场的发展。这一类可以采取多种电信网络（基础电话、卫星、有线电视和移动电话），开发替代能源（电力、天然气、地区供热网络或当地发电），建立平行或替代电信连接（庞大的互联网管道）或高速公路、街道（私人天桥和隧道作为公共街道网络的替代物）等形式。在每种情况下，私营公司或公私合营企业都可以建立一个备选或替代性公共基础设施系统的网络。这种网络可以是由城市改造翻新而实质上不同的物质系统组成，和/或由非捆绑式综合基础设施的可竞争部分组成。这些新网络不是无处不在的；它们往往被配置成只连接选定的用户和地方，同时绕过其他用户和地方。那些被新的并行网络有效地绕过的用户和地方就不得不依靠剩下的公共网络或非正式基础设施服务机制。这里有三种主要的地方旁路方式。

并行基础设施网络的叠加

第一种地方旁路的方式与提供全新的基础设施网络有关。地方旁路通常涉及建设全新的基础设施，通过城市景观改造与现有的公共网络并行运行。这里的目标是开发一个新的并行基础设施网络，为有价值的区域和用户提供高质量的、更大范围的服务，解决垄断性基础设施网络的相关问题——不可靠、质量差、拥堵、高成本和缺乏选择。并行网络可以在现有城市内部进行改造，因此往往与那些旨在更新城市部分地区的举措相关联。

并行基础设施网络叠加的例子在各行各业如雨后春笋般涌现。

· 在能源部门，蒸汽网络或专门的空调网络可与公共能源供应并行安装，为商业用户提供更多的选择和更便宜的供应。伦敦金融城的市能源公司和蒸汽分配网络就是一个例子。它利用废弃的管网向大用户分配热能，与现有的公用事业公司和新入行者竞争。

· 许多北美的城市中心（如休斯敦、亚特兰大、明尼阿波利斯和蒙特利尔），建起了大规模的人行天桥系统，将购物中心、企业办公中心和娱乐中心连接起来，同时绕过传统的市政街道系统。大型的新购物中心也可以看作是对行人空间进行私有化和封闭，从而绕过了当地的公共控制。

· 新的私人交通系统也与拥挤的公共网络并行建设，以提高速度和确定性，并为愿意付费的用户提供了更多的出行时间。在曼谷严重拥堵的公共道路网之上，还叠加了一个私人收费公路网。在北美洲和澳大利亚，有许多由私人出资建造的新公路网例子，作为公共道路网的替代方案，其中包括 407 号高速公路，该高速公路是多伦多附近最拥挤的高速公路走廊之一，长达 50 千米。还有加利福尼亚州 91 号公路，这条公路位于州际公路车道之间的空间中，根据出行时间的不同，收取不同的费用。至少还有另外 25 个提案建议私人投资网络与拥挤的公共道路网络并行开发。

· 即使是在供水和废水管网这一最没有竞争性的领域，英国最近的政策也允许大用户通过管道绕过当地的供应商，安排与相邻公司所谓的“插入式协议”。有竞争性的水网并不局限于商业部门。同样，还是在英国，引领高级住房市场的建筑商正在建造的房屋大大减少了对现有公用事业公司的供水和废水网络的依赖。在英格兰西北部的一项举措中，123 幢住房采用了 Waterwise 系统，该系统将废水回收利用，输送回厕所的蓄水池，再用来冲洗抽水马桶，剩余的水则排到附近的河流中。用水量减少了 30%，而且房屋不必与现有公用事业的废水处理网络相连。该系统使房屋建筑商可以在通常缺乏支持大型开发项目所必需的供水和废水处理等基础设施的地区开发高级住宅区。

对现有基础设施网络的细分

第二种形式的地方旁路涉及对现有基础设施系统的实际细分，因为网络中的一些元素从公共部门分离出来，交给其他供应商，然后与现有城市内出现的新区域重新捆绑。这一过程可以采取多种不同的形式。在水和电力部门，向专业用户提供优质的水、废水处理或能源供应，以满足严格的生产需求；这些通常与特殊的电价优惠挂钩，以吸引用户进入这些定制的基础设施区。尽管网络看起来非常相似，但在城市的不同地区，管理方式可能大不相同，以满足商业用户的特殊需求。在电信部门，现有企业可能会对新进入者做出反应，在竞争激烈的领域划分网络，针对受企业“樱桃采摘”[①]式择优选择做法威胁的特定用户，进行降价和提供增值服务。

现有基础架构网络细分叠加的示例包括：

· 出现了管理城市街道系统中价值极高部分的特别机构，如特殊政策商业区(BID)，在美国超过了 1 800 个；所谓的“钢圈”警戒线是为了控制进入伦敦金融区而建立的；在新加坡和挪威芬马克郡的首府特罗姆瑟等城市最近出现了大量电子道路收费(ERP)计划。

· 现有的公共道路系统中，越来越多的高速公路车道被分隔成特定类型的用户专用车道——高载客量车道、卡车专用车道和收费车道。

· 在有价值的空间之间建设新的优质铁路网，绕过旧的、较慢的铁路网。这一部分包括整个城际快速铁路和高速列车(TGV)的发展，以及主要机场和城市中心之间的优质连接，如伦敦金融城中心和希思罗机场之间的希思罗快线。

· 在供水和废水处理领域建立特别区，目的是提供高度可靠或较便宜的基础设施服务，这些服务位于现有网络内，但又超越现有的网络。

· 能源领域定制化园区的建设。如位于威尔士南部的巴格兰能源园区以公私合营为基础，吸引制造业回流到该地区。正在建设的一座 500 兆瓦的燃气热电联产电厂，为该地块上的工厂提供蒸汽和电力。开发商希望通过电力成本比传统工业电价低 30%的激励措施，吸引新用户进入 1 000 英亩的开发地块，电厂最终可能为园区外用户供电、供热。

---

① cherry-picking，“樱桃采摘”是竞争策略之一。在成熟市场中，精心挑选一个高端细分市场，用一种与其他企业有差异的并被顾客视为优于其他企业的产品和服务组合，向该细分市场发起进攻。因高端细分市场常被比作红樱桃，故称。——译者注

应对基础设施的撤离

最后一种类型的地方旁路，重点是那些最不受重视的用户和居住在被基础设施网络有效绕过的地方用户的应对策略。这些本地用户和地方往往有三种形式的绕行，并有不同类型的应对策略。

· 第一类，有一些边缘用户从未接入基础设施网络。地方旁路的逻辑可能意味着，与综合基础设施发展时期的正规网络相比，这些边缘用户现在更不可能接入网络了。他们依靠一整套应对策略来获得非正式基础设施供应系统——私人水贩、非网络化的能源供应、步行或私人交通系统——的机会。这些系统往往比公共网络更昂贵，更不可靠，更危险，质量也更低。在用户得到技术和机构援助的情况下，他们或许能够在当地建设、维护和运营网络的基础上，组织起以社区为基础的网络。

· 第二类是那些与极不可靠的公共网络紧密相连的用户，因为新的投资要集中为更有价值的用户提供新的、平行的、细分的或更可靠的网络，这些用户必须求助于非正式网络或制订其他应对策略。例如，在非洲，许多小企业在频繁停电期间，采取了自打水井和自购发电机的方式来提供电力。这些额外的费用强行加给了那些本已在竞争中挣扎的企业。

· 最后一类是那些基础设施网络被撤走的用户。因为从这些人身上无利可图，而新的投资要集中在其他有价值的飞地上。撤回形式有多种。例如，基础设施服务对小用户来说可能会变得更加昂贵，服务的可靠性可能会降低。边缘用户和低收入用户往往被要求提前付款，用于管理债务和断电问题，英国的预付费公用事业电表的情况就是如此。另外，还可以从飞地中撤出公共交通，以防止不合适的用户进入零售或购物中心，甚至整个城镇。

全球地方化旁路

第二种类型的基础设施旁路，也就是我们所说的“全球地方化旁路”，涉及建设新的、物理上有区别的网络。这些网络的配置是为了支持本地有价值的用户和地方与全球的基础设施交换回路之间的互动。尽管这种方式往往与地方旁路和虚拟网络旁路密切相关，但其主要特征是重新调整网络的方向，将城市的本地部分与全球不同地区的其他有价值部分连接起来。因为全球地方化网络是实体网络，或全新建设，或建立在对现有网络进行细分的基础上，所以有效地绕过了本地基础设施网络。全球地方化旁路往往与主要的物理规划方案并存，这些规划将旨在满足全球资本和外国直接投资(FDI)需求的地方定制与使低成本生产区成为可能的基础设施网络联系起来。这些基础设施或由私人公司专门为全球公司提供，或由当地的供应商提供。他们发展自己的网络，为这一有价值的部分提供基础设施。在这种情况下，投资可能不足以满足当地居民的基础设施需求，因为投资是针对特权用户，以吸引外国资本投资。这里可以确定有以下两种形式的全球地方化旁路。

新的细分式全球地方化基础设施网络

在全球地方化旁路的条件下，新的物理网络建设和现有基础设施网络的细分不那么容易区分。几乎所有的全球地方化旁路的例子，从根本上说，都涉及新网络的建设和现有公共网络的细分。此外，全球地方化旁路和地方旁路之间往往也有密切的联系。例如，希思罗机场快线显然是一种地方旁路的形式，它提供了一条与公共地铁系统平行且速度更快的私人通道。但它也提供了一条通往希思罗机场这个全球航空枢纽的优质本地连接。

在不同的基础设施领域中，有很多全球地方化旁路的例子。

·在供水和废水领域，专门的旅游区和工业区往往设有水处理和水供应网络，其设计符合国际标准而非当地标准。这些系统通常只在特定的飞地内运作，尽管并没有与国外有实际的连接，但所有的理由都是为了要建立一套能满足外国直接投资严格需求的基础设施。

· 在能源领域，全球地方化基础设施支持国际电力贸易，以满足大型商业和工业用户的需求。法国电力公司 EDF 声称将在欧洲及其他地区的所有站点为商业用户提供服务。获得全球地方化能源基础设施通常与为商业和工业用户开发特殊区域联系在一起，这些用户可以通过新的细分网络来引进电力，从而获得更高质、更可靠的电源。

· 在通信领域，有许多全球地方化基础设施网络的例子。多个供应商提供专用光纤网络，其配置是为了绕过本地网络，在全球企业网络上无缝、可靠地互连站点。这些网络具有很强的选择性，它们往往只限于前 50 名的商业和金融城市，并为满足最大企业用户的需求而进行配置。同时，在加勒比和爱尔兰的专业后台办公区，专业电信运营商提供多种网络，使保险、零售和金融服务部门能够从低工资的飞地输出日常行政职能。此外，目前正在部署各种私人互联网管道，以绕过旧的互联网干线的限制，使内容传输网络得以运行，从而使主要的媒体集团能够向选定的富裕市场高速传输媒体和电子商务服务（Tseng，2000）。

· 这种基础设施建设的方式在交通领域也得到了呼应，高速铁路 TGV、英吉利海峡隧道、物流枢纽和机场都是为提供专业的高质量、快速、可靠的网络而设计，旨在将国际上最有价值的用户和地点相近的城市连接起来。

建设有弹性的全球地方化基础设施

第二种类型的全球地方化旁路涉及发展“零缺陷”或极富弹性的

基础设施飞地(Pawley,1997),与超级用户有关。这些超级用户通过在特定的场所而非区域一级的不同基础设施创建多个替代方案和接入点。这种系统的设计是为了在现有的网络受到自然灾害、恐怖主义、技术崩溃或任何形式的风险威胁时,仍然具有极大的可靠性,并提供替代性供应。如果许多用户完全依靠基础设施来实现其业务的有效和盈利运营,就应特别关注基础设施服务的弹性。在这种情况下,为选定的用户和区域提供多个网络,通常基于新的并行系统的建设、现有网络的分割,以及后备提供的、分散的甚至是自主的基础设施服务。

有弹性的全球地方化网络本身可能具有高度监控的特点,用以防止干扰和攻击。但是,一旦发生故障,这些用户很可能会有一些备用系统。这些备用系统构成了公共网络提供的基本冗余。专业的基础设施、通信和物流公司很可能拥有多个冗余系统,在紧急情况下提供备用。在最坏的情况下,个人用户很可能拥有自己的供水和废水处理、应急能源供应、专业的移动或卫星通信和出行计划,以应对交通服务故障。随着人们日益认识到自然灾害的威胁,如旧金山的地震、加拿大的冰风暴和新西兰奥克兰的电力网络故障等自然灾害造成的基础设施供应中断,这些服务可能会成为基础设施细分中更重要的部分。中断的成本以数十亿美元计算;因此,用户可能会要求提高基础设施资产的弹性。

虚拟网络旁路

最后一种基础设施旁路,也就是我们所说的“虚拟网络旁路”,需要使用新技术来支持和促进在一个继承自现代理想模式的综合性网络上进行分配和定制的基础设施服务。这对城市和网络的全球竞争力有着重要的影响。虚拟网络旁路支持地方旁路和全球地方化旁路——它允许对一体化基础设施进行细分和切割,可以有效地区分不同类型的用户，使新进入者能够获得最有利可图的用户。因此，与支持其他形式旁路的过程相比，虚拟网络旁路基于一组更为微妙的过程。具体来说，这里可以确定有三种形式。

细分大众市场

第一个过程是对基础设施市场进行细分。综合性理想模式中的大众基础设施市场几乎不需要对不同类型的用户进行细分，因为服务是在垄断和同质的基础上提供的。但是，网络的松绑迫使供应商将以前的大众市场分割成不同的要素，以确定最有利可图和最有价值的用户，作为新的网络和服务提供的目标。源自零售、金融服务部门的地理信息系统（GISs）、地理人口学和新的营销技术被用来对公用事业市场进行细分。账单数据、住房信息、付款方式和服务使用情况与其他形式的数据结合，建立起更详细的用户概况。

基础设施供应商对这一信息有不同的利用方式。公用事业公司用它来确定利润最高和最低的用户、可能购买增值服务的用户、建立客户保留和忠诚度计划、推出新的并行基础设施网络，并为选定的用户提供一系列增值和强化服务。利用新的信息和营销技术对一体化时代的大众市场进行细分，可以让新的和现有的公用事业公司对最有价值和最不值钱的用户建立详细的社会和空间档案。这些资料可用于规划新的物理网络建设，并支持战略制定，让最无价值的用户脱离网络。

细分综合网络

第二种形式的虚拟旁路涉及将综合网络分成可竞争和垄断的部分。电信和“信通技术”系统积极促进了综合网络的细分，允许新进入者在网络中建造可竞争的平行网段，并与垄断部分互连。在水务部门，这些系统通过远程监测水的消耗量、网络使用和废水处理水平，促进了可竞争性水和废水处理的发展。在电力部门，综合网络可细分为发电、输电和配电网络。“信通技术”促进了网络中可竞争和垄断要素之间的电力流动和交易。在一个城市内可以建设多个本地电信网络，并配备复杂的控制系统，确保电话在移动、电缆和电信网络上无缝转接，尽管它们的技术和所有权不同。公路网络可以通过访问控制和定价技术，对不同部分的网络进行监控并向用户收费，以此完成公路网络的细分。

综合来看，这种形式的虚拟旁路可以实现对复杂而分散的网络进行监控和控制。它还支持因多用户拥有的用户网络而牵涉到的复杂的定价公式，并能管理复杂的流经网络的不同元素的资源流路径。这些技术能够有效地支持无缝的基础设施服务，即使服务流过的网络可以有多个所有权，流过的路径和技术也不尽相同。

虚拟网络的竞争

虚拟旁路的最后一种形式是将整个信息和通信技术基础设施铺设在综合性基础设施实体之上，以支持现有的经营者和新进入者之间的用户竞争，同时为选定的用户提供专门的定制服务。这些系统的关键是开发智能化基础设施终端：智能电表、道路收费和电子路线引导以及驾驶员信息系统等专业技术。这些技术使用户能够区分向不同用户群体提供的专业服务，并通过终端技术调节所有的关系，即使分配服务时使用的是相同的物理基础设施网络。

- 在水务和电力部门，智能卡预付费技术让供应商有效地脱离了最无价值的用户，因为所有的关系都是通过预付费卡来调节的。这些用户通常比更有价值的用户支付更高的电费。当他们无力支付智能卡的费用时，他们就会有效地自我脱离网络。
- 在电信领域，类似的技术使国内用户可以通过现有的本地网络访问替代性的国内和国际电信运营商。

用户只需购买一个品牌，然后由该品牌供给热能、灯光和信息交流、交通出行服务。所有的交易都是通过虚拟的一体化基础设施网络进行的。客户只需选择基础设施服务的水平、速度、时间、成本和增强的功能，中间商将从一系列不同的生产商那里获得的服务捆绑在一起，以便无缝地交付给用户。

结论:城市基础设施——走向新模式

本章提供了一个广泛的描述性概念框架，说明综合性基础设施网络可以通过哪些社会和技术做法来积极地进行细分和分类。我们对这些过程做了一些详细的研究，来说明松绑过程的复杂性。一体化的网络通过多样化的路径加以拆分，各种复杂方式的垄断和可竞争的元素被选择性地重新组合。通过讨论，我们得出了五个结论。

首先，我们认为，上文分析的基础设施松绑过程可能会极大地重塑城市及其网络化基础设施之间的关系。对松绑网络元素的选择性重组，有效地导致了不同社会和空间关系的选择性重建。这是一个多尺度的过程，城市内部和城市之间都在进行。一般来说，它包括加强最有价值的用户和地方之间的联系，同时削弱与最无价值的用户和地方之间的联系。可竞争基础设施网络的多个供应商，即那些新进入者和现有供应商，建立起新的网络，细分现有的网络。这些网络实际上绕过了最不值钱的用户、地区和城市，将这些地方留给垄断网络的残余部分，同时为最有价值的用户提供更高质量、更有弹性和更低成本的基础设施网络。这些重新组合的过程通常是与新的城市规划同时进行的，即为用户建立区域和飞地，并提供专门的基础设施服务。

其次，必须认识到，基础设施的松绑不是一个简单的过程，而是一个可以采取各种不同类型和体制形式的过程。从综合性网络向松绑网络转变是极其复杂、混乱且耗时的。在许多发展中国家和一些先进的经济体中，最初的转变是转向商业化、权力下放的基础设施或私有化垄断企业，这些基础设施或企业不一定涉及松绑。但是，新范式的逻辑表明，这些可能是基础设施结构调整的中间阶段，是实现基础设施松绑的途径。

第三，要简单地描述细分和松绑路径上各个城市走过的轨迹并非易事。在任何一个特定的城市内，各种不同的走近或远离综合性网络的路径很可能在整个基础设施网络中并存。虽然发达经济体的城市可能会表现出更充分的自由化网络，但发展中世界的许多城市显然也存在着大量私有化和自由化机会。

第四，还必须强调的是，变化中的城市基础设施景观远比新旧交替的简单替换要复杂得多。证据似乎表明，有一系列更复杂的网络松绑路径正在不同的基础设施部门和国家背景下以不同的速度发展着。在这种新背景下绘制任何城市基础设施资产的社会组织图都会揭示，远离综合性理想模式的不同路径实际上并存。在不同的网络中，一些网络将更加自由化，而另一些网络仍需松绑。研究人员和政策制定者面临的一个关键挑战是，如何描绘出城市基础设施资产重置中正在发生的巨大变化。

最后，虽然基础设施网络正处于急剧调整时期，但肯定没有全部松绑。许多国家根本没有能力对网络进行细分。这些国家缺乏对提供服务感兴趣的私营部门，它们无法克服社会和政治上的阻力，因为战略和政治力量在努力防止政府对基础设施资产失去控制权。然而，新出现的范式的决定性特征是，我们所确定的路径从逻辑上讲——但并非不可避免——会导致基础设施网络的最终松绑和自由化。在这种情况下，网络中越来越多的细分化元素可以被市场化，并被新的进入者所争夺。在许多发展中国家，国际贸易自由化协定的逻辑以及国际援助中附加的条件增加了国家政府的压力，使其不得不放弃提供综合基础设施的政府垄断，转而采用积极促进私营部门更多地参与提供服务的体制模式。脱离综合性网络的每一条道路都寻求有效地创造出一种环境，让网络可以松绑，让基础设施市场具有竞争性。

本章所构建的框架侧重于描述和确定涉及综合性网络基础设施松绑的路径。我们特别想表明，这种非常特殊的网络转型形式参与了城市的戏剧性重塑。本章中我们表明，替代网络和新的并行基础设施网络的发展，无论是有形的物质网络，还是现有的开放竞争的垄断网络，都对不同类型的用户以及城市内部和城市之间的流动、资源和信息流的组织有重大影响。这一进程的核心是“旁路”这一概念。选择性网络、并行网络和替代网络的发展，使得新的和现有的网络提供商都可以对连接或不连接的用户和场所进行选择。

在本章中，由于基础设施网络的转变非常复杂，我们不得不将网络的松绑和支离的城市主义作为一个大体上独立的过程来考虑，这样可以从概念上理解脱离综合性网络和城市的不同路径。同时，我们强调，理解基础设施提供方式的转变与城市社会空间关系的重构这两者之间的关系是非常重要的。城市和基础设施是相互建构的，并且高度互相依存。

因此在下一章中，我们的目的是从社会、技术和城市理论中汲取洞见，从理论上理解基础设施松绑和城市支离之间复杂的相互依存关系。

第五章　城市是社会技术变化的过程

支离的城市主义理论的建立

插图 8　中国上海浦东新区。摄影：斯蒂芬·格雷厄姆

以前的主导力量是分离和特殊化，为清晰性而争夺，把世界简化成可计算的比例；现在我们谈论的是同时性、多重性、不确定性、混沌理论、网络、枢纽和节点、互动、混合体、矛盾体、精神分裂、流动空间、赛博格式等等。

(van Toorn，1999：90)

上一章详细介绍了围绕着基础设施网络松绑和城市社会空间支离这一平行进程。我们认为，这些进程正在全面破坏世界各地许多城市现代基础设施理想模式这一遗产。在本章中，我们从对这些趋势的描述转为对其进行解释。我们现在的任务是利用当代的社会、技术和城市理论，帮助我们进一步理解为什么会发生基础设施松绑和城市支离这一平行过程。

在这项任务中，我们求助于四种特定理论，每一种理论都能以不同的方式帮助我们进一步探索当前世界范围内的城市趋势与当前围绕全球化、私有化、自由化和新技术应用的基础设施网络革命之间的关系。这些理论包括大型技术系统理论（LTS）、行动者网络理论、关于私有化基础设施建设的政治经济学理论，以及我们所说的当代城市的关联式理论。

这四种观点特别有助于我们的目标。它们都表明有可能发展出一种理论观点，可以广泛适用于所有网络化的基础设施和所有类型的城市，而不会陷入过度简化、技术决定论或民族中心主义的陷阱。这些观点支持了这样一个概念，即网络松绑和城市支离有并行的趋势。而且，它们有助于支持并创建一种对这些趋势进行的解释，这种解释不会将“城市”和“都市”与“技术”和“基础设施”截然分开。

本章基于上述四个理论流派，提出一种综合性理论。在此基础上，我们可以在第二部分继续探索和理解全球各地城市和城市基础设施平行而又多样化的转变。因此，本章是第一部分的最后一章，与经验、理论、概念、基础相关。我们的目的是以一种兼顾的方式来完成这一任务，而不是过度重视城市或基础设施。事实上，我们希望避免出现困扰该领域许多文献的问题，即把“基础设施”或“技术”与“城”(urban)或“市”(city)的本体论地位分开，好像它们之间存在着明显的区别。

反之，我们认识到，“都市”的大部分是基础设施；大多数基础设施实际上构成了城市的物理和社会技术结构；城市和基础设施在当代社会中是紧密相连、共生共荣、共同发展的。这个问题与另一个更广泛的问题产生了共鸣，即把“技术”和“社会”分割成一个简单的现代主义二元论，两者之间有明确的界限和简单的因果联系。正如基尔希(Kirsch)所指出的：“问题是，虽然技术是一种彻底的社会建构，但社会也是一种技术建构。”(1995：531)这句话是要我们记住基础设施是彻头彻尾的社会建构，而城市也是基础设施的建构。

打开黑箱子：大型技术系统的不稳定性

头脑中有了这几点以后，就可以转向我们的第一个角度，即所谓的“大型技术系统”方法(参见 Mayntz and Hughes，1988；Summerton，1994a；Coutard，1999)。基础设施网络是大型技术系统这一概念源于托马斯·休斯(1983)关于 20 世纪初英国、美国和德国电力网络演变这一开创性著作。休斯用明确的社会学和历史学视角，展示了技术设备与不断扩大的工程化的基础设施网络的连接是如何涉及复杂的经济、政治和社会“协商”的。他通过将风险资本与工程、创新和组织建设联系起来，展示了他所谓的“系统建设”企业家是如何在往往困难和不稳定的情况下，运用特定的技术手段，努力将系统性这一特质强加给基础设施的。

建立大型技术系统和技术永久性的形象

通过这样的系统建设过程,企业家们最初建立的各种不同的地方性系统逐渐合并成可以在全国广泛使用的标准化大型技术系统,成为现代基础设施理想模式的核心,尤其在西方国家。这种系统越来越多地在垄断基础上推广,覆盖整个国家和地区;休斯的想法是"大型技术系统只能通过增长来管理"(Offner,1999:230)(参见图2.1)。通过这种增长,大型技术系统逐渐扩散,成为一种合理的、必不可少的但基本无形的力量,支撑着现代城市生活。用大型技术系统研究领域的行话来说,这些基础设施被其使用者黑箱子化了。无论是供水、下水道、电力、电话还是汽车系统,他们除了依靠大型技术系统,往往没有其他功能上的选择。

休斯认为,一般来说,大型技术系统的特点往往有最初的增长阶段、加速增长阶段、稳定阶段(系统被黑箱子化并被认为是合理的),以及(偶尔的)衰退阶段(被较新的基础设施系统所取代,如战后许多北美城市汽车的使用导致了大众交通系统的衰落)(Gökalp,1992:58)。

因为相互关联的创新集群有时通过社会、政治和制度机构以及企业家精神凝聚成大型技术系统,大型技术系统的观点也就有助于证明系统性的变化是如何出现在整个社会的技术结构中的。通过技术"推动"和需求"拉动"因素之间复杂的相互作用,资本主义社会已经开始依赖一个初级大型技术系统整体互联的网络:汽车交通系统,电信,媒体网络,煤气和电力系统,水、废水和污水处理以及航空交通。此外,还出现了一系列扩展的二级大型技术系统的集合,如科学研究系统或电子金融、货币兑换、国家官僚系统和器官移植系统,这些系统反过来又依靠初级大型技术系统进行运作(Mayntz,1995)。对大型技术系统的研究表明,我们有必要采用全面的社会技术观点对城市和基础设施网络发展进行分析：无论是技术决定论还是社会自愿论方法，都无法令人满意（Gökalp，1992）。

相互依存的大型技术系统

大型技术系统之间相互配合、相互依存的关系一直很微妙。出现在美国传统加油站中最新的加油泵就是一个典型的例子。它允许用户插入一张信用卡或 ATM 卡进行支付交易。实际上，这个油泵就是一台机器，它将（至少）四个独立的大型技术系统的运作无缝整合：公路/汽车系统，计算机和电信系统，银行的金融、信用卡和 ATM 支票系统，以及全球石油生产和供应系统。

这种观点明确地表明，基础设施网络在社会上往往是渐进式积累，形成越来越密集、复杂的系统，并把越来越远的距离串联起来。这些相互关联的系统在社会发展中的重要性远远超过具体某方面的创新（Mayntz，1995；Beniger，1986）。虽然可能会发生一些替代（航空代替铁路、远程工作代替通勤、汽车代替地铁、煤气代替煤炭、借记卡代替货币等），但旧网络完全消失的情况并不常见。相反，它们往往变得理所当然、无处不在，并被标准化和黑箱子化。它们是社会和经济的基本支柱，只有在发生了失误或崩溃的时候，才会被少数人注意到。

技术产品的平凡化和大型技术系统的不稳定性

电话、插座、水龙头、冲水马桶和汽车在先进的工业社会中无处不在，这些看似平淡无奇的工艺品，对普通用户来说，却丝毫没有想到它们背后的大型技术系统。很少有人试着去了解技术的内部运作，也很少有人试着去了解这项技术的内部工作原理，或是将这些网络接入点无缝连接到其他地方的巨大连接和流动网格。

整个技术体系都被黑箱子化了。“因此，黑箱子是固定物件，其用户和同事(人类和非人类)的行为方式是无法对技术构成挑战的。”(Hinchcliffe,1996:665)不过,向非捆绑式网络的转变迫使许多用户重新思考基础设施的持久性和稳定性这些观念。但与此同时,我们把大型技术系统视为理所当然。这种倾向仍然意味着,对我们大多数人来说,“技术系统[现在]会让人联想到稳定和永久的形象”(Summerton,1994a:1)。这是因为它们从小型的、零散的、专门的系统经过历史演化,最后成为一个一体化、往往具有(准)普遍的技术标准,并被视为“社会整体的功能子系统”(Mayntz,1995)。

由于黑箱子化的大型技术系统具有明显的持久性,因此,基础设施网络保持着一种强大的稳定形象。它们常常被视为“现代技术力量复杂性和普遍性的象征”(Summerton,1994a:1)。这就解释了为什么城市研究仍然经常使用“公用基础设施”或“公共工程”这样的说法,将这些网络困在一个特定的历史时期,完全不承认这些部门的社会组织已经发生了根本性的转变。城市研究似乎难以承认网络变化这一内在动态性。实际上,城市研究也倾向于将电力等网络黑箱子化,成为城市生活中无处不在、平淡无奇的永久存在,而且不能真正引起当代人的关注。

大型技术系统是不稳定的成果

最近的分析表明,基础设施网络尽管披上了现代理想模式所建立的持久性、稳定性和普遍性的外衣,但它们从来都不是按既定秩序所赋予的结构。它们不是可以让我们放心依赖的静态物质产品,实际上它们是必须为实现自身而努力的过程。实现能源、通信、水或交通网络的动态过程,就需要不断地努力保持系统的正常运行。我们很容易过分强调基础设施网络必然要“成熟”到一定程度才会被社会所忽视,并“内嵌”至社会中。简·萨默顿认为:

> 我们有时似乎认为，成熟的大型技术系统是无坚不摧的，随着时间的推移，其力量会越来越大，发展的方向是可以预见的，因为它的基本方向是不可能绕道而行的。[但]系统在其各个阶段的脆弱性、稳定性和可预测性都比我们大多数人想象的要差。
>
> (1994b:56)

简而言之，基础设施网络是一项不稳定的成果。因为节点之间的联系不能靠自己的力量来维持，它们需要不断的支持和维护。当异构元素按照其指定的作用进行耦合和相互作用，能够以高度的可靠性达到预期的效果时，网络就可以说是稳定和封闭的。以汽车的大型技术系统及其相关的高速公路和服务基础设施为例：

> 汽车交通的技术体系就是这种稳定性的一个突出例子。汽车制造商和供应商之间的紧密关联，车的类型与税收政策的紧密交织，汽车制造一以贯之的传统与“神话”和汽车驾驶的大众化都体现了这种稳定性。每一种关联都保证了技术轨迹的延续，尽管汽车交通系统在石油危机、空气污染、城市交通拥堵等问题上受到了深刻的冲击。这种物、人、标志之间的紧密耦合，以及按程序进行的连续性生产，是技术动力的社会基础，也是技术失控的迷思所在。
>
> (Ranmert,1997:186)

对大型技术系统的审视和批判以及去黑箱子化

大型技术系统的这种不稳定性意味着，它们可能会因为重大的社会、政治、经济或组织变动——例如与当前网络松绑相关的变革——而被重新配置，并去黑箱子化(Summerton,1994a;b)。因此，关于大型技术系统那些被视为理所当然的假设——如认为这些系统是需要普遍服务监管的垄断企业——可能会受到质疑。波动期就可能会出现。通过这种波动，企业力量可能会通过社会和技术之间新的联系，形成跨距离的大型技术系统，努力达到新的稳定期（参见Coutard，1999）。

因此，大型技术系统研究开始承认，一直受其关注的公有集中式大型系统现在似乎已无法跟上当代社会向全球化、自由化、私有化的转变，以及对中央集权的官僚机构和大型技术的普遍怀疑（Summerton，1994a；Coutard，1999）。雷纳塔·梅恩茨（Renata Mayntz）指出，最近：

> 大型技术系统以垄断形式进行组织。放松对它们的管制，[这意味着]纵向的去中心化或失去连接（就像在电信、铁路和电力网络中发生的那样）。网络所有者、系统运营商、服务提供者和用户界面的供应商，如电话等，其身份已被打破；这些不同的功能部分现在倾向于分离，变成独立经营的盈利中心。
>
> （1995：7）

对大型技术系统进行地域分析的失败

遗憾的是，就本书的目的而言，对大型技术系统研究的历史和供给侧的关注，以及对系统建设者的大量关注，意味着本书在充分探讨当代基础设施的转型方面进度缓慢。然而，关于当前大型技术系统的重新配置，已经出现了一些颇有裨益的著作，特别是简·萨默顿的著作。她编辑的书（1994a）提供了从器官移植系统、全球公司远程信息处理网络、铁路和电力到互联网以及智能公路概念的出现等有关大型技术系统重构的案例研究（同上；另请参见Coutard，1999）。除了强调供给侧的转变之外，萨默顿还尝试更多地关注大型技术系统用户的变化方向，特别是在以前单一的能源市场中，用户的需求越来越被认为是多样化的——实际上，允许用户从各种不同的能源供给侧中进行选择，就打开了国内能源消费的黑箱子："绿色"可再生能源、通过社会住房和左翼市政提供的"红色"能源、或为满足用户的特殊需求而设计的特殊套餐，如游泳池或温室供暖等(Summerton, 1995)。

一部分研究源于社会学和历史学，这也意味着它们往往忽视了大型技术系统是如何卷入城市空间和场所的生产和重构的，也几乎完全忽视了大型技术系统的领域基础和影响，以及基础设施与城市、区域和空间治理之间的必要联系。虽然现在有迹象表明，大型技术系统研究早该"重新领域化"了(Joerges, 1999b)，但奥利维尔·库塔德遗憾地指出：

> 除了一些具体的研究之外，大型技术系统的领域性问题被忽视了。大型技术系统和领域之间的关系似乎可以归结为这样一种假设，即系统伴随着(或多或少受到阻碍的)空间扩张而发展——当然这并不一定总是正确的。这似乎留下了一些亟待探讨的问题——与大型技术系统相关的城市问题、大型技术系统对领域组织(地方、区域、全球)的影响，[以及]大型技术系统与政治空间的合法性问题。
>
> (1996:47；参见 Joerges, 1999b; Offner, 1999)

行动者网络理论与赛博格式城市化

我们的第二个视角源于行动者网络理论的最新研究成果。以米歇尔·卡隆(Michel Callon, 1986; 1991)和布鲁诺·拉图尔(Bruno

Latour,1993)的著作为基础,许多研究者,包括那些写到了人类-技术混合的"生控体系统"或"赛博格"的研究者(Haraway,1991),都主张以高度或然性的关联式理论视角来看待技术和社会之间的微妙联系。我们所说的关联式,意思是我们所侧重的是关系构建的具体方式,其中也包括了社会和技术的跨时空关系。这种观点必然强调基础设施和技术创新的社会性,以及技术和人的积极构成作用。

行动者网络理论强调了特定的社会情境和人类行动者如何将技术、机器、文件、文本和货币等特定的社会情境和人类行动者纳入行动者网络中,并跨越空间和时间进行配置(参见 Law and Hassard,1999)。其核心内容是:"如果不承认现代社会具有级别、层次、领土、领域、类别、结构、系统等概念无法涵盖的类似纤维、线绳、金属丝、粘丝、毛细管的特性,就无法描述现代社会。"(Latour,1997:2)

打破技术性和社会性的先验性差异

通过这种方法,行动者网络理论放弃了社会和技术之间的任何先验性差异。相反,当代生活被认为是由复杂、异质的社会和技术行动者两者构成的集合体结构,跨越时空,并通过人和技术的能动性联结在一起(Murdoch,1995)。行动者网络理论借鉴了托马斯·休斯(1983)关于社会是社会技术构造的无缝网络这一观点,"避开了纯粹性、对外封闭、自成一体、具有严密边界这些现代说法,转而强调相互连接、相互依存、互利共生以及……不断的变动"(Bingham,1996:644)。

本书所关注的网络化基础设施或技术网络只是"行动者网络最终可能达到的一种稳定状态"(Latour,1997:8)。但行动者网络理论的视角有助于我们对基础设施网络的理解,因为它尝试着就"各种碎片、身体、机器、建筑以及文本如何在建立秩序的过程中联系在一起"

这一问题展开关联式的理解和认知(Bingham,1996:32)。绝对的空间和时间,以及社会和技术之间的简单分离,在这里都是没有意义的。能动性是一个纯粹的关系过程。通过人与技术的能动性,技术与特定的社会情境得以联系在一起;也只有这样,技术才会产生偶然的、多样的影响。派尔(Pile)和斯里夫特所说的一个"生动的,具有变动性、偶然性及开放性的宇宙学"出现了(1996:37)。人与机器之间的界线变得越来越模糊,互相渗透,甚至变成赛博格式。而且,"一切关系之外的东西毫无意义:泛泛谈论一台机器不比泛泛谈论一个人类更有意义"(Bingham,1996:17;原文强调)。对奈杰尔·斯里夫特而言,该方法的关键结论是:

> 没有一项技术是与世隔绝地运行的,它像是社会领域的一个中心节点。它是有连接的——由于它的社会目的——它与人类和其他不同类型的技术连接在一起。它与涉及其他技术的不同活动连接在一起。而且,它在很大程度上是根据具体情况而定的。就如某人工作场所的电话与卧室里的电话有(现在仍有)不同的含义,而且使用的方式也往往截然不同。
>
> (1996a:1468)

城市内部和城市之间的网络化基础设施的发展,归根结底是大规模异质的技术元素和行动者的连接,并在多个空间和时间内进行配置(参见 Picon,1998)。这是一个非常困难的过程,需要持续的努力来维持"社会和技术这两个方面必然的关系"(Akrich,1992:206;原文强调)。

一旦成功地建立了基础设施网络,"没有连接的地点"就可以通过拉图尔所说的"暂时性的对应联系"进行连接(1997:2)。因此,基础设施网络是社会和技术行动者的巨大集合体，它们作为社会技术混合体结合在一起，支持多重物质和时空的构建。

基础设施网络、远程控制和技术指令

行动者网络理论还强调，要将社会和技术行动者远距离成功地连接起来，需要持续不断地努力，即使是在成熟的黑箱子化的基础设施网络中也是如此。连接总是危险和脆弱的；要维持这些连接，就必须做出无止境的努力。例如，电信支持远程控制行动的能力日益增强，但这并不是说，使用电信的人类行为者不再需要尝试让被动的技术代理人参与到活动中来，并实现有意义的远程控制。关于远程控制的故事，往往只讲到了远程指令控制得以实现所要做的前置工作量(Bingham，1996：27)。在电信中，这些

> 涉及程序员、硅芯片、国际传输协议、用户、电话、机构、计算机语言、调制解调器、律师、光纤电缆和政府的各种工作(仅举几例)都必须完成，以创造出足够稳定的信封来承载[电子信息]。
>
> (Bingham，1996：31)

因此，行动者网络理论不但挑战了我们自以为可以对城市简单地一概而论的想法，它也破坏了我们自以为可以简单而毫无问题地对基础设施网络这一区区物质性的“东西”一概而论的观念。与这些简单化想法相反的是，社会技术世界里纷扰不断，有着无尽的变动、脆弱而多重的相互依存关系。由此可见，再次以电信为例，不存在一个单一的、统一的网络空间。相反，围绕着网络空间，有多个不同的网络和网络空间。在互联网和许多其他基础设施中，电信和信息技术与人类行动者以及其他技术紧密联系在一起，成为跨越时空的社

会技术关系网络。正如尼克·宾汉姆(Nick Bingham)再次论证的:“真正的错觉是认为网络空间根本就是一种单一的空间形式,而不是以跨越并连接不同时空的巨大的网络链形式而存在。”(1996:32;参见 Latour,1993:120)

布鲁诺·拉图尔的说法抓住了技术网络复杂的包容/排斥性质,这与我们关于网络松绑和城市碎片化的论点有着深刻的类似之处。在他看来,基础设施网络:

> 是由特定的地方组成,由一系列的支线组成。这些支线穿过其他地方,需要其他的支线来传播。严格说来,在网络的线路之间,根本就没有什么火车、电话、进气管、电视机。技术网络,顾名思义,是抛在空间上的网络,它们只保留了这些空间中的一些零散的元素。它们是相连的线,而不是面。它们绝不是全面的、全局性的或系统性的,即使它们从表面穿过,并且也延伸了很长的距离,却并不能覆盖表面。
>
> (Latour,1993:117—118)

网络化的连接空间和无限的断开空间

行动者网络理论和相关的赛博格式城市观点提供了一个完全的关联性视角。它对我们如何将城市、基础设施网络与空间和时间的联系概念化,以及如何将基础设施网络与空间和时间分离,具有重要的影响(见专栏 5.1)。因为行动者网络理论表明,基础设施网络并不是简单的空间和时间超越技术,而是在技术网络中,新的空间和时间,以及新的人类互动、控制和组织形式不断地被(重新)构建。正如布鲁诺·拉图尔所说:

我们在理解科学和技术时遇到的大部分困难来自我们的信念，即认为空间和时间是作为一个不可动摇的参照系而独立存在的，事件和地点就发生于这个参照系内部。这种信念使我们无法理解不同的时间和空间是如何在为调动、累计和重新组合世界而构建的网络内部产生的。

(1987:228)

专栏 5.1　解读当代城市的赛博格式发展

行动者网络理论和赛博格理论为探索社会与技术间复杂的磨合与交融提供了强有力的新见解。这些磨合与交融围绕着当代资本主义社会中大规模应用机械集成体和基础设施网络展开。它们帮助我们打破了社会与技术、城市与基础设施、地方与全球之间无益的过于二元化的区分。它们强调："试图寻找任何实践的边界——一个结束和另一个开始的地方——这种努力越来越人为化。"(Mau,1999:203)埃里克·斯温格杜建议：

> 将城市打造成赛博格式……开启了一个对城市进行思考和行动的新竞技场——既不是本地，也不是全球的竞技场，而是编织网络的舞台，该网络始终同时深深地定位于本地，并将其覆盖范围扩展到特定规模和特定空间表面。
>
> (1995a:22)

城市的赛博格式发展这一概念表明了现代城市社会与城市主体以及支持它们的技术基础设施之间的内在联系(Picon,1998)。现在，城市生活的过程是密切通过技术的扩展网络而构成的。这些技术不仅决定了城市重建自然、处理资源的方式，还决定了城市如何融合各种社会关系及商品的生产与服务提供。“因此，赛博格式是网络化的实体；它们不是简单地作为独立自主的单个主体而存在，而是通过连接和共用，以及它们与技术的联系而存在。事实上，赛博格式从来没有完全脱离技术而存在。”（Rutsky，1999：148）

赛博格式的联络与城市

至少对于比较富裕的城市居民来说，人类的身体现在与汽车、娱乐系统、基础设施、能源、水和废水网络、电子金融、通信、家庭管理和空调系统、建筑和数字空间等进入了大量越来越亲密、持久、无缝的赛博格式联络。这种联络通过人类行动者的日常物理和虚拟行为，将其影响扩展到许多地理尺度和领域（Lupton，1999）。

因此，当代城市生活可以被概念化为社会技术关系和过程的缩影。然而，蒂莫西·卢克（Timothy Luke）声称，只有社会技术关系的崩溃——这在西方国家很少见，在战乱地区很常见，而在许多发展中城市却是日常生活的一部分——才能充分显示出现代城市生活与叠加的城市基础设施网络之间的关系是多么紧密（1997：1368）。他认为：

> 没有农业机械、住房机械、石油机械、水机械、电气机械、媒体机械或服装机械，大多数依赖机械的赛博格式人类就无法生存或茁壮成长，因为这些机械相互结合，产生了赛博格式人类的基本环境。由此，赛博格化人类和我们一样，也会不断受制于机械故障。这些故障或导致它们的大型技术源头中断，或被拒绝使用。经历了15年战乱的贝鲁特，围困长达两年

的萨拉热窝，包括《疯狂的麦克斯》(*Mad Max*)系列影片中公路战士们在后机械化的澳大利亚之旅——这些实际发生的事件和小说都是对高度进化的赛博格人的黑暗启示。它们都挣扎着在没有人机大型技术等生命维持系统的情况下，在去赛博格化的社会中生存下去。

(Luke，1997：1368)

行动者网络理论瓦解了我们原来想当然的"远"和"近"的概念。这一理论显示，"起初看似在物理上很接近的元素，当[被网络]断开时，如果对它们的连接进行分析，那可能是无限遥远的"(Latour，1997：3)。反之，"那些看起来无限遥远的元素，当它们被带回画面中时，它们之间的距离可能就会很接近"(同上)。拉图尔认为："可能是因为电话已经普及到了各个地方。但我们仍然知道，如果我们不插上插座和接收器，就会死在电话线旁边。下水道系统也许很全面，但没有什么能保证我掉在卧室里的纸巾最终一定会落在那里。"(1993：115)他说：

我可以与隔壁电话亭里的人咫尺天涯，却与6 000英里外的母亲更紧密地联系在一起……一根煤气管子可能埋在地下，靠近有线电视玻璃纤维，靠近污水管，但每一个人、每一根管子都会一直忽略各自周围的平行世界。

(1997：3)

尽管技术网络在现代具有普遍性，但在将一个地方与另一个地方联系起来的过程中，总是特定的和偶然的。它们"总是代表着启动和制约的地理环境"(Law and Bijker，1992：301)。它们不断地将本地和非本地的关系紧密地联系在一起，并且是互利互惠的。它们始终支持包容与排斥、差异化、存在与缺失的不均衡性——但其方式是挑战关于地理空间如何与这些现象联系起来这样一些过分简单化的观念。

行动者网络和赛博格式视角的有用性

松绑的基础设施网络和支离的城市作为同一个总体社会进程的两个方面出现，这一点至关重要。但是，松绑网络的逻辑实际上只是强调了基础设施网络反映并支持地方之间、地方内部关系分化的方式，将其与多样的时空性联系在一起，挑战了传统的假设，即社会和技术关系可以简单地通过二元对立来理解，如地方和全球，近距离和远距离，社会和技术，或城市和非城市。

基础设施网络从现代理想模式的单一和连贯，全面转变为如今正在涌现的充满了竞争、层层叠加的非捆绑式网络。我们认为，在当代城市中表现出来的这种具有拓扑联系和排他性的地理环境，正在变得更加复杂和不平衡。将空间和城市捆绑成单一地理区域的网络，正在让位于层层叠加的定制化。这些网络将城市的各个部分不均匀地连接在一起，并与其他地方加强互动。当代城市地区支离的社会和经济地理环境同时因层层叠加的基础设施网络的出现而重构。而这些网络连接和断开的复杂组合又构成了城市"权力几何结构"的重大重构(Massey，1992；Amin and Graham，1998b)。

正如布鲁诺· 拉图尔所指出的，基础设施网络及其接入点往往会根据谁被纳入网络，谁在物理上或技术上仍然与网络隔离，从而扭曲、拉伸和压缩我们日常生活中自然与社会的空间和时间(1997：3)。随着城市网络的接入点和拓扑地理环境越来越不均匀地为当代大都市中的特定用户、空间和区域量身定制，这种鲜明的关系性的融入或排斥过程，被紧密而微妙地编织进了当代城市的结构中。

在拉图尔的模式中，将本地和全球基础设施网络形成二元对立是错误的。与其说一个网络比另一个网络“大”，不如说不过是网络更长了或者联系更紧密了。从这个意义上说，网络必须始终保持持续的地方性，因为它不可避免地会在特定的地方着陆。我们的任务是追踪一个节点如何通过它所控制的连接数量而变得具有战略意义，以及当连接丢失时，它是如何失去其重要性的。

以行动者网络理论和赛博格式视角对当代城市和基础设施变化进行解读对本书具有重要的价值，因为它们提出了一个清晰的理论观点，这可能有助于解释网络捆绑和城市碎片化这一平行趋势。正是由于当前城市和基础设施的变化，异质的技术和基础设施工程才能够以比过去更加定制化的方式进行，用户也不必像在现代基础设施理想模式中那样，被拉入标准一体化的城市基础设施网络中。随着网络技术的发展，基于标准化网络相对同质的结合体逐渐被各种定制化、专门化的结合体所取代。在行动者网络中，用户、艺术品、金融和文本之间的网络结合体可以在更加定制化的基础上进行，特别是通过将信息技术力量吸纳为代理人进行选择的方式。

当然，“超距作用”和“技术指令”仍然是复杂而困难的，需要不断努力。但是，成功地将信息技术的控制能力吸纳为技术代理人，订购专门的社会技术网络比以前更有可能实现。而且，这样做也不会失去与智能高速公路、定制化电力供应、全球远程信息处理网络或全球航空公司这些量身定做的基础设施进行连接的能力，也不会失去与全球整个网络连接的能力。通过由技术基础设施网络和专门的城市场所并联而成的异质结合体，社会权力得以行使。

社会技术结构越来越类似于在技术网络内部并通过技术网络布置的专门的异构矩阵。有时，这些网络相互连接；有时，它们各自运行，彼此隔离。正是在这里，最常见的是在当代城市非捆绑式网络化基础设施中，我们看到了复杂而“无限”的断开连接的组合，在物理上与定制的、功能强大的全球-本地基础设施相邻。

变化中的资本化城市基础设施政治经济学

> 资本主义作为一种生产方式，必然把打破空间壁垒和加快周转时间作为其无情的资本积累这一议程的根本目标。
>
> (Harvey，1996)

我们的第三个视角以当代资本主义的地理或空间政治经济学分析为中心。这种观点的出发点是，通过建设或利用交通、电信、能源和水利等基础设施获取有选择地超越时空限制的能力，这是现代资本主义经济和领域发展的核心。因此，基础设施网络的生产，以及支持这些网络的金融、工程和治理实践，必然嵌入全球资本主义更广泛的权力关系之中。“各种类型的基础设施网络都深深地嵌入并牵涉资本主义经济运行过程中的生产、再生产和合法化进程。”(Hodge，1990：87)

在此基础上，埃里克・斯温格杜的想法更进了一步。他认为：“交通和通信的基础设施及模式的变化并不是根据特定的或不断变化的技术-物流条件和能力而产生的中立过程。相反，它们是维持、改变或巩固社会权力斗争的必要因素。”(1993：305)他还认为交通是“争夺控制权的舞台之一”。在这场斗争中，强者的一个重要战略武器是“进步的意识形态与科学家和工程师科学话语的合法化”，它主导了第二章中讨论的现代城市基础设施理想模式的构建(Swyngedouw，1993：324)。

但是究竟该如何做呢？批判地理学在揭示当代社会的空间政治经济时，已尽最大努力充分揭示了围绕基础设施网络和新城市景观的平行生产所产生的微妙的权力关系。在接下来的内容中，我们将讨论空间政治经济学研究法在理解当代资本主义城市基础设施转型中的七个关键论点。前三项包含了这一观点的核心论点，其余四项论述了它对理解当代城市支离和基础设施松绑过程的贡献。

政治经济学视角的中心论点

空间基础设施嵌入了资本主义，城市基础设施的变化必然伴随着复杂的输赢局势。但是，从空间政治经济学的角度来看城市基础设施，可以进一步提出三个核心观点。

基础设施是资本主义时空流动的固定支持

首先，基础设施网络的生产要同时超越空间和时间的障碍，就要求这些基础设施网络在空间上具有地理上的固定性。大卫·哈维(1985)借鉴马克思(1976;1978)的观点，认为基础设施网络配置的变化代表了资本主义内在基本矛盾新解决方案的发展。这种基本矛盾即他所说的固定性与对运动、流动性以及信息、货币、资本、服务、劳动力和商品等全球流通的需求之间的矛盾。即便是像无线电话这样的移动性基础设施，也需要建造固定的基础设施或卫星来覆盖地理空间。

要理解固定性与流动性之间的紧张关系，就必须对资本主义地缘政治经济的本质进行更详细的探讨。在哈维(1985)看来，资本主义不可避免地具有扩张性。因为它的动力是寻求新的利润和资本积累，所以资本主义的总效应是通过新产品和新技术拓展新的领域市场，并不断调整旧市场的发展结构。这意味着广泛分散的生产、消费和交换场所需要整合和协调，以支持生产、分配、消费和社会再生产的过程。为了实现这一目标，需要对空间进行协调和控制，特别需要由大型的占主导地位的跨国公司来控制。

因此，全球资本主义的理论目标，以及以最小的风险获得最大利润的关键，是劳动力和货物(通过交通)、资本(通过金融市场)以及水、能源和信息产品(通过基础设施网络)的完美流动。埃里克·斯温格杜称之为“创造无空间世界的渴望”(1993:313)。

但是这个世界本质上是空间的和地理的，在这个世界，必须将基础设施网络固定并嵌入到空间中，所以这个目标是不可能实现的。作为生产和消费基础的新空间结构——城市、工业区、消费区等——以及支持这种流动所需的新的基础设施和交通网络，都不可避免地被固定并嵌入在既有空间中(Swyngedouw，1993)。新的基础设施网络“必须在空间中固定下来，以便其余部分进行更大的流动”(Harvey，1985:149)。正如斯温格杜所说：

> 就拿铁路、高速公路或通信线路来说，所有这些都将行动从地方解放出来，并减少与距离和其他空间敏感障碍相关的摩擦。然而，这类交通和通信组织只能通过产生新的地域配置、利用新的地方地理学中产生的社会进程，并连接设施，才能将行动从嵌入空间中解放出来。
>
> (1993:306)

城市结构内部、城市之间和城市结构下方的既有基础设施网络实际上是全球资本主义领域配置的基础。在斯温格杜看来：

> 领域是一种通过周密思考主动建构的位置相对固定的物理基础设施，也可以通过社会方式建构而成……领域组织的生产是经济、基础设施和制度规范实践的结合体，是一种历史性产物，它同时定义、塑造和改变着社会关系和日常实践。
>
> (1993:310)

在当代资本主义全球化进程中，空间性、权力和基础设施网络是紧密相连的。“有些障碍被拆掉了，有些障碍保持不变。新的空间被生产出来了(针对全球贸易或新的贫民窟[棚户区]),另一些空间则被破坏了(更加一体化的国民经济空间和小规模农业的空间)。”(Massey,1995:140)

斯温格杜(1993:308)所说的资本主义“空间关系重新洗牌”的基本关系理论就这样出现了,因为网络化基础设施支持地方内部和地方之间的新配置,符合资本主义更广泛的地缘政治逻辑。

基础设施网络由此成为资本主义再生产和发展的核心,因为它们将多个时空联系在一起。这是很有必要的,因为在当代我们这个全球化的世界中,“时间和空间在本质上是多样、异质的”(Dupuy,1988:5)。正如让-马克·奥夫纳所说,地方的存在并非像许多IT乌托邦主义者所幻想的那样,以某种方式导致了“地域的消失”,相反,“恰恰是众多地方的存在创造了基于基础设施网络的交换需求”(1996:26;着重号后加)。

基础设施网络不同的跨越时空障碍能力

其次,基础设施网络在跨越空间和时间障碍方面的能力明显不同。电信、交通、能源和水网络嵌入空间的固定程度、它们所支持的流动性因克服距离的摩擦效应而受阻的程度,以及所需流动规模显然都发生了巨大变化。表5.1中对此进行了展示。

表5.1　了解不同基础设施网络的嵌入性和时空容量

网络	固定/嵌入空间	距离的摩擦效应	经营规模
水/废水	很高	很高	本地/区域
交通	很高	很高	本地-全球
能源	中等	中等	本地-国际
电信	从高到低	非常低	从本地到全球

第三，由于它们必然要在空间中生产，因此，公用事业、交通和电信网络也是考克斯和梅尔(Cox and Mair，1988)所说的“地方依赖性资本”的典型例子。从字面意义上讲，它们的物质实体嵌入到了地域中。燃气、电力、水、废水处理、交通和电信网络不可避免地需要在相对较长的时间内，在一定地域范围内投入大量资本。这些资本从字面上看是沉入到了巨大的(有时是隐蔽的)管线、管道、电线、电缆、公路、港口、机场和铁路的网状结构中。这些管线、管道、电线、电缆、公路、港口、机场和铁路位于现代城市的地下、内部和上方，并填满了它们之间的通道。即使不沉入——比如基于无线电的电信网络，天线类基础设施大部分依然是固定的，根植于特定区域之中，并往往依赖传统电话系统进行传输。

基础设施资本对地方的依赖使其开发成本高昂，具有不确定性，并且带有风险——特别是对那些日益控制了基本设施并寻求利润的公司来说。这种不灵活性意味着，随着资本主义的不断发展，沉没的基础设施会在以后的新一轮重组中出现问题。危机出现时，嵌入空间的旧基础设施网络成为后一轮资本主义积累的障碍。对大卫·哈维来说：

> 固定性和流动性之间紧张关系的爆发成为普遍的危机，这时与某一发展阶段相关的景观塑造……成为进一步积累的障碍。接着就必须围绕新的交通和通信系统、物理基础设施、新的生产和消费重心与方式、新的劳动力集聚区以及经过改造的社会基础设施来重塑景观。
>
> (1993:7)

空间的生产和重新配置是城市内部和城市之间基础设施网络发展的内在要求。人们需要保持以一种相互联系的关联式理论视角来看待广泛的社会变革是如何通过城市和城市景观的生产以及沉入城市内部和城市之间的基础设施网络形成的。

了解当代城市基础设施中的转变

在确定了这些基本的出发点之后，我们现在可以探讨空间政治经济学视角对当代城市基础设施转型的意义。在此，我们可以将政治经济学观点的近期贡献进一步分为四个论点。

基础设施变革的社会偏见：时空压缩和个人的可扩展性

首先，很明显，基础设施网络新拥有的功能正在支撑着所谓的“时空压缩”——即时空障碍的不均匀瓦解或减少（Harvey，1989）。这一点尤其适用于电信和快速交通网络，如航空公司和高速列车，但也适用于能源和水不断扩大的长距离流动网络。

在这个过程中，城市内部和城市之间的空间“连上了线”，并被纳入功能更加强大的基础设施高度不平衡的网络之中。基础设施的技术越来越成为“日常生活的组织原则”，支持“不断加速的生产、交换和消费的地域性”（Kirsch，1995：541）。正如哈维所指出的，我们因此“学会了应对我们的时空世界带来的压迫感”（1989：240）。

但是，对“我们”（we）这一词的定义要非常谨慎。因为必须记住，固定基础设施网络和城市空间的联动生产充满了群体、公司和机构之间的斗争，这些群体、公司和机构拥有极不均衡的社会、经济、环境和文化方面的权力。这种斗争往往反映和加强了资本主义社会关系的更广泛再生产。城市基础设施网络远远不是中立的或在本质上是有益的；它还体现了权力关系，反映了企业、国家和公共部门组织以及更广泛的社会代理人之间高度不平等的政治经济斗争，而这种斗争是整个资本主义的空间地缘政治所固有的(Samarajiva and Shields,1990)。

基础设施网络造成了领域的不平衡发展和部分融合,再加上当前所处的基础设施松绑时代,由此构成了一个动态的社会和政治进程,充满了矛盾、冲突和多重争议的观点(Graham,1994)。赢家和输家的复杂形势,与资本主义城市主义更广泛的社会和空间不平等交织在一起,是城市之间和城市内部基础设施网络不断进行不平衡建设和重建的一个必然特征。此外,强势企业及其基础设施供应商构思的技术逻辑也往往支配着人类的生活空间和情感空间(Lefebvre,1984;Kirsch,1995:545)。

通过基础设施的发展对时空进行压缩,也必然是非常不平衡、有所偏倚的。强大的利益集团可能对空间和时间拥有越来越大的权力。但是,与认为人们普遍受益于此类过程这一意识形态相反,不管是相对的还是绝对的,贫穷或边缘社区受到的时空限制实际上是增加了,因为它们在获取新基础设施方面的地位可能变得更加边缘化。正如埃里克·斯温格杜所言:

> 配置了新的流动性商品和基础设施会引起相关流动性的改变,权力模式也会相应地做出改变,扩大了一些人的控制范围和权力,同时也可能不利于另外一些人对地方的控制……在空间上遭禁锢的个人和社会群体受困于某些特定的地方,并受到重构和贬值过程的影响,这就破坏了他们对地方的控制和指挥,而这种重组和贬值正是由那些"赛博格"们组织的,它们指挥地方的能力是以它们在超空间上快速行动的权力和能力为前提的。
>
> (1993:322)

但是,强调这种过程的复杂性很重要。"排斥和包容的空间总是异质的，并会发生变化。”（Hinchcliffe，1996：674）因此，一个人或群体建构自己身份的能力，以及行使社会和经济权力的能力，在很大程度上来自他们能在多大程度上利用基础设施来调节自己的生活，扩大自己对空间的影响。最后再一次引用斯温格杜的分析，这里的关键点是，在当代社会中：

> 文化资本资产的兑现与个人建构多尺度、多重身份的能力有关；这种身份是通过空间的指挥权和跨越空间的能力产生的。换句话说，社会权力再也不能（如果可以的话）与在空间快速行动的权力或能力脱离了。最大限度地缩小时空距离的必要资源，以及时空压缩过程无可置疑的商品化，加剧了社会、经济和文化的不平等。
>
> （1993：323）

地方就这样被注入了复杂的权力几何学，其基础是它们与各种用于克服时间和空间障碍的基础设施手段高度不平衡的相互联系（Massey，1993）。“城市内等距离的目的地可能需要花费完全不同的时间和精力才能到达。不同的人由于各种原因，从同一出发点到达同一目的地时可能会遇到截然不同的问题。”（Hamilton and Hoyle，1999：18）道路、电信线路、能源或水管道的存在，决定了交流或交通必须沿着它们的连接线流动。同样，这种网络可以分割空间，并以横向方式阻止交流或交通。虽然它们的轴线和终点可以有力地将城市的各个部分连接在一起，“极大地缩短沿这些线路连接起来的人与人之间的距离”，但道路景观的横向意义往往是非常分裂的（Urry，1999：16）。“商店可能就在你居住地对面的马路上，一览无余，但如果中间隔着一条双向六车道高速路，最近的人行天桥在半英里之外，那么商店就很难接近了。”（Hamilton and Hoyle，1999：20）

按照类似的论点，保罗·亚当斯(Paul Adams，1995)提出了“个人的可扩展性”概念，用来描述一个主体如何利用网络化基础设施，进入或连接到(或多或少)遥远的空间和时间，使他们能够扩大对被排斥群体的支配，从而支持分裂的空间和城市的生产。“一个人的(或群体的)时空压缩，”他认为，“可能取决于另一个人(或群体)有没有能力持续访问遥远的地方”。正如亚当斯所指出的：“根据种族、阶级、年龄、性别、能力和其他具有社会意义的类别，可扩展性的变化将微观层面的这些个人信息与某些宏观层面的社会进程联系在一起。”(1995：268；参见 Massey，1993：66)虽然亚当斯只考虑了信息技术和电信这一方面，但这些想法也可能适用于利用交通或使用水和能源基础设施来获取远离消费点的资源和储备。

因此，在当代城市中，社会经济富裕的群体密集地使用信息技术和其他网络进入远方，出现了“超级包容”的形式(Thrift，1996c)。同时，这类群体可能会努力保护被紧紧包裹起来的戒备森严的城市圈地(经常是有围墙的)，因为他们可以从中获得个人和公司的交通、信息和通信技术网络，这样就可以向全球范围扩展。“那些在权力几何中已经拥有更多权力的人可以把自己堵在围墙里。”(Massey，1995：104)

与此同时，在不远处的城市间隙地带，往往存在着“离线空间”(Aurigi and Graham，1997)或“滞后地方”(Boyer，1996：20)。在这些常常被遗忘的地方，时间和空间对社会生活的制约仍然根深蒂固，或许越来越大，(比如说)也许是由于福利和劳动力市场的调整，或者银行网点或公共交通服务的撤销。

简而言之，人们很容易在简单的、包罗万象的地方超越性和全球化的假设中过分强调人和物的流动性，而这些假设往往轻易地忽略了许多城市空间正在碎片化的现实(Thrift，1996a：304；参见 Massey，1993)。

战略性地方主义和全球地方化尺度修复：将域内治理、基础设施及空间尺度方面的现代观点松绑

空间政治经济学家强调的第二个当代观点是全球化对国家基础设施垄断的影响。在当代世界，正如我们在第三章和第四章中开始讨论的那样，基础设施的权力几何结构变化往往与国际化、自由化、私有化和新的信息技术的应用联系在一起。这种转变意味着，各个国家，尤其是现代民族国家，正倾向于将其权力外泄到持续的、基本上是无形的以金融和基础设施为中介的快速或瞬时流动的回路中。

有人认为，面对全球化和跨国治理机构的增长，民族国家实际上正在变得支离或“空心化”(Taylor，1994)。统一的国民经济——这种说法往往意义深刻——已经不复存在。尽管民族国家作为社会或财富容器的概念已经崩溃，但政治上的领域性仍然存在(同上)。

正如我们在上一章中所看到的，这种过程往往支持为高价值空间积极构建功能强大的定制化网络化基础设施，但同时往往忽视了国家领域的其他部分。在这样的情形下，民族国家并没有变得可有可无，在某种程度上讲，其角色更多体现在某些“特定空间的管理”上(Jones，1997)。它们为构建实验性的城市规划和基础设施提供模式，在具有战略意义的区域内建立地方微观地理环境，同时撤销了对空间进行大规模整合和再分配的政策(同上)。琼斯(Jones)将其称为“战略性地方主义”政策(同上：852)。

当代的这一转变表明，1880—1960年间现代基础设施理想模式时期所特有的对国家尺度的基础设施的关注，只是一种历史上特定的地理尺度取向。事实上，人们越来越意识到，空间尺度本身和地方一样，也是由社会建构的。正如尼尔·博任纳所说：“空间尺度不能再被视为既定的或自然的社会互动舞台，而是越来越多地被视为历史的产物——它在空间上被构建的同时，又在政治上产生争议。”

(1998b:460)事实上,他认为当前的转变要求我们重新思考关于空间尺度和领域与经济以及社会生活关系的假设。他认为,“当代社会科学面临的一个最艰巨的方法论挑战”(1998b:28)是:

> 在一个全球化加剧的时代,我们必须重新思考空间尺度作为社会关系的边界、场域、层级所起的作用。这一轮全球化使人们对传承自欧几里得、笛卡尔和牛顿所认为的空间尺度是社会关系中立或稳定的平台这一概念提出疑问,认为空间尺度是不同地理尺度的容器。

按照这种观点,在安排社会生活的过程中,我们不该把一些自然的、既定的一致性放到国家或城市身上。在当代城市的建构中,地方和全球都不是首要的。相反,城市是在全球与地方,或全球地方化互动的动态连续体中被捆绑在一起的。现在,在城市的景观和社会技术结构中,多种地理尺度以潜在的、高度冲突的方式相互交错(Brenner,1998b:438)。亨利·列斐伏尔所谓的“广义的空间爆炸”,是随着新的临时时空解决方案的确立、重新实施而发生的。新方案通过领域化和去领域化不断变更混合,在社会尺度之间和内部得以确立,并重新实施(1979:289—290;引自 Brenner,2000:361)。该

> 资本积累的规模、国家领域权、城市化、社会网络和政治文化身份正在不断地转变、分散和重组,严重破坏了社会关系在国家尺度上的普遍归化。
>
> (Brenner,1998b:28)

基于这一观点,博任纳接着讨论了自 20 世纪 70 年代中期以来资本主义领域组织的逐步“去国有化”,以及新的主导性社会新尺度

的不断扩大。这些尺度的产生，都是以全球与地方的激烈互动，尤其是为强大的利益而进行的互动为导向，特别是为强势利益团体而产生的(1998b:473)。民族国家和国家以下各级政府的基础设施建设为这种全球地方化尺度的建构提供了最重要的支持。所以，从某种意义上说：

> 当资本积累的扩张成为建设大尺度领域性基础设施的内在前提时，全球化就出现了。这种大尺度领域性基础设施的建设是铁路、公路、港口、运河、机场、信息网络和国家机构等社会空间配置的第二个特性，它加快了资本周转速度，促进了资本流通。
>
> (2000:7)

其结果是，在跨国公司力量上升、全球金融一体化、福特主义和凯恩斯主义政策崩溃以及空间之间竞争日益加剧等因素的推动下，到20世纪80年代中期，老牌国家都"大幅调整了内部机构尺度，使企业为新一轮资本主义积累在建设地理基础设施中发挥越来越大的作用"(1998b:29)。

在基础设施领域，这意味着广泛转向私有化、自由化，向私人投资开放公共基础设施，并增加私人资本在特定空间发展有限的定制化基础设施的自由度，而不必担心需要在不太有利的地区交叉补贴网络。以法国和英国为例，自由化后的大部分电信投资分别在法兰西岛和M25高速公路周边地区(Graham,1999)。

尼尔·博任纳将这些新的基础设施发展方法称为"全球地方化尺度修复"(1998b:476)。在他看来，这些方法与现代理想模式后期阶段的基础设施发展风格截然不同。以现代理想模式为特征的福特-凯恩斯主义的实践，至少在话语上，是为了"在全国范围内实现空间实践的同质化”。与此相反的是，“这些国家重塑尺度的过程，其关键结果是强化了资本不均衡的领域发展”（同上）。正如苏珊·克里斯托弗森（Susan Christopherson）所言：“随着国家均等化投资的撤出，以前的公共投资的私有化，以及公共支出在某些类型地方的集中，公共投资方案加深了空间发展不平衡的趋势。”（1992：284）

按次付费的革命：新技术和自然垄断的解体

政治经济学视角的倒数第二种当代论点是，基础设施网络作为这种结构调整和重塑的一部分，在现代福利国家中的再分配作用遭受了严重的压力，交叉补贴和再分配的合理性变得尤其混乱。“旧的福利国家，曾经是民主国家道德进步的皇冠上的明珠，现在已经完蛋了，尽管经过了 20 年的逐步侵蚀才到达现在的崩溃点。”（Leonard，1997：22）

正如我们在第四章中看到的，信息技术的控制能力尤其使现代基础设施网络得以松绑和（重新）商品化。信息技术有助于将那些基于机械和机电技术“僵死的”基础设施、街道和网络变成智能化的基础设施，由计算机通过电信链路连接管理。因此，“技术进一步挑战了自然垄断的概念”（Rosston and Teece，1997：5）。

保罗·维拉里奥（Paul Virilio）讨论了目前的趋势，即用智能电子系统取代官僚的、机电式管理系统，以控制和监测城市中的货物和服务的准入。在他看来，这种趋势意味着复杂、微妙的实时控制形式的演变，在这种控制下，“[城市中]的通行方式不再是断续的——它们已经变成了即时性的”，因为它们由控制论的智能系统组成，这些系统被巧妙地编织进城市和区域结构中（1987：16；参见 Graham，1997）。

这意味着公共基础设施网络的传统特征使其成为自然垄断，在许多情况下，这种传统特征可以被完全削弱或回避，从而使基础设施产品和服务可以作为商品在资本主义基础设施市场上进行买卖。因此，建设新的或有竞争力的基础设施网络(例如新的高速公路或电信网络)的高额资本成本可以与可预测的收入流相抵销。这笔收入由使用该系统的用户支付(即使该网络与旧的公共网络平行运行)。规模经济变得不那么重要，因为定制化的基础设施同样可以开拓专用的细分市场，获取更多的利润。基础设施网络和服务的公共物品性质也会受到破坏，因为新的准入控制技术使人们有可能以前所未有的准确性和便捷性控制谁能进入网络以及在网络上的精确流量。有一些很好的例子，比如从公共道路转向电子道路收费，从国家公共电视广播转向按次付费。

文森特·莫斯科(Vincent Mosco)认为："眼下正在发生的事情，其本质是新技术使我们有可能对我们的消费、基础设施网络和服务的使用进行实时测量和监测，而且会越来越多。"(1988：5；原文强调)这种监测可以与建立消费、行为和品位的精确记录联系在一起，从而在网络控制论和迭代循环中进一步推动直销和基础设施规划。此外，按次付费这种安排所提供的可预测的收入流，反过来又意味着可以进行特定的、有针对性的基础设施投资，以保证对基础设施的获取和使用进行监控和收费，并在此基础上获得可观的利润。因此，基础设施服务可以作为按使用付费商品，而不是按自然垄断的商品来发展(Mosco，1988)。

最后，当然，正如我们在上一章中看到的，信息技术和电信可以使我们所说的虚拟网络竞争在之前的标准化垄断性基础设施上发生——如北美和欧洲新兴的电力市场。在这里，基础设施市场巨大交易的复杂性得到了电子和计算机化控制器提供的监测和追踪等技术支持。和电话或能源自由化一样，许多服务提供商现在可以利用信息技术的监测和监视能力，在城市或区域的任何地方利用旧的网络进入有针对性的市场，在定制、控制的基础上为用户提供服务。同时，他们还可以避免“免费搭车”或为低利润甚至无利润用户或地区提供服务的问题。因此，虚拟网络竞争，作为一种网络松绑的形式，可能与城市内部用户在社会和空间上的碎片化密切相关，就像绕过交通、街道或电信链路这些“硬性”建设一样，只是转型的过程不那么明显而已。

从同质化基础设施到枢纽、辐条和隧道效应

> 时空不再对应欧几里得空间。距离不再是评估可达性的相关变量。连通性（相关）甚至被强加到毗连性（邻近）之上。
>
> （Offner，2000：172）

这使我们想到了在讨论空间政治经济学时出现的第四个也是最后一个关键问题：对城市地理环境中的非捆绑式基础设施、战略性地方主义、全球地方化尺度修复和（再）商品化基础设施等进行更细致的构想。显然，从相对同质化和分层组织的基础设施，转变为城市和国家尺度的基础设施，再到为全局性互动而配置的基础设施，这使得维护在城市和国家空间中（或多或少平均地）铺设的基础设施网络越来越成问题（Offner，2000）。

但是，这种同质化的网络会发生怎样的变化？我们认为，它们越来越多地内爆了。用我们的话说，它们被松绑和支离了，迎来了新的地缘政治和地缘经济逻辑。这种逻辑的基础是时间和空间在高度本土化和有价值的地方高度不均衡地扭曲。特别是先进的电信和快速交通，正以全新的方式将生产者、经销商和消费者联系在一起。贝库什（Beckouche）和韦尔茨（Veltz，1988）认为“更复杂的地理部署”正在出现。这些“生产-分配系统可以利用全国，甚至是星球级别的基础设施和通信网络的长度，在空间上展开争夺”。朱塞佩·德马提斯（Guiseppe Dematteis，1994：18）注意到“一种转变，从一个[城市内

部]的功能性组织——如经济地理学家克里斯塔勒(Christaller)和莱施(Lösch)的模型——转变为根据节点的相应互补性及产生的协同作用而组织起来的互联网络”。

对某些人来说,这些趋势意味着,城市经济核心腹地旧有的领域性特征已完全消失。取而代之的是,“城市被分割成许多碎片,就像穿过城市的网络一样”(Dematteis,1988)。这种新兴的非捆绑式基础设施逻辑如图 5.1 所示。电信、快速交通网络(在较小的程度上,还有定制化的能源和水务服务)现在将城市互连成一个由枢纽和辐条组成的系统,跨越很远的距离。

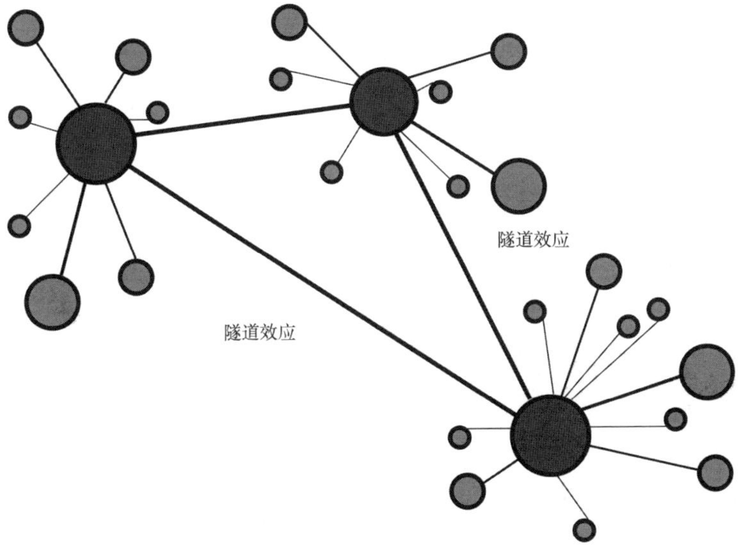

图 5.1 非捆绑式基础设施的逻辑:利用隧道效应穿越无价值区域的枢纽和辐条基础设施网络示意图。资料来源:格雷厄姆和马文(1996:59)

绑定一个城市的不是或多或少以同质方式运作的标准化基础设施网络,而是一组所谓的隧道效应。这些效应是通过先进的基础设施网络对时空壁垒进行不均衡的扭曲而形成的。它以大都市的重要部分为目标,将这些部分引向相互间的激烈互动。安德鲁(Aadreu)

认为:"在我们追求最大速度的过程中,道路变成了隧道。但是,这种隧道效应并不仅仅局限于道路。在今天所有的交通方式中,隧道效应将我们与现实隔绝,将我们与可理解的世界隔绝。火车和飞机也是如此。"(1998:59)

这些未捆绑的基础设施往往将节点连接成网络,同时利用这种隧道效应,将大部分交叉空间排除并绕过,使它们无法进入网络。这种隧道效应的例子可以在先进的电信系统中找到。这些系统将纽约、伦敦和东京连接成一个单一的全球虚拟金融市场、全球性的航空网络和机场的枢纽与辐条布局,并连接欧洲主要城市的快速列车或TGV网络,同时将规模较小的介入中心排除在外。

当然,我们需要小心,从全国性的同质基础设施过渡到全球地方化尺度修复、非捆绑式网络和枢纽、辐条及隧道效应时,不要过分强调整体性、速度或简便性。许多国家、区域和地方垄断的基础设施网络横跨欧几里得定义下的领域,继续掌握着管辖权和政治合法性。基础设施的发展和监管方面存在着许多惯性,旧的做法仍在继续,而且每个城市的城市结构中都有多项数十亿的沉没资本。在许多案例中,私有化确实通过利用特许经营对整个领域进行了严密监管,努力保持了城市和国家基础设施网络的完整性(Offner,2000)。

但关键的一点是以下的这种空间越来越少:在这种空间中,自由化和/或私有化的压力不允许新的私人基础设施竞争者攻击现代基础设施规划中遗留下来的连贯一致的城市网络。无论是合作型的福利国家,还是干预性的发展型国家,两者的危机显然都是全盘性的。现在,[已经]越来越清楚地看到,[国家]在推行可以促进社会技术进程或现代化的结构性政策时,它的能力是有限的(Hirsch,1991:20)。现今国家政策的当务之急是将基础设施网络自由化和私有化,支持"国家从日益国际化的资本中获利"(同上:21)。

从单体城市到多体城市：现代城市主义的关联式理论

> 能研究的从来都不是一个"东西"，而是一种关系，或者说是无限回归的关系。
>
> (Bateson，1978：249；引自 Star，1999：379)

这就引出了我们的最后一个理论视角：最近关于城市和社会变革的大量理论著述，与行动者网络理论和上文分析的较新近的政治经济学方面的成果一样，都可以被大致描述为关联式理论(Amin and Graham，1998a；1999；Allen *et al.*，1999)。这种观点表明："基础设施从根本上说是一个关系性的概念，[只有]与有组织的实践发生联系时才会成为真正的基础设施。"(Star，1999：380)虽然关于当代城市的相关著述很多，而且难以准确界定，但它们都建立在两个基本观点之上。这两个基本观点涉及城市、技术和基础设施网络之间的相互作用，对本书至关重要。

拒绝简单化的空间、时间和地方观念

> 地方本身不是固定不变的东西。它没有稳固不变的本质。我们面临的挑战是要找到运转中的地方，持续动态的那一部分，也是其他事物的一个成分。
>
> (Casey，1998：286；原文强调)

首先，关联式理论的城市和社会理论家拒绝任何这类想法，即认为空间、地方和时间是有本质的、预定义的或固定意义的。相反，关联式理论城市主义者认为，"空间和地方两者都是由空间化的社会关系构成的"，这种空间化的社会关系在实践中长期发挥作用(Allen *et al.*，1999)。地方是通过社会行动以动态的、具体的方式来实现的，不

易简单概括，并随着时间的推移而不断变化。

关联式城市理论帮助我们理解基础设施网络如何调节和建构我们对时间和空间的不同体验。一方面，空间不是一种普遍的欧几里得平面，而是一种多元的、由社会建构的、日益碎片化的现象。另一方面，时间也是多重的、被建构的——一种偶然现象，而不是一些抽象的、普遍的社会事件的容器。

由此，时间和空间都是以各种不同的方式在当代大都市内部共同建构起来的，往往通过不均衡使用和连接网络基础设施来有选择地建构新的社会时间和空间(Casey，1998)。正如奈杰尔·斯里夫特在其长期的地理学研究中所表明的："时间是一种多重现象；许多时间在相互之间的共鸣互动中同时发挥作用。"(1996c：2；参见 Thrift *et al.*，1978)例如，通过每天数十亿美元的电子交易，证券交易所与地球上遥远的地点瞬间相连，而交易所实体本身却往往被生活在街头的无家可归者所包围——这些人的时间和空间仍然是高度地方性的，与遥远的地方和时间相对地没有联系。

所以，地方是一个多样化的社会进程，而不是像现代城市规划师和基础设施工程师的乌托邦图景中经常想象的那样，是一块简单的、有边界的欧几里得式的领域，需要通过物理规划和基础设施网络的配置进行设计和合理控制。地方不是二维地图上的连续区域。多琳·马西认为，它们不是"有边界的区域"(1993：66)。相反，它们是"社会关系和谅解网络中的关联时刻"(同上)。正是这些在城市生活的不同回路和时空中的关联时刻在一个地方内形成(或不形成)的方式决定了这个地方的动态性质。大卫·哈维认为，地方的形成过程中，最重要的是要"协同"。他将地方的形成定义为"多个过程一起流动，以构建一个单一的、连贯的，但又是多方面的时空系统的方式"(1996：260—261)。

城市是一个高速运转的变速箱：单一化或一致性城市的不可能性

> 把城市说成是一个有机的整体，这是一种误导。
>
> （Marcuse and van Kempen，2000：264；原文强调）

其次，从第一点出发，这种动态、多元的地方概念就应该让我们对现代基础设施理想模式中的观念高度怀疑，因为这些观念暗示着城市作为"事物"具有某些基本或必要的秩序、一致性或整体性。如果城市是一种社会进程，而不是"事物"，并且如果这样的社会进程是无数个空间与时间之间进行不断的协同而形成的混沌和动态的结果，那么，城市的整体性、一致性和秩序等概念就不再有什么意义，只是为了能够蛮横地挥舞社会权力。

正如乔·佩恩特所说："城市不是单一的、有凝聚力的或一体化的……[城市中]出现的任何一致性都是不稳定的、转瞬即逝的，而且很可能是不经意间的、不可复制的。"（1999：13）因此，城市和城市生活，尤其是在今天文化混杂和多核化的大都市区，需要被视为"多体"而非"单体"现象（Amin and Graham，1998a；Graham and Healey，1999）。图 5.2 反映了英国从经典的"单一式"或"单体式"大都市到今天"多体式"扩展城市区域的广泛转变。这一转变将许多社会关系和时空经验汇集在一起，不可避免地产生令人不安的协同效应。实际上，复杂的当代城市关系中的"断裂、变形和失调""构成了空间性本身"（Leong，1998：203）。

对于我们理解基础设施松绑和城市支离这一过程来说，这种方法再次意味着，城市内部地理上的接近并不能保证有意义的关系或联系。城市内部和城市之间的关联过于庞杂，太容易受地方和全球地方化网络基础设施调配的影响，因此不可能服从任何朴素的地理定律，认为远处的人和地方没有关系，而近处的人和地方是有关

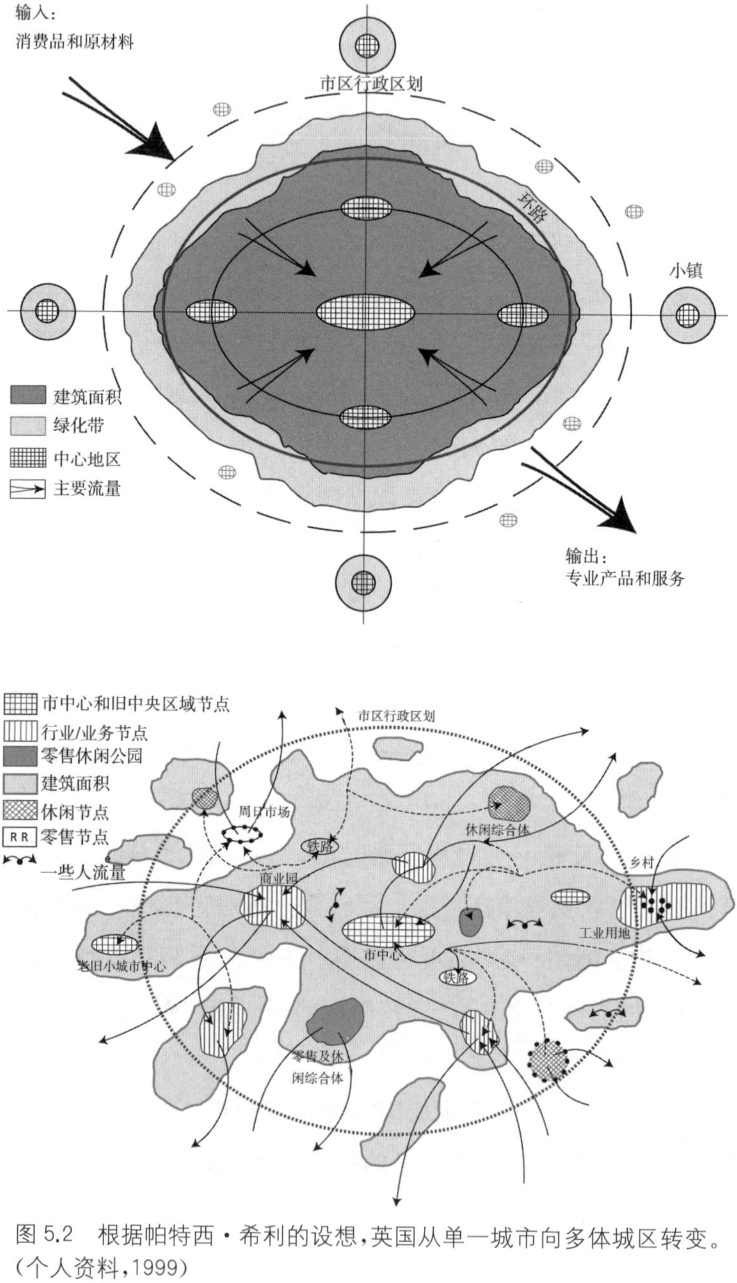

图 5.2　根据帕特西·希利的设想，英国从单一城市向多体城区转变。（个人资料，1999）

系的。

当代城市的空间拒绝按功能和互动进行简单分类；城市的时间模式正在被拉伸和重新配置，超越了传统工业化大都市所特有的工作、通勤和家庭时间这一僵化的常规。城市是一个“高速运转的变速箱”（Wark，1998：3）。当代的城市结构是多重多样关系网络的产品和场所，有着严峻的矛盾和巨大的张力。它们有时相互联系，有时又相互冲突。城市中的时间和空间呈现出“多重折叠的多样性”（Crang and Thrift，2000：21）。

正如乔·佩恩特所说：“城市空间从根本上说是不连续的；从隐喻上说，因为关系网络之间的不融合，城市的结构是‘撕裂’或‘破裂’的。”（1999，25）但是，在这些断开的关系网络中，确实存在着重要的联系；城市生活的空间性依然重要。所以，尽管“城市-区域的多重性比以往任何时候都更像一个支离破碎的万花筒，由明显不相干的空间和地方组成，是图像、标志、功能和活动的拼贴体”，但它们之间的联系仍然“以无数种方式”存在着（Swyngedouw，1998：117）。如蒂莫西·卢克所说：

> 鉴于这些更广泛的结构性演变趋势，原来在具体社会文化空间中呈现的特定场所等方面的真实存在，正逐渐被看得见、摸得着的运营接入设施及想象的信息流所挤占。当然后者并没有完全打断前者，相反，它们是共存的。
>
> （1994：613）

其结果是，要将城市与外部世界分开，已不再是一件容易的事（如果曾经是的话）。现在，（部分）城市已经与外部世界融为一体，因此我们必须非常准确地将城市作为独立的实体来识别。城市的结构是（不均匀的）多孔的，并“暴露”在将其与全球多个时空连接起来的基础设施网络的穿透效应之下(Virilio,1991)。全球范围内的人员、公司、机构、社区和建筑之间的关系,都由刚才讨论的各种全球地方化基础设施所调节。在许多情况下,这种关系可能比它们与城市活动或物理上相邻空间的关系更重要。

因此,当代城市中新的连接和断开的悖论,以及现代基础设施理想模式的崩溃,对我们思考领域性和时间性的方式——这也是人类生活的关键领域——产生了重大影响(Amin and Graham,1998b)。欧几里得的空间概念和牛顿的时间观念的秩序力量,是现代基础设施理想模式的核心,而它们所支持的城市一致性这一概念,也已自行崩溃。例如,对彼得·恩贝雷(Peter Emberley)来说,向全球网络社会的转变,特别是基于即时电子通信和不均衡、定制化基础设施的转变:

> 表明了一种重大的变化,并创造了一种环境。在这种环境中,我们的道德和政治术语的基础——构成人类经验的顺序性、因果性、连续性的空间(封闭性和排斥性)和时间(继承性和时限性)的欧几里得概念——已经失去了其秩序的力量……一切都与其他一切融合在一起;一切都是一个整体,充盈而又虚无,处于永恒的运动之中,处于支离的空间、时间和物体的运动之中。如果说有一致性和一体化,那么这种一致性和一体化不是来自社会强加的权力,而是来自技术网络内权力的流通,来自相互联系、相互依存的机构、实践和知识的流通。
>
> (1989:745—758)

在埃塞盖利(Ezechieli,1998)和卡斯特尔(1996;1998;1999b)等作者看来,通过功能强大的基础设施网络,全球范围内的高价值空间之间的互联互通正与加强的安保、门禁、大门、围墙、闭路电视的投资相结合。而与之矛盾的是，城市内部人们活动和互动的地方边界得到了强化。卡洛·埃泽基利认为：“公司大楼的玻璃围墙，消费殿堂的砖石堡垒，门禁社区贵气、排外的栅栏，代表了城市新的硬边界。”(1998：1)同时，“越来越先进的基础设施连接压缩了空间和时间，重塑了地域格局，挑战了边界”(同上)。

在专栏 5.2 和 5.3 中，我们详细研究了那些或许在对当代城市生活进行关联式理解这方面做得最多的作者(同上)，他们是马丁· 帕利、曼纽尔·卡斯特尔、迈克·戴维斯(Mike Davis)和克里斯蒂娜·博耶。

评估四个观点

本章试图提供本书概念化视角的最后一个要素。为此，本章从四个理论角度出发，进行了漫长而复杂的概念研究。我们认为，这些理论最适合于帮助我们理解基础设施松绑和城市支离的平行过程，这一平行过程包含在“支离的城市主义”这一总括性术语中。

我们着重明确了大型技术系统方法、行动者网络和网络化视角、对资本主义基础设施的空间政治经济学变化的分析以及关联式城市理论的含义，这有助于我们理解连接城市和基础设施网络这一与两头相互联系的过渡期。因此有必要依次简要回顾一下每一种观点的用途。

专栏 5.2　关联式城市理论(一)：“终端结构”和“零缺陷围墙”

我们的第一个例子是关于关联式理论思维如何帮助我们理解当代城市和基础设施的变化，这个例子涉及城市空间中的一个点与远方的基础设施联系的重要性(Pawley，1997)。因为随着公司的各种行为日益成为持续受控的、跑在物理及电子网络上的物质与信息流，这种基础设施连接的绝对可靠性和质量对强大的国际行动者越来越重要(Pawley,1997)。这一想法与上文讨论的博任纳(1998c)的“全球地方化尺度修复”概念产生了强烈的共鸣。

城市中最强大和最有价值空间的全球-本地网络连接的安全性现在已经达到了最重要的程度。建筑物越来越被看作是连接巨大的基础设施与遥远地方的终端。此外,这种连接在当代城市结构的内部、地下和地上都有不均衡的发展,在很大程度上是一个由硬件、技术和基础设施组成的无形的整体,在建筑和街道的视觉结构下微妙地交织在一起。为企业用户在高价值空间中的需求而定制的优质基础设施连接,开始成为网络发展的主导逻辑。例如,考虑到:

• 全球金融服务的极端敏感性,一天的交易可能会因为光纤电网的瘫痪——比如说在道路工程的壕沟里乱放铁锹——而造成14亿英镑的损失(Pawley,1997:179)。

• 全球航空、能源或电信网络某部分的一个计算机故障可能使整个国际系统陷入代价高昂,甚至可以说是危险的混乱状态。香港新机场启用后,电子计算机化的行李和货运处理系统出现故障,导致整个亚太地区的空运和行李交通系统完全失控,造成数亿美元的损失。这就是一个证明。

• 恐怖主义袭击或城市中心的停电迅速导致经济近乎崩溃(如1997—1998年冬季在伦敦码头区和伦敦金融城发生的爱尔兰共和军炸弹事件,以及奥克兰市五周的电力中断)。

• 复杂的“及时配送”的后勤流动一旦中断,可能会在全球范围内扰乱一系列工厂和交通网络的运作。因此,基础设施行业越来越强调“后备”服务的复杂性——无人值守的计算机中心位于保护严密的地堡式建筑内,随时准备投入使用。

网络连接满足边界控制

对最脆弱的网络枢纽的边界控制、安全和监视开始达到军事化的程度，也就不足为奇了。人们建设并叠加了多条优质的光缆回路、水电供应线路，唯恐发生任何故障。这为建筑物与其他地方的网络连接增加了弹性。

“终端建筑结构”

通过这些过程，出现了中心的后现代组合，即密集的网络空间和马丁·帕利(1997)所说的“终端建筑结构”。同时，这些受到严格保护的建筑结构——证券交易所交易大厅和计算机中心、物流中心、机场、后台办公室——似乎与周围的城市区域建立了高度控制的关系。在这种“隐身建筑”或“零缺陷围墙”中，“计算机控制的机械和电子设备的成本……往往可以超过其建筑成本”(Pawley,1997:184)。

基础设施网络成为保护周边城市空间的一种手段，同时将其内部运作与全球流动和相互联系的载体紧密联系在一起。随着建筑物通过定制的基础设施与其他地方的关系性连接开始调节经济互动的比例越来越大，基础设施网络上的拓扑位置开始定义空间的位置(编号的高速公路站、计算机地址、航空目的地)。

帕利(1997:194)在谈到新的金融交易场所被巧妙地融入伦敦这样的“世界级城市”结构中时认为：

> 这些单调的、被高墙围住的建筑是抽象的、无形的、数字网络可见的表现形式。这些网络现在通过集装箱港口、机场和火车站、自动冷冻库、封闭仓库、大型卡车公园和流动房屋的

临时宿舍，将欧洲共同体所有国家及其邻国联系在一起。

帕利(1997:171)甚至认为，"终端建筑结构"将城市空间勾连，比网络与周围城市(无论如何，城市正在被卷入不连贯的、移植性的城市领域)的勾连要重要得多。对他而言，对建筑行为更好的理解是，可以把它看作是为支撑现代生活的系统和网络提供终端，而不是创造文化遗迹(1997:97)。

对帕利来说，城市性是"一种在时间上即时、在结构上有无限孔洞、在方向上全向的现象"。这就颠覆了任何城市一致性的概念，也颠覆了连贯的基础设施网络的城市规划(1997:171)。根据这一论点，建筑和城市主义面临的挑战是承认而不是掩饰当代建成空间密集的基础设施网络化。这样一种实践——帕利称之为"后城市终端建筑结构"——"将带来一个戏剧性的转变，即从对圈地文化的崇拜，到后来才认识到为我们提供运输、能源、营养和信息的隐藏网络才是现代世界的真正财富"(1998:9)。

专栏 5.3　关联式城市理论(二)：当代城市景观中的连接悖论

我们关于关联式城市理论的第二个例子涉及城市是如何构成的，即城市与远方的紧密联系和相邻地方之间的深刻分离，这两者之间显然是矛盾的组合。正如沃尔所指出的，由当代发展起来、经高度设计和规划的飞地与当代城市蔓延景观中更广泛的城市空间之间似乎存在着激烈的矛盾。他认为：

> 当我们游走于当代城市时，矛盾对立的现状因为城市的分散而立即变得相当明显。一方面，这座城市由高度规划的私

人建筑群组成，通常是大型的商业或住宅开发项目，许多领域的技术顾问花了好几年的时间才将它们整合在一起。另一方面，城市的大片区域似乎无人问津，形成了一种熵的景观。

(1994:8)

可见，对城市内部的人、机构、建筑和企业来说，在城市的不同时间和空间，紧密的全球联系并不具有普遍性。相反，它们往往在空间上、资金上和技术上都是针对城市内部和城市之间更有实力和经济价值的空间和用户而定制的。这种强大的联系往往与新兴的大都市中"飞地群岛"之间本地联系严重脱节这一情况相关——这种几何图形鲜明地反映了当代城市世界(在发达、发展中等背景下)极化的社会结构。

在开展有关当代城市结构调整的关系性理解方面做得最多的三位评论家是曼纽尔·卡斯特尔、迈克·戴维斯和克里斯蒂娜·博耶。

曼纽尔·卡斯特尔关于网络社会的论点

曼纽尔·卡斯特尔(1996;1997a;1998)认为，信息技术和电信应用的显著增长是向一体化、全球化、网络社会转变的主要支持力量。这个社会不均衡的建筑与"可变的几何结构"必然与这些技术的应用有关，助推了城市空间的支离和分化。这是因为所有的空间都被纳入了一个关于人与地方衔接的综合性逻辑之中。该逻辑以全球化、非对称性力量和高度差异化为基础，他称之为"流动空间"——指在当代资本主义社会中占主导地位的以技术为媒介的资金、资本、信息和媒体的不断流动。卡斯特尔认为，朝着这样一个网络社会转变意味着社会经济上的富裕群体——他所说的"高价值(基于信息劳动的)生产者”——到处都在与全球通信基础设施建立起强大的联系。这些都是为他们的生活、工作和娱乐的城市-区域和空间量身定做的。所有城市中的精英空间通过高容量的定制基础设施成为“超级链接”,通过这些基础设施,他们在相当强大的位置上与全球“流动空间”连接(Offner,1996)。

然而,另一方面,卡斯特尔认为,几乎所有国家和城市都受到了社会逻辑和地理逻辑脱节的影响,因为对网络社会的逻辑没有任何功能性用处的冗余的、贬值的劳动力——通常是郊区、贫民窟和棚户区的体力劳动者——越来越远离社会和经济生活的正常轨道(不仅在城市,也在全球范围内)。这些群体面临着就业前景的崩溃和贫困的加剧。

迈克·戴维斯对美国大都市社会空间种族隔离的看法

在迈克·戴维斯看来,美国庞大的网络化大都市越来越多地包围着日益衰败的城市核心区破旧的基础设施,犯罪、疏离和失业集中于此(1992:6)。戴维斯的设想借鉴了洛杉矶的经验和网络朋克科幻小说中的黑暗描写。新的网络化基础设施在私人资本、压制性政策和特殊的基础设施措施的支持下,向城市的边缘地区集中。随着全球资本和更富裕的社会群体纷纷撤离,旧城市的连贯性随之崩溃。根据这一论点,全球经济融合可能与地方社会分化并行。正如罗杰·凯尔(1994:131)所说:

> 全球资本的空间日益融合,而不同地方的社区却在不断分化。对抗全球资本利益趋同的唯一力量难道是下面这种日益分离的部落化社区?这些社区相互戒备,彼此隔离,挤在高速公路分割而成的空间中,时不时听到电子高速路上疾驰而过的汽车带来的轰鸣声。

在许多城市景观中，人们越来越强调退入后现代城市的企业、家庭、消费或交通的保护茧中，同时利用功能强大的网络，特别是高速公路、电信、电视等网络，将自己的行动延伸到城市区域内外更广泛的社会世界。这种趋势威胁到了现代基础设施规划遗产的“公共”性质，尤其是街道。正如最近关于网络空间和城市的辩论所表明的，它们也趋向于退到这种新的中介形式带来的体验中去（参见 Robins，1996；Graham and Marvin：1996）。

克里斯蒂娜·博耶“规划良好的”城市和“规划不良的”城市

我们最后一位关联式城市理论家克里斯蒂娜·博耶（1995：82）也谈到了美国城市。她认为，当代的结构调整趋势支持了她所说的“规划良好的”城市与“规划不良的”城市的分化。

所谓规划良好的城市是“由一系列精心打造的节点组成的城市，这些节点根据一整套设计规则或模式而生成”（1995：81）。这样的城市是“切割的，分层的，就像一个精心设计的自我封闭的空间网格，其中的间隔空间被遗弃或被忽视”（同上）。简而言之，这就是高价值的空间和区域组成的群岛——金融和企业区、文物区、休闲区、媒体和文化区、购物中心、节日市场、主题公园、富人区、医院和大学区、研究开发园区、高科技商业园区等。这些都是定制化基础设施建设的重点。此外，这样的城市还因其基础设施与机场、高速公路、电信、能源和水等非捆绑式连接而受到青睐。对于生活、工作和娱乐的富裕和高收入人群来说，规划良好的城市“是*可描摹并被记住*的”（1995：82；原文强调）。

但是，另一方面，还有一种规划不良的城市：包围和穿插在城市中的“被遗弃的部分”（同上）。它在很大程度上是“不可见并被遗忘的”。由于脱离了精心设计的节点和主要的基础设施网络，规划不良的城市实际上“没有任何形式或容易辨认的功能”。

作为“连接两头的连通性空间”，拥有最薄弱、最脆弱的网络化基础设施，规划不良的城市仍然很容易被居住在规划良好城市中的强大群体所遗忘（同上）。在基础设施松绑的过程中，这个规划不良的城市可能会相当糟糕。它不仅会失去凯恩斯主义和垄断式网络管理模式中固有的交叉补贴，而且很可能无法吸引新的私营企业进入交通、能源、通信和水市场。

大型技术系统方法的观点

大型技术系统方法（LTS）的观点为当今城市与基础设施之间关系的转变提供了有力的洞见。遗憾的是，尽管它在很大程度上忽略了基础设施网络不可避免的空间性，但它将创新群体连接在一起（有时）来获得网络化基础设施系统性。这种独特的方式为我们提供了丰富的视角。它还有助于解释基础设施技术和服务如何扩散并成为黑箱子，渗透并调节了大部分社会和经济结构（这一过程让我们觉得这些基础设施和网络是随处可见、无关紧要的永久存在）。

此外，LTS 的观点已经开始表明，目前基础设施的重新配置或松绑可能是某种长期历史趋势的逆转。这种历史趋势是指在城市内部和城市之间建立更多地域上统一的标准化基础设施。因此，我们可以将网络的松绑解读为把基础设施从其黑箱子中取出来，并在社会和技术上进行重新配置的过程。这个过程“混乱”而复杂。在此期间，各机构各显神通，力图通过各种前所未闻的新奇方式改造出许多社会、技术产物。

行动者网络理论和赛博格视角

行动者网络理论和赛博格视角从三个方面补充了这种认识。首先，它们提醒我们，在“技术”和“社会”或“基础设施”和“城市”之间是否可以做出任何有意义的区分——考虑到它们之间是如此无缝地交织在一起。正如身体与技术之间界线的模糊，使两者合二为一，成为赛博格，当代城市也是如此。当城市内的一切都被无缝整合进技术网络链中，并连接到遥远的地方时，我们就不能再假设"城市"，或者说基础设施，如纯粹的现代主义者们所看到的那样，是可以被分离或分类的。

第二，这种观点突出了基础设施网络的脆弱性。它们强调了构成这些网络行动者巨大的异质矩阵。它们强调需要不断努力，以确保所有的构成要素以理想模式重塑空间和时间。如果说松绑的网络正在构建远距离的能源资源、水资源储备、交通和通信机会，并在城市内部和城市之间针对世界上的特定地区进行建设，那么我们应该记住，这项任务需要社会做出的努力是多么巨大。看看基础设施网络崩溃带来的影响，无论是战争还是自然灾害造成的，都有力地说明了它们的脆弱性和使其正常运行所需的持续努力。

最后，行动者网络和赛博格视角的分析有助于我们敏感地注意到网络化基础设施带来的微妙影响，特别是当它们分解成无数的定制化和碎片化的时空布局时。我们心里非常明白，在空间上可以接近接入网络——通过电话、供电点、高速公路支路、互联网接入点、机场或其他——但实际做起来却完全是两回事。疏通网络这一逻辑越来越意味着，空间上的接近和网络接入之间的这种无限距离已经深刻地融入了城市生活的结构中。

因此，城市内部的诸多社会和经济世界，特别是(但不限于)南方城市的许多社会和经济世界，可能被水管、电网、电话和电缆线以及快速公路所包围，却被完全排除在这些网络之外。正如南非德班的电力铁塔照片所展示的(参见插图 3)，这种情况确实可说是"咫尺天涯"——空间接近，但关系断裂。

资本化城市基础设施的空间政治经济学视角

我们的第三种观点，即空间政治经济学观点，进一步深化了对这种与基础设施发展紧密相关的权力关系进行的分析。分析家们在这里提供了一个强有力的综合性观点，即基础设施网络的生产和重新配置与城市和资本主义城市景观的生产和重新配置密切相关。这再一次使我们能够克服技术和空间过度分离、技术和空间决定论这些观念。相反，我们认为这两者在当代资本主义的动态政治经济中是内在地共同产生的。

技术或基础设施不仅仅是在物质上具有影响力的事物，它们还作为权力、统治和（试图的）社会控制的内置型工具而出现。它们在本质上是地缘政治和社会现象，被沉入到某些特定空间而不是其他空间。此外，城市成为资本主义政治经济争夺的地盘。它们是动态的空间，与充斥并穿越其中的基础设施网络始终处于一种不安的紧张状态。传统的城市作为有边界的空间容器的观点，与基础设施网络不同的克服空间和时间障碍及不均匀压缩时空的能力——就像当前的“时空压缩”时期一样——处于一种永久的动态关系之中。城市空间及城市之间的地缘政治通道充满了斗争，为极不均衡的克服时空限制的能力而展开争夺。

此外，通过卡斯特尔、博任纳、斯温格杜、吉莱斯皮等人的论点，我们开始清楚地看到，城市和基础设施发展的政治经济学变化是如何支持了以基础设施网络松绑和城市碎片化这一平行过程为基础的发展逻辑的。卡斯特尔的“可变几何结构”和博任纳的“全球地方化尺度修复”都是（至少部分是）建立在对传承自现代理想模式、具有垄断性和一体性的基础设施进行重构的基础之上。越来越多的量身定制、非捆绑式的基础设施网络利用新技术的力量打破过程中的自然垄断，将其取而代之。这种基础设施网络主要针对的是城市内部和城市之间高价值的经济和社会空间。

通过隧道效应和全球航空、光纤、卫星、铁路、公路、海洋以及越来越多的能源和水网的全球尺度修复，这种高价值的空间和用户越来越多地融入枢纽和辐条网络。所有类型的城市都证明，这个逻辑也支持了非价值空间和用户与网络的错位和疏远。在这里，我们再次遇到了时间和空间的关系视角，证明了物理上的接近如何与关系上的割裂相结合，地理上的距离如何与关系的密切程度相结合（通过高能基础设施的隧道效应，这些基础设施的运行原理是全球地方化旁路）。

最后一点，空间政治经济学的观点使我们能够有效地打破地方和全球的二元区分。这些观点表明，我们正在从基础设施网络与笛卡尔式空间或区域相匹配的时期进入另一个时期。在这个新的时期，所有空间尺度的基础设施和区域，从全球航空和光纤网系统到地方公路和公用事业网，它们之间的联系都越来越以基础设施枢纽、辐条和隧道效应为特征。当然，把基础设施网络与邻里、城市、区域、国家之类具有确定边界的区域“硬性匹配”的思路现在显然变得越来越不可靠。

关联式城市理论

我们的最后一种方法，即关联式城市理论，进一步阐明围绕着基础设施网络的建设、使用和重新配置而产生的矛盾张力是如何与作为地方和社会技术过程的城市社会建设和发展捆绑在一起的。这些观点进一步推翻了以下一系列观念：时间和空间是普遍经验的整体；城市作为地方，具有必要的一致性；我们可以假设临近的地方中发生的活动比相距遥远的地方中发生的活动更有关联性；或者我们可以简单而无争议地描述城市的整体性。

关联式城市理论也起着很大的作用，它开始阐明紧密联系的高价值空间与被排斥、被断网的空间这两个平行世界是如何矛盾地交织在同一城市结构中的。这正是我们在对马丁·帕利的“终端建筑结构”和克里斯蒂娜·博耶的“规划良好的”城市和“规划不良的”城市的讨论中所展示的。

结论

对我们来说，我们在本章中展开的多学科理论之旅，使我们得出了四个明确的结论，即我们如何理解支离的城市与松绑的基础设施网络之间的联系。对于本书来说，这四个结论为我们着手进行第二部分的经验性章节的研究提供了明确的基础。

所有这四个观点都有力地强调了第一个结论：城市和基础设施，或者说社会和技术之间的内在活力和无缝的相互依存关系。城市基础设施是材料、技术、社会机构、文化价值和地理实践的异质集合体。城市被紧密联系在一起的社会和技术集合体所支撑，这些集合体以越来越无缝的方式相互建构。这种相互建构使得功能主义的城市和技术分离，就像身体和技术的分离一样，在赛博格式的视角下变得毫无意义。事实上，城市是最大的社会技术混合体。城市生活的每一个方面都完全被基础设施网络这些异质“丝线”和“毛细血管”所浸润，并依赖于它们。所有这些异质丝线和毛细血管都在微妙的分层互连和调节模式中运作（Graham，1998a）。

然而，在当代城市世界中，现代基础设施理想模式失败了。它的欧几里得空间和牛顿时间的本质主义概念，功能规划走向单一的城市秩序，支撑一致性城市的单一网络，都陷入了瘫痪。它在很大程度上无法应付这个分散、破裂、断续的世界。当代城市世界有着多重时空、多重连接与断开，以及叠加在城市之上的赛博格式细丝线。

第二，城市基础设施网络的稳定性只是暂时的。表面看起来它们是固定的，但它们从来都不是稳定的或持久的，至少如果不坚持维护它们之间的连接通道的话，它们就不会持久。它们的复杂性，以及让它们跨越时空维持控制时带来的困难，往往会造成不稳定、动荡甚至崩溃。此外，在社会和经济转型时期，基础设施网络很容易被淘汰，尽管作为沉没的资本，其有形的遗产往往是城市场景中非常持久的一部分。

第三，上述讨论为我们理解当代城市转向支离增加了很多内容，让我们理解了网络松绑和城市支离是平行的相互构成的过程。在当代世界中，远方的基础设施连接在调节交流和互动中的价值越来越高，一种中心式城市动态正在出现，主张与其他地方完全可靠的全球地方化连接占首要地位。因此，城市的碎片化和基础设施松绑的中心化动态关系降低了对城市内部标准化连接结构的重视程度。而与此同时，对城市内高价值点之间以及这些空间与其他地方之间专业化、高容量的连接则被肆意夸大。

这种转变表现在对行动者网络和社会技术组合的无数构建和重构，以及对许多以前被认为是理所当然的大型技术系统去稳定化和去黑箱子化。它表现为基础设施发展在空间政治经济学上的变化，而且它正在被巧妙地融入许多城市内部和城市之间的连接性结构中。

相应地，随着城市内部和城市之间的网络化基础设施以或巧妙（通过出入控制技术和加强监视）、或公开（通过围墙、城墙、精心控制的通道、大门和“零容忍”的治安管理）的方式被重新设计，物理和网络空间往往倾向于将自己与城市结构的其他部分隔绝开来。高价值空间、区块和建筑往往从更广泛的城市时空和回路中撤出，因为这些更广泛的城市时空和回路被视为威胁，有可能会破坏高价值空间、区块和建筑与国际资本主义交流和联系的无缝融合。对于这样的空间以及这些空间的使用者来说，“交通、交流是重要的日常活动”（Thrift，1996a：286）。城市基础设施的方向和结构的转变必须同时涉及重塑时空权力关系的社会结构和网络的异质性。

这样我们才能理解，为什么目前我们看到人们非常重视将城市的一部分和某些城市空间与远方连接，而与此同时，统一、协调发展的单一基础设施网络所服务的一体化、连贯的城市概念正在普遍崩溃。基础设施的媒介作用正变得越来越重要，它将城市核心区及周边的城市都拉进了城市星球，其界线不仅由城市物理空间中的城墙、围墙、障碍物所界定，同时也日益由网络及基础设施带来的区隔所定义，可以说是这两者共同作用的结果。简而言之，我们“已经越来越难以想象城市是一个有明确的边界，明确的环境、地方和场所的时空”（Thrift，1996a：290）。

但其他地方的连接仍然是惊人的不平衡。它们将城市结构折叠和扭曲成一个多重的时空回路，社会代理人试图通过它来行使权力。在这种情况下，当以网络为媒介的交流形式完全正常化时，断网或交流和互动的中断就有可能成为一种更绝对的排斥形式。

例如，对于博耶所说的规划不良的城市居民来说，他们并不是定制化基础设施的关注重点，也不是光纤网络、宽带电信服务、现代水务、电子金融和经济力量连接，或汽车、航空快速连接的重点。他们的城市空间有更大的孔隙，流动和交换的意义对他们来说可能只是买买洋快餐，看看廉价的进口电视（Massey，1993）。公共网络垄断企业，不论是街道空间、能源、电信、交通或水的垄断企业，可能也没有什么救赎方法，因为它们也会把自己重新设计成公司或准公司机构，以解决规划良好的城市回路中人们对基础设施的需求。

本章最后的结论是，这四种观点都强调通过起作用的社会关系动态地开展工作，而不是使用尺度、空间、技术、城市、机构、结构或身份这些本质化和僵化的概念。很显然，只有保持对基础设施网络、技术动能、城市空间和场所这些关联性概念，我们才有可能充分理解它们之间不断变化的关系。尤其是在当下这个明显的基础设施松绑和城市碎片化的时期，关于领域、时间性和网络之间的自然关系这些旧概念已经完全不合时宜。

拉图尔的"网络链"(1993，120)这一概念与关系型集合体相关。这种集合体将技术网络、空间和地方与这些网络的空间和地方用户在交流、连接和断开等复杂、折叠的地理环境中联系起来。地方与以技术为中介的网络之间的联系是紧密而重合的，将空间和地方与技术网络分开进行定义是不可能的，正如反过来将技术网络与空间和地方分开来进行定义也是不可能的。当基础设施松绑和城市碎片化的相关过程正在进行时，情况尤其如此。因此，基础设施网络的松绑式配置与城市空间新配置的产生不断巧妙地重新组合在一起；要了解基础设施的松绑，就要了解城市的碎片化。反之亦然，两者缺一不可。

在第二部分中，我们继续推进这些观点，对世界各地各种情况下网络松绑和城市碎片化的关联动态进行详细的实证分析。在下一章，我们将从探讨当代城市不断变化的社会景观开始。

第二部分　探索支离的大都市

插图 9　位于纽约曼哈顿西南端巴特利公园城的世界金融中心。该中心是典型的优质网络空间，是为全球金融服务公司及其员工配置的飞地。该开发项目拥有自己的基础设施：学校、服务机构、商店、码头、公园、高速公路连接、内部私人冬季花园以及横跨高速公路与世贸中心的天桥。摄影：斯蒂芬·格雷厄姆

权力机构生产空间，通过……切割空间、区分一块块空间、使用和滥用边界及标记、制造尺度（从身体尺度开始，到区域和国家尺度，再到全球尺度）、控制不同类型的边界内部及跨界的运动等方法。

（Steve Pile，1997：3）

网络社会已经突破了人类与非人类之间、民族国家之间、文化与物质之间的极限。但是，在身处新领域的全球性公司的推动下，网络社会又创造了新的边界：在那些允许进入的公司与未能进入的公司之间。

（Scott Lash，1999：344）

［基础设施］网络往往增强了强者的力量，同时削弱了弱者的谈判能力。同样极其重要的是，要认识到这种网络在允许消费与生产、富人与穷人分离以及由此产生的漠视——一度被视为公民和社会责任的东西——这些方面所起的作用。

（Ellen Dunham-Jones，1999：11）

现代人认为追求私利会带来自由的承诺，却被围绕在大都市自身这一现代性之谜周边的每一块地域不可跨越的界线所嘲弄。

（Alan Waterhouse，1996：xxi）

第六章　支离城市的社会景观

插图10　巴西圣保罗中部带门禁的公寓大楼。摄影：斯蒂芬·格雷厄姆

> 贫富之间日益加深的空间隔离，不论是在国家内部还是整个世界范围内，都界定着我们这个时代，并且在加强权力集中的同时，也使落后者边缘化，造成新的贫富极化。这种分化在过去的20年里不断加剧。
>
> （Bruce Cumings，2000：19）

> 对于那些拥有地球的人来说，全球都在缩小；对于流离失所者或被抛弃者、移民或难民来说，没有什么距离比跨越国界或边界那几英尺更令人敬畏。
>
> （Homi Bhabha，1992：88）

基础设施松绑的社会维度与支离的城市主义

本章我们开始讨论第二部分的任务，即对各种城市背景下的城市支离过程进行两个专题性的实证分析。我们所面临的挑战是探讨城市基础设施和技术革命如何与世界各地城市的社会变革联系在一起。我们将以北美、欧洲、澳大利亚、亚洲、非洲和拉丁美洲为例，尤其要研究当代城市社会景观的变化。

本章讨论两个问题。第一，基础设施松绑的过程是如何融入更广泛的城市社会变革过程中的；第二，基础设施网络广泛松绑时，城市社会景观同时以何种方式重构。

本章分三个部分探索城市支离和基础设施松绑相互支持的过程。第一，我们通过分析基础设施松绑和城市支离这一并行过程的三个关键社会维度来设置场景：社会极化的大趋势和分离式网络空间的构建、网络交叉补贴的退出，以及信通技术（ICT）对社会极化的影响。

第二，我们回顾了城市的“诱惑空间”和安全性是如何与先进、功能强大的优质网络化基础设施（收费高速公路、宽带电信、封闭式的“准私人”街道、购物中心、天桥、定制化的能源和水务服务）捆绑在一起的。这些联动的网络和空间综合体共同为当代大都市中的精英和高收入群体提供了分离式网络空间——购物中心、娱乐休闲楼盘、门禁社区、智能住宅等。

第三，我们探讨了一些因基础设施松绑和城市支离而留下的空间。我们展开了对当代大都市网络贫民窟的探讨，并分析了那些因当代城市重构而被边缘化的人们的家园。

极端时代的城市景观：支离的网络空间和更大的都市

> 今天，第三世界的许多地方向欧洲展示了自己的未来。
>
> (Ulrich Beck，1999：3)
>
> 1996 年《福布斯》杂志列出按美元计的 447 位亿万富翁，其股票财富超过了世界上 60 亿人口中最贫穷的一半人的年收入。
>
> (Coyle，1997：11)

为理解支离的城市和基础设施松绑这一平行趋势的社会重要性，我们需要强调三个支持性趋势。第一个趋势是在全世界去中心化和多核心的城市景观中，社会和地理上出现了广泛的极化转变。罗宾逊和哈里斯认为，在核心发达国家中，大约 30%—40% 的人口——在发达国家中更少——现在各全球经济体中有效地“定居”，拥有可提供宜居收入、一定程度的安全感和维持或扩大消费机会的工作（Robinson and Harris，2000：50）。在第二层次的人口中，约 30%在核心地区，20%—30%在全球边缘地区，形成了一支日益壮大的临时工大军，他们面临着长期的不安全感，并缺乏社会或健康福利。而处在第三层次的人——核心区约 30%，外围区约 50%——被结构性地排除在生产活动之外,“在福利型和致力于经济发展的发展型国家的支离和拆解中完全没有得到保护”。罗宾逊和哈里斯将这些人定义为全球资本主义的冗余人口(同上)。

联合国在1999年报告中说,1995—1999年间,世界上200个最富有的人的财富增加了一倍,达到1万多亿美元。而与此同时,13亿人每天的生活费仍不足1美元。1983年,世界上最富有的1/5与世界上最贫穷的1/5之间的资源差距为30∶1;到1990年,这一差距已变为60∶1;到1999年,这一差距为74∶1,而且还在继续恶化(Denny and Brittain,1999)。

因此,所有城市的新社会经济的特点似乎是,社会经济精英和富裕的专业阶层的报酬越来越高,而那些无法成为城市社会经济变化中所谓的“符号分析师”的社会和地理群体,其贫困化程度却越来越高(Reich,1992)。大卫·马西(David Massey,1996)认为,诊断的结果一定是我们生活在一个城市的“极端时代”。特别是在西方国家,社会再分配全面退出,与城市劳动力市场的两极分化结合在一起,“迎来了一个新的时代,在这个时代里,富人的特权和穷人的劣势越来越多地通过地理手段而加剧”。在城市经济结构进行调整、城市贫困及社会极化加剧的背景下,这种趋势的出现毫不奇怪(参见O'Loughlin and Friedrichs,1996;Castells,1998;Sassen,2000b)。

恩佐·明焦内(Enzo Mingione)提出,在所有发达国家的城市中,“新的城市贫困与公民身份和社会包容体系之间的冲突日益加剧”(1995:196)。虽然各个国家和城市之间的经验存在着相当大的差异,但双重劳动力市场在许多情况下与福利结构调整相结合,破坏了战后经济繁荣时期建立起来的包容性更强、但又很脆弱的城市发展网络,包括福利国家和公共住房的完善(Musterd and Ostendorf,1998)。与此同时,最贫穷的社区依靠差劲的非全职服务性工作和劣质公共或社会住房,其实际收入往往是下降的(Sassen,2000b)。

这种“极端时代”被蚀刻到了国家和城市之间以及国家和城市内部的社会景观之中。随着世界范围内城市人口的增长，这种情况尤为如此（UNDP，1999：36）。结果似乎是，在世界上几乎所有地区的城市中（发达国家、发展中国家、新兴工业化国家等），“穷人对相对匮乏的意识越来越敏锐，而富人的恐惧感也日益加剧”（Massey，1996：395）。多尔和克拉克（Doel and Clarke，1998）称其为后现代城市普遍的“环境恐惧症”。这一特征还与国际迁徙以及城市中各族裔和文化群体的融合有关。

这种担心和做法有可能支持大都市中富人和穷人社会经济循环的分离。“在全球范围内正在形成的社会生态中”，马西预言，“富人将越来越多地与其他富人生活在一起，并与其他富人互动，而穷人将越来越多地与其他穷人生活在一起，并与其他穷人互动。富人和穷人的社会世界将分化”（1996：409）。放开房地产市场的转向可能会使极化更进一步，因为通过定价，可以将低收入群体从高需求和高价值空间中排挤出去，而与此同时，许多国家的大规模再分配和福利住房计划也遭到了破坏或被取消（O'Loughlin and Friedrichs，1996）。

相互支持的过程：基础设施的松绑和城市的重新捆绑

> 我们创造有凝聚力的群落。
>
> （购物中心和主题公园建筑师乔恩·捷德，1999：152）

具有讽刺意味的是，富人和穷人之间的地理距离实际上可能正在缩小，因为在许多城市中，较富裕的群体在之前较为贫穷的地区选中了某些小块区域，对这些区域进行绅士化改造后入住（参见Caldeira，1994；Smith，1996）。在这种情况下，较富裕和较有实力的群体以及以这些群体为市场目标的房地产、零售、住房和基础设施行业，试图通过其他战略，以及简单地拉大地理距离，退出（他们视为危险的）与较贫穷群体的接触。

其结果是努力将我们可以称之为封闭的分离式网络化空间拼凑在一起。这些建成空间和网络化基础设施紧密地结合在一起。它们包括购物中心和商业园区，以及将富人送抵这些空间中心的高速公路和汽车；有门禁的社区、宽带光纤以及与其他地方的高速公路连接；市中心的空中花园城市，定制的能源、水和安全服务；机场、主题公园和城市规模的博物馆建筑群，以及专用的交通系统和铁路。

这种分离式网络化空间的生产多方面利用安全、城市设计、金融、基础设施和国家实践，试图将富人和穷人的社会和经济生活分开。迪克和里默（Dick and Rimmer，1998）认为，随着分离的飞地变得更加宏伟和庞大——包括住房、工作空间、度假和主题公园活动、休闲、娱乐和文化景点——这种综合体实际上代表了城市的重新捆绑。

以建筑代替城市：城市大型项目

乔恩·捷德完美地诠释了这一论点。他是一位打造了一批最大规模和最有影响力的重新捆绑式建筑综合体的建筑师，如加州洛杉矶的城市大道、日本福冈的博多运河城和中国台北高 19 层、占地 200 万平方英尺的京华城综合体。在他看来，"城市建设的艺术随着当代房地产按用途隔离的理论和功能化现代城市规划的实践而消失了"，他说"我们现在有了办公园区、文化中心、政府区等，却没有了城市"，他认为他最大的项目任务就是"将城市从目前的混乱中重新组合起来"（引自 Wieners，1999：307；参见 Jerde Partnership，1999）。

就像基础设施网络得到松绑一样，许多城市的建成空间也趋向于重新捆绑。这两个过程相互支持，并试图将新的精英式的社会技术性配置从更广泛的大都市中分离出来。在许多当代城市——包括北方和南方——其结果是一个马赛克式的综合开发项目(Knox,1993b):将购物和娱乐购物中心、富人住宅综合体、酒店和会议中心、商业公园、主题公园、机场综合体、翻新的遗产和文化区、度假区、富人住宅飞地、行政区域等进行综合开发。每一个空间往往通过高速公路、设计策略和安保措施与较差的区域隔开,而较差的区域往往在地理上被这些空间包围或与它们相邻。这种新的城市景观,罗文·摩尔(Rowan Moore)认为:

> 体现在购物中心、机场、新的住宅飞地,以及像主题购物中心或机场零售区这样的综合体中。每个空间都给人一种自给自足、包罗万象般的由人工营造出来的体验,这种体验既可控又受控。它们之间的空间被视为背景,就像你从一个空间到另一个空间时透过车窗所看到的。
>
> (1999:10)

这类城市开发的大型项目代表了新的专业化城市开发产品,通过国际化房地产资本以及规划和设计咨询公司的运作,正在全球范围内迅速扩散(Logan,1993;Peacock,2000)。举例来说,表 6.1 列出了 1995 年环太平洋地区各城市正在开发或计划开发的城市大型项目。城市当局努力确保由诺曼·福斯特、弗兰克·盖瑞或雷姆·库哈斯等明星建筑师进行设计建造,这有助于进一步鼓励建造高端大厦,作为象征性资本,显示东道主城市作为全球流动网络上的一个节点的活力(Dunham-Jones,2000)。

所有这类开发项目旨在通过精心打造飞地式整体环境(Crilley,1993:127),包括一系列的用途,并根据地理人口营销的逻辑进行区分,实现利润最大化(Knox,1993b)。在这种城市的重新组合中,赌场、主题公园、多厅电影院、虚拟现实中心、酒店和交通设施与办公室和富人住宅一起建在综合性“宏大建筑”中(Cerver,1998:29)(见图6.1)。弗朗西斯科·塞韦尔(Francisco Cerver)认为:“虽然城区实际上已经扩展并分散,甚至到了其领域与大都市互为同义词的地步,但与此同时,在城市内部,新的建筑出现了,它们比城市本身更像城市的建筑;也就是说,它们是城市象征的集中性提炼和强化。”(1998:29)在他看来,这个过程就是“建筑对城市的替代”,按照雷姆·库哈斯的说法,建筑师们将这一趋势称为通往“宏大”的转向(同上:30;Koolhaas and Mau,1994:510)。

表 6.1 1995 年环太平洋城市正在开发或计划中的大型项目

项目	估计大小(公顷)	开发商	估计成本(10 亿美元)	约开发时长(年)	大约竣工年份
温哥华					
太平洋广场	80	私人	2.3	10—15	2005
煤炭港	41	私人	0.760	10—15	2005
旧金山					
使命湾	127	公共/私人	2.0	25	2018
悉尼					
达令港	54	公共/私人	1.3	10	1993
墨尔本					
贝塞德	31	私人	0.670	5—10	争议中
墨尔本海港新区	150—2 200	公共/私人	0.860(至少)	20	建议
阿德莱德					
多功能城	3 500	公共/私人	3.3—6.6	30	不确定
雅加达					
苏迪曼中央商务区	44	私人	3.2	10—15	1995—2007(阶段性)
新加坡					

续 表

项目	估计大小（公顷）	开发商	估计成本（10亿美元）	约开发时长（年）	大约竣工年份
新达城	12	私人	1.5	10	1995—1997（阶段性）
马来西亚新山					
滨水城	不明	私人	1.6	15—20	2013
马尼拉					
亚洲世界城	173	私人	22.0	25	不确定
吉隆坡					
城市中心	40	公共/私人	1.2	15—20	2013
曼谷					
曼通塔尼	750	私人	1.5	5	1995
上海					
陆家嘴	170（核心占地面积）2 800（项目区面积）	公共/私人	未知	7—30	1997年立项；2030年完工
东京					
东京湾海滨项目（包括东京通信港）	448	公共/私人	64	5—20	2004
横滨					
三菱港	186	公共/私人	20	17	2000
大阪					
大阪技术港	775	公共/私人	未知	20	2010
关西机场	511	公共/私人	13.5	25	1994（阶段一）
临空镇	320	公共/私人	5.3	25	1994—2000

资料来源：奥尔兹（Olds，1995：1721）

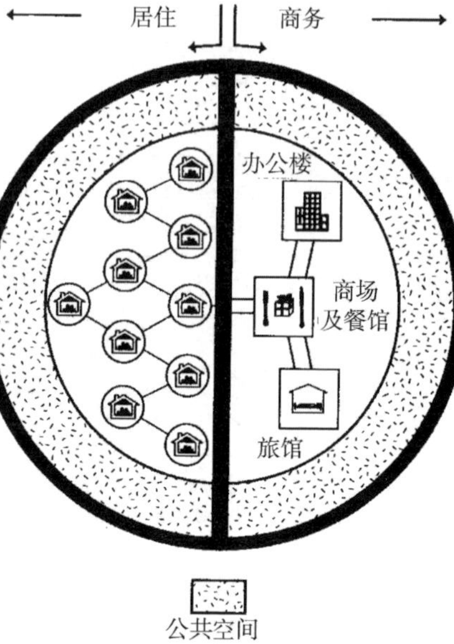

图 6.1　城市重组：单一所有权下的大型综合开发项目将住宅、工作场所、购物中心、饭店和酒店组合在一个综合体内。资料来源：迪克和里默（1998：2313）

商业园区的企业环境经过规划，得到了发展，包括高尔夫球场、郁郁葱葱的景观、日间护理中心、健身中心以及综合零售和娱乐空间（Knox，1993b）。机场和火车站开始将更多的空间用于休闲和消费，而不是用于客运加工。度假村、购物中心、娱乐和主题公园这些综合体本身就已经发展成了小型都市区的规模，有专门的酒店、交通系统、公用事业网，甚至机场。而门禁式社区则"把保安系统、礼宾服务、运动设施、自行车道等组合进来"（Knox，1993b：9）。

空调和城市的支离

在热带和温暖的气候带，这些日益一体化的交通网络和城市空间现在都配有空调。这往往会夸大凉爽的内部和闷热的外部之间的社会和技术距离——内部有保安人员把守，往往只有空调车才能进入，外部是贫困地区和传统城市部分（Dick and Rimmer，1999）。以东南亚城市为例（至少在亚洲金融危机之前）：

> 私有化的高层城市空间是市场经济的核心。这个空间的地价最高，所以必须吸引顾客。因此，它必须是一个舒适区……要实现这一目标，最简单的方法就是用空调对空间进行改造。这样做的目的是创造出一种小气候，让人们花钱享受的小气候……空调以及与之相配套的建成环境，实际上拉大了"普通"居民[原文如此]与城市舒适区居民之间的差距……从空调建筑的通风口呼出的热空气，成为外部环境的又一个负担。
>
> （Dick and Rimmer，1999：322）

在许多新出现的案例中，其结果似乎是巴德科克（Badcock）所说的"在空间上分化和分割的城市"（1997：256）。美国往往是这种趋势的典型示例，但有迹象表明，在印度（Mandon，1998；Masselos，1995）、东南亚（Dick and Rimmer，1998；Connell，1999）、澳大利亚（Badcock，1997）、中东（Aksoy and Robins，1997）和东欧（Castells，1998；Herrschel，1998），也可以看到类似的社会和空间变化过程。这种趋势在西欧也有表现，但程度较轻，因为在西欧，福利和分配政策以及民主化的公共街道制度的遗产保留了大部分权利（Keil and Ronnenberg，1994）。

国际房地产资本与企业思维的城市规划

显然，生产方的力量正在塑造城市景观的成套开发和城市的重新捆绑。在所有上述情况中，地方和国际房地产利益集团似乎有意将更大的豪华空间组合在一起，为更富裕的群体提供更大的诱惑或分离式豪华空间。同时，他们更加努力地确保这些空间不受新的城市贫民的入侵(Logan,1993;Crilley,1993)。

城市规划综合性理想模式的崩溃也促进了整个城市结构中不连贯的飞地和城市群的出现。城市规划和发展机构热衷于以企业经营的方式争夺国际游客、会议、体育赛事以及媒体的正面曝光率,到处建造壮观的旗舰项目、综合开发项目,目的是振兴市中心,或启动外围和"后郊区"①空间,以获得经济上的成功(Knox,1993b:11)。公营和公私开发机构都动用了大量的公共补贴、基础设施捐助和诱人的赠款,以吸引有实力的国际房地产资本来实施这些项目。后现代建筑偏爱的宏伟的、关注自身发展的"内向型"成套建筑,进一步强化了这种趋势(Knox,1993b:14)。

总的来说,正如博耶所指出的,许多当代规划的做法都是为了加深当代城市的碎片化感,在美国尤其如此。她说:"城市不再为自己的实际发展进行规划;它只是操纵分区红利和税收优惠政策,为在城市的各个角落兴建巨大的房地产开发项目提供便利。"(1994:113)因此,分散的城市景观往往会产生脱节的、分散的城市景观,遍布着宏伟的房地产开发项目及其定制的基础设施连接。在迈克尔·迪尔(Michael Dear)和史蒂夫·弗卢斯蒂(Steven Flusty)看来,北美的城市怎么说都像是"一块分区的游戏板,受制于反常的规则,城市景观奇特而不连贯"(1998:66)。他们认为,在许多情况下,城市化现在可以被看作是:

> 发生在一个准随机的机会领域。资本就像偶然地触及了一个地块,而忽略了介入地块的机会……一个地块的开发和另一个地块的不开发是一个脱节的、看似毫无关联的事情……过去指导城市发展传统的、中心驱动的集聚型经济已经不再适用。

---

① 后郊区时代可以从内郊人口流失和相对收入下降、郊区就业增加、郊区外出通勤减少、外郊人口和收入增加、农田改造等方面来定义。——译者注

> 传统的城市形态，即芝加哥风格，被牺牲掉了，变成了一个不连贯的、以消费为导向的拼贴式景观，传统的中心也被电子化的预设所取代。
>
> （同上）

皮尔斯·刘易斯（Pierce Lewis，1983：2）著名的“银河系大都市”概念由此产生。在这个概念里：“各部分看似飘浮在太空中，实则结合在一起，正如一个由恒星和行星组成的星系，由相互引力而结合，但星团之间有很大的空区。”

基础设施网络与飞地的形成

> 大型城市飞地的建立，其目的明显是保护特定的领地圈。这揭示了网络社会中空间占领和控制新范式的兴起。
>
> （Ezechieli，1998：7）

分离式飞地之所以有吸引力，是因为它们建立在这样一个基础之上，即“存在着一个与它们对立的、无限的外部世界，这个外部世界也是[它们]定义[自身]独立性的参照对象”（Pope，1996：96）。但是，只有当飞地与网络化基础设施相连接，使它们能够维持自身与或多或少遥远的异地空间和人的必要或期望的社会经济联系时，飞地才能存在。在这里，非捆绑式基础设施网络的逻辑有助于这些空间与支持和维持其运作所必需的功能强大、但在社会上具有高度排斥性的基础设施网络紧密相连，如高速公路、电信网络、水和能源服务以及与国际机场的直接连接。正如我们所看到的，这些都是地方旁路、全球地方化旁路或虚拟旁路网络竞争的工具。因此，网络化的基础设施直接卷入了支离过程，支持着被分割的城市环境的物理建设。

这一点在城市高速公路上最为明显，因为它产生了“实质性的城际空间障碍，[这些障碍]将城市发展从更大的城市连续体中分离出来，并将城市发展排除在更大的城市连续体之外”(Pope，1996：181)。在专栏 6.1 中，我们研究了当代汽车和高速公路系统在美国城市中造成这种城市分割的特殊方式。

专栏 6.1　基础设施网络和飞地的形成：美国城市中的网格侵蚀、空间淹没和计算机化汽车系统

许多美国城市对汽车极端依赖，其结果是显而易见的：“巨大的停车场、连续或零星的城市衰败区域、未开发或被夷为平地的地块、巨大的公园、企业广场、高速路和城市快速路、办公区、工业园区、主题公园、购物中心和小区周围必要的警戒线。”

(Pope，1996：5)

网格侵蚀

随着事先规划好的高速路出入口开始连接多核城市景观中重组的各个成分，如阿尔伯特·波普所说，道路的尽头或者居民区的背街小巷逐渐成为“道路空间”上人们出入的必经之路(1996：189)。这个过程被波普称为“网格侵蚀”(见图 6.2)。在像凤凰城和洛杉矶这样依赖汽车的美国城市中，现代理想模式中相对均衡和公共开发的基础设施网络正在分裂，并被重塑成波普所说的基础设施“梯子”，每个环节的终点都是专门为单一的分离空间提供服务。波普认为，当代美国许多城市的封闭式城市系统模拟了开放城市的特点，同时又小心翼翼地限制和控制着不可预见的连接。他认为在当代美国城市几乎所有的街道布局中：

传统的开放式城市网格,无论是死胡同的住房区、外围的平板城市、空荡荡的中央商务区,还是高档的郊区办公园区……都以零散的形式存在,是可识别的城市秩序的残余。这些重新排序的碎片建构起来的不是传统的城市联想,而是隐晦的建议、微妙的遗漏、次要的排斥,以及片段性。(1996:58)

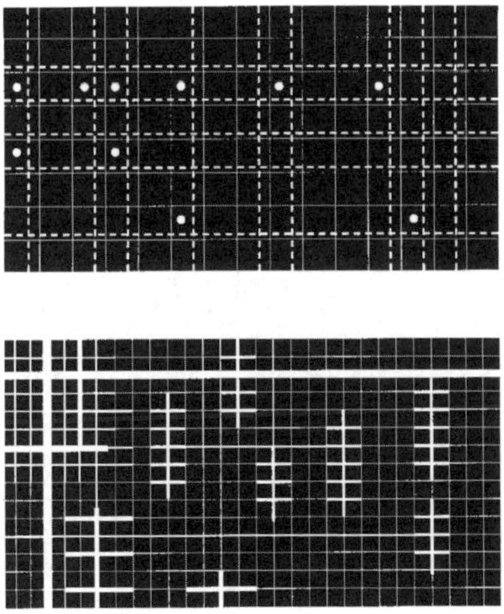

图 6.2 阿尔伯特·波普(1996,60,94)指出,网格侵蚀的过程是以开放的网格化街道取代梯子状街道而形成的,每个目的地都有专用的高速公路出入口。

空间淹没

因此,一个辩证的、相辅相成的过程被建立起来了,通过这个过程,建构的网络和建构的空间都背叛了更广泛的大都市。正如波普进一步指出的,在这个他称之为"空间淹没"的过程中,如果没有开放的城市,封闭式建筑不再是大都市世界的反映,也不再是从大都市世界撤出的退路。相反,它们本身现在不得不成为更大的城市,而这更大的城市在此之前是城市和大城市。对波普来说,这一切意味着,在城市结构被空间打开的同时,它又讽刺性地被无数封闭的、排他性的城市开发项目所摧毁(同上:17)。而且,介入的空间和传统的街道,由于未能从定制化的网络连接中获益,往往会衰败,降格为"填隙空位"(Pope,1996:109)。

这些过程的结果是,现在城市高速公路的连接将汽车这个移动容器直接送入了被重新组合的建筑中心。罗文·摩尔认为:"汽车柔软的车内空间,本身就与购物中心、机场等这些令人松懈的内部空间类似，因此，人们就有可能像在一个连续的、铺着地毯的、有空调的管道里一样生活。”(1999:10)反之，汽车现在又被宣传为一种精心设计的移动式护身符，是一个安全茧，抵御着来自更大城市环境(可以感知到)的风险。现在，许多汽车都装有警报器和保安锁(Ellin，1997:38)。在约翰内斯堡和圣保罗这样的城市，许多中高收入的司机现在坚持为自己的车辆装上防弹衣，以应对劫车和劫人事件。

将汽车作为物理空间和电子空间的平行载体进行重构

在汽车的防御性越来越强的同时，越来越复杂的导航、通信和娱乐设备也被集成到汽车上，以打发日益恶化的交通时间。至少，豪华汽车正在逐渐变成移动的赛博格式数字设备。这些设备与复杂的计算机通信系统紧密相连，支持通信、交易、道路定价和信息检索。如今，为这种汽车配备计算机化设备花的钱比发动机还多。拉宾(Lappin，1999:127)指出，美国人每周花在汽车上的5亿小时代表了一个巨大的消费者群体。这“就解释了为什么新兴的汽车制造商、电子制造商和电信供应商会将交通平台转化为通信平台，将驾驶者和汽车本身与数据领域的其他部分连接起来”(同上)。

图6.3是美国1999年推出的一个此类系统的广告——伟世通。在物理空间和电子空间中，伟世通有效地将豪华车变成了一辆支持无线上网的车，让用户在移动中实现不间断的电子导航、通信、交易和信息检索。越来越常见的困顿体验就这样被渲染得少了很多麻烦：在静止的物理空间中，让用户通过语音控制，在电子空间的影响力得以延伸。电子金融、导航、电子邮件和交易的世界，用广告词来说，都“超级集成到你的[汽车]内部”，预示着汽车

乘员与周围城市空间的进一步隔离(伟世通广告,见图 6.3)。同时,汽车成为驾驶者表达和建构自己身份的核心手段,因为广告的宣传让人们对汽车代表着“自由、自主、成功、能力(性和其他方面)和主宰”等主导概念有了更多的认识(1999:61)。

图 6.3　1999 年用于美国豪华轿车的伟世通语音互联网操作系统。资料来源:《纽约时报》(14 February 2000)

公共空间、社会控制和支离的城市主义

最后，在我们的第一个讨论中，我们还需要强调，与支离的城市、松绑的基础设施相匹配的是，在当代大都市中，对公共空间进行明确社会控制的尝试层出不穷——也就是说，那些街道和行人空间，表面上看，是现代基础设施理想模式下为或多或少自由、开放的通道而配置的。

当然，城市一直以来都是有争议的空间，在这个空间里，占主导地位的权力拥有者试图规定谁属于（和谁不属于）城市结构中的"标准生态环境"（Norris and Armstrong，1999）。城市的公共空间从来都不是真正的"公共"空间。但是，支离的城市主义过程正在使这些标准生态环境变得更加严密和自我强化（Graham and Aurigi，1997）。北美、澳大利亚、英国和欧洲大陆的许多城市，以及越来越多的亚洲、拉丁美洲和非洲城市的公共街道和空间，正在让位于工具性的准公共空间，这些空间主要是为那些有能力的人提供消费和有偿娱乐，而这些人被认为是可以不受限制地进入的。

同时，更大的努力是为控制那些被视为"不属于"这些空间的群体的入侵和行为做出的：英国城镇和城市中的年轻男子会受到闭路电视的审视；贫困群体被直接排除在圣保罗的购物区之外；柏林划定了30个"危险区"，授予警察更大的驱逐和搜查权（Grell *et al.*，1998：211）；无家可归者通常被驱逐出美国城市中翻新后由私人管理的市中心（Mitchell，1997：211）。

在许多情况下，公共空间现在由公司、房地产或零售商集团直接或间接控制。这些集团与私人和公共警察及安全部队合作，细致管理，排除掉任何会威胁到空间"正常使用"的群体和行为。这些群体和行为一般是指中产阶级购物者、上班族以及游客的娱乐、消费和观赏活动。在分离式街道空间中，那些"不属于"这一空间的人们会遭

到最新的闭路电视和监控技术的积极追捕，因为人们试图在准公共空间中筛选、寻找那些够不上大都市标准生态环境的人。克拉克(Clarke)和布拉德福德(Bradford)认为："监视城市街道的闭路电视摄像机的激增并不代表一种全景式的监视。相反，它们是一种有选择的监视，集中在那些被认为在时间和地点上'格格不入'的人身上。"(1998：689)

现在，有些人甚至怀疑公共空间在某些西方城市中是否仍然存在(如洛杉矶，参见 Loukaitou-Sideris，1993)，因为城市中心被包装成商品化的消费场地，封闭式的购物中心开始主宰郊区，中产阶级退居到通过新的通信基础设施连接起来的房子和汽车中。唐·米切尔(Don Michelle)问道："那么，我们是否已经走到了公共空间的尽头？我们是否创造了一个只期待和渴望私人交往、私人交流和私人政治的社会，而将公共空间留给商品化的娱乐和演出？"(1995：110)

然而，我们必须小心谨慎，不要认为必然会普遍出现反乌托邦式的城市。例如，在西欧的许多城市，传统街道的结构和福利国家的运作就依然保持着最强的弹性。尽管商业化和私有化可能正在侵袭这些城市，但它们仍能保持相对开放和社会民主的公共空间。如"伦敦的空间"，"无论它们是否被私有化的商业环境所笼罩，都确实保留了某种'公共'的影子"(Merrifield，1996：67)。

网络交叉补贴的取消与基础设施消费主义的构建

在社会层面，支持着城市支离的第二大趋势是社会和地域交叉补贴的做法逐渐消失，而这种做法往往是现代基础设施理想模式下网络化基础设施扩展的基础(Schiller，1999a)。卡尔伯马腾(Kalbermatten)认为，"目前的私有化趋势很可能会终结所有这种补贴"。"在缺乏有效监管的情况下(在大多数发展中国家，这是一个真正的风险)，私有化很可能为那些已经有服务或有能力接入现有系统的人带来更高的效率和更好的服务。城市贫民将再次被忽视。”(1999:15)南非的斯塔特海姆镇就是一个例子。在这里，种族隔离后的水务私有化，“是大型外国公司以‘樱桃采摘’方式挑选的利润丰厚的白人和有色人种地区。这些地区目前得到了可靠的水供应，但该镇大部分居住区得不到任何供水服务”(Bond，1998:162)。

随着基础设施服务被发展为市场内的有价商品，统一收费和统一服务的理想模式被重塑，就和地域垄断的概念被解构一样。对获利的空间和路线之间的交叉补贴被撤销，对项目进行逐个分析往往取代了对整个城市基础设施网络和服务的分析。富裕的消费者往往试图通过购买新的定制化私人服务，利用自己的购买力精准地满足他们不断扩大的需求，从而在时间和空间上扩展自己的权力。

以前，城市街道、城市公路、公共交通网络、电力或天然气服务、电信连接等在许多情况下都被认为是公共或准公共物品。现在，基础设施行业开始“模仿来自其私营部门同行的市场细分战略”(Christopherson，1992:274)。苏珊·克里斯托弗森在写到美国的零售业和银行服务时，很好地抓住了这一转变。她说：

> 美国投资体系的要求与公司战略有关。这些战略以低风险、高利润的市场为目标，对客户和顾客区别对待，将产品和服务成本与利润和潜在风险挂钩。虽然这些策略并不新鲜，但技术革新和复杂的市场研究，已大大增强了锁定市场的能力。
>
> (1992:274)

与其他服务行业一样，基础设施服务正在向着具有高度象征意义的差异化服务转变，提供更多、更大范围的基础设施定制服务，这往往发生在国际化的利基市场内。基础设施服务越来越少地成为维持现代生活和社会再生产的基本手段，而越来越多地成为支持和构建不同文化特性和政治的手段。显然，在全球资本主义和私有化（卫星电视、付费数字电视、互联网、全球电话竞争、移动通信、互动电视等）的力量下，广播和电信作为文化生产的主导媒体，与汽车一样，正引领着大众市场的分裂。而街道、交通、能源和水务等服务在很多情况下也被重塑了。

从网络交叉补贴到财政等价

在美国，富裕的社会群体对传统的地方再分配性税收形式越来越反感。他们可能会开始要求"财政等价"的做法——"个人和企业按照他们付出的多少得到相应的东西"（Mallett，1993b：407）——而不是将普及服务在社会或领域进行再分配。因此，随着交叉补贴的取消，出现了越来越多的"买不起服务，就得不到服务"的现象（Mallett，1993b：405）。

在自由化的基础设施制度中，基础设施和服务是以交付的价格和追求最大利润为基础，然后在此基础上发展——明确的社会再分配往往从这一制衡中退出。但事实上，可以说交叉补贴一般是反向操作的；现在这些补贴往往是从交了销售税、所得税和市政税的较贫穷社区转移出来的，转而用于分离式网络化空间的建设，并提供税收减免、公共赠款和补贴以及密集的私人和公共投资。

当代城市发展和变化的动力，特别是许多城市新的增长空间的高财富水平，带来了越来越多的基础设施需求，而这些需求在现代公共基础设施理想模式的约束下无法得到满足。在大多数情况下，"地方政府未能迅速做出反应来满足开发商的需求"（Mallett，1993b：405）。反之，私人公司和开发商往往在地方政府的官方财政和政治支持下，共同建设专门针对高收入社会和经济群体这一目标客户的需求而定制的网络和空间。针对美国城市中私有化专属基础设施机构的增长，马利特（Mallett）认为这种私人治理的形成过程相当于构建了一个平行的地方政府。他指出：

> 一些居民和企业已有能力为自己购买服务，同时，他们也能够以高度可控的方式迅速提供服务……因此，后郊区居民要求专属的服务和管理，并为此付费，而企业则要求加强边缘地带工人和顾客的流动性，以及核心地带更好的服务，并为此买单。
>
> (1993b:405)

正如格兰西(Glancey，1997)所指出的，在许多西方城市中，“我们这些有钱、有一定健康和安全保障的人，不仅可以选择越来越多的东西，而且可以选择越来越多的思想和生活方式”。但是，随着交叉补贴的取消，那些倾向于以标准资费享受普适性连接和社会准入的现代理想模式的人和空间往往会因此而失去机会——这个过程被称为“资费的再平衡”。他们的成本往往会上升，新的投资会集中在其他地方，为新兴的较富裕社会经济群体的分离式飞地提供服务。

简而言之，基础设施政策和监管似乎正在失去其社会内容，因为许多城市、国家和地区的监管者现在为不同空间不均衡发展的利基服务构建市场。在许多情况下，新自由主义的社会福利观念取得了胜利；在以前的地域垄断中，竞争是实现所有人利益最大化的手段。例如，英国的水务监管机构水务局就曾认为：

> 如果统一征收水费这种政策也需要体现出社会目标，那么对某些水用户是不公平的。这应归入健康和社会服务政策的范畴。因为向有特殊需要的用户提供支持而产生的任何费用都应由相应的机构承担，而不是由一般的水用户无差别地承担。
>
> (Ofwat，1990)

基础设施消费的社会建构

> 当权力在价值链的不同环节之间流动时，你需要拥有整个价值链。
>
> （时代华纳总裁，1998；来源：John Langdale，个人资料）

已经发生的一个显著转变是，以前将用户群体视为一个基本同质的公民群体，拥有名义上的或正式的权利，现在变成把他们当作一个异质的消费者群体，并根据为其服务所获利润的高低进行细分。能源、街道空间、公路空间、电子通信和水等基本资源都被商品化，并通过市场进行分配。几乎所有的企业活动和创新都试图通过"引入新的收费标准、产品和服务方式，根据差异化的空间、时间和顾客分类，来满足盈利群体以及他们所居住的地理空间的需求"（Marvin and Guy，1997），这完全在意料之中。

以电信业为例，最近的研究表明，美国城市地区新近开放的通信市场的特点是极端不平衡的镶嵌式市场。供电商希望从整个城市景观中"只'采摘'最有利可图的商业和专业客户"（引自 Schiller，1999a：52）。高收入空间和建筑物是宽带基础设施和服务（专用的"T-1"互联网干线、有线互联网、数字用户线路和迅速下降的国际通信成本）大量投资的目标；城市中较贫穷的地方则容易出现投资不足、服务质量下降，并受到当地通信成本相对上升的影响（Schiller，1999a：55）。

这种二元化的基础是，从面向所有人进行标准化服务营销，全面转向针对社会经济富裕和高利润群体和地区进行精准复杂营销。例如，美国电报电话公司意识到他们 60 亿美元的年利润中有 80%来自 20%的客户后，调整了对这些客户的服务方法（Schiller，1999a：54）。这种转变也得到了跨媒体联盟的支持。例如合并后的 AOL-时代华纳集团尝试利用技术和财务上的“协同效应”，在单一的“一站式”合同基础上为高价值客户提供一揽子服务。在美国，MCI的总裁约翰·多纳休说：“我们要转变我们的重点，从与整个市场的消费者进行对话，变成与代表移动电话、互联网和娱乐领域前1/3的消费者进行市场对话。”(引自Schiller，1999a：54)丹·席勒(Dan Schiller)将这些消费者称为“超级用户”。他将超级用户定义为：

> 具有高价值的居民用户。他们在一揽子电信和信息服务上花费巨大，通常包括(按年计算)650美元的移动电话服务，500美元的本地有线电话服务，400美元的长途电话，375美元的有线电视、付费电视和视频点播服务，250美元的传呼服务，以及数百美元的在线接入、报纸、杂志和小说。
>
> (1999a：54)

显然，城市分离性飞地的建设与自由化基础设施市场内不平衡的投资和创新之间可能存在着相辅相成的联系。电子收费高速公路、宽带和移动通信、先进的供水和能源服务等优质基础设施服务，很可能主要根据变幻莫测的大都市中分离式空间和高收入群体的需求来配置。基础设施公司现在热衷于构建或“重新定位”一些成功的品牌。他们急于采用零售商的广告和公关技巧，把同质化的基础设施产品，用地理人口统计学的话语，为特定的社会经济群体定制其身份。供应商根据他们认定的用户会拥有的需求、欲望和盈利能力等特征，对用户进行仔细地区分和归类。服务的提供变成了为最有利可图的目标市场量身定做一揽子服务的手段。各类服务正在成为松绑式服务，而之前的服务都是向所有顾客提供一套单一的价格和条件。英国的超市甚至建议在一天中的高峰期提高对生活用品的收费，以阻止“有闲没钱”的顾客影响到那些“有钱没闲”的职业人群(Garner，1997)。

客户忠诚卡、电子智能卡、批量折扣计划、老客户折扣、地理特征分析、多种资费和套餐、专注于利益客户的增值服务——这一连串的营销术语很快就开始揭示原本非区分性的捆绑式公共网络和服务现在变得在时间和空间使用上不平等的事实。随着基础设施公司与零售和金融服务等其他行业连接，想要在市场竞争的动荡中生存下来，奇怪的新联盟就出现了（见表 6.2）。

在这个过程中，个别的基础设施服务很可能会与其他服务单独组合，以诱取最有利可图的用户的忠诚度。例如，在英国的公用事业部门，“知名品牌不一定是现有的公用事业部门，可以是 Virgin［航空］、Tesco［超市］、Halifax［金融服务］或 AA［汽车服务］。只需一家多元化供应商就足以快速提供电力、煤气、水、电话、有线电视、家庭保安、家庭购物和家庭银行”等服务（Brooke and Nanetti, 1998：56）。

总之，针对特定富裕群体的多重服务重新捆绑可能会取代现代理想模式时期社会基础设施垄断的地域性与社会平等性的捆绑。基础设施与富裕的家庭连接后，成为更高级、利润更丰厚的增值服务入侵的平台。许多人把电力和天然气看作是一种低利润、低刺激性的产品，其实这只是作为“第一步”，其主要目的是向家庭出售一系列更有趣、更赚钱的商品（Brooke and Nanetti，1998：56）。

以能源服务为例。虚拟网络竞争的新技术有可能使服务更精准地满足富裕家庭的个性化需求。正如斯莫尔（Small）所说，新进入市场的企业要想获得最大利润，关键在于利用信息技术的最新控制能力提供精心定制的能源、通信、金融、娱乐和安全服务，以满足市场上最富裕阶层的需求：

> 实现对个人电器、通信的监视和控制，就能根据个人应用的需要来制定能源价格，而不是根据时间信息来决定。鼓励新的

能源需求,意味着要满足有特殊应用家庭的需求——无论是花房,游泳池,还是未知的应用。无线技术很适合延伸到少数有特殊需求的家庭。

(1996:20)

表 6.2 1998 年英国新近开放的电力市场中形成的联盟

公司	到目前为止的情况	联盟/优惠
英国天然气	英国天然气广告主导着电力市场的开放。据该公司称,已有超过 40 万家公司从英国天然气公司购电,另有 150 万家公司已注册	英国天然气公司推出了"英国增长最快的新信用卡"金鱼卡。它与森宝利银行和英国心理健康慈善机构(Mencap)有交易
东米德兰兹(斯特林天然气)	斯特林天然气在当地相对比较成功,拥有大约 15 万个客户,但东米德兰兹郡尚未开始销售电力。迄今为止的广告系列仅在本地	没有交易
东方电力公司	东方电力公司声称有 20 万电力用户。它成功进入天然气市场,拥有约 100 万客户。随着地区的开放,它在全国范围内进行营销,它在天然气领域开展的门路已经缩减。目前它更多的是进行电力销售	东方电力公司拥有绿色生态关税环保节能设计标章。它与 RJB 采矿有限公司合作为 Lionheart 提供电力。与巴克莱卡联盟
伦敦电力	伦敦电力即将启动一项营销活动,并宣布其区域外的定价。该活动将在大伦敦地区及周边地区展开。伦敦电力天然气公司有近 25 万用户	伦敦电力与 Alliance & Leicester 达成协议:免费能源抵押
默西赛德郡和北威尔士电力委员会	参见苏格兰电力公司	
米德兰兹电力	米德兰兹电力的产品提供围绕着 MEB 设计的忠诚度计划"节约能源"品牌展开。广告广为流传,但仍然是本地型的。它通过与历史建筑协会、零售商 PowerHouse 和 CalorGas 等联盟来锁定客户群体	例如,米德兰兹电力的"节约能源"品牌给 Orange 电信和节能设备提供折扣

续　表

公司	到目前为止的情况	联盟/优惠
英国联合电力公司子公司 Norweb 电力通信公司(Energi)	该公司积极推广双重燃料交易，并已在该区域内外签署了 35 万个客户。随着领域的发展，在全国范围内进行销售	北方电气与英国旅游和保险服务提供商 Saga、《每日电信报》、地方议会、沃克斯和格拉纳达家居科技结盟
苏格兰水力发电	苏格兰水力发电没有经营国内天然气业务。它准备将战役从格兰屏地区扩展到苏格兰其他地区，但没有计划在边界以南广泛推广	苏格兰水力发电公共有限公司提供"飞行里程"
苏格兰电力公司	苏格兰电力公司不会透露数字。随着地区的开放，它正在全国范围内进行营销	苏格兰电力公司与联合能源和东部温室行动联盟建立联盟，拥有自己的信用卡
英国东南电力局(信标气)	英国东南电力局将于 10 月 28 日开始竞选。竞选活动包括电视、当地广播电台以及大型购物中心、车站等摊位。英国东南电力局会把重点放在东南地区、伦敦、东部和南部	英国东南电力局与英国"首选"假日旅行社合作，提供度假费用减免
南方电气	南方电气不会泄露数字	
南威尔士电力局	南威尔士电力局赢得了大约 40 万个天然气客户，其中大约 15 万个并不在所属区域内。许多人签署了天然气和电力双份合同。对于区外人员，天然气是双燃料组合的一部分，因此该公司可在其区域外立足	南威尔士电力局提供英国百货零售连销商阿尔戈斯贵宾积分。其产品将在阿尔戈斯百货公司和产品目录手册中促销
南威尔士电力委员会	南威尔士电力委员会一直专注用广告来留住客户，尽管根据(英国前)电力监管办公室的排名表，其价格已经非常具有竞争力	没有交易
约克郡电力	约克郡电力已签约 10 万名"从卢顿到边境"这一大片地区的客户	约克郡电力与消费类电子产品供应商坦迪公司有交易

资料来源：摩尔(1998：18)，引自《公用事业周刊》(*Utility Week*，16 October 1998)

地理人口统计学的支持作用

在许多城市地区，除汽车、媒体和电信外，即使是更平常的基础设施服务，如能源和供水等方面的供应商，也倾向于采用一套新的文化审美标准，让消费者可以在一系列相互竞争的“品牌”供应商中做出选择。这类公司现在试图通过生活方式套餐的诱惑以及对城市内和城市间的特定用户进行精准的地理人口统计学定位来实现差异化操作。源自零售和金融服务的地理人口统计学技术，作为从城市、区域或国家尺度的自然垄断向多重、叠加、竞争的基础设施转变的一部分，提供了松绑用户群体的工具，通过在地理信息系统(GISs)中建立复杂的用户档案，将地方的社会构成进行分解(Goss，1995；Pickles，1995)。正如戈尔丁(Golding)所观察到的，对基础设施服务提供者来说，当务之急是：

> 决定如何划分市场。将市场细分，然后围绕细分情况组织业务。将这一原则贯穿于围绕特定客户的活动链中，使每一个渠道(比如说能源服务)、细分市场(老年人、双重收入家庭)或部门(公用事业)都能得到明确的无缝服务。
>
> (1998：19)

现在英国公用事业部门普遍使用 Acorn 分类法①，用 17 个类别来涵盖整个城市或区域，从“富裕的有成就者居住的郊区”到“熟练工人居住的自有住房地区”再到“多种族地区”，甚至是“低收入”地区(见图 6.4)。图 6.5 概述了通过类似的地理人口统计学资料分析方法将华盛顿特区大都市区划分为 9 个不同“生活方式”的社区。

① 是包括英国所有地区的居民收入多少、社会阶层等信息的体系，也是一种细分工具，将英国人口分为不同的人口类型。——译者注

服务可以针对特定的消费者需求量身定制，并直接提供给住户：Acorn分类法提供的地理人口统计分类范围从一些公租房居民（左）到大都市区富裕的专业人士不等（左下）。

住宅区分类：

A1 郊区富豪

A2 乡村社区的富裕银发族

A3 养老区的退休金领取者

B4 家庭住宅区的高管

B5 家庭住宅区的小康工人

C6 城镇和居民区富裕的城市居民

C7 大都市区的专业人才

C8 市区内富裕的高管

D9 成熟的自有房区中生活舒适的中年人

D10 自有房区的技术工人

E11 成熟社区的新房主

E12 富裕的多种族地区白领

F13 较不富裕地区的老年人

F14 富人区市建公房居民

F16 高失业率的公租房居民

F17 多种族、低收入地区人员

图 6.4　地理人口定位：英国公用事业部门使用的 Acorn 系统。资料来源：温特(1995：15)

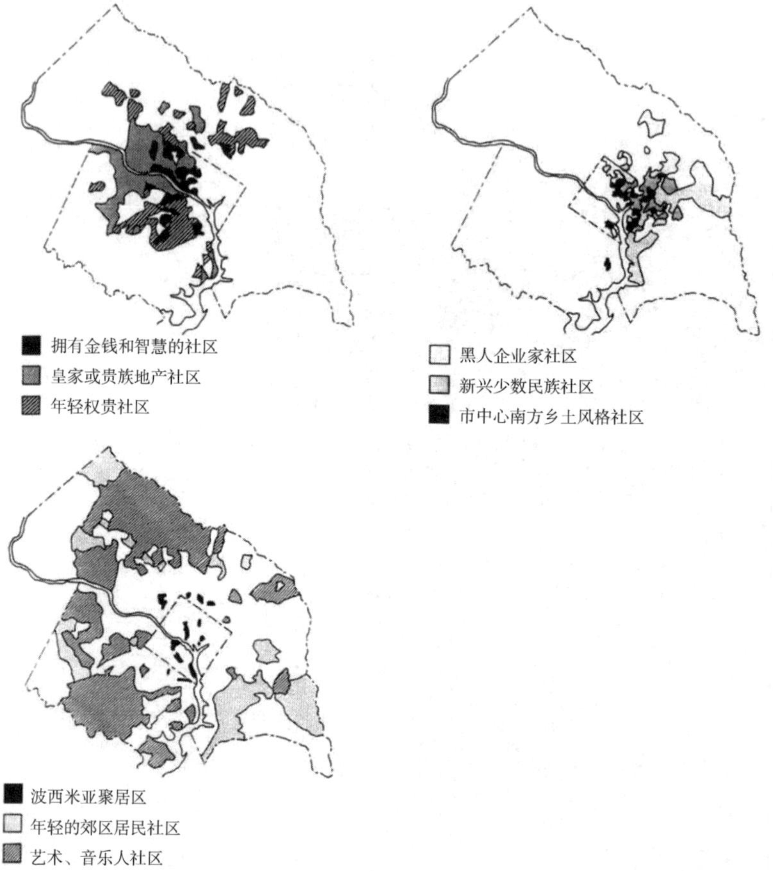

图 6.5　将华盛顿特区大都市区划分为 9 个不同“生活方式”的社区。资料来源：诺克斯(1993c：215—217)

通过这样的软件包，人口普查数据可以与基础设施消费习惯的真实信息结合起来，支持按照地理人口统计学分析软件的硬性分类直接对人员和地方进行分类。随着越来越多的基础设施消费使用微电子设备进行记录，这种“交易产生的信息(TGI)”可以用来建立个人行为的真实档案，进一步支持向密集的个性化服务和营销转变(Crawford，1996)。客户数据库与呼叫中心和互联网门户网站的整合，使人们能够建立起自动化机制，在无形中巧妙、隐蔽地区别对待消费者。比如，使用英国西南水务公司的一个新系统，就意味着：

> 当客户来电时，只需将其姓名和邮政编码告诉工作人员[这种做法现在通常是通过电话线路自动识别]，就可以显示出该客户所有账户信息，包括过去的电话通话记录、账单日期和付款记录，甚至是信件的扫描图像。这些信息量足以使工作人员能够以不同的方式处理不同的客户。屡次违约的客户与只违约过一次的客户会得到完全不同的待遇。
>
> (*Utility Week*，1995)

有针对性地进行基础设施规划以及营销和服务提供，可以尽可能直接满足利润丰厚的利基市场的需求，同时支持减少对无利可图市场的交叉补贴(Graham，1997)。总的理由往往是要“锁定潜在高消费客户的集中地”，从而使建设或运营有利可图的基础设施的成本降到最低，同时收益最大化(Winter，1995：14)。

因此，我们看到了一种基于严格审查和监督的消费者身份的“细分”，尽管所使用的分类往往是过时的、不准确的，并将人们的身份简化为一个简单的消费习惯(Goss，1995)。因为降低成本和利润最大化的必要性，这样的前景对新私有化的企业或新自由化市场中的运营商来说尤其具有吸引力。因此，新的道路、电信线路、水和能源基础设施只有在多核化大都市碎片化、去中心化的地域上才有可能产生直接、短期的利润。

正如劳伦斯(Lawrence，1996)所论，从公用事业部门竞争的角度来看，地理信息和其他专业系统为自由化的基础设施竞争提供了强有力的支持。它们可以在消费者陷入债务时提前预警，更有效地管理固定资产，更谨慎地将产品和服务交叉销售到有利可图的细分市场，建立利润丰厚的数据库，在信息市场中向其他公司销售，跟踪竞争对手，防止其侵入主场地盘和公司，以及进入其他公司主场的情况。劳伦斯认为："当公用事业是垄断企业时，就没有什么商业理由要求进行大量注资来加强对各类客户的深刻了解了。它们专注的主要任务是将实用程序服务交付到点。现在，如果想在全国的公用事业市场中竞争，您就必须能够了解您的客户是哪种组织、哪种用户。"(1996:20—21)

这样的地理人口细分策略支持"贴近"那些在城市社会经济变化中获得的空间和用途，并逐渐远离那些出局的人。简而言之，这些策略"对生活方式的空间秩序负有越来越大的责任"；它们在城市中"限制了……个性，并提供了……有限的空间聚合的身份认同模式"(Goss，1995:191)。总之，这种做法往往会"使社会不平等现象固化"(Kruger，1997:20)。

信息空间的划分：信息和通信技术为城市支离提供支持

> 这是一个信息化的世界，在这个世界里，我们自身越来越多地通过屏幕——汽车挡风玻璃、电脑终端或电视机的玻璃板——与世界联系在一起(或与世界分离)。
>
> (Crang and Thrift，2000:9)

这使我们看到了最后一个支持性趋势——城市和城市生活的"信息化"。现在很清楚的是，新的信息和通信技术，如互联网和移动通信，往往会支持更广泛的城市支离逻辑(参见 Castells，1996；1998)。造成这种情况的原因有三个。

出入口控制、监控和基础设施的商品化

首先，正如我们在第四章中看到的，信息和通信技术为基础设施的松绑过程本身提供了技术支持。在自由化的基础设施市场中，只

有通过计算机化的传感器、数据库和电信链路，才有可能对个人消费者的复杂交易路径进行监测和收费。信息和通信技术提供了技术手段，使人们能够在复杂的城市环境中，有意义地进入定制的网络，无论是进入地方旁路网络、全球旁路网络还是虚拟竞争网络(Graham and Marvin,1994)。

电子跟踪和监视系统的普及，尤其使人们能够以前所未有的精确度监测和控制进入网络(Graham,1998b)。随着电子标签已经被应用于人、宠物、婴儿、农场动物和汽车，以及一系列生物特征扫描设备的出现(智能卡、指纹、虹膜或视网膜扫描、手部几何扫描、拇指扫描、语音识别、DNA 检测、数字化的面部识别、腕静脉识别，甚至气味识别)，在城市、国家，甚至国际范围内，贴身监控系统的潜力显然是非常值得关注的(Warf,2000;Davies,1995:62)。

在这种情况下，罗斯(2000:22)担心出现一种"新的生物学控制"。其危险在于，它将个人的价值与生物、遗传或生殖健康方面的技术性评价相关联，或者说与本质上由优生学构成的科学和实践所带来的侵犯或越轨等风险相关联。有一种特别的风险是，一般的人寿和健康保险服务本身会以类似网络化基础设施的方式松绑，保费和保险额度将通过对个人未来风险进行基因诊断来确定。和基础设施一样，"采摘"出来的新进入者能够瞄准最有利可图和低风险的那部分人群，以低于现有保险公司的价格出售，并在此过程中破坏交叉补贴和互利性(Martin,2000)。

但是，个人资料收集只是新兴的个人监视和控制领域中的一个要素。与大规模个人数据库相联系的生物识别签名已经广泛嵌入计算机系统中，这些系统试图自动控制空间和基础设施网络的实际出入和行动。安·戴维斯(Ann Davis,1997)报告说，日本自 1997 年起就开始使用虹膜扫描现钞提取机(自动取款机)。伊利诺伊州库克县的囚犯视网膜扫描机正在运行，以控制囚犯的行动。康涅狄格州和宾夕法尼亚州正在实施数字手指扫描，以减少福利欺诈行为。来往于加拿大和蒙大拿州之间的旅客正在使用语音自动识别技术，以加快通过速度。对进入旧金山的移民进行手部几何扫描，以检查非法移民。而以色列则使用手纹生物识别技术来管理进出加沙地带的工人流动（Lyon，2000）。安·戴维斯认为"具有互操作性，甚至网络化数据库的前景令人恐惧"。"我们的身体部位和指纹很快就会像社会安全号码一样直接被推销员、政府办事员或医疗服务员买走和出售。一些眼科医生警告说，一次小小的'无害'视网膜扫描就可能显示出一个人是否患有艾滋病或滥用药物。"（1997：174；参见 Warf，2000）

富裕的社会经济团体、信息通信技术与城市的关系

> 网络空间的后果可能对一些人来说是不受约束的行动，但对其他人来说，后果远没有那么确定。
>
> （Fred Dewey，1997：272）

其次，个性化的信息和通信技术服务，如互联网、电子货币、计算机化的银行和购物等，在几乎所有的城市中，仍然倾向于为有权势的、富裕的少数群体所保留（UNDP，1999）。联合国开发计划署认为，虽然新的信息通信技术正在推动全球化，但它们也在将世界极化，即分为接入网络的人和与网络隔离的人。

互联网是全球聚居区

从某种意义上说，这个过程正在创建一个全球聚居区，由富裕的、主要位于大都市并与互联网和其他技术系统相连接的技术集成用户组成（UNDP，1999：5）。虽然互联网是历史上传播速度最快的媒介，但开发计划署（UNDP，1999：63）仍将互联网描述为"全球聚居区"。它只涵盖了全球人口中最有权势的 2%，即 2.5 亿人，其中 80%

以上生活在经合组织国家。这2%的全球人口——预计到2001年将增加到7亿——绝大多数是相对富裕的(拉丁美洲90%的用户来自高收入阶层;英国30%的人的工资超过6万美元)。他们受过高等教育(全球范围内,30%的人至少有一个大学学位——中国为60%,墨西哥为67%,爱尔兰近70%)。男性用户占多数(美国为62%,巴西为75%,俄罗斯为84%,中国为93%,阿拉伯国家为94%)。用户往往很年轻(英国和中国的平均年龄在30岁以下,美国为36岁)。最后,主要族裔群体往往在互联网的使用中占主导地位,比如英语(1999年,全球所有网站中80%是英文网站,而世界上只有10%的人口说这种语言)(UNDP,1999:62)。

即使在美国这个拥有最成熟的互联网传播方式的国家,到1999年底,也只有40%的家庭拥有电脑。而收入低于1万美元的家庭中只有8%拥有电脑,其中只有3% 的人可以访问互联网(Lazarus and Marinucci,2000:3)(见图6.6)。

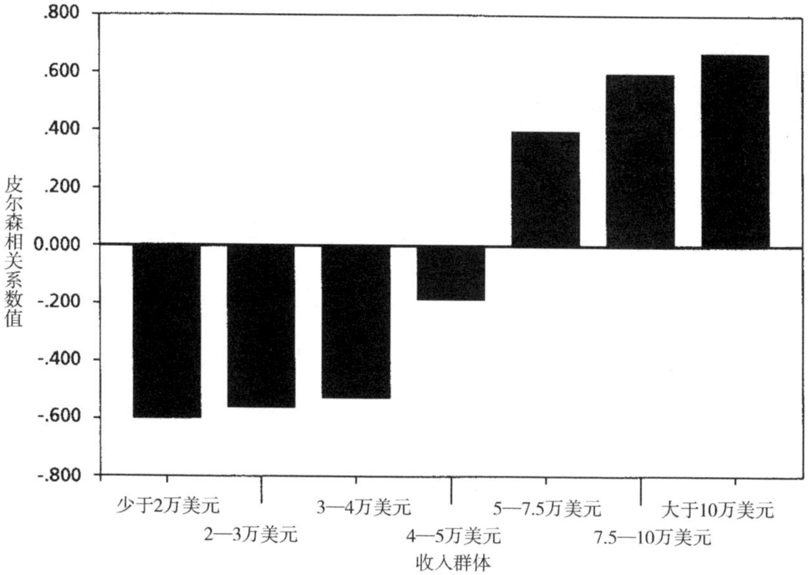

图6.6　1998年收入高低与互联网接入之间的相关性。资料来源:莫斯和米特拉(1998:29)

信息和通信技术网络和服务的发展大多由市场驱动。这种模式主要通过建设高度定制化和个性化的网络解决方案来满足工作流动性较大的专业技术人员的需求，似乎加剧了不平衡。弗里德曼(1995)认为，这种群体在西方城市出现(现在也越来越多地在非西方城市出现)，需要被看作是全球范围内出现的由跨国公司及相关社会精英主导的全球资本积累空间的一个组成部分(参见 Graham，1994)。

实际上，当精英跨国集团努力“对内实行平等主义和公共主义，对外有效行使政治和经济权力”(Calabrese and Borchert，1996：250)时，他们便开始体验电子民主的互动式赋权模式。卡拉布雷泽(Calabrese)和博切特(Borchert)认为，在当代最接近哈贝马斯的资产阶级“公共领域”概念的是：

> 新阶级的世界性将因其在高速公路上的活动而得到加强。其成员的高度空间流动性将通过其高度的网络流动性和在高度私有化、跨地域及日益跨国化的基础上形成并维持政治联盟与经济关系的活动来体现。
>
> (1996：250)

个性化的信息和通信技术系统是私人空间

越来越多的富裕的跨国集团开始从定制宽带信通技术的发展中受益。这种定制化技术开发出了专门的服务，密切配合这些跨国集团的通信、服务和交通需求(参见 Kopomaa，2000)。伊莱·诺亚姆(Eli Noam，1992)所说的“单独定制的网络部署”早已在进行之中，其基础是功能强大的移动和互联网服务。这些系统旨在支持加剧的流动性，以及在家庭、工作和交通中的控制性与安全性。此类系统将被组合在一起，可以很方便地满足个人的主要通信需求：朋友和家人、同事，国内和国外的经常性业务联系、数据来源、交易程序、经常访问的视频发布者、遥测服务（如报警公司和公告栏等）。与这些目的地之间的联系会随着个人的移动而移动，无论他们是在家，还是在办公室，或者是在移动过程中。

（Noam，1992：408）

芬兰电信公司诺基亚已经在规划一个宽带个人无线通信系统，它就像一个

“私人空间气泡[①]”。自定义的数据环境将随处可见：在酒店办理入住手续，你的索尼 PlayStation™游戏就会出现在那里，并按照你上次玩过的级别保存下来。你的通信录、信件和最喜欢的电影，以及公司内部网的内容，在任何有电话网络的地方都可以看到。

（Silberman，1999：148）

距离感与连接的悖论

对于能够从这种技术中受益的群体来说，获得电信网络、快速交通网络和富裕的隔离式城市空间及邻里社区变成一种很微妙的结合。“在从封闭的门禁社区到封闭的购物中心的途中，通过道路和汽车实现的物理隔离，远程通信技术进一步减少了意外的相遇，从而强化了已有的隔离。”（Crang，2000：308）正如埃尔韦斯（Elwes）所说：

① “气泡理论”（bubble theory）是个人空间研究理论。该理论认为人们日常活动时，其周围总有一个心理场，就像随身携带着无形的弹性气泡，以便与其他人保持一定的距离。在不同场合中，到一定距离时，人们会有相应的行为反应和心理反应。——译者注

> 计算机技术的设计是为了促进和加快全球交流。然而，其效果却是莫名其妙地造成了隔离和距离感。越来越多的个人被禁锢在自己的家中，只能通过电信和网络化的计算机系统与外界联系。与其说是远距离学习，不如说是有距离地生活。
>
> (1993：12；引自 Crang，2000：312)

信息和通信技术也进入了城市支离的过程中，并以汽车、住宅、办公室和各种娱乐设施齐全的休闲空间具有的"茧式保护效应"为后盾。因此，信息和通信技术可以提供一个"虚幻的私人遁隐之地。这样，住在远郊的人既是远程信息技术的使用者，同时也是受害者，成为一个与世隔绝的个体，从社会生活中脱离出来，被像素化屏幕与世界隔开"(Crang，2000：312)。对马克·德克(Mark Derk，1999：173)来说，"数字精英们退居到虚拟世界的净室幻想……与城市空间主题公园类似"，因为它也代表了对无风险、无污染城市生活和消费的追求——远离全球大都市中不可预知的接触和暴露。

正如理查德·斯基茨 (1997)指出的，我们需要保持平行的视角来看待城市中正在崩溃的连贯感，越来越多的远程信息交流的使用，以及向碎片化的私有化街道、高速公路、电信和能源网络的转变。对他来说：

> 带着旧秩序的现代世界越是被描绘为一个动荡和危险的后现代世界，新的世界——表现为网络空间的虚拟空间——就更加成为一个有吸引力的选择。然而，这个带有秩序、避难和撤退的隐喻性领域在现实世界中显示出来的是一个真正的私有化空间，是正式将以前公共的、多功能的、开放的空间转移到私人的、单一功能的、封闭的空间……任何从现实城市真实街道上的退

出，都不会通过虚拟城市的替代来完成，而是通过私有化、安保以及回到一种围墙加篱笆的心态来完成。

(1997：15—16)

克里斯托弗·拉什(Christopher Lasch，1994)从美国的角度出发，认为这些趋势需要在上文讨论的城市公共领域和劳动力市场性质变化的大背景下来看待。特别是在美国，信息和通信技术对城市生活的调节具有重大的影响，因为这些过程可能代表着精英群体的脱离，不仅脱离了特定的城市空间，还脱离了整个公共服务的提供、公共空间和国家意识：

特权阶级——广义地说，是指20%的人——以惊人的速度使自己不仅摆脱了破碎的工业城市，也摆脱了统一提供的公共服务。他们把孩子送进私立学校，通过参加公司支持的医疗计划来保障自己的医疗急救，并雇用私人保安来保护自己免受暴力侵害。他们不仅认为没有必要再为他们无法使用的公共服务付费；他们中的许多人还不再认为自己是美国人，无论好坏，都不再与美国的命运息息相关。他们的工作与休闲，诸如生意往来、娱乐、信息使用等方面，更多地与国际性文化联系在一起。这使得精英群体中的许多人对国家衰弱的前景态度漠然。

(Lasch，1994：47)

信息和通信技术以及金融和消费电子系统

最后，我们需要解决在获得电子金融服务方面两极分化的问题。"随着货币成为刻入计算机存储器中的信息"，受重视的群体急着冲进越来越不受地点限制的电子交易中(信用卡和智能卡、电子银行、电话服务、互联网零售和股票交易、个人化媒体、电子货币等）(Thrift，2000：282)。同时，被排除在外的群体有可能被边缘化，被排挤到只接受现金交易的实体经济和本地经济中(Kruger，1997)。这些趋势似乎进一步证明了支离的城市主义和基础设施松绑两者同时进行的逻辑。

信用卡、借记卡、智能卡和互联网推动着以电子为中介的消费和交易的蓬勃发展。只有那些拥有银行账户、信用卡的人，能够接入信息和通信技术的人，能够以电子方式在时间和空间上扩展行动的人，才能获得量身定做的服务(Solomon，1998)。因此，富裕的消费者可以利用他们获得虚拟货币的机会来扩展自己的行动空间，从而在零售、金融和其他服务中获得最佳服务，实现物有所值。在自由化的推动下，基于互联网的能源市场在美国和英国的一些地方也在快速发展。正如奈杰尔·斯里夫特(1996c：20)所指出的，从银行分行撤离英国市中心这一现象来看，一个电子化的"超级包容"过程正在针对它所偏爱的群体和空间而产生。然而，与此同时，较贫穷的人和社区也面临着进一步的边缘化。他认为，对这些群体而言：

> 信息技术不是万能的。自动取款机只能用来提取货币。电话银行业务有赖于电话的使用。任何情况下，电话银行业务都只针对相对富裕的人群。事实上，它被当成"樱桃采摘"客户的一种方式。只有一小部分拥有台式电脑和调制解调器的人(和富裕人群)才能使用个人计算机。

在这种情况下，被剥夺了越来越多实体网点资产的银行成了"区区一个交易指挥者"(Gosling，1996：59)。这进一步证明了金融资本和基础设施与零售资本在自由化、国际化背景下相互渗透，因为这种"设施同样可以由电信公司或在线服务商提供"(同上)。

诱惑空间:支离城市的优质网络空间

勾勒出这三大支持性趋势之后,我们现在可以更仔细地审视当代大都市的优质网络空间——那些从更广泛的城市景观中分离出来的场所和网络空间。这些场所和空间同时与国际经济、社会和文化交流圈紧密相连。

在接下来的研究中,我们将用七个例子来说明在不同的城市环境中这种趋势在地理和社会方面的多样性。首先,我们研究了最近出现的优质私人电子收费城市高速公路。第二,我们分析了互联网本身作为集娱乐、消费和金融为一体的系统,它在重构过程中被支离的方式。第三,我们探讨了中庭和天桥系统中"私人公共场所"的激增。第四,我们紧接着研究了为最大化实现商业消费而进行私人管理和调控市区街道网络的新方法。第五,我们研究了主题公园、休闲飞地和购物中心在当代城市中的发展。第六,我们研究了北方和南方城市中门禁住宅社区的发展。最后,我们分析了住宅作为定制化基础设施网络智能终端的出现。

汽车的支离作用:电子收费的高速公路和城市公路系统的多样化

我们已经确定,城市道路公共网络的建设往往支持城市的支离。以道路为介导的城市,其主导逻辑往往是将城市空间重新定位为道路通道和停车场,并严格按照"梯子"状流动,引导汽车使用者进入城市空间。阿尔伯特·波普将其称为"通往城市的封闭式道路","它总是终止于一个专属的目的地或终点"(1996:189)——如购物中心、公司停车场、郊区的死胡同、防御性的住宅车库。

在波普看来,高速公路支持了大都市的延伸和多核化,因为新的住宅区可以“跨越旧的城市秩序的边缘”，从而“以此为核心，开始新的自主扩张”(1996:111)。而且，高速公路之间的空间往往成为城市的交叉点；与那些成熟的高速公路连接的节点相比，这些空间就是些残余物。“对居民来说”，他认为，“城市实际上是围绕着道路形成的。通过这些螺旋形道路，令人无所适从的城市扩张直接与无数个人生活的私密中心联系在一起。封闭由此拥有了一种形式，或者至少是一种机制，实现了排斥”(1996:190)。

但是，20世纪90年代在全球范围内发展起来的一系列新的城市高速公路，在电子道路定价(ERP)原则的基础上，将这种排他性的逻辑更推进了一步。在这些情况下，高速公路空间不再是“僵死的”、公共的、机电化的。现在，随着信息、交通等流动在时间和空间上日益多样化，它已成为私有化的数控智能产品，并在提供这种流动市场中作为一种有价商品出售。简而言之，公路网与电信和计算机网络正在融合，因为后者铺设在前者之上。因此，随着媒体、运输、国防和技术公司试图在蓬勃发展的全球“公路运输远程信息处理”市场中找到自己的位置，一个巨大的工业殖民进程也就开始了(Branscomb and Keller, 1996)。

交通远程信息处理技术的能力现在意味着，以前单一的高速公路网络现在可以被分割成不同的定制车道，从高载客量车辆(HOVs)到公交车专用车道和只为配备了传输设备的汽车提供的专用车道(图6.7)。由自动传感器、闭路电视、跟踪和充电设备以及计算机组成的虚拟电子网络被铺设在这些高速公路上，控制车辆的进出，并对道路的每一次使用进行收费。

这使得越来越多的私营企业想方设法在政治上获得认可，以便在世界主要大都市区开发和运营优质的城市道路空间，并从中盈利。道路网络的流动和模式非常复杂。它们日益成为计算机化的系统，支持商品化、控制和排斥等新的做法。在新的城市政治经济环境下，

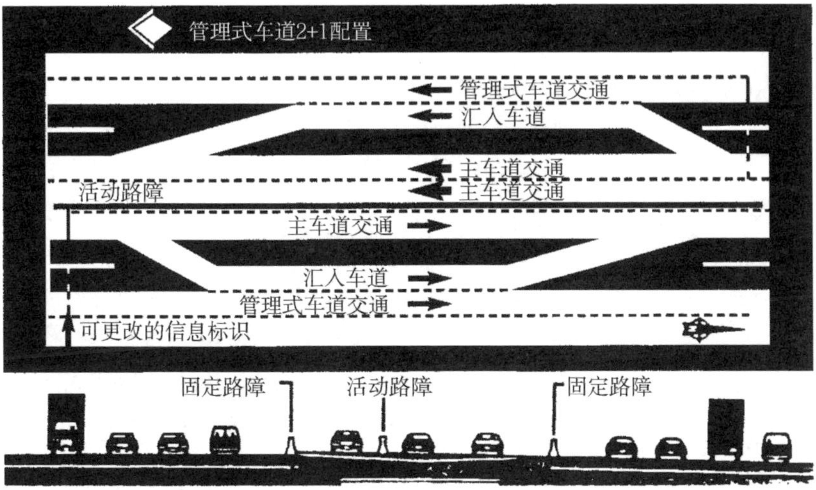

图 6.7　未捆绑的高速公路为特定类别的用户提供多种类型的车道。资料来源:《收费公路通讯》(March 1998:1)

这种做法成为新的群体区分策略的基础,即根据群体对空间的控制权来区分群体。正如埃里克·斯温格杜所言:“道路定价,或其他控制或排斥特定社会群体以防他们获得空间控制权的线性方法,同样在限制了一些人的权力同时,也将其他人推向了控制空间这一排他性高度,从而控制了空间中的一切。”(1993:323)

这些新的优质城市高速公路完全由私人公司开发,并只为城市结构中最有利可图的节点提供服务,高速公路由此完全被商品化。有时候,路费的价格会随着需求实时变化,就像电话费一样。这使得开发商可以保证即使是在最拥挤的上下班高峰期,当周围的公共道路出现拥堵的时候,这里的交通还是能够保持畅通。因此,富裕的通勤者实际上可以通过他们的购买力,在大都市内享受优质的网络连接,从而完全绕过更广泛的公共街道和高速公路网络(Solomon,1996)(见图 6.8)。在专栏 6.2 中,我们回顾了北美和澳大利亚几个主要电子收费私人高速公路的例子。

图 6.8 “虫洞”式穿越交通壅塞:私人电子收费公路的绕行效应。资料来源:所罗门(1996:42)

支离的互联网：走向商业与社会圈层的选择媒介

尽管许多人仍然认为互联网是一种本质上平等和民主的媒介，但作为网络建设热的一部分，它正在被改造成一种由公司主导的通信媒介。如在1990—2000年间，美国铺设的光纤里程数从280万英里增加到1 740万英里。正如丹·席勒所说："网络正在迅速被重新开发为一种消费媒介。这一过程与媒体经济中的三大趋势紧密相连，即多媒体多样化、跨国化以及广告和营销的延伸。"(1999b:35)这些过程意味着互联网的软、硬件架构都在被重新设计，以便它能够根据用户作为商业娱乐和通信服务的消费者带来的盈利能力而进行微妙有力的区分(参见Lessig,1999)。埃米·曾(Emy Tseng,2000)认为这种区分是通过三种方式发生的。

宽带投资的"樱桃采摘"地点

首先，如我们将在专栏6.5中进一步详细说明的，大规模投资正用于建立宽带互联网基础设施，这种基础设施(至少在最初)只与更富裕的用户和空间连接。由于光纤接入网络的成本在每户6 000美元至10 000美元之间，因此，新的宽带互联网服务只在较富裕的居民区谨慎部署。新的网络技术和协议正在出现，使连接的人可以获得比以往更快的速度。但是，这些新的网络技术往往提供更多的"下游"带宽(用于商业娱乐和营销)，而不是"上游"(用于公民之间的互动)，反映了它们的商业化特征。这就是所谓的"供应商和客户的不对称"(Tseng,2000:3)。

专栏6.2　北美和澳大利亚的私人电子收费公路

为了了解计算机化的电子收费公路是如何支持城市支离的，我们有必要探究一下出现在世界各地城市中的主要案例。在这里，我们将参观其中的一些高速公路，并在洛杉矶、多伦多、圣地亚哥和墨尔本等地停留。

洛杉矶：里弗赛德 SR 91 号高速公路

关于私人电子收费的优质高速公路，我们的第一个例子是洛杉矶的里弗赛德 SR 91 号高速公路，由加州私人交通公司于 1995 年开发。这条高速公路提供了一条快速车道，只有安装了电子应答器的用户才能使用。他们每月都会收到高速公路使用费的明细。这条路线比城市中的公共高速公路更快速、安全、可靠，还能得到更多的养护。在这条路线上，在交通高峰期，“时速是每小时 65 英里，而在公共高速公路上是每小时 15 英里”(Solomon，1996：42)。收费根据交通状况不同，从每次 25 美分到 2.5 美元不等。洛杉矶目前正计划兴建一个更大的私人收费公路网络，以“避免洛杉矶免费公路一定会造成的交通拥堵问题”(*Toll Roads Newsletter*，August 1999，1)。它会在主要的瓶颈路段上开发三条新收费公路；1998 年 1 月宣布了一个 220 千米的收费公路网，完全为卡车服务。

多伦多：407 号电子收费公路

在多伦多，一条环绕城市北部边缘 70 千米长、耗资 8 亿加元的更复杂的电子收费公路 407 号公路现已投入使用。它与世界上最繁忙的公共道路平行，是为了缓解这条公共道路的拥堵状况而修建的。车载应答器自动向所有用户收取每 11 千米 1 加元左右的费用，无须停车付费。收费标准自动变化，在主要通勤时段前后达到高峰(1997 年每千米 7 分钱左右)，这样就确保了高速公路的使用永远不会超过预先设定的限制，也就保障了交通通行。

圣地亚哥：I－15 高速公路

我们的第三个例子，13 千米长的圣地亚哥 I－15 高速公路，是世界上第一个采用全自动实时动态收费的高速公路。这条高速公路的收费标准根据实际交通状况从 50 美分到 8.40 美元不等。收费标准每 6 分钟变化一次，并在大型电子指示牌上通知进入高速公路的司机。司机们实际上是购买了 13 千米的行驶权，在保证流量的情况下，每次通勤可以节省 20 到 40 分钟。《收费公路通讯》为这一权利辩护，它驳斥反对派们“教条式的平均主义”，认为平均主义“剥夺了人们购买交通拥堵的选择权，剥夺了每个人在生产食品、燃料、住房以及大多数商品和服务时享受灵活定价带来的好处”(1998 年 4 月 4 日)。

这种网络对城市中流动模式的社会影响是相当容易预测的。电子收费高速公路显然具有排斥性，这毫不奇怪。正如洛杉矶的 SR 91 号公路的例子所示，高收入群体使用这些公路的频率往往比低收入群体高得多(参见图 6.9)。在这种情况下，最低收入群体中仅有 10％以上的人在城市走廊沿线 40％以上的行程中使用该公路，而高收入群体中 50％以上的人使用该公路。

墨尔本：都市连接线公路

我们的最后一个电子高速公路例子是墨尔本由运城都市公路有限公司私人经营管理的都市连接线公路(City Link)。这条公路说明了电子收费高速公路和城市的支离之间一些更广泛的联系。这条高速公路于 1999 年开通，是一条全长 22 千米的电子收费公路，将富裕的郊区和市中心连接起来，并与城市国际机场直接相连。大卫·霍姆斯认为，“该项目让更多人群为基础设施商品化过

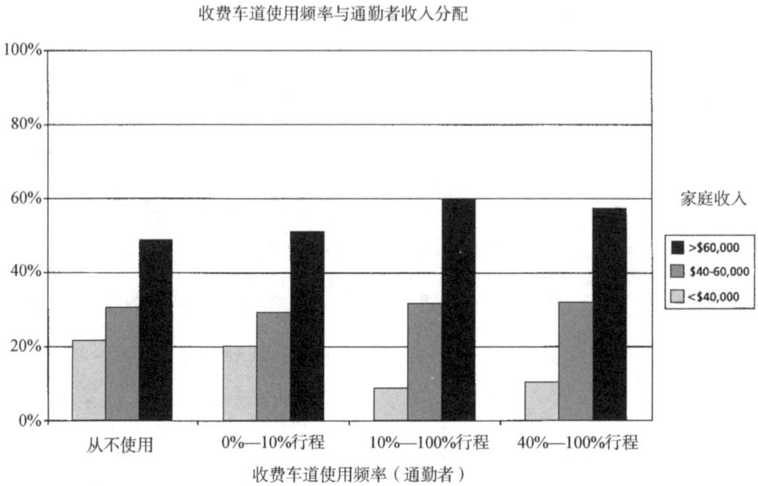

图 6.9　SR 91 公路的社会偏见。该图说明 SR 91 公路大多为较富裕的社会经济群体所使用。资料来源：SR 91 网站，网址为 http://airship.ardfa.calpoly.edu/—jwhanson/sr91main.html

程的正常化和合法化做好了心理准备”(1999:1)，它还“为形成数量越来越少、规模越来越大的集各种购物与消费设施于一体的大型购物中心创造了条件——这些购物中心往往与高速公路直接相连”。

霍姆斯接着指出，都市连接线“绕过了传统的广场式的市场和停车场街道景观”，进一步将特权赋予超级管制下的购物综合体这一私人空间——与高速公路相连的另一个安全茧。在他看来，当前墨尔本在与都市连接线平行的老旧街道上采取交通限制措施，迫使驾车者走上商品化的收费高速公路，这加剧了墨尔本地理环境的“茧化”现象，导致城市形态进一步走向碎片化和分散化。在这种城市，街道上之前的各种有序连接“被高度支持私人化消费的各种城市服务形式所取代”(同上)。

实际上，这些例子表明，我们逐渐开始看到新技术和私有化相结合，并通过松绑一体化的公共道路系统来强制推行。如果将这种趋势做进一步推断，我们可以设想《收费公路通讯》所说的多样化公路系统的出现，“运营商可以提供车道来满足客户的需求……公路运营商可以给你提供天气报告，根据你的路线预订或更改汽车旅馆，并为你提供前往目的地的语音指示”(1998:1)。

传媒集团和私有覆盖网络[①]的构建

其次，主要的传媒集团正在有效地建立自己的平行互联网基础设施，以便为客户提供由他们控制并从中获利的网站和服务组合。为了克服互联网上遇到的瓶颈，Akamai 和 iBeam 等公司正在开发系统，使大型企业客户能够有效地绕过公共互联网基础设施(Tseng，2000)。新的专用网络通过本地缓存(即存储在当地市场附近的一系列服务器上的高需求内容)为选定的用户提供更快速的服务。它们还允许传媒集团和大型内容提供商向更有利可图的消费者提供服务、产品和电子商务平台等一揽子综合性套餐，同时巧妙排除了为竞争对手服务和网站的访问。正如埃米·曾所言：“从波士顿 Akamai 公司的内容分发网络和西雅图 InterNap 网络公司(两大最新私有互联网系统)的私人网络接入点的部署图来看，很明显，这些公司都是在美国一些高度联网的城市(主导互联网使用)中部署这种私人基础设施。因此，私人基础设施有助于进一步使这些全球城市的优势超过其他城市和地区。”(2000:6)

区分数据包的优先级：利用新的互联网协议和路由器进行社会歧视

最后，一系列新的互联网协议——在系统中传送数据包的软件

① 覆盖网络(overlay network)，就是应用层网络，它是面向应用层的，不考虑或很少考虑网络层、物理层的问题。构造这些覆盖网络的目的是为了支持将消息路由到不由 IP 地址指定的目的地。——译者注

代码和算法——正在出现。这些协议可以主动区分不同用户的数据包,拥堵的时候尤其如此。之前,互联网上所有的数据包都被平等对待;现在,在拥堵的时候,智能路由器可以筛选出优先级数据包,允许它们通过,同时自动阻止来自非优先级用户的数据包。因此,与电子高速公路类似的是,无论大环境如何,优质服务都可以保障超级用户的利益。这进一步支持了互联网服务的松绑,因为不同品质的服务可以组合打包,以不同的价格卖给不同的市场。正如埃米·曾所说:"现在系统已经具备了对数据流量进行区分和优先排序的能力。经济状况可以影响数据包在网络中流动的方式,所以属于谁的数据包内容也就更'重要'了。"(2000:12)

支离的街景(Ⅰ)人行天桥城市、广场和中庭

在许多大都市区的街道景观中,基础设施的支离过程大体类似。同步出现的优质专属高速公路和绕行的互联网系统,让我们看到了私人经营管理的优质街道空间的发展,这些空间越来越与更大的大都市结构隔离开来。

特雷弗·博迪(Trevor Boddy)认为:"城市街道和文明一样古老。"它们"象征着公共生活,象征着人类的冲突、接触和宽容"(1992:123)。格雷迪·克莱(Grady Clay)认为,街道是"民主社会伟大的信息载体"(1987:99;由 Drucker and Gumpert 引用,1999)。然而,在整个北美地区,"如今,市区街道受到来自街道上方或下方的袭击,缓慢而安静,但猛烈而有效,上方的攻击来自光亮的玻璃走道和高架,下方的攻击来自隧道"(Boddy,1992:123)。阿尔伯特·波普认为,这种趋势与城市高速公路带来的广泛影响密切相关。他说:"当高速公路侵蚀了网格化的城市结构时,传统城市街道的离散空间就开始消失。"(1996:125)

人行天桥系统：将北美的城市中心改造为“类城市”

在北美的一些城市中，市中心地区正在被有效地改造成“类城市”(Boddy，1992；Bednar，1989)。将高档零售业、剧院、会议中心和豪华住宅包括在内的企业所在地和消费场所正与私人的装了空调的人行道、隧道和天桥直接相连。这些网络在传统的街道系统的下方、上方和内部进行了三维叠加，而与之相连接的是受到高度监控且数量有限的安全入口。这就是“在天空中建造城市”的城市建设策略，它是一种解决方案，即“街道只允许在路上开车，在下面停车；司机和乘客不用踏上街道就可以从家里搬到办公室、商店或剧院”(Hamilton and Hoyle，1999：32)。正如艾伦·沃特豪斯(Alan Waterhouse)所说，这种趋势相当于城市中心郊区化。随着城市中心郊区化“得到了国家的认可，它带来了一种模糊的景观……建筑向上、向内封闭式发展，背离了市民社会的标准”(1996：300)。

美国最著名的人行天桥和中庭建筑群是20世纪70年代至90年代期间由政府资助的市中心振兴项目的成果。这类开发项目与更广泛的城市结构隔开，同时接受与其他地方的定制化连接。它们有专门的支路和大型停车场，以及“光纤电缆、私人分支交换台、卫星天线和其他先进的传输和接收设备”(Reich，1992：271)。史蒂夫·弗卢斯蒂在描写洛杉矶新的邦克山市中心综合体的时候，讲述了一个试图从下面的街道步行到达综合体的故事。

> 邦克山的设计师除了给门卫留了一条通道外，对行人如何从下面上来根本没花心思……宽阔的高速公路隔离带、停车场周边的水泥桩，以及街道上方纵横交错的水泥桥梁把整个综合体……与城市其他部分完全隔开。不管走哪条路，我们面前出现的不是光秃秃的天桥底下，就是一堵堵开着巨大排风口的高

墙，基座被巧妙地造成狭窄的侧管状，完全无法使用。我们可以从南面到达山顶，但只能通过一个狭窄的、被严密巡视的阶梯广场，上面密密麻麻布满了摄像机，并清楚地标明这是私人地产。
(1997:53)

孤立于城市核心区内的飞地型高端社区就这样通过连接进入了封闭的系统中。这些系统借鉴了将行人和公路交通分开的现代主义原理，同时也将这些理念引向了极致。隧道直接与停车场和公共交通系统的节点相连，而无须借助街道。在某些情况下，如在底特律，高架单轨列车等捷运系统自如地穿过城市中混乱街道的上方，将广场、公司、酒店和中庭相互连接，但又完全绕开了公共街道(Boddy, 1992:124)。然而，在这种情况下，单轨电车几乎是无人坐的，成为底特律市中心持续衰落的受害方(Vergara,1997:210)。

在北美的明尼阿波利斯、达拉斯、蒙特利尔(见插图11)和夏洛特的市中心，可以找到一些最全面的城市空中步行街的例子(Bednar, 1989)。其他一些较小的城市中心区，如曼哈顿的巴特利公园城，也按照类似的思路进行了重建，但其综合性冬季花园和高档游艇码头的排他性更强(Grava,1991:11;见插图9)。在亚洲一些城市，特别是香港(Cuthbert,1995)和东京(Tschumi,1996)也有类似的开发项目。在东京，伯纳德·楚米发现了捆绑式城市的典型例子："多个项目散布在高层建筑的各层，有一个百货公司、一个博物馆、一个健身俱乐部和一个火车站，屋顶上有推杆球场……机场同时整合了游乐场、体育设施、电影院等。"(1996:42)

而在得克萨斯州的休斯敦，这种发展逻辑可能已经达到了极致。在这里，6.2英里长的隧道大多位于地下，将市中心2 600万平方英尺的办公空间与停车场、酒店和零售购物中心连接起来(见图6.10)。进入这里要受到监控摄像头和私人保安人员的监视，他们

插图 11　蒙特利尔地下城的内部是由广场、购物中心、办公大楼和市政大楼组成的相互连接的综合体，位于市中心的核心区，直接由地铁系统提供服务。摄影：斯蒂芬·格雷厄姆

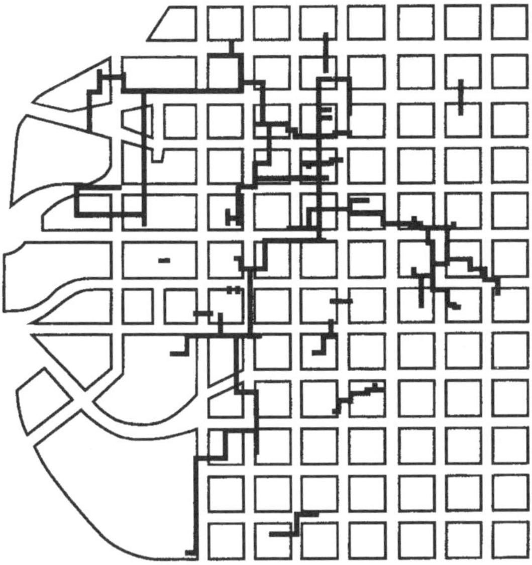

图 6.10　6.2 英里长的空中步道和隧道系统连接了得克萨斯州休斯敦市中心 2 600 万平方英尺的办公空间。资料来源：波普（1996：114）

的工作是阻止任何“不恰当的”进入者或“威胁性”行为——这些行为被认为有违仅供中产阶级消费和正常工作的优质网络化空间中的标准生态。

博迪认为，在这样的网络中，在“内部孤立的帝国”中，“我们被控制着，被隔离着，被区分着，成为系统的一部分”(1992:123)。在这种将受保护的城市内部与更广泛的城市结构外部分离的情况下，传统的一体化的街道系统——现代基础设施理想模式的遗产——被边缘化了，成为被排斥之地，为那些无法进入空中飞地的人们所使用。罗伯特·赖克(Robert Reich)笔下著名的“符号分析师”因此能够“在剧院里购物、工作和参加演出，而不必冒着与外部世界——尤其是另一个城市——直接接触的风险”(Reich,1992:271)。

传统街道网络成为残余物

这种分裂的网络空间在某种程度上是一种自我实现的预言。那些在受严密保护的网络化飞地内的人越来越害怕传统的街道，因为它是一个犯罪、混乱、贫穷、疯狂和危险的地方。这反过来又为他们在工作和休闲生活中进一步远离传统的街道提供了社会和技术上的理由。零售业，以及闹市内的其他消费行为，都逐渐在分离体系中向内部发展了。不足为奇的是，那些在与“飞地型综合体”联系日益紧密的公寓楼盘中(这些楼盘现在通常提供定制化的安全学校、医疗、健身套房、游泳池和商业服务)安家的高收入居民，已经被证明对“民生问题的关注度比非飞地居民更低”(Bayne and Freeman,1995:419)。

因此，传统的街道系统往往“留给了旅游、购物、闲逛的人、年轻人和不安分的人”(Boddy,1992:125)。反过来，随着封闭的企业飞地在街道系统内部爆发性增长，街道系统也会被支离，被边缘化，其连通性和无缝性受到侵蚀。进入飞地的入口越来越具有指向性。那些靠走路出行的穷人，无法开车经由那些收费高速公路进入企业飞地，留给他们的是飞地外破败的街道(Pope，1996：1114)。正如波普所说，由人行天桥和隧道构成的一个平行城市带来的影响是：

> 那些行人只能在人行天桥、中庭和隧道之外的空间活动。这些高架或地下人行通道直接将高速公路和车库与飞地型高端社区联系起来……面对如此大规模的城市重组活动——结果是将城市往外推——离心结构的街道和人行道内爆了……一个替代的城市出现了，它是封闭的，排他性的，是对城市领域进行重组后的结果。休斯敦市中心呈现的不再是整个城市面貌，也不再代表整个城市，可以说它与周围的城市几乎没有什么关系了。(1996：114—115)

广场和中庭

在这种平行城市的中心，正在出现大规模的新开发项目，将办公、酒店、休闲活动、零售和住宅捆绑成巨大的中庭广场，由单一的开发商和私人保安控制。美国许多城市现在都出现了这种著名的后现代中心——佐治亚州亚特兰大市桃树中心(见图6.11)、纽约的巴特利公园城、底特律的文艺复兴中心(有一条单轨铁路将其与市中心的其他部分连接起来)、洛杉矶的博纳文图尔酒店。每一处都有专门的连接线直接接通城市高速公路。在谈到亚特兰大的桃树中心时，汉密尔顿和霍伊尔认为，其主要吸引力在于：

> 与街道隔离。一旦你进入中心，就可以成功穿越整个建筑群，而无须踏上公共街道。这意味你可以在众多的办公室中选择一个办公，可以在众多的餐馆中选择一家用餐，可以在众多的零售商店中选择一个购买食物、衣服、礼物或运动器材，也可以

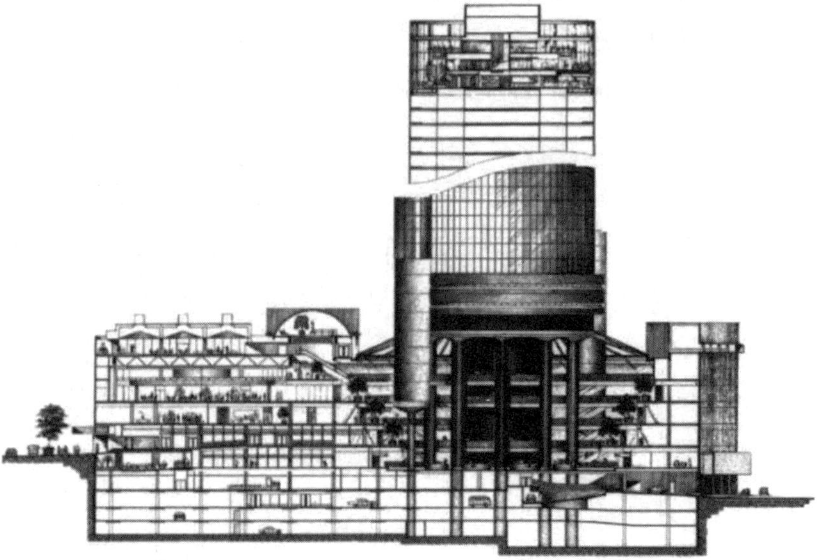

图 6.11　佐治亚州亚特兰大市桃树中心的威斯汀酒店剖面图。该酒店于 1976 年开放，由建筑家约翰·波特曼设计。资料来源：波普(1996：130)

在几家五星级酒店中选择一家睡觉。所有这一切都在私人空间完成。为了让人有更多的安全感，这里还有固定的武装警卫驻守整个中心。

(1999：32)

这种空间模仿了城市街道传统的形象和符号学意义，当然其隧道和天桥的连接绕过了传统的街道结构(Bednar，1989)。双重的走廊变成了街道，内部的隔断变成了店面，通向几乎膨胀到“广场”大小的酒店大堂(Pope，1996：127)。最重要的是，“外面的人”被有力地拒之门外(同上：127)——这是一种“封闭的绝技”，旨在最大限度地从游客和企业工人处获利，同时将穷人排除在外。正如梁思聪(Sze Tsung Leong)所言，这样的空间“完全不同于古典城市中相互交织、相互依存的整体”，因为：

> 内部化活动获得成功，并得以扩散。同时，这些节点可以放置在任何地方，如同与外界没有实质性连接的海洋中的孤岛。它们与外界分离，变得不适合居住，并往往成为充满危险的空间。
>
> (1998:196)

支离的街景(Ⅱ)特殊政策商业区、城市中心管理和闭路电视监控系统

> 似乎我们今天的中产阶级对城市最美好的愿景只是一个娱乐区—— 一个……旅游、购物的地方；它不过是一个有生活气息的主题公园……这简直就是“城市主义的清淡模式”①。
>
> (Bender,1996;引自 Soja,2000:247)

即使传统街景在经济上保持了成功，或经过了绅士化，这些地方支离的趋势也很明显。因为此类空间的管理者试图与激增的封闭式购物中心、广场和中庭竞争，赢得购物者和游客的光顾。

特殊政策商业区

一个值得注意的创新是特殊政策商业区(BID)，它相当于将一个经过精心挑选的传统街道系统从更大的大都市结构中分离出来。BID 起源于美国，1998 年在美国有 1 200 多个，现在世界各地得到广

① Lite Urbanism，指库哈斯提出的新城市主义，是一种“修正的”或“清淡的”城市主义。他认为对现代建筑学进行简单的批判只能让建筑学更加封闭，失去社会性。他倡导一种策略式的建筑学，以一种“以退为进”、清淡、轻松的方式进入社会实践。——译者注

泛推广。到1998年，欧洲、加勒比海地区、澳大利亚和南非都出现了BID(Hannigan,1998a:139)。2000年，它们在伦敦金融城中心开始运作。

作为一种量身定制的地方政府形式，BID基本上是与当地的房地产资本合作，控制一系列地方市政事务，为自己的私人城市提供"打补丁"服务。这类服务包括街道清洁、街道亮化、公共空间管理、垃圾清运、公共工程、私人警务、环境改善和市场营销。

BID被描述为"城中城"或"微城市"(Vallone and Berman,1995)。尽管它们是非民选机构，但商业发展区委员会能够征收物业税，并通过法律强制执行，以财政等价的方式直接使用物业税——也就是说，所有的收入都在该区内支出。这样就避免了免费搭车，也避免了社会或地域的交叉补贴。从专栏6.3中可以看出，较富裕的BID，在控制、管理和发展高质量的基础设施网络和服务方面越来越积极，以配合控制者的额外需求。

专栏6.3　没有围墙的购物中心：特殊政策商业区成为主要的支离式街景

在城市街道景观与公共服务提供、规划方式明显分化的情况下，一些富裕的BID，像曼哈顿中心地区的BID，开始承担一些延伸性公共事务，根据BID成员的确切要求修改街道系统、交通路线和公用事业，这并不奇怪(Parenti,1999:第五章)。特别是中央零售区正在利用BID战略，试图打造"作为购物中心的市中心"(Mallett,1993a:282)。这种"没有围墙的购物中心"提供了私人管理的安全空间，努力支持着中产阶级购物者和游客的信心。

与人行天桥城市和中庭一样，BID也是将边缘化的社会经济群体挤出城市场景的一种明确尝试。在美国各城市活力程度不等的核心地区，BID都是人们对以下事实给出的直接应对策略："后工业政治经济下的贫困者对公共空间的使用，以及摇摇欲坠、往往肮脏不堪的公共基础设施，这两点都威胁着企业客户、住在郊区的居民、上班族和购物者，会把他们吓跑”（Mallett，1994：277）。

例如，纽约的大中央特殊政策商业区封闭街道，为有钱的通勤者提供户外用餐空间，并雇佣私人保安公司和外联工作人员，以确保即刻将无家可归者或流浪者赶出商业区的边界——这是该市更大的“零容忍”战略的一部分（Zukin，1995：35）。提交给纽约市的一份报告认为，商业区的保安人员“对无家可归者过度使用武力”（Vallone and Berman，1995）。

这样，犯罪和无家可归的现象往往会转移到BID之间的空间，即那些无法开展自我改善措施的贫困地区，或城市边缘地区（Smith，1999；见专栏6.7）。结果是，“富裕的BID有机会冲破城市金融系统的约束。这就证实了人们的担忧，即少数中心空间的繁荣会与整个城市的贫困化形成鲜明的对比”（Zukin，1995：36）。

许多BID精心设计的主题是统一的街道公共设施和街道景观，标志着它们从更大范围的城市中分离出来，而BID委员会通常用大城市“无法推广其特殊策略”来解释其分离的原因（Zukin，1995：36）。商业和混合型BID通常都会雇佣私人警察部队，因为安保工作是为高收入社区量身定做的。赖克认为：“收入相近的新社区因其拥有的征税权和执法权，正在成为城市中的一个独立的城市。”（1992：271）

从长远来看，不难设想这种BID会越来越强大。它们似乎有可能最终能够控制城市空间，对连接并支持这些空间内的基础设施网络进行更为广泛的发展和管理。从长远来看，它们甚至有可能完全脱离公共税收体系，“取代城市政府”（Zukin，1995：36）。除了管理和定制自己的私人街道和公共交通系统外，BID很可能会参与谈判，或为其范围内的用户定制交通、能源、水和电信服务。

构建消费空间中不合规范的行为：英国的城市中心管理和闭路电视

即使没有正式将税收征收权让渡给特殊政策商业区，欧洲城镇商业和零售业核心区的其他管理战略也开始复制特殊政策商业区的某些战略。例如，1998 年，伦敦考文特花园市场中心的私人管理者决定将流浪者"排除在广场之外"(Daly，1999)。在英国各地，私人城市中心管理(TCM)战略同样试图利用企业的资金和愿望，将"不恰当"的行为和个人从零售街道上清理出来(Reeve，1996)。随着城外购物中心与城镇中心对高收入消费者的竞争加剧，街道主题设计、私人治安、精心管理和公共闭路电视成为常用的工具，对那些被视为"不美观"或"反社会"的用户进行了严格的管理。用一位城市中心管理者的话说，瘾君子、落魄的人或其他使城镇堕落的人是不受欢迎的(引自 Reeve，1996：70)。

在实践中，人们发现 TCM 计划"功能性地歧视[乞丐和街头流浪者]，以便将城镇中心的社会空间改造成更有利于消费者的社会空间"(Reeve，1996：78)。此外，在英国，人们发现支持这种街头管理项目的闭路电视计划"毫无理由"地将某些人作为监视目标，如果有理由的话，那就是有些人"属于某一特定的亚文化群体"(Norris and Armstrong，1998)。尤其是黑人，"被监视的可能性是其他人的 1.5 倍到 2.5 倍"。

诺里斯(Norris)等人(1998)对闭路电视控制室的监控做法进行了详细的研究。他们发现，被监控盯上的人是根据监控人员的偏见来选择的，特别是他们关于哪类人"属于"城市哪类空间和时间的想法。通过闭路电视看到的"不属于"越来越商业化和私人管理的英国城镇中心消费空间的人和行为会受到密切监管。当前非数字闭路电视监控运营商有选择地针对那些他们认为最有可能出现不合规范行为的社会群体。这导致了男性,尤其是年轻人或黑人比例过高(Norris *et al.*,1998)。这表明闭路电视控制室充满了种族主义和性别歧视。某些类型的年轻男子成为这类社会构建出来的怀疑对象,被贴上了露趾褴褛、卑鄙小人、游手好闲、废物、大问题人渣(取自为无家可归之人办的杂志《大问题》[*Big Issue*])、无业游民和贩毒败类的标签,并遭到仔细检查、跟踪和骚扰。恶意的意图被等同于外表、年轻、服装和姿态(Norris *et al.*,1998;参见 Norris and Armstrong,1999)。

因此,闭路电视监控人早已试图将一种"标准时空生态"强加于城市中被监视的部分,规定谁在何时何地"属于"谁,并将其他所有人都视为可疑的"他者",要接受约束、审查和控制(Graham *et al.*,1996)。对监控人来说,一个地区的正常生态也是一种"标准生态",因此,不属于这个时空的人就会被当作"他者"来对待(Norris *et al.*,1998:43)。

伦敦东部纽汉姆区的最新数字闭路电视系统,即所谓的"Mandrake"间谍系统,将这一理念进一步发挥。这个系统甚至试图利用计算机化的面部识别技术在主要的商业中心瞄准和跟踪特定的个人。总而言之,正如诺里斯和阿姆斯特朗(1998)所说:

> 摄像机的目光并非同等地落在所有的街道使用者身上,而是落在那些被刻板地定义为潜在的不正常的人身上,或者通过观察外貌和举止,被监控者认为不体面而被挑选出来的人。这样一来,年轻人,特别是那些已经处于社会和经济边缘的年轻人,可能会受到更多的权威性干预和官方的羞辱。

诱惑空间:主题公园、购物中心和城市度假区

> 汽车/信用卡/购物者成为购物洪流的皮下注射器。
>
> (Lerup,2000:5)

经济和社会的不平等现象仍然像以往一样严重，然而，全球市场却使这些不平等现象诡异地隐身了。那些没有货币“护照”的人只是处于缺席状态……不可见性是现代不平等的一个重要特征。

(Wilson，1995)

这种试图净化城市空间，以达到无忧消费、付费等休闲目的的工具性做法，在另一种快速兴起的捆绑式城市环境中被进一步推向极端，这就是购物中心、主题公园和城市度假区内的“虚拟街道”系统(Banerjee etc.，1996；Goss，1995)。一般来说，此类开发项目与体育、媒体和娱乐业的跨国公司(迪士尼、时代华纳、世嘉、索尼、耐克等)有很强的品牌合作关系。它们最大限度地利用商品的附带销售，“使消费品、服务和土地的销售产生协同效应”(Zukin，1995：64)。

这类开发项目覆盖的“足迹”越来越大，因为许多大型开发商试图在单个综合体内捆绑出最大数量的协同用途(零售、电影院、IMAX屏幕、体育设施、餐厅、酒店、娱乐设施、赌场、模拟历史场景、虚拟现实综合体、博物馆、动物园、保龄球馆、人造滑雪场等)。世界上最大的购物中心之一，位于加拿大阿尔伯塔省的西埃德蒙顿购物中心，在其原有的屋顶高尔夫球场、三环过山车、人工环礁湖(里面有真正的海豚)、6家夜总会、赌场、虚拟现实中心、主题海盗区、40家餐厅和700家商店等项目基础上，又补充了一个实景“家庭射击中心”。

这类大型的捆绑式开发项目往往是“孤立的；在物理上、经济上和文化上与周围的社区隔离开来”(Hannigan，1998a：4)。它们采用模块化的设计方法，“混合……并匹配……越来越多的标准组件，将它们在不同的配置中组合在一起”(Hannigan，1998a：4)，而且它们依靠大量的公共补贴来获取土地和开发成本。

正如汉尼根(Hannigan，1998a)所说，这种娱乐化的开发方式正在北美、欧洲、亚洲、澳大利亚和拉丁美洲迅速崛起，成为支离的城市主义的典型例子。这种“新型的娱乐中心[旨在]锚定未来的幻想城市，在这里，旅游、娱乐和零售业的发展将被捆绑在一个主题环境中”(Hannigan，1998b)。美国的综合体再次引领了这些城市发展形式的成长。它们正在全球范围内迅速扩散，其中一些最大的开发项目正在澳大利亚(悉尼的达令港和墨尔本的皇冠娱乐中心)、加拿大(多伦多价值4.5亿美元的目的地科技馆综合体)出现。欧洲有英国的地铁购物中心和蓝湖购物中心、东南亚有马来西亚新的占地32英亩的星城和双威水上乐园综合体，以及许多其他大型旅游项目(参见Cartier，1998)，日本最近也在全国各地开发了一整片“群岛”式的度假区(参见Rimmer，1992)。

在旧城核心区重构组合式休闲空间

然而，越来越多的跨国传媒集团也在试图将主题公园的吸引力带入城市。城市核心区的媒体中心是这类企业刺激中产阶级增加户外消费提高回报率的重要一环。这反过来又将城市主题空间与室内消费无缝地联系在一起，形成了所谓的“内/外战略”(参见Davis，1999)。其结果是，在旧城核心区涌现了大量饱含媒体内容、经过重建并私有化了的公共空间：娱乐型零售中心、小型主题公园、有着巨型视频墙的商店、模拟器游乐设施、小型水上公园、IMAX电影院、公司建造的体育场馆、改造过的传统剧院，以及电影和虚拟现实中心(Davis，1999)。

这类空间的开发商面临着两难的困境。在采用最新监控技术阻止“不受欢迎的人”(如低消费的青少年或无家可归者)的同时，这些空间还必须让人们感受到城市活力和(无威胁的)社会融合感。它们必须克服“郊区的同质性和汽车城市的分散性”(Davis，1999：46)来创造一种目的地感。正如苏珊·戴维斯(Susan Davis)所说：

基于位置的娱乐项目的核心是一个悖论，即在主题空间的背景下，重现一种真实的空间感，这就意味着要用精心调整过的方法唤起旧城区的多样性和不可预知性。这些项目旨在重现一种像旧商业城市中心那样的生机和活力。但是，为了做到这一点，要想有利可图，撵走需要被撵走的人，他们就必须控制混杂性，减少真正的不可预测性。

（同上）

控制边界：购物中心和休闲设施成为大型的城市控制区

在认真管理其严格控制的主题环境与紧邻的城市景观之间关系的同时，购物中心、主题公园和度假区综合体也越来越多地通过定制的高速公路、通信、水和能源基础设施，来塑造其与更广泛的城市区域基础设施之间的联系。因此，这些建筑提供了一个：

界限分明、净化了的社会空间，将相当一部分人排除在外，从而保护顾客免受与社会差异对抗可能引发的道德困惑……并让有偏好的顾客放心，真实的公共世界中不体面和肮脏的一面将被排除在外。

（Goss，1993：26—27）

与人行天桥城市、特殊政策商业区一样，这类开发项目的吸引力就在于“消除城市的混乱、穷人、犯罪、污垢”（Sorkin，1992）。事实上，这种空间不是真正的公共空间，也不与公共街道系统相连接。这对许多中产阶级消费者来说是一种吸引力，因为公共街道对他们来说危机四伏。

因此，主题场所其实就是约翰·汉尼根所说的“大型的城市控制区”（Hannigan，1998b：36）。它们“提供了安全、有保障的环境，人们可以在其中进行互动。这种[空间]看起来很像公共生活,但实际上并不是,因为这些环境一般都是由非常大的全球性公司所拥有和控制,并受到严格的监管”(Dewey,1994;引自 Channel 4,1994)。“防御性、可预见性和安全感是这里的关键词,但缺少的是传统街头生活的偶然性、多样性和人文性。”(Goldberger,1996:144;引自 Hannigan,1998a:6)

例如,位于伦敦郊区的欧洲最大购物中心蓝湖宣布,其 350 个摄像头的数字闭路电视系统将以数字方式记录下每一个访客的脸部和车牌号,预示着计算机人脸识别和汽车识别的前景将在不久的将来出现。随着复杂的信息技术和监控实践与建成空间的设计和生产紧密结合,罗杰·伯罗斯(Roger Burrows,1997:41)甚至认为:“建筑本身变得越来越有灵性,因为计算机识别系统会纳入新的富人,而排斥新的穷人。”(引自 Lyon,2000:81)专栏 6.4 详细研究了购物中心、主题公园和度假村的经营者试图通过何种机制来密切管理其与周围城市景观的关系。

将信息技术融入消费空间

当然,城市新娱乐综合体本身也做出了巨大的努力,只为富裕和移动的目标游客和用户提供最先进的信息基础设施。尤其是酒店开发商现在与电信和媒介公司建立关系,将娱乐、安全和通信应用组合打包,在吸引高科技客户方面占据前沿。例如,洛杉矶一些领先的酒店就提供网络套房,通过电脑语音和人脸识别系统,入口系统会自动识别客人并打开房门。环境控制系统“只要一听到声音,就可以调节灯光、温度和窗帘;只要打一个电话,它甚至可以在浴缸中放满水”(Wolff,1997)。同时,在菲律宾马尼拉北部的克拉克经济特区,这个废弃的美国军事基地,向选定的中产阶级购物者发放 13 万张光学激光卡，为消费超过规定限额的游客提供优惠，努力推动了大规模消费空间的开发。

堡垒空间：世界各地经过总体规划的封闭式飞地

分裂的倾向也侵占了居住地。主题公园和购物中心在全球范围内扩散的同时，门禁住宅社区也成为世界上许多大城市的特色。这种趋势对于重塑城市格局至关重要，因为“当富人将自己隔离在郊区和远郊富人区这些专属空间时，他们可以通过私人手段复制高质量的公共服务”(Clarke and Gaile，1998：29)。在这个过程中，这种转变往往也会破坏现代基础设施理想模式遗留下来的公共服务和基础设施的垄断。尽管这种发展在世界各地的具体情况和背景各不相同，但它们往往都类似麦肯齐(McKenzie)所说的“私托邦”：“在这种情况下，占主导地位的意识形态是私有制；合同法是最高权威；财产权和财产价值是社区生活的焦点；同质、专属和排斥是社会组织的基础。”(1994：177)

专栏 6.4 支离策略：购物中心、主题公园和城市度假区如何从更广阔的城市结构中撤出

> 购物中心就像一个反向的监狱：不正常行为被约束在监狱外面。
>
> (Mäenpää，个人资料)

购物中心、主题公园和城市度假区的开发商和运营商广泛采用各种常用设计技巧、基础设施开发、纪律和门禁等技术，以退出更广泛的城市结构，同时尽可能与更广泛的中产阶级市场无缝连接。具体来说，这里可以确定有以下六种方法：

收取入场费

第一,和主题公园一样,在门票收费时,价格机制即有效的社会过滤手段。

积极的警务工作

第二,以先进的监视技术为后盾,积极主动的私人警务工作往往可以阻止那些在购物中心的空间和时间内被视为“不属于”该时空的使用者(Dovey,1999)。目标群体包括青少年群体、较贫穷的消费者、或那些被权力拥有者判断为在外观和举止上违反其“可接受的”行为规范的人(Norris and Armstrong,1998)。在某些情况下,这些通过纪律进行排斥的形式被定为明确的规则,在空间和时间上剥夺了特定群体的准入权。例如,1996 年,世界上最大的购物中心之一,明尼阿波利斯的美国购物中心,实行宵禁,禁止 16 岁以下的人在晚上 6 点以后在没有成人陪同的情况下进入购物中心(Drucker and Gumpert,1999)。其他许多美国购物中心也采取了类似的行动(Poindexter,1997)。

城市设计实践

第三,城市设计的做法是将新的内向型开发项目置于停车场和高速公路隔离开的空地中,这往往夸大了与更大城市结构的社会和空间分离感。在马克·戈特迪纳(Mark Gottdeiner)看来,购物中心尤其依赖于一种堡垒式建筑:“标志的缺失会刺激消费者迅速穿过停车场的空间,进入建筑内部。”(1997:138)他认为,“这种建筑的问题在于它将建筑与周围的景观和街道隔离开来,破坏了城市结构”(同上)。

地理上拉开距离和偏向性发展基础设施

第四种做法是利用传统的地理距离，以及交通、街道和公路连接的偏向性设计和开发。很多时候，开发项目都是“有意识地位于城市边缘地区，是少数群体和穷人在地理和经济上无法到达的地方”(Hannigan，1998a：190)。那些建在郊区边缘的楼盘往往没有车是不可能到达的，因为开发商为寻求中产阶级最大的消费能力，要尽量将这些综合体与城市间主要公路网无缝连接起来。对于这类综合体的开发商来说，通往主要交通干线的便捷通道是绝对重要的。

此外，郊区购物中心普遍缺乏人行道，这更加剧了它的碎片化和孤立感。“没有人行道，购物中心就只能驾车进入。在通道、坡道和停车位这种环境中，传统的设计元素如规模大小、外立面和细节都变得无关紧要”(Crawford，1999a：46)，如迪拜的德拉城市中心综合体所示(见插图 12)。该综合体有许多购物中心，但没有汽车的行人根本不可能进入，这不仅是因为缺乏公共交通连接，而且因为入口处完全是为汽车、公路和停车场而设置的，没有任何行人与步行街的连接。又如亚洲最大的混合型购物中心新加坡义安城，“人们得从八楼的停车场才能进入夜总会”(Turnbull，1997：229；引自 Cartier，1998：172)。

和中庭、天桥综合体一样，购物中心和城市娱乐综合体往往会打破传统的街道模式，成为以上所述街道模式中的组成部分。特恩布尔(Turnbull)评论说：“传统的街道模式由于义安城综合体的出现而受到了剧烈颠覆、折叠和压缩，并最终被它取而代之，同时，街道的异质性——也是街道的活力——也就被锁定、限制并得以强化。”(1997：229；引自 Cartier，1998：172)

正如我们在序言中看到的，1995年辛西娅·威金斯在爬过城市公共汽车站和布法罗市的瓦尔登街廊购物中心之间的多车道高速公路时死亡的事件，说明了城市周边的购物中心往往会将公交车排除在专用公路基础设施之外。在这起“公交车路线歧视”案件中，调查人员发现：“这个巨大的郊区购物广场的规划故意避开了城市公交车，从而使内城居民不仅难以去那儿购物，也难以……去那儿工作。”(Gottdeiner，1997：134)

插图12　迪拜的德拉城市购物中心非常难以抵达，除非是自驾车或乘出租车。人行道出口仅通向停车场，大楼完全被多车道高速公路所环绕。摄影：斯蒂芬·格雷厄姆

但是，即使在市中心，新的主题公园和娱乐场馆也可能同样以汽车为导向，因为它们往往位于生机焕发的滨水区，远离公共交通基础设施。在创建慕尚(Muschamp，1995)所说的“商业级城市”中心的过程中，较贫穷的群体甚至可能被迫离开他们曾经使用过的城市部分区域(Hannigan，1998a)。约翰·汉尼根(1998a)认为，当郊区居民开始期望整个大都市都拥有可控、可预测且经过社会净化的消费空间时，这一过程可能相当于“试图在城市中心重新确立稳定的中产阶级价值观”。

专用的优质基础设施连接

第五种做法是精心定制专用的基础设施连接，让娱乐场所、购物中心、体育场馆、度假胜地和主题公园等从紧邻的公共城市中退出，同时与目标中产阶级和高收入市场紧密相连。例如，位于波士顿郊区福克斯堡的新英格兰爱国者美式足球队的新体育场，将配备一条新的通道，供企业包厢持有人专用。“在球队继续向波士顿的企业界兜售豪华套房时，确保便捷的交通是球队营销战略中的一个关键因素。”(*Boston Globe*，14 October 2000：A24)在悉尼，达令港建筑群配备了自己的由公共资金出资建造的单轨系统，将其与悉尼市中心的其他重要企业和消费节点连接起来。洛杉矶的盖蒂中心博物馆也有自己的轻轨系统。其他许多旅游和滑雪胜地也在开发定制化的(短途)快速交通工具，以提高其经济前景。

在北美，与其他地方一样，地方和中央政府提供了数百万美元的补贴，用于“道路和交通设施的增建和重新配置，这些设施被认为是必要的，目的是让人们能够从环绕和横贯许多美国城市的高速公路直接进入娱乐中心”(Hannigan，1998a：135)。例如，在费城中央滨水区综合体项目中，州政府和联邦政府花费了 5 800 万美元，“建造了三个主要的上/下坡道，从 I－95 高速公路到中央滨水区新兴的娱乐区，再到宾夕法尼亚州的登陆区”(同上：134)。类似的做法在欧洲、亚洲、拉丁美洲和澳大拉西亚也很常见，各城市争相重新开发多余的空间和新的大型消费项目。

私有化的治理机制

最后，最极端的是，主题公园和娱乐综合体可以有效地运作自己的私人政府，就像迪士尼在奥兰多的做法一样，以确保财政和基础设施的支持是为其量身定制的（Archer，1995）。在迪士尼这个例子中，里德小河特殊政策区于 1967 年成立；“有权征收房产税，发放借款债券，组织和管理自己的警察与消防部门；开发和管理机场，并提供公用事业服务（如果迪士尼觉得合适，还可以建造核电站）。”（Archer，1995：326）

在北美（Zaner，1997）、伊斯坦布尔（Sandercock，1998a）、孟买和德里（Masselos，1995；King，1998）、雅加达（Dick and Rimmer，1998）、约翰内斯堡（Lipman and Harris，1999）、马尼拉（Connell，1999）、上海（C. Smith，1999）、东京（Waley，2000）和圣保罗（Caldeira，1996；1999）等地，门禁社区和公寓综合体的开发商们开始利用基础设施消费主义和自由化的优势，发展和捆绑自己的定制公用事业、街道、电信甚至交通服务。在这样的空间里，一方面是过滤本地与更广泛城市连接的承诺（通过围墙、闸门、闭路电视和私人保安），另一方面则是地方或全球地方化连接的增强（通过直接连接机场的高速公路、优质的水电连接和功能增强的通信），两者再次紧密结合在一起。

在一些国家，几代人都不知道曾经有广泛分布的私人封闭式街道。如今这些国家也看到了它们的回归，如最近在英国的白金汉郡就重新出现了为富裕群体开设的私人街道。在这些例子中，电子门可以识别居民的汽车转发器和防盗报警器，入口视频电话监控着所有的门，而红外线运动探测器则直接连接到当地警察局（Thomas，1996）。同时，在伦敦金融城中心，将内城地块重新开发成安全、高档的公寓式住宅的情况也越来越普遍，这得益于蓬勃发展的住房市场，以及城市专业人士对城市中心“阁楼生活方式”在文化上的转变（Zukin，1982）。最近的分析发现，这一进程创造了“富人的飞地”，“加深了贫富之间的分化”（Ballast Wiltshier，1999）。

为了探讨全球向富裕的分离式生活空间转变的规模和广度，有必要举出一系列的国际范例。下面我们分析了北美公寓式综合体和总体规划社区中分离式住宅的开发过程；印度尼西亚、土耳其、菲律宾和后种族隔离时代的南非在大城市边缘开发的新城镇和规划型社区；以及巴西圣保罗和印度孟买中心地带防御性飞地的建设。

北美地区总体规划的门禁社区

> 20世纪下半叶的美国人将精力集中在提防建成环境中的民主。
>
> (Sennett，1999：278)

> 尽管连通性是城市的精神，而且很可能会继续保持这种精神，但美国版的城市一直以来都有一种将自身推翻、孤立，并尽可能扩张的倾向。
>
> (Lerup，2000：80)

美国在郊区设防方面的经验是最著名的(参见 Blakeley and Snyder，1997a；b)。在美国，统一建造、总体规划的门禁社区“共有利益开发项目”现在占美国南部和西部城市房屋建筑的50%(Pope，1996：178；参见 McKenzie，1984)。图 6.12 显示美国部分城市在新的住宅开发项目中越来越频繁地使用门禁。阿尔伯特·波普称这一过程为“城市规模的组合式核心”的出现(1996：96)。这些空间绝大多数是面向富裕的、寻求安全感的白人群体，而安全感来自生活的社区，其基础是通过系统管理摆脱种族和社会差异、多样性以及偶然的相遇(参见 Dumm，1993)。

在更大的层面上，大多数美国门禁式住宅开发项目所处的“边缘城市”是作为一种“影子政府来运作的，它可以收税，为其社区立法，并对其社区进行监管”(Dear and Flusty，1998：55)。为了满足高收

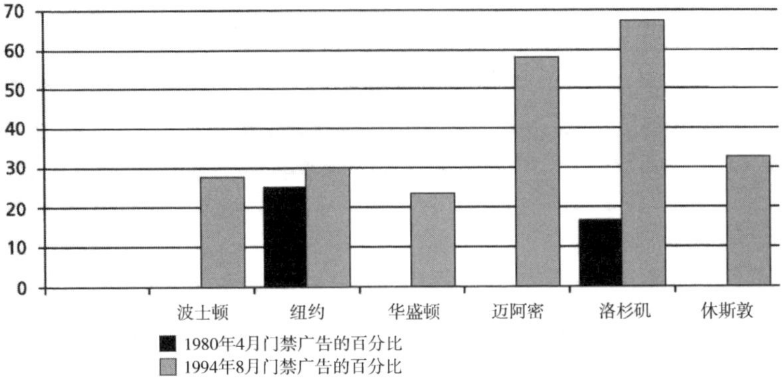

注：所分析的报纸是《波士顿环球报》《纽约时报》《华盛顿邮报》《迈阿密先驱报》《洛杉矶时报》和《休斯敦邮报》。

图 6.12　美国住宅开发项目中门禁的使用：卢米斯(1997)对美国部分城市的房地产开发广告中越来越多地使用门禁这一现象进行了分析。资料来源：改编自卢米斯(1997：193)

入居民对居住、娱乐和养老的直接需求，“共同利益开发项目”为那些有能力支付费用的人接管了“许多市政功能，成为一个现收现付的公用事业的竞争部门”(Lockwood，1997：62)。

它们最明显的功能是通过设卡使小区与城市其他公路和街道系统隔开，严密监控，严格限制出入。在小区内部，道路网络从道路尽头以梯子状方式分支，每条道路都通向一个单一的目的地，以确保社会景观最大限度的封闭(Pope，1996)。“共同利益开发项目”的责任还延伸到内部道路的建设和维护、依法处罚超速及违反社区自定交通规则的行为，包括园林绿化、私人保安、闭路电视和路灯等方面。例如，佛罗里达州库珀市的门禁社区 Embassy Lakes，要求居民的汽车上必须打上条形码才能进入。参观者必须出示身份照片，并等待入口门卫给里面的朋友或亲戚打电话后才能进入。而在小区其他空间则要求提供安全钥匙或密码号才能通行(Brunn *et al*.，2000)。甘伯特(Gumpert)和德鲁克(Drucker)指出，在纽约长岛的一个类似开发项目中，业主协会已经：

装上旋转式电视监控系统，监视和录制街道活动。这 26 台摄像机的位置只有业主知道，甚至连业主雇佣的保安都不知道。这样一来，如果不知名的访客没有正当理由来这里，就会被保安要求离开。如果他们拒绝，就会被逮捕，并由业主协会对他们进行起诉。

(1998:433)

除了强制划定界线外，“共同利益开发项目”也开始在这些界线内开发优质的网络空间，以吸引居民入住并留住他们。开发商为了借公用事业自由化的优势，甚至开始与公用事业公司合作，提供能源、水、电信服务。此外，将高速公路直接连接到“共同利益开发项目”的大门口是一个普遍的愿望，而且往往会得到地方政府的优惠补贴。例如，Arvida公司在劳德代尔堡附近的韦斯顿开发的10 000人口规模的项目，已经配备了直通迈阿密及其机场的专用高速公路(Lockwood，1997)。1988年，佛罗里达州政府通过了《社区发展区法案》，通过提供低利率和社区发展区发行的免税债券，帮助“共同利益开发项目”的开发商支付专用交通和供水网络的高额费用(Lockwood，1997)。同时，亚利桑那州凤凰城边缘的一个“共同利益开发项目”已经购买了自己的电动汽车车队，在社区范围内使用；这些车辆不能在城市的其他公路网中合法使用(Kirby，1998)。但目前门禁式社区和公寓式综合体开发商对基础设施建设最明显的干预出现在信息技术和电信领域。这一点我们将在专栏6.5中进行探讨。

专栏6.5 将先进的信息技术和通信技术整合进房地产开发项目：北美的智能公寓大楼和电信社区

智能公寓

北美的公寓开发商正在从新开放的信息、安全、娱乐和公用事业市场中寻找各种新的收入来源。在这个过程中，“替代性收入可能比租金更重要”（Zaner，1997：65）。扎内尔（Zaner，1997：63）认为：

> 在今天的多户住宅[和“共同利益开发项目”]小区中，增强型电话服务、电影点播——甚至是互联网接入——正在与游泳池、健身中心和派对室并驾齐驱，成为标准设施。由于技术创新和电信管制的放松，这些电子设施为住户提供了更高级别的服务，同时也为公寓开发商、业主和投资者提供了重要的创收机会。

这里的关键是，开发商所拥有的是一个富裕的、相对封闭的市场，这些人渴望从高度先进的基础设施服务快速增长的可能性中获益。位于洛杉矶的 GE Rescom 公司报告说：“我们的计划是将产品捆绑在一起，使人们需要的几乎所有东西都能‘以租赁的方式提供’。”（Zaner，1997：63）服务范围将扩大到自动信用检查、保险、水电、电信、有线电视和宽带互联网，所有的服务都将被设计和捆绑在一起，以满足广大富裕人群的需求和欲望。扎内尔说：“有一天，每栋楼都会在社区内拥有自己的高速局域网，每栋楼都会有自己的节能设备，而且会有更多的钱花在先进的安全设备上。”（引自 Zaner，1997：62）公用事业和电信公司的团购交易，让开发商可以从这些增值服务中赚取可观的利润，同时以低于标准的价格向居民提供增强型信息技术服务。

“带宽就像毒品”：为“阁楼生活方式”配置无线路由联网干线

同时，纽约、华盛顿、西雅图、波士顿和旧金山的公寓开发商现在正在为他们最高价的公寓提供互联网干线连接，其速度是传统电话系统的100倍到150倍。在公寓内直接连接到T-1互联网干线,这对IT专业人士来说具有极大的吸引力,因为宽带互联网接入对他们的工作越来越重要。“已经有一些痴迷于带宽的人根据是否有高速带宽接入来决定在哪里买房。”(Harmon,1999:2)埃文斯(Evans)认为:“带宽就像毒品,一旦你体验过速度,就没有耐心等待下载。”(1999:42)据估计,到2000年2月,美国有140万消费者从这种高速互联网连接中受益(*Boston Globe*,2 February 2000:F4)。

从私托邦到电信社区

与此同时,在更大范围内,那些拥有数千套住宅的外围“共同利益开发项目”的开发商也试图将住宅区发展成电信社区。与公寓开发商一样,洛杉矶的普莱亚维斯塔、凤凰城沙漠岭和多伦多的蒙哥马利村等地的开发商也试图通过在社区内安装专用的宽带通信——提供家庭局域网和异步数字用户线(ADSL)与ISDN等前端服务——来吸引高度密集使用通信技术的专业人员。社区内网也在“共同利益开发项目”中得到了发展。这些网络提供了从远程能源管理和家庭安全到与当地医疗中心联系、接收学校的家庭作业、在小区高尔夫球场上预订空位或从当地商店进行远程购物等所有服务。同时,社区公告栏系统也会发布保姆职位空缺的广告。正如帕梅拉·布莱斯(Pamela Blais,1998:61)所指出的:“信息技术基础设施可以为住房、街道、公园和商店等房产提供各种服务来支持小区的不断发展。”

迪士尼公司开发的Celebration住宅项目:宽带与新传统主义的碰撞

在佛罗里达州奥兰多市附近的塞利布雷森镇(即迪士尼小镇),迪士尼公司正在开发一个理想模式的美国20世纪50年代的城镇景观,充满了先进的电信和完全私有化的治理结构(Dery,1999)。

在这个小镇上，“消防带粗细的光纤将每家每户连接到网络上，提供了一个听起来古朴而又熟悉的未来之路：每一位居民都有与中央监控点相连的家庭安保、交互式银行、在家投票、彼此间易于连接的虚拟办公室”（Hayman，1996；引自 Robins，1999：50）。事实上，这一整套的私人通信、道路、街道、水、消防、保安等基础设施都是基于简单的财政等价而提供的。迪士尼公司的理由是，“Celebration 住宅项目所寻求的许多独特的基础设施，要么是通过正常的政府渠道无法获得的，要么就是地方政府的成本太高”（引自 Drew，1998：181）。

在所有分离的网络空间中，“共同利益开发项目”导致市政税收体系整体崩溃的风险可能最大。“那些为私人服务付费和接受私人服务的人可能会反感不得不接受他们不想要的公共服务，并为之付费。”（Reich，1992：182）这很可能在“共同利益开发项目”与民选地方政府之间产生冲突。根据罗伯特·赖克的说法，“结果可能是逐渐从城市中分离出来，使城市失去许多人口和资源”（Reich，1992：183）。许多“共同利益开发项目”已经在争取从地方政府财产税中获得优惠的退税，理由是他们的居民没能充分使用当地的服务（Luymes，1997）。

周边地带城市化：印度尼西亚、土耳其、菲律宾和后种族隔离时代南非的捆绑式新城镇综合体

我们的第二组例子将我们带到亚洲和南非的大城市周边地区，特别是印度尼西亚的首都雅加达、土耳其的全球性大都市伊斯坦布尔、菲律宾的马尼拉和南非的商业首都约翰内斯堡。在这四个城市中，大体上类似的趋势是在城市外围为精英和中上层收入群体建造私人住宅和休闲综合体，这些综合体与目前最先进的基础设施紧密相连，同时又与周围的城市空间隔绝。

雅加达

在雅加达，和许多东南亚的大城市一样，大规模的城市化和城市扩张以巨大的投机性和供不应求的新城镇开发项目的形式在城市边缘出现。在这些城市中，精英社区和捆绑式的零售、休闲与商业综合体被组合在一起，并由完全面向拥有汽车的中产阶级服务的公共或私人收费公路将其串联在一起(Dick and Rimmer，1998)。一个全新的城市景观正在形成，为日益增长的中高收入群体提供服务，使他们能够绝对地脱离中心城市差劲的基础设施、污染和可见的危险，避免与穷人的接触，离开传统的街道系统。

这个新城镇和旧雅加达之间有明显的裂缝。“尽管这些新城镇中的大多数都靠近收费公路，但与道路网络和公共交通系统的其他联系仍然很脆弱。”(Dick and Rimmer，1998)虽然有地理上的距离，但由于政府出资建设了功能强大的高速公路，也就意味着空间上的分散不再是远距离融合的障碍了。高架公路也支持垂直隔离，因为：

> 驾车通过高速公路，让人感觉到一种飞越[老]城市上空的体验，逃离拥挤的道路，把在地面拥挤的街道上穿行的下层人群抛在身后。从这条悬浮的车道上，城市结构的细节被转化为一系列模糊的素描，给人一种与下面的“俗世”街道脱离的感觉。它们允许某些形式和空间被看到，而将其他形式和空间掩盖。
>
> (Kusno，1998：163—164)

因此，雅加达的中产阶级车主和新城镇居民的城市生活就变成了一个由带空调的私人安全空间(住宅、办公、休闲空间)组成的相互联系的综合体、在私人收费公路上的自驾车(同样是带空调的)将其连接在一起。“有门禁的住宅小区、公寓、空调汽车、闲逛的购物中心

和娱乐场所以及多层写字楼，是东南亚没有安全感的中产阶级现在和未来的世界。”(Dick and Rimmer,1998)

在迪克和里默(1998)看来，这个过程代表了“城市元素的重新组合”，因为越来越宏伟的开发项目开始在单一的、安全的、有空调的综合体内囊括了以前不相干的功能区，如办公室、住房、购物、休闲活动、餐馆、酒店，当然还有多层楼的停车场等(见图6.13)。他们认为，“出现的是一种与工业区、收费公路、港口和机场相结合的新型城镇发展模式”，实际上是“将城市由内而外翻转了。20世纪80年代的创新使东南亚最富有的一些商人认识到，尽可能多地将这些离散的设施捆绑成一体化的[配备空调的]综合体，可以提高利润率”(1998)。

在此过程中，受到1998年亚洲金融危机的严重影响，大量的风险资本与雅加达郊区周围的大规模投机性土地收购相结合。在哥打曼陀里，总面积达90 000公顷的投机性城市边缘区开发项目被提议或规划用于自给自足的私人新城镇发展。相比之下，旧雅加达的面积(66 000公顷)就显得过小了(见图6.13)。德扬·苏迪奇(Deyan Sudjic,1995)认为：“在雅加达的高速公路上行驶，几乎一夜之间哪里都会出现一堆高楼大厦。”(35)但由于金融崩溃，高成本住房的供应量与市场实际能够支持的住房数量之间存在着巨大的不匹配，许多高楼大厦现在都空无一人或只建了一半(Firman,1999)。

伊斯坦布尔

在土耳其全球化的大都市伊斯坦布尔快速扩张的周边地区，正在出现类似的新城镇与专用基础设施的捆绑过程。阿苏·阿克索伊(Asu Aksoy)和凯文·罗宾斯(Kevin Robins,1997)对城市西部边缘的埃森肯特和博加兹基这两个新城镇中的支离逻辑进行了有力的批判。这些新城镇与周围的非正式聚居区“被主干道分隔开来”(同上：21)。在阿苏·阿克索伊和凯文·罗宾斯看来，这些二元对立但在

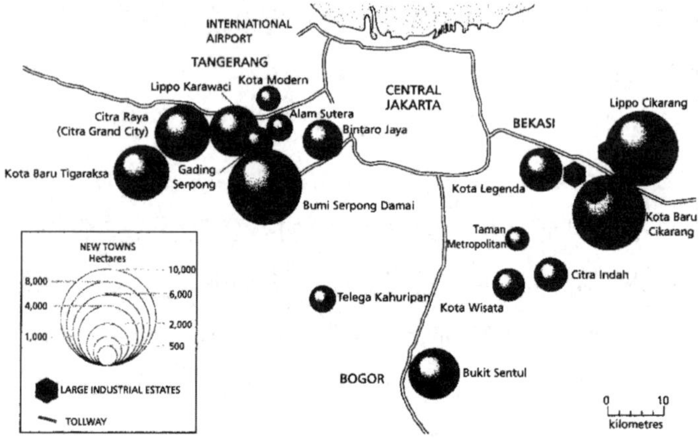

项目	面积(公顷)	动工(年份)
北雅加达	2 700	未知
雅加达海滨城市	8 000	未知
西雅加达(唐格朗)		
直落那迦	8 000	未知
布米塞尔彭达迈	6 000	1989
哥打巴鲁蒂加拉克萨	3 000	1987
斯特拉拉亚(斯特拉大城市)	3 000	1994
利宝卡拉瓦奇	2 630	1992
宾塔罗查亚	1 700	1979
加丁塞尔彭	1 000	1993
哥打现代城	770	1989
阿拉姆苏特拉	770	1994
东雅加达(勿加泗)		
利宝芝卡朗	5 500	1991
哥打巴鲁芝卡朗	5 400	未知
传奇之城	2 000	1994
武吉英达市	1 200	1996
南雅加达(茂物)		
武吉钟路阿斯里	30 000	1996
圣图尔山	2 000—2 400	未知
斯特拉英达	1 200	1996—1997
哥打维萨塔	1 000	1997
特拉卡卡胡里潘	750	未知
塔曼大都会	600	未知

图 6.13　1998 年在雅加达边缘规划或建设中的外围新城镇或重新综合开发的城市。资料来源：迪克和里默(1998：2313)

地理上相邻的地方表明,伊斯坦布尔边缘的现代化基础设施是“沿着阶级和身份的界线,将城市景观分隔得越来越大”(同上)。

在伊斯坦布尔的边缘,现代城市规划技术表面上是为了支持秩序和一致性而设计的,但显然是将大都市分割成了一个个组合好的堡垒空间,一方面是为不断增长的中产阶级服务,另一方面是周边自建的棚户区景观。对于大多数伊斯坦布尔人来说,他们认为后者是“未知领域,一个太过遥远的地方(几乎是外星球)”(同上:23)。而在高速公路对面的埃森肯特和博加兹基这两个为特定目的而专门建造的卫星城,则是一个“新世界,有着豪华的公寓楼,令人倍感亲切的标准后现代设计风格,还有带舒适大花园和游泳池的宽敞别墅”(同上)。

对基础设施的巨额投资支持了这些加强型空间的出现:直通伊斯坦布尔市中心的新高速公路,土耳其最好的智能电信链路以及专用的水、卫生和能源网络。利奥妮·桑德科克认为:“这些新开发的产品拥有美国现代小型乡村的所有设施,包括私人的公用事业服务,通往城市的私人巴士,私人安保和监视系统,与现场超市相连的电子购物设施,体育、保健和娱乐设施及学校。”(1998a:176)

根据城市当局的说法,这些新的基础设施,特别是具有高度象征意义的高速公路,是为了“承载商业、通信和文化的命脉”(引自Aksoy and Robins,1997:27)。这条高速公路的口号是“通向现代生活之路”(同上:29);实际上,它“是通向日渐幻灭的现代化愿景的出口”(同上:27)。城市规划在很大程度上被忽视了,新的基础设施被有效地改造,将新城镇与更广泛的棚户区隔离开来,同时将新城镇连接到更广泛的交流路线中。

伊斯坦布尔的中产阶级来到了新城镇,并意识到他们“可以适应一种纯净的现代生活方式,与伊斯坦布尔实际的现代化所带来的一切相去甚远”(同上:31)。统一、安全、有序的空间提供了一种社会的纯净感，并远离了大都市在现代化过程中因为外面的污染、犯罪、危险、不舒适、贫困和种族混杂而带来的动荡。因此，一种新的“自给自足和自律的社区”被创造出来。在这种社区里，现代人的身份可以在隔离与孤立中继续维持(同上:33)。与其他许多城市一样，现代基础设施的理想模式被重塑为一种支离的城市主义逻辑。

马尼拉

在菲律宾的马尼拉，郊区化也“产生了新的中产阶级消费景观，高楼大厦、写字楼、住宅小区、购物中心和高尔夫球场一字列开，由高速公路和天桥连接”(Connell,1999:417)。城郊的封闭空间，通常是在强行拆除非正式定居点后在原址上建造的，被设计成“全球时代欧洲的碎片”，具有“增强的安全性、排他性和隔离性”，并以此进行营销(同上)。这些新开发项目的名称包括“小意大利”“哈佛大街”“格林希尔斯”和“不列颠人”。巨大的努力和投资，旨在确保私有化、定制化的基础设施网络——公路和人行道、供水、排水系统、公路连接线、电力和电信连接——适合马尼拉周边地区安全且专属的“欧洲岛屿或北美岛屿”的建设。(同上:426)(见图6.14)

同时，在新的飞地、购物中心和办公大楼之间，收费的高速公路和天桥即将完工，如耗资10亿美元的大马尼拉天桥，是在强行拆除沿途的棚户区之后建造的。这种由公私合伙开发的高速公路网络，其路线和规划是为了“把富裕的岛屿连接起来”(同上:435)。这种典型的在社会上呈退化状的流通系统里，高速公路的设计和管制排除了穷人的车辆(吉普车、公共汽车和三轮车)，将它们挤入了拥挤不堪的街道系统残存部分。

中产阶级的汽车司机以车为“保护茧”，这样就与贫民街头混乱、带着危险性的开放空间割裂开来了。“当汽车拥堵时，他们可以关上窗户，打开空调。当[相对贫穷的人]被堵在车流里时，往往是在露

图 6.14　菲律宾马尼拉 Jestra 别墅建筑群的广告。资料来源：康奈尔(1999：426)

天，烈日当头，尾气弥漫，十几名乘客挤在一起，到处是喇叭和发动机的噪声。”(McGurn，1997：35—36；引自 Connell，1999：435)因此，和雅加达一样，马尼拉被重建为“一个分散的空间系统，类似于一个群岛，其岛屿由[公路]桥梁连接起来，但其中的岛屿是上层居民居住的专属围墙式社区”(Tadiar，1995：298；引自 Connell，1999：435)。

约翰内斯堡

我们的倒数第二个例子来自南非主要城市在推翻种族隔离制度之后的城市改组进程。推翻种族隔离制度后，南非的所有城市都出现了贫富极化引发的暴力冲突(Lipman and Harris:1999)。南非现在的人均谋杀、强奸、抢劫和暴力盗窃案件数量全球排名第一(*New York Times*,15 May:A10)。最令人震惊的是商业首都约翰内斯堡的情况。在这里，极端暴力的军事化犯罪迅速增长，特别是该市以前基本上被"通行证制度"[①]隔绝了严重犯罪的地区，即市中心和中产阶级白人郊区(Bremner,n.d.)。

随着通行证隔离制度的取消，许多贫困的人都有了新的选择。黑人从条件恶劣的乡镇搬离，非正式地在市中心的公共空间里安家落户，以寻求更好的前途。与此同时，富裕的白人以及他们所从事的行业和所使用的服务，也越来越多地退居到城市北部边缘的防御性空间。那里有许多在建的规划良好的社区，这些社区名字听起来带有田园色彩，例如"高草地树林"和"布伦特树林庄园"，强调安全高于一切(同上:62)。为了应对真实的犯罪以及出于对犯罪的恐惧，越来越多的家庭雇佣武装反应小组、保安公司甚至装甲车，主动地或有计划地对生活空间布置门禁，筑起围墙。通常情况下，居民们只是简单地关闭自己的道路，破坏自己的人行道系统，把自己的空间围起来，并请来武装保安公司——这一切都没有得到市政部门的许可。几乎在一夜之间，"从一条街道到整个郊区，里面所有的东西都从公共网络中被剥离出来"(Bremner,n.d. 58)。以前的网络相对公共化，为了

---

① 1809年11月，开普殖民地的总督卡林顿伯爵颁布"霍屯督公告"，这标志着通行证制度的产生。这种通行证当时是对付流浪者的一个手段，它力图将非洲人限制在自己的保留地里，使他们成为白人经济发展的人力资源。通行证制度意味着非洲人在保留地以外购买土地是根本不可能的。——译者注

完善网络的闭合性与划分：

> 家家户户都安装了越来越复杂的安全系统。他们把低矮的、如诗如画的花园围墙加高至2米、3米，有时甚至4米，并在围墙上加装铁钉或玻璃片；在围墙上铺设铁丝网；加装电动围栏；安装机动车道和对讲系统。一层又一层的金属安全门将进入房屋的通道封锁起来。安保已经成为一种生活方式。
>
> (Bremner，n.d. 56)

一系列投机性购物中心、消费空间和分散的办公园区如雨后春笋般涌现。它们同样位于离老城区很远的地方，满足了白人中产阶级的安全需求。为支持这些空间，国家赋予业主广泛的法律权利，通过门禁、闭路电视以及采用美国特殊政策商业区的理念，将公共领域私有化。一些新的商业空间为员工子女提供私立学校。南非的股票市场也决定放弃旧的市中心核心区，搬到北边一个更安全、更发达的飞地。

这些趋势共同作用，最后导致了新的南非大都市空间和网络的有效瓦解，尽管这些空间和网络曾为融合该国高度分离的种族和收入群体提供了一点希望。布雷姆纳(Bremner)认为当代的约翰内斯堡：

> 空间之间的连接部分只是身体从一个隔绝的飞地到另一个飞地移动时必须经过的运动通道……以安全为导向的新审美意识占据了主导地位：墙、铁丝网、倒钩、锁、门禁、对讲机、防御工事……褪去了幻想和伪装。将这些与贫困迹象、肮脏、不规则、混乱、下水道漏水、倾斜的波纹墙、破损的窗户结合起来，你就会看到南非城市呈现出来的新形象。
>
> (同上：63)

第三组也是最后一组关于分离式居住空间建设的例子，我们以全球城市圣保罗和孟买为例。这两个城市都证明了城市捆绑和社会经济富裕阶层的分离是如何在发展中大城市的老城区内进行的。这些问题将在专栏6.6、6.7中进行讨论。

专栏6.6　在发展中国家的大城市中心建造富裕的飞地（Ⅰ）圣保罗

圣保罗的堡垒式建设

自20世纪80年代初以来，在圣保罗市中心贫民区（棚户区）内，特别是城市核心区南部和西部的莫隆比区周围，出现了一些防御型飞地。这种建筑群的设计是为了满足日益壮大的中产阶级对安全感的需求，同时支持他们退出公共街道和基础设施系统（Caldeira，1996；1999）。这些建筑“吸引着那些放弃了传统公共领域的人们。他们把这些领域让给穷人、边缘人和无家可归的人”（Caldeira，1996：304）。在这些飞地里，武装警卫、高墙、电栅栏、闭路电视和自动门这些拿来炫耀的财富与飞地周边的极端贫困形成鲜明的对比。在其他城市，很少有这样极端的贫富对比。

近年来，随着巴西经济向全球化力量开放，这些对比日益加剧。受益最大的社会经济精英阶层摆阔炫富，进一步造成了紧张局势。“过去最明显的社会差异是大众甲壳虫车和本地制造的轿车之间的差异，”圣保罗的安全部高级官员回忆说，“现在是同样的老款甲壳虫车和进口法拉利之间的差异。全球化带来了新的消费模式，并在电视上无休止地展开攻势”。与此同时，犯罪率也在飙升，该市现在每年发生8 500起谋杀案，是纽约市的10倍（Cohen，2000）。

圣保罗的公寓飞地为中高收入群体提供居住、工作和消费的综合空间。它们是“供集体使用的私有财产;被围墙或空旷的空间或其他设计装置所隔绝;朝向空间内部而不是街道开发;由武装警卫和安全系统控制,遵循隔离和排斥规则”(Caldeira,1996:309)。“它们依赖真正的服务人员大军、汽车的时空灵活性、专用能源和水的连接,以及巴西最先进的电信连接,这一切都意味着它们在大都市内的位置是灵活的。它们在私人、自主的空间内拥有所有需要的东西,几乎可以坐落在任何地方而不受周围环境的影响。”(Caldeira,1996:309)

和美国的封闭式社区一样,公寓综合体的开发商正在探索新近开放的公用事业和电信市场,以最大限度利用其非常有利的市场区位(Schiffer,1997)。随着公共能源、水和电信基础设施规划的崩溃,以及随之而来的交叉补贴的退出,在圣保罗出现了“为圣保罗最高收入群体提供综合基础设施服务的现象”(同上:10)。

这种趋势将网络开发和服务创新的重点放在了新的防御型飞地上,而忽视了更大范围的贫困城市。这些飞地有“高度集中的基础设施服务,特别是电信、光纤、有线电视和移动电话中心站”(同上)。虽然最贫穷的地区缺水缺电,但这些飞地却享受着灌溉的花园、可靠的电力和功能强大的电信服务。除了网络化基础设施外,飞地的共同设施还包括药店、日光浴室、心理学家、健身教练、园艺、按摩、厨师、食品加工、洗车、交通和购物等(Caldeira,1996:211;参见 Silva,2000)。

与美国和印度尼西亚的其他示例一样,所有这些过程都在说明公共街道是有问题的,并且是残留物。这些飞地与更广泛的城市建立的关系是:

躲避的关系……公共街道成为精英阶层汽车流经的空间，成为穷人步行和公共交通工具流通的空间。在许多城市，在街上行走成为一种阶级标志，是精英们放弃的活动……公共空间越来越多地被扔给那些没有机会在新兴的私人化、内向型发展的增强型飞地里生活、工作和购物的人。

(Caldeira，1996：314—319)

终极旁路：直升机通勤

然而，在圣保罗，让富人与眼前时空分离最明显、最有力的标志是可以让富人完全避免使用街道和高速公路。个人直升机使用急速增长使最富有的圣保罗人能够在富裕的飞地和工作空间之间飞行。这与弗里茨·朗(Fritz Lang)或弗兰克· 劳埃德·赖特的预测不谋而合，即大规模个人空中交通将在20世纪实现。1999年末，该市有400多架个人直升机；任何时候都有100架在空中飞行；在发展中世界的城市中，这里的个人直升机市场增长最快，规模最大(Romero，2000：1)。

"就像一队空中豪华轿车，直升机越来越被有特权的圣保罗人用来通勤、参加会议，甚至跑个腿、去教堂都要用上直升机。直升机着陆场现在是圣保罗许多警卫住宅小区和高层建筑屋顶的标准配置。"(同上)实际上，个人直升机是所有其他分离过程合乎逻辑的结论，因为它们最终使用户摆脱了与1 600万居民共享城市的高速公路和地面。

专栏 6.7　在发展中国家的大城市中心建造富裕的飞地（Ⅱ）孟买

在孟买也出现了非常类似的飞地形成过程，这也是 1993 年发生社会动乱的原因（Masselos，1995；King，1998）。面对日益增长的暴力和人口，城市规划及改善方案无力为城市膨胀的人口提供基本服务，社会经济精英们和在圣保罗的情形一样，从建造服务优良、戒备森严的现代化公寓楼群中受益。这些建筑群里有游泳池、慢跑道、网球场和羽毛球场、槌球草坪、高尔夫球场和多重服务的零售和休闲购物中心（King，1998：28）。然而，这些伪贵族化和带有欧美式名字的新空间再次被棚户区所包围。“两者之间是围墙和保安，但它们都处在同一个地方：一个在地面，一个在空中。”（Masselos，1995：211）

长期以来，印度一直把孟买作为在此方面获得成功的象征，但实际上，孟买已被深度分化了。富人和穷人及其政治集团之间的各方面共识都已破裂（Masselos，1995：206）。精心联网的高楼大厦结构呈现一种排斥和两极分化的三维景观。它们成为“极度富裕和上层中产阶级的所在地”（Masselos，1995：209），这些群体从印度经济自由化，以及孟买在与世界其他地区经济衔接方面所起的关键作用中受益匪浅。

建筑工程和政府补贴绝大部分用于满足这些群体在生活、工作、休闲和交通方面的需求，“来到城市的新移民只能靠住在城市的人行道上或随意荒置的棚屋中生存”（Masselos，1995：210）。这些过程与城市的物质结构交织在一起，正如我们从“序”的水网例子中看到的，大型的供水管道穿行于高楼大厦之间，实际上是穿过了棚户区。虽然这些水管不能让居住在棚户区的人接触到里面的水，但具有讽刺意味的是，在极少有沥青道路的空间里，这些水管倒是提供了步行的道路。

与此同时，贫民区的居民不得不凑合着使用数量极度不足的自来水管道，或者更糟糕的是，从私人水贩子那儿买水，水贩按每升或每加仑收取高昂的水费（参见 Swyngedouw，1995b）。最重要的是，和上述所有的例子一样，孟买的发展进程意味着“整个城市不同阶层人口之间的相互联系感”正在被“只与人口中的某些部分而非全部人口的相互联系感所取代”（Masselos，1995：210）。

家居智能化：分离性和受控制的家庭空间

对当代大都市优质网络化空间的最后一步探索将我们带到了最小的分析层面：家庭住宅。在这里，富裕的住宅也越来越多地配备了功能强大的网络化基础设施，使它们能够脱离城市环境，尤其是在基础设施市场自由化的背景下（Lorente，1997）。事实上，这些住宅及其所在的楼盘正通过电信、交通、机场，以及更小程度上的能源和水基础设施融入全球流通空间（见图 6.15）。

当这些住宅区的居民将流通空间向外扩展到国际领域时，他们往往同时通过越来越多的智能安全基础设施将他们的家与公共生活隔开。甘伯特和德鲁克认为，“我们越是脱离我们的周边环境，就越是依赖对周边环境的监控”。因此，“现在世界上许多城市地区的住宅是为了保护居住者而存在，而不是为了让人与社区融合在一起”（1998：429）（见图 6.16）。

新的媒介、交通和公用事业基础设施支持了地方分离、安保化、国际互联化这些并行现象，使独立住宅的居民能够“通过复杂的通信方式”接触到一个“被解放了的失联世界”（同上）。现在的重点落在生活空间与“正确的”基础设施关联的方式上，这些基础设施将它们

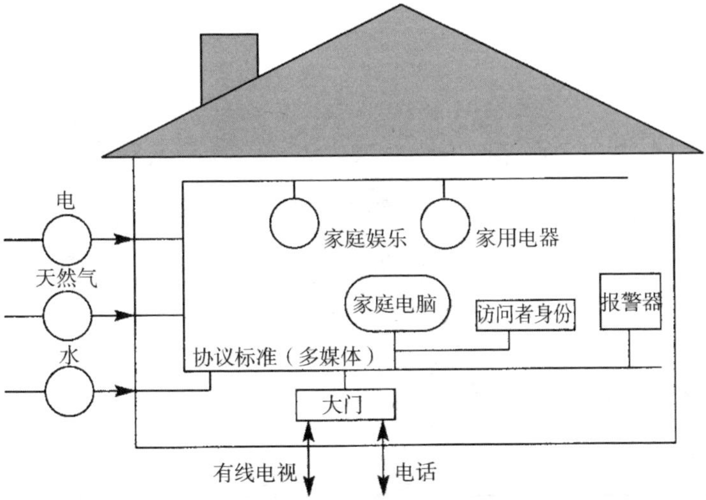

图 6.15　20 世纪 90 年代后期的智能家居概念。资料来源：肖克勒(1995:443)

与更广泛的城市区域和更广泛的全球流动及交流回路联系起来。房子——勒·柯布西耶在现代基础设施项目中所说的“居住机器”——作为无数个精心挑选的社会技术网络的终端出现了。马丁·帕利称当代住宅“连接着一条干线服务环路，可以在任何需要的地方接入污水、净水、光缆、数据和电话链接”(Pawley,1997:196)。

因此，越来越多的社会富裕群体的家庭正在被改造成安全的避难所，以基础设施为主要媒介进行交流、沟通、工作和交易。专用局域网、家庭安全系统、个人闭路电视、移动探测器、自动水电表、能源管理应用和家庭宽带互联网连接是整个先进工业化世界中增长最快的行业。一些评论家甚至认为：“今天每一个没有内部[电信]网络的[高收入]新住宅都是过时的，都代表着一个错失的机会。”(Gumpert,1996:41)而且，正如上文讨论的公寓和“共同利益开发项目”的发展一样，新近开放的公用事业部门也越来越热衷于多样化发展，开始提供捆绑式服务，以满足各类需求。

图 6.16　IBM 推广它的一款智能家居型软件系统的广告。该广告强调这一软件系统给工作流动性较大的专业技术人员带来的智能化和安全性。资料来源：IBM 家居主管软件系统

在这里，我们看到公用事业供应商通过提供忠诚折扣、额外服务和捆绑套餐，来“粘”住市场中的特定家庭，对最有利可图的市场群体进行“樱桃采摘”和维护（Marvin and Guy，1999）。正如简·萨默顿所指出的：“一个明显的趋势是在以前不分个性特征的消费者群体中实现了差异化和个性化，确定了特定类别的顾客，并明确了他们的身份、需求和兴趣。”（1995：12）

特别是对富裕的消费者来说，“公用事业公司正在意识到，先进的服务使他们获得了对家庭、家用电器和电子产品访问的现成权限。从这些资源中收集到的数据可以开发和提供一系列新的客户服务”。（Kirby，1998：28）如在圣路易斯，联合电力公司与霍尼韦尔和 CellNet 数据系统合作，测试无线家庭管理系统。这些系统允许“客户购买非高峰期的电力，授权支付公用事业账单，监控能源使用情况，并最终对照明和安全系统进行编程”（Kirby，1998：28）。

在其他地方，公用事业公司提供金融服务、互联网及免费的本地和长途电话，以维持富裕客户的忠诚度。美国、英国和瑞典的其他公用事业公司试图承诺所提供电力是来自可再生能源的绿色电力，以此来获得新客户，实际上是“为个性化的客户匹配个性化的电力”（Summerton，1995；参见 Hirsch，2000）。

支离空间之外：边缘化空间、网络贫民窟和匮乏的网络连接

> 尽管贫民窟绝不是城市结构中的新组成部分，但［今天］被排斥者的画面，他们在贫困、暴力、绝望和孤立的程度上是前所未有的。
>
> （Knox，1993b：231）

那么，当代大都市的优质网络空间之外和之间的区域和空间是什么？那些不被看好的人和地方如何体验支离的城市主义逻辑？更

具体地说，在当代城市发展过程中，那些在社会和经济上被边缘化的人和地方会有什么变化？

正如我们已经看到的，最明显的是孟买、伊斯坦布尔和圣保罗，这些空间往往被网络化基础设施发展的新趋势绕过。在投资战略中，这些空间通常被忽视，在地理人口定位的实践中被边缘化，也经常在城市设计和安全实践中被割离出网络空间。

因此，这种规划不良的城市空间往往依然被排斥，而且在当代大都市中基本上不被人看到，它们的另一头则是安全的、精心设计并精心网络化的“规划良好的”空间（Boyer，1995：82）。如20世纪后期，西方许多大中型城市出现了社会和经济边缘化程度加深的去工业化街区（Massey，1996；Mingione，1995；Law and Wolch，1993；Doron，2000）。在施瓦泽（Schwarzer）看来，这样的“幽灵区域”，尤其是在美国的城市，是“以市场为导向的速度文化[①]的残骸，是尚未全部消化的文化残余物”。在这种地方：“历史充满了分离……梦境被噩梦所取代，危险和暴力比其他地方更普遍。然而，腐朽中意义依然存在。”（1998a：11—16）同时，在发展中世界，棚户区和贫民区人口往往占整个城市人口的1/3到2/3。他们与铺设好的街道系统、供水、电力和通信网络仅有临时或最基本的连接。

网络社会中的深度边缘化

洛伊克·瓦坎特（Loïc Wacquant，1996）将这种区域和空间所处的状态称为“深度边缘化”。在他看来：“极端的贫困和匮乏、族裔间的分裂（与过去的殖民时代有关）、公共暴力事件的重现，以及所有这些在同样贫困的城市地区的积累，都表明大都市是新的排斥性社会封闭形式的所在地和发源地。”（1996：121）虽然瓦坎特关注的是西方

① culture of speed，是指企业使用数字化工具改造旧有的管理和运行流程，或创造崭新的管理和运行流程营造出充分发挥知识和智能效率的企业文化氛围。——译者注

的发达城市，但这句话同样适用于许多发展中国家和城市（参见 Potter and Lloyd Evans，1998）。

所以在今天的网络社会中（Castells，1996；1997a；1998a），我们需要认识到，在发展中和发达国家的城市中，由于使用和配置网络化基础设施与技术的能力而被边缘化，也是贫困的核心原因，和缺少食物、金钱或正式就业一样。网络化基础设施不仅在地方的社会结构内部和之间以高度偏向性的方式进行配置，而且它们往往相互加强，共同发挥作用。服务结构性调整或技术革新使一些人和地方获得特殊地位——如上所述——同时也往往系统性地将其他人边缘化，并被排斥在基本服务之外（Swyngedouw，1993）。

正如一家名为德莫斯的英国智囊团组织所说："重要的不是物质上的贫乏，而是网络连接的匮乏。"（1997：6）这种匮乏的连接限制了一个人或群体在时间和空间上扩大影响力的能力，使他们往往只能与地方性的或基于地方的联系和关系为伍，而无法在社会和技术上与现代大都市的优质网络空间（正如我们所看到的，这些空间往往主动地与更广泛的城市领域拉开距离）进行联系。网络的匮乏加重了事务性和后勤方面的负担，如日常生活中的基本任务洗衣、做饭、确保食物的供应、出行、交流并确保一个体面的生活场所等（Speak and Graham，1999）；不利于人们与他人和机构保持联系，而正是这些他人和机构可能会有助于他们获得服务、市场、知识、技能、资源和就业机会。

随着许多城市，或至少这些城市的优质网络空间，在很大程度上被改造为消费、娱乐、商品化休闲和市场化住房景观，通过电子金融系统、信贷登记、地理特征和交通、安全、城市设计以及国家对有支付能力者的做法来进行配置，网络连接的匮乏尤其成问题。正如保罗·诺克斯所言："如果消费已成为人们赋予生活意义的手段，那么低收入家庭将不复存在！由于无法参与市场的存在主义，那么对零售商、广告商乃至其他社会而言，这些家庭已经变成不可见了。”(1993a：27)因此，边缘化空间已成为“我们都市叙事中的空间分野”，因为它们位于“无人关注的空白之间”，而我们也未能超越上文所说的“城市矩阵精心设计的节点”(Boyer，1992：118)。这样的空间通常成为各种反文化运动的发源地。在这些文化运动中，人们可以相对便宜地使用地段和建筑物，而且摆脱了优质网络空间严格的管教和惩戒(Doron，2000)。

社会公共福利服务的结构调整

在这种情况下，我们必须加入社会福利制度中正在进行的改革进程，特别是在西方城市，因为普遍获得福利的理想在许多城市被市场化、成本削减、最低生活保障制度安全网和积极的劳动力市场政策所取代(Pinch，1989；1997)。我们还会让许多城市劳动力市场呈两极分化趋势，即处于“上层”的先进服务和知识型专业人员与处于“下层”的常规服务人员或失业人员。最后，我们得强调，在更广泛的福利结构调整和新自由主义攻击的影响下，许多社会公共住房计划或租金管制制度会重组或撤销(Musterd and Ostendorf，1998)。这些城市边缘化的过程结合在一起，让穷人变得更加脆弱(Sassen，1991；2000b)。

被边缘化的群体在网络贫民窟中与世隔绝，往往严重依赖任何公共的、福利性的以及社会的服务(参见 Thrift，1995)。但是，随着普遍的凯恩斯主义福利制度向更广泛的新自由主义和个人主义福利制度转变，受其影响，这些服务反过来可能会“重新转化为监督和管理过剩人口的工具，将过剩人口安置在降级的飞地里”(Boyer，1996：132)。“因此，这种公共机构往往会严重孤立其使用者，将他们污名化，在事实上造成贫民窟与更广大社会的分离。”(同上)尤其是那些“似乎威胁到在城市核心区和消费区建立清洁的城市广场形象的社会群体，如棚户区居民、乞丐、无家可归者、拿着抹布和水瓶站在车流里擦雨刮器并漫天要价的人、精神病患者和非法的街头商贩等”(Mayer，1998：68)。

以美国为例，特别区域相关词汇的扩大，给特殊政策商业区、共同利益开发项目和交通改善区提供了平行“地理补丁区”所需要的制度性基础设施。这些特别区域，正如我们所看到的，支持了优质网络化空间的出现(参见 Mitchell，1997)。在这里，土地使用法规与刑事民事控制相结合，试图在已成形的反涂鸦区、反红灯区、无家可归者控制区和毒品控制区内遏制城市空间两极分化所带来的社会问题(Boyer，1996)。

边缘化空间的堡垒化

当然，所有这些过程往往以复杂的方式共同发挥作用，并相互影响。在极端的情况下，就像美国布朗克斯区或芝加哥南部的贫民区那样，边缘化空间可以有效地从更广泛的城市结构中分离出来。就像任何购物中心、主题公园或人行天桥城市一样，这一边缘化趋势得到了城市设计、金融重组、技术创新和制度实践的全面支持。博伊尔认为，在美国的城市中，边缘人被排除在购物中心、校园、围墙社区的保护范围之外，同时也被排除在“互联网和信用卡/ATM 系统之外——正是这些外来者对这些网络和系统纠缠不休，并侵入其中”(1997：6)。

在许多情况下，这些外来者，就像富人和权贵们巩固其分离性飞地一样，也在“加强防守”(Blakeley and Snyder，1997a；b)。他们在大都市的支离过程中加入了自己的分离力量(Vergara，1995；1997)。美国的贫民区、欧洲的内城和南方大城市的郊区，越来越多地动用封路、加固闭路电视监控和安保等做法，因为个人、家庭和机构试图将自身与驻扎在公共空间内的毒品、犯罪和危险隔离开来(参见 McGrail，1999)。

四个案例

篇幅所限，我们无法记录网络贫民窟的各种社会经历，无法涉及世界各地所有基础设施和城市的全部状况。我们的目的是在这一章中提供一系列能说明这一过程的小故事。我们特别关注四个案例：支离大都市中的交通；邻里社区的信息技术排斥；发展中城市的水贫困；以及发生在英国和俄罗斯两个截然不同的基本电力和能源供应中断的例子。

困守原地：交通和支离的大都市

首先，让我们来看看交通网络的重新配置如何以多种方式支持了大都市的支离。正如大卫·霍奇(David Hodge)所说，"如果城市存在的理由是提供互动的机会"，那么，"城市基础设施功能的几个方面中，很少有比提供城市交通更重要的了"(1990：95)。

我们在这本书中已经看过了几个例子，这些例子展示了城市交通系统，特别是城市公路的配置方式是如何造成大都市的支离的。例如，汽车使用量的增加将街道从一个人们互相接触的地方变成汽车通行、行人稀少的地方(从驾驶者的角度来看这样是危险的)(Hamilton and Hoyle，1999)。随着汽车反过来成为全世界城市交通中的事实模式，街道的生产——然后是高速公路——偏向了车主。与伊斯坦布尔周边的新城镇和所有建成的市中心之外的购物中心一样，高速公路被用作有意或无意的警戒线，这往往限制了贫穷、流动性较差的社区和居民进入优质网络空间的机会。高速公路连接了一些地方，但却将其所经过的社区和地方割裂开来。此外，高速公路往往会支持城市的多核去中心化，这使得公共交通的可行性和实用性降低。不知为何，"为人口密集的城市设计的公共交通网络必须适应人口稀少的周边地区"(Burgel and Burgel，1996：316)。

那么，那些位于支离的大都市分离性网络空间和交通系统中另一端的人们，他们的出行状况如何呢？那些在机动车化、支离的大都市中没有汽车的人——往往是老年人、女性、穷人、残疾人——他们的处境如何呢？那些无法进入机场（为有权势的人提供快速入境系统）、航空公司（有专门的视频屏幕、定制服务、机上上网、卫星电话、按摩师、美甲师，并且从2000年起还配备了头等舱双人床车厢）或快速火车、华丽的新收费公路或路线固定的轻轨等城市捷运系统的人该怎么办呢？在光鲜亮丽的全球化意识形态暗示着普遍的“距离消失”的那些地方，似乎只不过是科幻小说而已？

当然，关键的一点是，在人类历史上，速度和出行能力一直都是相对的（Hamilton and Hoyle，1998：13）。在这个全球化的时代，我们的文化、媒体和主流意识形态中充斥着关于权力、出行和超越时空障碍的描绘。与之形成鲜明对比的是，对许多低收入者来说，他们身处边缘化地方的社会生活体验完全被时空障碍所束缚，而不是被解放出来（Mitchell，1997）。在这种地方，“空间的流动戛然而止。时空的压缩意味着时间上的空闲和空间上的无处可去”（Thrift，1995：31）。正如多琳·马西所说：“这些领域和群体往往处于时空压缩的接收端。”（1993：62）在专栏6.8中，我们探讨了美国城市中无家可归者群体的特殊体验。

无法联网：信息技术“革命”之外的人和地方

这让我们看到第二个例子，所谓的信息技术“革命”之外的人和地方的经历。在所有城市的边缘化空间——北方、南方和新兴工业化的城市——都有一些生活在贫困和结构性失业或就业不足条件下的弱势群体。他们仍然，而且似乎很可能会持续被彻底排斥在电子通信网络之外。在这些地方，贫困和失业意味着，从电话开始，到进入任何电子网络，经济或技术上都会有问题。在专栏6.9中，我们从那些被排除在进入信息社会最基本和最重要的门槛——不起眼的电话——之外的人开始探讨。专栏 6.10 探讨了围绕互联网形成的城市“数字鸿沟”问题。

专栏 6.8　美国城市中对无家可归者空间的“零容忍”和“歼灭”

和所有城市一样，美国的无家可归者往往在很大程度上是行动不便的，易受伤害，且获得的交通方式有限。随着“零容忍”和“生活质量整顿”倡议的普及，城市明确要将无家可归者从美国城市街道上赶走，无家可归者的一些基本权利面临着挑战，即利用其脚力和身体尽力占领一片他们生存所需的街道空间（参见 Wodiczko，1999； Smith，1993）。唐·米切尔认为，美国许多城市当局试图为建设优质网络空间而净化城市景观，许多城市实行严厉的新的“零容忍”法律制度，实际上是在禁止“穷人，特别是无家可归者在城市公共空间中不得不做的那些行为”（闲逛、随处小便、露宿街头等）（1997：305）。

无家可归者抗议行动的例子

这类政策的例子比比皆是。美国 40 多个城市中，加州的圣安娜市制定了一揽子政策，用市长的话说，是专门为驱赶无家可归者到其他地方而制定的，明确地“把所有的流浪者和他们的用具都搬走”（引自 Smith，1999：102）。其他一些富裕的社区，如加州的圣马力诺，也是如此，直接对非私人公园征收使用费，作为一种有效的权宜之计，将无家可归者排除在外，创造了戴维斯和莫克特祖玛(Moctezuma)所说的“由私有公司管理运作的休闲空间”（1997：37）。而在 1999 年，克利夫兰市市长迈克尔·怀特效仿纽约市市长吉利安尼的做法，简单粗暴地指挥全市警察将越来越多的无家可归者迁出市区，引发了一场大型抗议。他认为这样做可以保障“购物者的安全”。

边缘化无家可归者

这种做法实际上是在努力“根除无家可归者仅有的空间”(Mitchell，1997：305)。最重要的是，这些做法是由一种“眼不见、心不烦”的简单方法驱动的，是对后工业化、消费导向的城市核心区优质街道空间的净化。这样的策略对于从根本上解决贫困和无家可归问题几乎没什么作用。随着曼哈顿市中心通过特殊政策商业区和由私有公司管理运作的广场等方式进行重建，纽约无家可归者人口数量依旧不断增加。在被越来越推到城市实体边缘的同时，他们也被推到了社会的边缘。尼尔·史密斯(Neil Smith)指出：

> 随着20世纪90年代的发展，无家可归者(被赶出中心城市的空间、更加绝望、也不再是头条新闻的主角)被推到城市边缘最后一个隐蔽的地方——沿海滩的灌木丛、木板路，外围卫星城镇的高速公路匝道、机场周围用围栏栏起来的荒凉之地，或者新泽西州帕利塞德林的悬崖峭壁。驱逐的政治地理成为外自治区的一种现象，即远离曼哈顿，远离新闻。
>
> (1999：101)

专栏 6.9　城市极化和“无电话机可用的人们”

据估计，即使在互联网时代，世界上60%的人从未打过电话(Graham，2000b)。随着电话成为现代大都市中大多数信息流动、沟通和交易的关键电子媒介，没有电话的人将面临越来越多的相对边缘化(Milne，1990：365)。在这个世界上，有意义的服务连接越来越意味着要谈判扩大电话求助热线、呼叫中心、直接福利服务、电子交易、电话购物、移动电信以及撤出分散的城市物理空间中的人工办公室。因此,如果连基本的电话都没有,人们就会变得更加无能为力(参见 Loader,1998)。在许多西方国家的城市里,大部分家庭被误认为肯定拥有电话,从而把家庭电话看成进入信息社会的一个普遍入口。这种情况使上述问题更加凸显出来。如美国,1994 年,94%的家庭有电话,而收入低于 5 000 美元的黑人家庭中只有 64%的家庭有电话(Schement *et al.*,1997)。1992 年的英国,收入最低的家庭(每周收入低于 50 英镑)中 40%以上的人没有电话,而收入最高的家庭(每周收入超过 500 英镑)只有 1%的人没有电话(Oftel,1994)。

此外,在自由化市场中,基础设施提供商不太可能将新的投资、营销和创新的目标锁定在边缘化空间,而这些空间也往往面临着被排斥在正规金融服务、保险、零售投资和其他公用事业之外的困境(Speak and Graham,1999)。美国社区活动家霍尔格伦(Hallgren)发现:"许多社区和地区被认为没有足够大的客户群来吸引一家[电信或互联网]服务,在新泽西州,仅有一家公司能够为他们提供服务。"(1999:1)营销和基础设施的发展战略往往更多地反映出支离的大都市地理环境,1997 年《网络时报》(*The Cybertimes*)报道的新泽西州贝尔大西洋公司的情况就很典型。报道称,当时该公司已经与郊区商业园区和大型企业开通了高容量光纤连接,并为郊区居民区制订了进度表,但它没有为居住在该州最大城市的数千名穷人制订具体计划。更糟糕的是,它"任由布鲁克林区和布朗克斯区的部分网络情况继续恶化,电线的腐蚀导致了线路的磨损和服务的中断"(Schiller,1999a:56)。美国电信公司还经常关闭实体办公室。这些办公室是为许多没有银行账户的穷人用来支付账单的地方。同时,为了体现"反映成本的定价"和取消社会交叉补贴,电话号码查询服务和本地电话的收费也被大幅提高(同上:57)。

对于那些无法在家中使用电话的人来说,街上的公用电话变得至关重要。但是在这里,投资再次集中在为城市的优质网络空间配置设备,而牺牲了网络贫民窟和边缘化空间。特别是通信的自由化,使付费电话市场的进入者能够“樱桃采摘”机场、医院、大型购物中心、火车站和其他繁忙的市中心地区的站点等具有商业吸引力的地方,在这些地方安装新的公用电话亭(Warwick,1999:44)。这通常导致支离的大都市中与节点高度连接的公用电话服务逐渐恶化。而具有讽刺意味的是,在这些地方,电话服务往往是最重要的。

通常,在英国和北美城市,由于金融结构调整,贫困社区的金融基础设施无法运作,因此“没有电话机”也往往意味着“无银行账户”(Dyer,1995)。例如,在洛杉矶中南部这样的地方,虽然距离市区高度联网的优质空间只有几英里,但进入分支机构和 ATM 的机会正在减少。这迫使居民“回到非正式的支票兑现服务、抵押经纪人、信用合作社和货币系统”(Thrift,1995:31)。这一过程进一步使该地脱离了交流和交易的主要回路。

专栏 6.10　弥合数字鸿沟?边缘化的城市空间和互联网

开始与电话并驾齐驱的互联网是一种越来越普遍的城市媒介,它将边缘化的人和地方纳入网络空间这一前景仍然存在着严重问题。这里的关键问题是,互联网这一全球性、非实体化的媒介,与地方空间、城市和区域文化、公民社会和景观之间存在着极化的逻辑关系。这种关系往往是在扩大强者的权力,同时在相同的地理空间内进一步边缘化弱者——这是一种严重的极化逻辑。正如联合国开发计划署所论：

> 互联网正在创造两个平行的通信系统，一个是以低成本、高速度为那些有收入、受过教育和[真正]有连接的人提供丰富的信息；另一个是为那些没有连接的人提供的，他们被时间、成本和不确定性所阻碍，并依赖过时的信息。在这两个平行系统中的人们并肩生活和竞争，有连接的优势是压倒性的。生活在贫困中人们，没有收入和受教育的机会，他们的呼声和担忧日益被边缘化。
>
> (1999:32)

对于那些无法使用全球电子消费和通信系统的人来说，很少有机会进入定制化基础设施和服务的世界——即使你足够幸运，生活在一个受益于推出这些服务的城市(Pahl, 1999)。克鲁格(Kruger)认为，对货币或支票的依赖会使个人生活在消费的底层，也会使他们的生活陷入困境。此外，"电子货币(或 e 货币)支持可再生智能卡和基于互联网与电话的消费，这就"出现了一种可能的情景，即只有那些被银行、信贷公司或类似的公司判断为合适的人才能充分参与到消费社会中来"(1997:21)。而那些"不合适的"人就很可能会被留在现有垄断企业糟糕而又昂贵的服务中，或者根本无法获得基础设施服务。

在这个时候，上网对获取关键资源、信息、公共服务和就业机会变得越来越重要。高斯利(Goslee, 1998)估计，到 2000 年，美国 60%的工作需要与技术相关的技能。此外，75%的个人与政府之间的交易——包括提供食品券、社会保险福利和医疗补助信息等服务——会以电子方式进行。没有专业技能或无法使用电子通信的人将处于相当不利的地位。

确保被边缘化社区能上网所面临的挑战

在被边缘化的地方，让低收入群体能上网将继续面临挑战。至少可能会有孰先孰后、昂贵的培训需求、犯罪、相对较低的文化水平、技术恐吓、技术迅速过时、不断升级软件和硬件以达到最新行业标准的高成本等问题。特别是在发展中国家，仅支付电费就是一个问题(Sparrow and Vedantham，1996)。

然而，对于那些面临着最严重社会危机的人来说，互联网接入与自身的密切相关性往往会受到质疑。“仅仅给人一点时间待在一个有互联网功能的终端机上——或者推而广之，在公共场所的一个小卖部——并不能使那些人受益，因为他们会感到自己面临着似乎无法解决的难题，或者根本不知道从何下手。”(Rockoff，1996：59)琼斯认为：“与互联网的连接并不会在本质上形成一个社区，也不会导致任何必要的信息交流和意义建构。”(Jones，1995：12)

即使城市的边缘化空间确实获得了电子接入，电信和媒介公司所提供的电子基础设施和服务也比那些为城市空间中经济富裕的群体配置的要差得多。此外，为低收入群体提供的服务更可能主要是为群体娱乐和服务的被动消费而配置的。卡拉布雷泽和博切特认为，从美国的角度来看，令人担忧的是：“工薪阶层、不稳定的就业者和失业者很少在横向层面进行互动，而主要是在商业模式中进行互动，而这些模式是制度化和等级化的，并且受商业目的控制，如游戏和购物等商业模式。”(1996：253)

无供水服务：发展中城市的双轨制供水

我们的第三个例子涉及发展中世界大都市开发中的双轨制供水系统。在上文中我们看到，像雅加达、圣保罗和孟买这样的城市，其基础设施服务往往是面向在其周边地区或棚户区内建造的新的中产阶级飞地。这一进程不可避免的副作用是，在城市正规的街道、公路、电力、水和通信基础设施无法覆盖的非正式聚居区生活的数百万人的基础设施状况岌岌可危。正是这些人，往往提供了促进大城市发展的经济活力。如阿尔德里奇(Aldrich)和桑杜(Sandu)所说："生活在贫民窟和棚户区的人实际上补贴了正规经济(也许还有世界经济)，因为他们不需要大量的住房和基础设施服务资本。"(引自 Baird and Heintz，1997：13)

尽管发展中城市的基础设施二元化进程远非新事物，但向私有化、自由化和结构调整的转变，通常使非正式聚居区的情况比在发展主义国家的政体和(具有高度偏见的)基础设施垄断体制(体现了发展中国家的现代理想模式经验)下更加危险。因此，在大多数发展中城市，由于缺乏足够的财政、技术或政治资源来扩大其水网，也就无法覆盖不断扩大的城市周边地区。因此，在某种意义上说，在大多数发展中城市，水务公司各自都面临着现代基础设施理想模式的崩溃(见专栏 3.7)。面对国际上对借款的限制和货币基金组织严格的偿债条件，大面积扩张的前景似乎很暗淡。剩余的资源和网络化基础设施趋向于集中在社会和经济精英的需求、外国直接投资者的空间和新兴的现代消费空间方面，而这些空间正在从大都市的部分区域中分离出来进行综合性开发(Jaglin，1997)。

正如李(Lee)所指出的，风险在于，供水和废水处理服务远没有走向普及化，"基础设施服务的实际覆盖范围在私有化后可能会缩小"，因为亏损部分网络会被撤走，以削减成本，提高利润率(1999：

153)。在一系列关于亚洲城市垃圾、水务和交通私有化的案例研究中，他发现“目标群体无一例外的都是中高收入的居民区。私人公司只为较富裕的社区提供服务，这一事实可能为许多市政当局的工作增加了难度”(同上)。

当然，在南非，这种极端的基础设施不平等是种族隔离制度明确规定的。现在的问题是，在后种族隔离制度的背景下，如何将基本的网络化基础设施普遍推广至城镇中的大多数黑人人口。这必须在保证资金安全的同时，也确保经济开发区拥有世界一流的网络化基础设施，以吸引外国投资。然而，帕特里克·邦德(Patrick Bond)认为，在国际货币基金组织新自由主义压力下，后种族隔离时代的南非实际上有可能在国内推行“新种族隔离”的基础设施政策。这是因为城镇网络化的目标标准过低。这些标准包括“坑式厕所(非水冲式卫生设施)、院子里的水龙头(非室内)、5—8 安培强度的电力供应(之前的白人区有 20 安或 60 安)、未浇沥青的道路、没有雨水排水系统等等”(1999:45)。

为了满足基本的用水需求，自来水供应范围以外的非正式居住区通常不得不依靠数量严重不足的自来水管道，或者更糟糕的是，依靠私人商贩用卡车将水作为商品挨家挨户出售(Swyngedouw, 1995b)。据估计，到 2000 年，全世界有 4.5 亿城市居民将缺乏可饮用的自来水(UNCHS,1991)。如雅加达，这个拥有光鲜亮丽的新收费公路和(往往是半建成的)为之前在此开发的富人而建的综合景观的城市，一半以上的人口仍然从小贩那里买水，其成本是用来灌溉高尔夫球场和新城市综合体景观花园的自来水的 13 倍(Yeung,1997:99)。同时，在尼日利亚的奥尼沙市，私营小贩分销的水量是公共管道系统的 2 倍，但收入是公共管道系统的 24 倍(Kessides,1993b:37；参见 Lee *et al.*,1999)。

其结果通常是许多非正式聚居区的卫生条件迅速恶化。正如埃里克·斯温格杜在对厄瓜多尔的瓜亚基尔市进行分析时所发现的："缺水以及组织城市供水中的排他性做法，都告诉我们城市中的一部分人失去必要的生命保障，失去应有的市民权利，生活在压制性的社会体制下，这让贫民窟的生活变成了光鲜的现代城市生活的对立面。"(1995b：388)在瓜亚基尔市，有400辆水车为60多万人提供服务。自来水零售商以高补贴价格(1993年为每立方米70苏尔)从市政自来水公司购买水，再以每立方米6 000苏尔或7 500苏尔的价格出售。"他们收取的价格比从公用事业部门拿到的水价高出400倍。"(Swyngedouw，1995b：389；见专栏3.7)

缺少能源：边缘化的能源空间

我们的最后两个例子表明，当代的趋势是如何将社会经济边缘化的人和地方进一步推离他们生活所需的燃料和电力资源的。

这种现象的第一个例子是英国低收入者最近在公用事业自由化方面的经历。在本章的开头，我们看到在竞争激烈的英国市场，新近企业化的公用事业公司努力"贴近"社会经济精英，让他们可以在舒适的家中选择各种新的服务。但是，如我们在专栏6.11中所见，市场的另一端出现了非常不同的自由化体验。这里是一个典型的社会偏见下技术配置的案例，类似的IT技术正在以非常不同的方式被有效地组织起来，以拉开供应商与低收入、无利可图的用户之间的距离，而这些用户现在往往不得不用脚力走很长一段路去维持他们的消费。

专栏6.11　智能化能源消费系统的双重配置：英国公用事业中预付费售电方式对城市产生的社会影响

在英国，对能源服务的边缘消费者，公用事业公司安装了电子预付费电表。通过这些装置，消费者可以在使用公用事业之前到邮局为智能卡进行电子充值。这些智能卡必须插入电表中，才能继续使用供电服务(Drakeford,1995)。到 1994 年,英国有超过 300 万户家庭使用预付费电表;预计到 1998 年,这一数字将增加到 600 万户(Marvin and Graham,1994)。到 1994 年,有 33 万英国天然气公司的用户使用了预付费电表。一些自来水公司也越来越多地将预付费水表推广到边缘水用户,到 1996 年,有 1.5 万多户甚至已经安装了强制性的预付费水表,这种做法后来被取缔了。

预付费电表为公用事业部门提供了一个方便而简单的办法,解决了出现在贫困和边缘消费者方面的难题。它们减少了与公用事业断电相关的高额交易成本和不良宣传(Speak and Graham,1999)。该技术采用了与智能家居系统和智能电表相同的嵌入式微芯片技术,但使用的方式和目的截然不同。如图 6.17 所示,虽然面向富裕用户的智能电表利用信息技术能力,帮助公用事业运营商和消费者之间建立了紧密的互惠关系,但预付费智能卡让公用事业部门不再与较贫穷的用户直接接触。

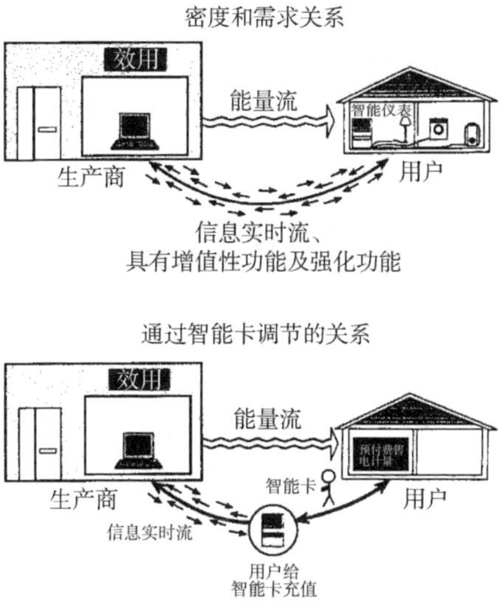

图 6.17 富裕的公用事业用户使用的智能电表与较穷用户使用的预付费电表的配置对比。资料来源:马文和盖伊(1997:126;128)

预付费计量问题

虽然预付费电表可以帮助低收入者管理消费，但也带来了三个令人担忧的问题。

首先，使用者往往是社会上行动最不方便的人，他们必须长途跋涉，到充电点为代币充值。

第二，预付费电表用户面临较高的收费。用户可能会被锁定在昂贵的现有供应商那里。他们无法享受那些直接从银行账户付款的用户可以享受到的折扣。而且，“电表和其他设备的费用高于正常价格，这部分费用直接转嫁到了电力行业的消费者身上”(Drakeford，1995：iv)。

第三，预付费电表有效地隐藏或掩盖了边缘化城市社区低水平获得能源和水服务的问题，以及相关的水贫困和燃料贫困问题。例如，官方断气的数量从1985年的每千名消费者中的0.4人急剧下降到1992年的0.1人，这并不奇怪。因为，就在同一时间，天然气部门的预付费表的使用率从每千名消费者中的0.1人上升到0.5人(Ernst，1994：67)。与此同时，全国断水的用户从1994/1995年的10 047户下降到1995/1996年的5 826户，同一时间，预付费水表的数量从几百个增加到15 077个。

自行断网与社会成本的私有化

在使用预付费水表的家庭中，有2/3的家庭在第一年经历了自行断网，但这些自行断网都没有被记录在国家断网统计中(国家断网统计只记录了非付费家庭的实际断网情况)。尽管官方断网数量的下降在政治上很有吸引力，但数百万家庭还是无法为智能卡充值，也无法获得家庭取暖和做饭所需的燃料服务。实际上，预付费计量让一个国家的公共政策问题通过消费主义的言辞，悄悄地

转化为个人或家庭有权"选择"在什么时候使用哪些公用事业。正如马克·德赖克福德(Mark Drakeford)所论:

> 他们所做决定的社会成本已经从商业化的公用事业的计算中消失了。然后,这些成本被转移到其他地方,或者也通过将其私有化,把不利因素加在那些由于地理、健康状况不佳或意外的个人情况而产生额外商业成本的人身上,或把这些成本转移到其他地方,从社会服务、住房和环境问题返回到公共领域。
>
> (Drakeford,1995:69)

有关预付费电表产生的微观社会效应的例子越来越多。1992年,埃塞克斯郡的一栋房子发生火灾,两名年轻的女孩死于火灾,原因是她们的单亲父母自行断电,被迫使用蜡烛。南威尔士的消防部门报告称,有的家庭因无力支付预付费电表的电费,就会生火,即使家中并没有壁炉,由此导致火灾发生。而在水务部门,哈里森(Harrison,1996:3)报告说:"在南威尔士的一些庄园道路上,以及西南和西北地区(预付费水表使用最多的地区),超过一半的家庭都用预付费水表。人们不得不四处向邻居讨要洗澡或洗衣用水。"

公用事业向"社会倾销"的长期影响

通过对目前趋势的推断,可以毫不夸张地想象,整个城市区域不再完全受益于19世纪末和20世纪辛苦开发的分配式网络电网对社会的开放和准入。即使是公用事业部门本身也强调了可能出现的最终结果。一位公用事业部门的高管曾认为:

在新的电力和天然气市场竞争中，当所有最有价值的消费者都被挑选出来的时候，谁来为东北部工业城市米德尔斯堡的某个公租房群里接受收入补贴福利政策的那些“无法支付购买的人”提供服务？没有多少公用事业经理会想留住这些客户。他们不会想购买增值商品和服务，当你把这些东西按邮寄地址销售给他们时，他们在邮件列表上的地址也不值钱。他们对直邮的反应也不会很好。毫无疑问，这些人都会被排在“ABC1s”[即有专业技能的社会阶层]后面。

(Garrett，1995：16)

苏联和东欧城市中发展起来的严格标准化的电力和市政供热系统成为现代基础设施理想模式的典范。自1989年以来，它们的崩溃为我们提供了第二个被边缘化的能源和权力网络空间的例子(见专栏6.12)。

专栏6.12　技术系统的崩溃：俄罗斯能源体系的崩溃

维护工作和投资的撤出、国家精英中日益严重的腐败、犯罪团伙和黑手党的入侵，都导致了俄罗斯许多电力和能源系统的分裂和崩溃(参见Castells，1998)。这种崩溃所造成的社会、经济和生态影响是巨大而直接的。例如，2000年1月，据透露，自1989年以来，有超过10万人离开了北极圈上的城市摩尔曼斯克，部分原因是苏联解体后的动荡导致市民所依赖的集中式市政供热系统实际解体(Bowcott，2000：3)。

俄罗斯仅存的电力和通信网络也在迅速遭到破坏，因为它们被抢劫者拆毁，并被犯罪团伙和穷困潦倒的人们当作废品在黑市上出售。仅在1998—2000年间，就有1.5万多英里的电力线被拆毁，提取出2 000吨优质铝和更多的铜。这批货物主要是为了获得硬通货而出口，价值超过4 000万美元。在俄罗斯的一些地区，仅1999年就有500多人在所说的“铜矿热”的盗窃活动中被电死，这种盗窃行为在俄罗斯的煤矿地区尤其常见。在库兹涅茨克盆地，由于世界银行对矿区传统行业进行重组，该盆地的所有矿山最近都已关闭。

这些崩溃的结果是，俄罗斯的大片地区一度陷入了数周或数月的停电，基谢列夫斯克市的市长称之为“整个技术系统的崩溃”（引自Tyler，2000：A10）。作为回应，许多在俄罗斯掠夺性的新经济中繁荣起来的新兴富裕飞地，以及越来越多的外国企业和国民，开始从私人定制能源、电信和供水系统的建设中获益，这些系统只为他们的空间而建（参见Berlage，1997）。因此，正在出现一种发展中国家的模式，即被基础设施崩溃和贫困的空间所包围的、受保护的、强化的和高度网络化的飞地。

结论：支离的城市主义和民主空间

在这一章中，我们试图追溯与支离大都市平行的社会世界，这一广泛的覆盖面使我们能够探讨优质网络化空间的生产如何与基础设施网络的配置相结合，支持着城市的支离过程。

对于那些进入支离大都市优质网络化空间的人来说，无边的财富似乎正等待着他们。家庭、休闲、消费、旅行和工作等诱人空间争夺着人们的注意力。这些空间与（想象中的）危险、差异化和贫困的空间隔绝开来，同时又与定制的交通、能源、水和通信系统无缝连接，使用户能够将行动空间延伸到遥远的地方。然而，这些网络的覆盖范围之外，在被现代基础设施理想模式所抛弃的地方，还存在着许多严重本地化的世界，以及本质上不可见的封闭和排斥。这些世界要参与现代网络化城市主义带来的利益“分红”更成问题。

本章展示了地理障碍、网络配置、软件代码、建成空间和建筑网络的社会技术组合，以及电子技术新的准入控制能力，是如何越来越多地经过配置，试图将这两个领域切断的。设计师、开发商、运营商和基础设施公司的做法似乎越来越倾向于将这两个领域分隔开来，因为现代基础设施理想模式下相对开放的流动和相互联系的通道被封闭起来，并被拼凑、组合打包后进入城市结构中新兴的优质空间。

优质网络化空间是一个城市正式参与全球化资本主义经济的基础。它们决定了城市的主导形象及其在媒体中的表征。它们越来越多地决定了大多数游客、旅行者和居民的场所体验。它们表现了富人和特权阶层专注地寻求解决方案，以应对他们在面对世界上许多城市不断膨胀的都市结构时感到的焦虑、不确定和不信任。

这些新的城市形态对城市的民主可能性显然有重大影响。它们似乎标志着相互联系的基础设施垄断和全面的公共城市规划在协调公用事业中的崩溃。它们意味着完全地放弃了(总是有问题的)紧密结合、整合一体、开放、可以被描述为具有某种有机整体性的城市理想模式。我们显然正在失去“对城市的理想，亦即认为城市是一个特殊的地方，是民主交流的中心，在这里每个人都可以做得很好，甚至可以期望在此获得某些基本社会服务”(Boyer，1997：82)。网络和空间生产高度不均衡的商品化竞争，成为城市唯一的主导精神，即越来越多地被市场支配。

因此，支离大都市的城市形态往往破坏了自由开放和流通的原则，“这些原则是现代城市最重要的组织价值之一”(Caldeira，1994：314)。他们利用现代主义的设计原则，以及新技术、后现代主题、高科技安全和定制化的交通、能源和通信等，来阐述一种新的城市愿景。这是以封闭、私有化和内部化为基础，而不是以开放和自由流通为基础的。可以说，在一些城市中，私人飞地和优质网络空间正变得“无孔不入，甚至它们实际上已剥夺了大都市区域公共空间的生命”

(Luymes，1997：201)。

然而，最重要的是，优质网络化空间及其定制的技术和基础设施矩阵在隔离与互联中有可能相互促进，呈螺旋式上升态势(Graham，1998b)。社会经济富裕阶层的城市生活体验越来越成为一种相互连接、受到偏宠的安排，其中移动电话、互联网、卫星电视、电子高速公路、空调车、停车场、机场、民航和全球支线铁路越来越无缝地融合进重新修建的广场、中庭、购物中心、度假村、门禁社区和商业园区，而掌管着这一切的是越来越互联的社会和技术实践。它们支持监视、控制社会净化，并缓解当代城市中普遍存在的恐惧感。正如迈克·戴维斯所说，从洛杉矶的角度来看：

> 工作场所和购物中心的摄像头与家庭安防系统、个人紧急按钮、汽车警报器、手机等无缝连接，不可避免地成为日常监控的延伸。事实上，雅皮士们的生活方式可能很快就会被定义为找到**电子守护神**来守护他们。
>
> (1992：5；原文强调)

最后，城市支离的实践以及由此产生的城市景观，破坏了整个大都市社会和空间再分配的既定概念。对优质网络化空间中相互连接的群落而言，越来越多的努力只是为了让大都市中的穷人及边缘化的人变得越来越不可见，不具有威胁性。这就解释了为什么许多城市中的现代都市感包括了感觉在地理上接近其他社会世界，同时又感觉在技术上与它们拉开了距离。我们再以洛杉矶为例，如弗雷德·杜威(Fred Dewey)所说：

> 在洛杉矶，高度安全和封闭的环境和那些高度脆弱的地区就隔着一个街区；先进的通信技术在没有电话的社区中崛起；为

住在边缘城市信息时代乘客提供的火车在拥挤不堪、污秽不堪、几乎没有补贴的公交车旁疾驰而过。

(1997:270)

因此,主要的挑战是想象和构建一种城市政治和空间想象,来对抗支离的大都市内部不平衡发展的极端情况。在最后一章,我们将针对这一挑战,探讨支离的城市主义的局限性,并开始思考如何使支离的城市变得更加民主和公平。但在下一章中,我们将把注意力转向支离的城市经济和全球地方化城市基础设施建设之间的关系,并以此结束本书的第二部分。

第七章　全球地方化基础设施与城市经济的碎片化

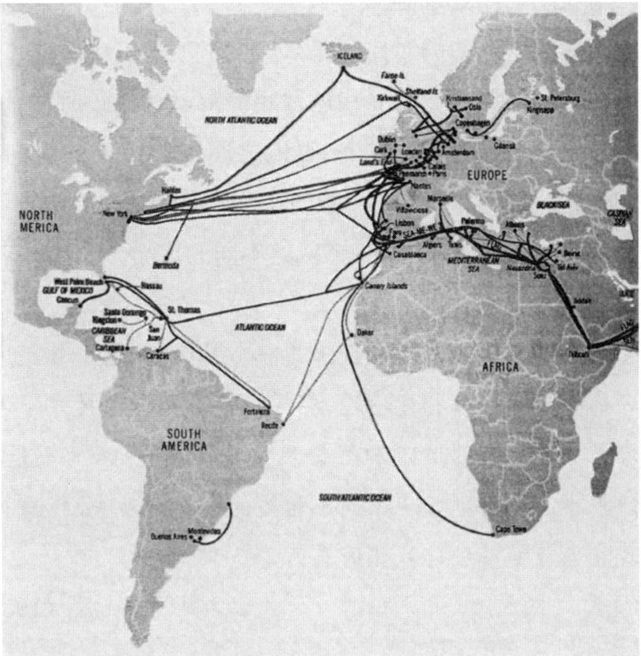

插图13　1997年连接欧洲、美洲东海岸和非洲主要城市地区的全球地方化跨洋光纤网络。图片来源：韦德尔(1997:34)

> 国家边界已不再是地球表面连续的线条，而是[已经]成为位于每个国家内部一组互不相关的点和线。
>
> (Andreu,1997:58)

城市与群岛经济

人们普遍认为，随着城市经济的国际一体化，在某种意义上，城市经济正在“解体”(Lovering,1988:150)。如北方的老工业城市，在工业化的早期阶段，生产单位之间紧密的地方性相互依存关系在很多情况下已经解体。取而代之的是一系列基本上互不相关的经济和企业空间与领域，其中许多空间和领域越来越依赖与其他地方的强大联系。增长中的产业加速集中在充满活力的大都市区，与被绕开的介入空间形成了鲜明的对比。正如皮埃尔·韦尔茨所说：“人们越来越有一种群岛经济的印象。在这种经济中，横向的、通常是跨国的关系越来越多地超越了与[城市]腹地之间那种传统的纵向关系。”(2000:33)约翰·罗弗林(John Lovering)在谈到北方工业城市，特别是英国的工业城市时，使用了一个截然不同的比喻。在他看来：

> 如果说旧模式的地方经济是一个骨架，在这个骨架中，每个部分都与其他部分相连，那么在后福特主义的新模式下，它更像一堆骨头。较大的城市和城镇现在是行政中心，而不是生产中心。较小的中心则是一系列不相关的生产活动中心……地方经济现在已经是一种碎片化的东西了。
>
> (1988:150)

曼纽尔·卡斯特尔认为，这种分化几乎是所有当代城市经济的一种趋势，因为它们被卷入了他所说的网络社会国际化的可变几何结构中(1996:145—147)。在这一逻辑中——它往往超越了传统的构建和分离、核心和边缘、北方或南方等概念——几乎所有的城市都在进行技术和经济一体化,但却以极其片面、不均衡和多样化的方式进行着(参见 Sassen,1991;2000a;b)。一种强烈的地域分化逻辑正在发生。在这种逻辑中,人与地方以极其不同的方式加入不断扩大的经济和技术交流的圈子中(参见 Veltz,1996)。

正如法国通信专家阿尔芒·马特拉所说,这里明显令人担忧的是:"全球化经济模式的动态发展有可能导致一个贫民窟化的世界,这个世界是围绕着北方的几个大城市组织起来的,但偶尔也会围绕南方的几个大城市组织起来。它们需要成为世界市场和流动的神经中枢。"(1996:304)前欧盟委员里卡多·佩特雷拉(1993)的看法更加悲观。在他看来,当前基于全球经济技术核心城市的财富和权力集中到关键城市的逻辑,有可能造成"世界经济的新汉萨阶段"[①],而这一阶段的风险是技术上的种族隔离。

全球资本主义的"黏性"之地:全球城市和二线城市

广义地说,那些全球城市和二线城市、城市的部分地区以及参与生产高附加值商品、服务和知识产出的社会经济群体,正趋向于国家之间(有时甚至是全球范围内)的密切联系(Sassen, 2000a; b; Markusen *et al.*,1999)。利用其高质量的信息、交通、电力和水基础设施能力,这些城市中还出现了国际交流密切程度不一的区域——商业空间、新的工业空间、企业区、机场、新的文化或娱乐区、物流区。

在这样的一些"黏性"空间内(Markusen,1999;Markusen *et al.*,

---

① "汉萨"一词来自哥特语军队或连队,在德语中原意为堆集,初指同业公会或行会,后指在国外的德国商人团体。在 14 世纪以前,汉萨只是用来称呼伦敦和布鲁日的德意志人团体,如科隆汉萨、汉堡汉萨,至此也被用来统称北德意志商人的商业共同体,商人汉萨自此演变为城市汉萨。——译者注

1999)——如曼哈顿或伦敦金融城这样的全球金融之都，硅谷、剑桥、西雅图或班加罗尔这样的高科技工业区，华盛顿特区这样的政府中心，好莱坞这样的文化生产中心（Scott，1997），或者纽约的硅巷这类新兴数字创新集群——“工业区”模式下的紧密互动可能会继续保持下去并进一步发展。在这样的地方，灵活、持续、高附加值的创新仍然需要在（合适的）地方进行深度的面对面学习和同地办公，并且会持续较长一段时间（参见 Storper，1997；Veltz，1996；Markusen，1999）。

阿什·阿明和奈杰尔·斯里夫特（1992）将其称为“全球网络上的新马歇尔节点”逻辑。他们认为，像伦敦金融城或“第三意大利”[①]这样受到高度重视的地方生产系统，在全面转向由公司管理运营的具有普遍性和主导作用的网络过程中，能够保持其竞争优势。然而，他们认为，如果不具备使其有机发展的基本结构、生产条件和制度文化，要“人为地”产生这样的国际经济节点是极其困难的，甚至是不可能的。在他们看来，“大多数的地方可能需要放弃自我维持增长的幻想，接受全球产业发展和成长一体化进程所带来的限制”（同上：585）。

常规生产、服务和提取中心以及竞争性资本争夺战

发达国家、发展中国家或新兴工业化国家的第二层空间也能够在国际一体化的产业和经济发展回路中取得某种经济地位。这些空间可能是生产大批量制造业产品和服务的全球节点；可以在线或通

① 第三意大利（Third Italy）的概念最初是由经济社会学家 Arnaldo Bagnasco 提出的，是指 20 世纪 70 年代经济快速崛起的意大利东北和中部，以区别于意大利经济较为落后的南部地区（第二意大利）和经济较为繁荣，但 20 世纪 70 年代以后面临重重危机的西北地区（第一意大利）。随着对“第三意大利”研究的深入和拓展，该概念已从“对地理空间的指代”转变为“对一种经济现象的比喻”，被称为“第三意大利”模式。——译者注

过电话连接到核心城市地区提供日常服务的地方;或者是提取和生产各类原材料的来源地。在这里,我们看到了熟悉的创业和日益国际化的地方,针对常规制造业、流动服务和资源开采领域外商直接投资(FDI)的争夺战。

由于这些空间压倒性的外部导向,它们与其他地方的经济和技术联系——比如北美、加勒比和欧洲城市的呼叫中心和后台办公室的新兴集群——现在远远超过了与当地主导空间的联系。

这种城市空间的经济发展,以及反映和支持其发展的基础设施网络的分化,为城市中有价值的部分和更广泛的大都市区之间带来了新的紧张关系。定制的空间连接成分离的基础设施网络,日益将全球生产链和生产者联系在一起,包括电信、运输和物流,甚至能源和水。随着基础设施网络将“樱桃采摘”出来的受重视空间连接起来,跨越不断扩大的区域,同时排除和绕过不那么有利可图的介入空间,枢纽、辐条、隧道效应等新的模式也就出现了。事实上可以说,在区域贸易集团、全球资本自由和跨国公司支配地位日益增长的背景下,这种由定制化的城市空间组成的基础设施链,将企业链上的小企业捆绑在一起,有效地构成了全球经济的主导性空间和实践。

附属地域和被绕行的地域

曼纽尔·卡斯特尔认为:“这些节点周边的领地发挥着越来越多的附属功能。”(1996:380)事实上,在某些极端的情况下,他所说的居住在这些空间里的“冗余的生产者,贬值的劳动者”(同上:147),可能会变得“无关紧要,甚至无法发挥作用”,因为他们所拥有的劳动或资产被网络社会的逻辑所忽视或绕过。尼尔·博任纳指出:“像伦敦这样的世界城市可能会与衰落的城市和区域失去连接。”(1998a:444;参见 Deas and Ward,2000)

这里出现了复杂的关系模式。正如连接伦敦、巴黎和纽约的全球金融网络，或连接巴黎和法国各省会城市的高速列车铁路网络所表明的，支持远距离联系的基础设施网络，虽然一直是地方的，并一直嵌入空间和地点，但实际上可能提供了隧道效应，使有价值的空间和地点更靠“在一起”，同时又将实际相邻的地区进一步“分开”（Graham and Marvin，1996）。跨国公司的全球分工和电信网络提供了另一个完美的例子。正如保罗·亚当斯所言：“在这个全球化的环境中，跨国公司拥有各种功能的建筑物，虽然分散在全球各地，但它们与直接相邻的办公室或住房只有很少或根本没有联系。”（Adams，1995：277）

不平衡发展的加剧：区域内差异开始赶上或超过区域间差异的原因

这些趋势的重要结果是，所有的城市，无论是伦敦和纽约这样的全球城市，还是发展中世界面临结构调整政策的大城市，或者是向外国资本开放的东欧国家城市，或者是其他城市，几乎都面临着同样的发展逻辑。似乎在任何地方，“区域内部的差异往往大于区域之间的差异”（Keil and Ronnenberg，1994：143）。

密集发展、相互联系的节点模式由此出现。这些节点越来越多地试图将自己从周围边缘化和被排斥的空间中解脱出来。当然，这并不是要否认不同城市所面临的情况存在的巨大差异。每一种情况都存在于不同的经济、文化、社会和地缘政治的背景与历史中。像东京这样的城市边缘空间往往没有约翰内斯堡那么极端。

当然，国际网络化的城市空间与周边居民区之间严重脱节的模式也不是什么新鲜事。正如我们在第二章中看到的，这种模式长期以来一直是发展中国家和殖民地城市以及美国高度隔离的城市的特点。因此，有必要再次强调，我们并不是声称当代城市之间完全趋同，这一点非常重要。我们也不主张在世界各国城市之间的二元过渡模式中实现某种彻底的突破。相反，我们认为，全球化、自由化、新技术和基础设施实践之间的相互交汇，对发达城市、发展中城市和新兴工业化城市的经济发展有着重要影响。因此，尽管各城市的具体情况仍有很大的差异，但几乎所有城市都开始显示出日益加剧的不平衡性，因为它们最有价值的部分融入了全球经济交流圈，而它们周边的和非正式的经济领域同时面临着越来越多的边缘化（参见Hoogvelt，1997）。

本章目的

在本章中，我们试图说明在各种不同情况下，松绑的全球地方化基础设施建设如何与支离的城市经济紧密地联系在一起。我们将穿行许多城市，通过对支离的大都市经济景观中最优越和最有价值的空间和时间的解析来完成对这个问题的分析。

本章分为三个部分。首先，我们探索民族国家中按企业家思维运营的城市机构、基础设施资本和企业公司如何努力支持全球地方化城市基础设施的建设。

其次，我们有选择地巡视那些在支离的城市中逐渐成为极具价值并紧密联系的全球地方化空间。这些空间在世界各地的现代基础设施理想模式的侵蚀过程中受益最大，因为它们在日益私有化和独立化的基础上配备了功能强大的基础设施。

我们在这一过程中遇到了七种类型的场所：伦敦和纽约这种全球金融服务城市中的飞地；发展中世界大都市的发展飞地；新兴的多媒体创新城市飞地；高科技创新和生产的新工业空间；为制造业的内向投资配置的空间；数据处理和呼叫中心的后台飞地；最后是作为物流区的定制空间（机场、港口、出口加工区和电子商务空间）。在每个类别中，我们都探讨了一系列当前的案例，以准确地分析这些有价值的经济活动专用空间的生产是如何与基础设施网络的定制化结合在一起的。这些基础设施网络使它们能够在国际上扩大影响力，同时仔细筛选它们与所在城市的连接程度。

在本章的最后，我们再次将目光越过那些受青睐的、拥有全球地方化基础设施的地带，落到一些城市经济的边缘地带，这些地带似乎正面临着基础设施连接和投资的边缘化。在城市边缘地区，基础设施和社会技术与大都市的全球地方化空间面临脱节的问题，我们探讨了这些地区的经济命运。在发达城市，这些空间是现代基础设施理想模式中固有的交叉补贴和普遍服务义务的主要受益者。而在发展中城市，它们往往是大都市核心区边缘无服务、非正规建设的经济空间。我们认为，在这里，网络也在分裂，但原因不同。在这样的空间里，微观层面的企业家精神正在崛起，试图解决现代理想模式基础设施的遗留问题。换句话说，人和企业不是坐等现代全球地方化基础设施的配置，而是通过自身努力来确保获得基本的基础设施。

建设全球地方化城市基础设施的经济参与者

本书的一个核心论点是，非捆绑式城市基础设施这一广义逻辑正在为这些更广泛的城市支离过程提供关键的物质和社会技术基础。在经济领域，有四个关键的支持性因素值得在此进一步分析：民族国家、城市市政当局、基础设施资本和公司资本的角色变化。

民族国家

首先，发达国家、发展中国家等民族国家在很大程度上放弃了现代基础设施理想模式的计划，包括所声称的“在全国范围内实现生活条件平等”这一目标（Brenner，1998a：445）。相反，他们打算转向“促进城市地区作为最基本的政策执行级别”（同上）。民族国家因此“实质性地重新调整了其内部的制度等级，以便在生产新一轮资本主义积累的地理基础设施方面发挥越来越多的企业家作用”（Brenner，1998：476）。

正如我们在本书前面所看到的，这个过程意味着大规模转向私有化、自由化，向私人投资开放公共基础设施的垄断地位，允许私人资本自由地在特定的空间发展有限的、定制化基础设施，而不必担心需要对不受欢迎的空间网络进行交叉补贴。

城市发展与规划机构

其次，与此相关的是，按企业逻辑设计的城市经济发展规划正作为城市治理的关键要务出现在各地(Clarke and Gaile，1998)。城市当局正在努力将城市，或至少是其中受重视的部分城市投射到国际化的交流圈中。城市经济发展战略的最新创新，集中于通过提供基础设施、开发全球资本的定制空间、地方营销以及协助培训和人力资本开发，将地方经济“融入全球市场”(Clarke and Gaile，1998：181)。随着综合性城市规划这一概念在许多情况下崩塌瓦解，雄心勃勃的房地产综合开发计划，以及以项目为导向的基础设施的改善，构成了更大范围的场所和地方综合开发的基本要素，被纳入网络社会的不均衡逻辑中(与通常的地方营销和财政诱导一起)。尼尔·博任纳建议：

> 今天，市政府通过一系列广泛的供给侧战略，直接支持这一[移动领域的]目标。这些战略需要划定、建设和促进城市战略要地，以推动工业发展——如办公中心、工业园区、电信网络、交通和航运码头，以及各种类型的零售、娱乐和文化设施。
>
> (1998a：446)

因此，城市机构也在帮助支持建设“全球地方化尺度修复”的做法，通过配置基础设施和城市空间来满足大都市内有价值空间的精确需求。这就是谢尔盖(Shearer)所说的当代城市政治中明显普遍存在的“大厦情结”，它“将进步与高楼大厦、体育场馆、会议中心和文化大广场的建设等同起来，但往往忽视了大多数居民的基本需求”（1989：289）。这种全球地方化的城市经济战略需要配置空间和基础设施，以便与主导性的国际交流回路无缝连接。专门的私人或准私人基础设施发展机构在这里是一个越来越受欢迎的政策选择，因为它们的任务是为战略经济空间配备高质量的基础设施，而不需要面对繁重的政治挑战或交叉补贴以及地域平等的要求（Foster，1996；Mallett，1993a；Nunn，1996）。

然而，与此同时，“似乎存在着一种矛盾的趋势，即地方边界的实施”（Ezechieli，1998：3）。几乎所有城市内部细微的经济隔离都在增加（Hack，1997）。罗杰·凯尔问道：“对抗全球资本利益趋同的唯一力量难道是下面这种日益分离的部落化社区？它们相互戒备，彼此隔离，挤在高速公路分割而成的空间中，时不时听到电子高速路上疾驰而过的汽车带来的轰鸣声。”（1994：132）

基础设施和房地产资本

第三，为了应对全球自由化和/或私有化的趋势，基础设施和房地产资本本身正日渐退出在城市之间和区域之间建立的一般网络，转而专注于为战略上受青睐的地方和用户建立地方性的基础设施连接，主要是在大都市区域（Crilley，1993；Logan，1993）。这是对超越国家和城市边界的无缝连接的需求，以及这种连接带来的不断增长的盈利能力的反应，以配合更广泛的发展逻辑，即以牺牲价值较低的空间为代价，将有价值的空间相互连接起来。这也反映了普遍服务概念的转向，公用事业和基础设施运营商更积极主动地确保他们所服务的空间获得最有利可图的经济发展（Graham and Marvin，1995）。

因此，基础设施运营商充当他们为之服务的有价值空间的“增长型政治家”这一现象越来越普遍(Logan and Molotch,1987:74)。他们越来越渴望参与其所在城市或地区发展的政治和政策制定(Guy *et al.*,1996)。正如考克斯和梅尔所说:“公共基础设施网络是高度资本密集型的,要实现锁定在固定的天然气管线、发电站等当中的价值,就需要生产出客户的特定空间格局,基础设施的成本投入将由这些客户提供。”(1988:2)

同时,运营商正在发展兼并、联盟和战略收购的国际投资组合,并渴望成为运输电信、电力、水资源,或不断将其组合起来的全球网络公司(Rimmer,1998)。这类公司能够为国际企业客户提供一站式服务,比如,提供全球物流解决方案,通达地球上任何地方的平价电信资费或 CCTV 监控,或为多个地点提供服务的组合式能源包。图 7.1 中,彼得·里默对这类全球网络公司渴望提供的全球地方化基础设施配置做出了分析。

对基础设施资本来说,在更广泛的区域内为一系列有价值的地点提供服务,有助于“在某种更广大的地理范围内重构当地的依赖性”(Cox and Mair,1988:3)。但是,对我们来说,最重要的一点是,基础设施网络的地域嵌入性是无法避免的,也是不可能避免的。因此,必须想方设法将其带来的风险降到最低限度,或者通过谨慎地瞄准一个地区内最有利可图的市场,将其扩展,为国际上有利可图的空间组合服务,或者将其分散到不那么脆弱的市场和行业。

公司资本

最后,很明显,公司资本越来越多地进行直接干预,旨在鼓励生产最适于国际化和全球地方化需要的基础设施网络空间(Schiller,1999a)。对那些被认为在放开限制,由公司提供定制基础设施方面做得不够的国家和供应商,或者那些被认为提供的基础设施价格、质量或可靠性不足的国家和供应商,展开的游说也越来越激烈。移动公司也不甘示弱，利用它们所掌握的杠杆，胁迫有企业家精神和雄心的城市和民族国家，根据公司的明确需求，以很少的成本或不计成本，定制和配置基础设施安排(Peck，1996)。

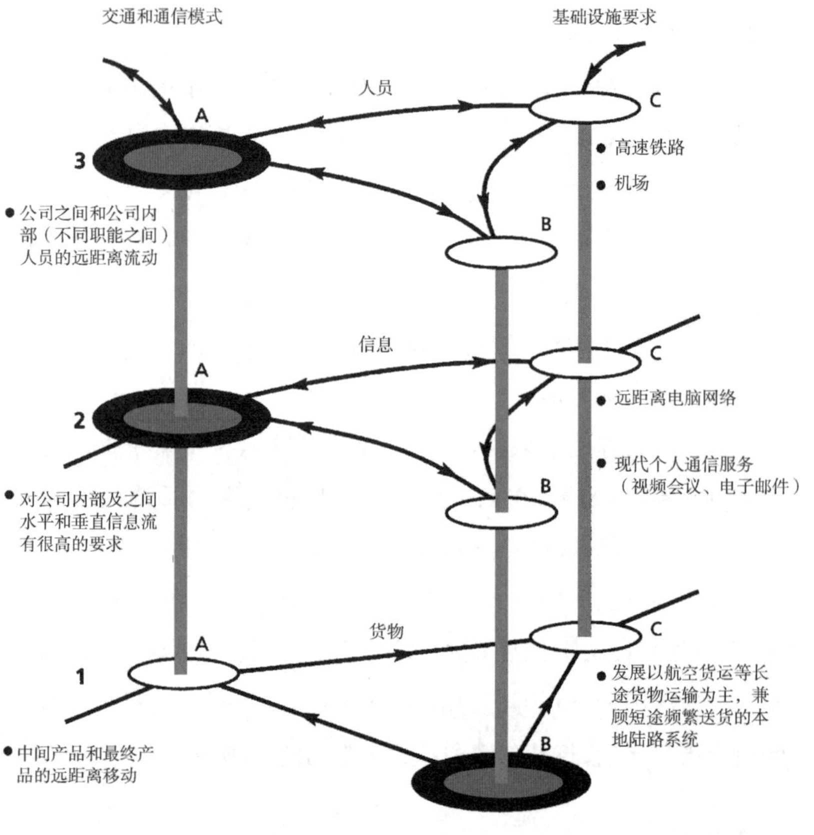

图 7.1　全球网络公司的全球地方化基础设施需求，其重点是交通和通信。资料来源：里默(1998：85)

在此背景下，我们就可以探讨我们所选择的七个优质基础设施空间的案例是如何进行全球化构建的。第一个案例来自世界上最主要的“全球城市”(参见 Sassen，1991；2000b)。

全球连接、本地断连：为全球金融飞地定制基础设施

只要仔细研究一下伦敦、纽约、东京或巴黎等城市在各自国家内主导的枢纽地位，就不难发现，全球城市长期以来一直是铁路、地铁、水、电力、航空、货运和电信等各种网络化基础设施的核心连接点。但是，自由化、全球化、技术变革和新的城市设计技术应用等综合过程，不仅仅是加强了全球城市核心区在全球基础设施网络中的核心地位。它们反而也在谨慎地运作，以确保全球城市的高价值部分不受周边城市景观的影响。正如曼纽尔·卡斯特尔所论：

> 仍然位于中心城市的少数几个节点功能区，围绕着中央商务区（CBD）和高品质城市空间，可以通过电信、快速交通和信息系统连接到国家和全球腹地，而不需要改造周围的城市区域。因此，中心城市的繁荣与创新之岛可以进一步与城市分离，同时融入流动的空间，并与社会和地域失去连接。
>
> （1999b：31—32）

全球城市核心区中全球连接与本地断连相结合：以电信为例

越来越明显的是，高质量的专属基础设施连接，正在提供给全球城市核心区中最有价值的空间。这些基础设施的配置是为了最大限度地提高与其他全球城市核心区的便捷连接。同时，它们也越来越被小心翼翼地组织起来，以过滤掉与周边大都市不必要的连接——这些连接被认为是“具有威胁性的”，或与全球城市飞地的直接需求无关。

正如我们在专栏 7.1 中看到的，电信的案例也许最能说明无缝连接是如何将强大的空间和用户与其他强大的空间和用户“局部地”

连接起来的,同时协助他们与周围大都市更广大的社会和经济世界切断联系。这些过程,正如巴尼·沃夫所说,展示了电信是如何使空间根据经济和政治需求的变化而被“拉长、变形或压缩”的(1998:225)。

在全球城市中,有史以来最先进、最多样化和最强大的电子基础设施正在被动员起来,以压缩空间和时间的障碍,形成了名副其实的网络建设狂潮。全球城市区域在这些技术的投资和使用方面占据了主导地位(Graham and Marvin,1996)。例如,Yankee 集团和《国际通讯周刊》的一项调查发现,在所有以英国为终点的国际私人电信线路中,约有 55%的线路是在伦敦。在法国产生的所有高级数据流量中,大约 3/4 来自巴黎地区(参见 Finnie,1998)。

专栏 7.1　专用城市光纤网络和全球城市间的竞争

在电信领域,集中的需求和定制化的基础设施提供相结合的结果是,许多高容量的光纤网络叠加在全球各地城市的核心区域内。这些网络的存在与否,以及所运行的服务,有力地决定了全球城市的通信竞争力,这也是这些城市努力将自己打造成电信交通枢纽的重要考虑因素。

美国电信咨询公司 Yankee 集团和《国际通讯周刊》的一项调查,对 1998 年初占世界人口 5%的 25 个全球城市的电信服务竞争力进行了排名(参见 Finnie,1998)。表 7.1 表明,他们的评分排名是根据服务价格的技术定义、现有物理基础设施连接的选择、最先进和最复杂的连接(如不向其他用户开放的“暗光纤”),以及超级宽带服务的提供情况进行的。

他们的研究结果揭示了激烈竞争集中于少数全球城市的程度。这些城市集中了特别高的需求,位于世界核心地缘经济区域内,并且位于热衷于电信自由化的国家内。研究人员得出的结论是:“全球大小城市都是世界经济命运不可或缺的组成部分,但是每个城市的[电信]基础设施可能相差很大……尽管最佳基础设施,与最差基础设施,尤其是中等水平基础设施之间的差距正在缩小,但在中间地带,差距仍然很大。”(Finnie,1998:20)

图 7.2　阿姆斯特丹城市光纤环计划。资料来源:荷兰 PTT 电讯公司宣传手册

其中来自美国的 5 个被纳入样本的城市排名最高,最具竞争力。其中,纽约以拥有 9 个独立的光导纤维基础设施居于首位。伦敦是美国以外最具竞争力的城市,拥有 6 个独立的光纤网络。在自由化之后,城市光纤基础设施激增的城市紧随其后,有斯德哥尔摩、巴黎、悉尼、香港、法兰克福和阿姆斯特丹。阿姆斯特丹与荷兰 PTT 电讯公司合作建设了自己的城市光纤环,名为 CityRing®,得到了市政府支持,见图 7.2。

表 7.1　1998 年全球城市通信基础设施竞争力排名

排名城市	总评分	关税	选择	可用性
1. 纽约	438	148	182	108
2. 芝加哥	428	154	166	108
3. 洛杉矶	428	152	168	108
4. 旧金山/圣何塞	425	149	168	108

续 表

排名城市	总评分	关税	选择	可用性
5. 亚特兰大	409	141	160	108
6. 伦敦	391	131	161	99
7. 斯德哥尔摩	386	129	149	108
8. 多伦多	361	123	148	90
9. 巴黎	337	118	129	90
10. 悉尼	331	123	118	90
11. 香港	328	107	149	72
12. 法兰克福	321	78	135	108
13. 阿姆斯特丹	308	100	118	90
14. 东京	300	77	133	90
15. 布鲁塞尔	294	97	107	90
16. 墨西哥城	283	93	118	72
17. 苏黎世	276	100	86	90
18. 米兰	267	101	94	72
19. 吉隆坡	256	90	94	72
20. 特拉维夫	230	110	66	54
21. 新加坡	206	108	44	54
22. 约翰内斯堡	161	76	50	36
23. 圣保罗	135	44	55	36
24. 莫斯科	134	26	72	36
25. 北京	105	48	39	18
最高可能得分	500	171	221	108

资料来源:改编自芬尼(Finnie,1998:21)

注:得分基于对资费、网络选择和服务可用性的技术评估得出。

其余的城市由于网络竞争不足、费率相对较高和无法获得最先进的服务而进一步落后。在25个城市中,有11个城市只有1个光纤网络,将企业捆绑在唯一的垄断性供应商中。有趣的是,研究人员认为，随着全球城市光纤网络竞争全球群岛化进程的加速，所有的全球城市都将在不久的将来拥有“至少5个”光纤网络(Fillion，1996：22)。

发展中世界的全球城市往往排在最后，因为它们的民族国家普遍不愿私有化和/或自由化其电信体制。调查人员将外资拥有的电信基础设施描绘为治疗此类城市竞争力缺乏的“良方”，他们认为：

> 我们调查中的“贫穷”城市——按人均GDP定义——因不愿放开竞争，远远落后于其他城市，成为受害者。在这5个“贫穷”的城市——墨西哥城、约翰内斯堡、北京、圣保罗和吉隆坡——中，只有墨西哥城表现比较好，主要原因是它已经被外资电信运营商利用墨西哥自由化的监管结构有效地殖民化了。其他城市想要跻身全球精英的行列，还有很长的路要走。
>
> (Finnie，1998：22)

但是拥有最新光纤网络城市的“布线”却极不平衡，其特点是呈现出明显的二元化动态。一方面，私人通信运营商正在全球城市的高价值空间——市中心核心区和新建成的智能综合性广场与数据处理区——内部和之间建立起无缝、强大的全球-本地连接(参见Sassen，2000b)。另一方面，较贫穷社区人口所在的介入空间——即使是地理上可能与同一城市中受青睐的区域紧挨着的空间——常常被通信投资计划所忽视。这些空间有可能成为网络贫民窟——电信接入率低、社会处境不利的地方。如同许多当代城市的趋势一样，通过先进的通信技术实现不均衡的全球互联，在城市空间的生产过程中，与本地断连巧妙地结合在一起(参见Amin and Graham，1998)。此外，这种情况似乎有可能出现在发达国家(它们现在已经完全放开了通信自由)、发展中国家和新兴工业化国家(它们在结构调整的压力下越来越多地放开了通信自由），以及俄罗斯等国家（它们正在建设专门的城市网络，以绕过前期留下的陈旧的通信基础设施。参见Berlage，1997）。

最后1 000米连接："距离消失"的"混乱的"物质基础

所以，自相矛盾的是，一个无休止地宣称距离消失的行业，实际上仍然被既有的地理需求所驱使，即把有形的物理网络置入渠沟和地下管道来促进其市场准入。在全球城市中，通信公司成倍增长的最大挑战就是所谓的最后1 000米问题：卫星装置、光纤到户，以及通过昂贵的本地环路获得整个网络。换句话说，其中的挑战在于将光纤穿过拥挤的道路和城市交错的人行道，连接到智能建筑、经销商楼层、总部、媒体中心和证券交易所等最有利可图的目标用户。

如果不在全球城市核心区的金融和商业区进行昂贵的硬件铺设，就不可能正式进入市场并赢得利润丰厚的合同。一个网络的所有成本中，有足足80％的成本都与这种传统的"混乱的"业务有关，即在拥挤的、有争议的城市区域铺设网络。全球城市核心区内智能建筑的内部信息基础设施——安全、能源和通信管理系统——与全球光纤、卫星和交通基础设施的全球网络有着紧密的联系。

通信公司计划进行大量投资，打造飞行基站舰队，每天24小时在主要城市核心区上空盘旋，试图以此克服最后1 000米问题。特别设计的在城市上空10英里处飞行的低速飞机、高空飞艇和气球，甚至主要城市专用的地球同步卫星，都计划通过无线链路向主要城市核心区利润丰厚的企业市场提供宽带连接。

连接全球城市核心区：整合全球城域光纤网络群岛

这就是全球城市核心的拉动作用，它们正有力地塑造着全球电信投资的地理格局。通过为全球城市核心区和其他少数地方建设专用光纤网络，世通公司（包括 MCI），这个世界上发展最快的公司之一，正在成为全球新兴企业。这种完全松绑的解决方案避免了网络建设的成本，只为最有利可图的空间提供服务。世通公司已经在全球主要城市中心建立了 60 多个光纤基础设施，这些城市中心都经过精心挑选，经济实力雄厚（其中 45 个在美国）。该公司最终规划了 130 个城市电网，其中 85 个在美国，40 个在欧洲，其余的在亚洲、拉丁美洲和太平洋地区。每一个城市网都以信息丰富的全球城市和全球城市的部分地区为目标，这些地区集中了足够多的大型企业或政府机构，以确保相对于所建网络的英里数而言，有较高的国际收入。

但世通公司也在建设跨洋和跨洲光纤网络，将城市电网连接成全球群岛——1988—1998 年间，这个全球市场吸收了 220 亿美元，预计 1998—2003 年期间将再吸引 270 亿美元——这主要依靠城市与城市之间的全球直接连接（*Communications International*，July 1999：47）。除了在纽约和伦敦市中心之间建设一个称作双子星的跨大西洋光纤网络外，世通公司还在建设自己的泛欧尤利西斯网络，将巴黎、伦敦、阿姆斯特丹、布鲁塞尔和伦敦以外的英国主要商业城市的城市电网连接起来。电信评论家们并没有忽视城市与城市直接连接的重要性。正如芬尼（1998）所论：

> 毫不奇怪……伦敦的大东电报公司和世通公司于 1998 年 3 月将双子星跨大西洋电缆投入运营时，直接接入了伦敦和纽约，显然考虑到了以下事实，即很大一部分国际流量产生于城市。所有以前的电缆都在海岸线终止。
>
> （Finnie，1998：20）

加大对本地连接的过滤：道路定价和“钢圈”

因此，全球城市的运营一起向外伸出触手，通过专用的全球光纤网络进一步扩大各自在全球的影响力，同时退居到规模越来越大的混合型综合广场。这些超级电子银行并不是摩天大楼，而是“摩地大楼”——“巨大的 9 至 11 层楼高的建筑，拥有巨大的占地面积”，以满足当今全球金融机构对信息技术的巨大需求（Pawley，1997：59）。

支持这一进程的手段是把全球城市中心地带不受欢迎的道路交通“过滤”出去。这种转变可以通过警戒线和电子监控车牌（比如伦敦，见专栏 7.2），也可以通过道路电子收费（如新加坡）来实现。新加坡的计划于 1998 年开始实施，对在高峰期进入中央商务核心区的汽车司机征收电子通行费（Soo，1998；Seik，2000）。表面上看，这一举措的目的是减少交通拥堵。但这一计划以及其他类似的计划，也是另一种形式的本地断连，因为收费机制把相对“钱少/时间多”的通勤者过滤掉，为富裕的“钱多/时间少”的商务通勤者腾出空间并提高速度。在这种道路定价是为了实现环境可持续发展的言辞之下，真正的目的往往是为了创造快速流动的优质市中心道路空间，以提高城市间的竞争力。香港也正在实施与新加坡类似的计划，理由是担心企业总部会选择新加坡市中心畅通的道路，而不是香港常规的交通拥堵。关注度颇高的案例是 CEO 们不得不离开他们的空调豪华轿车，冒着酷热和潮湿的天气，步行最后 1 英里去开会，这也被明确用来证明香港这一举措是合理的（Khan，2000）。

专栏 7.2 全球城市核心的全球连接和本地断连：以伦敦金融城为例

很少有地方能像伦敦金融城那样，将无与伦比的全球连接与具有高度选择性的本地连接结合起来。这个空间拥有北美以外最强大的全球电信连接。从此空间能非常便捷地进入全球航空网络，特别是自 1998 年开通了连接伦敦市中心和希思罗机场——世界上连通性最好的国际机场——的专用希思罗高速铁路后，15 分钟即可直达。这条高铁将在新世纪初直接延伸至伦敦金融城的中心地带，进一步支持了伦敦与全球航空网络之间的全球地方化连接。

全球连接：电信

1999 年，伦敦的总体通信市场估值超过 13 亿英镑，与巴黎的市场规模相当，是法兰克福的 5 倍多(2.53 亿英镑)(COLT 通信公司)。由于全球通信公司争相进入这个高度集中的市场，现在至少有 6 个覆盖光纤网铺设在伦敦金融城那“1 平方英里”和该市其他主要商业区地下。它们由英国电信(BT)、水星网络公司(Mercury)、COLT 通信公司、世通公司、Energis 电信集团和 Sohonet 网络公司运营。道路、运河航道、旧的水电管道、地下铁路隧道、下水道和其他公用事业管道为这些大规模的电子基础设施提供了管道。

这种城市网络越来越多地直接连接到跨大西洋和国际光纤网络，最大限度地提高了环球连接的质量和可靠性。关于这些竞争性基础设施的城市地理区域的详细信息并不容易获得(Kellerman，1993)，但可以详细了解一下 COLT 运营的网络(图 7.3)。其他 5 个网络的地理情况大致差不多。因此，图 7.3 显示了专用光纤网络是如何至少在一开始就高度聚焦于通信密集型活动最集中的中心地区的。COLT 通信公司在伦敦金融城铺设的光纤尤为密集。西区的网络覆盖范围更广，延伸到了码头区的新国际商务区。

自1994年以来，世通公司开发了伦敦6条光纤基础设施中的另一条。这个网络特别成功，它有力地提醒人们，全球城市中的基础设施在地理上的高度集中，可以连接整个国家，甚至各大洲的大部分电子流量。在伦敦金融城内仅建造了180千米的光纤网络，伦敦世界通信网就已经完全拿下了英国整个国际电信流量的20%，占了欧洲的相当一部分流量(Finnie，1998)。世通公司特别成功地建立了自己的光纤网络，跨越海洋和城际走廊，把全球城市网络形成的群岛连接起来。直接和无缝的本地连接出现了，支持跨国金融和企业资本的全球可互操作运营，同时完全绕过了现代理想模式中的旧公共电话系统。世通公司新建立的跨大西洋海底电缆设施和城市商业网络将绕过大西洋两岸的现有运营商，直接连接了欧洲约4 000座商业建筑和美国的27 000座商业建筑(Schiller，1999a：63)。

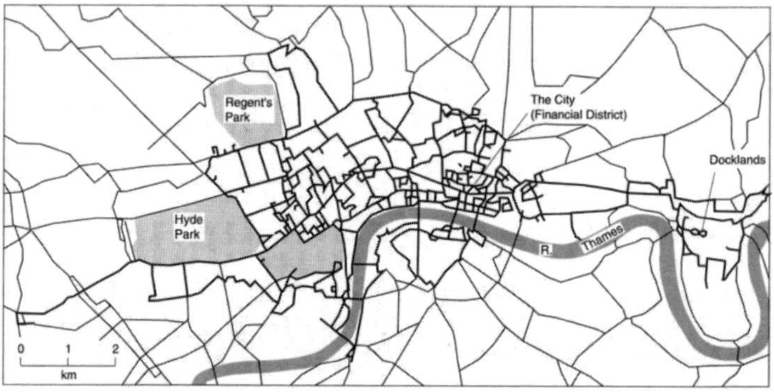

图7.3 英国COLT通信公司伦敦市中心光纤网络。资料来源：COLT通信公司网站http：//www.colttelecom.com/english/corporate/mn_corp13.html

本地断连："钢圈"

当伦敦金融城以日益强大的力量与世界各国(高价值部分)建立联系的同时，它也在退出与伦敦其他地区的自由流动和公共的本地连接。这一战略“守护着[伦敦金融城],使它能够继续满足日益国际化的全球城市的要求”(Jacobs,1996)。伦敦金融城的全球金融核心区经过专门设计,以便能够“划定其空间,并表明其作为全球非物质权力中心的排他性”(Power,2000:12)。

这一战略尤其适用于道路连接和车辆交通。自 20 世纪 90 年代初爱尔兰共和军的两次大爆炸事件之后,市政当局制定了一项战略计划来保护它所称的“世界领先的金融之都”,有效地建立了“现代版的中世纪长城,并设置了安全门”(*The Times*, 27 April 1993; 引自 Jacobs,1996)。这就是所谓的“钢圈”,它会仔细地管理和审查所有进出的车辆交通(Jacobs,1996;Power,2000)。公司努力“避免伦敦金融城成为脆弱的犯罪目标”,其中一个做法就是现在用电子路障和武装警卫对进出伦敦金融城的每一辆车进行检查(Jacobs,1996)(见插图 14),将车辆的入境点从 30 个减少到 8 个(Power,2000)。车牌号自动记录,并建立了一个数据库,记录所有进入该地区的车辆。任何车辆在规定的时间后未离开该地区,都会触发“钢圈”警报,可疑车辆就会被调查。

插图 14 伦敦金融城的“钢圈”。摄影:斯蒂芬·格雷厄姆

利用算法控制城市边界的尝试

最近,这个计算机化的闭路电视系统得到了升级,可以主动搜索

英国境内任何被盗车辆。从汽车通过闭路电视摄像机到计算机化数据库进行检查，只需 4 秒钟。在 1997—1998 年间，每天进行超过 11.4 万次的检查，有 2 600 万次通过国家警察计算机对被盗车辆进行了检查(Power，2000)。人脸识别软件也已经在该系统上进行了测试。正如诺里斯等人所说："1991 年海湾战争期间完善的技术已应用于追踪进入伦敦金融城的车辆，并在单行道系统上的车辆行驶方向错误时触发警报。"(1998：8)至 1998 年，这套计算机化的主动扫描系统已经帮助警方缉捕 340 人次，触发 359 次车辆盗窃警报。

此外，还采取了一项名为"摄像监视"的举措，鼓励该市所有私营企业安装自己的闭路电视系统，对该市的公共区域进行不间断的监控，覆盖了伦敦金融城方圆 90％以上的区域，涉及 385 套方案和 1 280 台摄像机。摄像机捕捉到的所有图像记录使警方能够追踪任何可疑人员的行动(Norris and Armstrong，1999)。

捆绑式综合体和超级街区开发项目

最后，从建筑层面说，那就是建筑选择性地将全球城市中心与它们所在的城市环境直接分离开来。因为随着伦敦布罗德盖特商业区和纽约巴特利公园城等大型综合用途城市再开发计划的不断整合，全球城市越来越多地为企业高管提供单个捆绑式综合体或超级街区开发项目所需的所有用途：最先进的工作空间、高档住宅、零售、学校、健身中心、溜冰场、停车场、专用的铁路网络连接等。正如罗伯特·赖克观察到的美国情况：

> 公共资金已被认真地应用于市中心的振兴项目，包括建设后现代办公大楼群(布满了光纤电缆、私人分支交换台、卫星天

线和其他最先进的传输和接收设备)、多层停车场、20层以上的玻璃门禁式中庭酒店、高档购物广场、画廊、剧院、会议中心和豪华公寓。理想情况下,这些项目是完全独立的,有空调的人行道连接住宅、商业和娱乐功能。幸运的符号分析师可以在这里购物、工作和观看电影,而不用冒着与外部世界(尤其是另一个城市)直接接触的风险。

(1992:271)

开拓全球城市的边缘地区:为新的金融场所建立全球连接和本地断连

但目前,为全球金融之都中高价值部分定制国际连接,其范围已远远超出了传统的城市核心商圈。在大都市其他地方,越来越多的空间被重新开发和配置为全球金融服务业(Crilley,1993)。例如,在纽约,朗科和里斯(Longcore and Rees,1996)观察到了一个"甜甜圈"的形状:重组后的核心区保留了总部的职能,而常规的后台办公室和交易员楼层则迁至到城市外围更便宜、更宽敞的地点。他们认为:"随着竞争激烈的主要金融公司退居到隐秘、注重安全的建筑结构,以及强调大面积水平空间而非垂直空间的建筑技术,传统的紧密集中的金融区和市场终于展现出了地理上的灵活性。"(同上:368)

分散式金融服务出现了组合式发展的新景观。这种新景观在纽约、伦敦、东京这三大真正的全球金融中心的发展尤为蓬勃。

纽约

在纽约,曼哈顿区的下西端(巴特利公园城的世界金融中心),以及远离曼哈顿的泽西市和布鲁克林区,都建造了大型的新建筑群,以满足金融服务公司不断变化的需求——特别是为总部和数据处理功能提供高质量、低成本、相对低密度的空间。每座这样的智能建筑都配置了新的成套基础设施、高安全设计和监控功能，以确保其免受相邻低收入地区能感知到的风险。为电子设备定制自动供暖、制冷和湿度控制；提供备用水箱和空调。三四个独立的电网与应急发电机捆绑在一起，并配备至少 3 天以上的燃料。建筑占地面积至少 4 万平方米，以适应全球金融机构的需求。还为 IT 基础设施提供了极为宽裕的导管和空间——同样是有冗余的，并与相互竞争的本地供应商的光纤网络有多个连接（Longcore and Rees，1996）。

例如，位于曼哈顿哈德逊河对面的泽西市，市政当局已经包下了一个 600 万平方英尺的大型综合体，包括办公室、精英公寓、酒店、商店和码头，以吸引对面华尔街的大型金融公司。新的铁路、公路、电力和信息基础设施已被明确包装成符合综合体的需求。美林证券公司已经将一个主要的后台办公设施搬到了那里，因为该地块距离他们的曼哈顿总部仅三分半钟的通勤火车车程（Longcore and Rees，1996：364）。同时，在曼哈顿的另一边，位于布鲁克林十街区的 Metrotech 小区，是为来自曼哈顿的那些因工作而移居的人员新开发的。爱迪生联合电气公司为他们提供了高质量的个性化服务。

一方面，所有这些开发项目都体现了为企业员工建造的公共空间内高度规范化、治安化和注重内部开发这三方面的结合（他们为世界金融中心工作的 3 万名员工设计了欧式冬季花园和码头）。另一方面，它们小心翼翼地从周围的传统街道中抽出身来，转而与综合停车场、连接其他重要节点的天桥、直达客运系统的隧道，以及购物中心联系在一起（Crilley，1993）。

东京

在东京，一个占地 1 100 英亩的人工岛，被称为东京电信港城，是最明显的全球地方连接性填海造地空间（Obitsu and Nagase，1998）。该计划尝试建设智能商业中心，“使东京成为21世纪的国际大都市，为未来先进的信息导向型社会做好准备”。该空间围绕着一个24层高的大型专用卫星地面站综合体，拥有自己的公路网、轻轨系统、集中控制的电力和水电基础设施，当然，还有一整套复杂的电缆和电信网络。“整个建筑群是一个智能建筑，拥有与能源供应、安全系统和计算机网络相关的完全集成的电子设施管理系统。”（Riewoldt，1997：44）预计该地区将有超过7万名工人就业：“展览中心、酒店、广播公司和通信密集型企业办公大楼将逐渐填满这块土地。”（World Teleport Association，1999）

在电信顾问、房地产投机者和世界电信协会（WTA）的推动下，先进的电信业与房地产投机之间的城市纽带正在日益形成类似“电信港城”式的城市飞地。这种空间的设计是为了“吸引跨国公司、国际融资、贸易和其他国际商业活动”（Kim and Cha，1996：541），目前正在韩国首尔（同上）、日本大阪（技术港项目）和巴西里约（Amborski and Keare，1998）等不同地点开发。

比电信港城更宏伟的是小林房地产公司在东京规划的人造平台城市。平台面积为1平方千米，高出现有城市景观31米，是支持所有必要的现代基础设施和超高层多功能建筑（参见图7.4）。在东京湾的一个填海地上，还有人提议建造一个800米高的千禧年塔，一座100万平方米的“建筑城市”，“其空间足以容纳整个大城市的中心区域”（同上：328），将“组合式打包城市”的逻辑发挥到极致。

伦敦

在伦敦，全球金融服务业中组合式景观的发展同样具有戏剧性。20世纪80年代，英国撒切尔政府试图在伦敦码头区为全球金融资本建立一个全新的空间，采用了沙恩(Shane)所说的“自由市场、放松管制、超级开发飞地”的城市发展模式(1995:63)。这助长了大量的投机性开发，并得到了大量公共补贴和税收减免支持。后来，随着主要开发商的破产，政府意识到，只有私人和国家共同支持的基础设施建设(总金额达 27 亿美元)才能使该项目成功(Crilley，1993；Foster，1999)。

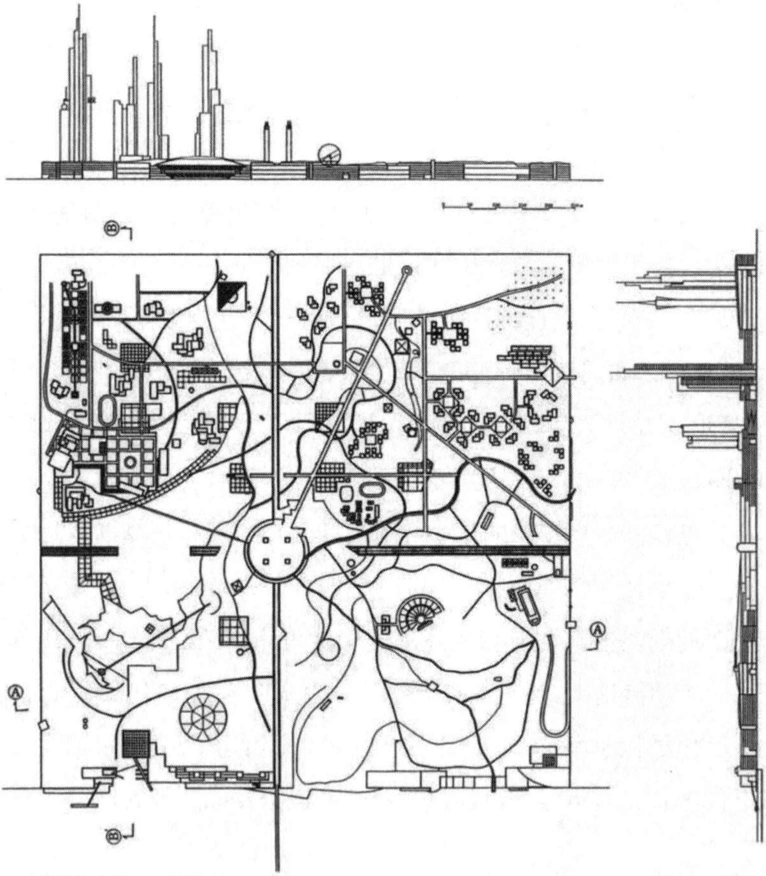

图 7.4　设想中的东京人造平台城市：在城市景观上施加 1 平方千米的城市平台，用于支持新的基础设施和超高层发展。资料来源：小比津和长濑(1998：327)

现在，码头区已经出现了 1 个精心定制的轻轨系统、1 个短程起降机场、2 个电报站、6 个竞争性的光纤网络，以及专门的电力、水、物流和高速公路连接。这些都使码头区的高收入居民和投资者能够与其他地方的有价值空间相连接，同时也使他们能够在地理上与周围的贫困社区隔开（旧码头被用作护城河，使这一战略得到加强[Avendano *et al.*，1997]）（见图 7.5）。

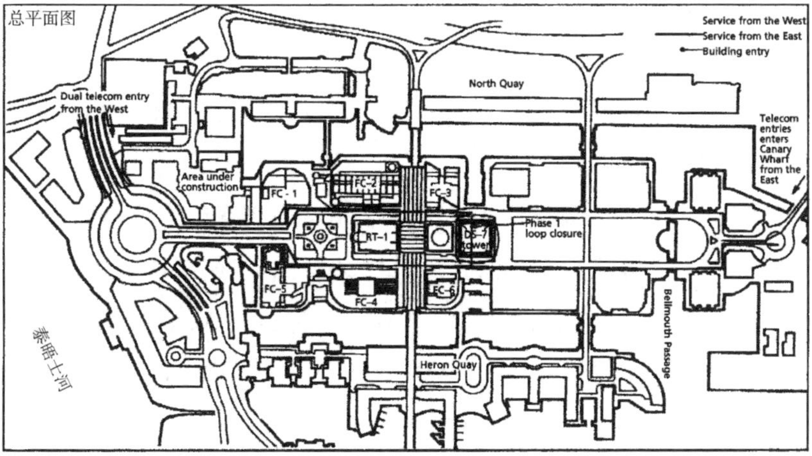

图 7.5　伦敦码头区住宅小区中精心配置的全球地方化基础设施连接。资料来源：改编自切文（1991：47）

非常值得注意的是，码头区轻轨最初将码头区与伦敦金融城的金融空间连接起来，同时避开了纽汉姆和塔哈姆雷特郡等周边地区的大部分低收入社区。英国的能源市场自由化，允许竞争公司——如伦敦地铁公司——为码头区建设新的电力网络，为位于该区的主要公司提供更便宜的电价。高速公路的连接使得通勤的驾车者可以从城市其他地区的专属住宅空间无缝连接到码头区。新建的短程起降机场提供了与欧洲其他商都的直接连接，而无须前往伦敦的其他机场。一条耗资 13 亿英镑的全新地铁线银禧线（Jubilee）于 2000 年竣工，进一步改善了伦敦西区和威斯敏斯特的公共交通。

特别是在20世纪90年代初爱尔兰共和军的轰炸行动之后，通过道路进入码头区的中心地带金丝雀码头，被一个所谓的“微型钢圈”严密控制，其中包括闭路电视摄像机、警察警戒线、工人身份证计划和一条专门的巡逻路线，供经批准的货物运送（见插图15）。总而言之，码头区是一个范例，说明了城市设计方法可以与安全实践和具有高度选择性的基础设施连接相结合，为某些用户（全球金融资本、相关产业和精英专业居民和工人）配置建成空间，而直接牺牲了其他用户（相邻的多种族和低收入社区）（参见 Brownhill，1990）。

在码头区，定制化的基础设施配置得到了密集的电子监控、堡垒式建筑和新企业飞地中私人治安战略的支持。“摒弃这个地区的设计框架，其结果是造成了这样一些孤岛式开发项目因安全围栏、开阔的水域以及被废弃的码头区景观遗留物而相互隔离。”（Edwards，1999：23）由此产生的商业开发项目是“内向的和孤立的，内部有公共空间。从外部看，它们是令人生畏的”（同上）。强调的重点是安保化和边界控制，以维持和控制富人和权贵与被边缘化和流离失所的人之间明显的社会鸿沟。“优势和劣势的景观往往只隔着一堵安全墙。”（同上）例如，在码头区的电信室开发项目中，拥有一个“对声音敏感的外部围墙，可以探测到麻雀落地的声音，红外和视频电话监控及摄像头随处可见。在里面，顾客[需要]输入密码才能从一个房间到另一个房间”（Quillinan，1993：14）。

实际上，码头区周围的“微型钢圈”是针对1993年爱尔兰共和军在伦敦中央金融核心区的主教门爆炸案后的战略回应。该战略将伦敦金融城中心的核心金融空间与更广阔的大都市区分离开来（Pawley，1997：153）。实际上，正如专栏7.2所示，伦敦金融城的全

插图 15　伦敦码头区：经典的防御性全球地方化飞地，配备警戒线、数字闭路电视监控、专用的货物通道、戒备森严的精英居住空间以及定制的铁路、航空、能源、水和卫星连接。摄影：斯蒂芬·格雷厄姆

球金融格局也是支离的城市主义的典范。尽管它与地球上的任何地方都通过电子方式相连，但伦敦金融城的市政当局同时也在试图通过改造现代基础设施理想模式遗留下来的部分公共街道来管理和改造本地连接。

发展中城市的基础设施和经济飞地

我们的第二类例子是关于发展中世界那些胸怀大志的全球城市。在这些城市中，商业和消费飞地的建设以及维持这些飞地的网络化基础设施也成为一种普遍的发展模式。推动这一进程的有许多因素：基础设施的自由化；城市设计转向建设大型的多用途超级街区型飞地；城市结构向扩展性、多核模式发展；社会两极分化的大趋势；以及地方决策者倾向于建设大型开发项目，象征其现代化的雄心壮志（所谓的电信和卫星综合体、世界贸易中心、零售和商业中心、新的大学校园等）。

例如，在拉丁美洲最大的大都市圣保罗，城市中心新近现代化和优化了的城市空间得到了国家和私营企业大量的基础设施投资，结果是：

> 先进的全球性活动所在地区与周边地区之间的差距显著扩大。从内部来看，先进的基础设施系统[如光纤、有线电视和移动电话]的安装启用，要么集中在现有的商业区，要么集中在新的商业开发项目上，为整个城市综合体产生了新的中心点。
>
> （Schiffer，1997：15）

同时，在曼谷，正如我们在专栏 7.3 中所展示的，这种相互联系的城市飞地的逻辑，以牺牲更大的城市为代价，也发挥到了极致。

专栏 7.3　不断蔓延的大都市中新开发飞地的互连：以曼谷为例

随着曼谷市城市化发展在其原市中心方圆 50 多千米范围内急速铺开，所有利用基础设施全面整合城市的努力都已被放弃。取而代之的是，私人开发商提供优惠条件，在他们最想提供服务的地方铺设高速公路、地铁和电信线路，而没有真正努力去协调或整合所形成的网络。大规模新的私人收费公路和高速公路是对国家运营公路的补充。这些收费公路和高速公路都面向商业飞地和富裕的住宅区，如曼谷国际机场和春武里的唐旺机场。1998 年亚洲金融风暴之前，人们一直在建造独立的、相互竞争的通勤和地铁系统，私人公司再次从中寻求并占领最赚钱的空间。这样的网络系统"在票价结构和物理连接方面都会是不协调的"(Kaothien *et al*.,1997:5)。

地产公司已经在"利用交通便利的优势，在两线交汇处开发以主题为导向的混合型新城中城"，包括办公、零售、休闲和住房空间，以满足富裕的通勤者的需求(见图 7.6)(Kaothien *et al*.,1997:5)。在过去几年里，有超过 5 万名低收入居民被赶出棚户区，为这类大型开发项目让路。这些人被驱逐到外围地区，那里的交通和基础设施服务都很差(Hack,1997:8)。"市中心的私人重建项目进一步推动了这一过程，为高收入的居民和办公场所提供私人重建服务。"(同上:8)电信业的部分自由化——以前是城市最大的基础设施缺陷——使新的进入者能够满足不断扩大的城市中产阶级新空间的布线和服务需求。

在核心区之外，沿着所谓的智能走廊绕过主要的外环路安装光纤，加强了城市向郊区的线性扩张(Hack,1997:11)。跨越式战略得到鼓励，它"为高收入、教育、知识和高价值工业区的家庭和企业提供光纤服务”，而牺牲了更大范围的城市（Kaothien *et al*.，1997：14）。总的来说，曼谷的基础设施模式与发展中世界的其他许多大都市一样，其网络内部或网络之间明显缺乏横向协调。再加上大规模的组合式开发和市场化的基础设施提供商，结果是“一些地区供过于求，而另一些地区服务缺乏”（同上：14）。

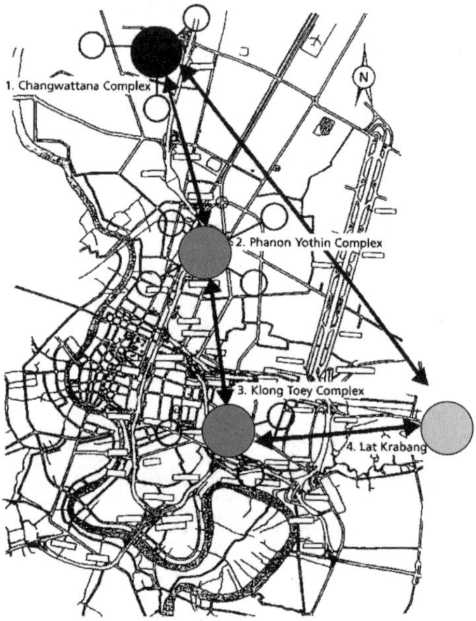

注：1. 政府分中心
2. 交通/私营企业分中心
3. 文化/信息/国际接口分中心
4. 新曼谷国际机场

图 7.6　4 个新“城中城”的开发：依托曼谷主要基础设施节点建设的飞地。资料来源：考提安等（1997：6）

打造网络空间的舒适区：全球城市中的新媒体飞地

我们的第三类新兴经济飞地，就像全球金融核心区一样，往往位于北美和欧洲的全球城市中那些正在绅士化的电子网络区。这种空间正在推动互联网服务、网站的制作，以及设计、建筑、游戏、光盘和音乐的整体数字化。正在发展这类飞地的往往是那些在艺术、文化产业、时尚、出版和计算机方面具有很大优势的城市。现以纽约、旧金山和伦敦这 3 座城市为例（参见 Braczyk *et al*.，1999；Zook，2000）。

曼哈顿和旧金山的互联网化：构建“硅巷”和“多媒体峡谷”

以曼哈顿为例，随着互联网和数字多媒体技术的发展，曼哈顿现在是世界上互联网活动最集中的城市之一。互联网和数字多媒体技术交织在一起，支持了各方面的城市功能。根据莫斯和唐森德（1997）的研究，曼哈顿现在的域名密度（即互联网主机的集中度）是美国第二大“互联网资源最丰富”的城市旧金山的 2 倍，美国平均水平的 6 倍。

美国大都市对互联网的主导地位实际上是在增长而不是下降，尽管也受到分布在农村的“电子小屋”的影响（Graham and Marvin，1996）。1996 年，美国互联网领域排名前 15 位的大都市核心区仅占全国人口的 4.3%。但在 1994 年 4 月，它们占美国人口总量的 12.6%；到 1996 年，这一数字上升至近 20%，因为互联网正在成为一个普及并拥有各类企业的系统。正如莫斯和唐森德（1997）所说：“这些城市在互联网增长中的比例极不相称，表明互联网的增长并没有削弱信息密集型城市的作用。事实上，在过去 3 年中，信息生产型城市的活动一直在推动着**互联网的增长**。”（着重号后加）

曼哈顿拥有蓬勃发展的互动媒体产业。特别是曼哈顿的“硅巷”（大约在 41 街以南的地区），正在成为互联网和多媒体技能、设计和各种高附加值内容的全球主导供应商。就像旧金山的“多媒体峡谷”一样，一些市中心的城市街区已经被翻新和改造，以支持数字设计、广告、游戏、出版、时尚、音乐、多媒体、计算和通信等领域中小微企业的共同需求。在曼哈顿，2 200 多家公司现在为这些领域提供了 5.6

万多个工作岗位，1996 年至 1998 年间增加了 105%（Rothstein，1998）。

在这里，与全球金融服务行业一样，需要持续的面对面接触，以维持持续的创新，同时也需要大量使用先进的电信技术，与地球上的其他地方保持联系。同样，越来越多的市中心空间也被打造为互联网创新的时髦空间。这些空间具有创造性的城市氛围和环境，与高科技创新空间过分净化的校园般景观形成鲜明对比。

网络区、旧城绅士化改造和城市社会矛盾

这些过程引发了旧城绅士化改造的急剧上升，吸引了来自餐馆、企业零售商、房地产公司、LOFT 开发商和基础设施公司的大量投资，同时也导致了低收入群体被排斥在新的高端空间之外（参见 Zukin，1982）。租金爆炸式增长，停车位短缺已经成为关键问题。这对于一个其产品可以在地球上任何地方进行在线销售的行业来说，很有点讽刺意味。纽约和旧金山都出现了重大的城市社会和政治冲突，因为网络商人以其非凡的财富，和房地产投机者、服务提供者一起，占据了选定的地区。租金的急剧上涨，许多较贫穷的居民被驱逐或被排斥，对那些没有参与高科技、消费主义等城市化进程中的人（这里指的是穷人和黑人）的惩戒力度也越来越大。正如多尔贡（Dolgon，1999）所指出的，将城市社区变成年轻化、专业化的电子商务精英们的时髦地区，表面上看是庆祝一个异质的和多样化的社区，表现为多元的民族餐厅、艺术空间和商店；然而，在现实中，它往往会“强化一种等级制度，只接纳那些能够进入新市场的人”。此外，在此过程中创造的“新的权力景观往往会进一步边缘化那些社会底层的人们。他们被民主和多样性市场拒之门外，没有身份。唯一的身份就是以忍饥挨饿和无家可归的人、叫花子和粗鲁的乌合之众等名义向权威人士求助”（同上）。

在旧金山“多媒体峡谷”地区，以 SOMA 科技园为中心，诸如“雅皮士清除项目”之类的政治联盟已经在反击自硅谷向南部推进的“网络入侵”(Solnit，2000)。他们的竞选活动以“互联网杀死了旧金山”为旗帜(见图 7.7)。

图 7.7　强烈反对富裕的互联网和多媒体公司及其员工将旧金山社区领地化：《旧金山海湾卫报》的游说

保罗·博尔索克(Paul Borsook,1999)概述了他所说的城市“互联网化”症状:1997 年至 1999 年间,商业地产价格上升了 42%;到 1999 年 8 月,公寓的中位数价格为 41 万美元;公寓的租金中位数每月超过 2 000 美元;无家可归者比率迅速上升。房东们拿 20 世纪 90 年代市议会通过的放松租金管制及租户保护法撑腰,挑起了大量的驱逐事件。绅士化社区中老年人的压力水平上升,与老年人的死亡率迅速上升有关(Nieves,2000:12)。其结果是严重的住房危机,较贫穷的人被赶出城市(因为许多人无力留下),并加剧了社会和地理上的两极分化,因为城市中的一些地区被重新包装成以互联网为基础的企业和企业家的工作、休闲或生活场所。

终极全球连接器:建造可随时上网的房地产

在这种所谓的“数字区”内,也在配置着新型的工作空间,通常连生活区一起配置。在这些区域内,新的基础设施连接与高度灵活、精心配置的办公空间紧密结合。一系列为互动媒体公司建造的新型综合体正在网络区的核心地带崛起。这些综合体被其发明者们称为“网络就绪”房地产。例如,纽约信息技术中心,一栋 30 层高、40 万平方英尺的建筑,以“曼哈顿最热门的有线建筑”和“终极全球连接器”自居。它为硬盘开发商、网络公司、数字设计咨询公司和虚拟现实艺术家等租户提供了一套眼花缭乱的从办公桌直接连到全球的电信连接,由 7 家竞争公司直接提供,其带宽是世界上很少有其他大楼能处理的。还提供紧急备用电源、24 小时保安和培训、重要的会议空间、秘书服务和先进的消防系统。全套大功率电力系统尤其重要,因为“今天的大多数建筑只配备了电子商务或网络公司所需电力的 10%”(Bernet,2000)。

纽约市通过各种方式支持新媒体飞地的出现,如税收减免、赠款、贷款基金,并为“即插即用”方案提供财政支持,以将房产转化成可上网的房地产(见图 7.8)。到 2000 年,曼哈顿市中心数百万平方英尺的老旧商业地产被改造成新媒体产业(*New York Times*,21 March 2000)。为了满足每天 24 小时、全年无休的电力和电子连接的要求,这些空间正在配备“大量的电力、先进的备用电源和安全系统,并允许租户安装和管理自己的发电机组”(*New York Times*,21 March 2000:6)。

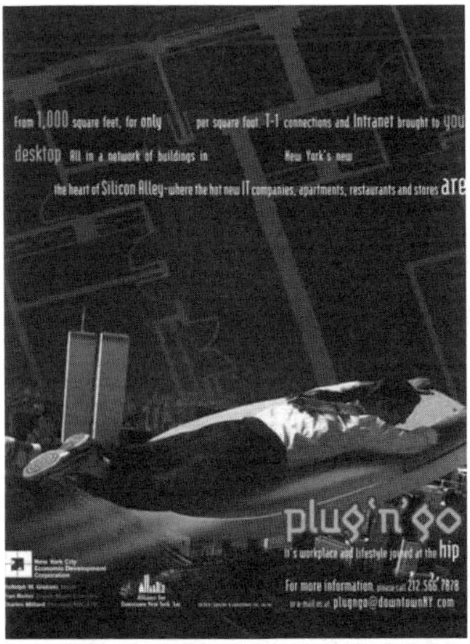

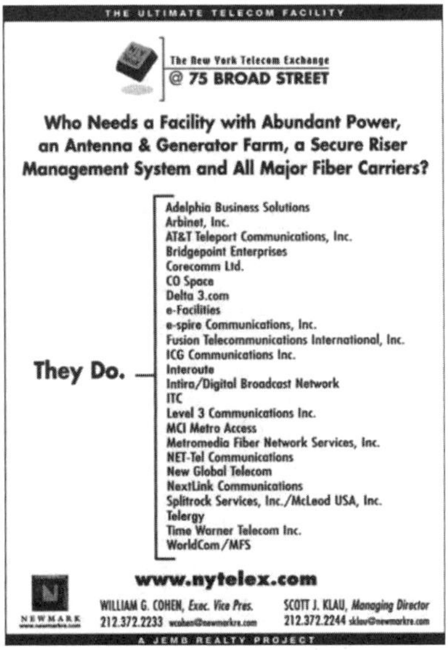

图 7.8　纽约曼哈顿互联网接入式房地产的广告:“即插即用”工作空间方案和纽约电信交换中心的广告。资料来源:纽约市经济发展公司;纽约电信交换中心

数字媒体集群和电子基础设施旁路:以伦敦为例

伦敦也在将其先进的定制化电信网络扩展到蓬勃发展的数字文化和媒体行业。例如,在苏荷区,这个受益于专用基础设施的结构紧凑的媒体飞地,可以实时扩展到全球市场。该基础设施系统被称为“Sohonet”,它将电影和媒体公司、电视广播公司、出版商、互联网供

应商、平面设计师等紧密地联系在一起，通过无缝的跨大西洋光纤连接，直接与好莱坞电影制片厂在西区的录音棚总部相连（参见 http://www.sohonet.co.uk）。

Sohonet 系统允许在线电影传输，虚拟工作室，并通过强大的数字宽带连接，跨洲际进行剪辑（见插图 16）。该网络被认为大大推动了英国电影和文化产业立足全球。Sohonet 还计划与全球其他城市建立连接。在不久的将来，有可能建立一个全球城市间数字电影和媒体制作专用系统。所以，Sohonet 再一次表明，依靠密集的、持续的、面对面的创新和接触，通过先进的远程网络在全球和本地建立紧密联系的地理集群模式，是众多集中在全球化城市中的产业（不仅仅是金融服务和企业服务）的特点。

高技术中心与高科技创新产业集群的建设

> 人们对高技术中心很有兴趣，因为它是经济增长的引擎，也有人对它作为一种新的文化代表形式感兴趣，但对这些高技术中心的政治治理几乎没有兴趣。也就是说，对于将高技术中心当作政治权力的场所，将高技术中心居民视为公民，人们是没有兴趣的。
>
> （Mosco，1999a：40）

我们的第四个例子是精心网络化的新兴城市飞地，其中包括北方新建的或更新后的生产空间（如加利福尼亚南部、巴登-符腾堡州和法国罗讷省阿尔卑斯地区）、重构后的全球城市（如伦敦、巴黎、柏林）周围的园区式科技城，以及南方新建的高科技生产和创新空间（如印度班加罗尔和吉隆坡以南的多媒体超级走廊）。

对硅谷的模仿不胜枚举，现在世界上几乎每一个地区都有一个带“硅”字的空间或地区，据说是新的高科技公司和公司研发中心的

插图 16　伦敦媒体活动中心苏荷区内在建的 Sohonet 网络系统。图片来源：Sohonet 网页 www.sohonet.co.uk

聚集地，它们之间关系错综复杂，但相互依存，共同展开工作。网站 Siliconia 跟踪以“硅”或“网络”为前缀的空间在全球的扩散，来制定市场营销和城市推动者战略。该网站于 1999 年 6 月列出了全球 51 个此类网站，包括硅草原（堪萨斯城）、硅冰川（蒙大拿州的 Kalispel）、硅峡谷（苏格兰中部）、硅岛（中国台湾）、硅高原（印度班加罗尔）、硅瓦西（以色列特拉维夫）、硅平原（芬兰肯佩勒）和硅沙滩（加州圣巴巴拉）（参见 http://www.tbtf.com/siliconia.html）。但必须强调的是，自给自足的高科技创新集群正在这些地方出现，所以从这个意义上说，真正能被归类为新产业空间的要少得多。其他无数空间只是象征性地试图以绝对乐观的地方营销来扭转其衰败或边缘空间的命运。

在所有这些被卡斯特尔和霍尔（1994）称为“信息经济的矿场和铸造厂”的“高技术中心”，高度定制化的组合式边缘城市景观正在出现。在这些高技术中心空间中，被生产出来的空间与定制化基础设施精心结合在一起，而设计手法，对本地基础设施的过滤和监控，简单地拉开地理距离等做法，往往被用来有选择地与所在城市或地区更繁荣部分进行连接。事实上，在支持或培育适当的创新环境或集群，使它们自力更生、茁壮成长的过程中，被生产出来的空间、定制化的基础设施、安全撤退以及当地机构支持性的体制和金融基础设施，被视为核心部分（Castells and Hall，1994：8）。

这些高技术中心往往分布在多核大都市周围。在这些空间里，灵活的生产技术在这里蓬勃发展，生物技术和信息技术处于最前沿，不断地研究和开发是不断创新的必要条件（Storper，1997）。我们在这里并不打算探讨新工业空间的技术动态（综述参见 Castells and Hall，1994；Storper，1997）。相反，我们要继续对本章中心主题进行分析，即重新组合后的新景观，作为高技术中心和新产业空间的基础，是如何在与经过精心配置、具有高度选择性的基础设施网络的紧密联系中产生的。虽然这种二元式的区分过于简单化，但我们接下来对高技术中心的讨论还是大致分为发达世界的和发展中世界的高技术中心。

北方城市基础设施和高科技集群的增长

北方主要城市周边的新兴工业空间——典型的硅谷、马萨诸塞州波士顿以西的128号公路、伦敦东北部的剑桥经济发展区、德国巴登-符腾堡州——都是由持续密集的创新、支持性金融资本、世界一流的劳动力市场技能和大学、一点偶然性，以及复杂但高度局部性的基础设施连接强力融合所产生的。这些空间配备有最先进的数字通信技术、专用公路网、与全球枢纽机场的良好连接、不间断的电力供应，以及必需的充沛供水，既能为费水的生产过程提供燃料，又能灌溉企业的草坪和中庭。

在美国，房地产开发商现在经常定制有全球连接的空间，试图吸引计算机、多媒体、生物技术和新材料公司，特别是在波士顿、奥斯汀、硅谷、西雅图、达拉斯和丹佛等蓬勃发展的高科技城市（Grogan，1998）。如达拉斯的信息超市开发项目，在160万平方英尺的综合体内，将前所未有的通信带宽捆绑在高度灵活的办公和生产套房中，满足120家小公司的需求。这些小巧、优质、灵活的小空间，租期短，背后有综合体内的许多共享设施、共享服务和高度的基础设施冗余的支持。这样的柔性技术架构在整个创新园区的大型房地产战略中得到了体现，如加州尔湾的Spectrum开发项目支持了计算机、软件、生物医学技术、医疗设备和汽车工程五大发展集群（同上：92）。在瑞士主要城市郊区的主要火车站也出现了定制化高科技办公综合体（Lehrer，1994）。

在法国、新加坡和日本这些国家指导经济型国家，在国家和地区政府的高技术中心、高科技城市计划中，大量新的基础设施与新的城市综合体和大学相结合，在城市边缘地带人为地产生新的产业空间和产业集群，这一战略长期以来一直得到支持。特别是日本的技术城市概念，它依靠的是一种模块化模式，包括一系列实体发展（研发中心、高等教育大楼、大学等），并与机场连接、新干线连接、高带宽电信、电缆网络和专用水电供应紧密结合（Rimmer，1991；Markusen *et al.*，1999）。

内向发展型建筑和外部去连接

基础设施网络精心配置着新的产业空间，能让这些地方得以延伸与全球市场连接，并建立联系。这也有助于创新产业集群本身与相邻城市建立起高度过滤的连接。虽然创新企业的集群化促进了新产业空间内的密集关系，但它们往往与更广泛的城市景观有着半独立的关系。像硅谷这样的技术产业园区，其结构“受土地成本、地块可用性、道路交通、商业扩张和收缩率的影响”（Schwarzer，1998b：16），因此，硅谷的发展往往是内向型的。丽贝卡·索尼特（Rebecca Solnitt）认为：“硅谷的真实景观似乎完全是内部的，这不仅体现在它迷宫般的办公室和郊区的地形上，而且体现在用户永远不会离开有线的家庭或办公室这一设想，以及消除真实世界并将其重组为信息世界这一目标上。”（1995：231）

通常情况下，支持性的基础设施、服务和劳动力被吸引到这种新的工业空间，而与大都市较贫穷的社会经济和技术空间的联系却被忽视或破坏（往往是通过住房和生活费用的急遽上涨来实现的）（参见 Mosco，1999a）。“在硅谷大学-工业综合体 101 号公路对面的就是一个贫民窟——东帕洛阿尔托。在这里，黑人居民的长期贫困和失业问题似乎无解……但对于那些在硅谷乌托邦里以白人为主、强调自我实现的人来说，穷人和黑人并不重要。”（Winner，1992：49）谷中甚至出现了一个完整的旅馆网络，是为了安置那些从事重要但相对低技能的工作，又无力支付房租或负担不起购房价格的穷人（2000 年初的住房平均费用为 410 000 美元；单间公寓的平均租金为每月 1 700 美元）。许多看管人员和清洁工，由于无法支付市场租金，挤进了拥挤不堪的经改建的车库里。此外，高科技公司利用转包的方式，为自己开脱对这类工人负有的福利方面的责任。KLA－Tencor 公司的一位发言人在被问及支付给公司看门人的最低生活工资时说："看门人不是我们的员工，我们不对其他公司的员工发表评论。"（Greenhouse，2000：A12）

万事通岛：在周边城市和发展中世界城市建设高技术中心

随着微电子和软件生产工厂也逐渐向新兴工业化国家和发展中国家的低成本地点"离岸"转移，高技术中心和高科技创新空间越来越成为这些国家的城市特征——也是城市、区域和国家精心设计的发展战略的产物（参见 VanGrunsven and Van Egeraat，1999）。

例如，日本的政策制定者们急于获得在国内得不到的土地、自然资源和廉价劳动力，甚至提出了"组合打包式"城市的概念。这些城市是完全独立的创新和生产空间，随时准备植入新兴工业化国家或发展中国家（Rimmer，1991）。三菱电机公司在 20 世纪 80 年代制订了一项计划，向东南亚主要城市走廊出口预打包的科技城市（同上：253）（见图 7.9）。1987 年，日本通产省（MITI）也提出了一个宏伟的设想，即建一个多功能城市，一个拥有 10 万人口的高科技城市，并为其精心定制基础设施，还建议把它建在南澳大利亚阿德莱德北部的某个地方。

班加罗尔：发展中世界高技术中心的典范

在发展中世界新的工业空间，基础设施的精确配置比北方国家更加重要，因为现有网络的质量和可靠性往往很差。印度第五大城市班加罗尔就是一个很好的例子。它是国际上重要的软件工程和电子商务中心,以“印度硅谷”之名向全世界推销自己(Wetzler,2000)。在这里,房地产开发商和当地规划机构做出了种种努力,配置特殊的软件、技术园区和飞地,以满足快速增长的外来投资、本土软件和 IT 公司向全球市场提供服务和产品的需求。2000 年初,该市的 300 家高科技公司雇佣了 4 万多人(同上:154)。

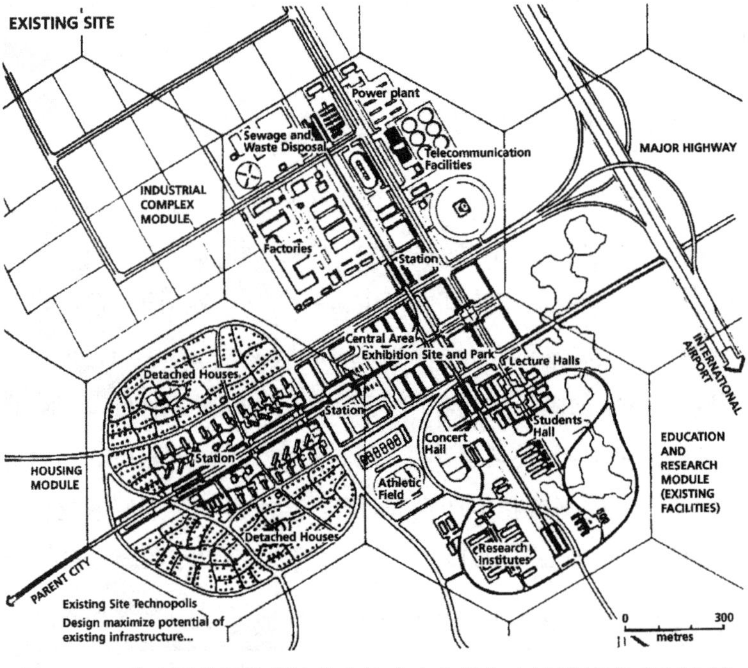

图 7.9 三菱电机公司的模块化高技术中心概念,以及配备的定制化基础设施连接。资料来源:里默(1991:259)

班加罗尔的高科技发展所带来的财富不平等加剧,造成了一个极其分散和两极分化的城市结构。它的基础是“核心精英参与信息密集型全球经济,而大众不参与”的理念(Madon,1998:232)。在距离市中心约 1 英里的电子城综合体中,已配置了几百英亩的“离岸”科技园区,容纳了德州仪器(从事电路设计)、IBM、3 - M 和摩托罗拉等公司。印度 Wipro 公司是另一个重要的存在，它利用先进的通信技术，让印度廉价的软件程序员远程服务于世界上的许多计算机。所有这些公司“都通过发电机、专用电话线租赁以及国际化工作环境与外界隔绝”(同上:234)。凭借园内 ATM、高耸入云的后现代建筑和多个冗余基础设施，这样的园区实际上成了周围空间内的“万事通岛”，而周边的现代设施和网络连接则非常有限，而且极不可靠(Dugger,2000:12)。

新加坡资本还在班加罗尔郊区建造了一个信息技术园，为它配备了专用的卫星地面站、宽带电信、不间断电源、备用发电机和国际标准的私人水、卫生设施和废水处理服务(Wetzler,2000)。由于该区域电信基础设施质量较差，园区还起到了连接全球市场的枢纽作用:“园区周边 30 千米内的公司只需将微波天线对准园区，就可以通过卫星与世界上任何地方的客户进行连接。”(Rapaport,1996:105)西莉亚·杜格(Celia Dugger)认为新科技园区内的大多数企业“不需要像样的道路，他们可以通过光纤光缆这些卫星链路来运送产品”(2000:12)。信息技术园区还与豪华的住宅和休闲设施融为一体，将他们与棚户区的贫困状况进一步区分开来，因为棚户区里住着该市的大部分外来人口(其中 50%以上是文盲)。在班加罗尔，“你不会看到许多像霍雷肖·阿尔杰那样的人，可以通过决心与努力，从棚户区跳槽到班加罗尔信息技术园之类的工作站”(Wetzler,2000:166)。

事实上，当大部分的公共和基础设施投资都集中在连接全球的新园区，并确保其在当地的安全性时，当地政府却以城市现代化的清理计划为名，积极地将“非法”的自建房区推倒。由此可见，“班加罗尔最近的国际化对穷人产生了负面影响”(Madon,1998:236)。棚户区的状况每况愈下，许多棚户区的自来水、通信、能源、道路和机动车交通都很差——这与他们周围的新技术城市公园的现代化景观形成了鲜明的对比。事实上，班加罗尔市的大多数贫困地区正在出现更广泛的基础设施危机：电力短缺和中断的情况屡见不鲜，缺水问题迫在眉睫，而市府也在拼命吸引私人企业投资进入贫困地区。

与马来西亚的多媒体超级走廊（MSC）雄心勃勃的尝试相比，班加罗尔的科技园区规模还是很小的。马来西亚的多媒体超级走廊试图为满足国际IT和多媒体行业需求而定制整个大都市走廊。我们将在专栏7.4中更详细地探讨MSC的情况。

为争夺制造业外商直接投资定制基础设施

在我们的第五个例子中，根据外来直接投资者的确切需求定制基础设施也广泛存在于城市与城市或城区与城区之间。这些地方为吸引新的投资而展开更加激烈的竞争，争夺趋于移动化的制造业（Dunning and Narula，1996；Chan，1995）。在北美、欧洲、亚洲、南非、中东、大洋洲和拉丁美洲的新兴城市和区域发展战略中，有一个大体一致的特点：在配置建成空间和基础设施的同时，加紧努力满足制造业外来投资者的具体愿望和需求。全球外国直接投资流量从1983年的770亿美元猛增到1998年的6 440亿美元，就反映了这一点（Robinson and Harris，2000：33）。

专栏7.4　根据全球信息资本的需求定制新的城市走廊：马来西亚的多媒体超级走廊

在试图设计新的工业和多媒体空间这一新兴城市规划举措中，巨头是马来西亚耗资200亿美元的多媒体超级走廊（MSC）（见图7.10）。实际上，这里是东南亚国家联盟（ASEAN）集团的核心，整个国家发展战略实际上已经浓缩为庞大的新城市走廊这一宏伟的城市规划。MSC的目标就是要在2020年之前，将大片热带雨林和橡胶种植园变成“亚洲科技中心”，将马来西亚以制造业为主的经济，转变成以服务业、IT、媒体和通信业为主体的经济（参见Bunnell，2000）。MSC始于首都吉隆坡市中心。吉隆坡本身就是雄心勃勃的大型建筑开发项的象征，其中包括“千兆世界”（长 2 千米，14 层的管状结构穿过办公室、零售和住房空间，还有一个水上主题乐园）和“双子塔”（至少暂时是世界上最高的建筑物）(Marshall，1999)。MSC 项目结束地在一个庞大的新国际机场以南 30 英里处。该机场位于通往新加坡航线这一战略性地理位置上。

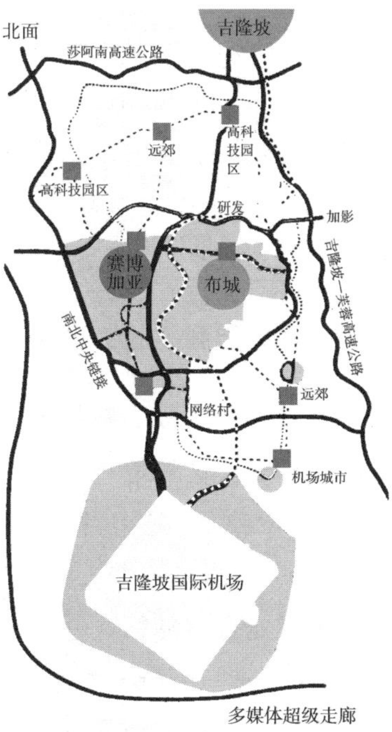

图 7.10　马来西亚的多媒体超级走廊。资料来源：艾伦(1999:207)

马哈蒂尔执政 19 年间，通过这 19 年的推动，MSC 是世界上规模最大的城市规划项目之一。它的规模和综合性非常出色。走廊长 30 英里，宽 10 英里，面积为 750 平方千米。实际上，这是一个绿地，面积与整个新加坡岛一样大。庞大的新公路网、铁路网、公用事业和高容量光纤网，都是为满足即将到来的多媒体跨国公司的需求而配置的，为该计划提供了基础设施矩阵，国家为此耗资 100 亿美元。

MSC 计划的主要内容包括智慧学校网络、新的多媒体大学，以及周边的研究和开发集群、无纸化的电子政府办公室和校园、在线医疗和远程学习中心、先进制造业中心、远程服务，以及为外来投资者提供的后台办公区。每个区域都有自己的新城区规划，将信息技术空间与提供相关的住房（不可避免地被称为“网络村”）、公园、休闲、交通和零售用途的战略规划框架谨慎地结合在一起。

到1997年5月，已有900多家公司(包括外国和马来西亚的公司)竞标加入了MSC(Corey，1998)。除了税收优惠政策、优惠的成本结构和高质量的定制基础设施外，马来西亚甚至还为地中海航运公司量身定制了法律。同时，马来西亚还专门制定了一套知识产权方面的新《网络法》，确保企业能够收回投资成本。

在吉隆坡以南20英里处，一个专门为马来西亚打造的智慧之都——布城——正在建设中，引领着整个MSC的活力。该城市计划拥有57万人口，按照花园城市思路进行设计，建在一个新建的人工湖泊上。而且，高科技的基础设施和服务，从楼宇监控、交通管理、全市信息服务、政府在线交易和信息等，都将与新首都在实体、建筑和社会等方面融为一体。马来西亚政府的所有行政机构将全部迁入新市，显示了MSC对马来西亚发展的重要性。

多媒体超级走廊战略的问题

根据一份宣传手册，MSC将成为一个生活在信息社会前沿的全球化社区。这将是一个令人眼花缭乱的现代"智能家居、智能城市、智能学校、智能卡片和智能伙伴关系的世界"(引自Allen，1999:209)。但有迹象表明，MSC与吉隆坡和马来西亚其他地区的关系可能会出现严重问题。

首先，正如约翰·艾伦(John Allen)所指出的，"仅仅有了最先进的基础设施并不能保证什么"(1999:21)。现有的全球城市，以其微妙深藏的关系网络、连接方式和各种理念，带来的优势远比简单完成基础设施建设要广泛得多。跨国公司是否会真正将先进的研发功能转移到那里，而不只是"螺丝刀"[①]业务，仅热衷于从政府的

① 螺丝刀公司指跨国企业的海外子公司，它只是组装母公司从国外运来的零件。它们在子公司所在的东道国创造的就业机会有限，而且提供的技术转让机会很少。——译者注

施舍和新兴的东盟市场中获利？即使企业能够无限制地引进自己的知识型人才，马来西亚的劳动力就真的能实现希望中的量子级飞跃吗？

其次，会出现这样一些危险，即MSC可能会固化一个两极的社会，由马来西亚工人为在全球网络上运作的封闭的公司区域提供低附加值的支持。MSC以外的马来西亚周边地区和边缘化城市空间的命运还是一个大问号。尽管主流的说法暗示整个国家空间将平等地受益于此(Bunnell，2000)，但MSC的建设正在取代种植园社区，而新的空间主要是为那些有能力负担得起新的私人开发住宅的企业精英和IT专业人员及其家庭配置的(Bunnell，2000)。低技能、低工资的服务人员——清洁工、保安、园丁等——都从走廊外引进来。如图7.11所示，人们对这种为社会经济精英建设一个私有化的超清洁城市的现象表示担忧，并在全国报刊上引发批评。

图7.11 “城市乌托邦？”吉隆坡《星报》对多媒体超级走廊的批判性反思。资料来源：蒂姆·布内尔，个人资料

在这里，提供新的地方连接，并将新的工厂与更广泛的贸易和交流线路连接，再次成为外来投资战略的主导。这种趋势只是其中一部分背景。更大的背景是，“地方政府争相向私人投资者提供更快的开发审批、更大的税收优惠、更弱的环境法规和更友好的商业环境”(Foster，1996：13)。事实上，在贸易流动自由化和地方自由度不断

提高的世界里，面对互相竞争的地方机构，供给侧诱导往往成为影响流动制造业投资具体模式和城市效应的关键因素。

南非的空间发展倡议就体现了这一逻辑。这些都是全国范围内的一系列空间，其目标是为客户量身定做的全球地方化连接，“目的是在理论上具有高经济增长潜力的地区建立起世界级工业。这些地区之所以被选中，是因为它们的原材料或未被充分利用的基础设施”(Hafajee，1999：52)。空间发展倡议一旦被认定，就可以获得快速发展许可，对投资者给予重大的财政奖励，并为重大基础设施投资提供国家资金。目前南非正在努力将空间发展倡议与延伸至纳米比亚、安哥拉、莫桑比克和津巴布韦的“发展走廊”联系起来(同上)。

接下来我们将探讨三个以基础设施带动战略来吸引制造业投资的例子。首先，我们看一下巴西各联邦州之间为确保主要汽车工厂安全而进行的“战争”；然后，我们会分析最近英国东北部老工业城市再工业化的努力；最后，我们讨论中国东部沿海地区和新加坡周边的跨境西乔里地区正在进行的以制造业为主导的超级城市化。

汽车大战：巴西使用定制化基础设施吸引主要汽车工厂

我们的第一个例子是 20 世纪 90 年代发生在巴西的一场引人注目的竞标战。当时，联邦州和代表城市和区域的发展机构展开无情对战，想方设法引诱西方主要汽车制造商进入巴西新近自由化、相对稳定的经济结构。至少在 1999 年崩溃之前，巴西的经济还是相对稳定的(Rodríguez-Pose and Arbix，1999)。

1980 年至 1999 年间，全球主要汽车制造商有 250 多亿美元的资金流入巴西，用于建造工厂，为不断扩大的拉美市场提供服务。争夺这些工厂的地域性竞争往往被视为解决当地重大社会和经济问题的灵丹妙药。政治家们在拼命地对抗自由化和结构调整所带来的当地失业率的恶化时，汽车公司想尽一切办法怂恿城市和国家之间业已相当激烈的竞争并从中牟利。由于城市与区域的规划和协调往往在很大程度上被放弃了，各城市和州政府不惜重金，提供定制化的基础设施和空间，以吸引汽车制造商在其管辖范围内落户（同上）。

目前巴西正在做出巨大努力，将财政诱导与质量极高的私人基础设施网络结合起来。这些网络是按照全球地方化的路线配置的，往往与周边城市简陋的网络化基础设施形成鲜明的对比。例如，在南里奥格兰德州，政府于 1997 年成功地引诱通用汽车公司在其首府阿雷格里港附近建立了一家大型工厂。这家价值 6 亿美元的工厂，虽然从其提供 1 300 个当地就业岗位和可能的倍增效应来看，显然对当地有明显的促进作用，但其目的是享受免费提供的土地、以低于市场利率提供给它的 3.1 亿美元的递延贷款，以及 15 年 15 个地方税和 30 个州不同税种的减税。该工厂还将由当地市政府和联邦州政府出资，为其配备"所有必要的基础设施，包括所有公用事业、卫生设施和道路系统的连接。电力、天然气、电信和污水处理将得到补贴，或如议定书中所说'按国际成本提供'"（Rodríguez-Pose and Arbix, 1999：20）。然而，更值得注意的是，"双方同意由国家为全球机构建设私人港口设施，并挖出一条至少 20 英尺深的运河……最后，议定书还包括一系列旨在加强厂区安全的措施，并为工厂提供公共交通"（同上：21），还提供一条专门的铁路连接线。

一些汽车公司（米纳斯吉拉斯州的梅赛德斯-奔驰、帕拉纳州的雷诺和克莱斯勒）在巴西沿海地区也达成了类似的协议。其有效做法是占用稀少的市政和州资源，升级局部空间，以满足富裕强大的跨国汽车公司对本地基础设施的强烈需求。由安全、强大的基础设施连接的孤岛应运而生，以其严密的安保和边界执法与周围环境隔开。而在周边环境中，即使是基础的社会卫生设施、水、电话或交通等服务也往往越来越成问题(同上)。

事实上,地方公共部门以这种方式配置空间,其成本是不可持续的,甚至往往需要将基本社会基础设施从更多城市和区域的贫困人口中撤走,才能支付为跨国飞地提供服务的费用。因此出现了极端不平衡发展的逻辑:基础设施可用于实现整个空间的集体利益均等,但这些资源被撤走,而后投入跨国公司,做出一切努力允许跨国公司通过全球地方化连接,从作为特权场所的飞地中获得极大的方便、廉价、安全、权力和公共补贴福利。更糟糕的是,这种投资的经济衍生品“从国家的角度来看纯粹是浪费”,因为它们允许跨国公司与外部供应商建立联系,而不是从本地供应商那里进行采购(Rodríguez-Poseand Arbix,1999:25)。

全球基础设施建设和北部城市外围部分再工业化:以英格兰东北部为例

我们的第二个例子来自英格兰东北部,这里是世界上最古老的城市工业地区之一。在造船、采煤和重型工程等传统工业瓦解后,该地区将外国直接投资引入制造业,作为刺激(部分)再工业化的动力,被广泛认为是一个成功的例子。弗兰克·佩克(1996)揭示出在英国和欧洲的广泛实践中,大型跨国投资者所要求的交通和公用事业基础设施的定制化空间是如何变得越来越复杂的(另参见 Phelps *et al.*,1998)。许多地方提供类似的补助金、财政奖励、培训计划和建成空间,根据英国投资局首席执行官的说法,现在地区之间“真正的内部竞争”是在交通、能源、水和通信基础设施的定制和补贴方面(引自 Phelps *et al.*,1998:121)。因此,当地的生产要素得到大量补贴,而将全球生产基地与全球复杂的劳动分工联系起来所必需的基础设施链也得到了补贴。

公用事业公司的作用

佩克进一步认为,“在英格兰东北部,公用事业公司现在是促进地区发展和吸引外资的重要行动者。它们的自主性使其能够灵活地应对外来投资者提出的任何具体要求”(1996:330)。因此,

> 把基础设施作为影响流动投资区域分布的独立变量来看越来越站不住脚。尽管某些基本的基础设施的存在可能对吸引潜在投资者一开始的兴趣很重要,但能否成功赢得外来投资,越来越取决于市政当局是否有能力根据关键企业不断变化的需求提供定制化空间。
>
> (同上:327)

为外来投资者提供基础设施当然不是什么新鲜事。新鲜的是,在基础设施项目日益分散这一实际情况下,政府资助的基础设施项目如何根据外来投资者的需要逐一配置(Peck,1996:329)。特别是,新近私有化的公用事业公司现在是根据外来投资者的具体需求配置空间的重要行动者。发展机构按场所逐步展开工作,而不必过分担心区域性协调或规划问题(如20世纪60年代的风气)。正如佩克所说:

> 大投资者可以对实际环境进行相当程度的控制……在某些情况下,对基础设施的公共投资可能会创造经济活动的“集体性”和“整体性”基础,但某些形式的支出可能会变成“个人化”和“排他性”的,只限于非常狭窄的使用者范围。外来投资者可能不仅对某个地区基础设施的整体现代化感兴趣,而且还对他们可以在多大程度上控制该地区当前和未来发展感兴趣。
>
> (Peck,1996:337)

当初,尼桑在位于英格兰东北部达勒姆县一个叫华盛顿的地方建设重要生产线。桑德兰市政当局不仅承建了厂房,给予这块场地免受“绿带”政策的规划限制,并帮助项目融资,还改善了当地的高速公路,用以开展“及时制”的物流,清除了一个大型足球场开发带来的威胁(这会扰乱交通),并配置了430多英亩的额外土地,由该公司开发成私人工业园(同上:333)。此外,还在附近的泰恩河畔建造了一个大型私人港口,有专门通往尼桑的公路,方便汽车出口到欧洲市场。

水是全球地方化网络空间定制的一个因素

在确保该地区获得进一步外来投资的战略中,对建成空间和网络化基础设施进行类似的定制是很常见的。该地区丰富而优质的水源来自欧洲最大的人工湖基尔德湖,这也是20世纪90年代初引进富士通微芯片制造厂的主要卖点。随着英国其他地区开始出现缺水现象,该地区,特别是化工和石油化工集中的蒂赛德大都市区,直接瞄准了重度用水行业。现在该地区水务服务与交通和建成空间一起被量身定制,还打着“蒂赛德:工业用水首选”的旗号。

但是,由于英国早期对用水大户的自由化竞争,这种为外来投资者定制水务服务以满足其需求的情况,使这件事变得更加复杂。水务公司开始在彼此的领域内展开竞争,就像能源和电信业一样。用水大户也在积极探索方法,通过定制自己的基础设施来降低成本,改善服务。例如,大型医院正在发展自己的私人供水服务,并得到Enviro-Logic等专业公司的支持(Stedman,1999)。许多医院,包括伦敦的三四十家大型医院和一些大型制药厂,都在探讨自己打井的可能性,想完全绕过城市和区域的供水基础设施。

东亚和东南亚的定制化基础设施、制造业投资和超级城市化

我们的最后一个例子在中国东部沿海地区和以新加坡为中心的

所谓“增长三角”（SiJoRi）。那里正处于前所未有的城市化进程中，其中大部分是由国际制造业资本的爆炸性迁入所导致的。这两个地区都有力地证明，以制造业为导向的城市化越来越以生产精心定制的全球地方化基础设施配套为中心。下面我们直接讨论中国的情况；专栏 7.5 将讨论“增长三角”的情况。

专栏 7.5　全球地方化基础设施投资和新加坡-柔佛-廖内“增长三角”爆炸性城市化发展

新加坡-柔佛-廖内“增长三角”体现了分布不均、精心定制的基础设施配套在促进东南亚和东亚制造业增长及更广泛的城市化进程中的作用（图 7.12）。在这里，新加坡政府明确利用有针对性的基础设施投资，在其周边的马来西亚和印度尼西亚的相邻地区建设一个制造业增长区，打造一个分工精细的跨境城市区域。（Yung，1999；Parsonage，1992）。

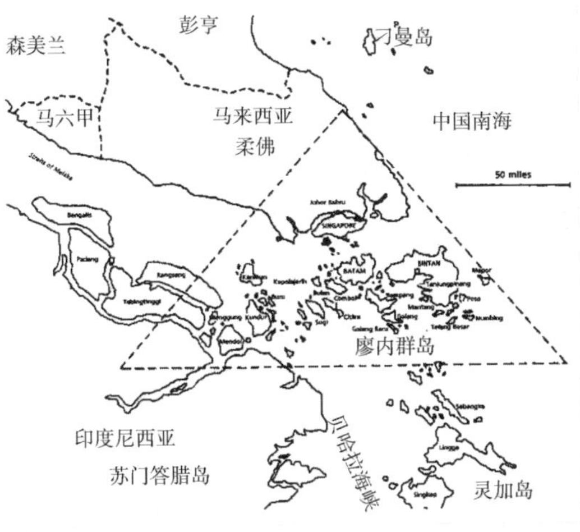

图 7.12　新加坡-柔佛-廖内“增长三角”。资料来源：帕森尼奇（1992：308）

新加坡-柔佛-廖内“增长三角”是新加坡主导的区域化劳动力分工模式

为配合投资更全面地转向东盟贸易集团，新加坡通过说服马来西亚和印度尼西亚等国放宽投资限制，让它的资本源源涌入这些周边国家，对这些国家丰富和廉价的土地和劳动力进行开发利用。新的干线公路、机场、铁路和轮渡正在建设之中，将新加坡与新的区域腹地连接起来。供水系统的连接也正在加强。贸易和海关限制被取消。在机场和陆地边境建立特殊的快速通道移民系统，让经常出差的商务旅客可以使用智能卡无缝出入国际边境。新加坡还合作培训专业技术工人。

然而，最重要的是，投资也从新加坡和其他地方转移到了马来西亚柔佛州，以及印度尼西亚廖内群岛的巴淡岛和民丹岛上的旗舰制造业飞地，每个飞地都配备了必要的全球地方化基础设施连接。格伦迪-瓦尔(Grundy-Warr)等人认为：“这些投资飞地中的每一个都与新加坡经济建立了联系，同时最大限度地减少了对印尼大环境的依赖。例如，直接连接到新加坡最先进的电信基础设施，完全绕过了印尼劣质的电信基础设施。因此，从飞地越过国界到新加坡的电话被归类为本地，而飞地墙外的电话则被归类为国际。”(同上：317)

柔佛和廖内群岛都在以多核模式迅速城市化，其特点是向制造业、休闲、旅游和豪华住宅投资，在这些重要节点提供全球地方化基础设施配套(Van Grunsven，1998)。新加坡工程公司在更大范围内参与新业务和技术领域的活动，“展示了它们在为跨国制造业资本建设基础设施方面的专长”(Parsonage，1992：312)。例如，位于廖内群岛的巴淡园区包含500公顷的工厂和可容纳8 000名工人的宿舍，并与新加坡这一枢纽建立了高质量的水、能源、电信和交通连接，完全越过了周边地区的基础设施(同上:312)。印度尼西亚非常强调自己通过这些发展来“利用新加坡的基础设施、专业知识以及与跨国公司的联系”这一方面的能力，特别重视电信连接(同上:313)。“电信和其他基础设施的提供长期以来一直是投资印度尼西亚的一个问题，而新加坡[基础设施资本]的参与则成为印度尼西亚廖内群岛吸引投资的主要因素。”(Parsonage，1992:313)

巴淡岛:支离的隔离空间

像飞利浦这样的跨国公司，在新加坡设有公司总部和研发中心，但它们在巴淡岛占据了日常生产的空间，因为在新加坡几乎找不到土地和劳动力来进行生产。这类工业园区正在与大型度假村综合体相结合，如民丹岛的超大型度假村中有20家酒店和公寓综合体、1个高尔夫球场和游艇码头，由一家印尼和新加坡合资的企业开发(同上:313)。

总之，对大量涌入的移民来说，巴淡岛和民丹岛正在成为“聚居区分化严重的地方，一边是人口稀少的高级住宅，有的高级住宅甚至已弃之不用；一边是棚户区”(Grundy-Warr *et al.*，1999:323)。当局为了吸引新加坡的资本和游客，经常清理这些棚户区。

“小巷小财富，大巷大财富，高速公路保快速致富”:中国的珠江三角洲

在中国东部沿海地区正在进行着可以说是地球上有史以来最牛的城市化进程，珠江三角洲就是中国所有快速城市化地区中最壮观的例子。它最终将达到3 400万人口，并以每年500平方千米的速度增长，相当于巴黎的2倍(Koolhaas，1998b，183)(见图7.13)。

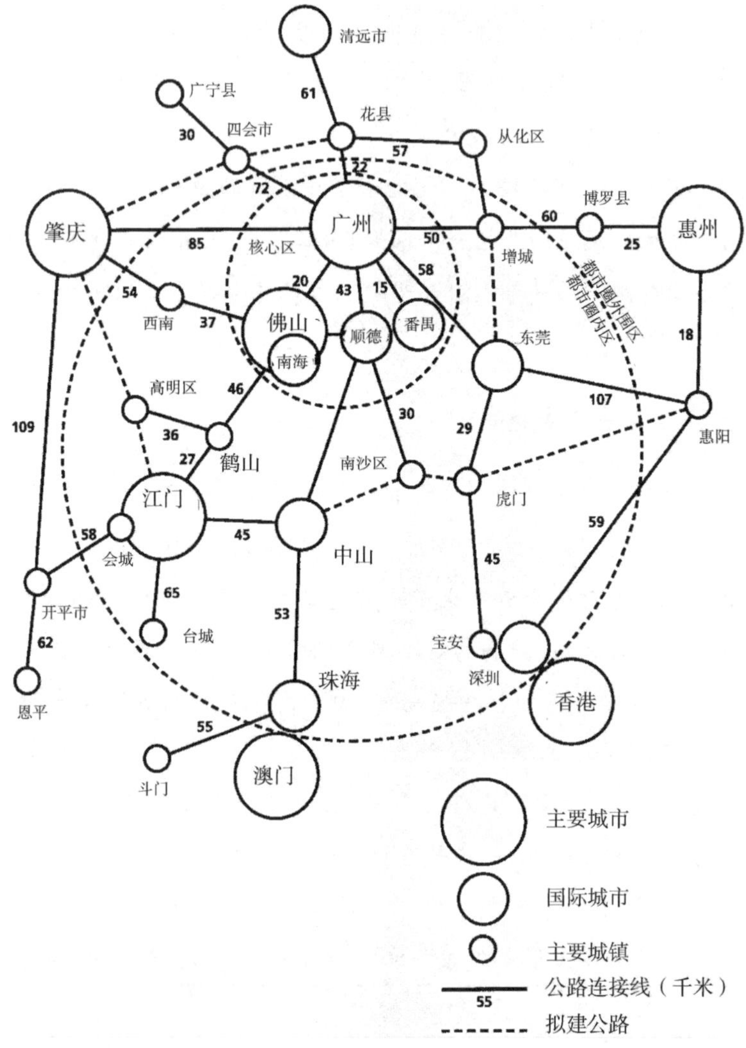

图 7.13　珠江三角洲大都市连绵区。资料来源：吴(1994:332)

这种“超级城市化”(Wu，1998)反映了社区基础设施规划由发展主义这一传统向地方乡镇企业家精神的转变，并由这种转变所推动。地方乡镇企业在新成立的实力强大的市政当局领导下，与国际基础设施和咨询公司、房地产开发商合作(Zhang，1996)。通过合资企业，及其雄心勃勃的努力，地方乡镇企业将其空间纳入以出口为导向的大规模城市化和现代化进程中。市政当局正在努力确保高质量的能源、交通和通信基础设施。如果它们要成为中国多中心城市地理中受青睐的区域,这些是必不可少的。

在激烈的城市和城市间竞争的影响下,市政当局针对符合本地和国际资本需求的样板基础设施项目进行了大量的地方投资。这项投资包括主要机场(仅在珠江三角洲就有22个)(Eng,1996:558)、高速收费公路、卫星地面站、电力基础设施、港口、地铁和轻轨网络以及新的水坝和水管理系统。在1981年至1990年间,"南海市政府在基础设施项目上投资了12亿元人民币(约合1.5亿美元),修建了约300千米的道路,20座新桥,4座发电厂和1座容量超过30 000线的进口电话系统"(Eng,1996:558)。这种理念体现在青岛市一位市政官员的话中:"要致富,先修路。小巷小财富,大巷大财富,高速公路保快速致富。"(引自Zhang,1996:100)

在中国,像珠江三角洲大都市和上海上游的长江经济带这样的松散型空间,正以每年20%的惊人速度增长。散落在各地的城市、商业和科技园区、金融中心、度假区(新入驻的业主)、先富起来的那部分人的门禁式住房和休闲空间,都被锃亮的新基础设施网络不均衡地连接在一起。"最先进的配套设施是用来满足外国人投资和消费需求的,而这些配套设施在很大程度上也被富裕的当地人所使用。"(Eng,1996:555)

由此产生的城市景观是相互脱节、广泛分散的开发区。这种开发区更多是以基础设施连接为导向,而不是以周边环境为导向。"目前,市政当局正在把大量的精力投入到开发区的选址清理工作中。"(Wu,1996:660)这反映了通过广泛使用开发区飞地的特殊政策和土地优惠来引导发展方向(特别工业区、科技区、免税区、特别开发区、富人住宅飞地等)的思路。

这样的空间是专门为外资、外籍人士和本地新贵打造的。例如,上海市政府急于建设一个具有全球影响力的新金融中心，已经投资了30多亿美元用于建设新的基础设施——桥梁、隧道、道路和地铁、电力和电信网络——专门针对黄浦江东岸的浦东新区。浦东是世界上最大的建设项目，总投资800亿美元（Wu，1998：154）。随着150座摩天大楼从老城区灰色的地面和烟雾缭绕的工厂中拔地而起，浦东新区将这块价值4.6亿美元的世界金融中心收入囊中——该金融中心本身堪称一个小型城市，包括了酒店、艺术馆、健身中心、购物中心、餐厅、写字楼和金融交易场所（Tan and Low，1998：145）。与此同时，该市正在努力将自己打造成全球光纤网络和中国快速发展的电信基础设施之间的关键连接点（见插图8）。

大都市连绵区和非城市[①]：超越功能性的整体

总的来说，正如基瓦尼和帕萨（Keivani and Parsa，1999：14）所指出的，这些发展过程的结果是扩展了多中心增长走廊的区域格局。这些走廊错综复杂，相互联系但又高度不平衡。这种新的城市形态，被皮珀·高巴茨（Piper Gaubatz）称为"大国际城市"，如图7.14（1999：265）所示。在这种类型的城市中，"关系上的联结更多是横向的，而不是纵向的"（同上）。在雷姆·库哈斯看来，这些令人震惊的新城市空间意味着：

> 我们面对的是一个新的城市系统。它永远不会成为一个可识别的城市——每个部分既与其他部分竞争，又与其他部分相连。现在，这些部分被基础设施拼接在一起，使每一个部分都被

---

① 芒福德对现代城市规则中充斥的种种形式主义的表现予以了坚决的批判，把那些不考虑社会需求的城市布局称为"非城市"（Non-City），这样的规划也因此被称为"非规划"（Non-Plan）。他明确地提出了"城市的最好运作方式是关心人、陶冶人"这一崇高的思想命题。——译者注

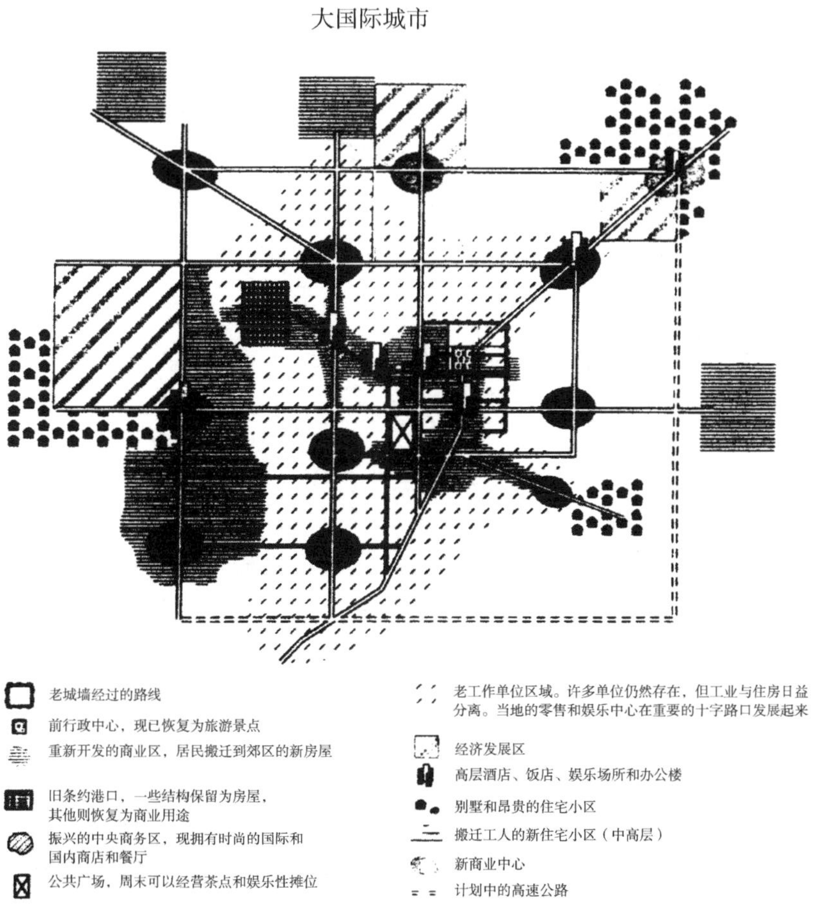

图 7.14　中国东部沿海网络化大都市中新兴城市形态示意图。资料来源：高巴茨(1999:265)

连接在一起，但又不构成一个整体……在这种模式下，原本是起着增强整体功能作用的基础设施越来越具有竞争性和局部性。它们不再假装创造出功能性的整体，而是从功能实体中剥离出来。新的基础设施创造的不再是网络或有机体，而是飞地、支离和困境。

(1998b:188)

中国城市化政策的核心重点是为蓬勃发展的制造业产业带、高收入住房区、度假区、休闲购物区和经济特区克服基础设施的瓶颈和可靠性问题。张(Zhang)概述了山东省的市政府管员是如何将市属土地出让给外国开发商，主要用于对“城市中新开辟的高新技术产业园区的基础设施改善和建设”进行投资(这个空间之前是被强行疏散的农村农民的空间)(1996:102)。同时，青岛正在建设一个经济技术开发区和一个免税区(保税区)、一个低税率的高科技产业园区和一个国家级的旅游度假区，这些都是由市政府出资建设的最先进的基础设施配置(Zhang,1996:107)。

边缘化群体和空间:从弱势到真正的弱势

但是，这些基础设施的配置只是为了满足强者的需求和空间，新兴城市景观中的低收入和贫困空间的服务仍然很差。基础设施的收费标准不断提高，新的项目如高速公路(如香港与广州之间的合和公路)往往要收费，以便快速偿还建设过程中的债务，利润由市政当局和外国投资者共享(Wu,1998:76)。现在，一个完整的收费公路网正计划将整个珠江三角洲地区的收费公路串联起来。

与此同时，集体提供的道路、水、电、通信等基础设施得到基本改善。但这些公共物品远远落后于私人和市镇为精英门禁式住宅和飞地空间配置的连接(Eng,1996)。在新的背景下，“弱势群体已经成为真正的弱势群体”(Wu,1996:661;原文强调)。但有迹象表明，社会对这一策略的抵抗正在增长:“有人质疑把本区域最好的商业区让给外国人是否明智。”(Zhang,1996:103)

全球外围区域的后台办公空间与数据处理飞地

除了主要的全球城市核心区，或企业创新的高技术中心，我们的第六个例子表明，在卡斯特尔(1996)所说的网络社会的可变几何结构中，其他的城市景观正在被创造出来，或被重新配置，以发挥其应有的作用。这些景观就是那些出现在北方国家拥有廉价劳动力的外围城市(桑德兰、纽卡斯尔、密尔沃基)，以及南方国家新建数字飞地(牙买加、墨西哥、菲律宾)的日常电子交易、通信和商务空间、后台办公室、呼叫中心和电子商务空间(参见 Bristow *et al.*, 2000；Freeman, 2000)。

这类空间可能与更大的大都市周边经济结构严重脱节。毕竟，这种空间的唯一产出往往是数字流和公司计算机网络上流向远方和市场的语音、数据与交易流量。一个将开发项目和远方市场连接起来的光纤门户或卫星链路，从字面意义上说，就可以将后台办公室或呼叫中心与世界其他地区的基本经济关系连接起来。因此，远程办公室可以“电子集成”，作为“虚拟单一站点”与远方无缝对接运行，并在这一过程中与它们碰巧所在的城市脱钩(Richardson and Marshall, 1996；Dabinett and Graham, 1994)；对消费者来说，不受距离限制的电话资费，加上免费电话服务，强化了这种变动。建设集电话、数据和数据库交易为一体的先进企业网络也一样。因此，后台办公空间往往非常有力地体现了支离的城市中全球地方化经济发展的逻辑。

这里我们大致探讨一下两种类型的后台办公空间：北方老工业城市的后台办公空间和发展中世界部分地区出现的数据处理飞地。

将老工业城市改造为后台办公空间

在北方许多老工业城市中，维持其经济结构的传统重工业崩溃之后，这些城市的发展机构致力于循环使用多余的工业空间，将其作为呼叫中心和后台办公室的新商业园区(Richardson, 1994；Richardson and Marshall, 1996)。这类园区和空间正在以定制的方式满足数据处理、电话营销和消费者服务行业的需求。这些行业通过强大的电信网络向远方市场提供服务，并与复杂的客户数据库相连。

这种所谓的“去中介化”实际上意味着消费者和服务提供者不再需要位于同一地点（OTA，1995）。相反，在呼叫中心所在城市的各个地区和它们所服务的区域、国家和国际市场之间的电子连接是定制的。因此，分布在各城市和区域的银行、保险事务所、旅行社和其他消费者服务网点的办公地点正在逐步取消，取而代之的是数量较少，但规模较大的呼叫中心和后台办公室。这些中心和办公室集中在老工业城市中一些经过精心设计的地区。例如，密尔沃基市正通过组建后台办公室来发展第三方在线和零售交易这一专业领域的第三方处理专业。

英国周边地区的后台办公空间

在北美洲以外任何地方的呼叫中心的发展都没有像在英国那样迅速。1997 年，英国有 20 多万人在呼叫中心工作（占欧洲呼叫中心从业人员总人数的 45%）；预计到 2005 年，随着越来越多的消费者服务开始通过电话和不断增长的互联网提供，在英国预计有 5%的工作人口将在呼叫中心工作（Bristow *et al.*，2000）。这些中心绝大多数位于英国北部和西部日益衰落的工业城市。这些地方因其精心设计的地方宣传和包装，较低的劳动力成本、住宿费用、劳动力流动率，以及功能强大的定制化电子基础设施而受到青睐。

发展机构会根据外来投资者的准确需求，精心定制后台办公空间。与当地学院合作提供呼叫中心工作方面的具体培训，向房地产开发商提供补助金和贷款，以建造量身定制的呼叫中心大楼（同时提供大面积的楼层和采用最新技术的能力）。鼓励电信运营商提供最先进的连接，强调场所出口导向所需的全球地方化配置。通过综合利用景观设计、城市设计、闭路电视和安保措施，控制来自周边大都市不受欢迎的入侵。道路连接处的配置尽可能满足工人的通勤模式。在英格兰东北部的主要城市中，有两个特别好的例子可以说明呼叫中心如何促进了城市景观的支离(见专栏 7.6)。

专栏 7.6　英格兰东北部呼叫中心飞地的定制：纽卡斯尔商业园和多克斯福德国际商业园

纽卡斯尔和桑德兰这两个老牌工业城市都面临着传统造船业和机械行业的倒闭。这两个城市的发展机构都致力于在行业倒闭后空出来的河畔地区设立呼叫中心飞地。

纽卡斯尔商业园

纽卡斯尔商业园毗邻该市最贫穷的地区之一。尤其值得注意的是，它支持呼叫中心与远方市场的联系，同时实际上与周边地区的关系断绝了。该园有 5 000 名员工。由三家电信公司提供专用光纤网络支持着英国航空公司、AA 保险公司和 IBM 的主要呼叫中心，从而使它们能够无缝连接到各自的电子世界，即横跨全球的“虚拟同一办公室”：呼叫管理中心、客户支持、电话销售、旅行预订和电子交易。

与此同时，由于该园与英国一个最贫困和最污名化的内城区隔着一条干线公路，因此，在保护园区和过滤周围城市环境中付出了巨大的努力。当初提出大规模开发的想法时，人们认为大公司不太可能在纽卡斯尔最贫穷的地区开设新的办公室，即使有补助金和租金补贴的承诺，当地的犯罪率也是一个公共关系问题。解决方案被认为是一种“要塞防守式”的方法，包括防御性的景观设计、3 米高的尖顶围栏、先进的闭路电视系统、私人保安以及高度限制的道路和行人通道，使园区与周围的居民区隔绝。商业园借此以高度的安全性来吸引客户。

多克斯福德国际商业园

桑德兰市边缘东南13英里处有一个更大的呼叫中心飞地——多克斯福德国际商业园——正在开发中(见插图17)。开发商再次尝试为呼叫中心的投资者提供密集的全球地方化连接(以最先进的电信链路的形式),并有意识地过滤和破坏与当地的连接(闭路电视、景观设计、私人保安、围栏、城市设计),以此配置空间。但本案例中,全球连接的性能通过发展电信港得到了加强。电信港作为一个主要的电信枢纽中心,其目的是将多克斯福德的呼叫中心与远方的市场连接起来(而不是为城市的其他地方服务)。英国电信公司(BT)和英国大东电报公司的专用光纤连接将所有建筑物与国内和国际网络以及拟建的卫星地面站连接起来。1990年,该地块被指定为创业区,允许投资者对所有投资享受10年免税期,并提高了规划法规的灵活性,进一步推动了该地块的发展。这些吸引力使多克斯福德被开发成伦敦电力公司、巴克莱电话购物公司、One-2-One移动电话服务、国家彩票公司和耐克体育用品英国公司的呼叫中心所在地。

插图17 位于桑德兰郊区的多克斯福德国际商业园被配置为呼叫中心和后台办公室。资料来源:Twed公司(1999)

走向全球外包

发展中国家的后台飞地

为支持后台办公和呼叫中心的需要而争相配置空间现在已成为全球性现象(参见 Sussman and Lent,1998)。整个发展中国家和新兴工业化世界的城市和国家政府正在与北方的外围空间直接竞争,以吸引高度流动的后台办公和呼叫中心职能部门入驻。这些城市中正在出现一支全球性的跨国外包劳动力大军,他们以按键次数计酬(通常是每小时最低 10 000 次按键数),受严格的工作场所纪律约束,向远方的市场和组织提供即时服务(Freeman,2000;Wilson,1998)。

在航空订票、保险、数据处理、动画、软件开发、远程诊断、语言翻译、校对、计算机辅助设计(CAD)、电话营销、物流管理、金融服务、商业信息服务和数据库管理等行业中,世界各地的后台飞地与专用的高质量电信(通常是在周围基础设施和接入条件非常差的海洋中有连接性能的岛屿)的连接,形成了无缝集成的全球流。而且,正如班尼斯特(Bannister)所说,随着电信技术的改进,这种现象可能会大大增加。他认为:"一旦视频信号的传输和切换成为可能,不至于使网络负荷过重,将为发展中国家带来一系列新的机会。如世界银行甚至提出了在非洲监控美国购物中心的安全摄像头的想法。"(1994:1)现在,预期会在主要跨国路线上出现"带宽过剩"意味着这种基于视频的后台办公是一个现实的前景。

后台飞地发展的一个显著特点是利用时差建立无缝的工作关系,最大限度地提高管理和利用空间分工的效率。马克·威尔逊(Mark Wilson)以俄亥俄州一家软件公司为例。该公司最大限度地利用了全球联网的后台办公室:

> 软件代码在美国中西部开始一天的工作。在一天结束时，软件代码被电子传送到夏威夷的分厂，在那里又要进行6个小时的劳动处理。夏威夷的太阳落山时，这些工作又会被传送到班加罗尔(印度)的另一个分厂进行一天的工作，然后在黎明前返回俄亥俄州。在24小时内环游世界，完成了17个小时的工作。
>
> (Wilson，1998：41)

整个区域，特别是加勒比、印度、爱尔兰和菲律宾，由于有明显的机会将自己和自己的劳动力投入到这种瞬时的信息服务生产链中，其发展前景得到了极大的推动(Skinner，1998)。从世界经济边缘到核心区，电子连通的必要性显而易见："如果置身于电信网络之外，国家就会面临被留在世界体系边缘这一真实前景。"(Skinner，1998：64)"尖端高科技这一光鲜外表"也使得这些服务对发展中城市和国家的决策者特别有吸引力(同上：64)。

将城市后台飞地发展为信息处理港

然而，在这种城市和国家之间的竞争中，国际范围内空间限制的失灵与地方范围内新型空间壁垒的产生密切相关。一方面，电信链路被(不均匀地)用来消灭空间距离；另一方面，完成这种劳动所必需的后台飞地其精准的基础设施能力变得越来越重要。在发展中国家电信基础设施普遍非常落后的情况下。"网络并没有覆盖到全国各地；城市和农村的电信供应、质量和种类之间存在着巨大的差距。"(Chowdray，1998：261)此外，成本较高，竞争有限，网络可靠性也不强(这往往是建设后台网络时的一个关键问题)。

因此，在解决这些弱点时，后台飞地的开发人员做出了巨大的努力，以构建爱德华·斯金纳(Edward Skinner)所说的"用于呼叫信息处理的端口装置"，并精心定制了基础设施"与为北方城市经济服务的国际电信线路主干线”连接(1998:65)。先进的电信线路支持了地方附属公司的建设,用于控制和经营后台办公空间。正如牙买加数字港国际中心这个定制的飞地所表明的(专栏 7.7),虽然这里最大的精力集中在信息技术基础设施上,但电力、水和交通也得到了较好的改善。

专栏 7.7 发展中国家的后台办公飞地:牙买加数字港新方案

牙买加数字港(JDI)成为促使该国摆脱以旅游业为主这种脆弱的经济结构、发展经济多样化的一个典型例子。它在后台办公空间,通过提供定制专用基础设施和服务,为北方市场提供服务(参见 Wilson,1998;http://www.jadigiport.com/ main1.html)。数字港是在人们认识到“如果满足某些基础设施的要求,不断扩大的数据处理行业可以为牙买加的发展做出重大贡献”(宣传网站)之后发展起来的。在牙买加 1 万个后台工作岗位中,数字港也贡献了自己的一份力量(Skinner,1998:67)。

位于蒙特哥湾自由贸易区内的数字港空间有专门的港口设施、货运代理服务、高质量的学校、办公场所、训练有素的人员、医疗服务和水电设施。对利润不征税,也不征收进出口税(Skinner,1998:72)。劳动力的成本很低——按 1991 年的费率计算,每小时 0.34 美元——并且讲英语。工资按点击率计算,以提高生产率。

牙买加数字港和电子劳动力整合

但真正使其有别于周围空间的是数字港的电信基础设施。配备了应急电源的专用卫星地面站,为常驻当地的公司提供了与 200 多个国家进行高速通信和信息处理的连接,远远超过了岛内其他地方。斯金纳指出,“JDI 处理的语音、文字和数据被传送到非洲治海的卫星上,然后再传送到美国、加拿大和英国的客户”(1998:71),这是电子劳动力整合的有力例证。

美国电报电话公司和英国大东电报公司联合开发的电信设施还将数字港飞地与全球光纤网络直接连接起来。该地块的地理限制使JDI不再需要投资昂贵的技术平台(宣传网站)。飞地内还成立了一家专门的公司来管理电信服务,为满足驻地出口型企业客户的数据处理需求而设计。费率保持在极低的水平,“实际上,几乎所有美国电报电话公司各种类型的服务都远远低于国际价格……而飞地外的运营商就必须使用更昂贵的牙买加电信公司的服务了”(Skinner,1998:71—72)。这里的网络可靠性保证为99.95%,再加上劳动力成本低、更替率低,业务成本大约是美国的40%。

数据输入、电话营销和信息处理活动在数字港飞地的使用中占主导地位。美国市场的数据录入任务可以在不到24小时的时间内完成。电话营销可以直接针对美国市场,不受时区影响。到1992年,有3 000名牙买加人在数字港就业;目标就业人数是3万人(同上:72)。

物流飞地、出口加工区、枢纽港口和电子商务空间

我们最后接触到的新兴城市经济景观中的地方基础设施空间是物流飞地。在这些空间里,各种交通方式之间的协调、管理和同步,以及配套的信息和能源交流,使商品、货物和人员在全球范围内的精准和快速运输成为可能(Rodrigue,1999)。在全球范围内,这种空间正在激增,这是由确保“连接经济”这一当务之急所驱动的(Rondinelli,2000)。这些都是企业在优质网络空间中运作时产生的效率。这种优质网络空间将虚拟和物理移动系统无缝连接,使各种形式的流动和交易在同一时间和空间内得到精确、灵活的协调。在伊斯特林看来,事实上,几乎所有的当代城市发展——交通枢纽、港口、机场、购

物中心、经济特许经营区——都可以被理解为组织物流过程的动态场所。她认为，“在当代美国，它们是生产空间的主要手段”，可以被看作是“一系列分配空间商品的特殊游戏”(1999b:113)。然而，她也指出，“这些空间的关键建筑并不显眼”，而是被编织在其延伸的技术和信息系统中，并且往往隐藏在基础设施网络中，“许多城市组织的真正力量……在于它们所分布的场所之间的关系。这些场所在物理上是断开的，但和远方相互影响——这些场所的参与，不是融合或一体化，而是协调”(同上)。

如果说强大的全球地方化基础设施的范围不断扩大，可以被视为相当于一组不断扩大的隧道效应，将远处的站点拉近关系，那么这些空间就是隧道的停靠点或互联点，如全球机场、主要海港、电信港、火车站、电子商务枢纽等。这些地方的开发商和管理者面临的挑战是，如何让全球航空客机、货运、电信链路或快速铁路网络的隧道过渡到下一个隧道或区域腹地内有价值的精选部分，尽可能地实现无缝体验。

在这样的背景下，“供应链管理正在成为企业议程上的首要任务”(Bachelor，1998:1)。随着高附加值和相对低重量的物流量——微芯片、科学仪器、媒体产品、技术设备——的生产技术向极不稳定的国际市场和生产技术的转变，现在的重点是将高度灵活的生产战略与物流能力相结合，在全球范围内从一系列物流飞地快速准确地交付货物(OTA，1995)。因此，物流飞地显然需要特许的、高质量的基础设施连接，特别是在交通和电信方面，强调与战略中心和配送中心的全球连接(Andersson and Batten，1988)。建筑师保罗·安德鲁认为，就开发商和规划者而言，“如何提高这种断裂的价值，这一问题打开了一个巨大的思考领域”。他说：

> 随着城市的不完美发展，一致性的丧失，这种交汇点构成了充满活力和新的可能性的活跃场所。这些土地上的项目比比皆是，不论是火车站、地铁、公交车、机场航站楼，还是它们的组合。对于城市来说，这样的交汇点提供了一个反思和改造自己的机会，一个设计新的组织模式和新的空间的机会。
>
> (1998:43)

通过利用最新的信息技术，并结合先进的物流管理技术(特别是及时制物流和零库存方法)，公路、铁路、海运和航空物流的主要配送中心(以及这些不同模式之间的关键连接流)正在成为小型城市。同时，它们有一种与周边空间去连接的趋势(Pawley，1997)。这样的空间和建筑，实际上是一站式商店，集中了服务能力，帮助引导和组织整个地球的贸易流动。它们“已经不再是一种投资，而是一个可扩展的容器，与一连串的网络相连”(Bosma，1998：12)。如果想要成功，它们需要高度集中能力强大、相互关联的基础设施网络。

在这里，我们讨论了四种最突出的物流空间类型：专门用于货运的多式联运物流飞地；出口加工区；客运机场和快速铁路站；以及远程通信端口和电子商务中心。

多式联运物流飞地：建设货运交换城市

蒂赛德机场是英格兰东北部的一个小规模机场，长期以来主要由少量包机旅客使用。然而，到了 2004 年，该机场被改造成一个占地 1 250 英亩、耗资 3 亿英镑的国际航空货运枢纽。该机场将配备完善的国际高速公路和铁路网络，并提供必要的税收优惠，使其成为国际货运集散的主要离岸地点(Nicholis，1999)。

由于现在全球 50%的贸易价值都是通过空运进行的，因此，世界各地正在建设一系列的专用空间，以处理和组织世界上迅速发展的航空贸易。盖辛(Gethin,1998:19)预测,下一个世纪,在各大洲的战略要点上将只看到几个航空货运超级枢纽。主要的物流节点提供快速货运服务,与及时制生产方式无缝衔接,并在空运、陆运和海运之间提供直接连接。正如伊斯特林所说:“新的机场城市和超级枢纽集中了全球或国内货物的多式联运中转和储存,并作为配送中心,帮助转移了一系列在铁路、公路、陆路和海路之间交换的城外交换点。”(1999b:120)例如,以美国为中心,主要的国际货运公司,如 FedEx、DHL 和 UPS,已经以全球枢纽和辐条的形式运营着自己的大规模多式联运物流中心网络,有时还利用货运机场。如 UPS 在其路易斯维尔基地有 1.3 万多名员工,是全球运营网络的中心枢纽,每年通过 500 架飞机向 200 多个国家和 600 个机场运送 31 亿件物品(OTA,1995:155;Rodrigue,1999)。这些地方实际上是“货运交换城市”,它们“正在州际公路和全球航空系统的关键节点上形成”(Easterling,1999:120)。

主要海港的去连接化

类似鹿特丹这样的主要海港也在逐渐与周围的腹地去连接化,努力成为全球的主要港口枢纽,将横跨大陆的公路、铁路和航空货运系统无缝对接到世界的主要海上通道上(Drewe and Janssen,1996)。这种信息技术密集型的集装箱港口现在正“转型为一种基本上无声无形的经营环境”,与邻近城市和内陆的关系越来越不稳定(Taverne,1998:85)。“一直作为港口的货物来源地或目的地的相应腹地,不再是其理所当然的服务对象。因为大陆两端的港口都在互相竞争,努力满足内陆地区的交通需求。”(McCalla,1999:248)这种脆弱的联系可能会变得更加不稳定,最近已经发展到“使用喷气船来保证在任何天气下都能按时交付国际货物,从而实现从休斯敦到吉隆坡的及时制造”(Mau,1999:204)。

大规模的新港口系统,加上最新的电子管理基础设施,并与主要的航运和内陆转运公司结成紧密的联盟,是主要港口试图展现其竞争实力的方式。其目标是成为海、陆、空多式联运之间的节点,实现无缝衔接,并且具有超成本效益。一些城市已经开发出了物流综合体以及支撑这些综合体的专业基础设施,其规模和复杂程度远远超过了蒂赛德的计划。如西雅图已经建立了一个专门的海空物流中心,现在组织了全世界 23% 的海空交通(Kasarda and Rondinelli,1998)。

全球转运站现象

但北卡罗来纳州的市政当局和开发机构开发了也许是最宏伟的项目——北卡罗来纳州全球转运站(Kasarda *et al.*,1996)。它将海运、公路、铁路和航空整合在一个 1.5 万英亩的综合体内(见图 7.15,http://www.ncgtp.com/)。其双远程机场跑道为世界上的货运飞机机队提供了 24 小时不间断的运输服务,可有效地将货物卸载到公路、铁路和海上交通机队。通过与选定的运营商签订服务协议,为跨国企业提供定制化的信息系统、电信网络、水和能源服务,以满足它们的最高要求。内部运营由专门的单轨、电子销售点、信息技术和后备电源系统支持。当地的税收优惠,进口关税减免。

全球转运站的最终目标是“通过最先进的通信、公用事业和交通基础设施与世界相连”(宣传网站)。开发者希望最终的结果是为制造业和国际分销提供一个“无缝的环境”(同上)。同理,开发商们又希望在世界经济热点地区开发出一个转运站网络。他们早已达成协议,要在菲律宾的苏比克湾地区、泰国和德国建设类似的设施(Kasarda *et al.*,1996:39)。

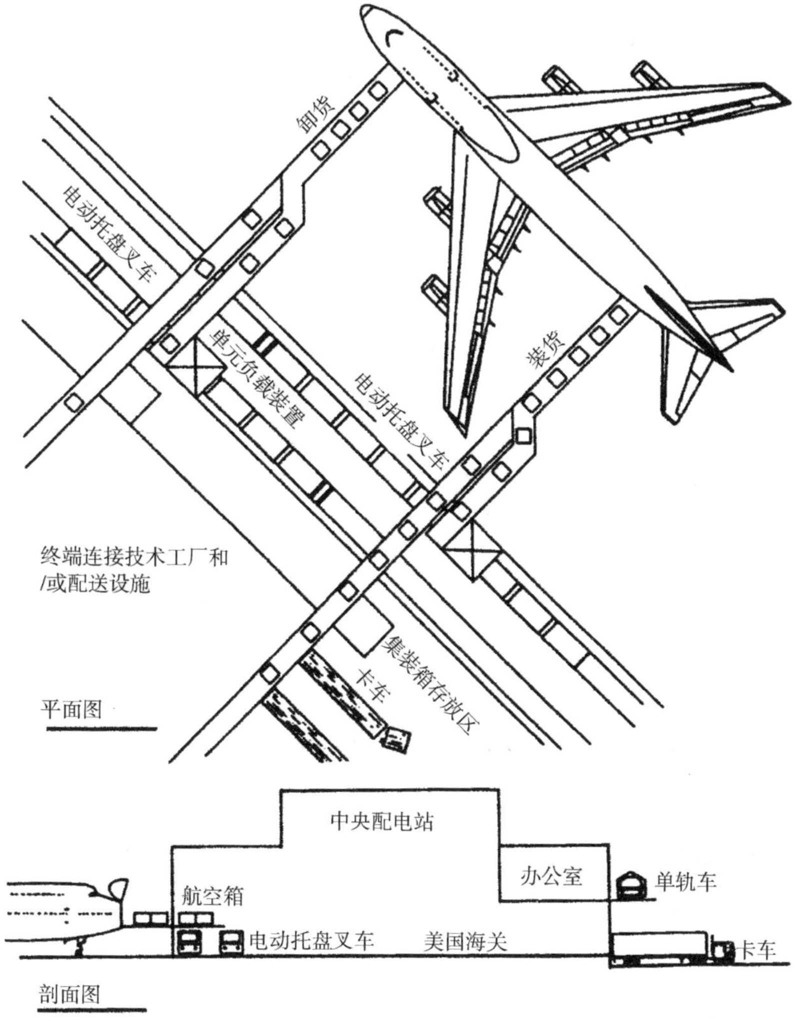

图 7.15　北卡罗来纳州全球转运站的网络化基础设施和交通方式之间的定制化互换。资料来源：卡萨尔达等(1996:38)

出口加工区与基础设施建设的迫切性

第三世界一直为第一世界而存在。

(Klein,1999:xvi)

正如凯西迪斯所说:“发达工业国家现代物流管理的迫切性对希望在这些市场中竞争的发展中国家提出了类似的要求。”(1993:13)第二类新兴的物流飞地,即出口加工区(EPZ)和自由贸易区(FTZ),长期以来一直是发展中城市和新兴工业化城市发展战略的支柱,反映了为实现这一目标而做出的努力。

出口加工区和自由贸易区

从本质上讲,出口加工区以其较低的税率和较少的管制,成为全球贸易和基础设施生产与加工的避风港。1999 年全球约有 850 个出口加工区,它们努力为城市和部分城市提供高质量的基础设施连接,使其立足于全球贸易和交易之中。出口加工区和自由贸易区也正在被发达国家的城市所采用,正如上述转运站的例子所表明的(参见 Lee,1999)。现在美国已有 30 个州建立了出口加工区(Chen,1995:587)。事实上,从自由港到本章其他地方所涉及的先进制造业空间和高技术中心,都存在着一整套出口导向型贸易空间的类型(见图 7.16)。

出口加工区的常规化生产:工作最终露出其残酷的本质

与外国直接投资用于制造业的定制空间一样,出口加工区的建设通常是为了将低成本、最低限度的规章制度和税收、充足的(廉价)劳动力供应与最佳的基础设施连接结合起来,使该空间能够融入全球贸易流动(Klein,1999)。正是在这样的空间里,远离了北方消费市场中企业标志和后现代风格的斗争,许多领先的跨国企业将他们转

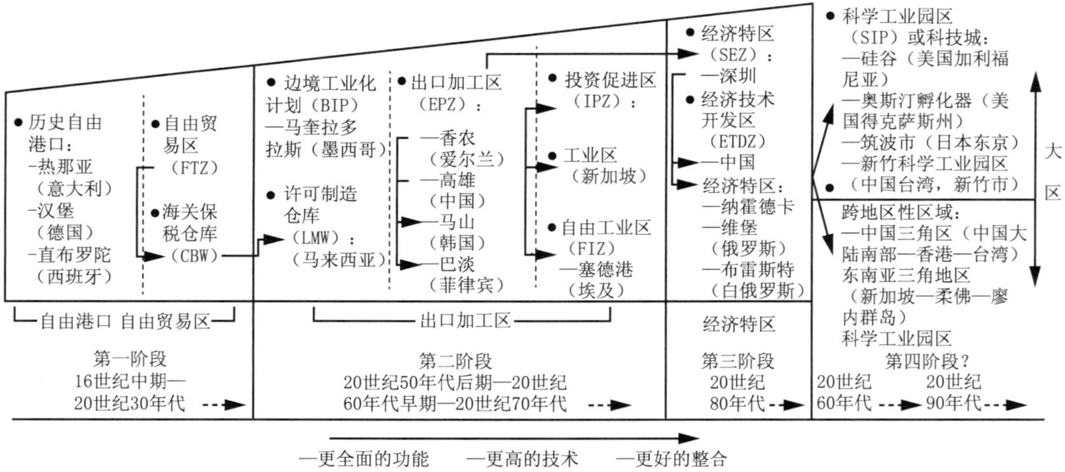

资料来源：根据王和楚(Wong and Chu,1984:14)的简单草图以及顾、魏和王(Gu,Wei and Wang,1993)的文本分类，对许多草图进行了补充和修改

注：

a. 垂直实线区分了自由贸易区的三种主要类型和广泛阶段，而垂直虚线则将FEZ的每种主要类型和广泛阶段中的变体加以区分。箭头指向形式和功能的影响方向。

b. 科学工业园区或科技城与自由贸易区的不同之处在于它们是连接技术与经济发展的独特城市地区，有时也称为技术中心（IC2 Institute，1990）。因此，SIP未被正式纳入分类方案，但代表了自由贸易区演进的潜在新阶段。

c. 跨国经济增长区与国家内部的自由贸易区不同，因为它们跨越边境地区。因此，它们也未被正式纳入分类方案。但是跨国经济增长区预示着不断发展的自由贸易区进入了新的阶段和变体（有关亚太地区多个跨国经济增长区的地理位置，见图2）。

图7.16　出口导向型贸易空间的类型。资料来源：陈(1995: 599)

包的生产工厂设在这里。在远东和中美洲那种远离的灰色棚子里，提供的"工作最终露出其残酷的本质"(Beckett,2000:17)。1999年，有2 700多万人，通常是未婚的年轻妇女，在"世界各地这种封闭的地方工作。税收、工会和规章制度以及当地政客的关注几乎无法触及这些地方"(同上)。在东南亚，"每年都有数百名工人被烧死，因为他们的宿舍就在这些血汗工厂的楼上"(Klein,1999:xvi)。

这样的空间象征着利用公司网络从空间隔离和地域分割中捞尽好处。纳奥米·克莱因(Naomi Klein)在马尼拉一家IBM公司的CDROM工厂里与一位17岁的女性交谈时，告诉这位女性，自己对她能掌握技术、制造出如此复杂的机器印象深刻。她回答说："我们制造电脑，但我们不知道如何操作电脑。"对这一点，克莱因进行了反思，并敦促我们去驳斥企业对全球化的迷信。这种迷信没完没了地重复着"地球村"和"世界崩溃"这类意识形态。她认为："我们的世界毕竟不是那么小的世界。"(1999:xvii)

虽然许多发展中城市和新兴工业化城市的基础设施薄弱，阻碍了全球贸易经营者的投资，但出口加工区的特许权和公共支持的基础设施成为让托运人、跨国公司和制造商做出跨国选址决定的一个重要因素。因此，出口加工区是物流飞地，其高水平的基础设施服务以及它与其他地方的连接，往往使它与周边城市或地区薄弱的基础设施形成鲜明对比，造成脱节(Brenes *et al.*,1997)。这在撒哈拉以南地区的出口加工型经济体中尤其明显。例如，1995年在加纳，国际电信基础设施仅限于为首都国际商业飞地中的少数几个关键企业提供极其昂贵的全球地方化连接：

> 与英国相连的只有10条14 400千兆比特/秒的租用线路，每条线路每月约为7 500美元。其中一条由银行间清算系统SWIFT使用，另一条由空中交通管制网SITA使用。到

> 1996 年初，首都的一个私人网络计算机系统主机有 140 个用户，每个用户每年支付 1 300 美元，相当于一名加纳记者一年的收入。
>
> (Mansell and Wehn，1998：106)

与周边城市相比，出口加工区的规划无一例外地强调基础设施的现代化程度和质量（当然还有较低的运营成本和灵活的现场劳动力）。例如，在上海港附近的新金桥出口加工区内，一个占地 20 平方千米的区域配备了一整套先进的特殊基础设施网络，吸引着外国资本和外国商人来到这里，有 50 万线容量的电话和光纤电网；1 个专用的卫星地面站；11 个专用变电站，并有备用电源；还有定制的水、气、路和公共交通连接。花园城市风格的现代化住宅和商业空间成为外国高管和商旅人士的生活空间，有严密的安全保障。

除了加强交通和基础设施的连接外，出口加工区还往往会提供与现代化飞地相适应的额外服务，如"24 小时保安、垃圾收集、维修系统，以及在紧急情况下由出口加工区管理部门的水井供水"(Brenes *et al.*，1997：61)。

为出行精英准备的本地连接：机场城市、快速铁路站和大都市

我们的第三种类型的物流飞地，国际枢纽机场或铁路码头，有着最鲜明的对比。一边是日益紧密的全球连接，一边是仔细筛选过滤的本地连接。这些是专门为组织和容纳全球物流而设计的定制空间。这些空间的设计和管理尤其是为了满足富裕的商务和休闲旅客的需求：每年有 6 亿左右的航空旅客到达；在美国上空，任何一个时间段里都有 30 万人在空中飞行(Urry，2000b：50)。借用德国哲学家彼得・斯洛特迪克(Peter Sloterdijk)的说法，雷姆・库哈斯将这些人称为"出行精英"(参见 Wolf，2000)。在配置自己以满足这些人的无

缝出行和轻松互联的需求时，机场和快速铁路站等全球网络空间开始与所在城市产生矛盾。

当代国际机场集中了一系列的设施和服务，其空间环境“类似于一个岛屿，只通过非常有选择性的专门交通系统与其他远方地区连接起来”(Ezechieli，1998：18)。由于它与全球航线网络更为紧密，而不是与周边城市空间更为紧密，正如弗里德曼所言：“今天的机场只与周围的环境有部分联系。它与其他机场直接联系在一起，由此连接上一个日益重要的网络。”(1999：14)对这一趋势经过反思后，汉斯·伊贝林斯(Hans Ibelings)认为：

> 飞地形成的过程在机场建筑中表现得最为明显。在世界各地，主要的机场已经发展成为复杂而多面的巨型结构，不仅为航站楼、码头和机库提供了比以往任何时候都多的空间，而且还容纳了越来越多的与航空无关的功能。在许多情况下，这些额外功能对机场营业额的贡献比和航空旅行直接相关的活动更大。
>
> (1998：78)

正如马库斯·黑塞(Markus Hesse)所指出的，新的物流节点和机场综合体向大都市周边地区倾斜的趋势，支持了更广泛的城市形态重组：

> 事实证明，新的交通概念就是新的地方概念。而当交通成为区域发展新的瓶颈因素时，那些承诺通行无阻的节点正在蓬勃发展。因此，城市结构正在发生变化——中心正在向外围游移，服务业也随之跟着转移。
>
> (1992：53)

在下面的内容中，我们将探讨一些示例。这些示例说明了大型机场是如何逐渐成为分离式优质网络空间的典范的。

为高端乘客绕过移民局检查

在第一个例子中，具有高度流动性的富裕商务旅客越来越多地可以绕过主要国际机场正常出入境和票务安排。他们可以借助复杂的建筑布局和科技系统设计在地面通勤与登机服务之间无缝快速对接，而这些复杂的建筑布局和科技系统的设计正是为了将机场内的乘机通道与地勤服务截然分开。(Virilio，1991：10)事实上，乘坐国际客机，“关闭舷窗，打开电影屏幕”，现在本身就可以被喻为“隧道中的旅行段”(Andreu，1998：59)。空中和地面体验的日益紧密结合意味着，这条隧道实际上可以通过机场延伸到高速公路或铁路连接处，满足人们尽可能少的延误和尽可能多的舒适度需求——那些被选中的，通常是有实力的人。

例如，在达成一项开创性的协议后，移民和归化局旅客加速服务系统(INSPASS)进入连接美国、荷兰、加拿大、德国及其他经合组织国家的主要机场，对频繁出行的商务旅客进行生物特征识别手部几何扫描。被选中的高级旅客会获得一张记录其手部几何特征的智能卡。过海关时，他们只需出示卡片，并将手放在读卡器中。读卡器可以核实他们的身份，并与国际数据库连接，这样他们就可以立即登机了(Banisar，1999)。1999 年，该计划有 7 万人加入，并且移民局已经计划将该系统推广到全球。当然，这样的系统也支持豪华机场休息室和设施等扩展性基础设施，而只有持特殊通行证的精英旅客才能使用(见图 7.17)。

地方旁路与主要消费和商业空间的无缝对接

第二，主要的国际枢纽机场越来越多地与所在城市的主要企业和消费空间无缝对接，因为许多企业和消费空间现在都倾向于在机

图 7.17　机场贵宾卡计划：付费制让你进入世界上每个国际机场的豪华休息室。

场周围聚集。“由于附近配置的办公室、银行、酒店、饭店、会议设施、赌场和购物中心，机场已经发展成为一个重要的经济中心，有时夸张到机场开始与它原本要为之服务的城市展开竞争。”(Ibelings，1998：80)正如加里·哈克(Gary Hack)所说：

> 许多城市正在开发的新商业中心，往往会刺激精英通道的建立，其中包括面向高收入群体的住房、娱乐用途和教育设施。几乎每个城市都有这样的新中心，而且往往位于城区机场附近。在圣地亚哥[智利]，这样的集群正沿阿美利哥韦斯普奇环城公路出现。在任仕达、史基浦机场附近的地区也开始出现这种现象。马尼拉的马卡蒂地区正在成为一个新的城市中心……这些新中心往往是该市通往国际经济的窗口，也是跨国公司地区总部的首选地点。
>
> (1997：8—9)

由于一些重要机场是在填海开垦出来的岛屿（大阪、香港）上开发的，它们表现出更大的趋势就是把用途和功能捆绑在一起，成为独立的全球商业城市。例如，雷姆·库哈斯工作室 OMA 提议在荷兰西海岸附近建造一个全新的空港城，以取代日趋拥挤的阿姆斯特丹史基浦机场。该岛特别适合作为频繁出行的商务旅客的住所，将包括欧洲最大的购物中心、海滩度假胜地、主题公园、科技园和精英住宅。“被大海包围，被桥梁连接，受宪章约束，机场-岛屿［概念］既有未来感，又像封建社会的一片领地。”（Wolf，2000：310）

主要的枢纽性机场开发商和运营商也在想方设法，要与远离大都市区域的有价值空间进行更为密切的无缝连接。这种无缝连接是通过三种方式实现的。首先，在许多情况下，沿途一路停靠前往机场的本地火车会被高级火车取代，后者将机场直接与重要的市区地点连接，而不会中途停靠。这样的本地绕行正在巴黎出现。法国国营铁路公司（SNCF）大大改善了鲁瓦西机场和市中心巴黎北站之间的直达服务，宣称其目的是防止犯罪分子在穷乡僻壤的地方登上挤满富裕游客和商务人士的火车，实施火车抢劫案。事实是，这是一个通过网络重新设计进行城市旁路的经典示例。当地火车的减少加剧了机场附近贫困郊区的孤立感，使得这些地方的居民特别难以获得机场周围创造的大量就业机会（Olivier Coutard，个人资料）。

第二，我们看到建设中的新旅客监视系统覆盖了重要的城市核心区和机场之间的关键交通环节。如 1997 年英国航空公司测试了一个智能卡系统，这个系统可以实时定位从伦敦维多利亚火车站进入盖特威克机场的旅客。“当时的想法是想要改善铁路交通系统和机场登机口通道的畅通性”，就此改善了机场与西区的无缝连接（Lyon，2000：20）。

最后，一些机场运营商走得更远，正在建设私人的专用铁路连接线，将乘客直接送到城市核心区和机场。与前几代的地下和地面铁路连接不同，这些铁路几乎是密闭的，几乎与所有的地方隔绝，将绕行逻辑深深嵌入设计和运营中。1998年1月开通的由私人开发的希思罗快线就是体现这种逻辑的一个很好的例子（见图7.18）。该项目由希思罗机场的运营商英国机场管理局开发，耗资4.5亿英镑。这条铁路提供了航空公司式的氛围，拥有头等舱空间（配有电视和电话）。它直接连接希思罗机场的四个航站楼和伦敦西区的帕丁顿站——相比地铁的一个多小时车程，它只需15分钟，而且每天运行24小时，每15分钟一班。机场和伦敦西区之间没有任何站点，完全绕过了中间的空间。车站的自动行李托运服务使航空旅客与机场无缝衔接（Spark，1998）。

机场与快速铁路网的整合

从长远来看，英国民航局希望通过将更多的远方商业飞地与希思罗机场无缝对接，扩大这种本地绕行的逻辑。他们的第一个目标是扩展到伦敦金融城，大力增加了伦敦金融城中心地带全球地方化的连通性。然后，他们希望将希思罗机场与日益壮大的欧洲火车网络（即TGV高速铁路网）连接起来（法兰克福机场和戴高乐机场已经实现了这一连接）。这反过来又成为一个更大项目中的一部分，即有选择地整合欧洲的全球地方化基础设施来支持经济一体化（参见Johnson and Turner，1997）。快速铁路和航空旅行日益互联互通，为航空和地面交通之间的有价值空间和旅客提供了越来越多的无缝换乘机会（综合票务、物主身份、营销和行李转运正在开发之中）。

实际上，欧洲的TGV高速铁路网和日本的快速铁路是我们的最后一个例子，用以说明超快速的全球地方化基础设施网络仅部分地反映了它们所经过的部分的城市景观和社会经济状况。正如约翰·怀特莱格（John Whitelegg）所说，这是因为：

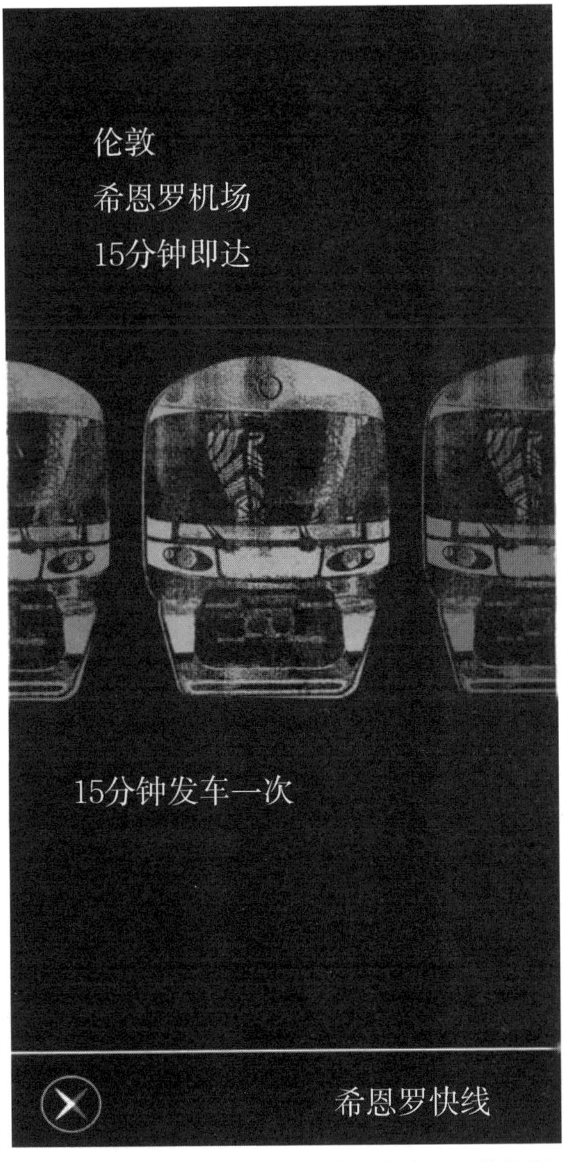

图 7.18 “将希思罗机场带到伦敦市中心”：希思罗机场快线（连接）是全球地方化绕行的一个很好的例子，计划直接与跨欧洲的高速 TGV 铁路网连接。

> 高速铁路的发展让它有更多的选择，可以从城市中挑选出一些受青睐的部分，在交通和投资方面赋予它们更多的优势。任何对空间经济的重新梳理都会产生这样的新投资热潮，不可避免地会让其他地方处境困顿。建设高速铁路对绝大多数妇女、年轻人、老年人、穷人和失业者来说，没有什么意义。
>
> (1993:10)

TGV 这类网络往往使用大量的公共补贴，只让少数城市的小部分人受益。主要受益者是网络中富裕的白人男性用户。这类网络支持了城市内部和城市之间空间经济的两极分化，因为相互交错的空间仍然没有联系，而且实际上可能会使交通的可及性越来越差（为了让快速列车运行，会减少地方和区域性火车）。

毫不奇怪，随着 TGV 的建设，空间经济会出现“拉伸”和“扭曲”现象，高度定制化的空间往往会在关键的连接节点出现。法国北部里尔市的欧洲里尔大楼也许是最好的例证，说明欧洲不断发展的快速铁路网络引发了相邻商业飞地的定制化（Newman and Thornley, 1995; Peizarat, 1997）。该项目位于铁路网的中心位置，是巴黎、伦敦和布鲁塞尔之间的“重心”所在（同上:248），占地 120 公顷的项目，已经配备了“所有必要的基础设施和新建住宅区。这类通信互换所需的基础设施和发展自然也就意味着”（同上:243）智能办公空间、TGV 车站、豪华商务和酒店住宿、专用电信、电力和水电基础设施以及后备设施和先进的技术控制。该空间的设计“考虑到了公司在整个欧洲范围顺利运作的所有基本要素”（同上:244）。

电子商务空间和支离的大都市

我们需要探索的最后一个物流区域是随着在线零售和电子商务在全世界爆炸性增长而不可避免地迅速发展的区域：数字连接的互

联网和电子交易设施。这类空间是对互联网流量和电子商务呈指数级增长做出的反应。预计在 21 世纪的前 10 年，这类空间在全球范围内每年都会翻番。这里出现了三种类型的空间。

位置，带宽，位置：光纤线路和城市电信酒店的定制

首先，互联网在某种程度上是“反空间”的（Mitchell，1995）。而与这种言论形成对比的是，为迅猛发展的电信业提供服务的安全设施纷纷涌现，这些安全设施集中于超高容量城际光纤干线的隐形终端。但为尽量减少建设成本，这些线路反而会铺设在公路或铁轨旁。图 7.19 显示的是通用电话与电子公司（GTE）运营的美国互联网干线网络的高带宽接入点，为众多互联网服务器集群和电子商务运营商提供了一套高容量的入网点。

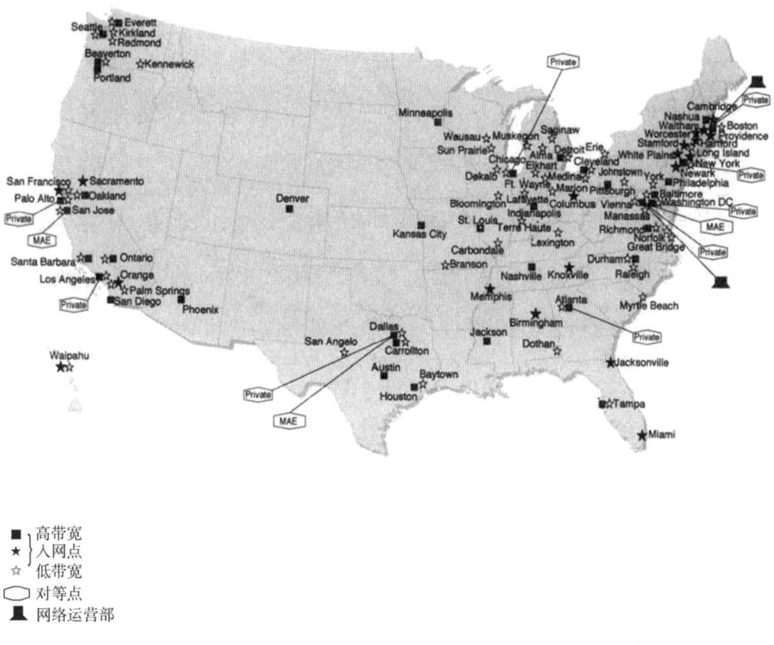

图 7.19　GTE 运营的美国互联网干线网络的高带宽接入点。资料来源：http://www.bbn.com

因为安全设施集中在这样的光纤入网点，全球主要城市核心区的边缘现在都配备了匿名、无窗的建筑物。这些建筑物是庞大且高度设防的空间，用于容纳正在蓬勃发展的商业互联网行业的计算机和电信设备。例如，Akamai 是世界上最大的 Web 服务器管理公司之一，运营着“业内最大、最具全球性的服务器网络，由多个运营商部署”。其最先进的服务器“农场”①位于世界主要全球城市中高度安全的建筑群中。这就提供了最接近用户的位置。这也是它能在因互联网拥堵、带宽瓶颈以及主要大都市区在全球电信容量中占据主导地位而导致网站交通繁忙的情况下，继续发挥重要作用的一个因素（参见 www.akamai.com）。

《纽约时报》(21 June，2000：4)认为，对这些公司而言，至关重要的是商务中心、光纤路线的访问以及物理交通工具的使用。与美国其他主要城市一样，许多电信酒店项目（即在新的或翻新的工厂和办公楼内，为多个竞争者提供电信交换和设备的中心）正在马萨诸塞州波士顿及其周边地区进行开发。这些地区为快速发展的互联网运营商、网络提供商以及电信和多媒体公司提供办公地点；它们聚集在该市主要光纤终端周围，如马萨诸塞州高速公路上的普惠中心。这反映了许多房地产提供商针对信息密集型用户提出的新口头禅：“位置，带宽，位置”(Evans，1999)，与工业时代略有不同。

对于入驻公司来说，所选建筑的物理特性（高天花板、高功率和备用电力供应）必须与光纤网络的节点位置相结合。“谁的光纤（以及何种类型的光纤）将是选址过程中的主要考虑因素。把一个完美的建筑建在错误的城市区域将是一场灾难。”(Bernet，2000：17)在疯狂地争相在合适的地点建造或翻修建筑物的过程中，纽约的一位经

---

① 即服务器集群。——译者注

纪人报告说:“如果你在光纤线路的顶端,这栋楼的价值会是原来的两倍。”(同上)

电子商务配送中心

以互联网或电话交易为媒介的电子商务广泛发展,并且以先进的物流系统为支撑,将货物配送到客户手中,这导致了第二种类型的全球地方化网络空间的激增。在这里,与其他地方的连接远比与当地城市景观的连接更为重要。事实上,在整个西方世界,日益衰落的仓库园区正逐渐被重建为虚拟仓库——靠近邮件和公路枢纽的自动化空间,这些空间被无缝连接到旨在服务于全国甚至整个欧洲大陆市场的国际销售商品的即时物流系统中。

据估计,2000 年至 2003 年间,仅美国就需要 6000 万平方英尺至 1 亿平方英尺的新仓库,这些仓库位于主要的配送中心,以满足企业对消费者(B2C)和企业对企业(B2B)电子商务公司的爆炸性需求(*New York Times*,14 June,2000:8)。这类空间通常都借助于现有 UPS 或 FedEx 中心运作。与其他数字经济综合体一样,不论是大型单租中心建筑还是多租户建筑,多条光纤环路、高容量电力基础设施和后备电源是电子商务仓储的必备条件。这种对电子商务的定制网络空间的需求似乎还将继续增长,据估计,到 2010 年,全球价值 60 万亿美元的 B2B 经济中,有 1/3 将经由内网和国际互联网通过电子商务仓储和物流系统组织起来,在网上经营(Lohse,2000:21)。

在欧洲,电子商务配送中心也在迅速发展。如位于英国东南部的斯洛镇,已经成为国内和国际电子商务配送中心。这个小镇上有英国版的亚马逊网——一家主要电子商务书商。随着互联网的大规模普及,虚拟商城和网上生活必需品购物日益成熟,电子商务急速发展。为虚拟售出商品提供隐蔽实际保障、存储及交易处理会成为更重要的城市空间。

最后,由于许多电子商务公司和企业对数据存储安全的迫切要求,各种外设、隔离和超安全空间正在配置中,用于远程容纳主要电子商务运营商的计算机和数据存储业务(这一过程被称为“主机托管”)。在此过程中出现了一些特点。第一个特点是各种各样的离岸小岛国(例如安圭拉和百慕大)将自身包装为免费网络区域(即 Web 服务器平台的安全位置),方便将企业税收在互联网监管中的脆弱性和运营成本降到最低。

此过程的第二个特点是电子商务企业家们对废弃的海上堡垒和石油钻井平台进行改造,试图完全脱离民族国家的管辖。如位于英格兰海岸 6 英里外一个废弃的二战防空堡垒自称为“海兰公国”。它被吹捧为企业网络服务器和电子商务平台的超安全空间。如果开发商的计划得以实现,该平台将摆脱所有国家和超国家机构的干预、税收和监管权力。它还将不受任何公司、压力集团或黑客的干扰,同时与世界上所有的数据中心保持 20 毫秒的高容量链接(Garfinkel,2000;参见 www.havenco.com)。加勒比地区一个更大的岛屿城邦——大洋洲项目——也在酝酿中,目的是建立一个不受管制的电子商务空间(参见 http://oceania.org/)。

但也许更离奇的是这一进程的第三个特点,即重建冷战时期的导弹发射场所,以提供最高的安全保障,预防电子和物理入侵的风险(D'Antonio,2000:26)。位于华盛顿州摩西湖的“泰坦”设施开发商正在利用旧的洲际弹道导弹发射和控制掩体,提供 16.6 万平方英尺(据说是地球上最可靠和安全)的数据存储空间。这些建筑都“防震、防火,即使最强大的龙卷风也不用惧怕。其 3 英尺厚的混凝土墙,用钢筋和铅加固,可以抵御像炸毁俄克拉荷马城的穆雷大楼那样大的卡车炸弹,或者 1/4 英里外的 10 兆吨的原子弹爆炸”(同上)。所有的基础设施都有备份，以保证不间断的供应。该空间的计算机与公共互联网分开，以威慑黑客；因为使用该空间的服务和制造公司被要求必须拥有私人内网，并提供最佳电子防火墙。

全球地方化基础设施之外的世界

基础设施的连接是优质网络化空间的特点。我们对优质网络化空间七个范围的探索现已完成。但是，正如我们在上一章中对支离的城市主义的社会景观讨论一样，如果不调查这些铮亮的全球地方化基础设施连接范围之外的城市世界的经济前景，那么分析就仍然是不完整的。当新的网络紧紧围绕着强大的经济行动者和富人的需求而进行配置时，这些城市中的低收入者和空间将面临怎样的经济命运？

从某种意义上说，这些多样的全球边缘地带面临着大致相似的前景，无论它们是发达城市和空间的社会技术和地理边缘地带，还是发展中的超大城市或城市地区的新兴边缘地带。日益孤立和分离的飞地就像珠子一样被串起，越过这些边缘地带，与延伸的群岛式基础设施节点和网络连接。

一般来说，新的地理或社会技术城市周边地区有两个选择。第一种选择是接受现代基础设施理想模式的遗留问题（往往是恶化的）。在发达的空间里，这通常意味着与标准服务基本而稳固的连接（尽管伴随着使用成本的上升、维护的恶化以及当地基础设施与新的地理飞地之间越来越大的差距）。而在许多最贫穷的发展中城市的外围空间，这可能意味着与任何网络化的基础设施几乎没有或完全没有正式的连接。即使有连接，接受现代理想模式的遗留问题，也可能意味着接受自由化、私有化和结构调整的影响，服务不断恶化，基本服务的收费也会提高。

第二种选择是采取行动，将自己和所处的空间从现代垄断性的基础设施网络中分离出来，借此获得更合适、更高质量或更可靠的连接。让我们从发展中世界和发达世界的情况出发，简要地看一下做出此种选择的例子。

战胜现代理想模式在发展中世界的失败：基础设施的自给自足

在发展中世界的城市，全球经济飞地基础设施投资越来越集中，而飞地以外的许多经济空间的基础设施前景仍然黯淡。联网服务（如果可用）往往不可靠且质量较差。电力短缺和停电是普遍现象。即使有水，水压也是不稳定的。道路通行不可预测。电话和电子连接经常中断。其结果是生产延迟、电子设备损坏以及商品易腐或产出损失——这些问题严重制约了国际化、网络化经济中经济增长和发展的前景（Kessides，1993b：10）。例如，一项关于电力短缺和中断对巴基斯坦经济造成影响的研究得出结论说，总的影响是制成品出口减少 4.2%，国内生产总值减少 1.8%（同上：10；参见 Lee *et al.*，1999）。

因此，现在普遍的做法是，大公司和小公司以及较富裕的家庭，通过发展自己的私人基础设施，将自己与当地遗留下来的现代基础设施理想模式分离开来。但这种选择的成本很高，效率也很低。例如，1993 年，在秘鲁利马，估计私人储水设施的成本是通过公用事业部门提供服务的 40—80 倍（Kessides，1993b：11）。1988 年，尼日利亚 92%的公司有自己的发电机。更为普遍的是，该国“私人提供的基础设施（发电机、井眼、人员和货物交通车辆以及无线电通信设备）占大公司机械和设备总成本的 15%，占小公司的 25%”（Kessides，1993b：12）。

自给自足所涉及的成本、效率低下问题严重损害了城市外围经济空间“参与国际贸易，甚至是传统出口商品的国际贸易”的前景（Kessides，1993b：13）。随着这种贸易越来越多地由复杂的信息和物流系统调控，而这些系统需要高质量、不间断的基础设施网络和电子系统才能运作，这种情况尤其突出。例如，由于尼日利亚外围城市的基础设施和公用事业系统较差，人们发现，这些城市无法为新的小公司提供重要的“苗床”。这是因为这类小公司往往位于主要城市空间附近，基础设施更可靠，更容易获得(同上)。

同时，在圣保罗，基本的基础设施连接正逐渐遍及整个城市。现在有88%的用户可以用上自来水。但是，在城市地区迅速扩大的非正式外围地区，自来水连接很少，而且不可靠。核心区的自来水网中密密麻麻地布满了自来水管，不至于出现缺水和中断；但在外围地区，充其量也就是“被冗余的供水子系统的外围分支覆盖着”(Silva，2000：11)。这样的网络“更容易受到缺水的影响”(同上)。同时，先进电信线路的分布“在城市结构中非常不平衡”，投资主要集中在面向国际的企业和社会经济精英的飞地(同上)。

超越数字鸿沟：北方不受欢迎空间的基础设施和经济发展

在北方发达城市的地理节点和飞地之外，基础设施的侵蚀和相对断连往往更为微妙。但相对而言，它们仍然是强大的，特别是当城市的基础设施逻辑开始支持旁路式配置，将城市内部和城市之间有价值的区域和空间相互连接起来，同时又将无价值空间推到更远的地方时。

因为希思罗机场快线，希思罗机场和伦敦西区与伦敦金融城之间的空间没有了连接，这就是一个典型的地方性旁路或隧道效应。它在物理上穿越了伦敦西区，但却没有任何入口。正如我们所看到的，类似的隧道效应逻辑的特点是快速铁路和火车、大城市区域内和之间的远程传输和全球光纤网。精心管理的道路连接、密集的电子监控实践以及防御性建筑和城市设计的趋势，进一步拉开了全球城市中有价值的城市中心与周围填隙性质的、低收入空间的差距(参见

Dear and Flusty,1998)。

宽带网络空间之外数字经济的前景

许多电信公司和服务提供商急于将当代城市支离的地理环境体现在他们的投资计划中。在投资宽带基础设施的计划中,他们只挑选最有利可图的商家和专职人员。1999 年,美国约有 86%的互联网传输能力集中在 20 个最大城市的繁华郊区和商业区(Lieberman,1999):

> 私营部门在高容量和高收入的地方建设宽带基础设施。在大多数社区,光纤环形圈都围绕在商业区周边。如果你在郊区或内城的贫困社区,就会有风险。更重要的是,那些花了多年时间建设基础设施的供应商不会再来填补那些服务不足的社区。这可能是一个精明的财务策略,但其社会影响也可能是破坏性的。
>
> (Lieberman,1999)

毫不夸张地说,带宽和连通性能是全球地方化组织电子商务的命脉。这会直接阻碍新的在线和电子商务型小企业在不太繁荣的外围城镇和边缘化内城空间进行竞争。原因很简单:"电话线容量太小了。"(Woodbury and Thompson,1999)

各行各业的许多小公司都面临着客户对他们越来越多的期望,即提供多媒体电子商务服务,而电子商务服务必须有宽带连接的支持。他们发现自己身处数字鸿沟不利的一端(Lieberman,1999)。电信倡导组织新西部中心主席菲利普·伯吉斯认为,富裕的飞地拥有多个宽带全球地方化的基础设施,其他空间则是破旧、过时、昂贵的电话系统。他认为这将"对许多社区的社会和经济结构产生可怕的影响”(引自 O'Malley,1999:22)。

图 7.20 显示了 1999 年马萨诸塞州波士顿市中心新兴网络公司在地理分布上的极度不均衡。互联网上大小企业的域名注册绝大多数集中在中央商务区、高档小区和绅士化的社区,如后湾区和南端,以及位于剑桥市的麻省理工学院和哈佛大学周边的高科技集群,所有这些地区都从数家相互竞争的宽带互联网提供商中受益。同时,像罗克斯伯里这种贫穷的非裔美国人社区,几乎完全没有电子商务和电子政务,而且也不在宽带互联网提供商的扩建计划之内。

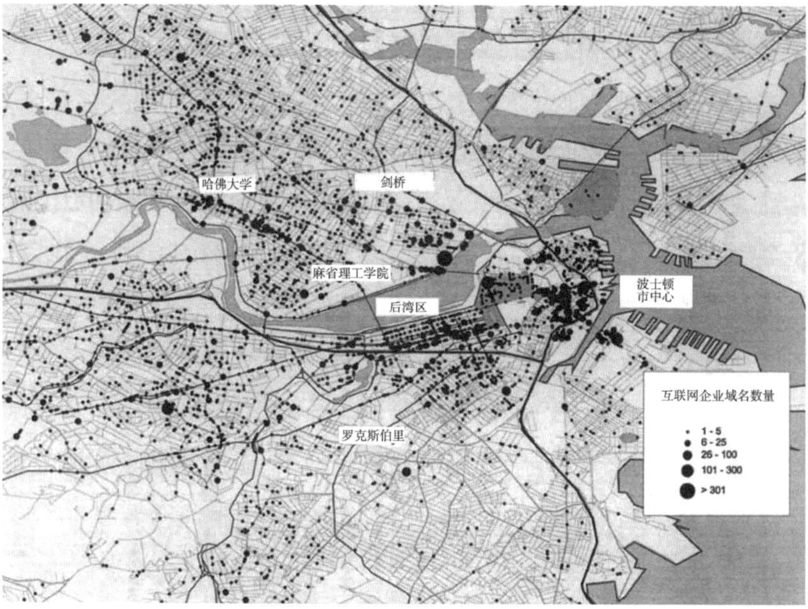

图 7.20　1999 年,马萨诸塞州波士顿市中心新兴网络公司的不均衡地理分布。资料来源:加州大学伯克利分校马修 · 祖克提供(个人资料);参见 http://socrates.berkeley.edu/～zook/pubs/acsp1998.html

结论

在所谓的发达、发展中和新兴工业化世界中,城市经济地理环境的变化似乎有一个大致相同的逻辑，那就是防御性日益增长、自给自足，以全球地方化连接为导向的飞地被社会和经济空间所包围，但似乎又与越来越多的社会和经济空间断连。在许多情况下，这种分离越来越突出和明显，因为围墙、城墙、栅栏、安全摄像机、公共和私人警察部队试图保护和管理这些边界，同时又维持着穿越这些边界的地方基础设施连接的安全性和神圣性。

从某种意义上说，全球城市中的飞地以及新的城市周边地区的飞地都是现代综合性基础设施理想模式失败造成的不同结果。全球性的飞地越来越保障自己高质量、定制化的基础设施，以克服这种模式遗留下来的不足。新的城市周边地区，尤其是发展中世界的城市，往往不得不从现代理想模式的侵蚀和几近于无的遗产中分离出来，为发电机、水井等小规模的私人基础设施解决方案支付大量费用。当然，我们在本章的讨论中涉及了范围极其广泛的城市、基础设施和发展项目的类型。这些讨论强调，这种全球部分相互联系的逻辑，再加上日益严重的地方性断连，似乎是当代城市主义的一个普遍特征。

在日益普遍的新自由主义背景下，各种网络化基础设施在支持现代基础设施从理想模式转向以项目为基础，以“加佐料式”方法进行改善，在面向受重视、有价值用户的过程中，提供的显然是社会技术武器。这些社会技术武器支撑着这些高度不平衡的城市发展逻辑，并使之长期存在(参见 Pryke，1999)。正是网络化基础设施的技术和社会实践那微妙、无形，却又非常强大的配置，城市飞地才能够跨越大都市和更大的城市化世界的多核领域，实现彼此之间的无缝连接。正是水、公路、铁路、机场、电力和电信连接的旁路配置，才使得全球城市飞地、网络区、生产空间、高技术中心、后台办公区和物流飞地能够如此轻松地从城市周边的社会世界中抽离出来。而正是对周边城市和空间的基础设施建设的侵蚀、退出或忽视，才进一步破坏了这些地区的经济前景，尽管这些空间在地理上可能与支离的城市中闪闪发光的飞地紧邻，连接这些飞地的高质量基础设施实际上可能在其上方、内部或下方穿过，而事实也确是如此。再加上普遍趋向雇佣私人安保，使用密集的电子监视和定制的封闭式通行道路，就出现了试图经济分离和本地断连等这一大堆令人头疼的现象。

但这里最关键的词语是“试图”。因为正如我们将在第三部分看到的，城市依然是一个混杂的经济社会空间，在这个空间里，试图将经济和技术简单分离是自相矛盾的做法，是要加以抵抗和质疑的。正如我们将看到的，这种持续的混杂性和矛盾性是努力实现 21 世纪支离的大都市经济民主化的重大希望。

第三部分　定位支离的城市主义

插图 18　1996 年武装安全人员在南非郊区入口处一个带门闸的道路卡点部署人员。资料来源：布莱姆纳（未注明出版日期）

[技术网络]并不是目标本身,而是项目、梦想、努力,甚至整个社会。

(Latour,1992:2)

城市是欲望的化身,是希望和恐惧夹杂的交汇点。它们是多层次、多方面的,将我们的注意力导向未来和过去。城市是想象的地理形态的表达方式;它们代表着虚构的地理形态。城市是过去、现在和未来织锦般的碎片。正是在这里——在城市中,在日常的大都市生活中——混杂交融着匿名陌生人的未知欲望。

(Lipman and Harris,1999:729—730)

城市化不仅仅是一种人口可量化的现象;这是文明,而文明决定了我们的生活方式。

(Paquout,2000:86)

如果不从根本上改变用以表述的术语本身,怎么可能表述出20世纪末构成城市的网络和系统?

(Allen,1990:35)

我们正处于同步的时代……远近的、并置的、分散的,一切都是同步的。与其说我们对世界的体验是随时间流逝发展而来的对长远生活的体验,不如说是对网络的体验:节点成网,网网相交。

(Foucault,1986:22)

第八章　结论

支离的城市主义的局限性

插图 19　位于迪拜的防御性办公大楼。
摄影：斯蒂芬·格雷厄姆

本书之前的内容展示让我们看到了城市网络化基础设施在物质、社会、政治和话语权方面的巨大革新,以及它们所支持和调节的各种技术活动。其结果是,在发达、发展中、新兴工业化世界的许多城市和城市区域,网络化基础设施在某种意义上正在(重新)成为问题。因现代基础设施理想模式的不均衡发展而形成的相关黑箱子正在被重新打开。某些强大的用户开始将目光越过那些被视为理所当然的消费点——电话或互联网终端、电源插座、汽车点火钥匙、水龙头、街道——而将视线投到了可满足其交通、街道、通信、电力和水需求的整个技术和移动系统的配置。

在全球化时代,那些要求本地和全球紧密连接的用户,以及国际化的基础设施运营商、房地产开发商和城市发展机构,尤其开始关注整个网络化城市基础设施的配置、管理和发展。与此同时,为寻求绝对的安全、隐私和控制,本地与更大范围都市之间的联系正借助越来越多的围墙、城墙、安全措施和门禁技术进行过滤。在这一过程中,实力较弱的用户其相关基础设施连接以及他们所处的空间似乎变得越来越脆弱,问题也越来越多。

为了描述围绕着基础设施网络进行的松绑和城市空间碎片化,我们使用了"支离的城市主义"这一总括性术语来描述这一辩证、多样的平行过程。为了应对对地方和跨地方基础设施连接日益严格的审查,并同时探求地方性封闭,我们已经证明,标准化的公共或私人基础设施垄断企业(至少表面上)在城市和区域之间以相对平等的用户收费提供大致相似服务的方式,正在逐渐成为基础设施管理的主导形式。但与此同时,还有另外一个并行过程。在许多城市和州,由于广泛的私有化和自由化运动,各种支持电力、交通、通信、街道和水网朝着所说的标准化与普遍化这一目标发展的政治和监管制度,正在被松绑和支离。

这些力量,包括脱离与更大范围的都市自由公开混杂的策略,一起推动着各类优质分离式基础设施网络的扩大建设——街道、交通系统、电力系统、水网和通信网。这些都是为整合和连接富裕强大的空间和用户而定制的，并越来越多地被建设和配置为绕开价值较低的介入者。这些介入者甚至连基本的获取网络化服务的权利都会受到损害。我们的问题实际上是：在全球化过程中，城市作为一个整体，在支离和碎片化这一平行动态过程中，会变成什么样子？

支离的城市主义的危险

显而易见，若不加以控制，支离的城市主义有可能助长恶性循环：社会技术分离的操作会让人们更加担心混杂在一起，从而增加了进一步分离的难度，如此因果循环，环环相扣。建立防御性网络空间这一策略，其风险在于它们有可能：

> 加剧而不是扭转空间隔离和社会极化的过程。它们明显重新分配了风险，即把“可疑”人群固定在被排斥、保护不足、无序的贫民窟中，而把“清白”人群固定在保护过度、有序的消费主义城市中心和住宅飞地中。
>
> (McLaughlin and Muncie，1999：135)

正如迈克·戴维斯(1992)对洛杉矶的建议，其结果可能是会出现层层优质网络空间组成的城市景观。这些空间是为经济富裕的用户和公司建造的，与周围严重边缘化的空间——那些与其他地方的基本联系以及空间和网络访问这一基本权利都成问题的空间——日益分离。带着这种对当代城市变化的理解，城市设计、网络配置、电子出入控制以及警察、安全和行政执法的主流做法越来越可以被认为是在支持大都市乃至社会结构的社会技术分离。

随着自动化程度的提高，电子消费和监视系统有可能会形成无声、无形、无处不在的网络，支持和强化着这种变化过程。这些网络以控制论方式监管高端和边缘化网络空间之间的边界，具有空前的过滤排除潜力。大卫·里昂(David Lyon)抛出了一个重要问题："我们面对的就是这样一个电子技术世界吗？它对我们做临床分类，根据消费标准将一些人纳入，将另一些人排除，并且还得到了警察和福利部门的支持……那些被监视系统隔离了的没地位、受排挤的小人物会是失败的消费者吗？"(1994:211)随着城市中越来越多的网络空间被商品化，受电子监控和控制，在新自由消费主义这一更广泛的背景之下，诺里斯等人从英国的角度提出了警告(1998)：

> 那些无法付费的人将被逐出高速公路；已知的麻烦制造者被逐出足球场；[社区精神卫生计划]中那些不雅观的伤病员们从城市街道和大型购物中心的高雅秩序中消失；已被发现的小偷和逃票者也被商店和交通系统排除在外……如果使用新技术加剧了那些富人与穷人、被纳入与被排斥之人之间日益扩大的鸿沟，那么我们的城市将会面临一种现实的危险，那就是，我们的城市将变成未来派电影制片人所钟爱的反乌托邦世界的样子。

以上是对基础设施、技术变迁及城市和社会变革之间的现代联系进行的解释，本书中有许多证据无疑支持了这些令人沮丧的解释。我们毫不怀疑，尽管它们是通过不同的文化、历史和地缘政治背景进行调节的，但众多城市中的主流空间实践似乎正在支持我们所说的支离的城市主义所涵盖的整个趋势范围内的变化。

这么说并不是想要保持本书所涉及的广泛语境中某些简单的相似性。相反，我们认为，我们有充分的理由以类似的方式去理解我们同时在西方和发展中城市所探索的结构调整过程。例如，在西方许多国家和非西方国家中，新兴的第三条路线政治断言需要超越福利国家和发展主义国家，它们似乎非常依赖“驱逐的政治”带来的变化：

> 从社会福利国家到社会控制(警察)国家都伴随着公共和私人安保部队的急剧扩张，对被驱逐人口(不成比例的少数群体)的大规模监禁，通过复杂的社会控制技术维持新的社会种族隔离形式、反移民立法等。在第三条路线的“地方政治”和“社区赋权”这些欺骗性话语下，它还导致社会再生产的责任从国家和整个社会转移到最边缘化的社区本身。
>
> (Robinson and Harris，2000：51)

但是我们的故事并未就此结束。因为我们所探索的支离的城市主义实践，只是当代城市条件下多重社会世界中占主导地位的实践，绝对没有涵盖所有，或天下就此几种。在本书中，我们必然会主要集中在强国的主导性实践上，看它们如何试图构建、管理和规范支离的优质网络和城市空间。为避免过于狭隘的观点，我们在此就本书的主要说法提出一些注意点。

在本章的最后，还有两个特别重要的任务。首先，我们需要通过将其置于更广阔的历史性城市环境中来反思城市支离的实践。其次，我们需要了解当代城市生活的本质是如何必定限制城市支离实践的进程，而不会达到极限并陷入抵抗和动员替代战略的。正是针对这两个剩下的挑战，我们推出了这一总结性章节。它们也为后面的“后记”提供了基础。在本章中，我们探索了这种分析对城市理论、研究、政治和实践等更广泛的影响，并以此圆满结束本书。

定位支离的城市主义的广泛背景

我们面临的第一个挑战是把对支离的城市主义的探索置于更广

阔的城市和历史背景之下。这里必须强调四点：

避免简单化的二元转换模型

首先，有必要重申，本书并未提出各地所有的网络化基础设施都在以某种方式从标准的一致性时代迈向碎片化时代。我们不能把对各种城市内部和城市之间广泛的基础设施网络和技术流动性系统所做的分析，简化为某种简单的阶段性转换模型。这种方法显然将冒着民族中心主义和分析还原主义的双重风险。我们也容易受到指摘，认为我们的分析本身只不过将基础设施网络简单地重新定义为城市转型的主体罢了。而且，如果我们假设现代全球资本主义的需求与目前正在为其构建的基础设施网络之间存在着某种简单的双向契合关系，那么我们就会沦为简单功能主义的牺牲品。简而言之，我们知道，正如瓦坎特所说："二元对立容易夸大差异，混淆描述和规定，并建立过度的二元论，忽略连续性，淡化偶然性，夸大社会形态的内部一致性。"(1996：124—125)

因此，我们有必要警惕过度概括和过度简化的风险。正如我们在第四章中所强调的，本书中所讨论的许多支离的城市主义案例，涉及各种相关但又不尽相同的过程：从私人基础设施的全新建设到旧有网络的社会技术重构；从大规模私有化的经典案例到公共的重新管制和持续垄断的不断变化的实践；从分离式互联网络与建成城市空间的结合，到以现代基础设施理想模式遗留下来的单一网络为基础进行的基础设施市场的虚拟建设。我们认为，"支离的城市主义"这一总括性概念是一个有用的启发式工具，可以用来处理这种多样性。但我们并不打算将其作为一种新的城市元叙事或者某种还原主义的分析性范式。

现代基础设施理念的一致性和连续性

其次，本书中探讨的案例仅代表分离式优质网络化基础设施最明显、最极端的示例，以及较弱势用户、空间同时边缘化的例子。由于显而易见的原因，本书无法涵盖世界各地的所有城市。我们的示例主要来自英国、美国、亚洲、澳大利亚、非洲和拉丁美洲的城市。关于西欧和东欧大陆城市，我们谈得很少。

但是，在所有讨论的案例中，我们都需要记住，现代基础设施高峰期的地域垄断、交叉补贴和捆绑性网络，以及与之相关的政治实践和常态化的黑箱子消费行为，并没有被彻底清除。它们大部分基本上保持原样，但在许多城市环境下，这种从强调网络的社会空间均质性，向以不同方式对街道、电力网络、通信、水和交通网络不同用户松绑的转变，实际上要微妙得多。与其说是全新的优质网络空间横空出世了，不如说是法律和秩序加强了，在持续的公共或私人垄断中营销行为改变了，在呼叫中心排队时被算法微妙地排除了，或是在地理人口统计学上采用了目标定位技术（Graham，1997；Offner，2000）。因此，在所有城市中，城市支离化的趋势并不意味着一些简单而全面的城市革命，而是：

> 一种更复杂的新旧格局、持续的趋势和新的力量……新旧过程以复杂的方式结合在一起，并在历史上特定地点的特定节点进行合并……城市的空间形态阻碍了快速、大规模的转变……总之，当代城市很难以一一对应的方式反映后现代主义或后福特主义。
>
> （Beauregard and Laila，1997：328—339）

第三，尽管定制化和非捆绑式城市基础设施网络以及面向富裕群体的分离式社会经济飞地目前无疑正在兴起，但有必要强调，它们并不是什么新鲜事物。从城市生活一开始，隐私和封闭、开放和混合的辩证关系就已经开始上演(参见 Waterhouse，1996；Soja，2000)。

社会和经济飞地中强大的用户群体寻求在整个城市历史中构建自己的封闭式基础设施。支离的城市化进程似乎导致了各种碎片化和不均衡的基础设施网络以及分割的城市空间，而这些正是现代基础设施理想模式出现之前大多数西方城市的特征(Graham and Marvin，1995)。可以想一下伦敦西区常见的封闭式私人维多利亚街道。还请记住，20 世纪美国无数支离的郊区管辖区、私有化的规划和支离倾向，以及支持这些做法的基础设施网络，尤其是那些明显支持种族隔离的基础设施网络(参见 Bayor，1988)。

现代基础设施理想模式要求基础设施标准统一，配比相同。但该模式在语言建构和科技建构这两方面的实践之中也是不均衡的，这也是长期以来造成社会经济飞地出现的更微妙的原因(Cox and Mair，1988)。因此，正如我们在第二章中所强调的，现代基础设施理想模式在实践中从未得到实质性的实现，它更多是象征性的话语建构，而非科技现实。它与现代国家和地方政府以及城市职业更广泛的合法化密切相关，与特定的城市地域文化的构建密切相关，与占主导地位的尺度观念的产生密切相关。尽管所有城市都想从话语和物理上努力实现基础设施网络的标准化、普遍性和同质化，但它们的基础设施网络在质量和可达性方面仍然存在着不均衡和偏向性。

发展中城市和殖民城市尤其如此。如巴尔博(1993)所论，它们在历史上一直是某种建筑结构形式以及与之配套的基础设施的组合，以此实现社会经济飞地与远方的连接以及与本地的连接或断连。

一个典型的例子就是20世纪初的上海国际聚居区，每个聚居区都有专用的基础设施网络，为占主导地位的精英空间提供服务。

然而，诺姆·乔姆斯基（Noam Chomsky，1993：8）认为，全球化的加剧和国际新自由主义正在导致这种做法从发展中世界向发达世界输出。他的观点支持了本书坚持的理念，即以综合性视角看待这种在日益趋同的城市领域中进行的城市结构调整。正如上述所分析的，在全球金融飞地、外国直接投资综合体和堡垒式公寓等案例中出现的过程，不过体现了对远距离基础设施连接既定做法的更新和加强，以及过滤本地连接的尝试，而非出现了完全不一样的新事物。它们的做法只不过是在深度上更深了，广度上更广了，延伸到全球范围，尽管它们通常并没有在口头上明说最终会迈向全球连接或全域一体化。

将现代基础设施理念浪漫化带来的危险

最后，我们应该谨慎行事，不要掉入陷阱，将现代基础设施理想模式，或者隐含了现代基础设施模式的更广泛的城市现代性方案浪漫化（Bhabha，1990）。正如我们在第三章中看到的，尽管在许多情况下，它确实成功地监督了基础设施网络的民主化和推广，但这往往是通过男性化、中央集权和殖民主义的“秩序”和“一致性”这些概念来实现的，远非妇女、残疾人、土著和殖民地人口或其他边缘化社会群体的解放（King，1996；Sandercock，1998b）。作为现代理想模式的根基，网络化城市的规范性概念是全面化和中央集权式的，并受假定的家长式“秩序”和再分配概念的推动。现代理想模式关于进步和解放的伟大叙述往往隐藏着许多征服、压迫和边缘化的实践。而且，它明显的家长式观念往往与那些本应从相关战略、现代主义愿景中获益最多的群体的需求、愿望或身份几乎没有什么联系。

挑战霸权:反抗以及支离的城市主义的局限性

> 从定义上说,城市就是一片混乱。
>
> (Dave Hickey;引自 Allen,1994a:39)

> 没有人能将复杂的城市建筑简单地包装起来。
>
> (Waterhouse,1996:xxii)

> 有统治,就会有反抗。有某种意义的施加,就会出现另一意义的建构……虽然流动的空间是由主导活动和社会群体所创造的,并围绕着这些活动和群体而存在,但它可以被阻力所渗透,其意义也是多样化的。
>
> (Castells,1999a:297)

> 一条隧道,或者说任何隧道,都会直接威胁到置于其上的东西的完整性。这类通道自下而上地侵蚀着地基,其存在使上层建筑险象环生,矛盾重重。
>
> (King,2000:269)

在这最后的讨论中,第二个挑战是探索和理解我们所说的支离的城市主义的局限性。因为我们必须认识到,优质网络化空间与更广泛的大都市社会技术分离永远不会是一个简单的可实现过程。可以肯定的是,极化发展的逻辑正在塑造着不同城市的社会经济景观,如泰恩河畔、圣保罗、纽约、伊斯坦布尔、广州、马尼拉、洛杉矶、孟买、雅加达或民丹岛等地。但必须认识到,这些都是各城市在有争议和高度复杂的地缘政治、治理和社会文化背景下实施利益联盟战略的结果。这些战略并不能保证直接、彻底或轻松地实现分离。事实上,在当代大都市,为富裕或有权势的用户提供一个完全净化的封闭优质网络空间正是这样一个(现代或后现代的)城市梦想,它与 20 世纪初期和中叶现代主义预言家们所宣扬的干净、实用和完美的几何秩序的幻想一样不可能实现(参见 Castells,1997a)。

举个例子。在发展中城市,优质网络空间无法完全脱离与周围棚户区贫穷、卫生条件差和疾病率高有关的公共卫生外部因素,因为周围棚户区的水和废水处理基础设施非差即无,都会造成公共卫生的外部因素。即使有了大量的私人水井、发电机、私人药品、瓶装水供应和通常的地理隔离与加固技术,“一个地区的公共卫生仍然立即就能影响到另一个地区的公共卫生”(Baird and Heintz,1997:13)。

因此,我们需要警惕,不要以为完全分离的优质网络空间很容易出现;不要以为有了彻底一体化、全方位、效果完美的电子监控网络,就能维持城市的社会隔离;不要以为不同的社会经济回路终止了任何有意义的重叠或相互联系,完全隔离的城市就出现了。同样,我们必须谨慎,不要对新基础设施创新的技术影响进行卡通式的简单而确定的解读(Graham and Marvin,1996)。技术创新的现实、城市景观的重组以及城市中社会和文化的变迁比这些情景所暗示的更混乱,更困难,存在着各种争议性解释和应用(Thrift,1996b;c;Bingham,1996)。

这样做至少有六个原因,每个原因都应在此进行一些讨论。

优质网络空间和全球地方化飞地是有争议的城市秩序

首先,为支持全球地方化飞地所做的基础设施网络和城市空间布局方面的配套,以及优质或分离式网络空间的建设,并不能让这些空间与更大范围的社会和经济因素隔开并免受影响。城市不同空间的差异性,因受社会权力因素与科技共同造就的规范性城市秩序的影响,是不平衡的,也是有漏洞的。它同时也受到城市管理中的冲突性和复杂性、更大范围内的权力因素,以及何为秩序、何为混乱、何为进步、何为“美好城市”之类定义的影响(Mooney *et al.*,1999)。

许多当代城市支离和多核的地理形态意味着，有权势的人和被边缘化的人，他们的社会和技术世界在地理距离上很少相去甚远。即使是在相对较新的城市环境中也是如此，那里的大部分城市景观实际上都是由严格管理的分离式网络空间构成的。在欧洲、拉丁美洲、北美和亚洲的许多老牌城市中，也是这样。公共街道系统尤其在这些城市中保持了一定的结构性力量。在这些城市中，即便富人和被边缘化的人之间的联系可能会因城市支离和私有化过程而有所减弱，但不同的城市社会世界还是会继续重重叠叠，纵横交错。

当然，我们还必须记住，优质网络空间和社会经济飞地在体制上或政治上并不是作为单一的行动者而统一的。反过来，它们也有自身复杂而有争议的政治和空间性质。由开发商、基础设施运营商、社会和经济利益集团、政治家及其盟友组成的支持性联盟往往会遇到来自内部和外部的阻力。例如，纽约的一些特殊政策商业区一直受到冲突的困扰，因为店主们为较高的特殊政策商业区税率以及他们所认为的城市化和自治的负面影响而进行斗争(Schulman，1999)。许多居民，尤其是年轻人，很可能抵抗和违反门禁社区管理委员会或购物中心经营者对行为的严格限制(如宵禁和访客通知)(Amin and Graham，1998a；Poindexter，1997)。达维(Dovey)强调这种抵抗的重要性，对“没有被这种选择全面控制的那些儿童”来说，“他们有权在公共社区中成长”(1999：153)。

实际上，将优质网络空间和全球社会经济飞地理解为穆尼等人所说的“城市混乱秩序”背景下对城市时空进行排序的具体尝试，是有成效的(Mooney *et al.*，1999：346)。这种尝试是强大的利益联盟利用其全球权力为构建局部净化空间而做出的(内部争夺)努力。它们是一种规训实践策略，利用了诺里斯和阿姆斯特朗(1998)所说的“标准的时空生态”，即谁“属于”或可以在什么时间、什么地点使用城市和网络空间，以此动员并强制执行边界控制。因此，它们可以被理解为是试图从充斥着当代城市主义这一社会、经济和文化差异的冲突中退出。

矛盾关系：需要与大都市其余部分保持联系

> 新围墙无法持续，因为它们连自身都无法维持。
>
> （Dumm，1993：192；引自 Soja，2000：321）

其次，优质网络空间必须继续与更广泛的公共基础设施网络和技术流动系统保持连接。大多数情况下优质空间这样做是为了自身的正常运作，例如伦敦金融城、外国直接投资飞地、门禁社区和购物中心、虚拟公用事业服务和电子高速公路。尽管基础设施网络已经分化，但与更广泛的公共网络连接，以及这种相互连接会产生的所谓的“网络外部性”，对支持基础设施连接的总体功能仍然是至关重要的（Offner，2000）。

因此，全球地方化飞地空间——跨国经济全球化的空间——需要保留与更广泛的城市及城市之外的其他联系。它们依赖不同技能水平的劳动力投入，需要广泛的服务（清洁、餐饮、保安、司机、园丁），持续依赖电力、水、财政和物质投资等更广泛的基础设施投入。就购物中心、度假村和主题公园而言，优质网络空间也需要利用城市、区域、国家和国际游客市场。全球地方化飞地空间也得到了支持并得以合法化。这些支持来自不同治理尺度的政治行动者以及支持他们的地方和人，包括世界银行和基金组织整个金融和经济政策体系的支持，民族国家的支持，再到市政府和城市发展机构的创业与财政补贴。分离式网络化空间也获得了相当大的支持，成为有抱负的国际和地方基础设施公司本身的目标战略。

分离式住宅空间也往往在很大程度上依赖国家在各方面的支持和合法化。珍妮·莱特（1999）认为，美国的门禁社区尽管有私人保安系统、地方政府协会和专门的私人警察部队,但仍然对公共部门的执法和应急服务提出了较高的要求。

溢出效应和负面的外部性:净化城市边界是不可能的

> 要进入这里,你需要经过两个门禁,每个安全门都有自己的对讲机。第一道门禁可以让你进入一个院子,第二道进入房子。尽管有严格的保安措施,但今年1月13日,这名居民开车进入他的车库,从他的车窗看去,发现一支AK47枪管正瞄准自己。
>
> (1998年6月5日,R.Simmonds描述了约翰内斯堡的抢劫案;引自Bremner,n.d.:60)

第三,单单是当代城市中的身份、社会世界和政治压力的多样性就可能很快淹没驱逐和净化城市秩序这些简单化的概念。当代城市仍然是杂乱、叠加的场所,其秩序和意义尚有争议;它们是“相互联系的点,而不是封闭的物体”(Thrift,1997a:143)。多重的溢出效应很容易使建立和维护“硬性”纪律界限的简单尝试超负荷并被压垮。几乎所有的边界在某种程度上都是漏洞百出的。完美的控制策略永远都不可能实现。公共混杂往往依然胜过分离和控制的策略。

因此,城市更广泛的社会世界倾向于找到方法,克服全球飞地这一“主导节奏”设下的障碍(Pryke,1999:245)。现代城市的混杂性和多样性往往仍然过于普遍和强大,无法通过简单建造一些令人炫目的社交技术意义上的纯粹飞地而将其干净利落地分离开来。这些飞地有着令人眼花缭乱的现代性,有定制化连接以及严密的安全界限。在当代大都市中,“人、地方和活动的并置、组合和碰撞”经常会“创造出一种新的社会流动性条件,从而开始打破独立的、专业的和等级制的结构”。主导联盟努力将这种结构变成城市形态(Crawford,1999b:34)。某些情况下,这种流动性有助于释放潜力。随着“偶遇的增加和扩散，日常空间的活动可能会消除种族和阶级的可预见边界，从而揭示出以前隐藏的社会可能性，这些可能性暗示了微不足道和边缘化的人和物有可能会转变为一种微观政治学现象”（同上：34—35）。

我们还必须记住，在优质网络空间周围施行时空界限，其成本可能令人难以承受。1995 年就是这种情况，当时在墨西哥城中部实施街头贩子禁令，为国际游客实施空间“净化”。这一禁令的治安维持费用，再加上暴力抗议活动，最终导致这一禁令被撤，取而代之的是，城市当局以合理的价格分配一些空间供小贩们租用（Harrison and McEvey，1997：323）。

在新兴工业化、发展中和一些极具活力的北方城市，全球飞地还必须经常应对规模庞大、逻辑混乱的社会和人口变化、动荡的经济周期与自发增长，所有这些都是超级城市化的一部分。例如，在有着成千上万失业者或就业不足的城市中，全球地方化飞地往往会成为自发的大规模移民的焦点。这些城市会直接淹没在由此引发的更广泛的非正式城市化进程中。而且，它们很容易受到突如其来的经济危机的冲击，如 20 世纪 90 年代后期困扰许多亚洲城市的危机。

比如我们在专栏 7.5 中提到过“增长三角”，格伦迪・瓦尔等人描述过其中的印度尼西亚岛屿尝试开发封闭的全球地方化旅游和制造业飞地，但实际上这种尝试被迁入人口和自建棚户区给击垮了（1999：324）。正如他们所言，新城市景观中的各种边界控制尝试都被有力地破坏了。“除了[新建的旅游和制造业飞地]园区内住房和自给自足的服务外，严密的边界保护也是为了防止求职者的涌入以及相关棚户区的发展。居留仅限于从业人员。”（同上）

在这个例子中，在新的城市景观中进行边界控制的各种尝试——设置障碍、筑墙、规定谁可以进入谁不能、雇佣私人保安公司、仅针对飞地内部需求定制优质基础设施——实际上已遭破坏，变得毫无用处。基础设施网络已被“非法”访问。“蓬勃发展的经济体这一声誉已使该岛官方管理阶层不堪重负。结果是,[飞地]与岛屿周围的发展不可能完全分开。这些过程使人们注意到,通过受保护的飞地来确保经济发展是很困难的。”(同上)

此外,为定制化飞地提供与更广泛的城市和全球环境问题脱节的高质量环境,也是不可能的。无论如何,地方飞地都不可能将自己完全隔绝在它们试图超越的所有环境问题和风险之外。它们依赖更广泛的基础设施服务,虽然与传统的网络化技术相比,这些技术可能更绿色,对环境的影响也更小,但它们必须在更广泛的城市、国家和全球背景下运作。虽然当地的飞地空间可能是高质量、绿色和清洁的,但这种飞地永远不可能完全与世隔绝。

分离式网络化空间还面临更大的环境风险:气候变化、海平面上升、化学和生物污染、空气污染、噪声危害等。尽管它们可以提供便利的绿色景观以及高效或自主的技术,但当代城市更广阔的城市环境还是占据了主导地位,这是绿色飞地无法抵挡的。

抵抗策略和表征政治

> 无论一个特定的制度多么可怕,总是存在着抵抗、不服从和对立群体的可能性。
>
> (Foucault,1984:245)

第四点,或许是最重要的一点,就是城市中公共融合现象继续存在,这意味着可以在其中构建抵抗分裂及城市支离的战略空间。大城市的生活不能像某种电脑那样被强大的社会经济或政治利益集团简单地编程,即使在日益极端和不平衡的资本主义背景下,也不能简单地将城市生活编成程序。城市生活比一般人对美国式城市二元论的普遍依赖要更加多样、复杂和不可预测。这一点值得进一步阐述。

主张当代城市主义“公共性”的持续存在

> 在许多关于文化霸权的文献中，意识形态的社会控制只是说说而已，从未被证明。
>
> (Ley and Mills,1993:258)

> 冲突意味着危险，往往意味着不公正，但冲突总是意味着生存和人类的渴望，以及人类的兴趣所在。
>
> (Merrifield,2000a:487)

安迪·梅里菲尔德(Andy Merrifield)抨击了迈克·戴维斯(1990)和迈克尔·索金(1992)等人对反乌托邦的悲观描述，抨击了他们的假设，即城市的不同社会群体可以简单地被后现代城市主义的所有装备所束缚和控制，即使在日益增长的商业化和社会两极分化的背景下。他提出：“认为城市市民很容易被一个由比特和字节、文本和模拟、符号学和闭路电视系统组成的城市所蒙蔽，这是自以为高人一等的想法。”(1996:67)

梅里菲尔德认为，城市，尤其是在那些或多或少具有强大的公共性质和统一街道网络的城市中，确实存在着空间。在相对自由的条件下，其差异性和多样性可以(而且确实依然)融合在一起。在西欧许多这样的城市中尤其如此，这些城市尚未为富裕群体大规模建造严格监管和自给自足的优质网络空间；在资金充裕(尽管正在迅速重组)的西欧福利国家，继续以某种形式帮助缓解两极分化；传统的公共街道系统仍然是城市整体体验的锚点和装置，至少城市核心部分是这样(参见 Musterd and Ostendorf,1998)。对梅里菲尔德来说：

> 从定义上讲，大城市的成分和人员千差万别，他们不仅仅是国际象棋棋盘上的被动棋子，可以被大资本随意移动或驱逐。

新的解放性力量总是能够作为一种新形式的媒介进行融合和肯定。这就是人们为什么以及如何能够在城市中生存，并在一地的瓦砾、不公正和失望中重建自己的生活。

(1996:67)

在规训方面下功夫是无效的

但是，即使在西欧，我们也必须认识到，社会和空间上的不平等加剧，加上人们对城市竞争力的呼声越来越高，种族之间的紧张关系日益加剧，福利国家的结构调整以及新自由主义管理的试验模式不断增多，导致对公共空间尝试加强管教。例如柏林，和许多其他城市一样，警方、城市监管和交通机构一直在紧密地寻求管理和控制该市备受瞩目的最近重新开发的“黄金空间”中的“适当”行为——对越来越多无家可归者的反应，以及重新把柏林建成全球城市的努力(Grell *et al.*,1998)。该市出现了第一个私有化的公共场所。与德国其他地方一样，公共闭路电视监控系统也受到关注。现在，针对无家可归者的措施非常强大，警方已经指定了 30 个“危险地带”，在这些地方加强了搜查和审查的权力。而正式禁止人们进入公共场所和交通系统的措施也在激增(仅 1997 年铁路系统被禁人数就达到 16 万人)(同上)。

但是，就像在大多数类似情况下一样，新的监管方案完全不具有“连贯性”，而且效果有限(Grell *et al.*,1998:211)。它们未能达到为目标客户(公司办公室用户、游客和中产阶级专业人士)占用城市中心街道和空间的预期目标。这里有两个原因：首先，这些倡议已经导致了“内城！行动起来！”这类社会运动的政治抵抗，他们通过高度公开的占领、示威和媒体干预，成功地揭露了柏林社会和空间两极分化的过程。

其次，很明显，“人们没有意愿或没有能力离开中心地区。人们倾向于返回并收回公共空间,因为他们不仅严重依赖城市内部的服务结构,还依赖那些作为收入(搬运、街道交易等)来源和交流之地的城市内部空间”(Grell *et al*.,1998)。

示威、社会以及文化运动与城市创新

总之,我们很容易忘记“城市居民的创造性,那种十足的创新能力”(Thrift,1997a:143)。我们必须记住,“人类不是某个主导制度以其理想方式塑造而成的整齐划一的社会主体”(Thrift,1997b:136)。活生生的城市生活以及社会和文化运动的力量,给人们提供了抵制或规避支离的城市主义的渠道(参见 Castells, 1983;Bell and Haddour, 2000; Mayer, 1999)。它们通常抵制任何主宰性权利组织的规范化企图;抵制行为也往往体现在具有广泛代表性的学科研究所提供的相关关系与路径之中(Leong, 1998: 196; 原文强调)。它们还能颠覆支离的城市主义的主流观念,这些观念通常与全球化、竞争力,以及新科技与信息社会的经济、技术面向的核心话语体系紧密相关。抵抗实践有助于在优质网络空间的夹缝中创造地方。这些地方往往是流动的,支持反霸权文化和身份,同时“意志坚定、有威胁性、富于变化、持有异议、富有活力,并有助于颂扬社会人的力量”(Lipman and Harris, 1999: 733; Crawford, 1999b; Millar, 1999; Harrison and McEvey,1997)。

简而言之,社会动乱、社会运动,有时还包括暴力入侵,其原因是严酷的不公正以及当代城市复杂的身份政治不断地对城市发展产生的巨大影响(参见 Pile and Keith, 1997; Body-Gendrot, 2000; Castells,1997a)。无家可归者联盟的斗争已经证明了这一点。人民和支持者反对强行将公共空间和公园净化(如纽约的汤姆金斯广场公园)(Smith,1993)。1999 年 6 月 18 日在伦敦金融城和其他 30 多个全球城市举行了声势浩大的全球“反资本主义行动”示威活动,这

也显示出国际协调在这种抗议活动中的力量越来越大(参见 Slater，1997)。这一天，金融城被封锁导致停顿，证券交易所被封锁，公司总部淹没在抗议活动中，游行和庆祝活动在全球资本主义的经济和生态替代方案中上演。1999 年 11 月在西雅图举行的世界贸易组织峰会和 2000 年 4 月在华盛顿特区举行的国际货币基金组织-世界银行会议遭遇了全球反企业抗议行动。激烈的行动带来了更加紧密的协调(Cockburn and St Clair，2000)。它们瞬间成功地突破了贝克特所说的跨国企业生产链"用委婉的话语建成的那堵墙"以及跨国公司本身"堂皇的企业使命声明"(2000：17；参见 Klein，1999)。

同时，我们必须小心，不要过分夸大或过分简化社会运动为抵抗付出的努力，或假定低收入的邻里社区和空间容易保持一致性。正如埃哈德·伯纳(Erhard Berner)所说，"一般而言，城市贫民不是集体行动者，而是数量众多的群体罢了"，在许多情况下，"他们彼此之间基本上是漠不关心的"(1997b：195)。

城市全景敞视主义的局限：抵抗与城市日常生活

> 在[优质网络街道空间]中违反着装规定和行为规范的小行为与那些颠覆空间的大行为之间存在着巨大的差异。这些大行为包括公众定期重新占领权力场所，进行声援或示威活动。
>
> (Crilley，1993：158)

大多数抵抗形式比较平淡无奇，也比较俗套。许多就是玩玩性质，代表着"拒绝在有利于选定目标市场的空间监管要求之下消失"(Flusty，2000：156)。如，在购物中心内，一群年轻人企图破坏和对抗闭路电视监控系统和保安制度全景监控。又如，在英国城市中心管理战略中，年轻的黑人男子群体被证明是最容易被闭路电视监控系统盯上的。他们会精心设计，利用系统的盲点搞破坏并对抗随之而来的社会管制(Norris and Armstrong,1998;1999;Toon,2000)。许多年轻人反对对他们采取的纪律措施,纷纷"制定策略,保持自身的存在"。有的通过维护自己作为消费者的权利,有的直接处理与安保人员的冲突,有的开发自己的隐蔽空间,还有的是通过互联网进行协调(Hill and Bessant,1999:46)。

同样,史蒂夫·弗卢斯蒂也展示了洛杉矶的街头艺人、滑板爱好者,甚至诗人们的探索,证实现实中城市全景敞视是不可能做到的。例如,一位街头艺人说他"知道在哪里可以找到邦克山的每一个安全摄像头"(同上:152)。所有与弗卢斯蒂交谈的人都提到了这样一个事实:"无论有多少武装反应巡逻队在街道上游荡,无论有多少摄像机在广场上监视,仍然有盲点等待着,甚至是邀请着,被不可预见的、强大的替代性做法所占据。即使是在邦克山这样的环境中,完全经过重建且联合成整体,全景敞视主义也会失败。"(同上:157)。

抵抗与表征政治

> 在城市的表征中,没有任何一个特殊有利的位置可以看到城市的全景。
>
> (Flusty,2000:157)

表征政治是抵抗将部分城市作为优质网络空间进行重建的一个重要部分(参见 Shields,1995;Balshaw and Kennedy,2000;Bhabha,1994)。苏菲·沃森(Sophie Watson)认为:"城市在一定程度上是由日常的互动和冲突以及围绕集体消费的斗争构成的。"(1999:2)但它们"也是由不那么容易被观察到的斗争构成的……那些围绕着表征、意义和身份问题的斗争"(同上)。"美好城市"这一规范性概念在这里成为关键,还有城市内"秩序"和"无序"这些特定概念的表征和建构,以及对特定基础设施或技术配置在引导一个城市走向这样一个未来的过程中发挥的关键作用的表征(Mooney,1999;Bell and Haddour,2000;Fainstein,1999)。

许多抵抗行为不仅仅是对抗实际的物质建设或对优质网络空间或飞地(以及随之而来的较贫穷或非正式聚居区的边缘化)的维护。与支离的城市主义的做法相关联的更广泛的意识形态和政治上的表征也是一个主要焦点。例如,伊斯坦布尔边缘的超现代新城周围的"棚屋"①。非正式聚居区的居民,抗议城市当局将他们的空间表征为落后、无知和没有文化的帮派,并由黑手党经营(参见第六章)。他们努力对抗市政当局的刻板思维,因为这种思维认为他们和他们的空间与"新伊斯坦布尔"的意识形态建构相抵触,而"新伊斯坦布尔"意识形态建构在埃森肯特和博加兹基等优质网络化飞地的建设中起到了重要作用(Mooney,1999:67;参见 Aksoy and Robins,1997)。

"全球主义扫视"下的城市生活

由此可见,分离式空间和网络并不是一成不变的。对分离尝试做出政治和社会层面的反应,包括社会运动、抗议和抵抗,会导致优质网络空间的解体,并鼓励建立更多的社会和空间平等方面的监管、治理和技术制度。民主抵抗和社会动员可以让人们通过更多的再分配设计、发展、监管和治理战略来平衡分离倾向。

最近在布拉德福德和曼彻斯特发生的反对安装闭路电视的运动就是这样一种尝试(Lyon,2000:189)。在某种程度上,后种族隔离时代的南非也有类似的情况,因为基础设施、交通监管部门和城市社会运动试图为黑人城镇的基本网络化建立规范(尽管也有批评意见,参见 Bond,1999;Knosa,1995)。圣保罗也经历了 20 世纪 80 年代以来社会运动的大规模兴起。通过这些运动,"被驱逐的居民发现他们对

---

① gecekondus,也叫"一夜之间建成的房子"。——译者注

城市是有权利的"(Caldeira,1996:324)。虽然在很大程度上社会运动未能破坏为富人提供的防守严密的公寓和购物中心综合体,但在许多情况下,它们大大改善了许多较贫穷社区的状况。

约翰·卡利斯基(John Kaliski)甚至认为,购物中心和私有化的公共空间,以其自身的方式,"最终可以像密集的城市街区一样有利于城市生活及仪式感,并带来惊喜"(1999:94)。虽然这可能有些夸大其词,但他认为,在当代城市的分离网络空间中,城市生活、仪式感和惊喜的过程通常更难被发现,尤其是在简·雅各布斯(Jane Jacobs)和其他传统城市街区的理想化描绘中成长起来的都市人。即使是在卡利斯基的家乡洛杉矶,在这个迈克·戴维斯、迈克尔·索金和弗雷德·杜威等城市黑色反乌托邦主义者最喜欢谈论的城市里,卡利斯基也认为:

> 奇怪的是,许多塑造文化基调的社会活动正好发生在最容易受到全球主义扫视的地方。购物中心的文化、封闭的飞地(无论是在郊区还是四周岩石围绕的石头屋)、无处不在的记录和对日常生活每一个方面的监视,似乎并没有限制因意外聚集而产生的日新月异的文化表现形式和文化突变。如果将这些地方简单地归结为全球化空间这种统一的理论或定义,就忽略了它们日常元素的实际运作。
>
> (1994:7)

地方和国家法规继续发挥重要作用

同时,城市治理的复杂体制结构可能会阻止社会经济上富裕的群体及其基础设施和技术流动系统从纳税人和治理系统中简单分离(McKenzie,1984)。在大多数情况下,地方和国家治理制度层面上仍然存在着空间,主张重新甚至加强对优质网络空间的生产和监管实施杠杆作用。地方市政当局和规划机构可以背弃许可协议，使网络重新与公共网络运营直接联系起来。它们还可以采取积极主动的举措，维护和发展无处不在的社会化的基础设施和街道网络（参见McDowell，2000；Southern，2000；Offner，2000）。

甚至连纽约市市长吉利安尼也收紧了市议会对特殊政策商业区的融资和监管，因为有越来越多的报道称商业区滥用财权，缺乏代表性，而且权力越来越大，本身就成了一个“小型城市”（Schulman，1999：6）。另一个很好的例子是1999年澳大利亚维多利亚州的工党取得了惊人的胜利，它为墨尔本国际机场与城市公共交通系统的连接铺平了道路，尽管城市连接电子高速公路项目的开发商已经与前保守党政府谈判拟定了一份合同，承诺他们可以独家连接到这个最有利可图的地点。有了政治上的支持，建设公共管道空间、公共投资、回旋权和规划手段等传统的政策干预可以使优质网络化基础设施投资带来的利益（再）社会化。

此外，还出现了有组织地对购物中心空间进行监管的活动，以提高其对真正的公共活动的支持程度。因为“购物中心越多地部署公共空间的标志，就越会鼓励以民主的方式公开使用”（Dovey，1999：136）。在美国一些城镇中，购物中心已经完全取代了市中心的街道系统。人们向购物中心业主发起法律上的挑战，要求公民有权利在购物中心进行政治活动（Gottdeiner，1997）。尽管迄今为止这种挑战一直被公认为还只是试探性的，但新泽西州最高法院已经判决公民有权在购物中心散发政治传单（Drucker and Gumpert，1999）。当然这种社会和法律挑战相对于购物中心空间主导性的惩戒力量而言，规模可能不大，但也不容忽视。最近城市对无序的全球化做出的反应也不容忽视，如美国对公司拥有农场所有权的封锁、对“大卖场”式零售业的抵制、对反血汗工厂运动的支持，以及城市和城市之间一系列协调合作网络的出现，特别是在欧洲（Graham，1995）。

认识优质网络空间的复杂性

总的来说，像购物中心、特殊政策商业区、人行天桥、高速公路、庞大的互联网管道、国际机场或闭路电视监视下的中庭综合体这样的优质网络空间，实在是太“复杂了，无法将其简化为市场所要求的机械功能”(Dovey,1999:135)。许多抵抗活动，通常因学术研究中对其简单的《银翼杀手》(*Blade Runner*)般的反乌托邦描述而被忽视，但它们可以打开城市内部和城市之间的这些空间，使这些空间有不同的用途，构建不同的意义。这样做的基础是关于正义与权利的争论和社会运动，以及削弱其排斥社会力量的社会实践(参见 Thrift,1997a;Shields,1989)。

同时，重要的是不要将这种抵抗感性化或浪漫化(Donald,1999:17)。“大卫与歌利亚的对抗”中隐藏着浪漫主义这种观点本身就是一种戏剧性的过度简化(Thrift,1997b:124)。它的意思是说：“一切都必须被强行纳入或抵抗或屈服这种二分法，而所有不能以这种方式理解的反常现象都应该被隐藏起来。”(同上)

当代许多工作和街道空间的规训和监视达到了极致，我们甚至可以像卡洛琳·弗里曼(Caroline Freeman)一样发问：“对许多人来说是否仅仅是生存而不是抵抗?”(2000:206)可以考虑一下这样一个例子，每年都有许多极度贫困的尼日利亚人在尼日尔三角洲周围的陆上管道中抽取汽油时殒命，他们不是被保安人员一枪毙命，就是被随之引发的巨大爆炸和火灾所杀。这种破坏管道的行为——被称为“挖油”——显然是一种抵抗行为，抵抗跨国石油公司在三角洲地区运营带来的巨大不平等和环境正义问题。但是，对于参与其中的人来说，这只是一种单纯的为生存而做出的努力，而不是出于反抗强权这一浪漫的立场。

新的监测技术：曝光、羞辱和批判性调查

谈到抵抗，我们还想强调，城市社会运动和激进主义者本身就可以利用地理信息系统、闭路电视和其他监视技术。这些技术对于构建和（尝试）维护分离式网络空间至关重要。根据拉马苏伯拉罕(Ramasubramian，1996)的讲述，在密尔沃基，人们使用地理信息系统技术来证明一家保险公司对该市的非裔美国人普查区域进行"划红线"操作，对这些区域实行经济歧视，拒绝提供贷款或保险。凯文·罗宾斯认为，随着针对消费者的摄像大规模普及，"它们拍摄的每一个镜头，放大的每一个细节，都成为构成城市全景的一个个马赛克。这样一来，随着这些装置对城市进行拍摄，我们可以将碎片化的图像作为一种控制，直达个人层面"(1996：139)。一些人认为，如果配置使用正确，整个城市的闭路电视可能会大大减少执法机构的权力滥用（通常以洛杉矶的罗德尼·金为案例来说明视频技术的普及带来的民主化潜力）。

动员网络提供和使用的反霸权渠道

倒数第二点是，基于水、电、交通、通信和城市街道等优质网络空间的建设也面临其他挑战。特别是在发展中世界和后殖民地城市，许多较贫穷的城市社区已经开发出更复杂先进的方法来抵抗随着优质网络空间的建设而带来的驱逐和排斥(Berner，1997a：111)。这些被驱逐和排斥的群体活跃地进入或访问仅为富裕用户开发的优质网络空间——街道、交通系统、电力线、水管和电话网络(Chougill，1999)。霍尔斯顿称这样的空间为"叛乱公民的空间"(1998)，旨在抵制将基础设施限制在支离的大都市中优质网络空间内这种具有规范性质的主导性做法。例如：

· 克诺萨(Knosa,1995)展现了在南非种族隔离制度下,被排斥在公共交通系统之外的群体针对高昂的成本和极差的服务质量采取一系列非常明显的交通抵制战略:抵制公共汽车、实施替代方案,并展开了政治上的动员。

· 苏贾(Soja,1999;2000)介绍了大约3万名洛杉矶内城居民联合起来,与公交乘客联盟联手,起诉该市的大都会交通管理局,因为管理局没有重视乘客们所依赖的昂贵而破旧的公共汽车系统,反而将300亿美元投入到为郊区中产阶级建造的新轻轨系统。更重要的是,他们赢了。

· 马南达尔(Manandhar,1999)展示了尼泊尔帕坦市的妇女团体在非政府组织的支持下,在其非正式聚居区建造排水和卫生系统。这些系统是为直接满足她们的需求而设计的,而不是她们必须接受的来自远方某个男性技术专家的设计。

· 布雷斯林(Breslin,2000)展示了一个非政府组织联盟在Carvajal基金会支持下,如何在哥伦比亚阿瓜布兰卡的非正式聚居区努力消除贫困、暴力和令人绝望的恶性循环。40万人的定居点被纳入其中。低成本食物及必需品的供应、建筑材料和服务得以组织。通过低成本方案提供了电话、道路、下水道、卫生设施、水和电,还与现有的小企业主合作开发了小额信贷、教育、商业资助和儿童保育服务及公园。

· 格雷尔等人(Grell *et al.*, 1998:210)描述了反对柏林街头空间私有化的战略是如何试图宣扬这样一种观念,即城市街头空间的管理应该基于"公共空间的自由主义观念,即偶然的相遇有其积极的一面,能对抗偏见,引导交流和学习过程"。

同时,在巴基斯坦卡拉奇市的奥兰吉区等地区,现代基础设施理想模式明显失败,再加上最近出现了为社会经济精英精心打造的优质网络空间，这些导致了社区自我供应这一替代策略的出现。有了非政府组织的资金和支持，这种社区的动员成功地为整个城市社区配备了供水和排污系统，如今接通率已达到 75%(Chougill，1999：295)。而且与现代理想模式的旧技术官僚集权制度相比，社区在网络服务的设计和建设中显示出对性别问题更加敏感(Makan，1995)。

在网络上发起动员

最后，贫困或被排斥的城市社区、社会运动和工会使用各种策略，直接动员发展中国家和发达城市使用互联网应用程序，以支持它们进行社会经济参与和集体力量建设(Castells，1999a；Schuler，1996；Merrifield，2000b)。人们希望通过广泛试验，开拓利用互联网反霸权主义的用途，为知识和信息的民主化提供渠道，并将它们扩散在城市地区的各种关系网上。那么这种技术能否……提供基础，将权力从当前节点分散出去，增强并传达各种民主的声音呢?”(Healey *et al.*，1995：277)当然一些积极的迹象正在出现。正如卡斯特尔所指出的，互联网的广泛传播，以其

> 创造性的喧嚣和社会的多元性，以其价值和利益的多元性，考虑到了场所和信息流之间的联系，改变了流动空间的逻辑，使之成为一个有争议的空间……通过各种措施，人们可以在不离开自己场所的情况下上网了。
>
> (1999a：300)

特别是随着劳工、环境、反企业运动和进步通信运动中的非正式联盟和国际联盟的成长，互联网能够揭示全球资本自身如何利用信息和通信技术力量来加强全球劳动、财富和环境质量的极端分工，并在此基础上对各种运动进行协调(Kellner，1999；见图 8.1)。正如美

国反企业运动家迈克尔·摩尔(Michael Moore)所说:“美国企业无意中给了我们一个无比强大的工具,让我们可以低成本迅速地相互联系。”(1996:304;引自 Merrifield,2000b:33)理查德·福尔克(Richard Falk)在他的《掠夺性全球化》(*Predatory Globalization*)一书中辩称:“这种网络具有远见卓识,致力于实现变革性的政治目标,为穷人和弱势群体提供了对他们来说可能是未来最美好的希望。”(1999:6)

此外,互联网还在为实现电子和数字媒体内容的多元化和民主化做出努力。在这个以技术为媒介、日益商业化和国际化的时代,这是为重新平衡有偏见的国际文化和经济权力体系而做出更广泛努力中的关键一步。正如联合国开发计划署所说:“信息高速公路不能是一条单行道。网站需要在当地创建,为全球对话增加新的声音,使内容与社区相关。”(1999:65)

随着更广泛的国际运动敦促对不受任何约束的信息、通信技术和数字媒体市场进行全球监管,许多地方性的例子正在出现,支持将被排斥的声音纳入电子领域。例如,印度泰米尔纳德邦目前正在推广使用当地语言泰米尔语的键盘标准化和软件。在美国,“老年网”项目正在为那些通常在信息和通信技术领域代表性不足的老年人群提供应用、讨论空间、服务和支持。世界各地复杂的移居地中正在出现如 Vietnet 等专门的社区网络,使各种文化在极端分散和文化动荡的情况下得以保存。

开发本地内容和用于本地表达的空间,还可以促进人们进行更广泛的工作,将边缘化的声音纳入城市和地方治理以及主流经济。这点很重要,因为大多数城市使用信息和通信技术最初是为了向游客和潜在投资者进行营销和促销(Graham and Aurigi,1997)。在美国,公民网络运动已经发展成为一组强大的空间力量,支持公民的动员和行动(Schuler,1996;Beamish,1999)。在加利福尼亚州圣莫尼卡市，公共电子网络(PEN)系统让无家可归者和流浪人士拥有他们自己的电子邮件地址，从而使他们有用于发声和联系的空间，帮助他们获得工作、服务和民主权利(Doctor and Dutton，1998)。

图 8.1　人们利用互联网发起全球性抗议运动：瓦瑟曼在《波士顿环球报》(1999)上发表的观点。

广义地说，“洛杉矶城市社区邻里策略”(NKLA)计划直接挑战了洛杉矶市地方社会、人口和经济数据的私有化。NKLA 整合了以前关于高危社区状况的零散信息及资料来源，提供双语服务，帮助应对社会和经济恶化，帮助社区认识面临的问题，这有助于挑战和揭露大公司和机构的贷款歧视，并将数字和地理信息的获取民主化。

在整个欧洲，虚拟市政厅、社区内网和社区电信中心——从阿姆斯特丹和柏林到雅典，从博洛尼亚和巴塞罗那到伦敦东部——最终使边缘社区能够在治理结构中主张自己的民主权利，这都是第一次(Tsagarousianou *et al.*，1998)。也许最著名的例子是“数字城市”

(*De digitale stadt*，即 Digital City)。这是一个位于阿姆斯特丹的互联网空间，现在已经有5万多名“居民”(包括本地的和全球的)。数字城市以主题“城市广场”和“咖啡馆”为其明确的城市隐喻，支持政治、社会、环境和基于兴趣的专业话语社群。这些专业话语社群，在互联网接入具有社会偏向性这一限制下，不仅支持了“一个在地面上众人皆知的正式城市”，还支持了“另一个巨大的地下世界”(Lovink and Riemens，1998：183；参见 http://www.dds.nl)。对其创始人来说，把“城市隐喻”作为“数字城市”的网页界面，显然“代表着多样性……我们所想到的是在一个真实的和虚拟的城市中可能出现的所有不同的场所和地方”(同上：185)。

后　记

推进网络城市主义的宣言

插图 20　迈克尔·迪尔和史蒂夫·弗卢斯蒂通过对美国城市的研究，将后现代都市主义碎片化景观概念化。图片来源：迪尔和弗卢斯蒂(1998:61)

我们需要重新认识到，一个不同的世界是可能的。

(Smith，1999：105)

每当城市的边界发生变化，城市理论就会大量涌现。

(Waterhouse，1996：299)

不能、也不应该压制因异质而造成的紧张关系。必须以令人振奋的社会方式解放它们，即使这意味着更多而不是更少的冲突，包括为满足集体需要而对市场进程的社会化在社会上展开争论。多样性和差异性、价值观的异质性、生活方式的对立和混乱的迁徙，都不应该作为无序的源头而感到惧怕。一个城市，如果不能适应多样性、移民运动、新的生活方式以及具有新的经济、政治、宗教和价值观念，那么它不是因僵化和停滞不前而消亡，就是因暴力冲突而分崩离析。

(Harvey，1996：437—438)

今天城市的发展模式是受制于人的，它**不是**不可控力量的结果，也**不是**国家无力左右其影响的经济铁律的结果。

(Marcuse and van Kempen，2000：272；原文强调)

有可能出现去边界、重连接的政治。在这种政治中，关于空间的争论——空间的封闭、排斥和隔离——成为辩论和讨论的主题，更重要的是，成为抵抗和侵犯的主题。

(Dumm，1993：192；引自 Soja，2000：321)

为支离的大都市提供空间想象

很显然，城市支离的战略和实践必须越过重重矛盾：一边是持续的城市混杂、积极的抵抗，一边是探索建设城市和网络空间的其他更民主的方式。尽管这些矛盾的规模、普遍性和力量都非常强大，但本书概述的城市支离过程，似乎仍有可能会巩固当代许多——或许是大多数——城市中出现的特权和无连接紧密并存这一极化现象的经济和社会地理环境。

我们由此可以预料，许多城市中社会和政治的紧张局势会加剧。因此，在新千年的头几十年里，城市政治和城市社会运动的核心主题将集中在试图纯粹控制边界和定制化优质网络空间的全球本地化力量，与基础设施、城市和技术的民主化要求及对更加民主平等的发展实践和原则的需求，以及这两者之间的斗争上（参见 Sassen，1996；1998；2000b）。凯文・罗宾斯提出了一个关键问题："在这种全球化背景下，我们能想象出什么样的城市？"他的回答既尖锐又悲观：

> 这个全球城市是数百万人口聚集的地方，有新流动进来的，有流离失所的。每个城市都带着各自层出不穷的乱象动态——惊人的贫富对比、极化隔离、偶遇和聚集。随着现代城市连贯而有序的结构被蔓延无序的大城市或大都市连绵带（信息和通信系统被这种城市的无政府状态所笼罩和纠缠）所取代，它也就成了一种新的城市。
>
> （1999：54）

这一点把我们引至本书的最后一个任务，即建立一些出发点，构想政治、规划和我们可以称之为空间想象的框架，以研究并解决支离的大都市这一挑战。摒弃后现代理论在社会化、城市规划和国家性质等问题上退出实际政策建议的倾向；这里的当务之急必须是探索，用霍尔斯顿的话说，我们如何“能够开发出一种不同的社会想象——一种不是现代主义的，而是重塑现代主义对社会创造和国家建设的积极承诺”(1998:39)。

我们的出发点是，所需的空间想象和政治需要“在不压制差异的情况下，弥合多种异质性，其中最突出的是地理上的异质性”(Harvey，1996:438)。它必须意识到各种类型的网络化基础设施以及它们所支持的不同技术功能，在全球化和大都市区扩展的背景下，在不同尺度的城市生活中，在空间、身份和意义的生产中，以复杂的方式被捆绑在一起(Graham and Marvin，1999)。它必须直接参与整个城市结构中社会技术连接和断连的复杂叠加，这是当代城市化的一个特色(Roberts *et al.*，1999)。显然，“新领域的出现，改变了人们对城市工程在尺度上的理解和干预，使其复杂性倍增，这就要求有新的规划风格和工具以及新的建筑设计”(Ezquiga，1998:7)。最后，新的空间想象必须完全建立在对支持了世界各地支离的城市化趋势的各种进程的认识之上，如社会技术、地理、政治、法律和话语进程(参见Lefebvre，1984)。

城市民主化的挑战：联合、差异和国家

> 自19世纪末以来，世界范围内的不平等现象一直没有停止过，而与不平等现象作斗争的想法，现在已经受到质疑。
>
> (Mattelart，1996:305)

> 想改变城市，就必须控制街道。
>
> (抗议海报“收回街道!”，伦敦，1997)

我们认为，最重要的是，任何新颖的城市空间想象必须积极寻求在所有城市环境中实现最充分的城市民主化(Painter，1999)。为了

实现这一目标，首先，需要与以支离的城市主义战略为代表的各种城市网络空间的社会技术封闭形式作斗争。在安全的观念和经验、对封闭的需要，以及开放和相互联系的民主理想之间，需要做出新的妥协。因为，正如阿尔伯特·波普所言，在某种意义上，我们有理由理解当代城市中“为什么有能力的人选择了封闭式的共同开发住宅项目带来的安全感，而不是日益衰落的开放城市带来的更多自由和选择”(1996:185)。他认为，应该加以抨击的是必须在安全与自由之间做出选择这一事实。对他而言：

> 最近的城市形态历史告诉我们，这种折中是没有必要的，传统上城市两者都提供了。尽管我们无法恢复历史悠久的城市形态，但我们最终必须坚持的是不需要放弃安全或自由的城市。
>
> （同上）

对一些人来说，当代大都市有一种不可控的感觉，即明显地普遍转向扩展、多核的大都市景观，其特点是不断加深的分裂、仇外心理和内外部明显不平衡的连接能力。艾伦·沃特豪斯在谈到多伦多周边地区时认为，其代价是“我们渴望逃离孤独感，但[我们]无法避免陷入现代都市主义的离心机中，因为它将其他的生活从我们自己的生活中剥离出来，变成了无法进入的区域”(1996:ix)。

关于维持混杂状态：保持具象化与情境的共现

在这种情况下，我们对新空间的想象显然必须强调构成异质互动、持续混杂的重要性领域——无论是地理的、社会技术的、政治的、文化还是法律上的构成——这是一个城市的本质。我们必须认识到，网络化的流动空间被无限制地商品化，城市景观被重建为封闭的优质空间，以此对抗“他者”的不流动空间，以及对“他者”空间的恐惧感，这些都是危险的。需要强调的是，城市景观的变化与全球新自由主义和消费主义的转变有着密切联系。所有相关的金融和社会成本，可能来自对犯罪的恐惧、社会动荡、两极分化和螺旋式上升的安保及防御需求，这些都必须加以强调。

更准确地说，新的城市政治想象必须参与并积极支持通过复兴公民网络空间提供的拼凑在一起的“无数微小赋权”（Sandercock，1998a：129）——从有组织的基层动员，通过当地的交换和交易系统（LETS）到一整套日常活动，这些活动抵制了社会技术、商品化空间与更广阔的大都市政治景观的简单分离（Cooper，1998；参见 Fincher and Jacobs，1998）。继艾利斯·马利雍·杨（Iris Marion Young，1990）之后，这种民主化必须首先建立在“以非压迫的方式表达差异和‘他者’的可能性上”（Swyngedouw，1998：120）。因此，我们需要认识并支持网络化基础设施和城市空间的并行建设，这些基础设施和城市空间能更敏感地支持当代城市化、社会文化变革和移民引发的多个层面的“文化政治差异”，包括性别、年龄、民族和种族、有无残疾、性偏好和精神信仰等（Sandercock，1998a；b）。

显然，互联网和其他基础设施网络带来的碎片化表达空间的增长在这里是不够的。要有效支持城市的差异化政治，仍然需要具象化和情境化的存在、接近和接触——这正是某些城市的街道和空间所表达和维持的东西。因此，需要努力控制建设各种优质网络空间——消费化的街景、封闭式飞地、电子控制的高速公路、虚拟空间等——因为这些建设致力于净化社会、文化或经济，操纵着对差异的隐匿（Robins，1999：51）。凯文·罗宾斯认为：“城市的本质，在于具体的存在和相遇。这是一个关于……城市的个体主体和集体主体的问题。”（1999：52）参照理查德·塞内特（Richard Sennett，1970）的一些论点，罗宾斯敦促我们“重视[对差异的]曝光及其带来的不适”（同上：54）。同样，杰里米·西布罗克（Jeremy Seabrook）说：“如果说在

哪里有安全感，一定是源自那些在日常生活中致力于彼此保护的人们的关怀和警惕。”(1993:12)

超越公共领域：暴露和规范全球化的不平等

但与此同时，这种差异化政治必须意识到对当代资本主义城市现状的共同体验所造成的巨大障碍。当代资本主义城市现状是“排斥、支配和压迫，是差异的表现形式以及对差异的体验”(Swyngedouw, 1998:120)。要做到这一点，城市民主化需要远远超越传统的公共领域，尤其是要克服挑战，恢复和加强街道的混杂性。它

> 不能仅仅限于保护个人平等参与公共领域的权利，因为个人在进入公共领域并在其中发声的能力方面有着系统性不平等，这种不平等部分地产生于公民社会的公共领域、私有经济和私有领域之外。
>
> (Painter, 1999:42)

特别需要暴露消极再分配的隐性机制和企业权力这些外在因素，如企业减税等做法。这些做法与优质网络空间的生产和支离的城市化过程密切相关，包括进入分离式优质网络空间建设的众多隐性公共补贴。

如果不揭露这些问题，没有将回收的资源用于那些旨在造福于正在经历边缘化这一网络城市化形式的地方和人民的战略，那么埃里克·斯温格杜所说的“倡导致力于实现更具社会和生态包容性的城市生活”，并以此为基础“在全球范围内实现人性化和公正的城市化”，将只是一个空想(1998:120)。在互联网时代，要真正实现跨国界的企业监管和提高监管透明度极端困难，很可能会使避税成为企业经营的核心要素。对越来越多的跨国公司来说：

它们会在税收最低的地方安装网络服务器，将货物贸易伪装成服务贸易，甚至推出自己的虚拟货币。换句话说，税收负担正在转移到那些无法将资产转移到离岸或从旧经济中转移到网络空间的人身上。由于得不到什么其他好处，贫穷的国家[和空间]最终会为了吸引投资而不顾一切地放弃所有。要想使税收不至于完全倒退，我们就必须对富人的收费手段进行革命。

(Monbiot,2000:13)

城市民主化面临的挑战

正如阿明和斯里夫特(2000)所言，民主化远远不是简单地庆祝多样性和承认差异的需要(组合式民主)。它还必须超越理查德·塞内特(1970)和凯文·罗宾斯(1996;1999)所说的城市是不同社会、文化群体和身份的创造性冲突点这一概念(激进民主)。除此以外，还需要国家和公共机构在所有领域范围内采取新的干预形式，通过(重新)努力，实现平等出入空间，平等获得基础设施网络、公共服务、交往的机会，践行公共税收富人和强者负责制，直接鼓励民主实践。

在阿明和斯里夫特看来，理想的城市必须被视为“一个平等进出、相互交流、自由和发挥潜力的地方……城市，更具体地说，它的社会和制度设置，必须给我们所有人提供空间和时间，让我们成为另外一个人，赋予我们所有人以权利和机会去尝试，去开启飞翔之路，去打造连接和联系”(2000:26;原文强调;参见 Amin *et al*.,2000)。这涉及一些重大的政治问题，如在一个被理查德·福尔克(1999)称为“掠夺性全球化”的时代，重建国家、市场和公民社会之间的平衡，需要培养更民主的经济组织方式，抵制以消费主义话语取代公民权话语，还需要将地方、城市的战略与国际经济治理方面的考虑和全球性实践联系起来。

当然，这些挑战渗透到了当代政府管理和政治的所有领域，严格来说超出了本书的范围(参见 Brecher and Costello,1994;Mander and Goldsmith,1996)。但它们提出了一些关键性的问题,即在这个后福特主义时代,在国家的社会经济法规与不断自由化的经济、文化和社会治理的国际化制度之间,能否建立起新颖的进步和民主化的关系。换句话说,达尔文主义者通过其优质的网络空间以及加剧的社会和地理划分,成为当代城市化更广泛的力量,那么地方行动主义及民主化且具有社会包容性的政策性尝试,能否真正有效地抵制向社会达尔文主义的全球性广泛转变(Kipfer,1998:173)。还有,如何使努力抵制全球新自由主义和社会极化的多重空间尺度战略——从身体到街道、城市、区域、国家和跨国——同步运作,与优质网络空间本身自带的主导性全球地方化尺度保持一致(Smith,1993;Harvey,2000)。

构建对当代城市生活新的概念性理解

全球化不应该被炒作,被物化成碾压地方的蒸汽机。

(Keil and Ronnenberg,2000:228)

这样的议程既庞大又艰巨。但是,为了努力实现对城市民主化实践的创造性想象,显然还需要对城市的当代性继续进行彻底的重新定义。

显然,这种反思必须抵制现代主义实践(及其遗留部分)中固有的秩序、进步和理性等整体化概念。它必须同时避免将城市企业思维、幻想工程[①]和城市竞争力等所谓的全球化必要条件加以美化或具体化的倾向。这大约是 20 世纪最后 20 年里许多规划者和政策制定

① imagineering,该词来自迪士尼。迪士尼幻想工程是独特的创新机构,包揽了所有迪士尼主题乐园、度假区、景点、游轮、房地产开发及世界各地区娱乐场所从概念至建筑的全部工作。这里指发明出刺激好玩的东西,如主题公园的机动游戏等。——译者注

者主要迷恋的东西。我们仍然经常听到城市必须在全球范围内竞争这类话语,好像它是全球(新自由主义)经济舞台上的一个单一行动者。我们无休止地听到新技术对城市和社会的影响,仿佛互联网等是来自外太空的流星,撞击着我们的星球。或者,我们被告知,所谓的“指令性”规定,就是社会经济精英有必要从优质的街道、电力、交通、水或通信空间、更多的流动机会以及任何相关的房地产开发、公共补贴和话语合法性中受益(Marcuse,1997)。这种话语带来的持续性危险,无论是在实践上还是理论上,都是“我们冒着风险,毫无疑问地把城市(以及技术和全球化)当作一个能够采取行动的主体来对待”(Jessop,1998:80)。

事实上,将城市、新自由主义的市场力量和新技术简单地混为一谈,往往掩盖了与将城市重建为优质网络空间相关的更广泛的权力关系、政治经济学及实践。因此,这些内在的想法有助于建立并延续政策、实践以及对可能出现的问题解决方案的想象(INURA,1998)。

在重新设想城市的性质方面已经取得了很大的进展(参见Ascher,1995;Sandercock,1998a;Healey,1997;Douglass and Friedmann,1998;Soja,2000),但仍有必要在我们于第五章中回顾的“关联式”城市地方概念的基础上进一步发展。与其把城市看成是“伟大而统一力量的印记,城市理论家的任务是划定和限制城市的界线”,不如把它看成是“一个部分连接的多元性,我们只能从多个地方部分地了解它”(Thrift,1997a:143)。“透视的观点现在是多元的”,约翰·弗里德曼(1998:29)认为,“世界不能脱离它的轴心……大都市不能被视为一个整体”。

打破“空间尺度的暴政”

关联式理论的视角尤其表明,我们需要打破我们想象中的“空间尺度的暴政”,即假设城市尺度必然是行动和组织的主导尺度。这和其他任何事物一样，都是城市学科在极度不确定的时代中试图加强自身合法性的结果。反过来说，我们必须认识到，真正的民主化必须通过城市内外不同网络中的无数连接来实现(Painter，1999：43)。从某种意义上说，在当代网络化大都市中，随着优质网络化空间和新的网络化技术在现代网络化城市中变得更加标准化，以及在分散的网络上不均衡地叠加，空间尺度和地理层次(身体、地方、城市、区域、国家、国际、全球)正在不断地“伸缩”(Offner，2000)。

这就要求我们以动态的、关联的、多尺度的视角来看待城市的多重空间和时间。由此展现的城市是“流动的，随情况变化而变化的，不可描述的”(Flusty，2000：150)。它

> 不断变化(甚至会一直不断变化)，[它是]一个不一定能拧在一起的城市，一个可大可小的城市(因为尺度的理念被部分连接的网络这一理念所取代)，一个……有着一套不同的互动和实用秩序的城市，其中互动比秩序更重要。这是一个魔力依然存在的城市。
>
> (Thrift，1997a：143；参见 Sum，1999)

到目前为止，规划师的许多规划实践和学术工作都未能将时空和城市性质的概念从战后城市规划历史上现代主义的束缚中解放出来。在他们的观点中，城市空间和尺度本身往往被重新整合了；城市仍然被视为“有区别的、有界线的(甚至是有机的)整体”(Painter，1999：13)。乔·佩恩特将此称为“城市一致性的话语建构”(同上：27)。这种对城市客体化的看法，反过来又导致了一种共识，即作为一种客观事物，城市会受到经济、文化或技术全球化这一外部过程的影响。

超越传统分析工具和单一的表征

一个相关的问题是，尽管人们越来越普遍地意识到这种表征当代城市生活范式的缺陷，建筑、规划和城市主义往往依旧被透视规划或形式几何结构这些传统的分析工具所束缚。正如梁思聪所说，“笛卡尔式的测图系统已不能充分表征城市配置的过程了”(1998:201)。“当代城市的配置已经超越了理想模式中的几何学领域。然而，令人惊讶的是，这个显而易见的事实在很大程度上还是被建筑和城市实践所忽视，因为建筑和城市实践仍然坚持形式构图的视觉技术。”(Bell and Leong，1998:12)

正如我们在本书中看到的，长期依赖城市一致性的单一表征，其普遍结果是让那些善于表达的强势群体的时空诉求完全占据主导地位。这些群体往往对自己的(优质)时空参数和出行要求有明确的想法。这些想法在城市规划者、房地产和基础设施开发商的头脑中占据主导地位。因此，对城市一致性的描述往往“总是有限的，片面的”；也带来了许多“系统性的沉默”(Painter，1999:28)。强势、富裕企业的经济与社会利益关系时空往往被视为塑造“价值无涉”政策的唯一必要条件，而这些政策对于某些有机统一的城市竞争来说又是必要的。

因此，权贵的时空需求常常被用来作为撷取、表现和描绘一个“地方”的标准，而不觉得有什么问题。对纯净空间的满腔热情，退出新型全球地方化优质网络空间补贴——无论是由当代购物中心多重捆绑而成的微型城市，还是绅士化的消费或旅游空间，有线或网络村庄，或全球流动的优质空间——也往往被视为城市政治和规划中天经地义的既成事实，因为别无选择。

但是，正如大卫·哈维(1996)提醒我们的那样，试图说明单一的时空表征可以毫无问题地捕捉到一个城市的多重时空主体性，将不可避免地产生重大的分配方面的后果。对于那些时空参数、关系取向和愿望与规划者、基础设施和房地产开发商提出的现代化“愿景”或表征不一致的人来说，情况尤其如此(参见 Shields，1995)。

思考难以想象的事情？抵制网络连接的可能性

有鉴于此，在某些情况下，一些地方民间团体积极抵制融入有着全球地方化配置的优质网络空间，而不是投入大量的公共资源来促进地方进一步融入这种网络空间，这样甚至可能更有利可图。安德鲁·吉莱斯皮认为，边缘化或经济薄弱城市的决策者可能会考虑抵制通过宏大而昂贵的全球地方化基础设施项目(如企业远程信息处理网络)来开放自己。他认为，更恰当的解决方案可能会涉及在当地经济和社会空间内从基层建立起更多适度的网络应用。他的观点是，我们必须：

> 至少面对这样一种可能性，即鉴于社会内部普遍存在的权力平衡，现有网络所固有的偏见不可能被转移，因此，与其为了转移其对地方经济的有害影响而接受这种网络，不如抵制这种网络。
>
> (Gillespie，1991：255)

城市规划和实践的前进之路：超越城市和技术决定论的范畴

> 如果人们想要找到一个能有效行使自由权利的地方(可能真有这么一些地方)，那么人们就会发现，这个地方不是由于客体秩序，而是由于自由的实践造就的。
>
> (Foucault，1984：246)

> 必须在[基础设施网络]和区域之间找到一种新的历史性妥协，保留城市组织和区域发展这些政治权力的决策能力。要做

到这一点，必须更加重视对公共空间的占用和服务节点等概念，同时鼓励用户作为参与者参与[基础设施网络的]管理。

(Offner，2000：167)

最后，我们想讨论一下支离的城市主义给努力争取民主和进步的建筑、城市设计和城市规划所带来的挑战。因为很明显，以城市设计为基础的解决方案往往也会将建筑形式中主导利益的时空要求狭隘地结合在一起。“鉴于主导性利益集团有能力占有所有的建筑形式，不可能有*解放性设计*这样的东西；只有设计实践活动才有这样的潜力。”(King，1996：247；原文强调)雷姆·库哈斯(1995)在抨击美国新城市主义运动的狭隘环境决定论时认为，在真正的新城市主义方面取得的任何进展都必须以过程而非形式为中心，以开放而非封闭为中心，以灵活性而非秩序为中心。他认为，这样的新城市主义：

将不会建立在秩序是万能的幻想之上；将呈现不确定性；不再关注那些看起来似乎具有永久性的物体的部署，而是致力于浇灌有潜力的领域；不再以稳定的配置为目标，而是要创造出有利领域，来容纳那些拒绝被固化为某种最终形式的过程；不再是对定义的精雕细琢，对他人强加限制，而是概念的扩充，对边界的否认；无关实体的分离与识别，而是去发现不知名的混合实体。

(Koolhaas，1995：969)

这就让我们对城市设计、政策和规划的实践提出了三点建议，以应对支离的城市主义带来的挑战。

向着全面网络化的城市主义迈进：超越城市和技术决定论

我们不应该重蹈国际现代建筑协会(CIAM)的覆辙，对建筑的期望值超过它所能取得的成就。

(Ley and Mills,1993:267)

首先,这种做法必须强调关系和过程,而不是对象和形式。这并不是否认城市形态的变化是支离的城市化过程的重要产物。当然,支离的大都市景观确实对城市实践提出了挑战,即"从单个开发商的项目所创造出来的设计碎片中组合出一个景观"(Fishman,1990:54)。我们尤其迫切需要想象如何将分离的和全球地方化的网络空间编织到围绕在它们周边的城市空间和时间的细密结构中。我们必须考虑机场、购物中心、主题公园等是如何"将自己编织进本地结构,创造社会互动和容纳,而不是不断增加障碍"的(Avedano *et al.*,1997:68)。

但是,这种重新编织城市结构的尝试必须承认当代城市中高度不平等声音是全面多元化的。它们首先必须为开放的网络空间提供一系列支持,鼓励异质性的混合,而不是以单一功能化和社会净化方式进行分离。此外,还必须制定战略,克服实力较弱、收入较低的群体在使用当代城市基本网络空间——街道、交通系统、水、通信和电力网络——时遇到的障碍和体验到的排斥。克服叠加的现代主义规划、本地网络化基础设施、新自由主义基础设施制度和当代城市巨型基础设施等相互交织又相互脱离的逻辑,这将是一项必要而又艰巨的议程。

这里的一个出发点是,必须动态地理解如何在大都市结构中创造性地利用和整合各种基础设施连接和节点(参见 R.L.Cowan,1997年早期的一个例子),如何以民主和相对公平的方式有效地整合失去连接的城市和城市群(McGee,1998:45)。我们不会否认:"有意识地将基础设施中的节点发展为具有鲜明公共性的新城市空间应该成为我们思考的重点。"(Hajar,1999:33)但是,挑战的范围不仅仅是"城市重新连接”的要求；还有必要重新思考，如何将所有网络化流动空间的监管和法律处理方式（不仅仅是传统的城市规划者所关注的街道和有形的交通网络）转化为地方尺度的城市体验中的具体空间感（Offner，2000）。

换句话说，一个完全网络化的城市主义需要转换对城市实践、教学、政策和行动进行思考的方式（Dupuy，1991）。这就必须抵制技术和环境决定论。形式、基础设施、流动性和城市生活的时空之间关系的复杂性和偶然性表明，一种拟议的建筑或技术形式——紧凑型城市、城市村庄或新城市主义、连线城市、社区内联网——在多大程度上导致特定的社会、经济和文化结果，需要从具体实例的关系动态中加以证明。它们不该被视为普遍原理。

例如，美国新城市主义运动大部分失败了，因为它采用了一个天真的假设，即来自历史的理想模式城市形态的创造将不可避免地导致确定的社会、文化和制度结果。虽然新城市主义“恰恰利用了许多人所接受的可辨识的社区标志，因为这些标志被刻在城市和建筑形式上”，但新城市主义对于城市进程和实践如何解决差异和不平等危机，却鲜有提及（Leong，1998：207）。在这种实践过程中，新城市主义往往无意中进一步支持了那些有能力入住新传统（但连接了宽带的）住房的社会经济富裕群体的分离倾向。

城市社会技术是一种控制权：建立和维持授权的过程

因此，我们需要非常小心地避免赋予任何特定的建成形式或网络技术以某种重要的具化能力，这会自动导致社会边缘化或社会民主化。事实上，我们需要警惕那种简单的非黑即白的预测，警惕那些想当然地认为新的建筑、规划或技术会对地理产生整体性影响的方案。对偶发实践和动态过程的分析，最终将战胜对静态的城市结构、形态和建筑决定性和单一化的解读。正如伯恩沃德·约尔热斯

(Bernward Joerges)所说：

> 建成空间总是代表着控制权。它们属于某人，而不属于其他人，它们可以合法地被某人而不是其他人使用。对建成空间的可变控制权限制了什么东西可以在这些空间内和周围通过。[但是]很少有人能证明这种约束与建筑形式有关……在任何关于建成空间和技术的社会研究中，授权的建立、维护、争议和改变的过程才是问题所在。
>
> (1999b:424;重点号后加)

要对理想的城市形态或基础设施网络和街道配置进行归纳概括，就必须对社会进程与城市形态之间的辩证关系和非普遍性关系进行多形式的、多元的和带有文化敏感性的解读。同样，类似的挑战也潜伏在建筑学中，其中的城市形态的再整合往往是不证自明的。正如亚历克斯·沃尔(1994:11)所说：

> 至于建筑……它的未来将更多地依赖于勒·柯布西耶的口号，即"华丽、高超的纯体量艺术，沐浴在光中"，而不是程序和过程的组织；在一个城市中，它的未来将同样依赖于程序性地激活它的空隙，就像维护它的建筑体量一样；一个城市的建筑代表着越来越少的物质性；一个以过程为主、碎片为辅的建筑。

超越时间和空间的单一表征

接下来第二点就是，规划与城市政策和实践必须强调空间和时间的多重含义。这就需要认真关注以地图形式出现的政策和项目的表述，以及对时间段的表述。在使用二维表征和固定时间段(如"总体"或"五年"规划)的情况下，需要明确说明这是谁的空间和时间，以及为什么使用某种形式的表述是有益的。项目评估和政策制定需要考虑到它们可能被纳入的空间和时间范围,或者说是政策想要的空间和时间范围。

在支离的大都市中出现的连接叠加和断连的复杂地形中,物理上的相邻性不能作为确定一个项目或政策是否具有意义的关系和影响的代名词。一个土地所有者的时间尺度与一个小建筑商的时间尺度是不同的。人们的空间触角在每天、每周、每年和整个生命周期的时间范围内都是不一样的。有的企业可能会在一个地盘上坚持一两年时间。而对于其他一些企业来说,地方是它们永久的生产基地,他们可能会在几十年的时间跨度里进行战略性规划。生态系统将地方与地球长期联系在一起,也与物种栖息地相联系,成为一种微观关系。这意味着我们需要仔细评估一个城市的诸多时空体验,以及这些体验在塑造一个地方并使其充满价值的过程中是如何相互渗透和融合的。

调用新的地方概念

最后,规划和城市政策实践需要将地方表征为多层次的相关资产和资源。这些多层次的资产和资源产生了独特的地方权力几何结构(Massey,1993;Graham and Healey,1999)。这一点提醒我们,需要认识到对空间和时间体验(如 TGV 站、光纤网、超级高速公路、超大型机场等)的优先权可能必然会破坏其他同样重要、但不那么强大的网络空间。因此,多重分层既不是中立的,也不是价值无涉的。动态城市环境中丰富多样的时空结构需要精心培育,通过促进跨层关系的交流,减少将主导群体封闭在狭窄的关系网络以及边缘化许多其他群体这一阻塞和排他性做法。这就需要我们努力设想规划进程如何与许多空间和时间接触——如提供世界一流的网络化基础设施,提供给基本社区参与和行动的机会。

城市研究面临的挑战

这就引出了本书的最后一项任务：为城市研究提出未来的发展方向。本书有意将许多争论、案例和实例汇集至一本书中。但是，本书并没有能够详细地探讨支持和抵制上述城市支离过程中复杂而多样的国家治理和政治过程。因此，本书的讨论虽然篇幅较长，但仍然只是一个不完整的故事，其中强调了世界各地不同城市重组趋势的普遍相似性，但是牺牲了对行动者联盟在不同背景下以不同方式对城市物理组织和社会技术组织的结构调整进行解读。

本书认为，城市研究的一个核心挑战是，通过详细的比较性实证调查，研究物理和社会技术向支离的城市主义和非捆绑式网络化基础设施方向的转变是如何在不同的政治、文化、经济和历史背景下从政治和社会角度进行构建的。这种研究需要包括发达国家、新兴工业化国家、发展中国家和大都市区，因为这些地区嵌入在不同的国家、政治、文化和城市传统中。这是一个跨越多个学科的巨大研究议程。在本书的结尾，我们想指出在这里出现的三个特殊问题，让本书更为完整。

变化中的国家经济领域

首先是不同类型的超国家、国家和地方政府及监管机构经济领域变化的广义问题（参见 Jonas and Wilson，1999）。比如：

· 不同类型的国家和地方政府在实践中是如何努力构建全球地方化尺度修复，使城市或城市的部分地区作为全球交换线路上的节点，更具竞争力的？

· 在打造和发展优质网络空间的过程中，领域所属国的国家利益与基础设施、技术、房地产以及跨国政治和经济治理的代理人等迅速国际化的利益以何种方式联系起来？

- 这些进程在中央集权的单一制国家、联邦制国家和分权制国家、发展中国家的强国和弱国体系之间有何不同？

- 因为这些进程不再关注国家领域的整体管理，而更多地关注了多尺度的优质网络空间，将选定的城市地区相互连接起来，并与更广泛的国际化交流圈联系起来，它们以什么方式改变了国家的领域和政治性质？

- 因为优质网络空间有可能与周边和内陆地区“失去连接”，那么围绕着这种转变，政治和领域的紧张关系是否会破坏民族国家和城市治理联盟以及制度的合法性？

- 某些类型的民族国家是否比其他类型的国家更能维护其领域完整的战略？如果是，方式和理由是什么？

- 城市分析的方法论如何才能最好地捕捉和探索与城市支离过程类似的社会尺度的重建？

- 最后，对于那些在当代资本主义光鲜亮丽的新基础设施安装处之外的群体和空间，即那些往往被主导的技术和经济回路绕过的地方，可以采取什么政治策略？这些团体和空间是否可以合作，游说日渐增多的全球治理机构，并在此过程中绕过他们的民族国家？

支离的城市主义的城市与文化政治比较

第二，接下来的问题我们知之甚少，我们称之为支离的城市主义的城市与文化政治比较。比如：

- 不同的国家和政府，其制度、法律传统、政治文化和公民社会是如何以不同的方式支持了各自的城市和基础设施变革的？

- 政治联盟和发展联盟之间的紧张关系态势如何？在不同的

政治和社会制度以及不同的基础设施网络中，城市街道和网络空间的私有化和封闭对社会运动有何影响？

· 城市掌权者关于城市秩序、竞争性城市空间或“美好城市”的概念在不同文化和国家背景下有何不同？是在规范性建构城市空间和网络结构方面做出努力，还是试图控制城市空间中的犯罪和混乱（参见 Body Gendrot，2000）？

· 身份政治的建构以何种方式支持了基础设施网络在不同背景下的支离？

· 既突出构建优质网络空间的所谓优点，又削弱政治和社会反对派的论点，话语和表征在不同的城市中扮演着怎样的角色？

· 在全球城市明显极化的情况下，是什么让一些占主导地位的政治家和监管者陷入政治妥协，而这种妥协又是如何有利于维持甚至加强城市网络和社会空间内混杂的民主可能性的？

· 进步的城市和国际联盟能否成功地抵制为国际化的精英、游客和企业构建分离式网络空间的全球性趋势？如果是，如何抵制？

· 强调网络公平发展重要性的社会和治理传统，能否在强调新自由主义和社会经济两极分化这一更广泛的国际政治经济中生存？如果能，方式是？

· 抵制优质网络空间建设的团体和组织可以互相学习什么？

· 最后，如何跨越空间尺度和文化背景，处理城市空间与城市基础设施之间的学科鸿沟，以及基础设施领域中水务、能源、街道、交通和通信工程等封闭的专业隔阂，并在此基础上建立、传播并实施加强城市民主的做法和观念？

支离的城市主义、城市空间的生产和资本的全球化

最后，我们需要更好地理解房地产、建筑、媒体和基础设施资本

的国际化，社会精英离散式网络影响力的不断扩大与城市支离方法在全球范围内的广泛应用这三者之间的关系。比如：

· 房地产开发、基础设施重新管制和网络管理自由化方面的示范性模式在国际上的传播对扩大优质网络空间覆盖面起了什么作用?

· 城市设计师(尤其是明星建筑师)发起的国际运动、经济模式和文化规范发挥了什么作用?

· 在跨国基础设施、房地产、金融和媒体公司的支持下，用于建造购物中心、主题公园、门禁社区、自由化基础设施和优质网络空间的工具、技术和规范由北方向南方扩散程度如何?

· 这种国际化的生产力量是如何以混合文化的形式与当地传统相互作用，形成不同的全球城市治理风格，并促进城市的物理、社会、经济和文化转型的?

· 克拉西迪(Krasidy，1999：471)所说的“全球和地方话语纠缠不清的表述”是如何在不同的城市背景下卷入城市空间的生产和重新配置的?

· 读者会记得大卫·哈维在第五章中将当代大都市生活的“协同效应”定义为“多个过程一起流动，以构建一个统一、连贯的，但又是多面的时空系统的方式”(1996：260—261)。本书所分析的各种优质和分离的网络空间是如何融入这种“协同效应”的?

结束语

显然，这里还有无数问题，尽管本书篇幅很长，但这些问题在本书中只是稍稍提及。然而我们希望，我们对各个城市中进行着的支离过程的广泛探索，可以有助于其他人对其中的一些问题采取后续行动。最重要的是，我们希望本书已经展示出了它的优点，即对整个网络化基础设施与当代城市空间和社会变革之间复杂而动态的相互作用进行了探索。我们还希望，我们也已突出了看待这些问题时所采用的视角的优越性，它同时具有批判性、跨学科、国际性和社会技术性。我们认为，这种观点有助于我们在这个快速城市化的星球上就城市生活日新月异的本质形成强有力的新观点。通过这样的方式，我们希望能为构建网络化城市的批判性城市主义这一当代城市研究的重要挑战做出贡献。

参考文献

Abler, R. (1977), 'The telephone and the evolution of the American metropolitan systems'. In I. de Sola Pool (ed.), *The Social Impact of the Telephone*, Cambridge MA: MIT Press, 318–41.

Adams, P. (1995), 'A reconsideration of personal boundaries in space-time', *Annals of the Association of American Geographers*, 85 (2), 267–85.

Aibar, E. and Bijker, W. (1997), 'Constructing a city: the Cerdà plan for the extension of Barcelona', *Science, Technology and Human Values*, 22 (1), 3–30.

Akrich, M. (1992), 'The de-scription of technological objects'. In W. Bijker and J. Law (eds), *Shaping Technology/Building Society: Studies in Sociotechnical Change*, London: MIT Press, 205–23.

Aksoy, A. and Robins, K. (1997), 'Modernism and the millennium: trial by space in Istanbul', *City*, 8, 21–36.

Allen, J. (1999), 'Cities of power and influence: settled formations'. In J. Allen, D. Massey and M. Pryke (eds), *Unsettling Cities*, London: Routledge, 181–227.

Allen, J., Massey, D. and Pryke, M. (eds) (1999), *Unsettling Cities*, London: Routledge.

Allen, S. (1990), 'Mapping the postmodern city: two arguments for notation'. In M. Angeli (ed.), *On Architecture, the City and Technology*, Washington DC: Butterworth, 33–5.

Allen, S. (1994a), 'An interview with Dave Hickey'. In M. Avillez (ed.), *Sites and Stations: Architecture and Utopia in the Contemporary City*, New York: Lusitania, 31–42.

Allen, S. (1994b), 'From critique to construction'. In M. Avillez (ed.), *Sites and Stations: Architecture and Utopia in the Contemporary City*, New York: Lusitania, 6–13.

Amborski, D. and Keare, D. (1998), 'Large-scale development: a teleport proposal for Cordoba', *Land Lines*, September, 4–5.

Amin, A. (1994), *Post-Fordism: A Reader*, Oxford: Blackwell.

Amin, A. and Graham, S. (1998a), 'Cities of connection and disconnection'. In J. Allen, D. Massey and M. Pryke (eds), *Unsettling Cities: Movement/Settlement*, London: Routledge, 7–48.

Amin, A. and Graham, S. (1998b), 'The ordinary city', *Transactions of the Institute of British Geographers*, 22, 411–29.

Amin, A. and Thrift, N. (1992), 'Neo-Marshallian nodes on global networks', *International Journal of Urban and Regional Research*, 16 (4), 571–87.

Amin, A. and Thrift, N. (1999) 'Institutional issues for the European regions: from markets and plans to socioeconomics and powers of association'. In T. Barnes and M. Gertler (eds), *The New Industrial Geography*, London: Routledge, 292–312.

Amin, A. and Thrift, N. (2000), *The Democratic City*, London: Verso.

Amin, A., Massey, D. and Thrift, N. (2000), *Cities for the Many Not the Few*, Bristol: Polity.

Andersson, Å. and Batten, D. (1988), 'Creative nodes, logistics networks, and the future of the metropolis', *Transportation*, 14, 281–93.

Andreu, P. (1997), 'Borders and borderers', *Architecture of the Borderlands*, London: Wiley/Architectural Design, 57–61.

Andreu, P. (1998), 'Tunneling'. In C. Davidson (ed.), *Anyhow*, Cambridge MA: MIT Press, 58–63.

Angélil, M. and Klingmann, A. (1999), 'Hybrid morphologies: infrastructure, architecture, landscape', *Daidalos*, 73, 16–25.

Anton, D. J. (1993), *Thirsty Cities: Urban Environments and Water Supply in Latin America*, Ottawa ON: International Development Research Centre.

Archer, K. (1995), 'The limits of the imagineered city: sociospatial polarization in Orlando', *Economic Geography*, 71 (3), 321–33.

Ascher, F. (1995) *Métapolis, ou l'avenir des villes*, Paris: Jacob.

Atkins, P. (1993), 'How the West End was won: the struggle to remove street barriers in Victorian London', *Journal of Historical Geography*, 19 (3), 267–77.

Augé, M. (1995), *Non-places: Introduction to the Anthropology of Supermodernity*, London: Verso.

Aurigi, A. and Graham, S. (1997), 'Virtual cities, social polarization, and the crisis in urban public space', *Journal of Urban Technology*, 4 (1), 19–52.

Ausubel, J. and Herman, R. (1988), *Cities and Their Vital Systems: Infrastructure Past, Present and Future*, Washington DC: National Academy Press.

Avedano, S., Murphy, D. and Old, A. (1997), 'Between London city airport and Silvertown', in *Architecture of the Borderlands*, London: Wiley/Architectural Design, 67–9.
Bachelor, C. (1998), 'Moving up the corporate agenda', Supply Chain Logistics Survey, *Financial Times*, 1 December, 1.
Badcock, B. (1997), 'Restructuring and spatial polarization in cities', *Progress in Human Geography*, 21 (2), 251–62.
Bagnasco, A. and Le Galès, P. (eds) (2000), *Cities in Contemporary Europe*, Cambridge: Cambridge University Press.
Baird, D. and Heintz, R. (1997) 'Bi-national communities and the unregulated colonia', in *Architecture of the Borderlands*, London: Wiley/Architectural Design, 13–19.
Balbo, M. (1993), 'Urban planning and the fragmented city of developing countries', *Third World Planning Review*, 15 (3), 23–35.
Ballast Wiltshier (1999), *Landscapes of Change*, London: Ballast Wiltshier Construction Group.
Balshaw, M. and Kennedy, L. (2000), *Urban Space and Representation*, London: Pluto.
Banes, C., Kalbermatten, J. and Nankman, P. (1996), *Infrastructure Provision for the Urban Poor: Assessing the Needs and Identifying the Alternatives*, Washington DC: Transportation, Water and Urban Development Department, World Bank.
Banham, R. (1980), *Theory and Design in the First Machine Age*, Cambridge MA: MIT Press.
Banisar, D. (1999), 'Big Brother goes high-tech', *CAQ Magazine* (available at www.worldmedia.com/caq/articles/brother.html).
Bannerjee, T., Giuliano, G. and Hise, G. (1996), 'Invented and reinvented streets: designing the new shopping experience', *Lusk Real Estate Review*, summer, 18–30.
Bannister, N. (1994), 'Networks tap into low wages', *Guardian*, 15 October, 40.
Barakat, S. (1998), 'City war zones', *Urban Age*, spring, 11–15.
Barnett, J. (1986), *The Elusive City: Five Centuries of Design, Ambition and Miscalculation*, New York: Harper & Row.
Bateson, G. (1978), *Steps to an Ecology of Mind*, New York: Ballantine.
Bayne, J. and Freeman, D. (1995), 'The effect of residence in enclaves on civic concern: an initial exploration', *Social Sciences Journal*, 32 (4), 409–21.
Bayor, R. (1988), 'Roads to racial segregation', *Journal of Urban History*, 15 (1), 3–21.
Beamish, A. (1999), 'Approaches to community computing: bringing technology to low income groups'. In D. Schön, B. Sanyal and W. Mitchell (eds), *High Technology and Low Income Communities*, Cambridge MA: MIT Press, 349–70.
Beauregard, R. (1989), 'Between modernity and postmodernity: the ambiguous position of US planning', *Environment and Planning D: Society and Space*, 7, 381–95.
Beauregard, R. and Laila, A. (1997), 'The unavoidable incompleteness of the city', *American Behavioral Scientist*, 41 (3), 327–41.
Beaverstock, J., Smith, R. and Taylor, P. (2000) 'World-city network: a new metageography?', *Annals of the Association of American Geographers*, 90 (1), 123–34.
Beck, U. (1999), *World Risk Society*, Cambridge: Polity.
Beckett, A. (2000), 'Hate the firm – and buy its products', *Guardian Weekly*, 27 January–2 February, 17.
Beckouche, P. and Veltz, P. (1988), 'Nouvelle économie, nouveau térritoire', *Datar Letter*, June, supplement.
Bednar, M. (1989), *Interior Pedestrian Places*, New York: Whitney Library of Design.
Bell, D. and Haddour, A. (eds) (2000), *City Visions*, London: Longman.
Bell, M. and Leong, S. (1998), 'Introduction'. In M. Bell and S. Leong (eds), *Slow Space*, New York: Monacelli Press, 6–13.
Bender, T. (1996), 'Opinion', *Los Angeles Times*, 22 December.
Beniger, J. (1986), *The Control Revolution: Technological and Economic Origins of the Information Society*, Cambridge MA: Harvard University Press.
Benjamin, W. (1969), *Illuminations*, New York: Schocken.

Benjamin, W. (1979), *One Way Street*, London: New Left Books.
Benjamin, W. (1999), *The Arcades Project* Volumes I–II, Cambridge MA: Belknap/Harvard.
Berlage, M. (1997), 'The role of local access networks in regional economic integration in Eastern Europe'. In E. Roche and H. Bakis (eds), *Developments in Telecommunications*, Aldershot: Ashgate, 177–93.
Berman, M. (1983), *All that is Solid Melts into Air: The Experience of Modernity*, London: Verso.
Berner, E. (1997a), 'The metropolitan dilemma: global societies, localities and the struggle for urban land in Manila'. In A. Onçu and P. Weyland (eds), *Space, Culture and Power: New Identities in Globalizing Cities*, London: Zed Books, 98–116.
Berner, E. (1997b), *Defending a Place in the City: Localities and the Struggle for Urban Land in Metro Manila*, Quezon City: Ateneo de Manila University Press.
Bernet, B. (2000), 'Understanding the needs of telecommunications tenants', *Development Magazine*, spring, 16–18.
Bhabha, H. (1990), 'The third space: interview with Homi Bhabha'. In J. Rutherford (ed.), *Identity: Community, Culture, Difference*. London: Routledge, 208–24.
Bhabha, H. (1994), *The Location of Culture*, London: Routledge.
Bhabna, H. (1992), 'Double visions', *Artforum*, January, 82–90.
Bhatia, R. and Falkenmark, M. (1993), *Water Resource Policies and the Urban Poor: Innovative Approaches and Policy Imperatives*, Washington DC: Transport and Urban Development Department, World Bank – UNDP Water and Sanitation Program.
Bijker, W. (1993), 'Do not despair: there is life after constructivism', *Science, Technology and Human Values*, 18 (1), 113–38.
Bingham, N. (1996), 'Object-ions: from technological determinism towards geographies of relations', *Environment and Planning D: Society and Space*, 14, 635–57.
Black, M. (1995) *Mega-slums: the Coming Sanitary Crisis*, London: WaterAid.
Black, M. (1996) *Thirsty Cities: Water Sanitation and the Urban Poor*, London: WaterAid.
Blais, P. (1998), 'Getting wired', *Urban Land*, December, 60–3.
Blakeley, E. and Snyder, M. (1997a), *Fortress America: Gated Communities in the United States*, Washington DC: Brookings Institution Press.
Blakeley, E. and Snyder, M. (1997b), 'Divided we fall'. In N. Ellin (ed.), *Architecture of Fear*, New York: Princeton Architectural Press, 85–100.
Boddy, T. (1992), 'Underground and overhead: building the analogous city'. In M. Sorkin (ed.), *Variations on a Theme Park: The New American City and the End of Public Space*, New York: Hill & Wang, 123–53.
Body-Gendrot, S. (2000), *The Social Control of Cities? A Comparative Perspective*, Oxford: Blackwell.
Bond, P. (1998), 'Local economic development and the municipal services crisis in post-Apartheid South Africa', *Urban Forum*, 9 (2), 160–97.
Bond, P. (1999), 'Basic infrastructure for socio-economic development, environmental protection and geographical desegregation: South Africa's unmet challenge', *Geoforum*, 30, 43–59.
Borsook, P. (1999), 'How the Internet ruined San Francisco', *Salom.Com*, news feature (http://www.salon/com/nes/feature/1999/10/28/internet).
Bosma, K. (1998), 'Functional wrapping', *Archis*, December, 8–15.
Bosma, K. and Hellinga, H. (1998), 'Mastering the city II'. In K. Bosma and H. Hellinga (eds), *Mastering the City: North European City Planning 1900–2000*, Rotterdam: NAI Publishers, 8–17.
Bowcott, O. (2000), 'Russia's northern cities die as people leave in search of jobs and warmth', *Guardian Weekly*, 20–6 January, 3.
Boyer, C. (1987), *Dreaming the Rational City*, Cambridge MA: MIT Press.
Boyer, C. (1992), 'The imaginary real world of cybercities', *Assemblage*, 18, 115–27.
Boyer, C. (1993), 'The city of illusion: New York's public places'. In P. Knox (ed.), *The Restless Urban Landscape*, Englewood Cliffs NJ: Prentice Hall.
Boyer, C. (1994), *The City of Collective Memory*, Cambridge MA: MIT Press.

Boyer, C. (1995), 'The great frame-up: fantastic appearances in contemporary spatial politics'. In H. Liggett and D. Perry (eds), *Spatial Practices*, London: Sage, 81–109.
Boyer, C. (1996), *Cybercities: Visual Perception in the Age of Electronic Communication*, New York: Princeton Architectural Press.
Boyer, C. (1997), 'Cyber Cities and Regional Spaces'. Mimeo.
Boyer, C. (2000), 'Crossing cybercities: urban regions and the cyberspace matrix'. In R. Beauregard and S. Body-Gendrot (eds), *The Urban Moment: Cosmopolitan Essays on the late Twentieth Century City*, Thousand Oaks CA: Sage, 51–78.
Braczyk, H-J., Fuchs, G. and Wolf, H-G. (eds) (1999), *Multimedia and Regional Economic Restructuring*, London: Routledge.
Branscomb, L. and Keller, J. (1996), *Converging Infrastructures: Intelligent Transportation and the National Information Infrastructure*, Cambridge MA: MIT Press.
Braudel, F. (1967), *Civilisation matérelle et capitalisme*, Paris: Armand Colin.
Brecher, J. and Costello, T. (eds) (1994), *Global Village or Global Pillage? Economic Restructuring from the Bottom Up*, Cambridge MA: South End Press.
Bremner, L. (n.d.), 'Crime and the emerging landscape in post-apartheid Johannesburg'. In H. Judin and I. Vladislavic (eds), *Blank ——: Architecture, Apartheid and After*, Rotterdam: NAI Publishers, 49–63.
Brenes, E., Ruddy, V. and Castro, R. (1997), 'Free zones in El Salvador', *Journal of Business Research*, 38, 57–65.
Brenner, N. (1998a), 'Globalisation and reterritorialisation: the re-scaling of urban governance in the European Union', *Urban Studies*, 26 (3), 431–51.
Brenner, N. (1998b), 'Global cities, glocal states: global city formation and state territorial restructuring in contemporary Europe', *Review of International Political Economy*, 5 (1), 1–37.
Brenner, N. (1998c), 'Between fixity and motion: accumulation, territorial organization and the historical geography of spatial scales', *Environment and Planning D: Society and Space*, 16, 459–81.
Brenner, N. (2000), 'The urban question as a scale question: reflections on Henri Lefebvre, urban theory and the politics of scale in the late 1990s', *International Journal of Urban and Regional Research*, 24 (2), 361–78.
Breslin, P. (2000), 'From mud to markets', *Urban Age*, spring, 4–5.
Bristow, G., Munday, M. and Gripaios, P. (2000), 'Call centre growth and location: corporate strategy and the spatial division of labour', *Environment and Planning A*, 32, 519–38.
British Medical Association (1994), *Water: A Vital Resource*, London: British Medical Association.
Brooke, J. and Nanetti, P. (1998,) 'Success signals', *Utility Week*, 16 October, 56–8.
Brownhill, S. (1990), *Developing London's Docklands: Another Great Planning Disaster?*, London: Paul Chapman.
Browning, J. (1996), 'Who's what on the web', *Wired*, August, 33–5.
Brunn, S., Andersson, H. and Dahlman, C. (2000), 'Lanscaping for power and defense'. In J. Gold and G. Revill (eds), *Landscapes of Power and Defence*, London: Prentice Hall, 68–84.
Bunnell, T. (2000), 'Multimedia Utopia? A Geographical Critique of IT Discourse in Malaysia'. Mimeo.
Burgel, G. and Burgel, G. (1996), 'Global trends and city policies: friends or foes of uneven development?'. In M. Cohen, B. Ruble, J. Tulchin and A. Garaland (eds), *Preparing for the Urban Future: Global Pressures and Local Forces*, Baltimore MD: Johns Hopkins University Press, 301–36.
Burrows, R. (1997), 'Virtual culture, urban social polarization, and social science fiction'. In B. Loader (ed.), *The Governance of Cyberspace*, London: Routledge, 31–42.
Byatt, I. (1979), *The British Electrical Industry 1875–1914: The Economic Returns to a New Technology*, Oxford: Oxford University Press.
Calabrese, A. and Borchert, M. (1996), 'Prospects for electronic democracy in the United States: rethinking communication and social policy', *Media, Culture and Society*, 18, 249–68.
Caldeira, T. (1994), 'Building up walls: the new pattern of spatial segregation in São Paulo', *International Social Sciences Journal*, 147, 55–66.

Caldeira, T. (1996), 'Fortified enclaves: the new urban segregation', *Public Culture*, 8, 303–28.
Caldeira, T. (1999), *City of Walls: Crime, Segregation and Citizenship in São Paulo*, Berkeley CA: University of California Press.
Callon, M. (1986), 'Some elements of a sociology of translation: domestication of the scallops and the fisherman of St Brieuc bay'. In J. Law (ed.), *Power, Action and Belief: A New Sociology of Knowledge*, London: Routledge, 196–232.
Callon, M. (1991), 'Techno-economic networks and irreversibility'. In J. Law (ed.), *A Sociology of Monsters: Essays on Power, Technology and Domination*, London: Routledge, 196–233.
Calthorpe, P. (1993), 'The next American metropolis'. In J. Woodroffe, D. Papa and I. MacBurnie (eds), *The Periphery*, London: Wiley/Architectural Design, 19–24.
Calvino, I. (1984), *Invisible Cities*, London: Secker & Warburg.
Capello, R. and Gillespie, A. (1993), 'Transport, communication and spatial organisation: future trends and conceptual frameworks'. In G. Giannopoulos and A. Gillespie (1993), *Transport and Communications in the New Europe*, London: Belhaven, 24–58.
Cardoso, F. and Faletto, E. (1979), *Dependency and Development in Latin America*, Berkeley CA: University of California Press.
Cartier, C. (1998), 'Megadevelopment in Malaysia: from heritage landscapes to "leisurescapes" in Melaka's tourism sector', *Singapore Journal of Tropical Geography*, 19(2), 151–76.
Casey, E. (1998), *The Fate of Place: A Philosophical History*, Berkeley CA: University of California Press.
Cassidy, J. and Daly, M. (1998), 'Tourist sites plan to drive out the "violent vagrants"', *Big Issue*, 14–20 September, p. 5.
Castells, M. (1983), *The City and the Grassroots*, London: Edward Arnold.
Castells, M. (1989), *The Informational City*, Oxford: Blackwell.
Castells, M. (1996), *The Information Age: Economy, Society and Culture I, The Rise of the Network Society*, Oxford: Blackwell.
Castells, M. (1997a), *The Information Age: Economy, Society and Culture II, The Power of Identity*, Oxford: Blackwell.
Castells (1997b), 'Hauling in the future', *Guardian*, 13 December, 21.
Castells, M. (1998), *The Information Age: Economy, Society and Culture III, The End of the Millennium*, Oxford: Blackwell.
Castells, M. (1999a), 'Grassrooting the space of flows', *Urban Geography*, 20 (4), 294–302.
Castells, M. (1999b), 'The informational city is a dual city: can it be reversed?'. In D. Schön, B. Sanyal and W. Mitchell (eds), *High Technology and Low Income Communities*, Cambridge MA: MIT Press, 25–42.
Castells, M. (1999c), *The Culture of Cities in the Information Age*. Report to the US Library of Congress.
Castells, M. and Hall, P. (1994), *Technopoles of the World: The Making of Twenty-first Century Industrial Complexes*, London: Routledge.
Celik, Z., Favro, D. and Ingersoll, R. (eds) (1994), *Streets: Critical Perspectives on Public Space*, Berkeley CA: University of California Press.
Cerver, F. (1998), *The Contemporary City*, New York: Whitney Library of Design.
Chan, S. (ed.) (1995), *Foreign Direct Investment in a Changing Global Political Economy*, London: Macmillan.
Channel 4 (1994), *Once upon a Time in Cyberville* (programme transcript), London: Channel 4 Television.
Chant, C. and Goodman, D. (eds) (1998), *Pre-industrial Cities and Technology*, London: Routledge.
Chaoy, F. (1969), *The Modern City: Planning in the Nineteenth Century*, New York: Braziller.
Chatzis, K. (1992), 'A Conceptual Framework for Analysing the Long-term Evolution of Regulatory Control Practices within Large Technical Systems'. Mimeo.
Chatzis, K. (1999), 'Designing and operating storm water drain systems: empirical findings and conceptual developments'. In O. Coutard (ed.), *The Governance of Large Technical Systems*, London, Routledge, 73–90.

Chen, K. (1995), 'The evolution of free economic zones and the recent development of cross-national growth zones', *International Journal of Urban and Regional Research*, 19 (4), 593–621.
Chevin, D. (1991), 'All the right connections', *Building*, 19 July, 46–50.
Chomsky, N. (1993), 'The new global economy'. In D. Barsamian (ed.), *The Prosperous Few and the Restless Many*, Berkeley CA: Odonian, 6–16.
Chougill, C. (1996) 'Ten steps to sustainable infrastructure', *Habitat International* 20 (3), 389–404.
Chougill, C. (1999), 'Community infrastructure for low-income cities', *Habitat International*, 23 (2), 289–301.
Chougill, C., Franceys, R. and Cotton, A. (1993), 'Building community infrastructure in the 1990s', *Habitat International*, 17 (4), 1–12.
Chowdray, T. (1998), 'Telecom liberalization and competition in developing countries', *Telecommunications Policy*, 22 (5/5), 259–65.
Christopherson, S. (1992), 'Market rules and territorial outcomes: the case of the United States', *International Journal of Urban and Regional Research*, 17 (2), 274–88.
Clark, G. (1999), 'The retreat of the state and the rise of pension fund capitalism'. In R. Martin (ed.), *Money and the Space Economy*, London: Wiley, 241–60.
Clarke, D. and Bradford, M. (1998), 'Public and private consumption and the city', *Urban Studies*, 35 (5–6), 865–88.
Clarke, S. and Gaile, G. (1998), *The Work of Cities*, Minneapolis MN: University of Minnesota Press.
Clay, G. (1987), 'The street as teacher'. In A. Moudon (ed.), *Public Streets for Public Use*, New York: Van Nostrand, 95–109.
Cockburn, A. and St Clair, J. (2000), *Five Days that Shook the World: The Battle for Seattle and Beyond*, London: Verso.
Cohen, M. (1996), 'The hypothesis of urban convergence: are cities in the North and South becoming more alike in an age of globalization?'. In M. Cohen, B. Ruble, J. Tulchin and A. Garaland (eds), *Preparing for the Urban Future: Global Pressures and Local Forces*, Baltimore MD: Johns Hopkins University Press, 25–39.
Cohen, R. (2000), 'A Brazilian convict's path from poverty to a "very dark place"', *New York Times*, 29 April, A6.
Compton, K. (1952), 'Science on the march', *Popular Mechanics*, 97, January, 120.
Connell, J. (1999), 'Beyond Manila: walls, malls and private spaces', *Environment and Planning A*, 31, 417–39.
Cooper, D. (1998), 'Regard between strangers: diversity, equality and the reconstruction of public space', *Critical Social Policy*, 18 (4), 463–91.
Corey, K. (1998), 'Electronic Space: Creating and Controlling Cyber-communities in Southeast Asia and the United States'. Mimeo.
Corn, J. and Horrigan, B. (1984), *Yesterday's Tomorrows: Past Visions of the American Future*, Baltimore MD: Johns Hopkins University Press.
Coutard, O. (1996), 'Fifteen years of social and historical research on Large Technical Systems: An interview with Thomas Hughes', *Flux*, July–September, 40–7.
Coutard, O. (ed.) (1999), *The Governance of Large Technical Systems*, London: Routledge.
Cowan, R. (1983), *More Work for Mother: The Ironies of Household Technology from the Open Hearth to the Microwave*, New York: Basic.
Cowan, R. (1997) *A Social History of American Technology*, Oxford: Oxford University Press.
Cowan, R. L. (1997), *The Connected City: A New Approach to Making Cities Work*, London: Urban Initiatives.
Cox, K. (1993) 'The local and the global in the new urban politics: a critical view', *Environment and Planning D: Society and Space*, 11, 433–48.
Cox, K. and Jonas, A. (1993), 'Urban development, collective consumption and the politics of metropolitan fragmentation', *Political Geography*, 12 (1), 8–37.
Cox, K. and Mair, A. (1988), 'Locality and community in the politics of local economic development', *Annals of the Association of American Geographers*, 78 (2), 307–25.

Coyle, D. (1997), *The Weightless World: Strategies for Managing the Digital Economy*, Cambridge MA: MIT Press.
Crang, M. (2000), 'Public space, urban space and electronic space: would the real city please stand up?' *Urban Studies*, 37 (2), 301–17.
Crang, M. and Thrift, N. (eds) (2000), *Thinking Space*, London: Routledge.
Crawford, M. (1999a), 'The architect and the mall'. In John Jerde Partnership International (eds), *You are Here*, London: Phaidon, 44–54.
Crawford, M. (1999b), 'Blurring the boundaries: public space and private life'. In J. Chase, M. Crawford and J. Kaliski (eds), *Everyday Urbanism*, New York: Monacelli Press, 22–35.
Crawford, R. (1996), 'Computer-assisted crises'. In G. Gerbner, H. Mowlana and H. Schiller (eds), *Invisible Crises: What Conglomerate Control of the Media Means for America and the World*, Boulder CO: Westview Press, 47–81.
Crilley, D. (1993), 'Megastructures and urban change: aesthetics, ideology and design'. In P. Knox (ed.), *The Restless Urban Landscape*, Englewood Cliffs NJ: Prentice Hall, 127–64.
Cumings, S. (2000), 'The American ascendency: imposing a new world order', *The Nation*, 8 May, 13–16.
Curien, N. (1997) 'The economics of networks'. In D. Lorrain and G. Stoker (eds), *The Privatisation of Urban Services in Europe*, London: Pinter, 43–57.
Curry, M. (1998), *Digital Places: Living with Geographic Information Technologies*, London: Routledge.
Curwen, P. (1999), 'Survival of the fittest: formation and development of international alliances in telecommunications', *Info*, 1 (2), 141–60.
Cuthbert, A. (1995), 'The right to the city: surveillance, private interest and the public domain in Hong Kong', *Cities*, 12 (5), 293–310.
Dabinett, G. and Graham, S. (1994), 'Telematics and industrial change in Sheffield, UK', *Regional Studies*, 28 (6), 605–17.
D'Antonio, M. (2000), 'Bunker mentality', *New York Times Magazine*, 26 March, 26.
Daly, B. (1999), 'Covent Garden to "exclude vagrants"', *Big Issue*, March, 11.
Davies, J. (1972), *The Evangelistic Bureaucrat*, London: Tavistock.
Davies, S. (1995), *Big Brother: Britain's Web of Surveillance and the New Technological Order*, London: Pan.
Davis, A. (1997), 'The body as password', *Wired*, July, 132–40.
Davis, M. (1990) *City of Quartz*, London: Vintage.
Davis, M. (1992), 'Beyond *Blade Runner*: urban control, the ecology of fear', *Open Magazine*, Westfield: New Jersey.
Davis, M. and Moctezuma, A. (1997), 'Policing the third border', *Architecture of the Borderlands*, London: Wiley/Architectural Design, 34–7.
Davis, S. (1999), 'Space jam: media conglomerates build the entertainment city', *European Journal of Communication*, 14940, 435–59.
De Certeau, M. (1984), *The Practice of Everyday Life*, Berkeley CA: University of California Press.
Dear, M. (1999), *The Postmodern Urban Condition*, Oxford: Blackwell.
Dear, M. and Flusty, S. (1998), 'Postmodern urbanism', *Annals of the Association of American Geographers*, 88 (1), 50–72.
Deas, I. and Ward, K. (2000), 'From the "new localism" to the "new regionalism"? The implications of regional development agencies for city–region relations', *Political Geography*, 19, 273–92.
Deleuze, G. and Guattari, F. (1997), 'City/State', *Zone*, 1–2, 195–9.
Dematteis, G. (1988), 'The weak metropolis'. In L. Mazza (ed.), *World Cities and the Future of the Metropolis*, Milan: Electra.
Dematteis, G. (1994), 'Global networks, local cities' *Flux*, 15, 17–24.
Demos (1997), *The Wealth and Poverty of Networks*, Demos Collection 12, London: Demos.
Denny, C. and Brittain, C. (1999), 'UN attacks growing gulf between rich and poor', *Guardian*, 12 July, 14.
Dery, M. (1999), *The Pyrotechnic Insanitarium: American Culture on the Brink*, New York: Grove.

Dewey, F. (1997), 'Cyburbanism as a way of life'. In N. Ellin (ed.), *Architecture of Fear*, New York: Princeton Architectural Press, 260–80.
Dick, H. and Rimmer, P. (1998), 'Beyond the Third World city: the new urban geography of South East Asia', *Urban Studies*, 35 (12), 2303–21.
Dick, H. and Rimmer, P. (1999), 'Privatising climate: First World cities in South East Asia'. In J. Brotchie, P. Newton, P. Hall and J. Dickey (eds), *East–West Perspectives on Twenty-first Century Urban Development*, Aldershot: Ashgate, 305–23.
Doctor, S. and Dutton, W. (1998), 'The First Amendment online: Santa Monica's public electronic network'. In R. Tsagarousianou, D. Tambini and C. Bran (eds), *Cyberdemocracy: Technology, Cities and Civic Networks*, London: Routledge, 125–52.
Doel, M. and Clarke, D. (1998), 'Transpolitical Urbanism: Suburban Anomaly and Ambient Fear'. Mimeo.
Dolgon, C. (1999), 'Soulless cities: Ann Arbor, the cutting edge of discipline: post-Fordism, postmodernism and the new bourgeoisie', *Antipode*, 31 (3), 276–92.
Donald, J. (1997), 'Imagining the modern city'. In S. Westwood and J. Williams (eds), *Imagining Cities*, London: Routledge.
Donald, J. (1999), *Imagining the Modern City*, London: Athlone Press.
Doron, G. (2000), 'The dead zone and the architecture of transgression', *Archis*, 51 (4), 48–58.
Douglass, M. and Friedmann, J. (1998), *Cities for Citizens*, London: Wiley.
Dovey, K. (1999), *Framing Places: Mediating Power in Built Form*, London: Routledge.
Drakeford, M. (1995), *Token Gesture: A Report on the Use of Token Meters by the Gas, Electricity and Water Companies*, London: National Local Government Forum against Poverty.
Drew, B. (1998), *Crossing the Expendable Landscape*, St Paul MN: Graywolf Press.
Drewe, P. and Janssen, B. (1996), 'What Port for the Future? From "Mainports" to Ports as Nodes on Logistics Networks'. Mimeo.
Driver, F. (1984), 'Power, space and the body: a critical reassessment of Foucault's *Discipline and Punish*', *Society and Space*, 3, 425–46.
Drucker, S. and Gumpert, G. (1999), 'Public spaces and rights of association'. In *Free Speech Yearbook 1999*, Washington DC: National Communications Association.
Dugger, C. (2000), 'India's unwired villages mired in the distant past', *New York Times*, 19 March, 1–12.
Dumm, T. (1993), 'The new enclosures: racism in the normalized community'. In R. Gooding-Williams (ed.), *Reading Rodney King/Reading Urban Uprising*, London: Routledge, 178–95.
Duncan, S. (1979), 'Qualitative change in human geography: an introduction', *Geoforum*, 10, 1–4.
Dunham-Jones, E. (1999), Networking the Post-industrial Landscape'. Mimeo.
Dunham-Jones, E. (2000), 'Capital Transformations of the Post-industrial Landscape'. Mimeo.
Dunning, J. and Narula, R. (1996), *Foreign Direct Investment and Governments: Catalysts for Economic Restructuring*, London: Routledge.
Dupuy, G. (1988) (ed.), *Réseaux Territoriaux*, Caen: Paradigme.
Dupuy G. (1991), *L'Urbanisme des Réseaux: Théories et Méthodes*, Paris: Armand Colin.
Dupuy, G. (1995), 'The automobile system: a territorial adapter', *Flux*, July–September, 21–36.
Dyer, P. (1995), 'Who are the unphoned ?' *Telecommunications Policy*, January, 16–25.
Easterling, K. (1999a), *Organization Space*, Cambridge MA: MIT Press.
Easterling, K. (1999b), 'Interchange and container', *Perspecta*, 30, 112–21.
Edwards, B. (1999), 'Deconstructing the city: London docklands', *Urban Design Quarterly*, 69, 22–4.
Eisenstadt, S. (2000), 'Multiple modernities', *Daedalus*, winter, 1–30.
Ellin, N. (1996), *Postmodern Urbanism*, Oxford: Blackwell.
Ellin, N. (1997), 'Shelter from the storm of form follows fear and vice versa'. In N. Ellin (ed.), *Architecture of Fear*, New York: Princeton Architectural Press, 13–46.
Emberley, P. (1989), 'Places and stories: the challenge of technology', *Social Research*, 56, 741–85.
Eng, I. (1996), 'The rise of manufacturing towns: externally driven industrialization and urban

development in the Pearl river delta of China', *International Journal of Urban and Regional Research*, (4), 554–68.
Entrikin, J. (1989), 'Place, region and modernity'. In J. Agnew and J. Duncan (eds), *The Power of Place*, London: Unwin Hyman, 30–43.
Enyedi, G. (1996), 'Urbanization under socialism'. In G. Andrusz, M. Harloe and I. Szelenyi (eds), *Cities After Socialism: Urban and Regional Change and Conflict in Post-socialist Societies*, Oxford: Blackwell, 100–18.
Ernst, J. (1994), *Whose Utility? Public Utility Privatization and Regulation in Britain*, Buckingham: Open University Press.
Evans, M. (1999), 'It's a wired world', *Journal of Property Management*, November–December, 42–7.
Everard, J. (2000), *Virtual States: The Internet and the Boundaries of the Nation State*, London: Routledge.
Ezechieli, C. (1998), 'Shifting Boundaries: Territories, Networks and Cities'. Mimeo.
Ezquiga, J. (1998), 'Cambio de estilo o cambio de paradigma', *Urban*, 2, 7–31.
Fainstein, S. (1999), 'Can we make the cities we want?'. In R. Beauregard and S. Body-Gendrot (eds), *The Urban Moment: Cosmopolitan Essays on the late Twentieth Century City*, Thousand Oaks CA: Sage, 209–41.
Falk, R. (1999), *Predatory Globalization: A Critique*, Cambridge: Polity.
Falkenmark, M. and Lundquist, J. (1995), 'Looming water crisis: new approaches are inevitable'. In L. Ohlsson (ed.), *Hydropolitics: Conflicts over Water as a Development Constraint*, Dhaka: University Press, 178–212.
Felbinger, N. (1996), 'Introduction'. In *Architecture in Cities: Present and Future*, Barcelona: Centre de Cultura Contemporània de Barcelona, 1–12.
Fillion, P. (1996), 'Metropolitan planning objectives and implementation constraints: planning in a post-Fordist and postmodern age', *Environment and Planning A*, 28, 1637–60.
Fincher, R. and Jacobs, J. (1998), *Cities of Difference*, New York: Guildford.
Finnie, G. (1998), 'Wired cities', *Communications Week International*, 18 May, 19–22.
Firman, T. (1999), 'From "global" city to "city of crisis": the Jakarta metropolitan region under economic turmoil', *Habitat International*, 23 (4), 447–66.
Fischer, C. (1992), *America Calling: A Social History of the Telephone*, Berkeley CA: University of California Press.
Fischler, R. (1998), 'The metropolitan dimension of early zoning: revisiting the 1916 New York City ordinances', *APA Journal*, spring, 170–86.
Fishman, R. (1982), *Urban Utopias in the Twentieth Century: Ebenezer Howard, Frank Lloyd Wright and Le Corbusier*, Cambridge MA: MIT Press.
Fishman, R. (1990), 'Metropolis unbound: the new city of the twentieth century', *Flux*, spring, 43–55.
Fishman, R. (1994), 'Space, time and sprawl'. In J. Woodroffe, D. Papa and I. MacBurnie (eds), *The Periphery*, London: Wiley/Architectural Design, 44–7.
Flusty, S. (1997), 'Building paranoia'. In N. Ellin (ed.), *Architecture of Fear*, New York: Princeton Architectural Press, 47–60.
Flusty, S. (2000), 'Thrashing downtown: play as resistance to the spatial and representational regulation of Los Angeles', *Cities*, 17 (2), 149–58.
Foot, J. (2000), 'The urban periphery, myth and reality: Milan, 1950–90', *City*, 4 (1), 7–26.
Foster, J. (1999), *Docklands: Cultures of Conflict, Worlds in Collision*, London: UCL Press.
Foster, K. (1996), 'Specialization in government: the uneven use of special metropolitan districts in metropolitan areas', *Urban Affairs Review*, 31 (3), 283–313.
Foucault, M. (1977), *Discipline and Punish: The Birth of the Prison*, New York: Vintage.
Foucault, M. (1980), 'Questions on geography'. In. C. Gordon (ed.), *Power/Knowledge: Selected Interviews and other Writings 1972–77*, New York: Pantheon.
Foucault, M. (1984), *Foucault: A Reader*, ed. P. Rabinow, New York: Pantheon.
Freeman, Caroline (2000), *High Tech and High Heels in the Global Economy*, Durham NC and London: Duke University Press.

Freeman, Chris (1990), 'Information technology and the new economic paradigm'. In H. Schutte (ed.), *Strategic Issues in Information Technology: International Implications for Decision Makers*, Maidenhead: Pergamon.
Friedman, K. (1999), 'Restructuring the City: Thoughts on Urban Patterns in the Information Society'. Mimeo.
Friedmann, J. (1966), *Regional Development Policy: A Case Study of Venezuela*, Cambridge MA: MIT Press.
Friedmann, J. (1995), 'Where we stand: a decade of world city research'. In P. Knox and P. Taylor (eds), *World Cities in a World System*, Cambridge: Cambridge University Press, 21–47.
Friedmann, J. (1998), 'The new political economy of planning: the rise of civil society'. In M. Douglass and J. Friedmann, *Cities for Citizens*, London: Wiley, 19–38.
Friedmann, J. (2000), 'The good city: in defense of utopian thinking', *International Journal of Urban and Regional Research*, 24 (2), 459–72.
Frobel, F., Heinrichs, J. and Kreye, O. (1980), *The New International Division of Labour*, Cambridge: Cambridge University Press.
Gandelsonas, M. (1999), *X-urbanism: Architecture and the American City*, New York: Princeton Architectural Press.
Gandy, M. (1998), 'Technological Modernism and the Urban Parkway in New York City'. Mimeo.
Garfinkel, S. (2000), 'Welcome to Sealand', *Wired*, July, 230–9.
Garner, C. (1997), 'Supermarkets prepare to charge more at prime time', *Independent*, 8 December, 4.
Garrett, P. (1995), 'Hanging on to your customers', *Utility Week*, 5 May, 14–17.
Garrison, W. (1990), 'Impacts of technological systems on cities', *Built Environment*, 6 (2), 120–30.
Gaubatz, P. (1999), 'Understanding Chinese urban form: contexts for interpreting continuity and change', *Built Environment*, 24 (4), 251–70.
Gavira, C. (1995), 'The image of water: lines, networks and graphs in the hydraulic cartography of Madrid', *Flux*, 19, 4–16.
Gershuny, J. (1983), *Social Innovation and the Division of Labour*, Oxford: Oxford University Press.
Gethin, S. (1998), 'Winning cargo business', *Jane's Airport Review*, March, 29–30.
Giannopoulos, G. and Gillespie, A. (eds) (1993), *Transport and Communications Innovation in Europe*, London: Belhaven.
Giddens, A. (1990), *The Consequences of Modernity*, Oxford: Polity.
Gilbert, A. (1992), 'Third World cities: housing, infrastructure and servicing', *Urban Studies*, 29 (3/4), 435–60.
Gilbert, A. (1994), *The Latin American City*, London: LAB.
Gillespie, A. (1991), 'Advanced communications networks, territorial integration and local development'. In R. Camagni (ed.), *Innovation Networks*, London: Belhaven, 214–29.
Glancey, J. (1997), 'Exit from the city of destruction', *Independent*, 26 May, 20.
Glewwe, P. and Hall, G. (1992), *Poverty and Inequality During Orthodox Adjustment: The Case of Peru 1985–90*, Working Paper No. 86, Washington DC: World Bank.
Gökalp, I. (1992), 'On the analysis of Large Technical Systems', *Science, Technology and Human Values*, 17 (1), 578–87.
Gold, J. (1997), *The Experience of Modernism: Modern Architects and the Future City 1928–53*, London: Spon.
Goldberger, P. (1996), 'The rise of the private city'. In J. Martin (ed.), *Breaking Away: The Future of Cities*, New York: Twentieth Century Fund.
Golding, G. (1998), 'Divide and conquer', *Utility Week*, 7 August, 18–19.
Golsing, P. (1996), *Financial Services in the Digital Age*, London: Bowerdean.
Goodchild, B. (1990), 'Planning and the modern–postmodern debate', *Town Planning Review*, 61 (2), 119–37.
Goodman, D. and Chant, C. (eds) (1999), *European Cities and Technology*, London: Routledge.

Goslee, S. (1998), *Losing Ground Bit by Bit: Low Income Communities in the Information Age*, Washington DC: Benton Foundation and National Urban League.

Goss, J. (1993), 'The magic of the mall: an analysis of form, function and meaning in contemporary retail environments', *Annals of the Association of American Geographers*, 83, 18–47.

Goss, J. (1995), '"We know who you are and we know where you live": the instrumental rationality of geodemographic systems', *Economic Geography*, 71 (2), 171–98.

Gottdeiner, M. (1997), *The Theming of America: Dreams, Visions and Commercial Spaces*, Boulder CO: Westview.

Gottmann, J. (1977), 'Megalopolis and antipolis: the telephone and the structure of the city'. In I. de Sola Pool (ed.), *The Social Impact of the Telephone*, Cambridge MA: MIT Press, 303–17.

Gottmann, J. (1990), *Since Megalopolis: The Urban Writings of Jean Gottmann*, Baltimore MD: Johns Hopkins University Press.

Goubert, J-P. (1989), *The Conquest of Water: The Advent of Health in the Industrial Age*, Cambridge: Polity Press.

Graham, S. (1994) 'Networking cities: telematics in urban policy – a critical review', *International Journal of Urban and Regional Research*, 18 (3), 416–32.

Graham. S. (1995), 'From urban competition to urban collaboration? The development of inter-urban telematics networks', *Environment and Planning C: Government and Policy*, 13, 503–24.

Graham, S. (1997), 'Liberalised utilities, new technologies and urban social polarization: the UK experience', *European Urban and Regional Studies*, 4 (2), 135–50.

Graham, S. (1998a), 'The end of geography or the explosion of place? Conceptualising space, time and information technology', *Progress in Human Geography*, 22 (2), 165–85.

Graham, S. (1998b), 'Spaces of surveillant-simulation: new technologies, digital representations, and material geographies', *Environment and Planning D: Society and Space*, 16, 483–504.

Graham, S. (1999), 'Global grids of glass: on telecommunications, global cities and planetary urban networks', *Urban Studies*, 36 (5–6), 929–49.

Graham, S. (2000a), 'Constructing premium networked spaces: reflections on infrastructure networks and contemporary urban development', *International Journal of Urban and Regional Research*, 24 (1), 183–200.

Graham, S. (2000b), *Bridging Urban Digital Divides? Urban Polarization and Information and Communications Technologies (ICTs): Current Trends and Policy Prospects*, background paper for the United Nations Centre for Human Settlements (UNCHS).

Graham, S. and Aurigi, A. (1997), 'Virtual cities, social polarisation and the crisis in urban public space', *Journal of Urban Technology*, 4 (1), 19–52.

Graham, S. and Healey, P. (1999), 'Relational concepts of space and place: implications for planning theory and practice', *European Planning Studies*, 7 (5), 623–46.

Graham, S. and Marvin, S. (1994), 'Telematics and the convergence of urban infrastructure: implications for contemporary cities', *Town Planning Review*, 65 (3), 227–42.

Graham, S. and Marvin, S. (1995), 'More than ducts and wires: post-Fordism, cities and utility networks'. In P. Healey, S. Cameron, S. Davoudi, S. Graham and A. Madanipour (eds), *Managing Cities: The New Urban Context*, London: Wiley, 169–90.

Graham, S. and Marvin, S. (1996), *Telecommunications and the City: Electronic Spaces, Urban Places*, London: Routledge.

Graham, S. and Marvin, S. (1999), 'Planning cyber-cities? Integrating telecommunications into urban planning', *Town Planning Review*, 70 (1), 89–114.

Graham, S., Brooks, J. and Heery, D. (1996), 'Towns on the television: closed circuit TV systems in British towns and cities', *Local Government Studies*, 22 (3), 3–27.

Granick, H. (1947), *Underneath New York*, New York: Fordham University Press.

Grava, S. (1991), *Battery Park City: Between Edge and Fabric*, unpublished dissertation, New York: Columbia University, School of Architecture, Planning and Preservation.

Greenberg, S. (1998), *Invisible New York: The Hidden Infrastructure of the City*, Baltimore MD: Johns Hopkins University Press.

Greenhouse, S. (2000), 'Janitors struggle at the edges of Silicon Valley's success', *New York Times*, 18 April, A12.
Grell, B., Sambale, J. and Veith, D. (1998), 'Inner!City!Action! Crowd control, interdictory space and the fight for socio-spatial justice'. In INURA (International Network for Urban Research and Action) (eds), *Possible Urban Worlds: Urban Strategies at the End of the Twentieth Century*, Berlin: Birkhauser-Verlag, 208–15.
Grimshaw, D. (1994), *Bringing Geographic Information Systems into Business*, London: Longman.
Grogan, B. (1998), 'Flextech', *Urban Land*, December, 56–60.
Grundy-Warr, C., Peachey, K. and Perry, M. (1999), 'Fragmented integration in the Singapore–Indonesian border zone: Southeast Asia's "growth triangle" against the global economy', *International Journal of Urban and Regional Research*, 23 (2), 304–28.
Guillerme, A. (1988), 'The genesis of water supply, distribution and sewerage systems in France 1800–50'. In J. Tarr and G. Dupuy (eds), *Technology and the Rise of the Networked City in Europe and North America*, Philadelphia: Temple University Press, 91–110.
Gumpert, G. (1996), 'Communications and our sense of community: a planning agenda', *Intermedia*, 24 (4), 41–4.
Gumpert, G. and Drucker, S. (1998), 'The mediated home in the global village', *Communications Research*, 25 (4), 422–38.
Guy, S., Graham, S. and Marvin, S. (1996), 'Privatized utilities and regional governance: the new regional managers?', *Regional Studies*, 30 (8), 733–9.
Guy, S., Graham, S. and Marvin, S. (1997), 'Splintering networks: cities and technical networks in 1990s Britain', *Urban Studies*, 34 (2), 191–216.
Hack, G. (1997), 'Infrastructure and Regional Form'. Mimeo.
Hafajee, F. (1999), 'South Africa invests', *Corporate Africa Business and Investment Guide 1998*, 52–3.
Hajar, M. (1999), 'Zero friction society', *Urban Design Quarterly*, 71, 29–34.
Hall, P. (1988), *Cities of Tomorrow*, Oxford: Blackwell.
Hall, P. (1998), *Cities and Civilization*, London: Weidenfeld and Nicolson.
Hall, P. and Preston, P. (1988) *The Carrier Wave: New Information Technology and the Geography of Innovation 1846–2003*, London: Unwin.
Hall, T. and Hubbard, P. (eds) (1998), *The Entrepreneurial City: Geographies of Politics, Regimes and Representation*, London: Wiley, 77–99.
Hallgren, M. (1999), personal communication, 17 March.
Hamilton, K. and Hoyle, S. (1998), 'Moving cities: transport connections'. In J. Allen, D. Massey and M. Prycke (eds), *Unsettling Cities*, London: Routledge, 49–94.
Hammack, D. (1982), *Power and Society: Greater New York at the Turn of the Century*, New York: Russell Sage Foundation.
Hannah, M. (1997), 'Imperfect panopticism: envisioning the construction of normal lives'. In G. Benko and U. Stohmayer (eds), *Space and Social Theory*, Oxford: Blackwell, 344–59.
Hannigan, J. (1998a), *Fantasy Cities: Pleasure and Profit in the Postmodern Metropolis*, London: Routledge.
Hannigan, J. (1998b), 'Fantasy cities', *New Internationalist*, December, 20–3.
Hanson, S. (1993), *The Geography of Urban Transportation*, New York: Guildford.
Haraway, D. (1991), 'A manifesto for cyborgs: science, technology, and socialist feminism in the late twentieth century'. In D. Haraway (ed.), *Simians, Cyborgs and Women: The Reinvention of Nature*. New York: Routledge, 149–81.
Hardoy, J., Mitlin, D. and Satterthwaite, D. (1992), *Environmental Problems in Third World Cities*, London: Earthscan.
Harmon, A. (1999), 'High-speed access begins to alter the role the Internet plays in the home', *New York Times*, 28 April.
Harris, N. and Fabricius, I. (1996), *Cities and Structural Adjustment*, London: UCL Press.
Harrison, D. (1996), 'Poor hit by "secret" water cut-offs', *Observer*, 25 August, 3.

Harrison, M. and McEvey, C. (1997), 'Conflicts in the city: street trading in Mexico City', *Third World Planning Review*, 19 (3), 313–24.
Harvey, D. (1985), *The Urbanization of Capital*, Oxford: Blackwell.
Harvey, D. (1989), *The Condition of Postmodernity*, Oxford: Blackwell.
Harvey, D. (1993), 'From space to place and back again: reflections on the condition of postmodernity'. In J. Bird, B. Curtis, T. Putnam, G. Robertson and L. Tickner (eds), *Mapping the Future: Local Cultures, Global Change*, London: Routledge, 3–29.
Harvey, D. (1996) *Justice, Nature and the Politics of Difference*, Oxford: Blackwell.
Harvey, D. (2000), *Spaces of Hope*, Berkeley CA: University of California Press.
Haug, W. (1986), *Critique of Commodity Aesthetics: Appearance, Sexuality and Advertising in Capitalist Society*, Cambridge: Polity.
Hayden, D. (1981), *The Grand Domestic Revolution: A History of Feminist Designs for American Homes, Neighborhoods and Cities*, Cambridge MA: MIT Press.
Hayman S. (1996), 'Two-dimensional living', *Independent on Sunday*, 30 June.
Healey, P. (1997), *Collaborative Planning: Shaping Places in Fragmented Societies*, London: Macmillan.
Healey, P., Cameron, S., Davoudi, S., Graham, S. and Madanipour, A. (eds) (1995) *Managing Cities: The New Urban Context*, London, Wiley.
Hepworth, M. and Ducatel, K. (1992), *Transport in the Information Age: Wheels and Wires*, London: Belhaven Press.
Herman, R. and Ausubel, J. (1988), *Cities and their Vital Systems: Infrastructure Past, Present and Future*, Washington DC: National Academy Press.
Herrschel, T. (1998), 'From socialism to post-Fordism: the local state and economic policies in eastern Germany'. In T. Hall and P. Hubbard (eds), *The Entrepreneurial City: Geographies of Politics, Regimes and Representation*, London: Wiley, 173–99.
Hesse, M. (1992), 'Logistik: Zauberwort der Raumpolitik', *Kommune*, 10 (3), 52–4.
Heynen, H. (1999), *Architecture and Modernity*, Cambridge MA: MIT Press.
Hill, R. and Bessant, J. (1999), 'Spaced-out? Young people's agency, resistance and the public sphere', *Urban Policy and Research*, 17 (1), 41–9.
Hinchcliffe, S. (1996), 'Technology, power and space – the means and ends of geographies of technology', *Environment and Planning D: Society and Space*, 14, 659–82.
Hirsch, J. (1991), 'Fordism and post-Fordism: the present social crisis and its consequences'. In W. Bonefeld and J. Holloway (eds), *Post-Fordism and Social Form*, London: Macmillan, 8–34.
Hirsch, R. (2000), *Power Loss: The Origins and Restructuring of the American Utility System*, Cambridge MA: MIT Press.
Hodge, D. (1990), 'Geography and the political economy of urban transportation', *Urban Geography*, 11 (1), 87–100.
Holmes, D. (1999), 'The Electronic Superhighway: Melbourne's CityLink Project'. Mimeo.
Holston, J. (1998), 'Spaces of insurgent citizenship'. In L. Sandercock (ed.), *Making the Invisible Visible: A Multicultural Planning History*, Berkeley CA: University of California Press, 37–56.
Hoogvelt, A. (1997), *Globalisation and the Postcolonial World: The New Political Economy of Development*, London: Macmillan.
Hooper, B. (1998), 'The poem of male desires: female bodies, modernity, and "Paris, capital of the ninteenth century"'. In L. Sandercock (ed.), *Making the Invisible Visible: A Multicultural Planning History*, Berkeley CA: University of California Press, 227–54.
Hopkins, A. G. (1973), *An Economic History of West Africa*, Harlow: Longman.
Hughes, T. (1983), *Networks of Power: Electrification of Western Society 1880–1930*, London and Baltimore MD: Johns Hopkins University Press.
Hughes, T. (1988), 'The seamless web: technology, science, et cetera, et cetera'. In *Technology and Social Process*, Edinburgh: Edinburgh University Press.
Ibelings, H. (1998), *Supermodernism: Architecture and Globalization*, Rotterdam: NAI Publishers.
Idelovitch, E. and Ringskog, K. (1995), *Private Sector Participation in Water Supply and Sanitation in Latin America: Directions in Development*, Washington DC: World Bank.

Ignatieff, M. (2000), *Virtual War*, New York: Metropolitan Books.
International Bank for Reconstruction and Development (1993), *Water Resources Management: A World Bank Policy Paper*, Washington DC: IBRD.
INURA (International Network for Urban Research and Action) (eds) (1998), *Possible Urban Worlds: Urban Strategies at the End of the Twentieth Century*, Berlin: Birkhauser-Verlag.
Israel, A. (1992), *Issues of Infrastructure Management in the 1990s*, World Bank Discussion Paper 171, Washington DC: World Bank.
Jackson, K. (1985), *The Crabgrass Frontier: The Suburbanization of the United States*, Oxford: Oxford University Press.
Jacobs, J. (1961), *The Death and Life of Great American Cities*, New York: Vintage.
Jacobs, J. M. (1996), *Edge of Empire: Postcolonialism and the City*, London: Routledge.
Jaglin, S. (1997), 'La commercialisation du service d'eau potable à Windhoek (Namibie)', *Flux*, 30, October–December, 16–29.
James, G. (2000), 'Cry 2K wolf', *Improper Bostonian*, 3–16 May, 8.
Jay, M. (1988), 'Scopic regimes of modernity'. In H. Foster (ed.), *Vision and Visuality*, New York: New Press, 3–28.
Jerde Partnership International (1999), *You are Here*, London: Phaidon.
Jessop, B. (1998), 'The narrative of enterprise and the enterprise of narrative: place marketing and the entrepreneurial city'. In T. Hall and P. Hubbard (eds), *The Entrepreneurial City: Geographies of Politics, Regimes and Representation*, London: Wiley, 77–99.
Jessop, R. (2000), 'The rise of the national spatio-temporal fix and the tendential ecological dominance of globalising capitalism', *International Journal of Urban and Regional Research* 24 (2), 333–60.
Joerges, B. (1999a), 'Do politics have artefacts?', *Social Studies of Science*, 29 (3), 411–31.
Joerges, B. (1999b), 'High variability discourse in the history and sociology of large technical systems'. In O. Coutard (ed.), *The Governance of Large Technical Systems*, London: Routledge, 258–90.
Johnson, D. and Turner, C. (1997), *Trans-European Networks: The Political Economy of Integrating Europe's Infrastructure*, London: Macmillan.
Johnson-McGrath, J. (1997), 'Who built the built environment? Artifacts, politics and urban technology', *Technology and Culture*, 38 (3), 690–7.
Jonas, A. and Wilson, D. (eds) (1999), *The Urban Growth Machine: Critical Perspectives Two Decades Later*, New York: State University of New York Press.
Jones, M. (1997), 'Spatial selectivity of the state? The regulationist enigma and local struggles over economic governance', *Environment and Planning A*, 29, 831–64.
Jones, S. (1995), 'Understanding community in the information age'. In S. Jones (ed.), *Cybersociety: Computer Mediated Communication and Community*, London: Sage, 10–35.
Joy, W. (2000), 'Why the future doesn't need us', *Wired*, April, 238–60.
Kaika, M. and Swyngedouw, E. (2000), 'Fetishising the modern city: the phantasmagoria of urban technological networks', *International Journal of Urban and Regional Research*, 24 (1), 122–48.
Kalbermatten, J. (1999), 'Should we pay for water, and, if so, how?', *Urban Age*, winter, 14–16.
Kaliski, J. (1994), 'Liberation and the naming of paranoid space.' Foreword in S. Flusty, *Building Paranoia: The Proliferation of Interdictory Space and the Erosion of Spatial Justice*, Los Angeles: Los Angeles Forum for Architecture and Urban Design.
Kaliski, J. (1999), 'The present city and the practice of city design'. In J. Chase, M. Crawford and J. Kaliski (eds), *Everyday Urbanism*, New York: Monacelli Press, 89–108.
Kaothien, U., Webster, D. and Lukens, J. (1997), 'Infrastructure Investment in the Bangkok Region'. Mimeo.
Kasarda, J. and Rondinelli, D. (1998), 'Innovative infrastructure for agile manufacturers', *Sloan Management Review*, winter, 73–83.
Kasarda, J., Rondinelli, D. and Ward, J. (1996), 'The global transpark network: creating an infrastructure support system for agile manufacturing', *National Productivity Review*, winter, 33–41.
Keil, R. (1994), 'Global sprawl: urban form after Fordism?', *Environment and Planning D: Society and Space*, 12, 131–6.

Keil, R. and Ronneberger, K. (1994), 'Going up the country: internationalization and urbanization on Frankfurt's northern fringe', *Environment and Planning D: Society and Space*, 12, 137–66.
Keil, R. and Ronneberger, K. (2000), 'The globalization of Frankfurt am Main: core, periphery and social conflict'. In P. Marcuse and R. van Kempen (eds), *Globalizing Cities: A New Spatial Order?*, Oxford: Blackwell, 228–48.
Keivani, R. and Parsa, A. (1999), 'Globalisation, Growth Corridors and the Development of New Urban Forms'. Mimeo.
Kellerman, A. (1993), *Telecommunications and Geography*, London: Belhaven.
Kellner, D. (1999), 'New technologies: technocities and the prospects for democratization'. In J. Downey and J. McGuigan (eds), *Technocities*, London: Sage, 186–204.
Kerf, M. and Smith, W. (1996) *Privatising Africa's Infrastructure: Promise and Challenge*, World Bank Technical Paper 337, Africa Region series, Washington DC: World Bank.
Kern, S. (1986), *The Culture of Time and Space*, Cambridge MA: Harvard University Press.
Kerr, C. (ed.) (1989), *Community Water Development*, London: Intermediate Technology Publications.
Kessides, C. (1993a), *Institutional Options for the Provision of Infrastructure*, World Bank Discussion Paper 212, Washington DC: World Bank.
Kessides, C. (1993b), *The Contributions of Infrastructure to Economic Development: A Review of Experience and Policy Implications*, World Bank Discussion Paper 213, Washington DC: World Bank.
Khan, A. (2000), 'Reducing traffic density: the experience of Hong Kong and Singapore', paper presented at the New York Academy of Sciences conference *Moving People, Goods and Information in the Twenty-first Century*, Brooklyn, 26–7 June.
Kim, Y. and Cha, M. (1996), 'Korea's spatial development strategies for an era of globalisation', *Habitat International*, 20 (4), 531–51.
King, A. (1990), *Urbanism, Colonialism and the World Economy*, London: Routledge.
King, A. (1996), *Re-presenting the City: Ethnicity, Capital and Culture in the Twenty-first Century Metropolis*, London: Macmillan.
King, A. (1998), 'Writing the transnational city: the distant spaces of the Indian city'. In H. Dandekar (ed.), *City, Space and Globalization: An International Perspective*, Ann Arbor MI: College of Architecture and Urban Planning, University of Michigan, 25–31.
King, M. (2000), 'Tunnels'. In S. Pile and N. Thrift (eds), *City A–Z*, London: Routledge, 268–9.
King, R. (1996), *Emancipating Space: Geography, Architecture and Urban Design*, London and New York: Guildford.
Kipfer, S. (1998), 'Urban politics in the 1990s: notes on Toronto'. In INURA (International Network for Urban Research and Action) (eds), *Possible Urban Worlds: Urban Strategies at the End of the Twentieth Century*, Berlin: Birkhauser-Verlag, 172–9.
Kirby, A. (1999), 'The new private city: recreating civil society at the millennium', paper presented at the Association of American Geographers' conference, Hawaii, March.
Kirby, J. (1998), 'Start the meter', *Utility Week*, 16 October, 28–9.
Kirkup, G. and Smith, K. (1992), *Inventing Women: Women in Science and Technology*, Cambridge: Polity.
Kirsch, S. (1995), 'The incredible shrinking world? Technology and the production of space', *Environment and Planning D: Society and Space*, 13, 529–55.
Klein, N. (1999), *NoLogo*, New York: Picador.
Knight, R. and Gappert, G. (eds) (1989) *Cities in a Global Society*, London: Sage.
Knosa, M. (1995), 'Transport and popular struggles in South Africa', *Antipode*, 27 (2), 167–88.
Knox, P. (ed.) (1993a), *The Restless Urban Landscape*, Englewood Cliffs NJ: Prentice Hall.
Knox, P. (1993b), 'Capital, material culture and socio-spatial differentiation'. In P. Knox (ed.), *The Restless Urban Landscape*, Englewood Cliffs NJ: Prentice Hall, 1–34.
Knox, P. (1993c), 'The postmodern urban matrix'. In P. Knox (ed.), *The Restless Urban Landscape*, Englewood Cliffs NJ: Prentice Hall, 207–35.
Konvitz, J., Rose, M. and Tarr, J. (1990), 'Technology and the city', *Technology and Culture*, 284–95.

Koolhaas, R. (1995), 'Whatever happened to urbanism?' In R. Koolhaas and B. Mau, *S, M, L, XL*, New York: Monacelli Press.

Koolhaas, R. (1998a), 'Discussion 2'. In C. Davidson (ed.), *Anyhow*, Cambridge: MIT Press, 94.

Koolhaas, R. (1998b), 'Pearl river delta'. In C. Davidson (ed.), *Anyhow*, Cambridge: MIT Press, 182–9.

Koolhaas, R. and Mau, B. (1994), *S, M, L, XL*, Rotterdam: 010 Publishers.

Kopomaa, T. (2000), *The City in your Pocket: Birth of the Mobile Information Society*, Helsinki: Gaudemus.

Kostof, S. (1992), *The City Assembled: The Elements of Urban Form Through History*, London: Thames & Hudson.

Kostof, S. (1994a), 'His majesty the pick: the aesthetics of demolition'. In Z. Celik, D. Favro and R. Ingersoll (eds) (1994), *Streets: Critical Perspectives on Public Space*, Berkeley CA: University of California Press, 9–22.

Kostof, S. (1994b), *The City Shaped: Urban Patterns and Meanings through History*, London: Thames & Hudson.

Kotamyi, A. and Vaneigem, R. (1961), 'Elementary program of the Bureau of Unitary Urbanism', *Internationale Situationiste*, 6, 16–19.

Krasidy, M. (1999), 'The global, the local, and the hybrid: a native ethnography of glocalization', *Critical Studies in Mass Communication*, 16, 456–76.

Kruger, D. (1997), 'Access denied'. In Demos (1997), *The Wealth and Poverty of Networks*, Demos Collection Issue 12, 20–1.

Kusno, A. (1998), 'Custodians of (transnationality): metropolitan Jakarta, middle-class prestige and the Chinese'. In H. Dandekar (ed.), *City, Space and Globalization: An International Perspective*, Ann Arbor MI: College of Architecture and Urban Planning, University of Michigan, 161–70.

Lahiji, N. and Friedman, D. (1997), 'Introduction'. In N. Lahiji and D. Friedman (eds), *Plumbing: Sounding Modern Architecture*, New York: Princeton Architectural Press, 7–14.

Laporte, D. (2000), *History of Shit*, Cambridge MA: MIT Press.

LaPorte, T. (ed.) (1991), *Social Responses to Large Technical Systems*, Dordrecht: Kluwer.

Lappin, T. (1999), 'The new road rage', *Wired*, July, 127–81.

Larkin, B. (1996), 'Home systems', *Urban Land*, March, 41–6.

Lasch, C. (1994), 'The revolt of the elites: have they canceled their allegiance to America?', *Harpers Magazine*, November, 39–49.

Lash, S. (1999), *Another Modernity, a Different Rationality*, Oxford: Blackwell.

Lash, S. and Urry, J. (1994), *Economies of Signs and Space*, London: Sage.

Latour, B. (1987), *Science in Action*, Cambridge MA: Harvard University Press.

Latour, B. (1992), 'Introduction'. In Collection du Centre de Sociologie de l'Innovation (CSI), *Ces Réseaux que la Raison Ignore*, Paris: Harmattan.

Latour, B. (1993), *We Have Never Been Modern*, London: Harvester Wheatsheaf.

Latour, B. (1997), 'On Actor Network Theory: a few Clarifications'. Mimeo.

Latour, B. and Hermand, E. (1998), *Paris: Ville Invisible*, Paris: La Découverte.

Law, J. and Bijker, W. (1992), 'Postscript: technology, stability and social theory'. In W. Bijker and J. Law, *Shaping Technology, Building Society: Studies in Sociotechnical Change*, London: MIT Press.

Law, J. and Hassard, J. (1999), *Actor Network Theory and After*, Oxford: Blackwell.

Law, L. (1998), 'Cebu and *ceboom*: the political place of globalisation in a Philippine city'. In P. Rimmer (ed.), *Pacific Rim Development*, London: Allen & Unwin, 240–64.

Law, R. and Wolch, J. (1993), 'Social reproduction in the city: restructuring in time and space'. In P. Knox (ed.), *The Restless Urban Landscape*, Englewood Cliffs NJ: Prentice Hall, 165–206.

Lawrence, S. (1996), 'Marketing to win', *Utility Week*, 4 April, 20–2.

Lawson, M. (2000), 'Mistaken attachment', *Guardian Weekly*, 11–17 May, 11.

Lazarus, D. and Marinucci, G. (2000), 'Clinton plan to wire the have-nots', *San Francisco Chronicle*, 21 January, 1–3.

Le Corbusier (1929), *The City of Tomorrow and its Planning*, New York: Dover Publications.

Lee, K., Anas, A. and Oh, G. (1999), 'Costs of infrastructure deficiencies for manufacturing in Nigerian, Indonesian and Thai cities', *Urban Studies*, 36 (12), 2135–49.

Lee, Y-S. (1999), 'The Masan free trade zone: conflict and attrition'. In A. Markusen, Y-S. Lee and S. DiGiovanne (eds), *Second Tier Cities: Rapid Growth Beyond the Metropolis*, Minneapolis MN: University of Minnesota Press, 183–98.

Lefebvre, H. (1979), 'Space: social product and use value'. In J. Frieberg (ed.), *Critical Sociology: European Perspectives*, New York: Irvington.

Lefebvre, H. (1984), *The Production of Space*, Oxford: Blackwell.

Lehrer, U. (1994), 'Images of the periphery: the architecture of FlexSpace in Switzerland', *Environment and Planning D: Society and Space*, 12, 187–205.

Leonard, P. (1997), *Postmodern Welfare: Reconstructing an Emancipatory Project*, London: Sage.

Leong, S. (1998) 'Readings of the attenuated landscape'. In M. Bell and S. Leong (eds), *Slow Space*, New York: Monacelli Press, 186–213.

Lerup, L. (2000), *After the City*, Cambridge MA: MIT Press.

Leslie, J. (1999), 'Powerless', *Wired*, April, 119–83.

Lessig, L. (1999), *Code – and other Laws of Cyberspace*, New York: Basic.

Lewis, P. (1983), 'The galactic metropolis'. In R. Platt and G. Macuriko (eds), *Beyond the Urban Fringe*, Minneapolis MN: University of Minnesota Press, 23–49.

Lewis, T. (1997), *Divided Highways: Building the Interstate Highways, Transforming American Life*, New York: Penguin.

Ley, D. and Mills, C. (1993), 'Can there be a postmodernism of resistance in the urban landscape?' In P. Knox (ed.), *The Restless Urban Landscape*, Englewood Cliffs NJ: Prentice Hall, 255–70.

Leyshon, A. (1994), 'Access to financial services and financial infrastructure withdrawal: problems and policies', *Area*, 26 (3), 268–75.

Lieberman, D. (1999), 'America's digital divide', *USA Today Tech Report*, 11 October.

Liegland, J. (1995), 'Public infrastructure and special purpose governments'. In D. Perry, *Building the Public City: The Politics, Governance and Finance of Public Infrastructure*, London: Sage, 138–68.

Light, J. (1999), 'Fortess America? Home Security Systems, Defensible Space, and Citizen–Police Relations 1970–1998', unpublished Ph.D. thesis, Cambridge MA: Harvard University.

Lipman, A. and Harris, A. (1999), 'Fortress Johannesburg', *Environment and Planning B: Planning and Design*, 26, 727–40.

Little, P. (1995), 'Changing utilities', *Utility Week*, 16 October, 9.

Loader, B. (1998), 'Welfare direct: informatics and the emergence of self-service welfare?' In J. Carter (ed.), *Postmodernity and the Fragmentation of Welfare*, London: Routledge, 220–36.

Lockwood, C. (1997), 'A jewel of a community', *Urban Land*, April, 55–62.

Logan, J. (1993), 'Cycles and trends in the globalization of real estate'. In P. Knox (ed.), *The Restless Urban Landscape*, Englewood Cliffs NJ: Prentice Hall, 33–54.

Logan, J. and Molotch, H. (1987), *Urban Fortunes: The Political Economy of Place*, London: University of California Press.

Lohse, G. (2000), 'The state of the web', *Wharton Real Estate Review*, spring, 19–24.

Longcore, T. and Rees, P. (1996), 'Information technology and downtown restructuring: the case of New York City's financial district', *Urban Geography*, 17 (4), 354–72.

Lorente, S. (1997), 'The global house', *Trends in Communication*, 3, 117–41.

Lorrain, D. (2000), 'The construction of urban service models'. In A. Bagnasco and P. LeGalès (eds), *Cities in Contemporary Europe*, Cambridge: Cambridge University Press, 153–77.

Lorrain, D. and Stoker, G. (1997), *The Privatization of Urban Services in Europe*, London: Pinter.

Loukaitou-Sideris, A. (1993), 'Privatisation of public open space: the Los Angeles experience', *Town Planning Review*, 64 (2), 139–67.

Lovering, J. (1988), 'The local economy and local economic strategies', *Policy and Politics*, 16 (3), 145–57.

Lovink, G. and Riemens, P. (1998), 'The monkey's tail: the Amsterdam digital city three and a half years later'. In INURA (International Network for Urban Research and Action) (eds), *Possible*

Urban Worlds: Urban Strategies at the End of the Twentieth Century, Berlin: Birkhauser-Verlag, 180–5.
Lovins, A. (1977), *Soft Energy Paths: Toward a Durable Peace*, New York: Penguin.
Lucan, J. (1992), *Eau et Gaz à Tous les Étages: Paris 100 ans de logement*, Paris: Picard.
Luke, T. (1994), 'Placing power/siting space: the politics of global and local in the New World Order', *Environment and Planning D: Society and Space*, 12, 613–28.
Luke, T. (1997), 'At the end of nature: cyborgs, "humachines", and environments in postmodernity', *Environment and Planning A*, 29, 1367–80.
Lupton, D. (1999), 'Monsters in metal cocoons: "road rage" and cyborg bodies', *Body and Society*, 5 (1), 57–72.
Lupton, E. and Miller, J. (1992), *The Bathroom and the Kitchen and the Aesthetics of Waste (A Process of Elimination)*, New York: Kiosk.
Luymes, D. (1997), 'The fortification of suburbia: investigating the rise of enclave communities', *Landscape and Urban Planning*, 39, 187–203.
Lyon, D. (1994), *The Electronic Eye: The Rise of Surveillance Society*, London: Polity.
Lyon, D. (2000), *Surveillance Society: Monitoring Everyday Life*, Buckingham: Open Unversity Press.
Madon, S. (1998), 'Information-based global economy and socioeconomic development: the case of Bangalore', *The Information Society*, 13 (3), 227–43.
Makan, A. (1995), 'Power for women and men: towards a gendered approach to domestic energy policy and planning in South Africa', *Third World Planning Review*, 17 (2), 183–98.
Mallett, W. (1993a), 'Managing the post-industrial city: Business Improvement Districts in the United States', *Area*, 26 (3), 276–87.
Mallett, W. (1993b), 'Private government formation in the DC metropolitan area', *Growth and Change*, 24, 385–415.
Manandhar, L. (1999), 'Women in planning and implementation of a drainage construction project', *Trialog*, 60, 24–9.
Mander, J. and Goldsmith, E. (eds) (1996), *The Case Against the Global Economy and for a Turn to the Local*, San Francisco: Sierra Club.
Mansell, R. and Wehn, U. (1998), *Knowledge Societies: Information Technology for Sustainable Development*, Oxford: Oxford University Press.
Marcuse, P. (1996), 'Privatization and its discontents: property rights in land and housing in the transition in Eastern Europe'. In G. Andrusz, M. Harloe and I. Szelenyi (eds), *Cities after Socialism: Urban and Regional Change and Conflict in Post-socialist Societies*, Oxford: Blackwell, 119–91.
Marcuse, P. (1997), 'The enclave, the citadel, and the ghetto: what has changed in the post-Fordist US city', *Urban Affairs Review*, 33 (2), 228–64.
Marcuse, P. and van Kempen, R. (2000), 'Conclusion: a changed spatial order?' In P. Marcuse and R. van Kempen (eds), *Globalizing Cities: A New Spatial Order?*, Oxford: Blackwell, 249–76.
Markusen, A. (1999), 'Sticky places in slippery space: a typology of industrial districts'. In T. Barnes and M. Gertler (eds), *The New Industrial Geography*, London: Routledge, 98–123.
Markusen, A., Lee, Y-S. and DiGiovanne, S. (eds) (1999), *Second Tier Cities: Rapid Growth Beyond the Metropolis*, Minneapolis MN: University of Minnesota Press.
Marshall, R. (1999), 'Kuala Lumpur: competition and the quest for world city status', *Built Environment*, 24 (4), 271–9.
Marshall, T. (1997), 'Futures, foresight and forward looks', *Town Planning Review*, 68 (1), 31–50.
Martin, P. (2000), 'Bio-technology and Surveillance', paper presented at a seminar at Hull University, 5 July.
Martin, R. (1999), 'Selling off the state: privatization, the equity market and the geographies of shareholder capitalism'. In R. Martin (ed.), *Money and the Space Economy*, London: Wiley, 261–83.
Martinotti, G. (1997), 'Dimenticare i navigli', *La Repubblica*, 17 October.
Marvin, C. (1988), *When Old Technologies Were New: Thinking About Electric Communication in the Late Nineteenth Century*, Oxford: Oxford University Press.

Marvin, S. J. and Graham, S. (1994), 'Privatization of utilities: the implications for cities in the United Kingdom', *Journal of Urban Technology*, 1, p. 16.
Marvin, S. J. and Guy, S. (1997), 'Smart metering technologies and privatized utilities', *Local Economy*, August, 119–29.
Marvin, S. J. and Guy, S. (1999), 'Towards a new logic of transport planning?', *Town Planning Review*, 70 (2), 139–58.
Marvin, S.J. and Laurie, N. (1999) 'An emerging logic of water management, Cochabamba, Bolivia', *Urban Studies*, 36 (2), 341–57.
Marx, K. (1976 edition), *Capital I*, New York, International Publishers.
Marx, K. (1978 edition), *Capital II*, New York, International Publishers.
Masselos, J. (1995), 'Postmodern Bombay: fractured discourses'. In S. Watson and K. Gibson (eds), *Postmodern Cities and Spaces*, Oxford: Blackwell, 199–215.
Massey, Doreen (1992), 'Politics and space/time', *New Left Review*, 196, 65–84.
Massey, Doreen (1993), 'Power-geometry and a progressive sense of place'. In J. Bird, B. Curtis, T. Putnam, G. Robertson and L. Tickner (eds), *Mapping the Future: Local Cultures, Global Change*, London: Routledge, 59–69.
Massey, Doreen (1995), *Space, Place and Gender*, London: Polity.
Massey, Douglass (1996), 'The age of extremes: concentrated affluence and poverty in the twenty-first century', *Demography*, 33 (4), 395–412.
Mattelart, A. (1994), *Mapping World Communication: War, Progress, Culture*, Minneapolis MN: University of Minnesota Press.
Mattelart, A. (1996), *The Invention of Communication*, Minneapolis MN: University of Minnesota Press.
Mau, B. (1999), 'Getting engaged'. In C. Davidson (ed.), *Anytime*, Cambridge MA: MIT Press, 202–7.
Mayer, M. (1998), 'The changing scope of action in urban politics: new opportunities for local initiatives and movements'. In INURA (International Network for Urban Research and Action) (eds), *Possible Urban Worlds: Urban Strategies at the End of the Twentieth Century*, Berlin: Birkhauser-Verlag, 66–75.
Mayer, M. (1999), 'Urban movements and urban theory in the late twentieth-century city'. In R. Beauregard and S. Body-Gendrot (eds) (1999), *The Urban Moment: Cosmopolitan Essays on the Late Twentieth Century City*, Thousand Oaks CA: Sage, 209–40.
Mayntz, R. (1995), 'Technological Progress, Societal Change and the Development of Large Technical Systems'. Mimeo.
Mayntz, R. and Hughes, T. (eds) (1988) *The Development of Large Technical Systems*, Frankfurt: Campus.
McCall, M. K. (1977), 'Political economy and rural transport: an appraisal of Western misconceptions', *Antipode* 9 (2), 98–110.
McCalla, R. (1999), 'Global change, local pain: intermodal seaport terminals and their service areas', *Journal of Transport Geography*, 7, 247–54.
McCarter, R. (ed.) (1987), *Building Machines*, New York: Princeton Architectural Press.
McDowell, S. (2000), 'Globalization, local governance, and the United States Telecommunications Act of 1996'. In J. Wheeler, Y. Aoyama and B. Warf (eds), *Cities in the Telecommunications Age: The Fracturing of Geographies*, London and New York: Routledge, 112–29.
McGee, T. (1998), 'Urbanisation in an era of volatile globalisation: policy problematiques for the twenty-first century'. In J. Brotchie, P. Newton, P. Hall and J. Dickey (eds), *East–West Perspectives on Twenty-first Century Urban Development*, Aldershot: Ashgate, 37–49.
McGowan, F. (1999), 'The internationalization of large technical systems: dynamics of change and challenges to regulation in electricity and telecommunications'. In O. Coutard (ed.) (1999), *The Governance of Large Technical Systems*, London: Routledge, 130–48.
McGrail, B. (1999), 'Communications technology, local knowledges, and urban networks: the case of economically and socially disadvantaged "peripheral" housing schemes in Edinburgh and Glasgow', *Urban Geography*, 20 (4), 303–33.

McGurn, W. (1997), 'City limits', *Far Eastern Economic Review*, 160 (6), 6 Febuary, 34–7.
McKenzie, E. (1984), *Privatopia: Homeowner Associations and the Rise of Residential Private Government*, New Haven CT: Yale University Press.
McLaughlin, E. and Muncie, J. (1999), 'Walled cities: surveillance, regulation and segregation'. In S. Pile, C. Brook and G. Mooney (eds), *Unruly Cities?*, London: Routledge, 103–48.
McShane, C. (1988), 'Urban pathways: the street and highway 1900–40'. In J. Tarr and G. Dupuy (eds), *Technology and the Rise of the Networked City in Europe and North America*, Philadelphia: Temple University Press, 67–89.
Melosi, M. (2000), *The Sanitary City: Urban Infrastructure in America from Colonial Times to the Present*, Baltimore MD: Johns Hopkins University Press.
Merrifield, A. (1996), 'Public space: integration and exclusion in urban life', *City*, 5–6, 57–72.
Merrifield, A. (2000a), 'The dialectics of dystopia: disorder and zero tolerance in the city', *International Journal of Urban and Regional Research*, 24 (2), 472–89.
Merrifield, A. (2000b), 'Phantoms and spectres: capital and labour at the millennium', *Environment and Planning D: Society and Space*, 18, 15–36.
Miles, M. (1997), 'Another hero? Public art and the gendered city', *Parallax*, 5, 125–35.
Millar, N. (1999), 'Street survival: the plight of the Los Angeles street vendors'. In J. Chase, M. Crawford and J. Kaliski (eds), *Everyday Urbanism*, New York: Monacelli Press, 137–50.
Miller, D. (1995), *Acknowledging Consumption*, London: Routledge.
Milne, C. (1990), 'Universal telephone service in the UK: an agenda for policy research and action', *Telecommunications Policy*, October, 365–71.
Mingione, E. (1995), *Urban Poverty and the Underclass: a Reader*, Oxford: Blackwell.
Minkley, G. (n.d.), '"Corpses behind screens": native space in the city'. In H. Judin and I. Vladislavic (eds), *Blank ——: Architecture, Apartheid and After*, Rotterdam: NAI Publishers, 203–19.
Mitchell, D. (1995), 'The end of public space? People's park, definitions of the public and democracy', *Annals of the Association of American Geographers*, 85 (1), 108–33.
Mitchell, D. (1997), 'The annihilation of space by law: the roots and implications of anti-homeless laws in the United States', *Antipode*, 29 (3), 303–35.
Mitchell, W. (1996), *City of Bits: Space, Place and the Infobahn*, Cambridge MA: MIT Press.
Mitchell, W. (1999), *E-topia: Urban life, Jim, But Not as we Know it*, Cambridge MA: MIT Press.
Monbiot, G. (2000), 'Devil take the hindmost', *Guardian Weekly*, 30 March–5 April, 13.
Montgomery, J. (1988), 'The informal service sector as an administrative resource'. In D. A. Rondinelli and G. S. Cheema (eds), *Urban Services in Developing Countries*, Hong Kong: Macmillan, 89–111.
Mooney, G. (1999), 'Urban "disorders"'. In S. Pile, C. Brook and G. Mooney (eds) (1999), *Unruly Cities?*, London: Routledge, 103–48.
Mooney, G., Pile, S. and Brook, C. (1999), 'On orderings and the city'. In S. Pile, C. Brook and G. Mooney (eds) (1999), *Unruly Cities?*, London: Routledge, 345–68.
Moore, K. (1998), 'Pick 'n' switch', *Utility Week*, 16 October, 16–18.
Moore, M. (1996), *Downsize This! Random Threats from an Unarmed American*, New York: Harpers.
Moore, R. (1999), 'Introduction'. In R. Moore (ed.), *Vertigo: The Strange New World of the Contemporary City*, London: Laurence King, 10–59.
Mosco, V. (1988), 'Introduction: information in the pay-per society'. In V. Mosco and J. Wasko (eds), *The Political Economy of Information*, Madison WI: University of Wisconsin Press, 3–26.
Mosco, V. (1999a), 'Citizenship and the technopoles'. In A. Calabrese and J-C. Burgelman (eds), *Communication, Citizenship and Social Policy*, New York: Rowman & Littlefield, 33–48.
Mosco, V. (1999b), 'Cyber-monopoly: a web of techno-myths', *Science as Culture*, 8 (1), 5–22.
Moss, M. and Mitra, S. (1998), 'Net equity: a report on income and Internet access', *Journal of Urban Technology*, 5 (3), 23–32.
Moss, M. and Townsend, A. (1997), 'Manhattan leads the Net nation', available at http://www.nyu.edu/urban/ny_affairs/telecom.html.
Moss, T. (2000), 'Unearthing water flows, uncovering social relations: introducing new waste water technologies in Berlin', *Journal of Urban Technology*, 7 (1), 63–84.

Moyer, J. (1977), 'Urban growth and the development of the telephone: some relationships at the turn of the century'. In I. de Sola Pool (ed.), *The Social Impact of the Telephone*, Cambridge MA: MIT Press, 318–41.
Mumford, L. (1934), *Technics and Civilisation*, London: Routledge.
Mumford, L. (1961), *The City in History*, New York: MJF Books.
Murdoch, J. (1995), 'Actor networks and the evolution of economic forms: combining description and explanation in theories of regulation, flexible specialization and networks', *Environment and Planning A*, 27, 731–57.
Muschamp, H. (1995), 'Remodeling New York for the bourgeoisie', *New York Times*, 24 September, 38.
Musterd, S. and Ostendorf, W. (eds) (1998), *Urban Segregation and the Welfare State: Inequality and Exclusion in Western Cities*, London: Routledge.
Narayan, D. (1993) *Participatory Evaluation: Tools for Managing Change in Water and Sanitation*, Washington DC: World Bank Technical Paper 207, Washington DC: World Bank.
Nelkins, D. (1979), *Controversy: Politics of Technical Decisions*, Beverly Hills CA: Sage.
Neuman, M. (1998), 'Does planning need the plan?', *APA Journal*, spring, 208–20.
Neumeyer, F. (1990), 'The second-hand city: modern technology and changing urban identity'. In M. Angeli (ed.), *On Architecture, the City and Technology*, Washington DC: Butterworth, 16–25.
New York Times (2000), *Commercial Real Estate: High Tech, High Touch*, special supplement, 21 March.
Newman, O. (1972), *Defensible Space*, London: Architectural Press.
Newman, P. and Thornley, A. (1995), 'EuraLille: "boosterism" at the heart of Europe', *European Urban and Regional Studies*, 2 (3), 237–46.
Newton, P. (1991), 'Telematic underpinnings of the information economy'. In J. Brotchie, M. Batty, P. Hall and P. Newton (eds), *Cities of the Twenty-first Century*, London: Longman, 95–126.
Nicholis, B. (1999), 'Airport's "offshore" scheme nearer', *The Journal*, 14 April, 32.
Nieves, E. (2000), 'In San Francisco, more live alone, and die alone, too', *New York Times*, 25 June.
Noam, E. (1992), *Telecommunications in Europe*, Oxford: Oxford University Press.
Noam, E. and Wolfson, A. (1997), *Globalism and Localism in Telecommunications*, Amsterdam: Elsevier.
Norris, C. and Armstrong, G. (1997), 'Categories of Control: The Social Construction of Suspicion and Intervention in CCTV Systems', unpublished report to the UK Economic and Social Research Council.
Norris, C. and Armstrong, G. (1998), *The Unforgiving Eye: CCTV Surveillance in Public Space*, Hull: Centre for Criminal Justice, Hull University.
Norris, C. and Armstrong, G. (1999), *The Maximum Surveillance Society: The Rise of CCTV*, Oxford: Berg.
Norris, C., Moran, J. and Armstrong, G. (1998), 'Algorithmic surveillance: the future of automated visual surveillance'. In C. Norris, J. Moran and G. Armstrong (eds), *Surveillance, Closed Circuit Television and Social Control*, Aldershot: Ashgate, 255–67.
North Eastern Electricity Board (1967), *A Powerful Plug for Progress*, publicity brochure, Newcastle upon Tyne: North East Electricity Board.
Nunn, S. (1996), 'Urban infrastructure policies and capital spending in city manager and strong mayor cities', *American Review of Public Administration*, 26 (1), 93–112.
Nunn, S. and Schoedel, C. (1997), 'Special districts, city governments, and infrastructure: spending in 105 metropolitan areas', *Journal of Urban Affairs*, 19 (1), 59–72.
Nye, D. (1994), *American Technological Sublime*, Cambridge MA: MIT Press.
Nye, D. (1997), *Narratives and Spaces: Technology and the Construction of American Culture*, Exeter: University of Exeter Press.
Obitsu, H. and Nagase, I. (1998), 'Japan's urban environment: the potential of technology in future city concepts'. In G. Gloany, K. Hanaki and O. Koide (eds), *Japanese Urban Environment*, Oxford: Pergamon, 324–36.

Office of Technology Assessment (1995), *The Technological Reshaping of Metropolitan America*, Washington DC: Congress of United States.

Offner, J-M. (1993), 'Le développement des réseaux techniques: un modèle générique', *Flux*, July–December, 11–18.

Offner, J-M. (1996), '"Réseaux' et 'Large Technical System': concepts complémentaires ou concurrents?', *Flux*, 26, 17–30.

Offner, J-M. (1999), 'Are there such things as small networks?' In O. Coutard (ed.) (1999), *The Governance of Large Technical Systems*, London: Routledge, 217–38.

Offner, J-M. (2000), '"Territorial deregulation": local authorities at risk from technical networks', *International Journal of Urban and Regional Research*, 24 (1), 165–82.

Oftel (1994), *Households without a Telephone*, London: UK Office of Telecommunications.

Ofwat (1990), *Paying for Water: A Time for Decisions*, consultation paper on future charging policy for water services. London: Office of Water Services.

Ogborn, M. (1999), *Spaces of Modernity: London's Geographies 1680–1780*, New York and London: Guildford.

Ogle, M. (1999), 'Water supply, waste disposal, and the culture of privatism in the mid-nineteenth-century American city', *Journal of Urban History*, 25 (3), 321–47.

Olalquiaga, C. (1994), 'Paradise lost'. In M. Avillez (ed.), *Sites and Stations: Architecture and Utopia in the Contemporary City*, New York: Lusitania Press, 43–50.

Olds, K. (1995), 'Globalization and the production of new urban spaces: Pacific Rim megaprojects in the late twentieth century', *Environment and Planning A*, 27, 1713–43.

O'Loughlin, M. and Friedrichs, J. (1996), *Social Polarization in Post-industrial Metropolises*, Berlin: de Gruyter.

O'Malley, C. (1999), 'The digital divide', *Time Magazine*, 22 March, 22–5.

Pahl, J. (1999), *Invisible Money: Family Finances in the Electronic Economy*, Bristol: Policy Press.

Painter, J. (1999), 'The Aterritorial City: Diversity, Spatiality, Democratization'. Mimeo.

Paquot, T. (1999), 'The post-city challenge'. In R. Beauregard and S. Body-Gendrot (eds), *The Urban Moment: Cosmopolitan Essays on the Late Twentieth Century City*, Thousand Oaks CA: Sage, 79–98.

Parenti, C. (1999), *Lockdown America: Police and Prisons in an Age of Crisis*, London: Verso.

Parsonage, J. (1992), 'Southeast Asia's "growth triangle": a subregional response to global transformation', *International Journal of Urban and Regional Research*, 16 (2), 307–17.

Pawley, M. (1997), *Terminal Architecture*, London: Reaktion Books.

Peacock, C. (2000), 'The globalization of real estate companies', *Wharton Real Estate Review*, spring, 25–30.

Pearce, F. (1992), *The Dammed: Rivers, Dams and the Coming World Water Crisis*, London: Bodley Head.

Peck, F. (1996), 'Regional development and the production of space: the role of infrastructure in the attraction of new inward investment', *Regional Studies*, 28, 327–39.

Peizarat, C. (1997), 'The Meanings of Europe and Integration: A Discursive Interpretation of the Development of Business Sites', unpublished Ph.D. dissertation, Newcastle upon Tyne: Department of Town and Country Planning: University of Newcastle upon Tyne.

Perry, D. (1995), 'Introduction'. In D. Perry (1995), *Building the Public City: The Politics, Governance and Finance of Public Infrastructure*, London: Sage, 1–20.

Petersen, G. E. (1984), 'Financing the nation's infrastructure requirements'. In R. Hanson (ed.), *Perspectives on Urban Infrastructure*, Washington DC: National Academy Press, 110–42.

Petrei, A. H. (1989), *El Gasto Publico Social y sus Efectos Distributivos: Estudio Conjuntos de Integracão Econômica da America Latina*, Rio de Janeiro.

Petrella, R. (1993), 'Vers un "techno-apartheid" global', *Le Monde Diplomatique*, 18, 4.

Phelps, N., Lovering, J. and Morgan, K. (1998), 'Tying the firm to the region or tying the region to the firm?', *European Urban and Regional Studies*, 5 (2), 119–35.

Pickles, J. (ed.) (1995), *Ground Truth: The Social Implication of Geographic Information Systems*, New York: Guildford.

Picon, A. (1998), *La Ville Territoire de Cyborgs*, Paris: L'Imprimeur.

Picon, A. and Robert, J-P. (1998), *Un Atlas Parisien: le Dessus des Cartes*, Paris: Picard.

Pile, S. (1997), 'Introduction'. In S. Pile and M. Keith (1997), *Geographies of Resistance*, London: Routledge, 1–32.

Pile, S. and Keith, M. (eds) (1997), *Geographies of Resistance*, London: Routledge.

Pile, S. and Thrift, N. (1996), 'Mapping the subject'. In S. Pile and N. Thrift (eds), *Mapping the Subject: Geographies of Cultural Transformation*, London: Routledge, 13–51.

Pile, S., Brook, C. and Mooney, G. (eds) (1999), *Unruly Cities?*, London: Routledge.

Pinch, S. (1985), *Cities and Services: The Geography of Collective Consumption*, London: Routledge.

Pinch, S. (1989), 'The restructuring thesis and the study of public services', *Environment and Planning A*, 21, 905–26.

Pinch, S. (1997), *Worlds of Welfare: Understanding the Changing Geographies of Social Welfare Provision*, London: Routledge.

Platt, C. (2000), 'Re-energizer', *Wired*, May, 114–30.

Platt, H. (1988), 'City lights: the electrification of the Chicago region'. In J. Tarr and G. Dupuy (eds), *Technology and the Rise of the Networked City in Europe and North America*, Philadelphia: Temple University Press, 246–75.

Poindexter, G. (1997), 'Saturday night at the mall', *Wharton Real Estate Review*, 1 (2), 59–66.

Polo, A. (1994), 'Order out of chaos'. In J. Woodroffe, D. Papa and I. MacBurnie (eds), *The Periphery*, London: Wiley/Architectural Design, 24–9.

Poole, C. (1998), 'Private toll roads', *Public Works Management and Policy*, July, 5–10.

Pope, A. (1996), *Ladders*, New York: Princeton Architectural Press.

Postel, S. (1992), *Lost Oasis: Facing Water Scarcity*, Worldwatch Environmental Alert series, New York: Norton.

Potter, R. and Lloyd-Evans, S. (1998), *The City in the Developing World*, London: Longman.

Power, M. (2001), 'Technology and structuring the financial district of London'. In S. Brunn and S. Leinbach (eds), *Worlds of Electronic Commerce*, Chichester: Wiley (forthcoming).

Prendergast, C. (1992), *Paris in the Nineteenth Century*, Oxford: Blackwell.

Preston, P. (1990), 'History Lesson 2: Some Themes in the History of Technology Systems and Networks'. Mimeo.

Pririe, G. H. (1982), 'The decivilising rails: railways and underdevelopment in Southern Africa', *Tijdschrift voor Economische en Sociale Geografie*, 73 (4), 22–34.

Pryke, M. (1999), 'City rhythms: neo-liberalism and the developing world'. In J. Allen, D. Massey and M. Pryke (eds), *Unsettling Cities*, London: Routledge, 229–69.

Quillinan, J. (1993), 'Curse of the money's tomb', *Telecom World*, spring, 13–15.

Rabinow, P. (1994), 'On the archaeology of late modernity'. In R. Friedland and D. Boden (eds), *NowHere: Space, Time and Modernity*, Berkeley CA: University of California Press, 402–18.

Ramasubramanian, L. (1996), 'Building communities: GIS and participatory decision making', *Journal of Urban Technology*, 3 (10), 67–79.

Ranmert, W. (1997), 'New rules of sociological method: rethinking technology studies', *British Journal of Sociology*, 48: 171–91.

Rapaport, R. (1996), 'Bangalore', *Wired*, February, 56–107.

Ravetz, A. (1980), *Remaking Cities: Contradictions of the Recent Urban Environment*, London: Croom Helm.

Reeve, A. (1996), 'The private realm of the managed town centre', *Urban Design International*, 1 (1), 61–80.

Reich, R. (1992), *The Work of Nations*, New York: Simon & Schuster.

Reid, A. and Allen, K. (1970), *Nationalised Industries*, London: Penguin.

Reiff, F., Roses, M., Venczel, L., Quick, R. and Witt, V. (1996) 'Low-cost safe water for the world: a practical interim solution', *Journal of Public Health Policy*, 17 (4), 389–408.

Reiser, J., Allen, S., Apfelbaum, P. and Umenoto, N. (1996), 'The water project: foggy geographies'. In P. Phillips (ed.), *City Speculations*, New York: Princeton Architectural Press, 73–5.

Richardson, R. (1994), 'Teleservice Cities? "Second Wave" Back Offices and Employment in European Cities'. Mimeo.

Richardson, R. and Marshall, J. N. (1996), 'The growth of telephone call centres in peripheral areas of Britain: evidence from Tyne and Wear', *Area*, 28 (3), 308–17.

Rider, G. (1999), 'Watershed', *Utility Week*, 30 April, 16.

Riewoldt, O. (1997), *Intelligent Spaces: Architecture for the Information Age*, London: Laurence King.

Rimmer, P. (1991), 'Exporting cities to the western Pacific rim: the art of the Japanese package'. In J. Brotchie, M. Batty, P. Hall and P. Newton (eds), *Cities of the Twenty-first Century*, London: Longman, 243–61.

Rimmer, P. (1992), 'Japan's "resort archipelago": creating regions of fun, pleasure, relaxation and recreation', *Environment and Planning A*, 24, 1599–625.

Rimmer, P. (1998), 'Global network firms in transport and communications: Japan's NYK, KDD and JAL?'. In P. Rimmer (ed.), *Pacific Rim Development*, London: Allen & Unwin, 83–113.

Robbins, E. (1998), 'The New Urbanism and the fallacy of singularity', *Urban Design International*, 3 (1), 33–42.

Roberts, G. and Steadman, P. (ed.) (1999), *American Cities and Technology*, London: Routledge.

Roberts, M., Lloyd-Jones, T., Erickson, B. and Nice, S. (1999), 'Place and space in the networked city: conceptualizing the integrated metropolis', *Journal of Urban Design*, 4 (1), 51–67.

Robins, K. (1996), *Into the Image: Culture and Politics in the Field of Vision*, London: Routledge.

Robins, K. (1999), 'Foreclosing on the city? The bad idea of virtual urbanism'. In J. Downey and J. McGuigan (eds), *Technocities*, London: Sage, 34–59.

Robins, K. and Webster, F. (1999), *Times of the Technoculture: From the Information Society to the Virtual Life*, London: Routledge.

Robinson, J. (1999), 'Divisive cities: power and segregation in cities'. In S. Pile, C. Brook and G. Mooney (eds), *Unruly Cities?* London: Routledge, 149–200.

Robinson, W. and Harris, J. (2000), 'Towards a global ruling class? Globalization and the transnational capitalist class', *Science and Society*, 64 (1), 11–54.

Rochlin, G. (1997), *Trapped in the Net: The Unanticipated Consequences of Computerization*, Princeton NJ: Princeton University Press.

Rockoff, M. (1996), 'Settlement houses and the urban information infrastructure', *Journal of Urban Technology*, 3 (1), 45–66.

Rodrigue, J-P. (1999), 'Globalization and the synchronization of transport terminals', *Journal of Transport Geography*, 7, 255–61.

Rodríguez-Pose, A. and Arbix, G. (1999), 'Globalization, Regional Development, and Territorial Competition: Bidding Wars in the Brazilian Automobile Sector'. Mimeo.

Rogerson, R., Findlay, A., Paddison, R. and Morris, A. (1996), 'Class, consumption and quality of life', *Progress in Planning*, 40, 1–66.

Romero, S. (2000), 'Rich Brazilians rise above rush-hour jams', *New York Times*, 15 February, A1–A4.

Rondinelli, D. (2000), 'Cities and Smart Infrastructures'. Mimeo.

Rose, M. (1988), 'Urban gas and electric systems and social change 1900–40'. In J. Tarr and G. Dupuy (eds), *Technology and the Rise of the Networked City in Europe and North America*, Philadelphia: Temple University Press, 229–42.

Rose, M. (1995), *Cities of Light and Heat: Domesticating Gas and Electricity in Urban America*, University Park PA: University of Pennsylvania Press.

Rose, N. (2000), 'The biology of culpability: pathological identity and crime control in a biological culture', *Theoretical Criminology*, 4 (1), 5–34.

Rosston, G. and Teece, D. (1997), 'Dynamics of the new local communications markets'. In E. Noam and A. Wolfson (1997), *Globalism and Localism in Telecommunications*, Amsterdam: Elsevier, 1–23.

Rostow, W. (1960), *The Stages of Economic Growth: A Non-Communist Manifesto*, Cambridge: Cambridge University Press.

Rothstein, M. (1998), 'Offices plugged in and ready to go', *New York Times*, 4 February.

Rutsky, R. (1999), *High Techné: Art and Technology from the Machine Aesthetic to the Posthuman*, Minneapolis MN: University of Minnesota.
Rybczynski, W. (1983), *Taming the Tiger: The Struggle to Control Technology*, New York: Penguin.
Sachs, W. (1992), *For the Love of the Automobile*, Berkeley CA: University of California Press.
Samarajiva, R. and Shields, P. (1990), 'Integration, telecommunications, and development: power of the paradigms', *Journal of Communications*, 40 (3), 84–105.
Sandercock, L. (1998a), *Towards Cosmopolis: Planning for Multicultural Cities*, London: Wiley.
Sandercock, L. (ed.) (1998b), *Making the Invisible Visible: A Multicultural Planning History*, Berkeley CA: University of California Press.
Sassen, S. (1991), *The Global City: New York, London, Tokyo*, Princeton NJ: Princeton University Press.
Sassen, S. (1996), *Losing Control? Sovereignty in an Age of Globalization*, New York: Columbia University Press.
Sassen, S. (1998), *Globalization and its Discontents*, New York: New Press.
Sassen, S. (1999), 'The state and the new geography of power'. In A. Calabrese and J-C. Burgelman (eds), *Communication, Citizenship and Social Policy*, New York: Rowman & Littlefield, 17–32.
Sassen, S. (2000a), *Cities and their Cross-border Networks*, Oxford: Routledge.
Sassen, S. (2000b), *Cities in a World Economy*, second edition, London: Pine Forge.
Saunders, P. and Harris, C. (1994), *Privatisation and Popular Capitalism*, Milton Keynes: Open University Press.
Savage, M. and Warde, A. (1993), *Urban Sociology: Capitalism and Modernity*, London: Macmillan.
Sawers, L. (1984), 'The political economy of urban transportation: an interpretive essay'. In W. Tabb and L. Sawers (eds), *Marxism and the Metropolis: New Perspectives on Urban Political Economy*, Oxford: Oxford University Press, 223–43.
Sawnhey, H. (1992), 'The public telephone network: stages in infrastructure development', *Telecommunications Policy*, September– October, 538–52.
Schapp, J. (1999), 'Crash (speed as engine of individuation)', *Modernism/Modernity*, 6 (1), 1–49.
Schement, J., Belinfante, A. and Povich, L. (1997), 'Trends in telephone penetration in the United States 1984–94'. In E. Noam and A. Wolfsen (eds), *Globalism and Localism in Telecommunications*, North Holland: Elsevier, 167–97.
Schiffer, S. R. (1997), 'São Paulo: the Challenge of Globalization in an Exclusionary Urban Structure'. Mimeo.
Schiller, D. (1999a), *Digital Capitalism: Networking the Global Market System*, Cambridge MA: MIT Press.
Schiller, D. (1999b), 'Deep impact: the web and the changing media economy', *Info*, 1 (1), 35–51.
Schoechle, T. (1995), 'Privacy on the information superhighway: will my house still be my castle?', *Telecommunications Policy*, 19 (6), 435–52.
Schubeler, P. (1996), *Participation and Partnership in Urban Infrastructure Management*, Urban Management Programme Policy Paper 19, Washington DC: World Bank.
Schuler, D. (1996), *New Community Networks: Wired for Change*, New York: Addison Wesley.
Schulman, R. (1999), 'Losing BID', *City Limits*, November, 8–9.
Schultz, S. and McShane, C. (1973), 'To engineer the metropolis: sewers, sanitation, and city planning in late nineteenth-century America', *AIP Journal*, January, 289–311.
Schumacher, E. F. (1973), *Small is Beautiful: a Study of Economics as if People Mattered*, London: Blond & Briggs.
Schuman, M. (1998), *Going Local: Creating Self-Reliant Communities in a Global Age*, New York: Free Press.
Schwarzer, M. (1998a), 'Ghost wards: the flight of capital from history', *Thresholds*, 16, 10–19.
Schwarzer, M. (1998b), 'Beyond the valley of silicon architecture', *Harvard Design Magazine*, winter/spring, 15–21.
Scott, A. (1997), 'The cultural economy of cities', *International Journal of Urban and Regional Research*, 21 (2), 323–39.
Seabrook, J. (1993), 'The root of all evil', *New Statesmen and Society*, 26 February, 12.

Seik, F. (2000), 'An advanced demand management instrument in urban transport: electronic road pricing in Singapore', *Cities*, 17 (1), 33–45.
Sennett, R. (1970), *The Uses of Disorder*, New York: Knopf.
Sennett, R. (1999), 'The spaces of democracy'. In R. Beauregard and S. Body-Gendrot (eds) (1999), *The Urban Moment: Cosmopolitan Essays on the late Twentieth Century City*, Thousand Oaks CA: Sage, 273–86.
Serageldin, I. (1994), *Water Supply, Sanitation, and Environmental Sustainability: Directions in Development*, Washington DC: World Bank.
Shane, D. (1995), 'Balkanization and the postmodern city'. In P. Lang (ed.), *Mortal City*, New York: Princeton Architectural Press, 55–68.
Shearer, D. (1989), 'In search of equal partnerships: prospects for progressive urban policy in the 1980s'. In G. Squires (ed.), *Unequal Partnerships: The Political Economy of Urban Redevelopment in Postwar America*, London: Rutgers University Press, 289–307.
Shields, R. (1989), 'Social spatialization and the built environment', *Environment and Planning D: Society and Space*, 7, 147–64.
Shields, R. (1995) 'A guide to urban representations and what to do about it: alternative traditions in urban theory'. In A. King (ed.), *Re-presenting the City: Ethnicity, Capital and Culture in the Twenty-first Century Metropolis*, London: Macmillan, 227–52.
Silberman, S. (1999), 'Just say Nokia', *Wired*, September, 135–47.
Silva, R. (2000), 'The connectivity of the infrastructure networks and urban space of São Paulo in the 1990s', *International Journal of Urban and Regional Research*, 24 (1), 145–64.
Simmonds, R. (1998), 'Row over road closure', *North Eastern Tribune* (Johannesburg), 5 June, 1.
Simon, D. (1996), *Transport and Development in the Third World*, London: Routledge.
Simon, J. (1993), 'The origin of US public utility regulation: elements for a history of social networks', *Flux*, 11, 33–41.
Skeates, R. (1997), 'The infinite city', *City*, 8, 6–20.
Skinner, E. (1998), 'The Caribbean data processors'. In G. Sussman and J. Lent (eds), *Global Productions: Labor in the Making of the 'Information Society'*, Cresskill NJ: Hampton Press, 57–90.
Slater, D. (1975), 'Underdevelopment and spatial inequality: approaches to the problems of regional planning in the Third World', *Progress in Planning*, 4, 97–167.
Slater, D. (1997), 'Spatial politics/social movements: questions of (b)orders and resistance in global times'. In S. Pile and M. Keith (1997), *Geographies of Resistance*, London: Routledge, 258–76.
Sleeman, J. (1953), *British Public Utilities*, London: Pitman.
Small, H. (1996), 'Learning from the phone wars', *Utility Week*, 15 March, 20–1.
Smith, C. (1999), 'The Transformative Impact of Capital and Labor Mobility on the Chinese City'. Mimeo.
Smith, D. (1996), *Third World Cities in Global Perspective: The Political Economy of Uneven Urbanisation*, Boulder CO: Westview Press.
Smith, M. (1995), 'Recourse to empire: landscapes of progress in technological America'. In M. Smith and L. Marx (eds), *Does Technology drive History? The Dilemma of Technological Determinism*, Cambridge MA:, MIT Press, 37–52.
Smith, M. and Marx, L. (eds) (1995), *Does Technology Drive History? The Dilemma of Technological Determinism*, Cambridge MA: MIT Press.
Smith, M. P. (1999), 'Transnationalism and the city'. In R. Beauregard and S. Body-Gendrot (eds) (1999), *The Urban Moment: Cosmopolitan Essays on the late Twentieth Century City*, Thousand Oaks CA: Sage, 119–40.
Smith, N. (1993), 'Homeless/global: scaling places'. In J. Bird, B. Curtis, R. Putnam and L. Tickner (eds), *Mapping the Futures: Local Cultures, Global Change*, London: Routledge, 87–119.
Smith, N. (1999), 'Which new urbanism? The revanchist '90s', *Perspecta*, 30, 98–105.
Smith, N. (2000), 'Global Seattle', *Environment and Planning D: Society and Space*, 18, 1–13.
Soja, E. (1999), 'Lessons in spatial justice', *Hunch: the Berlage Institute Report*, 1, 98–107.
Soja, E. (2000), *Postmetropolis: Critical Studies of Cities and Regions*, Oxford: Blackwell.

Solà-Morales, I. (1996), 'Presents and futures: architecture in cities'. In *Architecture in Cities: Present and Future*, Barcelona: Centre de Cultura Contemporània de Barcelona, 310–22.
Solà-Morales, I. (1998), *Les Formes de Creixement Urban*, Barcelona: Ediciones UPC.
Solnit, R. (1995), 'The garden of merging paths'. In J. Brook and I. Boals (eds), *Resisting the Virtual Life*, San Francisco: City Lights, 224–40.
Solnit, R. (2000), *Hollow City: Gentrification and the Eviction of Urban Culture*, London: Verso.
Solomon, E. (1998), *Virtual Money*, Oxford: Oxford University Press.
Solomon, L. (1996), 'Revolution on the Road', *City*, summer, 43–55.
Soo, C. (1998), 'ERP cuts congestion in Singapore', *Traffic Technology International*, June–July, 23–4.
Sorkin, M. (ed.) (1992), *Variations on a Theme Park: The New American City and the End of Public Space*, New York: Hill & Wang.
Southern, A. (2000), 'The political salience of the space of flows: information and communications technologies and the restructuring city'. In J. Wheeler, Y. Aoyama and B. Warf (eds), *Cities in the Telecommunications Age: The Fracturing of Geographies*, London and New York: Routledge, 249–66.
Southworth, M. and Ben-Joseph, E. (1997), *Streets and the Shaping of Towns and Cities*, New York: McGraw-Hill.
Spark, S. (1998), 'Rail beats road congestion', *Jane's Airport Review*, April, 19.
Sparrow, J. and Vedantham, A. (1996), 'Inner-city networking: models and opportunities', *Journal of Urban Technology*, 3 (1), 19–28.
Speak, S. and Graham, S. (1999), 'Service not included: marginalised neighbourhoods, private service disinvestment, and compound social exclusion', *Environment and Planning A*, 31, 1985–2001.
Star, S. L. (1999), 'The ethnography of infrastructure', *American Behavioral Scientist*, 43 (3), 377–91.
Stedman, L. (1999), 'Why are we waiting?', *Utility Week*, 16 April, 18–19.
Storgaard, K. and Jensen, O. (1991), 'IT and ways of life'. In P. Cronberg, P. Dueland, O. Jensen and L. Qvortrup (eds), *Danish Experiments: Social Constructions of Technology*, New Social Science Monographs, Copenhagen, 123–39.
Storper, M. (1997), *The Regional World: Territorial Development in a Global Economy*, London: Guildford.
Storper, M. and Walker, R. (1989), *The Capitalist Imperative: Territory, Technology, and Industrial Growth*, Oxford: Blackwell.
Suarez-Villa, L. and Walrod, W. (1999), 'Losses from the Northridge earthquake: disruptions to high-technology industries in the Los Angeles basin', *Disasters*, 21 (1), 19–44.
Sudjic, D. (1995), *The 100 Mile City*, London: Flamingo.
Sum, N-L. (1999), 'Rethinking globalization: re-articulating the spatial scale and temporal horizons of trans-border spaces'. In K. Olds (ed.), *Globalization in the Asia Pacific*, London: Routledge, 129–45.
Summerton, J. (ed.) (1994a), *Changing Large Technical Systems*, Boulder CO: Westview Press, 1–24.
Summerton, J. (1994b), 'Social shaping in large technical systems', *Flux*, 17, July–September, 54–6.
Summerton, J. (1995), 'Representing users or . . . on opening the black box and painting it green, red, blue, and white'. Mimeo.
Summerton, J. (1999), 'Power plays: the politics of interlinking systems'. In O. Coutard (ed.) (1999), *The Governance of Large Technical Systems*, London: Routledge, 93–113.
Sussman, G. and Lent, J. (1998), *Global Productions: Labor in the Making of the 'Information Society'*, Cresskill NJ: Hampton Press.
Swyngedouw, E. (1993), 'Communication, mobility and the struggle for power over space'. In G. Giannopoulos and A. Gillespie (1993), *Transport and Communications in the New Europe*, London: Belhaven, 305–25.
Swyngedouw, E. A. (1995a), 'The City as Hybrid: In Nature, Society and Cyborg Urbanisation'. Mimeo.
Swyngedouw, E. A. (1995b), 'Power, nature and the city: the conquest of water and the political ecology of urbanisation in Guayaquil, Ecuador, 1880–1990', *Environment and Planning A*.

Swyngedouw, E. A. (1995c), 'The contradictions of urban water provision: a study of Guayaquil, Ecuador', *Third World Planning Review*, 17 (4), 387–405.
Swyngedouw, E. A. (1998), 'The specter of the phoenix: reflections on the contemporary urban condition'. In K. Bosma and H. Hellinga (eds), *Mastering the City: North European City Planning 1900–2000*, Rotterdam: NAI Publishers, 104–21.
Tadiar, N. (1995), 'Manila's new metropolitan form'. In V. Rafael (ed.), *Discrepent Histories*. Philadelphia: Temple University Press, 285–313.
Taffe, E. J., Morrill, R. L. and Gould, P. R. (1963), 'Transport expansion in underdeveloped countries: a comparative analysis', *Geographical Review*, 53 (4), 503–29.
Tan, A. and Low, L. (1998), 'Money: Shanghai World Financial Centre'. In R. Moore (ed.), *Vertigo: The Strange New World of the Contemporary City*, London: Laurence King, 142–57.
Tanner, J. (2000), 'New life for old railroads', *New York Times*, 6 May, B1.
Tarr, J. (1984), 'The evolution of urban infrastructure in the nineteenth and twentieth centuries'. In R. Hanson (ed.), *Perspectives on Urban Infrastructure*, Washington DC: National Academy Press, 4–62.
Tarr, J. (1989), 'Infrastructure and city building in the nineteenth and twentieth centuries'. In S. Hays (ed.), *City at the Point: Essays on the Social History of Pittsburgh*, Pittsburgh PA: University of Pittsburgh Press, 213–59.
Tarr, J. and Dupuy G. (eds) (1998), *Technology and the Rise of the Networked City in Europe and North America*, Philadelphia: Temple University Press, 322–38.
Taverne, E. (1998), 'Havens in a heartless world'. In C. Davidson (ed.), *Anyhow*, Cambridge MA: MIT Press, 81–7.
Taylor, P. (1994), 'The state as container: territoriality in the modern world-system', *Progress in Human Geography*, 18 (2), 151–62.
Technology Foresight Transport Panel (1995), *Progress through Partnership* 5, *Transport*, Technology Foresight, London: Office of Science and Technology, HMSO.
Tella, R. and Foster, V. (1996), *Guide to the Economic Regulation of the Latin American Utilities*, Oxford: OXERA Press.
Thomas, R. (1996), 'Rich – and excluded', *Observer*, 20 September, 11.
Thrift, N. (1990), 'Transport and communications 1730–1914'. In R. Dogshon and R. Butlin (eds), *An Historical Geography of England and Wales*, London: Academic Press, 453–84.
Thrift, N. (1995), 'A hyperactive world'. In R. Johnston, P. Taylor and M. Watts (eds), *Geographies of Global Change*, Oxford: Blackwell, 18–35.
Thrift, N. (1996a), *Spatial Formations*, London: Sage.
Thrift, N. (1996b), 'New urban eras and old technological fears: reconfiguring the goodwill of electronic things', *Urban Studies*, 33 (8), 1463–93.
Thrift, N. (1996c), '"Not a straight line but a curve": or, cities are not mirrors of modernity'. Mimeo.
Thrift, N. (1997a), 'Cities without modernity, cities with magic', *Scottish Geographical Magazine*, 113 (3), 138–49.
Thrift, N. (1997b), 'The still point: resistance, expressive embodiment and dance'. In S. Pile and M. Keith (eds) (1997), *Geographies of Resistance*, London: Routledge, 124–51.
Thrift, N. (2000), 'Less mystery, more imagination: the future of the City of London', *Environment and Planning A*, 32, 381–90.
Thrift, N., Carlstein, T. and Parkes, D. (1978), *Timing Space and Spacing Time* (3 vols), London: Edward Arnold.
Toon, I. (2000), '"Finding a place on the street": CCTV surveillance and young people's use of urban public space'. In D. Bell and A. Haddour (eds), *City Visions*, London: Longman, 141–65.
Trench, R. and Hillman, E. (1984), *London under London: A Subterranean Guide*, London: John Murray.
Trenor, P. (1997), 'An Urban Ethic for Europe'. Mimeo.
Triche, T. (1990) *The Institutional and Regulatory Framework for Water Supply and Sewerage, Public and Private Roles*, Infrastructure Notes WS-9, Washington DC: World Bank.

Tsagarousianou, R., Tambini, D. and Bran, C. (eds), *Cyberdemocracy: Technology, Cities and Civic Networks*, London: Routledge.
Tschumi, B. (1996), 'Some urban concepts'. In *Architecture in Cities: Present and Future*, Barcelona: Centre de Cultura Contemporània de Barcelona, 40–3.
Tseng, E. (2000), 'The Geography of Cyberspace'. Mimeo.
Tyler, P. (2000), 'Theives looting Russia of even its power lines', *New York Times*, 18 April, A1–A10.
Tyne & Wear Economic Development Company (1999), 'Boom at Doxford continues', *The Investor*, March, 6.
United Nations Centre for Human Settlement (UNHCS) (1991), 'Urbanization: Water Supply and Sanitation Sector Challenges', paper presented at the Water Supply and Sanitation global forum, Oslo, 18–20 September.
United Nations Development Programme (1999), *Human Development Report*, New York: Oxford University Press.
United States Congress (1984), *Hard Choices: A Report on the Increasing Gap between America's Infrastructures and our Ability to Pay for Them*, Washington DC: Government Printing Office.
Urry, J. (1999), 'Automobility, Car Culture and Weightless Travel: A Discussion Paper'. Available at http://www.comp.lancs.ac.uk/ sociology/soc008ju.html.
Urry, J. (2000a), 'Mobile sociology', *Sociology*, 51 (1), 185–203.
Urry, J. (2000b), *Sociology Beyond Societies: Mobilities for the Twenty-first Century*, London: Routledge.
Utility Week (1995), special issue, *IT in Utilities*, 19 November.
Vale, L. (1999), 'Mediated monuments and national identity', *Journal of Architecture*, 4, 391–408.
Vallone, P. and Berman, H. (1995), *Cities Within Cities: Business Improvement Districts and the Emergence of the Micropolis*. Report to the City of New York.
Van Grunsven, L. (1998), 'The sustainability of urban development in the "SIJORI" growth triangle', *Third World Planning Review*, 20 (2), 179–201.
Van Grunsven, L. and Van Egeraat, C. (1999), 'Achievements of the industrial "high road" and clustering strategies in Singapore and their relevance to European peripheral economies', *European Planning Studies*, 7 (2), 145–73.
Van Toorn, R. (1999), 'The society of the and (an introduction)', *Hunch: the Berlage Institute Report*, 1, 98–7.
Varsanyi, M. (2000), 'Global cities from the ground up: a response to Peter Taylor', *Political Geography*, 19, 33–8.
Vedel, T. (1997), 'The ecology of games', *Trends in Communication*, 3, 34–45.
Veltz, P. (1996), *Mondialisation: Villes et Territoires*, Paris: Presses Universitaires de France.
Veltz, P. (2000), 'European cities in the world economy'. In A. Bagnasco and P. LeGalès (eds), *Cities in Contemporary Europe*, Cambridge: Cambridge University Press, 33–47.
Vergara, C. (1995), 'Bunkering the poor: our fortified ghettoes'. In P. Lang (ed.), *Mortal City*, New York: Princeton Architectural Press, 19–27.
Vergara, C. (1997), *The New American Ghetto*, New Brunswick NJ: Rutgers University Press.
Virilio, P. (1987), 'The overexposed city', *Zone*, 1 (2).
Virilio, P. (1991), *The Lost Dimension*, New York: Semiotext(e).
Virilio, P. (1994), 'The third interval: a critical transition'. In V. Andermatt-Conley (ed.), *Rethinking Technologies*, Minneapolis MN and London: University of Minnesota Press, 3–10.
Wacquant, L. (1996), 'The rise of advanced marginality: notes on its nature and implications', *Acta Sociologica*, 39, 121–39.
Waites, B., Bessel, R. and Moore, J. (1989), 'Everyday life and the dynamics of technological change'. In C. Chant (ed.), *Science, Technology and Everyday Life*, London: Routledge, 9–38.
Wajcman, J. (1991), *Feminism Confronts Technology*, Cambridge: Polity Press.
Waley, P. (2000), 'Tokyo: patterns of familiarity and partitions of difference'. In P. Marcuse and R. van Kempen (eds), *Globalizing Cities: A New Spatial Order?*, Oxford: Blackwell, 127–57.
Wall, A. (1994), 'The dispersed city'. In J. Woodroffe, D. Papa and I. MacBurnie (eds), *The Periphery*, London: Wiley/Architectural Design, 108, 8–11.

Wall, A. (1996), 'Flow and interchange: mobility as a quality of urbanism'. In *Architecture in Cities: Present and Future*, Barcelona: Centre de Cultura Contemporània de Barcelona, 158–66.
Warf, B. (1995a), 'Separated at birth? Regional science and social theory', *International Regional Science Review*, 18 (2), 185–94.
Warf, B. (1995b), 'Telecommunications and the changing geographies of knowledge transmission in the late twentieth century', *Urban Studies*, 32 (2), 361–78.
Warf, B. (1998), '"Reach out and touch someone": AT&T's global operations in the 1990s', *Professional Geographer*, 50 (2), 255–67.
Warf, B. (2000), 'Compromising positions: the body in cyberspace'. In J. Wheeler, Y. Aoyama and B. Warf (eds), *Cities in the Telecommunications Age: The Fracturing of Geographies*, London and New York: Routledge, 54–70.
Wark, M. (1998), 'On technological time: Virilio's overexposed city', *Arena*, 83, 1–21.
Warwick, D. (1999), 'The phone box war', *Utility Week*, 18 April, 42–4.
Waterhouse, A. (1996), *Boundaries of the City: The Architecture of Western Urbanism*, Toronto: University of Toronto Press.
Watson, S. (1999), 'Background Paper for Seminar on City Politics, Durham, July 8th and 9th'. Mimeo.
Webber, M. (1964), 'The urban place and the non-place urban realm'. In M. Webber, J. Dyckman, D. Foley, A. Guttenberg, W. Wheaton and C. Whurster (eds), *Explorations into Urban Structure*, Philadelphia: University of Pennsylvania Press, 79–153.
Weisman, L. (1994), *Discrimination by Design: A Feminist Critique of the Man-made Environment*, Chicago: University of Illinois Press.
Wetzler, B. (2000), 'Boomgalore', *Wired*, March, 152–69.
Wheeler, J., Aoyama, Y. and Warf, B. (eds) (2000), *Cities in the Telecommunications Age: The Fracturing of Geographies*, London and New York: Routledge.
Whitelegg, J. (1993), 'The conquest of distance by the destruction of time'. In J. Whitelegg, S. Hultén and T. Flink (eds), *High Speed Trains: Fast Tracks to the Future?*, Hawes: Leading Edge, 203–12.
Whiteman, J. (1990), 'Responding to Fritz: on disarming words and pictures in the telling of teleological stories'. In M. Angeli (ed.), *On Architecture, the City and Technology*, Washington DC: Butterworth, 26–32.
Wieners, B. (1999), 'Arcadia', *Wired*, November, 304–8.
Wigley, M. (1996), 'Lost in space'. In M. Speaks (ed.), *Critical Landscape*, Rotterdam: 010 Publishers, 30–57.
Williams, R. (1973), *The Country and the City*, London: Hogarth Press.
Willoughby, K. W. (1990), *Technology Choice: A Critique of the Appropriate Technology Movement*, Boulder CO: Westview Press.
Willson, W. (2000), letter to *Guardian Weekly*, 4–10 May, 15.
Wilson, E. (1995), 'The rhetoric of urban space', *New Left Review*, 209, 146–60.
Wilson, M. (1998), 'Information networks: the global offshore labor force'. In G. Sussman and J. Lent (eds), *Global Productions: Labor in the Making of the 'Information Society'*, Cresskill NJ: Hampton Press, 39–56.
Winner, L. (1980), 'Do artefacts have politics?', *Daedalus*, 109 (1), 121–36.
Winner, L. (1992), 'Silicon Valley mystery house'. In M. Sorkin (ed.), *Variations on a Theme Park: The New American City and the End of Public Space*, New York: Hill & Wang.
Winpenny, J. (1994), *Managing Water as an Economic Resource*, London: ODI.
Winsbury, R. (1997), 'How grand are the grand alliances?', *Intermedia*, 25 (3), 26–31.
Winter, B. (1995), 'Getting to know you', *Utility Week*, 9 June, 14–15.
Wodiczko, K. (1999), *Critical Vehicles*, Cambridge MA: MIT Press.
Wolf, G. (2000), 'The unmaterial world', *Wired*, June, 308–19.
Wolff, H. (1997), 'The future of hospitality design and development', *Urban Land*, August, 54–8.
Woo, E. (1994), 'Urban development'. In Y. Teiung and D. Chu (eds), *Guangdong: Survey of a Province Undergoing Rapid Change*, Hong Kong: Chinese University Press, 327–54.

Woodroffe, J., Papa, D. and MacBurnie, I. (1994), 'An introduction'. In J. Woodroffe, D. Papa and I. MacBurnie (eds), *The Periphery*, London: Wiley/Architectural Design.
Woods, L. (1995), 'Everyday war'. In P. Lang (ed.), *Mortal City*, New York: Princeton Architectural Press, 48–53.
Woolgar, S. (1991), 'The turn to technology in social studies of science', *Science, Technology and Human Values*, 16 (1), 20–50.
World Bank (1994), *World Development Report 1994: Infrastructure for Development*, Oxford: Oxford University Press.
World Bank (1995), *Meeting the Infrastructure Challenge in Latin America and the Caribbean*, Directions in Development, Washington DC: World Bank.
World Bank (1996), *Livable Cities for the Twenty-first Century: Directions in Development*, Washington DC: World Bank.
World Teleport Association (1999), corporate web site, available at http://www.worldteleport. org/.
Wu, C. (1998), 'Globalisation of the Chinese countryside: international capital and the transformation of the Pearl river delta'. In P. Rimmer (ed.), *Pacific Rim Development*, London: Allen & Unwin, 57–81.
Wu, F. (1996), 'Urban restructuring in China's emerging market economy: towards a framework for analysis', *International Journal of Urban and Regional Research*, 20 (4), 640–63.
Wu, V. (1998), 'The Pudong development zone and China's economic reforms', *Planning Perspectives*, 13, 133–65.
Wurtzel, A. and Turner, C. (1977), 'Latent functions of the telephone: what missing the extension means'. In I. de Sola Pool (ed.), *The Social Impact of the Telephone*, Cambridge MA: MIT Press, 246–61.
Yearly, S. (1992) 'Environmental challenges'. In S. Hall, D. Held and T. McGrew (eds), *Modernity and its Futures*, Milton Keynes: Open University Press, 117–68.
Yeoh, B. (1996), *Contesting Space: Power Relations and the Urban Built Environment in Colonial Singapore*, Kuala Lumpur: Oxford University Press.
Yepes, G. (1992), *Infrastructure Maintenance in Latin America and the Caribbean: The Costs of Neglect and Options for Improvement*, Latin American and Caribbean Technical Department Report 17, Washington DC: World Bank.
Yeung, H. (1999), 'Regulating investment abroad: the political economy of the regionalization of Singaporean firms', *Antipode*, 31 (3), 245–73.
Yeung, Y. (1997), 'Geography in an age of mega-cities', *International Social Sciences Journal*, 151, 91–105.
Young, I. M. (1990), *Justice and the Politics of Difference*, Princeton NJ: Princeton University Press.
Zaner, P. (1997), 'The multifamily housing industry embraces high-tech amenities', *Urban Land*, April, 63–6.
Zhang, Y. (1996), 'The entrepreneurial role of local bureaucracy in China: a case study of Shandong province', *Issues and Studies*, 32 (12), 89–110.
Zook, M. (2000), 'The web of production: the economic geography of commercial Internet content in the United States', *Environment and Planning A*, 32, 411–26.
Zukin, S. (1982), *Loft Living*, Baltimore MD: Johns Hopkins University Press.
Zukin, S. (1995), *The Cultures of Cities*, Oxford: Blackwell.

《城市研究系列》总目

☑ 已出版，□ 待出版

☑ 马克思主义与城市
☑ 保卫空间
☑ 城市空间的社会生产
☑ 城市：非正当性支配
☑ 现代性和大都市
☑ 驱逐：全球经济中的野蛮性与复杂性
☑ 浮现的世界：21 世纪的城市与区域
☑ 空间问题：文化拓扑学和社会空间化
☑ 文化崩溃：创意阶层的衰落
☑ 城市的视角
☑ 世界城市网络：一项全球层面的城市分析
☑ 社会理论与城市问题
☑ 全球城市政治：国家的非正规化
☑ 城市理论与城市经验：遇见城市
☑ 未来是什么？
☑ 贫困资本：小额金融与促进发展
☑ 在线游戏的社会与文化意义
☑ 新国家空间：城市治理与国家形态的尺度重构
☑ 阁楼生活方式：城市变化中的文化与资本
☑ 边缘处的地方：现代性的另类地理
☑ 城市与全球资本主义
☑ 郊区化的世界：自外向内打造世界城市
☑ 伍尔夫与伦敦：城市的性别政治
☑ 支离的城市主义：网络化基础设施、技术变迁与城市状况
□ 新城市空间：城市理论与尺度问题
□ 城市发展史
□ 空间、城市和社会理论
□ 拱廊街计划